U0032445

蒲魯塔克札記 III

Moralia *by* Plutarch

蒲魯塔克 ◎ 著

席代岳 ◎ 譯

目　次

第二冊

第三冊

第四冊

第四十五章
論天網恢恢之遲延

1 　奎伊都斯大人，伊庇鳩魯（Epicurus）[1] 講完話不待我們發問就匆匆離
　　開，大家跟到柱廊的底端已經來不及阻擋，對於這個傢伙的怪癖我們感
到非常驚奇，除了交換會心的一瞥也沒有什麼好說的，於是大家轉過身繼續原來
的散步。

　　佩特羅克勒阿斯（Patrocleas）首先開口，他問道：「好吧，我們現在做什麼？
丟掉剛才討論的題目不管，或是把開溜的伊庇鳩魯當成他還待在這裡，繼續提出
一些問題來研究？」

　　泰蒙回答道：「為什麼！他的不辭而別等於是打了大家一記耳光，又何必讓
這種惡劣的印象影響到我們的思考。據說布拉西達斯（Brasidas）[2] 拔出刺進身體
的長矛，順手用這件武器殺死向他投擲的敵人，我們為何不能照辦？他這樣一走
了之倒是有個好處，除了不必反擊他那荒謬和錯誤的論點，同時免得他的教條存
在我們的心中始終糾纏不休。」

　　我問道：「你們發現他的演講最讓人困擾的地方是什麼？它像是一大堆雜亂
無章的廢話，到處東拼西湊毫無重點，這個傢伙詆毀神明和天意，用一陣謾罵來
發泄他的怒氣。」

2 　佩特羅克勒阿斯回答道：「長久以來，我總是找不到合理的解釋，神明
　　對於惡人的懲罰，為何拖延時日遲遲不願下手，想到這件事就會感到無

---

1 伊庇鳩魯（341-270 B.C.）生於薩摩斯島，當代知名的哲學家和教育家，曾經在邁蒂勒尼、蘭
　普薩庫斯和雅典等地講學，門生弟子遍布希臘世界，主張人生的目的在於追求快樂的生活，
　後來成為伊庇鳩魯學派，能與希臘三大主流學派分庭抗禮，平生寫出大量著作，大部分都已
　散失。

2 布拉西達斯是斯巴達的名將，以驍勇善戰知名於世，425 B.C.與雅典爭奪皮洛斯發生多次激
　戰，424-423 B.C.領軍征服色雷斯和馬其頓，占領安斐波里斯和托羅尼（Torone），將雅典的
　勢力剷除殆盡，422 B.C.在安斐波里斯會戰與雅典的將領克里昂同時戰死。

限的憤怒，現在聽到他的話，等於重新找到起點，可以再進行一番探討。同時我
只要聽到優里庇德有這樣的說法：

> 阿波羅的耽擱是天國常見的方式，[3]

一直抱著不以爲然的態度；因爲神明絕不會怠惰從而產生疏忽[4]，至少對於惡人
不會如此，因爲他們做出傷天害理的事並非一時的失足，或者會『盡量的拖延到
迫不得已的程度』[5]；不僅如此，很多壞蛋在激情的驅使之下一頭衝進罪惡不能
自拔。」

「修昔底德曾經表示：『懲治犯罪以立即報復爲上策』[6]，不讓做了壞事的人
產生僥倖的心理，從而阻止走上違法犯紀的道路。逾期不予處理會使受害人喪失
希望，他們的心靈受到打擊，這是正義女神未能盡到職責；更會讓那些歹徒增強
信心和勇氣[7]；對於膽大狂妄的行爲毫不遲疑給予責罰，可以用來防止未來的犯
罪，還能給受害者最大的安慰。當我在考慮討論的議題之際，心中始終爲畢阿斯
的說法感到不安；據稱他曾對某位惡棍有這樣的表示：『我不怕你得不到報應，
只怕我活在世上的時候無法見到。』」

「亞里斯托克拉底（Aristocrates）在刻恩的野豬林（Cairn of the Boar）會戰[8]
中，出賣梅西尼人，自己後來成爲阿卡狄亞的國王，過了二十年仍舊逃不過應得
的報復，最後還是死在梅西尼人的手裡，這種犧牲豈不是應了『冤有頭債有主』
這句話？呂西庫斯（Lyciscus）的背叛行爲使得奧考麥努斯人喪失兒女、朋友和親
戚，後來他染上蔓延軀體的惡疾，非要浸泡在河水當中不可，因爲他曾經立下重
誓，要是出賣盟友就會全身潰爛而亡，說來這豈不是惡行招致的後果[9]？雅典人
要把犯下謀殺罪行的死者從墳墓裡面挖出來，遺骸拋棄到國境以外的地面，提到

3　優里庇德的悲劇《歐里斯底》420行。

4　參閱柏拉圖《法律篇》901E。

5　赫西奧德《作品與時光》413行。

6　修昔底德《伯羅奔尼撒戰爭史》第3卷38節。

7　參閱普羅克盧斯《論天意》（*On Providence*）126欄12-16行。

8　蒲魯塔克很明顯是將兩件事弄混了，那就是亞里斯托克拉底在「壕溝」的叛變（波利拜阿斯
　　《歷史》第4卷35節，及鮑薩尼阿斯《希臘風土誌》第4卷17節都有記載），還有就是亞里斯
　　托米尼斯在刻恩野豬林之戰的勝利（參閱鮑薩尼阿斯《希臘風土誌》第4卷19節）。

9　呂西庫斯的事蹟和他的下場，根本沒人知道，無論是原文或譯文都感到可疑；或許說的是
　　364 B.C.奧考參努斯全城被毀這件事，參閱戴奧多魯斯·西庫盧斯《希臘史綱》第15卷79節。

過去那些慘遭殺戮的被害人，數代以後的子孫也不樂於見到這種行為。」[10]

「就我個人的看法，優里庇德的表達方式極其荒謬，竟然認為出現下面的狀況可以讓人改邪歸正：

> 你或許還不能親眼目睹正義女神，
> 要給予惡貫滿盈的歹徒致命重創；
> 祂總是踏著緩慢的步伐追躡後方，
> 最後終究陷入萬劫不復的修羅場。[11]

我無法不讓自己做出其他的考量，須知壞人所以會鼓起勇氣，盡其所能犯下十惡不赦的罪行，在於可以收穫既得的成果，等到享受歡樂的生活以後，才會面臨姍姍來遲的懲罰。」

3 等到佩特羅克勒阿斯說完以後，奧林皮克斯（Olympichus）加以補充說道：「閣下，神明有很多事會發生耽擱和延遲，可以感受到更為荒謬之處：過於緩慢的行動會讓大家對天道失去信心；特別是惡徒做完壞事以後，沒有立即臨頭的報復，要等相當的時間才有反應，這時他們認為不是懲罰只是運氣不好而已，因而像這樣的處理方式沒有成效可言。等到事過境遷才嘗到苦果，也不會對自己的行為感到任何悔恨。要讓馬匹的行進保持正確的路線，必須在牠不遵從指示或過於疏忽之後，立即運用鞭子或馬刺給予矯正；如果你不能掌握時機，即使猛拉韁繩或是用鞭子抽打，牠無法感覺到你的訓練要求認為是出於其他原因，不能理解到遭受痛苦是因為犯下錯誤。」

「人類的惡性重大經常犯錯失足或陷於沉淪，要是用懲罰的方式給予痛責和勒戒，最後總會讓他們對神明產生敬畏和謙卑，做任何事情會三思而後行。只要人類的事務和激情都在祂的管轄之下，那就不能將祂視為動作遲緩的執法者。如同優里庇德所說的那樣，正義女神對惡人的打擊很輕而且來得很慢，自有祂的道理，由於欠缺確切性、適時性和排妥的次序，非常類似偶發的事件而非神意的注定。我看諺語所說『神明的磨轉動何其緩慢』[12] 能有什麼好處，懲罰的事實變得

10　參閱蒲魯塔克《希臘羅馬英豪列傳》之〈梭倫傳〉12節；以及修昔底德《伯羅奔尼撒戰爭史》第1卷126節。

11　瑙克《希臘悲劇殘本》之〈優里庇德篇〉No.979。

12　這句諺語說得不完整，應該是「神明的磨轉動緩慢而精細」。

模糊不清，會使惡人逐漸消失畏懼之心。」

4 我正在思索這番議論的時候，泰蒙說道：「我應該就發言的機會把這個困難的問題先行解決，還是讓他就討論的題目再繼續爭辯下去？」

我說道：「如果證明它沒有辦法擊退或避開最早提出那個極其尖銳的論點，為什麼不運用『第三波的浪頭』[13] 讓問題變得更難應付？」

「那麼，首先我們要效法古人的風範，從開始就把學院的哲學家奉為神明，表現出無比的尊敬，所以我們不能自命不凡，認為對於涉及哲理的事情都很清楚。一個人絕不能冒昧到沒有受過音樂的訓練，就去發表一些樂理方面的談話，或是毫無軍旅的經驗就要討論戰爭的問題；最為僭越之處在於我們僅僅是一個凡人，卻要窮追不捨去打探神明和半神的狀況。我們就像一個生手光靠著推測的見解和責難，尋找和追循專家的想法；須知門外漢要是沒有足夠的常識，很難揣測醫生的行動依據的道理，像是他為何不提早而是要延後動手術，或是他要在今天而不是昨天燒灼傷口。」

「任何凡夫俗子只要聊起神鬼的事，都比談到專業的問題更為容易和安全：因為他對於治療惡行應該在什麼時候最為有效，以及對每一位患者用懲罰當成藥物，不必讓每一種罪惡使用相同的劑量和時程[14]，這些虛無縹緲的瞎扯都很在行。矯正靈魂的惡習是最偉大的工作[15]，從名分上看要靠著譴責和正義，品達從無數的案例中獲得證實，神明[16]是世界的統治者和元首，所以他會提出誠摯的祈求，請祂效法正義的創始者要完成『高貴的使命』，就是決定每一位罪人接受懲罰的時間、方式和程度。」

「如同柏拉圖所說的那樣，邁諾斯是宙斯的兒子[17]，因為偉大的天神是這門科學和技藝的主人和師傅，邁諾斯除了成為祂的門生，不可能從其他人那裡獲得任何成就，更無法解決正義所涉及的問題；甚至人類制訂的法律都不可能立即達到公正合理的要求，而且不管什麼時代都是如此；實在說有些規範個人生活的法

13　要知道第一波的發言是佩特羅克勒阿斯，第二波的贊同是奧林皮克斯，接著第三波是泰蒙，這個浪頭更為高大有力。有關這種表達的方式可以參閱柏拉圖《國家篇》472A。

14　參閱普羅克盧斯《論天意》第127、128及132各欄。

15　或許暗示出自柏拉圖《高吉阿斯篇》464E。

16　這位神明是宙斯。

17　參閱柏拉圖偽作《邁諾斯篇》319B-E和柏拉圖《法律篇》624A-B。雅典人將法律歸之於宙斯，斯巴達人認為阿波羅執掌法律。

令，可以說集荒謬的大成。像是拉斯地蒙的民選五長官[18]上任的時候，就會當眾宣布禁止人民蓄髭，要求大家遵守法律的規定，這樣才能避免嚴厲的懲罰[19]；羅馬人讓一位奴隸獲得自由，就用一根細木桿觸及他的身體[20]；他們擬定的遺囑可以指定一群人成爲繼承人，只是這些人先要出售自己的產業，相關的程序顯然是不合情理。」

「其中要算梭倫制訂的法律最爲率性而爲，城邦陷入黨派傾軋的爭執之中，任何人保持中立想要置身事外，會受到褫奪市民權的處分[21]。總而言之，法律當中包含很多稀奇古怪的事物，不可能培養出精通所有原則的學者，能夠用來指導主其事的立法者，更不可能讓他了解每一法條所要制定的成因。當我們發現要想說明清楚如何治理人類是如此困難，那麼神明懲罰罪人的時程，有些過遲而有些很早，到底基於何種原則，要想明白交代也不是一件容易的事，難道這有什麼可以奇怪的地方？」

5 「抱持這種說法不是規避責任的藉口而是乞求寬恕的託辭，雙方的爭辯雖然期待能夠獲得安全的庇護，要能勇敢面對花言巧語的狂吠，保持鎮靜才能克服所有的困難。」

「柏拉圖有這樣的論點，首先要考量神的立場，要讓自己成爲所有美好事物的表率和模範[22]，就將德行提供給人類當作準繩，讓大家得知如何效法[23]，從而達成『追隨神明』的目標[24]。其實這是改變的根源也是萬物的特性，在造成混亂和喪失秩序之前，先構成一個『和諧的體系』[25]：這是神明的外在形式和卓越內

18　民選五長官制度盛行在多里斯人的城邦，特別是斯巴達，市民大會每年選出五人，其中一人是首席，用他的名字作為年度的紀元，兩位國王分別由兩名成員輔佐，發生爭執時由首席出面協調，等到西元前5世紀以後，民選五長官總管全國事務，這個制度繼續到200 A.D.才完全廢止。

19　參閱蒲魯塔克蒲魯塔克《希臘羅馬英豪列傳》之〈埃傑斯和克里奧米尼斯傳〉30節，以及《赫西奧德評論》殘篇No.72。

20　這根木桿稱之為festuca。

21　參閱蒲魯塔克《希臘羅馬英豪列傳》之〈梭倫傳〉20節，制定的目的是要讓市民在政爭的時候表明立場，不能帶著投機的心理，視狀況的發展再做決定。

22　參閱柏拉圖《瑟伊提都斯篇》176E。

23　參閱柏拉圖《國家篇》613A-B。

24　「追隨神明」的訓誡應該是畢達哥拉斯的教誨，參閱斯托貝烏斯《花間飛舞》第2卷16節；或者柏拉圖《法律篇》716B及《菲德魯斯篇》248A。

25　參閱蒲魯塔克《希臘羅馬英豪列傳》之〈狄昂傳〉10節，以及柏拉圖《政治家篇》273B。

涵，讓人類可以分享它的類似之處。同一位哲學家做進一步的說明，自然界點燃我們的視力使它閃閃發光[26]，靈魂看到天體的運轉對於所見極其驚異，非常樂意接受穩定和有序的行為，只會痛恨破壞諧和及逸出常軌的激情，避免沒有目標和偶然出現的動作，因為這些都源自所有的惡行和衝突的過失；人類從神明那裡獲得最大的福分，就是效法和激勵神明的美與善，安居在德行的實踐之中。」

「這就是神明對於懲處惡人，所以會抱著緩慢而悠閒的態度：祂並不害怕倉促的懲罰，會造成錯誤帶來悔恨，因為祂在執行懲罰的時候，會將野蠻和暴力從我們的習性當中取走；教導我們不要對引起我們痛苦的人因為憤怒而亂揮拳頭，或是處於高燒和抽搐的狀況，

> 狂暴的發作無法保持清醒的神志，[27]

像是要滿足我們的焦渴或饑餓，然而卻要效法神明的仁慈和遲延，訴諸報復的懲罰要遵守適當的次序和規則，時間女神成為出主意的顧問，免得我們陷入遺憾和懊惱的處境[28]。如同蘇格拉底所說的那樣，我們已經墜入苦惱之川[29]，因為缺乏自制的能力飲下幾口河水，要比憤怒之下混淆和模糊我們的判斷，不會犯下更大的過錯，在變得更為穩定和認識清楚之前，先用報復親友和族人滿足我們的胃口。」[30]

「修昔底德認為『懲罰罪犯最好和最適當的辦法是立即報復』這句話並不正確，應該除去這種觀念，改而尋找更適當的時機。要是提到憤怒，麥蘭修斯（Melanthius）[31]的詩中說它不讓我們

> 小心翼翼為何非要做最可怕的事，

---

26 柏拉圖沒有使用「點燃」這個字，只是敘述眼睛的構造，認為它出自神明的意圖而非自然的力量；參閱〈泰密烏斯篇〉39B和45B。

27 瑙克《希臘悲劇殘本》之〈Adesp篇〉No.390。

28 參閱普羅克盧斯《論天意》第130欄34-131行；以及蒲魯塔克《希臘羅馬英豪列傳》之〈伯里克利傳〉18節。

29 無法查明出處，蘇格拉底是否有這樣的說法不得而知。

30 這個觀念出自「全世界是我們的家園，全人類是我們的親戚」；參閱本書第48章〈論放逐〉5節。

31 希臘有兩位知名悲劇作家的名字都叫作麥蘭修斯，一位是雅典人生於西元前5世紀，另一位是羅得島人生於西元前2世紀，本節提到這位是後者；瑙克《希臘悲劇殘本》之〈麥蘭修斯篇〉No.1。

只有控制住狂暴的脾氣，理性才能主導公正的行為和謙遜的態度。甚至就是人類的模式和例證，基於這方的理由可以使得我們更加溫和，當他們舉起棍子要責打奴隸的時候，聽到這番話也會停頓下來。柏拉圖長久以來仍然不會採取暴力的手段，如同他對自己所說要『抑制』心中的怒氣[32]；身為將領的阿克塔斯打完仗回到家中，巡視田園發現奴隸偷懶都已荒蕪，等到覺得自己情緒不穩就趕快離開，行前對他們說道：『這次算你們運氣不好，誰知道我竟然要大發雷霆。』」[33]

「只要經常想起敘述慈善行為的嘉言，可以用來平息衝動又強烈的怒氣，還有就是我們知道神明絕不會感到畏懼或遺憾，卻會保留祂的罰則到未來或等待一段時間，因而我們對這有關正義和報復的事項，要堅持戒慎恐懼的態度，保有神明所展示的溫和與寬容，這部分的德行最為神聖，懲罰只能矯正少數人的錯誤，遲延卻使大部分人獲得裨益和教誨。」[34]

6 「其次，讓我們仔細考量，懲罰的過程對人類而言，大不了是用痛苦來報復痛苦；等到加害者已經得到應有的處分，就不必趕盡殺絕；像是野狗在不旋踵間對著侵犯者狂吠，馬上跟在後面發起攻擊。神明很可能有這種看法，認為健全的靈魂可以執行聖潔的正義，完全基於它所提出的建議或是它的傾向，那些人的邪惡並非無藥可救也不是積習難改，還能帶著悔恨之心，可以用時間讓他們重新做人[35]。因為祂知道舉凡靈魂來到這個世界，還會帶著部分的德行，擁有先天和原始的善良，經過加強以後繼續下去更具活力。邪惡的萌芽出於異常的狀態，奢華的飲食和罪孽的交談帶來敗壞和墮落，然而有些靈魂經過完美的治療和養成公正的習性，還能再度恢復舊觀，因而不能對所有的過錯都施加極其倉促的懲罰。那些毫無希望的對象在於遭到殺害喪失生命，雖然他傷害到別人，受損最重還是自己，一個人做了壞事總是吞下苦果。或許有人認為一個人的犯罪，出於對德行和善意的無知，總比選擇卑鄙和邪惡要好得多，他同意這種狀況有時會對換，如果他們仍舊固執自以為是，神明還是會施加懲罰在他們身上，

32 參閱塞尼加《論憤怒》第3卷12節，及本書第1章〈子女的教育〉14節；柏拉圖將犯錯的奴隸交給史樸西帕斯處罰。戴奧吉尼斯·利久斯《知名哲學家略傳》第3卷38節，提到同樣的故事，只是用色諾克拉底取代史樸西帕斯。

33 參閱西塞羅《突斯庫隆討論集》第4卷36節及《論共和國》第1卷38節；華勒流斯·麥克西穆斯《言行錄》第4卷1節；伊安布利克斯《畢達哥拉斯傳》第31卷197節。

34 參閱普羅克盧斯《論天意》第131欄29-132行。

35 參閱斐洛《論天意》第2卷54頁，後來被優西庇烏斯引用到他的著作之中。

之所以讓他們不知畏懼是怕他們會藉機逃避。」

「現在讓我們考量人的性格和生活是如此善變，這可以解釋爲何一個人的生活當中，那個容易變化的部分稱之爲他的tropos『屈從』；再者他的ēthos『性格』因爲ēthos『習慣』的關係會根深柢固[36]，堅持之下可以揮舞巨大的權力。在我的想像之中，古代將昔克羅普斯(Cecrops)稱之爲兩種形體結合的怪物[37]，不像是眾人所說的那樣，從一個仁慈的國王變成野蠻和像蛇一樣狡猾的暴君，過程倒是相反，開始非常奸詐令人感到怕害，到了末期他的統治不僅溫和而且合乎人道的要求。如果這些是不夠確切的傳說，那麼大家對於希裔西西里人傑洛(Gelo)和海羅，以及希波克拉底之子彼昔斯特拉都斯的事蹟都很清楚，他們用卑劣的手段建立僭主的體制，接著在運用這些權術的時候，能表現出高貴的精神；他們違背法律的規範獲得統治的實力，經過一番改革，城邦在他們的治理之下，給臣民帶來更多福利和好處。海羅和彼昔斯特拉都斯無論何時都能維持良好的社會秩序，促進和推廣農業的生產，在人民當中創造出節制和勤奮的風氣，取代原來喜愛嘲笑和吵鬧的習性，傑洛更是當代心志剛毅的勇士，在一場決定性的會戰中擊敗迦太基人，堅持要求對方增加一個條款，放棄以親生兒女作爲犧牲獻祭克羅努斯，否則不願簽訂和平協定。」[38]

「麥加洛波里斯的利迪阿達斯(Lydiadas)用暴君的方式進行統治，就在他成爲僭主後經過相當時日，竟然發生很大的變化，對於擅權的行爲已經喪失興趣，他讓自己的同胞恢復合法的政體，防衛祖國的領土對抗敵軍的侵略，會戰失利陣亡在沙場[39]。要是密提阿德在克森尼斯成爲僭主的時候，有人藉機將他除去；或是西蒙與他的姊妹有不倫之戀，當時受到指控和定罪[40]；或是對提米斯托克利如

---

36 有關ethos這個字的語源，同樣出現在本書第32章〈論倫理的德行〉4節；參閱亞里斯多德《奈科瑪克斯倫理學》第2卷1節。

37 半人半蛇的昔克羅普斯是阿提卡第一位正式登基的國王，參閱優西庇烏斯《古史簡論》第2卷27節；以及阿波羅多魯斯《史綱》第3卷14節。

38 狄奧弗拉斯都斯引用的部分，是在品達《皮同賽會頌》第2卷2行的注釋之中；參閱波菲利《論禁絕》第2卷56行；這裡提到的克羅努斯是泰坦神之一，祂是宙斯的父親。

39 麥加洛波里斯位於阿卡狄亞地區，是南下進入斯巴達的門戶，兩地相距約五十公里；參閱蒲魯塔克《希臘羅馬英豪列傳》之〈克里奧米尼斯傳〉6節以及〈阿拉都斯傳〉30節；波利拜阿斯將他稱爲利西阿達斯(Lysiadas)，蒲魯塔克認爲利西阿達斯是另外一個人，出現在完全不同的場合。

40 參閱蒲魯塔克《希臘羅馬英豪列傳》之〈西蒙傳〉4節，有人說艾爾萍妮絲(Elpinice)是西蒙的同父異母姊妹，這裡說他受到指控和定罪值得商榷，雅典的法律不禁止同父異母的兄妹或姊弟結婚，然而同母異父的手足則不可以，因爲同母的手足容易得知，反之異母的兄弟姊妹

同後來對亞西拜阿德（Alcibiades）的處置，因為他在市民大會無禮謾罵，竟然受到宣判被逐出國門；這樣一來再也不會有馬拉松會戰和優里米敦會戰的勝利，以及光榮的阿提米修姆海上大捷，

> 偉乎哉雅典的令子奠定自由基石，
> 巍巍然屹立不搖已歷經千秋萬世。」[41]

「偉大的民族特質不會受到瑣碎雜務的羈絆和遏阻，他們具備勢不可當的進取精神，停息在永久和穩固的地位之前，曾經長久漂流在波濤洶湧的海洋[42]；如同一個人對於農業的無知，看到一片土地長滿濃密叢林和雜草，到處是野生動物和縱橫的水道，上面覆蓋著很厚的淤泥，還是不以為意並不覺得有什麼好處；對於一個了解環境特性的人而言，擁有的特徵是肥沃和鬆軟的土壤。基於偉大的民族特質通常在很多時代，只會產生無數荒謬又可恥的惡行，我們無法忍受困頓不安的苦惱，只有剷除和消滅沒有法律觀念的惡徒。更為審慎的判斷關係到善良和高貴的種族，到達成熟的階段可以用來支持理性和德行，只要季節適合就會生產豐碩的果實。」

7「讓我們從另外一方面進行討論。懷孕的婦女受處死的宣判，要留在監獄等生下嬰兒以後才能執行，大家知不知道這是某些希臘人仿效埃及人的法律？」[43]

他們回答道：「的確如此。」

我繼續說道：「一個人雖然在時間女神的協助之下，還是無法將子女帶到塵世，否則就可以讓他有能力檢舉不法的陰謀活動，揭發一些隱藏的災禍，提出有益的建議和勸告，或是創造必需和有用的發明，難道提早殺死他會比延後懲罰，更能讓我們獲得所望的利益？看來我只有抱持並不樂觀的想法。」

佩特羅克勒阿斯答覆道：「我們也一樣。」

（續）————————————————

　　很難查明。

41　參閱克里斯特《品達的吉光片羽》No.76、77。

42　參閱蒲魯塔克《希臘羅馬英豪列傳》之〈提米斯托克利傳〉2節及〈德米特流斯傳〉1節；以及柏拉圖《國家篇》491E。

43　參閱戴奧多魯斯·西庫盧斯《希臘史綱》第1卷17節；以及伊利安《歷史文集》第5卷18節，須知羅馬的法律訂出類似的條款，很多著作有相關的記載。

我說道:「你說得很對,大家不妨想一想:如果戴奧尼休斯在暴政的初期,遭到報應被民眾推翻,那麼希臘人在西西里就沒有立足之地,整個區域在迦太基人的蹂躪之下,變成赤地千里的荒漠[44]。要不是伯瑞安德的懲罰經過長時期的拖延,同樣希臘人也無法居住在阿波羅尼亞、安納克托里姆(Anactorium)以及琉卡斯半島;我認為卡桑德的暫緩處決,底比斯才能再度成為一個城市[45]。獲得這些傭兵的協力占領大部分的寺廟,後來隨著泰摩利昂[46]橫越西西里,就在他們不幸滅亡之前已經將僭主推翻;實在說神明會用一些惡徒當作懲罰別人的工具,如同公開用刑的劊子手,完事以後再將他們消滅殆盡;我相信大多數暴君都會遭到這樣的下場。作用像是土狼的膽汁或者海豹的胃乳[47],雖然這一類的動物都不夠乾淨,卻對某些疾病具備治療的藥效;如同神明盯住不知好歹的人民,認為他們需要一種刺激物,所以將暴君的鐵石心腸和統治者的殘酷憤怒,當作嚴厲的處分加在他們身上,直到神明平息混亂的狀況同時洗清他們的罪孽,否則就無法除去他們的痛苦和煩惱。」

「這種『急症投猛藥,亂世用重典』的方式,像是費拉瑞斯之於阿格瑞堅屯人或馬留之於羅馬人;神明甚至很率直的宣稱,西賽昂人的城市需要拿出『鐵鉗將缺失一一拔除』[48],因為他們承認還是兒童的特勒蒂阿斯(Teletias)是自己的同胞,他在舉行阿波羅運動會的場合接受奉獻的冠冕,目的是要將他從克里奧尼人的手中奪回,接著硬下心腸將他殺死[49]。鑑於西賽昂人的行為得不到矯正,從此聲勢下落一蹶不振;因而成為暴君的奧薩哥拉斯(Orthagoras),以及以後接任的邁朗(Myron)和克萊昔尼斯(Cleisthenes)[50],再也不讓他們有無理取鬧和任性妄為的機會。」

「毫無疑問你們都記得荷馬的詩句:

---

44 柏拉圖《書信集》第8封535A-B,肯定戴奧尼休斯早年擔任將領建立的功勳。

45 底比斯被亞歷山大夷為平地,卡桑德在316 B.C.重建,能夠恢復往日的繁榮興旺。

46 這是指他們洗劫德爾斐的阿波羅神廟,犯下褻瀆神聖的罪行,受到希臘各城邦的圍剿,才逃到西西里投靠泰摩利昂,做出一番驚天動地的大事業。參閱蒲魯塔克《希臘羅馬英豪列傳》之〈泰摩利昂傳〉30節。

47 拿來治療癲癇;參閱狄奧弗拉斯都斯《植物史》第9卷11節。

48 參閱戴奧多魯斯·西庫盧斯《希臘史綱》第8卷24節。

49 在其他的史籍都找不到這方面的記載。

50 克萊昔尼斯(565-500 B.C.)是雅典政治家,也是民主政體的創立者,諸如十個部族的組成、行政區域的劃分、選舉制度的確定,五百人會議的成立,全部出於他的規劃和執行。

生性卑鄙的父親竟然有跨灶之子，

無論各方面的表現都會首屈一指。[51]

我們發覺科普留斯(Copreus)的兒子戰死沙場沒有光輝耀目的成就；然而西昔浮斯[52]的先祖有奧托利庫斯(Autolycus)和弗勒吉阿斯(Phlegyas)[53]這樣的人物，他的後裔無論功勳和德行都有建樹是偉大的國王。雅典的伯里克利來自一個受到詛咒的家庭[54]，羅馬的龐培大將是斯特拉波的兒子，然而羅馬的民眾痛恨斯特拉波，死後他的屍首遭到大家的踐踏。」[55]

「農夫除非已經割下可食用的嫩芽，否則不會砍掉像這一類的多刺植物；利比亞人只有在採集用途廣泛的樹膠以後，才會將灌木叢縱火焚毀；因此神明不會將光榮的皇家血胤連根拔除，即使如此也要等到長出適當的果實，須知這樣做又有何荒謬之處？福西斯人的損失極其慘重，因為伊斐都斯(Iphitus)有一萬頭牛和馬遭到劫走[56]，大量金銀存放在德爾斐的神廟都已消失不見，然而它的人民從此崇尚德行，整個城邦能夠獲得莫大的好處；像是奧德修斯和阿斯克勒庇斯再也無法來到這個世界，以及其他人降生到低劣和邪惡的家族，兩者比較相差不能以道里計。」

8 「你是否認為懲罰的最佳方式在於適時適切而非迅速快捷？諸如凱利帕斯用友情做幌子謀殺狄昂以後，會被他的朋友用同一把劍刺死[57]？或是亞哥斯人米代斯(Mitys)在派系的爭執中被害，誰知他樹立在市民大會的青銅雕像，竟然會倒下壓斃殺害他的凶手[58]？佩特羅克勒阿斯，我想你知道皮歐尼亞人

51　荷馬《伊利亞德》第15卷641-642行；是指科普留斯之子佩瑞菲底(Periphetes)，接戰中被赫克托所殺。

52　荷馬《伊利亞德》第15卷153行，提到西昔浮斯是眾人之中最有見識者，他的孫兒是大名鼎鼎的貝勒羅豐；貝勒羅豐又是格勞庫斯和薩佩敦的祖父；後來還說西昔浮斯才是奧德修斯的親生之父。

53　奧托利庫斯是奧德修斯的外祖父，《奧德賽》第19卷394-396行將他描述成一個慣竊和偽證的角色；弗勒吉阿斯是醫藥之神阿斯克勒庇斯的外祖父，曾經放火燒掉德爾斐的阿波羅神廟。

54　參閱修昔底德《伯羅奔尼撒戰爭史》第1卷127節。

55　參閱蒲魯塔克《希臘羅馬英豪列傳》之〈龐培傳〉1節。

56　荷馬《奧德賽》第12卷22行，它的注釋提到奧托利庫斯偷走伊斐都斯的牲口；蒲魯塔克卻沒有弄清楚對象，將優里都斯的兒子伊斐都斯和福西斯人伊斐都斯視為一人。

57　參閱蒲魯塔克《希臘羅馬英豪列傳》之〈狄昂傳〉58節。

58　參閱亞里斯多德《詩學》第9卷。

(Paeonian)貝蘇斯的慘劇，以及傭兵隊長厄塔(Oeta)的亞里斯頓(Ariston)遭遇的不幸。」

他回答道：「我不知道，很高興聽你訴說詳情。」

我說道：「亞里斯頓隨著僭主一起離開城市[59]，得到允許可以拿走伊瑞菲勒(Eriphyle)奉獻給神廟的珠寶[60]，帶回家當作禮物送給自己的妻子；他的兒子不知出於什麼原因，竟然與母親發生口角，就在家中四處縱火，所有的親人和財物全部付之一炬。貝蘇斯謀害自己的父親，始終沒有蒙受嫌疑被人發覺，最後當他前往某人家中赴宴，就用長矛戳梁上的燕巢，將所有跌落下來的乳燕殺死在地；其他的賓客詢問他道：『閣下為何要做這種殘忍的事？怪異的行為代表何種含義？』他的回答脫口而出：『為什麼？難道牠們不是一直在指責我犯下重大的錯誤，揭發我弒親的罪行？』在場人員驚愕之餘將他說的話報告國王，等到真相大白，貝蘇斯受到斬首示眾的處決。」

9 我說道：「我們對這方面會出現爭論，其他的人總是抱著一種臆測，那就是惡人的懲罰何其姍姍來遲；或許我們仍舊保持這種說法，好像是從赫西奧德那裡聽來，與柏拉圖的觀點有所差異，因為他說『懲罰是正義伸張帶來的痛苦』[61]；同時代的人物堅持類似的行為，像是出自同樣的土壤和根源；因此他說

出餿主意讓他自食惡果怪不得誰，[62]

以及

情願受壞事折磨不要做壞事害人。[63]

59　亞里斯頓是福西斯的領導人物，第三次神聖戰爭爆發以後，他占領德爾斐開始大肆搶劫。

60　伊瑞菲勒是預言家安菲阿勞斯的妻子，曾對奉獻的祭品發出詛咒之辭，誰要拿走會像她一樣遭到不幸的下場；參閱戴奧多魯斯‧西庫盧斯《希臘史綱》第16卷64節。

61　柏拉圖《法律篇》728C。

62　赫西奧德《作品與時光》266行。

63　蒲魯塔克可能記憶出現錯誤，他用盧西留斯(Lucilius)一句詩取代《作品與時光》265行。

據說斑蝥[64]的體內含有一種成分，對於牠咬出的傷口，可以發揮治療的效果；從另一角度來看，有時犯下邪惡的罪行就會讓自己產生煩惱和痛苦，不是在最後的時刻，通常在受害者出現的瞬間，等於做出不義的行為就要馬上付出代價。」

「像是每一位受到處死的罪犯都必須背負自己的十字架[65]，惡意用來陷害自己成為懲罰的工具，老練的工匠在罪惡的一生當中，包括羞辱在內，是無數的恐怖、悔恨、冷酷的激情和永無止境的焦慮。然而有些人的見識還不如一個小孩，他們看到那些罪犯在圓形劇院裡面，身穿長袍佩帶黃金飾物和紫色斗篷，掛著項圈跳起皮瑞斯戰舞，受到讚譽看起來如同世界上最幸福的人士，直到出現那極其悲慘的狀況，看到他們受到刀劍的誅戮和皮鞭的抽打，火焰從昂貴而豔麗的衣物下端向上盤旋蔓延；這樣多的惡徒四周圍繞無數的家庭，官員的排場讓他們倍感光彩，擁有莫大的權勢使他們更為顯赫，直到有一天我們知道他們遭受懲罰，不是被殺倒在血泊之中，就是頭朝下從懸崖摔落地面，這種方式已經不能稱之為懲罰，算是完美到極點的報復行動。」

「如同塞萊布里亞(Selymbria)的希羅迪庫斯(Herodicus)得到無藥可救的肺癆，首先運用體操和醫療並重的方式，使得他自己和其他遭遇相同的病患，過著如柏拉圖所說『好死不如賴活』的痛苦生活[66]。如同惡人在那裡吹噓能夠逃過立即的制裁，不是沒有懲罰而是時間未到[67]，不是盡可能的延後而是暫時的耽誤，不是等到年邁才接受報應，而是無窮盡的苦難使他們很快衰老。」

「我發表很多的意見都是與大家有關，提到神明應該與人類的事務沒有多大的差別，要把犯罪的惡人綁在刑架上面讓他們求生不得或是立即將他們吊死，選的時間無須在早晨可以延到下午，不能等三十年以後才處理，特別是他一輩子都被關起來，留在監獄裡面得不到釋放或逃走，我們在祭典和宴飲中已經歡度一生，接受酬庸、名聲和各種消遣，即使無法拖延服毒的時間又有何妨[68]；雖然罪犯也能在監牢擲骰子或下棋，最後的下場是一根繩索讓他命歸黃泉。」

---

64 斑蝥是一種昆蟲，曬乾磨成粉可以當成外敷的藥物，因為帶有毒性不能內服。
65 參閱《聖經新約全書：約翰福音》第19章17節：「他們就把耶穌帶了去。耶穌背著自己的十字架出來，到了一個地方，名叫『髑髏地』，希伯來話叫各各他。」
66 柏拉圖《國家篇》406A-B；柏拉圖是對遊手好閒和好吃懶做產生的疾病，不僅大肆攻擊還認為不要對它進行治療。
67 參閱普羅克盧斯《論天意》第130欄8-10行。
68 柏拉圖《斐多篇》116E，敘述蘇格拉底把生死之事看得很開，不願為服毒時間的早晚發生任何爭執。

10 「甚至這些囚犯受到死刑的判決，除非他們的頸子已經折斷；或是一個人喝下毒藥正在等待兩腿變得沉重，或是他的身體變冷血液開始凝結，所有的知覺完全喪失，爲何我們始終否認懲處已經實施？我們不能認爲只有最後的懲罰才算數，從而忽略它所帶來的騷擾、恐怖、憂慮、怨恨和懊悔，就會嘲笑罪犯和所有的歹徒，竟然犯下十惡不赦的罪行；如果非要遭到報應才承認自己的錯誤，豈不是如同我們非要看到那條魚正在燒烤，或是讓廚子切成數段，否則就不能承認牠已上鉤被抓住？每一位作奸犯科的人總會落到法律的手中，很快讓他們吞下伸張正義的餌，良知的倒鉤會深深嵌入他的器官，要爲他的惡行付出代價，這時

　　　他酷似受傷的金槍魚在海中逃竄，[69]

邪惡帶著眾所周知的侵犯和無畏，這種性質是何等強烈，一旦準備妥當就非要採取行動不可；因此，等到激情的狂風逐漸停息下來，對於恐懼和迷信就會留下虛弱和悲慘的獵物。」

「司提西喬魯斯塑造出克利廷尼斯特拉的夢境，是何等鮮明而且眞實，所以才有這樣的表示：

　　　她看到蛇的頭上有血痕如同皇冠，
　　　接近變成普萊昔尼斯家族的子孫；[70]

無論是夢中出現幻影、白日見到幽靈、阿波羅的神讖、上天降下雷電，以及在這種狀況下神明的代理人帶來的苦惱和恐懼，全都描述得栩栩如生。」

「據說阿波羅多魯斯（Apollodorus）在夢中見到自己被錫西厄人剝皮[71]，然後用烈火將他烹煮，這時他的心在大釜裡面用低沉的聲音說道：『是我將你帶來受

69　瑞克《希臘悲劇殘本》之〈Adesp篇〉No.391。

70　貝爾克《希臘抒情詩集》第3卷〈司提西喬魯斯篇〉No.42；這裡提到的克利廷尼斯特拉是阿格曼儂的妻子；普萊昔尼斯和阿格曼儂都是阿楚斯的兒子；彼此之間產生錯綜複雜的罪惡與仇恨。

71　參閱普羅克盧斯《論天意》第135欄37-44行；阿波羅多魯斯是卡桑德尼亞（Cassandreia）的僭主，在位期間279-276 B.C.，以凶暴殘酷著稱於世。他所以夢到身受酷刑，那是自己壞事做得太多的關係，波利努斯的著作記載他的女兒全遭燒死的故事。

罪』；還在另外的時間看見他的女兒繞著他奔跑，炙熱的身體像燒紅的煤炭發出熊熊的火焰。彼昔斯特拉都斯之子希帕克斯在過世之前簡略說了幾句遺言，意思是阿芙羅黛特將杯中的血淋在他的面孔。托勒密‧西勞努斯（Ptolemy Ceraunus）的佞臣在夢中看見他們的主子，受到塞琉卡斯的傳喚在法庭候審，兀鷹和狼擔任法官，結果他被支解讓敵人分到大量的胙肉。」[72]

「鮑薩尼阿斯駐防在拜占庭的時候，與一個家世良好的少女克里奧妮絲（Cleonice）有了私情，讓她在夜間前來侍寢，等到她在暗中接近他的床榻，鮑薩尼阿斯從熟睡中驚醒疑心大起，拔出劍將來人殺死。從此經常看到她在夢中出現，念出下面的詩句：

> 今夜郎邊去，
> 妾心願比翼，
> 命喪白刃裡，
> 冤魂無所依。

幽靈毫無停息騷擾的意願，我們聽說他航向赫拉克利的死亡通路，舉行祓禊和酹酒的儀式，召喚少女的鬼魂，獲得告知只要返回拉斯地蒙，所有的冤孽可以迎刃而解，等他遵照辦理很快便送掉自己的性命。」[73]

11　「生命結束，靈魂不可能存在，死亡成為報酬和處罰最後的界限，關係到犯罪者遭遇早期的懲罰和死亡，有人將它歸於神意的鬆弛和怠忽。」

「等到他們的不法行為經過證明，發現徒然無益而且不產生任何作用，即使有再大的焦慮也得不到實質的回應，甚至有人拒絕承認他的一生有任何災禍或是存在邪惡，確信所有的錯誤不會帶來嚴重的影響。你應該記得史書上面的記載，黎西瑪克斯被圍切斷水源，焦渴難忍率領全軍向傑提投降，置身在對方權力的控制之下，這時獲得飲水可以解除痛苦，他說道：『天哪！我真是一無是處，如此

72　敘利亞國王塞琉卡斯一世尼卡托（Nicator）正要入侵歐洲，遭到托勒密一世索特爾之子西勞努斯的暗算，時為280 B.C.。

73　據說鮑薩尼阿斯前往靠近奧林匹克的赫拉克利，這個地方流行巫術可以召來亡魂。等到鮑薩尼阿斯返國，當局做出決定要將他逮捕入獄，逼得只有逃到雅典娜神廟尋求庇護，斯巴達人把大門封閉讓他活活餓死在內。

短暫的滿足竟然喪失龐大的王國！』[74] 人想要抗拒激情的本能需要是一件非常困難的工作，特別是他的目的在於不正當的利益、嫉妒別人獲得威望和權勢，或是滿足於色慾的歡樂，就會做出犯法的行為和可怕的勾當，等到激情引起的焦渴和瘋狂獲得滿足，最後只有忍受罪惡帶來的羞辱和恐懼，這時已經完全無濟於事，即使受到空虛的提議給予錯誤的引導，或是毫無價值的歡樂給予明顯的欺騙，還是無須一次又一次將它帶回家中，因為他已經推翻人類最高貴和最偉大的法律，還用羞恥和焦慮毒害他的生活。」

「賽門尼德經常用自嘲的口吻表示[75]，說他裝束脩的櫃子滿得關不攏，然而裝謝意的櫃子卻空空如也，看來對他的教誨卻沒有人表示感激之意；因而這些為非作歹的人想起他們所幹的壞事，就會發覺它是赤裸裸毫無掩飾的歡樂，他們在這一刻會為虛妄的希望感到誘惑；事實上他們的處境像是裝滿恐懼、憂愁和氣餒的回憶，對於未來感到疑慮，對於現在毫無把握。如同我們聽到英諾在劇院裡的道白，對於自己的行為是無限的懊惱：

> 啊！貴婦人，我已犯下滔天大錯，
> 那有顏面再進入阿薩瑪斯的住所；[76]

可以想像得到，每一個壞人的靈魂都會考量這方面的問題，最後還能獲得某些解決的辦法：像是如何從灰暗的記憶當中逃走，擺脫犯下罪行以後良心的譴責，獲得純真和潔淨從頭開始過新的生活？因為邪惡使得人喪失信心，他的思想變得雜亂無章，無法堅定而且繼續走向自己選擇的道路，除非出自上蒼的恩典，我們能把這些罪犯稱之為某種類型的智者。」

「無論這些人抱著狂熱的心態，在追逐財富和歡樂，或者以嫉妒的神情對待一切；他們會用封閉的觀點評估事物，處在一個帶著壞心和惡意的團體。最後你還是會發現那些隱匿起來的迷信，使得他們拒絕努力只有退縮，面對死亡就像一

---

74 本書曾經多次引用這個故事，實際上不是滿足欲望的要求，而是使得生命可以延續，如此自責之辭真是大可不必。

75 參閱本書第40章〈論做一個多管閒事的人〉10節，以及斯托貝烏斯《花間飛舞》第3卷417頁。某個人有次想要賽門尼德為他寫一篇頌辭，最後只給他一筆錢而已；這時詩人說道：「我有兩個櫃子，一個裝感激一個裝金錢，等到有需要的時候，我打開裝感激的櫃子發現空無一物，只有裝錢的櫃子還能派上用場。」

76 出自優里庇德的悲劇《英諾》；瑙克《希臘悲劇殘本》之〈優里庇德篇〉No.399。詩中的阿薩瑪斯是奧考麥努斯國王，意圖謀害自己的妻子英諾。

個懦夫，突然之間改變他們的人生觀，所以世間的問題都出自過分膨脹的虛榮和空無一物的自負。這些傢伙不僅害怕那些譴責他們的人士，即使對讚譽他們的人都感到莫名的恐懼；認爲會在觀念上面受到錯誤的影響；他們雖然自己爲非作歹，卻是那些壞人不共戴天的仇敵，因爲他們會對表面看起來很好的正人君子，擺出僞善的面孔隨心所欲大加贊許。邪惡的固執頑強如同質地不純的生鐵，很容易在一擊之下成爲掉落地面的碎片。」

「經過相當時日他們逐漸明瞭狀況，對於自己的生活方式感到苦惱、怨恨和自責；如果一個人過去的評價不高，現在發覺他歸還借貸的錢財，會爲他的朋友提供保證，對於城邦做出相當貢獻，市民都能獲得好處和名聲；這時大家因爲對他做出錯誤的判斷，感到相當悔恨和惱怒。某些人一直在劇院中接受眾人的讚譽，這時突然讓大家獲得一個信息，說是他們對於光榮的欲望已經逐漸消失，留下來的只是對財富的喜愛而已；如同阿波羅多魯斯用陰謀的手段奪取僭主的權力，不惜犧牲無辜者的性命[77]；或者像是伊庇賽德之子格勞庫斯，利用朋友對他的信任，乘機侵奪他們的財產[78]；很難想像這兩位不會產生懊惱之心，爲自己的所作所爲感到後悔和痛苦。就我個人的看法來說並非表示不敬，事實上無論是神或人，對於惡性重大和褻瀆神聖的罪犯，都沒有資格實施懲罰；他們的生活使他們的惡行得到報應，始終停留在驚惶失措和折磨痛苦的處境。」

12 我說道：「只要多想一下，就知道我發表的意見並沒有離題太遠。」
泰蒙回答道：「或許就整體而言仍然需要做詳盡的回答，我認爲可以將最後的問題先提出來，就像角力選手一樣可以很快分個高下，因爲早先討論過的項目，大家已經好好較量一番，看來像是難分軒輊的樣子。」

「優里庇德用率眞的言語指責神明，說祂要將

　　父親的罪孽報應在兒女們的身上；[79]

77　阿波羅多魯斯殺死一個名叫凱利米勒斯(Callimeles)的年輕人，用他的肉和血(混在酒中變成黑色)供應與他陰謀造反的同伴，等到獲得忠誠的擁戴，在他們的協助之下成為無惡不作的僭主；參閱戴奧多魯斯·西庫盧斯《希臘史綱》第22卷5節。

78　格勞庫斯請求神明指點迷津以後，一改過去貪財好貨的習性，前後比較像是判若兩人；參閱希羅多德《歷史》第6卷86節。

79　瑙克《希臘悲劇殘本》之〈優里庇德篇〉No.980。

由於大家的默認你只好表示贊同。只要真正的罪人已經付出代價，那就不應該懲處無辜者，否則豈不是一罪兩罰；或許出於神明的怠惰，使得罪行的懲罰任憑時光慢慢流逝，等到最後執行的時候，清白的後代卻要成為替罪的羔羊，運用這種伸張正義的方式，對於懲罰的遲延根本無法發揮補償的作用。」

「可以舉一個例子來說，你應該記得伊索的故事，他從克里蘇斯那裡獲得大量黃金，打算向神明奉獻名貴的祭品，同時送給每一位德爾斐人價值四邁納的禮物，後來與當地居民發生爭執，一怒之下在向神明獻祭以後將所有的錢財運回薩迪斯，認為他們不夠資格接受他的好意。德爾斐人捏造證據控訴他犯下搶劫神廟的罪行，判決的懲罰是從懸崖上面拋下將他活活摔死，行刑的地點稱為海姆披亞(Hyampeia)[80]。據說神明為不義的行為極其憤怒，給予當地民眾的報復是作物的歉收，以及從其他地區傳入的疾病；他們參加希臘的祭典活動，會在各個城邦之間來回奔波，公開宣布他們讓伊索受到冤屈，凡是犯錯的人若願意前來懺悔和贖罪，他們都很樂意接受。薩摩斯的艾德蒙不是伊索的親戚，卻是當年在薩摩斯買下他的主人第三代的後裔，現在來到德爾斐，在他的協助之下願意採取矯正的措施，德爾斐人總算獲得解救；據說他們對於犯下褻瀆神聖的罪行，執行懲處的地點由原來的海姆披亞改到奧利亞(Aulia)。」[81]

「就我個人的意見，不應過分讚譽亞歷山大，他同意將占領的布蘭契迪(Branchidae)夷為平地，所有的居民無分男女老幼屠殺殆盡，起因是他們的祖宗曾經對米勒都斯附近的神廟有出賣的行為[82]。科孚人質問敘拉古的阿加索克利，為何要縱兵蹂躪他們的島嶼，這位僭主帶著嘲笑的口吻回答，說是為了對宙斯有個交代，你們的先人在這裡接待過奧德修斯[83]。等到伊色卡人抱怨他的軍隊趕走他們的羊群，這時阿加索克利說道：『你們的國王來到我的領地，不僅如此還把牧羊人的眼睛弄瞎。』[84] 據說在一千年以前，海克力斯搶走象徵預言的三腳鼎[85]，

---

80 參閱希羅多德《歷史》第2卷134節，因為根據神讖除了艾德蒙，沒有任何人向德爾斐當局提出賠償，從而證明伊索的身分是奴隸，艾德蒙的祖先是買下他的主人。

81 沒有任何史籍的記載，難以確定是否真有其事。

82 參閱奎因都斯·克爾久斯《亞歷山大戰史》第7卷5節；褻瀆神聖的搶劫行為發生在波斯戰爭期間(492-479 B.C.)，反叛者投入澤爾西斯的陣營，何以當時的希臘人獲勝以後沒有處置，非要等到一百五十年後，亞歷山大在331 B.C.打敗大流士才能採取報復的行動，這也是沒有道理的事。

83 這是牽強又可笑的藉口，只能用來打趣對方罷了。

84 這位牧羊人是獨眼怪物賽克洛普斯；參閱荷馬《奧德賽》第9卷375行及後續各行。

85 海克力斯和三腳鼎的故事，可以參閱本書第28章〈德爾斐的E字母〉6節，以及西塞羅《論

將它運到菲尼烏斯，阿波羅直到現在才毀滅菲尼烏斯人，阻塞地下渠道讓整個地區淹在水中[86]，大家看看這種論點豈不是極其荒謬？還有就是琉卡迪亞人供奉的赫拉發出雷霆之怒，為了安撫祂，難道非要西巴瑞斯人忍受三次國破家亡之苦[87]？雖然洛克瑞斯人不再將他們的少女送往特洛伊，直到目前

> 她們沒有披斗篷如同赤腳的女奴，
> 清晨在雅典娜的祭壇前淚下如雨，
> 勞累的工作到老得不到一塊面幕；[88]

所有這一切都是出於埃傑克斯過分放縱的殘暴[89]。」

「提到這些還談什麼理性或正義？色雷斯人為了報復奧菲烏斯(Orpheus)，直到今天還要妻子紋身[90]；那些居住在波(Po)河兩岸的蠻族，悲悼菲松的遭遇始終穿著黑色喪服[91]，因為所提的情節都是陳年舊事，這樣做並不讓人感到欽佩。那些與菲松同時代的人，都沒有提到他遭遇不幸，然而過了五或十代以後，他的後裔面臨災難的打擊，把原因歸之於他們改換黑色的服裝，卻沒有為菲松服喪哀悼，只要談起來難道不是嘖嘖怪事？不過，提及這些事情除了讓人感到何其愚蠢，沒有別的害處也不會帶來危險；至於認為神明會因而大發脾氣，又有什麼理由說祂會息怒，突然之間隱匿祂的情緒不讓人知，豈不就像有些河流重新從地底出現，極其嚴重的旱災因而獲得紓解？」

13 趁著泰蒙停口不語的時機，生怕他再提出一些更荒謬的觀點，使得討論無法正常進行，我趕快向他問道：「好吧，好吧，你認為這些故事全都真實不虛？」

(續)

神的本質》第3卷16節。

86 據說菲尼烏斯地區的四周是連綿的山嶺，海克力斯挖出一條地下渠道用來排水，等到發生堵塞以後形成一個大湖；參閱狄奧弗拉斯都斯《植物史》第3卷1節。

87 除了448 B.C.發生城破被毀的慘劇外，另外兩次是否確有其事已不可考。

88 這首詩的作者應該是優豐瑞昂，然而它的出處不詳。

89 埃傑克斯在攻下特洛伊以後，不僅洗劫全城到處殺人放火，強暴身為雅典娜女祭司的卡桑卓，洛克瑞斯人奉神讖的指示，為了贖罪要派遣少女到神廟服行勞役，至今已有千年之久。

90 犯有過失的奴隸會在額頭刺上記號，使得大家一望即知。

91 菲松是阿波羅的兒子，駕馭太陽車不當喪生，仍舊在蠻族之中流傳；參閱波利拜阿斯《歷史》第2卷16節。

泰蒙回答道:「不是全部,有些不應該出問題,你的論點是否出現同樣的困難?」

我說道:「或許如此,就像是一個人處於高燒的狀況,這時他會一直嚷著身體感到寒冷,無論給他蓋上多少床毯子,對於身上喪失的熱沒有什麼作用,爲了讓他舒服起見還是不要蓋太多,要是病人拒絕你的好意,也只有尊重的他的要求。然而我還是要告訴你,剛才所提大部分的例子都是神話和傳說;我這次前來舉行狄奧克西尼亞(Theoxenia)祭典,讓大家將此事記在心頭,同時傳令官當眾公開宣布,要爲最神聖的儀式奉獻犧牲,整個事務應該由品達的後裔負責。」

泰蒙說道:「希臘人只要習於古老的簡樸生活方式,就可以免於品達所說

寒冷的火焰才會鑄造出鐵石心腸,[92]

誰不會對這種推崇的方式感到高興和歡娛?」

我回答道:「我基於同樣的觀點,對於斯巴達人拿『要與列士波斯來的歌手相比稍有不如』[93] 這句話,用來讚譽特潘德,總是覺得不以爲然;不過,我會做出這種表示,由於你和你的家人都是歐菲塔斯(Opheltas)的後裔,還有就是你在福西斯與達芳都斯的關係[94],應該比其他的皮奧夏人擁有更爲高貴的頭銜;就我的立場而言,必須知道你是第一位表態的人士,協助我反對萊柯米家族(Lycormae)和薩蒂立埃家族(Satilaei),如同我是第二位公開宣布的當事人,呼籲大家要遵守希臘人的法律,只有海克力斯的後裔,才能戴起王冠和繼承王位。我到今天還可以這樣說,海克力斯對希臘人做出偉大的貢獻,獲得的榮譽和報酬不必感激任何人,可以心安理得的接受,直到目前仍爲他的後裔子孫所擁有。」

他說道:「你讓我記得這次的討論,如同哲學的精義一樣不辯不明。」

我說道:「閣下,讓我們不要肆意指責神明的過錯,更不必一切向壞處設想,認爲祖先的罪孽會使繼承的親人受到懲罰,雖然贊同高貴的出身會獲得光

---

92 這是品達的殘句,出處不詳。

93 參閱羅斯《亞里斯多德殘篇》No.545;亞里斯多德在《斯巴達的政體結構》裡提到這句話,認為這是斯巴達人的自謙之辭,尤其是特潘德對他們的啟示,更要表示感激之意,何況到後來他們在希臘人當中,已有「青出於藍而勝於藍」的優勢。

94 蒲魯塔克認為歐菲塔斯是他的祖先,最早定居在奇羅尼亞,有關的狀況可以參閱蒲魯塔克《希臘羅馬英豪列傳》之〈西蒙傳〉1節;談起蒲魯塔克與達芳都斯的關係更為密切,曾經為後者立傳,只是現在已經佚失。

榮，即使個人感到高興還得持保留的態度。如果我們想要把對德行的感恩保存在後代的身上，必須要有合理的期待，那就是罪行的懲罰所經歷的過程，不能發生蹣跚而行或停頓不前的現象，要抱著謝意與他們應得的回報保持同一步伐。他們樂於看到西蒙的後裔在雅典非常興旺；要是拉查里斯（Lachares）[95]或亞里遜（Aristion）[96]的子孫遭到放逐，他們爲之困擾甚至感到生氣，這些只能說是疏忽和懶散使然，或許是做人難以伺候，借題發揮對神明的不滿和怨恨，因此有人指責神明不應讓邪惡小人的後代，還能在世界上繁衍綿延生生不息；同樣有人在那裡吹毛求疵，說是即使犯下滔天大罪的暴君和僭主，他的後裔不應受到株連慘遭絕滅。事實上我們發現神明同樣會犯下錯誤，無論是惡徒或善士的子孫，只要霉運臨頭還是無法避免。」

14 我繼續說道：「這番談話你們可以將它視爲一個難以越過的阻礙，用來抵擋過分尖銳和人身攻擊的批評。現在讓我們重整最早的頭緒，就是與神明有關的爭辯，要經過幽暗和引起差錯的迷宮，必須小心翼翼選擇所走的道路，對於可能出現和讓人相信的問題，要抱持處變不驚的心態，身爲人類的我們經常會陷入某種困境，欠缺安全甚至對於自己都不敢實話實說。例如，有些小孩的父母因爲肺癆或是水腫喪命，這時要把死者的腳泡在水中，一直到屍體火化爲止，爲何我們要告訴他們這種病經過這樣的處理不會傳染，即使在身邊的人都不受影響？」

「還有就是一隻山羊將海冬青吃進嘴中，爲何會使整個羊群停在原地不動，非要等牧羊人將它從山羊的口中拿走？這是另外一種力量，能以不可思議的速度向外傳染和輸送，從一個目標通過下一個目標，可以到達極其遙遠的地方；我們所以會感到驚異並非空間的距離而是時間的區隔，然而讓人覺得不可思議之處，像是一種疾病發源於埃塞俄比亞卻在雅典肆虐，伯里克利不幸亡故就是修昔底德都受到傳染[97]，德爾斐人和西巴瑞斯人罪孽深重，正義之手藉著瘟疫讓他們的子孫遭到報應。因爲藏匿不爲人知的力量和性質，最後的結局和開始的起點之間，存在神聖的關係和聯繫，雖然它的成因我們不得而知，卻能在沉默當中發揮最大的效用。」

95　拉查里斯成爲雅典的僭主，並且與卡桑德建立聯盟的關係；294 B.C.德米特流斯攻占雅典之前，他已經逃離城市。
96　亞里遜在88 B.C.成爲雅典的僭主。
97　參閱修昔底德《伯羅奔尼撒戰爭史》第2卷48節。

15 「然而,神明的憤怒使整座城市遭到天譴都已得到證實,城市如同生物是一個結合起來可以繼續維持的有機體。年齡的增長帶來的改變不會讓這種狀況有停止的現象,時候的逝去不會讓事物發生更換,通常會感應到本身前後的一致,無論是懲罰或是獎賞完全根據他的作為,或者是公眾面前扮演的角色,所有交織而成的要素都與創造有關,如同單一的個體可以保存起來。運用年代學的區分和辨識原則可以創出很多城市,甚至它的數目能夠到達無限;就像從一個人複製出很多人,因為這個人現在是老者,過去他是一個壯年人而更早是一個小夥子。或許與伊庇查穆斯的文章當中提到的程序[98],很像是出自一個來源,它的作用對詭辯家而言是謬誤的『培養者』:這個人過去所借的貸款到現在已經沒有債權人,所以他的狀況變成完全不同,如同昨天以貴賓的姿態受到邀請前去晚餐,今天赴宴馬上成為不速之客,完全是另一種身分。」

「我們每個人都知道人隨著年齡的增長,在各方面都發生很大的變化,這與城市的狀況相比完全不可同日而語。大家承認一種現象,那就是雅典看起來三十年的光陰,只不過剎那間的事,像是人民目前的特性和風氣,他們的娛樂和消遣以及關心的事項,表現在外的偏見和憤怒,很長的期間內都保持原狀。一個人過了相當時間以後,再與親戚或朋友相遇,甚至對他的相貌和外形都很難認出。一個人性格的改變與很多因素有密切的關係,像是語言的爭辯、工作的狀況、情緒的影響以及法律的事項,甚至一種恆久保持的友情,發揮很大的作用使人感到驚駭不已。一個人從生到死可以稱為同一不變的個體;我們認為極其適用於城市,能夠維持不變的身分和辨識,它可以繼承光榮和權力,同樣的頭銜會將往昔的羞辱全部包括在內。甚至我們發現已經在不知不覺之間,將整個的存在投入赫拉克萊都斯敘述的狀況當中,那就是沒有人可以渡過同一河流兩次[99],因為原來接觸水的質點都已更換,從而得知自然界所有的事物都在不停的變幻轉移。」

16 「如果一個城市是單一又連續的整體,那麼一個家庭具備類似的性質,來自同一個起源,擁有某種權力和相互溝通的性質;須知被創造者和創造者互為表裡相依為命;就像一件傳世精品出自藝術家之手,雖然後者創造前者,前者卻讓後者名滿天下;就人類的繼承關係而言,不僅從根源那裡獲

---

98 這段文字引用在戴奧吉尼斯‧利久斯《知名哲學家略傳》第3卷11節;參閱蒲魯塔克《希臘羅馬英豪列傳》之〈帖修斯傳〉23節。

99 參閱狄爾斯《哲理詩殘卷》第1卷〈赫拉克萊都斯篇〉171頁No.B91;以及本書第28章〈德爾斐的E字母〉18節。

得一部分的生命，還要加上功績帶來的榮譽和羞辱造成的懲罰。如果你不把說的話當成開玩笑，我會告訴你卡桑德的雕像受到不公正的待遇，因爲雅典人用鐵鎚將它打得粉碎[100]；戴奧尼休斯亡故以後，敘拉古人將他的屍體拋到國境的外面[101]，後來他們的子孫要爲此事付出很大的代價。因爲就雕像而言完全不具備卡桑德的性質和成分，而且戴奧尼休斯死後靈魂已經脫離這副臭皮囊；然而就奈薩烏斯(Nysaeus)和阿波羅克拉底(Apollocrates)[102]、安蒂佩特和菲利浦[103]以及其他惡人的子女而言，父親的主要部分得自繼承和與生俱來，並非毫無生氣或靜止不動，因爲這樣的關係，他們可以生存、工作、思想以及接受統治和管轄。身爲子女可以接受自己父親應得的部分，這種想法不會讓人感到驚異，也沒有任何謬誤之處。」

「總而言之，醫藥的正當性在於有益身體的健康，如果出現不當的行爲就會讓人感到荒唐，像是一個病人的臀部出現不適竟然要燒灼他的拇指，或者肝的腫瘤要在下腹部劃出很多細微的割痕，或者牛隻患軟蹄症要在角的頂部塗油[104]；如同有些人認爲懲罰的目的，在使其他人獲得正義的待遇，較之矯正和治療邪惡的行爲更加要緊；有些當事人將其他人士當成仲裁者，這種做法當然會讓人感到詫異，如同眼睛發炎要用割開靜脈血管恢復原有的視覺功能[105]；好像完全違背我們對醫療的知識。老師打一個學童對其他人產生訓誡的作用，或是一位將領用『十一之刑』[106]激勵全軍重視紀律，對於身歷其境的人難道沒有深刻的印象；人類的某些處置、苦難和懲戒都用這種方式加以傳輸和轉移，不僅從一個部分到另外的部分，確實可以從一個身體到另一個身體，還能從一個靈魂到另一個靈魂。當

100　出現這種狀況，可能是在307 B.C.德米特流斯攻占雅典以後的事。

101　參閱蒲魯塔克《希臘羅馬英豪列傳》之〈泰摩利昂傳〉22節。

102　阿昔尼烏斯認爲這兩位是戴奧尼休斯一世的兒子，奈薩烏斯統治很短的時間遭到放逐，阿波羅克拉底的下場如何沒人知曉。因爲戴奧尼休斯二世的長子名字叫作阿波羅克拉底，很可能阿昔尼烏斯沒有弄清楚這層關係，結果是蒲魯塔克跟著出錯。

103　這兩位是卡桑德的兒子：菲利浦登基以後統治不到幾個月患肺病身亡；安蒂佩特遭到謀殺。

104　參閱亞里斯多德《動物史》第8卷7節和23節；加圖《論農業》第72卷；以及普里尼《自然史》第28卷226節。

105　參閱希波克拉底《流行病》第3卷6節；格林《論自然的機能》第17卷。

106　羅馬擁有軍事指揮權的主將對於所屬部隊犯下重大過失，諸如謀叛譁變、不聽節制、違抗命令等，可以處以「十一之刑」，就是掣籤抽出十分之一的人員，要其餘未中籤者排成夾道，用棍棒將受罰者擊斃。內戰時期經常實施這種令人悚然的刑罰，像是朱理烏斯・凱撒在49 B.C.，杜米久斯・卡維努斯(Domitius Calvinus)在39 B.C.和屋大維在34 B.C.，看來身處亂世唯有用重典才能維持軍紀。

傳送的路線通過身體，顯然同樣的影響和改變發生在兩部分：鑑於靈魂的本質會受到想像力的引導就會感到自信或恐慌，得到的結果不是更好就是更壞。」

17 我還沒有停下來，奧林皮克斯打斷我的話，他說道：「可以明顯看出，你所陳述的問題都要靠一個極其重要的前提：靈魂的生存。」[107]

我說道：「的確如此，你就是不承認也不行，我們的討論從開始進行就基於一種假定，那就是神明讓我們得到應有的功過獎懲。」

他說道：「那麼你相信這些隨之而來的需要，是祂看到我們的行動以後，根據我們的功績加以分配，因此我們的靈魂必然存在不會因腐化而墮落，同時亡故以後還能生存一段時間？」

我回答道：「閣下，不必這樣緊張；如果我們認為這一切並不神聖，對於那些像是祂的事物還是無法忍受，或者繼續的堅持下去，那麼神明對於祂的行動當然不會多作考慮，同時也不會浪費時間在瑣碎的事物上面。如同荷馬所說，『凡人短促的一生如同落葉的聚散』[108]，也像是婦人在陶罐當中栽培和照顧『阿多尼斯(Adonis)的花園』[109]，要把這一天的靈魂種植在血肉之軀的易碎容器裡面，更不允許長出生命的根可以堅固的矗立，豈不是任何一點微小的變化就讓它淪入絕滅的下場？如果你願意，可以將其他的神明放在一邊，根據個人的看法是否可以考慮這個地方的神明，祂知道人只要亡故靈魂便隨之消失無蹤，就像一陣蒸氣或一縷輕煙從身體裡面騰空而出，雖然為了使死者安息，會提出很多需要給予無上的名聲和盛大的排場，只是對相信的人採用隱匿和欺騙的伎倆。就我的立場而言，絕不會放棄靈魂的生存這種合乎理性的觀點，除非有另外一位海克力斯將阿波羅的三腳鼎偷走，同時還廢除和摧毀神讖的功能。直到今日還有很多義務落在我們身上，其中之一是要接受神明對納克索斯人科拉克斯(Corax)的處理方式，靈魂接受死亡的判決是褻瀆神聖的邪惡。」[110]

---

107 要想讓為惡者通過他的後代子孫接受懲罰，那麼他必須生存在世上才能感受到這種報應，否則就沒有任何意義。

108 荷馬《伊利亞德》第6卷146行。

109 希臘的城市舉行阿多尼斯祭典，抬著神像遊行表現哀悼的氣氛，將一些陶製容器裝滿泥土，裡面種著已經發芽的穀物、草藥或萵苣，將它稱之為「阿多尼斯的花園」，等到祭典完畢丟進河流或海裡。這個祭典在希臘和埃及非常流行，就是猶太人也難免，後來才視為偶像崇拜受到取締；可以參閱《聖經舊約‧以西結書》第8章14節：「誰知，在那裡有婦女坐著，為搭模斯(Tammuz)哭泣。」這裡提到的搭模斯就是阿多尼斯。

110 參閱蒲魯塔克《希臘羅馬英豪列傳》之〈努馬‧龐皮留斯傳〉4節，特別提到殺死阿契洛克

佩特羅克勒阿斯質問道：「請問給了我們那些義務？這隻『烏鴉』[111] 到底是什麼傢伙？這個字所代表的含義和內容我一點都不知道。」

我說道：「這與你的想像有很大的差距，完全是我的錯，因為不該用綽號來取代他的姓名。據我們所知，在戰場上面殺死阿契洛克斯的人就是卡隆德（Callondes），他有一個『科拉克斯』的小名。首先是阿波羅女祭司將他趕走，說他殺害一個深受繆司寵愛的人，訴諸某些祈禱和懇求，以及運用成因作為答辯，神明給予的指示可以糾正特蒂克斯(Tittix)的惡習，終結他的罪行以後，可以安慰阿契洛克斯的亡魂（這個地方就是提納魯斯；根據克里特人的說法，特蒂克斯率領一支艦隊到了那裡，建立一個城市，坐落的位置是在靈魂的通道〔Passage of Souls〕）。斯巴達人用同樣的方式，就是直接拿神讖去安撫鮑薩尼阿斯的亡靈，他們奉派到義大利充任招魂使者，奉獻犧牲以後，將他的靈魂從神廟中引到異國。」[112]

18 我繼續說道：「這是完全相同的爭辯，建立在神明的天意和靈魂的生存這兩方面，不可能推翻一個論點還讓另一個穩固的站立。只要靈魂生存就可讓我們期待死後而非生前授與榮譽或懲罰；生命如同角力手的比賽，只有結束以後獲得應有的榮辱才算數；過去的生活決定的酬庸和刑責（視案情而定），靈魂為了我們要在其他的世界才能接受，必須活下去，不能讓生存處於分離的狀態，這時靈魂不會相信我們的誠意就會逃之夭夭；至於獎懲透過子女和後裔到達他們的靈魂，能讓這個世界的居民都能看到，對於很多惡者可以發揮阻止的作用，或者壓制他們高張的氣焰。就我們的推測，看到一個人的子孫要為他的行為負責，總比沒有懲罰要好得多，不會那樣令人感到羞辱和苦惱；一位行事邪惡又無法無天的人，死後他的靈魂不可能存在於遭到推翻的雕像，或是人格掃地的地位，然而他的子女、朋友和親戚因為他的過錯，以及要成為他的犧牲品，受到牽連陷入可怕的災難之中。這時我們要有這方面的認知，與其接受宙斯賜給我們的名聲和恩惠，還是拒絕變得更為邪惡和放縱。我生怕你們將這種概念

（續）

斯的人會受到詛咒，因為受害者是繆司的侍從；整個故事的細節記載在伊利安《歷史文集》之中。

111 科拉克斯的字義就是「烏鴉」。

112 這是斯巴達的雅典娜神廟，建有極其著名的銅殿，鮑薩尼阿斯就是餓死在裡面；參閱蒲魯塔克《希臘羅馬英豪列傳》之〈西蒙傳〉6節的注釋，以及修昔底德《伯羅奔尼撒戰爭史》第1卷134節。

當成神話[113]，我要盡量將敘述限制在可能範圍之內。」

奧林皮克斯說道：「無須如此，我們對你的說法都很滿意。」

等到其他人全都做出同樣的表示，我說道：「首先讓我將可能的狀況交代清楚，然後，只要你們決心繼續下去，就讓我們勇敢面對神話的部分，看來它與我們料想的情節沒有多大差別。」

19 「拜昂很明確的指出，神明要懲罰邪惡之徒的子女，豈不等於身為父親或祖父的人患病，要他們的兒子和孫子去吃藥一樣，讓人感到更為荒謬可笑[114]。實在說，兩種迥然不同的過程絕不能混為一談：一位患者接受治療不可能除去另一位患者的疾病，要是對一位病人塗上藥膏或是敷以濕布，也不能讓另外一位眼炎或熱症的受害者，病情得到改善甚至痊癒。基於同樣的道理，當眾懲罰做了錯事的人還是不能發揮正義的功能。正確的處理方式是防止一些人受到懲罰，從另一個角度來看，拜昂拿醫生作為比較，沒有注意到與討論的主題是否真正相襯。」

「我們需要知道發生的狀況，一個人犯下嚴重的錯誤並不是得到不治之症；完全是意志的虛弱和缺乏應有的毅力，才使身體屈服於病魔的淫威；這時無論是醫生、親戚、教練或者仁慈的主人，全都了解狀況，知道這個人的兒子，從表面上來看沒有染上時疫，僅是容易罹患同樣的疾病，因而攝生之道受到嚴格的限制，剝奪美食、糕點、酒類和女色方面的歡趣，藥物的治療不要受到外在的干擾，艱苦的訓練維持忙碌的生活，要排除引起不適的細微成因，免得癬疥之疾最後竟然奪人性命。難道還需要這方面的勸告，像是隨時要關心自己的身體，採取預防措施不能有任何疏忽，改善體質盡早在初期排除遺傳的疾病，掌握時效不讓它變成難以治癒的沉痾，用來對患病父母所生的小孩施加壓力？」

他們說道：「這話一點都不錯。」

我說道：「我們對於患有癲癇、憂鬱症和為痛風所苦的子女，採取體格訓練、飲食控制和醫療用藥並重的方式，這種做法並不可笑而是確有需要，並不荒謬而是值得欽佩；不是因為病魔纏身可以根治，而是不讓他們得到這些痼疾。凡是殘疾者的後代不應加以懲罰，要用醫藥給予治療和照顧。如果任何人基於怯懦

---

113 可以拿「道理」與「神話」做一比較；參閱柏拉圖《高吉阿斯篇》523A；特別提到他所說的神話並非虛構的傳聞，而是帶有真理的事實。

114 拜昂(325-255 B.C.)出身錫西厄人貴族階層，師事狄奧弗拉斯都斯，成為當代知名的哲學家；參閱斐洛《論天意》第2卷7節。

的個性，也不能心智軟弱到醜化治療爲懲罰的地步，因爲這會排除所有的歡樂，將我們陷入痛苦和勞役之中，所以我們不能讓它的陰謀得逞。殘疾者的後代應該給予細心的治療和照料，一個家庭出現類似的惡行，使得它的成員在年輕的時候就開始發芽苗壯，如果不加以阻止和延遲，它會擴張得更遠更廣；如同品達所說的那樣，它的來到是爲了使得激情更爲高昂，

　　豈不是靈魂只能得到有害的收穫？」[115]

20　「或許神明的見識還不及一位詩人，因爲赫西奧德提出下面的諫言和規勸：

　　參加葬禮表示前往充滿凶險之處，
　　返家以後不能立即行房以免受孕，
　　舉行神明的祭典能得到良辰吉日，[116]

能在歡樂、快活和舒暢的氛圍中完成生殖行爲，使得子孫從他們那裡不僅接受惡行或美德，而是憂愁、歡娛和各種不同的心情？」

　　「不過，這已經是另外一件事，不在赫西奧德的能力所及範圍之內，也不是人類的智慧所能達成的任務，全都要歸之於神明的大能：眞正的激情要將它們涉及重大的不法行爲，從而兩者類似和完全相異之間的辨識和區別，就能夠得以眞相大白。無論是狼、熊和人猿，牠們的幼獸很早就會顯示出與生俱來的天性，不會掩飾更不會造假；人的行爲受到習慣、規範和法條的制約是很自然的事，因爲經常隱瞞自己的缺失，要去效法美德所遵行的模式，得到的結果是對遺傳所沾染的罪惡，不是加以抹除就是避之大吉。他的四周用口是心非的欺騙當成一種掩護，很長的期間內可以逃避別人對他的檢查和考驗；我個人認爲，還有一些人做出特別邪惡的事情，甚至對自己都要施以欺騙的手段，雖然在開始可以逃過偵測，最後還是全部暴露；不僅如此，通常大家對這些狀況深信不疑，那就是他做出伸張正義的行爲會變得更不公正，他已經滿足欲望卻變得更加放縱，他開始逃避現實會變得更加怯懦。」

116　赫西奧德《作品與時光》735行及後續各行；參閱本書第13章〈七位哲人的午宴〉14節。

「一個人喜歡說蠍子的螫刺才會長出毒鉤，蝮蛇的咬人才會分泌毒液，還有一種愚笨的念頭，認爲形形色色的惡人不會在同個時間變得邪惡，或者一起行使邪惡的行爲；即使小偷和暴君從開始就擁有邪惡的心靈，除非他找到機會或獲得權力，否則偷竊和非法就無法產生效果。我們可以提出保證，神明對於每一個體的性格和特質不可能毫無所知，祂對靈魂較之肉體更爲了解也是理所當然之事。他不會坐待暴力、非法和褻瀆的事件發生，才去懲罰那些犯罪的人，很多事一定要防患於未然。神明不會產生錯誤因爲祂對罪犯施以報復，不會遭到責怪因爲祂對強盜大發脾氣，不會引起憤怒因爲他對姦夫極其痛恨。祂經常要做的事，懲罰那些對於通姦、貪婪和違法具有癖好的人，祂的目的是要治癒他們的疾病，除去盤據在內心的惡行，就像一個人患上癲癇，不要讓他有發作的機會。」

21 「就我們的立場而言，對於惡人受到懲罰的延後和耽誤，不過片刻之前還表示極其憤慨。我們現在只能抱怨，甚至在惡行已經完成之前，神明的懲罰僅是說說而已，眞正處理的只是其中一部分；我們對於狀況的了解並不深入，口頭的威脅比起實際的執行，雖然沒有用處卻能讓他們感到畏懼，即使是隱藏起來比起完全顯示，還是不能列舉足夠的理由，爲何留下不加處理是更好的辦法。可以說他們犯下的錯誤，僅能阻止其他人也有這種打算，如同藥物對於某些生病的人並不適合，反而對於沒有生病的人帶來好處，因爲它可以達成事先預防的效果。這種狀況有詩爲證：亦即神明的

　　報應要能使父母的罪孽禍延子孫，[117]

事實上並不是完全如此，須知『歹竹能出好筍』，就像多病的雙親可以得到健康的子女，確定刑責的家庭可以獲得赦免，它的成員可以不再與惡行發生關係。」

「雖然說一個人產生不正常的行爲，可以讓一位罪孽深重的祖先再度展現他所擁有的特色；通常祖先的惡行會讓他的後代受到懲戒，如同債務會加在繼承人的身上。還是有許多例外的狀況：像是德米特流斯的罪惡不會讓安蒂哥努斯受罰[118]；奧吉阿斯的逾越不會讓菲勒烏斯受到牽連[119]；尼琉斯的褻瀆不會讓尼斯特

117　瑙克《希臘悲劇殘本》之〈優里庇德篇〉No.980。

118　這裡提到的馬其頓國王德米特流斯一世波利奧西底(Demetrius I Poliorcetes)，在位期間294-288 B.C.，是安蒂哥努斯二世哥納塔斯(Antigonus II Gonatas)的父親。

119　奧吉阿斯是伊利斯國王，海克力斯掃清他的牛棚以後，竟然不願支付答應的報酬，他的兒子

付出代價[120]（身爲德行卓越的兒子，都有惡性重大的父親）。這些人默許和支持家族所具備的特色，爲了追逐惡行的類似之處，懲罰使得這種行動獲得很大的進展。像是父親的疣、胎記和黑痣，即使沒有生長在下一代的身上，然而再下一代的子女卻無法保證不再重現；如同某位希臘婦女生出黑皮膚的嬰兒，因而受到與人通姦的控訴，後來發現她是一位非洲黑人第四代的後裔[121]；就像瑟斯比（Thisbe）的皮同所生的子女當中，雖然死在不同的時代，卻說他們是『龍齒人』的同宗[122]；其中某位身上出現長矛的記號，就是這個家族在過了很多代以後，又從地球的深處重新出現。第一代的子孫對於靈魂擁有的特色和激情，通常會加以隱匿和潛藏，等到經過時間的考驗，家族的成員對於繼承古老的惡行或是美德，都會抱著不以爲意的心態。」

22 說完以後大家都保持沉默，奧林皮克斯面帶笑容，他說道：「我們不會對你的講話大聲讚揚，免得你產生一種想法，認爲大家滿意你的論點，所有提出的案例都得到證實，不必再用神話故事做補充的說明；因爲我們還想聽到更詳盡的敘述，否則不會做出最後的判斷。」

我接著要講一個令人難以置信的故事，情節是如此的曲折離奇：

且說有位過去與我們一起住在索利的親戚，也是我的朋友，他的名字叫作普羅托吉尼斯[123]，早年過著放蕩又荒唐的生活，很快將家產揮霍一空，陷入貧窮的處境以後，只有鋌而走險，經常做出爲人所不齒的惡行。同時對於財富會轉變原來的看法，現在會對貴人加以奉承和巴結。表現的行爲如同酒色之徒卻無法保有自己的妻室，只有同意她的求去，等到她嫁給別人，再回過頭懇求她不要忘了賜給他好處。從這種情緒可以看出，唯有禁絕帶來羞辱的行爲，可以讓他感到滿足

（續）

　　菲勒烏斯作證他違背諾言，結果被他逐出家門；後來海克力斯率領一支軍隊洗劫伊利斯，並且指派菲勒烏斯成為杜利契姆（Dulichium）的統治者；參閱阿波羅多魯斯《史綱》第2卷5節，以及鮑薩尼阿斯《希臘風土誌》第5卷3節。

120　尼琉斯率領幾位兒子偷竊海克力斯的牛群，只有尼斯特拒絕參加，後來海克力斯不追究他的罪行，還讓他繼承他父親留下的王國。

121　參閱亞里斯多德《動物史》第7卷6節及《論動物的生殖作用》第1卷18節；以及普里尼《自然史》第7卷51節。

122　卡德穆斯殺死一條惡龍，拔下牠的牙齒埋在土中，結果從地下躍出一隊全副武裝的鬥士，經過自相殘殺，最後剩下五位成為他的侍衛，這些武士的後裔稱為「龍齒人」。有關長矛的起源，參閱笛歐·克里索斯托姆《演說集》第4卷23節。

123　本書第50章〈愛的對話〉2節，提到一位名叫普羅托吉尼斯的人士，來自西里西亞的塔蘇斯，而非本章所說的索利，只是這兩個地方相距甚近。

或獲得助益，由於他無法累積可觀的運道，卻在很短的期間內，能以欺詐的伎倆聞名於世。他派人從供奉安菲洛克斯的神廟求取神讖[124]，對於他的知名度是最大的打擊，因為他請求神明指點迷津，是否能在餘生做出更好的貢獻，得到的答覆是一切無濟於事不如趕快命喪黃泉。

沒過多久確實發生事故，他從高處摔落地面撞擊頸部[125]，受到劇烈的震盪沒有外傷，誰知立刻一命嗚呼。等到第三天正在舉行葬禮，他竟然蘇醒過來[126]，很快恢復體力和神志，從此開始改變生活方式到令人難以置信的程度；西里西亞人不知還有那個人比起他的待人處事更為篤實，比起他的宗教信仰更為虔誠，即使他的仇敵有了不幸他也會感到悲傷，對於朋友的任何要求都會信守承諾；所有他遇到的人都想知道他與以前截然不同的理由，認為絕非普通狀況會引起劇烈的改變。從這種狀況可以得知整個故事出自他本人之口，以及其他可以相信的朋友。

23 普羅托吉尼斯特別提到靈魂出竅的感覺，智能被驅出肉體的一剎那，產生的改變像是一位船長[127]縱身躍入深海之中，其次出現的印象是他已經從那裡升起，感覺能夠活著開始呼吸，同時還向四周張望，他的心靈就像一隻張開的眼睛[128]。除了閃爍的星辰沒有看到熟悉的東西；它們的體積變得很大，相隔的距離更為遙遠，發出不可思議的彩色放射物像是具有凝聚力。他的靈魂乘坐在平滑的光線上面，如同船隻航行在水波不興的海洋，可以向各個方向輕鬆而快捷的運動。

等到越過大部分的景象以後，他說他現在的感覺如同一個亡靈，從下方向上飛升，很像一個火球在空氣當中飄浮。然後這個球體破裂形成無以數計的碎片，使得人類從而形成，這時開始完全不同的運行方式。有一些跳躍非常輕盈如同標槍一樣向前投射，還有一些像是蜘蛛在那裡不停的旋轉，同時夾帶向下和向上的搖擺，形成複雜和毫不規則的渦狀動作，經過很長的時間才會變得非常穩定。

大部分相遇的靈魂他很陌生，其中只有兩三個可以認出來，要花一番心思才

---

124 這座神廟位於西里西亞的瑪拉斯，以神讖的靈驗知名於世。

125 頸脖位於頭和胸之間，如同地峽和邊界可使兩者分開；參閱柏拉圖《泰密烏斯篇》69C-E。

126 參閱柏拉圖《國家篇》613B，可以看到另外一個復活的例證。

127 將靈魂或智能比擬為船長或舵手，參閱柏拉圖《菲德魯斯篇》247C，及亞里斯多德《論靈魂》第2卷1節。

128 智能是靈魂的眼睛，參閱柏拉圖《國家篇》519B；分離的靈魂現在的注視不再有肉體的涉入和干擾，是否需要「張開」或「發揮窗戶的作用」已無關緊要，參閱西塞羅《突斯庫隆討論集》第1卷20節。

能加入和他們交談，不過，他們聽不到他在說什麼，這樣做也不合他們的心意，陷入狂亂和驚惶之中，要避免眼光的凝視和接觸，接著一個一個開始漫無目標的遊蕩[129]。後來，另外見到很多靈魂全都處於相同的狀況，相互緊靠在一起做一些難以區別的動作，發出喃喃不清的聲音，間或聽到悲慘和恐懼的喊叫。那些居於上方的靈魂全都留在一個純潔的區域[130]，看起來都很快活，相互之間保持友情和尊敬。它們會規避帶來麻煩的亡靈，他還提到在接觸以後，特別指出雙方的趣味不合，只是對方的愉悅和歡迎會擴展和散布開來。

24 普羅托吉尼斯說他此刻認出一個靈魂，這位親戚過世的時候他還是小孩，所以有的地方並不太清楚；等走近以後他就說道：「你好，帖司庇修斯(Thespesius)。」[131] 對方吃了一驚，就說他是亞里迪烏斯並不是帖司庇修斯。普羅托吉尼斯給對方這樣的回答：「你說得沒錯，只是從今以後你就是帖司庇修斯；現在你應該知道沒有死亡，來自神意的恩典讓你保有智力，就像一隻船錨讓靈魂留在身體裡面休息。從而清楚它所具備的徵兆：死者的亡靈不會投下陰影，就連眼睛都不會眨動。」[132] 帖司庇修斯聽到這番話，受到鼓勵多想一下變得更有信心；用穩定的眼光注視對方，看到一根隱約和模糊的線，綁在他的身上飄浮在後面，這時其他的靈魂都被一層半透明的光所圍繞，只是明亮度有所不同。有些像滿月那樣的明亮皎潔，照耀極其平滑和持續的光澤；有些像是從鱗片上面反射，出現微弱擦傷的痕跡；有些的外貌極其光怪離奇，表面布滿黑色的黥紋，就像長著斑點的眼鏡蛇；還有一些身上都是褪色的痕跡，看起來就像抓得遍體鱗傷一樣讓人感到討厭。

25 普羅托吉尼斯非常有主見，他身為帖司庇修斯的男性親屬，不想讓別人從他們那裡打探一個人的靈魂，只有向大家提出一番解釋。於是他提到需要女神和宙斯的女兒亞德拉斯提婭(Adrasteia)[133]，執掌報復成為位階

---

129 有關污穢的靈魂在亡故以後會孤獨無依的漂泊，參閱柏拉圖《斐多篇》108B-C，以及戴奧吉尼斯‧利久斯《知名哲學家略傳》第8卷31節，所提畢達哥拉斯學派的教條。

130 那是說善良之士的靈魂有一個固定的區域可以居住，位於「最為溫暖寬大的空際」；參閱柏拉圖《國家篇》520D。

131 亞里斯泰德《演說集》第24篇中，提到他夢到阿斯克勒庇斯像狄奧多魯斯一樣向他打招呼。

132 我們認為這種觀念出於畢達哥拉斯學派的論點。

133 參閱柏拉圖《菲德魯斯篇》248C，它用亞德拉斯提婭表示這是「無法避免的狀況」。

最高的神祇；祂對所有的罪行全都瞭如指掌，沒有一位惡人(無論他的罪孽是高是低)可以逃過祂的勢力範圍或暗中窺伺。還有另外三位復仇女神，分別是不同懲罰的典獄長和劊子手：第一位是行動快捷的波伊妮(Poine)，運用較為溫和的手段對罪犯的肉體施以懲處，很多的過失可以經由禊禳獲得淨化；罪孽深重很難矯正的奸邪，死後被地獄的鬼卒押解到狄客(Dike)[134] 的面前；等到經歷所有痛苦的療程就會被狄客打發離開，毫無目的的在各處流浪和遷移，這時會受到第三位復仇女神的追捕，凶狠的伊瑞尼斯手段毒辣，想盡辦法要消滅無立足處的亡魂，好將他們囚禁在無名的黑暗地獄。

　　普羅托吉尼斯說道：「波伊妮對於仍舊活著的人，加諸在他們身上的懲罰，非常類似蠻族運用的方式，波斯的受刑人先要除去身上的斗篷，以及頭上的髮型，施以鞭笞直到淚流滿面在那裡乞求饒恕；提到肉體的懲罰以及給予金錢和財務的處分，並不會接觸到惡行的本身，大部分的痛苦與來自表面與外部的感覺有很大的關係。」

26 「無論何人從下方的世界未經懲罰或洗淨來到此處，會被狄客用繩索緊緊綁住[135]，讓赤裸的靈魂暴露在眾人的面前，使得他無法遁形，卑鄙的行為得不到掩飾，所有一切見不得人的事都讓大家看得清清楚楚。處於這種狀況之下，神明會讓他先看到父母和祖先的善行，讓他感到自己對他們而言是如此可恥和一無是處；如果他的長輩也是罪人，就會讓他看到他們受到懲罰的過程，然後他的報應也讓大家看得一清二楚。他會接受長時期的刑責，每一種激情都要用痛苦和折磨將它除去，無論就它的次數和猛烈而言，都超過肉體所能忍受的程度，完全真實無虛，遠比夢境更為鮮明生動。」[136]

　　普羅托吉尼斯說道：「各種激情留下的鞭痕和傷疤，有的人會保存很長的時間，也有人比較短。這時所有的亡靈會呈現不同的顏色：一種是土褐色表示受到卑劣和貪婪的玷污；另外一種是強烈的血紅，來自殘酷和野蠻的行為；你可以看到灰藍色的靈魂，形成於放縱的歡樂，有些剛剛才將它擦去；惡意和嫉妒會讓它蒙上一層青紫的顏色，如同烏賊可以噴出墨汁。塵世的邪惡帶來滿目繽紛的色彩，如同靈魂因為激情發生變化，接著輪到它去改進所屬的身體。等到激情平靜

134　狄客就是正義女神。

135　參閱柏拉圖《國家篇》615E，狄客在那裡成為一群面目猙獰的野人。

136　柏拉圖《國家篇》615A-B，提到人類要為生前的罪行，在死後受十倍的報應，也就是一百年要受一次懲罰，而他們將在這裡待一千年之久。

的離去，靈魂變得光輝奪目，出現它應有的色澤，這時的贖罪淨化和接受懲罰都
要告一段落；只要激情仍舊留在靈魂裡面，還是可以得到復原的機會，伴隨悸
動、抽搐和痙攣，有些靈魂這種狀況並不顯著，很快就會消失無蹤；其他的會產
生極其強烈和緊張的反應。其中一些靈魂在接受重複的懲罰以後，就會恢復適當
的處境和安置；還有很多靈魂因爲無知的暴力和愛好歡樂的『想像』，立即將它
帶進活著的身體之中。一個靈魂基於理性的虛弱和思慮的欠周，降生的時候會帶
著不良的性向和癖好；這時另外的靈魂需要一種可以放縱的工具，使得它們能全
心全力的享受，滿足欲望，藉著肉體努力提升它們的企圖；然而歡樂的夢境只是
空虛的陰影，從來沒有能力達到所望的效果。」

27 經過這番解釋以後，帖司庇修斯獲得親人的導引，將他帶到很遠的
地方，轉運的過程極其輕鬆而且平順，像是長著翅膀一樣飄浮在光
柱上面，等他來到一個巨大深淵的前方，這條天塹橫過前面的去路，這時發現原
來維持他的能力全部化爲烏有。帖司庇修斯提到其他的靈魂受到同樣的影響，就
像鳥兒停棲在地上，只能在裂隙的附近行走，不敢直接飛越過去。深淵裡面有一
個酒神信徒的洞窟[137]：立即發生令人愉悅的變化，到處是茂密的葉簇和五顏十色
的花卉，柔和的微風帶來薰人的香氣，歡樂的心情像是飲下美酒讓人酩酊欲醉。
靈魂享受甜美的味道會使相互之間的接觸更爲友善，整個場地像是酒神信徒的盛
宴，到處瀰漫歡樂和節日的氣氛。

　　引導者普羅托吉尼斯認爲這是正常的路線，戴奧尼休斯因而上升到天國，後
來他還帶著塞梅勒[138]，讓她得到同樣的恩典；到達的區域稱爲列什[139]。根據某
種記載說是帖司庇修斯很想留下來，引導者沒有同意，用很大的力量推他離開，
並且要讓他知道出現的狀況，歡樂會使靈魂當中智能的部分溶解以後變成液
體[140]，產生的流動讓靈魂當中非理性和感官的部分得到餵養的食物，進入血肉之

137　有關「酒神信徒的洞窟」，參閱斐洛達穆斯（Philodamus）《戴奧尼蘇斯的頌歌》（*Paean to
　　Dionysus*）140行，羅得島的蘇格拉底在阿昔尼烏斯《知識的盛宴》148B中表示的見解，以及
　　馬克羅拜斯《農神節對話錄》第1卷18節。

138　戴奧尼蘇斯帶著過世的母親塞梅勒從地獄上升到天國，使她獲得不朽的生命；參閱戴奧多魯
　　斯‧西庫盧斯《希臘史綱》第4卷25節，以及阿波羅多魯斯《史綱》第3卷5節。後來的柏拉
　　圖學派的人員承認戴奧尼蘇斯是塞梅勒的兒子，負責人類輪迴和再生的事項。

139　Lethe意爲「遺忘之地」。

140　有關想像的溶解，參閱柏拉圖《國家篇》411B；液化的狀況，參閱本書第71章〈論斯多噶
　　學派的自相矛盾〉41節。

軀，可以激起身體的記憶，從而產生渴求和欲望，拖著靈魂走向genesis「出生」，名稱來自靈魂的epi gen neusis「傾向於土的性質」[141]，因為液化作用的關係(火或氣變成水)，質量更為沉重。

28 繼續前進很遠的路程，看到相當距離的地方有一個面積廣大的火山口[142]，很多溪流注入其中，一條純白像是海面漂浮的泡沫或是天空降下的雪，另外一條如同彩虹裡面的紫羅蘭色，其他各有不同的色澤，每一條在天際發出耀眼的光輝。等到慢慢接近以後，這個坑洞變成環繞在四周的深淵，除了白色，其他的溪流開始褪色，它的亮度跟著消失。他看到三個精靈坐在一起形成一個三角形，運用某種比例將溪流的水混合起來。帖司庇修斯的靈魂有一位引導者，特別提到奧菲烏斯為了尋找妻子的靈魂，曾經來到這樣遠的地方，因為記憶出了問題，所以給人們帶來錯誤的報導[143]，那就是德爾斐的神讖來自黑夜女神和阿波羅[144]，關鍵在於黑夜女神並不是阿波羅的友伴。

普羅托吉尼斯繼續說道：「神讖應該是由黑夜女神和月球負責，地球上面沒有出口，不會設置單一的座位，到處漫遊要通過人類的夢境和幻覺；因為這裡是夢的根源，得到以後就會傳播到各處，如同你所見到的那樣，樸素和真實會與修飾和欺騙全部混雜起來[145]。須知阿波羅的神讖你無法看到更不能擁有，你的靈魂與地面連接的繩索，不會向上發展或是變得鬆弛，它會將你的身體綁得非常結實。」

29 這時他用力將帖司庇修斯拖到身邊，要將三腳鼎發出的光指給他看[146]，說這道射線通過底米斯的胸部[147]，照到巴納蘇斯山的頂端；雖

---

141 參閱亞里斯多德《論靈魂》第2卷所留下的殘句。

142 就它的性質來說，像是一個「混酒缽」。

143 這是一種辨證術的運用，拿來反對奧菲烏斯，認為他沒有權力可以解釋德爾斐的神讖；特別指出奧菲烏斯的詩篇如同一個「火山口」，裡面混合著善與惡和對與錯。

144 黑夜女神早在底米斯和阿波羅之前，已經負責德爾斐神讖的頒發和解釋；參閱品達《皮同賽會頌》第2卷6行及它的注釋。

145 單純的白色在夢中代表真實，多變的色彩就是虛偽和欺騙；從一段距離來看，虛假和雜色因為分不清楚的關係會占上風，白色只有放在面前才會形成優勢；參閱蒲魯塔克《希臘羅馬英豪列傳》之〈亞西拜阿德傳〉23節，對於這種概念有更明確的認識。

146 上天的三腳鼎與德爾斐的神讖有密切的關係，它也是太陽的象徵；參閱科努都斯(Cornutus)《論神的本質》(*De Natura Deorum*)第32卷。

147 底米斯在德爾斐要比阿波羅居於更高的位階。

然讓該地大放光明，帖司庇修斯抱著渴望的心理，還是看不到如此壯麗的景色。他從旁邊經過的時候，聽到一個婦女用高昂的嗓門，像是提出預言一樣朗誦與他死亡有關的詩句[148]。根據精靈的說法，西比爾的聲音是未來之歌，她會將它帶到月球的表面；他很想聽到更多的歌聲，月球迅速的運行將他推入一個渦流之中，所以無法大飽耳福。這些當中還有維蘇威山的預言，火焰會像巨浪掃過狄西阿契亞[149]，以及一首詩的殘句關係到當時的皇帝：

他患重病失去寶座是最好的下場。[150]

30 他們現在轉頭去要看罪人遭到折磨的狀況。開始的時候只是一些令人感到難過和同情的景象，等到帖司庇修斯不斷遇到朋友、親戚和同僚在這裡受罪，懲罰是如此的殘酷而狠毒，刻骨銘心的痛苦讓他們不斷的哀嚎，呼喚他的名字是極其悲傷和悽慘的聲調。最後他看到自己的父親從某個坑洞裡面爬出來，遍身鞭痕、烙印和傷疤，看到他就向他伸出雙手，不能對自己受到指控的懲罰保持沉默，被迫要交代犯下的罪惡，他的父親為了圖謀黃金，竟然毒死在他家中接受款待的賓客；那些在世間無法追查的秘密，在這裡全部無所遁形，那些施加於別人的痛苦要獲得加倍的報復。帖司庇修斯陷入驚慌和恐懼之中，不敢就他父親的狀況訴諸懇求或說情，只有轉過身去逃避面臨的慘劇，這時不再見到那位仁慈的親戚充當他的引導，而是某些人士帶著威脅的容貌，推著他向前移動，讓他了解是在強制之下完成行程。

他提到這些人承認自己的惡行，所受的折磨就會相對減輕，當場實施的懲罰沒有其他世界那樣的嚴苛，也不會一直延續下去，現在是與靈魂當中非理性和激情的部分有關，會使它花很多力氣在惡行上面，然後用美德當成名望和藉口，掩蓋他喜愛那些未曾被人發覺的罪惡。還可以用一種不同的職位來逼迫他們，經由吃力而痛苦的過程，改變靈魂的內部成為外部，身體不自然的扭動彎回原處，如同一種鯊魚吞下魚鉤以後，可以連帶腸胃一起吐了出來[151]；還有一些被剝皮當成

---

148 預言家通常提前發覺自己即將死亡的徵兆，參閱荷馬《奧德賽》第11卷134-137行。

149 狄西阿契亞就是後來的普提奧利，是位於拿坡里(Napoli)灣的濱海城市，沒有任何證據說它曾經毀滅於大火之中。

150 這位皇帝是提圖斯(Titus)，統治期間79-81 A.D.，從喀利古拉到圖密善不過六十年，卻出現九位君主，只有他和維斯巴西安(Vespasian)因病或年高而亡故，其餘七位全部死於非命。

151 這種魚的名稱是sea-scolopendras，亞里斯多德《動物史》第9卷37節說牠是長尾鯊，即fox-

獻祭的犧牲，暴露隱藏的僞善和褻瀆，他們的靈魂當中理性和管轄的部分，因而爲邪惡所據有和腐化。

他說看到其他的靈魂像蝮蛇那樣，兩三條盤旋纏繞在一起，還有很多因爲在世時忍受的積怨和苦惱，現在開始相互咬嚙和吞食。還有就是那裡有一連串接起來的湖泊，第一個湖是沸騰流動的金，第二個湖是寒冷刺骨的鉛，第三個湖是刀劍林立的鐵，某些鬼卒負起鐵匠的工作，那些犯有貪婪和揮霍罪行的靈魂，被他們用火鉗放進第一個湖中，不斷的沉下又升起，直到金液讓他們變得火紅散發出灼人的高熱，然後鬼卒將他們丟進鉛湖，很快凍結變硬如同冰雹一樣，最後他們來到鐵湖；這時外貌有了變化成爲深黑色，經過一番加工削成片狀而且壓得很扁，接著被送到金湖，他說靈魂忍受最大的煎熬和苦惱，是要經歷不斷的變質和換形的過程。

31 普羅托吉尼斯說那些最值得同情之處，在於受過苦的靈魂認爲已經從他們的宣判中獲得釋放，然而卻再度感到憂慮，因爲施予靈魂的懲罰將要轉移到他們的後裔子孫。那些子孫和後裔的靈魂來到這裡以後，只要遇到他們的父親和祖先的靈魂，無法控制情緒而且會口出惡言，非常氣憤將受罰的痕跡展現出來；這些身爲父親的靈魂反其道而行，盡量掩飾行蹤不讓子孫發覺，其他的靈魂會跟在他們的後面，不斷給予嘲笑和謾罵，想盡辦法都無法逃避。他們很快就被用刑者追上，受到逼迫急著趕回來服刑，會爲預先得知懲罰還在那裡等待因而哀悼不已。他特別提到某些人員會有大批子孫的靈魂依附在他的身上，那種狀況如同成群的蜜蜂或蝙蝠，尖銳的聲調像是喃喃自語[152]，記得犯錯帶來的痛苦就會怒火高張。

32 普羅托吉尼斯看到最後的景象是靈魂回歸到第二次的降生，爲了適合世間有生命的物體，建構者運用器具改變它的外形，這種工作是如此的冷酷無情，有些肢體可以說是傷痕累累，有些已經遭到打斷，或是全部支解分屍，或是搗碎成爲粉末，整個過程可以說是慘不忍睹，它的目的是順從新的角色和生命所提出的要求。這時出現尼祿的靈魂，看來已經吃盡所有的苦頭，整

（續）

    shark，參閱伊利安《論動物的習性》第7卷35節，以及普里尼《自然史》第9卷145節。
152 參閱荷馬《奧德賽》第24卷5行，這是形容赫耳墨斯召集被殺求婚者的鬼魂。

個形體被白熱的鐵釘貫穿[153]。建構者準備將他的靈魂塑造成尼康德描述的蝮蛇[154]，這種毒性最強的生物在成長的過程中，要拿懷孕的母親當成果腹的食物[155]。他說這時突然射出一道強光，接著是如同雷鳴的聲音，下達的指示要將尼祿的靈魂轉換成較為溫和的低等生物[156]，像是經常在沼澤和湖邊不斷鼓譟的青蛙，雖然他要為自己的罪行接受懲罰，因為他讓希臘人得到自由，神明認為祂的屬民當以這個民族最為高貴，一直受到祂的寵愛，所以尼祿能獲得部分的救贖[157]。

33 普羅托吉尼斯看得已經夠多了，恐懼之感將他心中的狂熱驅除殆盡，發現有人在拉他就轉過身來，一位容貌豔麗體態輕盈的婦人抓住他的手臂向他說道：「小夥子，來到這裡，最好要記得每一件事物。」然後拿出畫家使用的深紅色教鞭，擺出要打他的模樣，另外一位婦女出來勸阻，突然之間像是被一根繩索拖了起來，他的身體被拋進極其強烈的暴風之中，等到張開眼睛發現自己幾乎就要被埋進墳墓。

153　參閱本書第77章〈會飲篇：清談之樂〉第8篇問題2第1節，以及柏拉圖《斐多篇》83D，說是「歡樂和痛苦都像一枚鉚釘，將靈魂非常牢固的釘在肉體裡面」。

154　尼康德是西元前2世紀的抒情詩人，參閱他傳世的唯一著作《毒物療法》133行及後續各行；提到小毒蛇咬破母蛇的子宮後爬出來；希羅多德《歷史》第3卷109節；伊利安《論動物的習性》第15卷16節。

155　這是指尼祿在59 A.D.謀殺親生之母。

156　就是一隻青蛙，因為尼祿以天籟之聲的歌唱家自詡。

157　尼祿在67 A.D.訪問希臘，讓各城邦獲得多項自由的權利，參閱蒲魯塔克《希臘羅馬英豪列傳》之〈弗拉米尼努斯傳〉12節。

第四十六章
論命運

敬愛的畢索，我盡可能運用簡潔而清晰的方式，敘述我對命運抱持的觀念，你不是不知道我對這方面的寫作有所顧慮，最後還要開口詢問我的意見，所以我只有勉強從命，費一番工夫寫好以後，派人將這篇短文送給你過目。

一　命運的兩種意義

1 從開始你就應該知道，「命運」這個名詞的運用和了解有兩種意義：一種是把命運當成動作，另外一種把它視爲實體。

二　積極的命運：它的實體

首先，柏拉圖曾經在幾篇文章中提到命運就是動作：第一是在《菲德魯斯篇》[1]：「這是亞德拉斯提婭制訂的法則，如果一個靈魂伴隨一位神明……」其次是在《泰密烏斯篇》[2]，當他說到「律法」的時候，將宇宙的特性用在命運上面，神明將它視爲不朽的靈魂；還有就是《國家篇》[3]，他將命運稱之爲「需要女神之女拉奇西斯(Lachesis)的『旨意』」[4]，表示他的觀點並非崇高的悲劇形

---

1 柏拉圖《菲德魯斯篇》248C，特別提到「所有靈魂投生肉體的過程當中，凡是堅持正義生活，可以獲得較好的命運」。

2 柏拉圖《泰密烏斯篇》41E，這裡所說的「律法」，就是所有的靈魂第一次出生的方式，沒有任何差別待遇，完全一視同仁。

3 柏拉圖《國家篇》617D，「需要女神」的女兒拉奇西斯是命運三女神之一。

4 word這個字雖然譯成「旨意」，也可以說它是logos即「道」或「真理」。

式，而是知道如何運用神學的語言。有人希望能夠重寫這方面的敘述，或是運用
更爲普通的表達方式，如同《菲德魯斯篇》將命運稱爲「神的道理，歸於一種不
可逃避也不能踰越的成因」；《泰密烏斯篇》敘述它是「基於宇宙的性質所制訂的
一種法律，決定所有事物來和去的路徑」；《國家篇》說它是「神的戒律用來決定
所有事物未來、現在和過去的聯繫」。我們很早就聽說需要女神的女兒拉奇西斯
的所作所爲，後來我們在學院的講堂中，對於這方面的學識有更深的研究，得知
命運用動作來表示所具備的意義。

三　真實的命運

2 要說命運是一種實體，顯然將它當成宇宙唯一的靈魂，下面還可以區分
爲三種：固定不變的部分[5]；支持移動的部分；以及地球區域之內的下
界部分。居於最高位階的是克洛索（Clotho）[6]，其次是阿特羅波斯（Atropos），最
下層是拉奇西斯；後者接受她的姊妹在上界的活動，經過綜合以後轉移在她的職
責掌控之下的塵世區域。

就這方面的需要而言，眞實的命運在提到的時候會產生相互的默契，簡單的
敘述可以區分爲它的成分、質量、數量、次序，以及與它本身和我們的關係[7]；
有關這方面詳細的記載，可用第二神話的意象來表示，這些都出於《國家篇》的
記載[8]，我會就文字部分給予更加精確的闡釋[9]。

5　這裡所說的「部分」，它的意義就是「命運」。

6　克洛索、阿特羅波斯和拉奇西斯稱之爲命運三女神，職掌人類的生死和命運；克洛索紡出生
　　命之線，拉奇西斯決定生命之線的長短，阿特羅波斯負責剪斷生命之線。

7　命運的成分是宇宙的靈魂；它的質量是靈魂的分離可以試探的部分；它的數量是這些部分的
　　特性；它的次序是它們的先後從高到低；它們之間的關係是拉奇西斯要遵從祂的姊妹所做的
　　決定，並且負責職掌的下界部分。

8　第一神話的敘述在柏拉圖《菲德魯斯篇》245C-256E。

9　普羅克盧斯曾經提過，這些神話的闡釋者有努門紐斯（Numenius）、阿比努斯、該猶斯、尼
　　西亞（Nicaea）的麥克西穆斯、哈波克拉蒂昂（Harpocration）、優克萊德和波菲利等人。

四　積極的命運

3 讓我們再次將注意力轉向積極的命運，如同會出現很多質量、自然和肉
體的問題，都會與它發生密切的關係。命運的實體可以用差強人意的方
式給予定義，我們接著應該提到它的性質，讓人感到奇特之處在於它有層出不窮
的表達方式。

五　具備的性質

　　雖然事件的發生就數量而言可以多到無限，向著沒有窮盡的過去與未來延
伸；命運將本身全部圍繞在一個圓周之內，這時並非無限而是有限，即使是法律
或道理甚至神聖的事物，它的數量都不能認定是無限。如果你能思考時間的整個
周期和全部總數，這時就會了解它表示的意義，如同泰密烏斯說道：「八個行星
以不同的相對速度運行，經過測量能用類似的旋轉和等齊的韻律，一起在緊要關
頭同時完成循環。」[10] 這個時候可以明確得知，無論是上界和地表所有的事物，
受到天體的影響，它們的產生完全基於需要；等到儲存起來就會處於同樣的狀
況，再度用同樣的方法和程序產生新的事物[11]。

　　所有天體的安排都有可以遵循的法則，其中只有一個事物會與本身以及地球
有關，在各方面都要受到嚴格的規範，經歷很長運行周期的時間區隔，最後還是
回歸到原點。這種安排處於一系列的行動之中，彼此的鄰接有密切的關係，發生
的時機是連續的模式，每一事件都帶來特定的需要（不過，我們一定要了解當前
的狀況，無論是我正在寫我要寫的東西，還是你正在做你要做的事，不能看成它
與天體有關，從而認定每一事物都有它的成因）[12]。等到同樣的成因再度復原，
我們會成為同一個人，在同樣的時間做相同的事情，況且所有人全都如此；成因

10　參閱柏拉圖《泰密烏斯篇》39D，特別提到「完全年」是八個天體，即月亮、太陽、火星、
　　水星、金星、土星、木星和固定的恆星，從同一位置出發，最後回到出發點的一個循環，為
　　時三萬六千年。
11　參閱西塞羅《論神的本質》第2卷20節。
12　即使天體影響到人類，對於每個人能夠掌握的權力而言，所有的成因還是出於自己的好惡，
　　這方面的陳述包括占星決定論的觀點在內。

按照它的存在都有先來後到的次序，從而任何事物由單一進入整體的運行，所有
的過程都要重複同樣的方式。現在我們可以很明白的表示，對於命運的陳述所代
表的意義，亦即它的方法可以無限而本身並非無限。我們在前面提到它形成一種
循環，可以讓大家比較容易理解。如同周期性的運動就是一個循環，時間的度量
也是一個循環；因而事物的次序不論它遵從的道理和發生的狀況都是如此，可以
將它稱之爲一個循環。

4 我對於命運除了不說它是特定或個別的模式，可以用上述的處理方式表
達它的性質，要是考慮將要回歸此一類型的公式，那麼，何者會是這種
命運的性質？我們可以臆測它的性質如同城邦的法律，首先就它的內容可以得
知，即使不是全部也是大部分，如同跟隨假定出現的狀況，頒布的條文是它的命
令和權力；其次是它用常見的陳述形式，對於一個城邦所有的事務都抱著關懷的
態度[13]。

讓我們按照次序檢查這個論點所代表的意義。

六　命運的普遍性

城邦的法律使用某種假定的形式，它的論點會談到「士兵在作戰當中的優異
表現」，以及「逃兵」和其他狀況；法律不會對於非此即彼的個體提出它的主
張，它所討論的基礎在於一般原則，只有接續而來的條件屈居於它的下方。因此
我們可以表示一個人由於英勇殺敵，根據法律的規定對他授與應有的榮譽；同時
能夠懲罰擅離崗位的人，遵從的理由亦即法律對他們發生潛在的預防作用，如同
醫藥的「處方」或體操[14]的「口令」（要是一個項目能用這種表達方式），所以能
用於特定的問題，擁有的潛力在於一般的供應作爲。像是自然律有關最原始的宇
宙，出於特定的條件才用於後續的狀況。後者雖然也是命中注定的事，只是存在
於模式出現以後，它們與前者還是命運共同體。或許對這種事務要求正確到過於
挑剔的地步，相反而言對於個別的項目堅持居於優先的程度，因而宇宙存在的目

13　參閱阿比努斯《史綱》第24章1-2節，以及波菲利《論我們權力控制下的事物》；斯托貝烏斯
　　引用在《花間飛舞》第2卷3節。

14　闡述政治和立法與醫學和體操之間的關聯性，可以參閱柏拉圖《高吉阿斯篇》464B-C。

的要使結局早於所有成全它的事物[15]。類似的問題不論在何處都會出現；鑑於命運的陳述無論如何都不會包括所有的事物，看來在這方面可以適合普遍的共有，並非都要取決於現在，可能我們在不久以前已有說明，甚至要到以後才會完成。只有適合於神慧的決定似乎才通用於全人類，提到神明的戒律和城邦的政治，包括無限的特定對象和個體。

七　命運的假設狀況

接著讓我們認定「必然的假設」所具備的意義，以及對命運產生那些影響。

我們認為「必然的假設」所具備的意義，在於不會自動自發提出主張，只是在「增添」到某些事物上面以後，才會進入到相應的模式之中。無論這種表達的方式為何，總在暗示某一事物為真，就會有另外一事物相從於後：「這是亞德拉斯提婭的規定：任何跟隨一位神明能夠見到真理的靈魂，直到下次輪迴開始都可以免於痛苦，如果繼續保持目前的狀況，就不會再受到傷害。」[16] 如同上面的敘述得知隨之而來是假定的條件和普遍的適應；可以明顯看出命運的確來自它的實體和它的名字：它所以被稱為heimarmene「命運」在於使一件事物eiromene「串連起來」[17]；這是一項規定和一條法律，因為它擬訂隨之發生的結果，如同進入一個城邦的立法程序。

八　積極性命運的關係

5 我們接著要檢驗的項目取決於提出的標題，命運何以分別與天意或機會發生密切的關係，何者在我們的權力之內以及出於偶然以及其他類似的事物。我們要進一步的區分，何種方式會使格言「萬物順應命運」為真，以及何種方式使這句格言為偽[18]。

15　這種觀念我們歸功於波修斯(Porcius)和逍遙學派的亞歷山大所提出的主張。
16　柏拉圖《菲德魯斯篇》248C。
17　這兩個字的語源出於克里西帕斯的著述。
18　這個題目的討論就它的次序而言，是運用逆行的方式，也是作者慣用的手法。

九　對於「萬物順應命運」這句格言的檢視

其一，如果陳述意義在於萬物包含在命運之中，我們必須同意它的說法為真（是否能夠承認這就是所有人類的事務，或許是所有天界的事務已經包括所有塵世的事務，有一位神明希望將塵世的事務放置在命運之中，且讓我們目前贊同這一觀點[19]）。其二，如果表達「順應命運」似乎只是它的暗示，指明不是萬物而是命運的結果和後續狀況；我們不能肯定說出「萬物順應命運」，即便使用假設語氣都不妥當。

萬物不可能包括在法律之中使之「合法」，也不可能全都「遵守法律的規定」。特別是法律包括的罪行有叛逆賣國、擅離職守、通姦，以及其他各種不同的情節，沒有一個適用於全般合法的辭語；實在說我們不能將英勇的行為，像是殺死一位僭主，或是執行其他正當的動作稱之為合法。因為合法的首要條件是法律的服從，如果法律命令要執行某些行為，有些人不能展現英勇的氣概，不能殺死奪權的僭主，不能實施正當的行動，我們能以不服從或違背的名義否定他們的人格嗎？如果這些人是法律破壞者，我們怎麼會沒有權利去懲處？不過，如果所有這些不合理的事項，我們必須稱之為「合法」或「遵守法律的規定」，僅僅在於任何已實施的行動，可以應用法律的決定；無論它具備何種性質，我們稱之為「命中注定的項目」和「順從命運的安排」，受到的限制是神明指定的事物必然在先。命運包括所有以後發生的事物，根據我的看法大多數在前面出現的狀況，不可能順應命運的安排。

6 這是問題當中存在的狀況，接著討論我們的權力以及機會、可能，和偶然，還有那些性質相同的項目，凡是在先的事物都要加以分類，可以發現它們所處的位置，以及可以留下讓給命運的空間。因為命運包括他們所有在內，實在說是在它的支持之下才可以完成；然而這些事物並沒有這方面的需要，每一種就發生的方式而言都遵循本身的性質。

19　就具備星辰特徵的神明而言，後續的討論關係到祂的次要天意，本書作者對於這一點始終謹記在心。

十　可能

　　可能的性質如同它的種類比起偶然具備更為充分的道理[20]；然而在我們的權力之下位於事物的底層，偶然可以居有優先的位置；只要受到這種權力的支配，像是統治那樣運用偶然，機會只是附屬於我們的權力，那是因為偶然在前後兩個方向都可以產生變化。你只要仔細的思考就會了解我所要表示的意義，每一事物只要依據程序都會出現，通常伴隨所具有的潛力[21]與所及的實體。例如任何事物的來到以人類作為媒介，一定會找到它所產生的權勢，是否我們就讓這種過程和事物可以安然通過，因為發現是在人的身體之內，須知人就是一個實體。這要歸功它所具備的潛力，這也是居中的媒介。實體就是能量，發生的程序和產生的事物都有可能。不過，談到潛力、能量和可能這三者的關係：能量基於實體的性質優先於底層的潛力[22]；這時潛力確實會優先於可能。甚至從這樣明確的陳述當中，可能概略定義為兩種方式：就較為鬆散的說法，具備的性質是它的發生要順從居於下層的潛力。這時用增加的子句「它的發生不會受到外來的阻礙」[23]，我們可以給予更嚴格的定義。

十一　偶然

　　可能有些事物不受到這方面的妨害，天體的現象如它的升起和沉沒以及其他的狀況，有些會受到很大的影響，像是與人有關的項目以及氣候現象等等。前者

20　「更為充分的道理」暗示它具有「生存」(hyphestanai)和「生計」(hypostasis)這兩個用語的含義；格林非常明確的闡述，像是subsist、exist、be這幾個字在他那個時代是同義語；其他的學者有不同的看法，像是克里西帕斯認為只有現在時態是「存在」，至於過去和未來都是「生存」。本書作者將「更為充分的道理」這個子句視為「確實存在」，它的性質就通用和無形而言，較之特定和有形有更大的說服力。

21　英譯的Potency這個字是指「精神的原動力」，可以譯為潛力、能力或力量。

22　顯然潛力和能量會產生某些關係，但是彼此之間不會有「優先」的問題；要是考慮實體的質量，這時能量要比潛力發揮更大的作用；阿蒙紐斯討論動植物的分類，如果種和屬的關係兩者「同時存在」，那麼屬要較種居有優先的地位。

23　這是斯多噶學派的觀點，參閱亞歷山大《論命運》第10章176頁。嚴格的定義得到的句子是「事物有能力發生，那麼它的發生就不會受到外來的阻礙，即使它不發生仍然如是」。

有發生的需要所以稱之為必然；其他的事物「允許」(epidechetai)附加與之對立
的「偶然」(endechomena)。還可以用下述的定義：必然是相對於不可能的可
能，因而偶然是可能，還可以用來相對於可能。太陽的西沉是必然也有它的可
能，這時可能的相對就是不會沉沒，這種狀況不可能出現。然而太陽西沉以後會
下雨或是不下雨，兩者都有可能這就是偶然。

十二　我們的權力

　　再者，提到偶然出現的頻率，一種狀況經常發生，另一種狀況很少或難得發
生，還有一種像是經常發生卻又難得發生，完全是「順乎自然的機遇」，最後一
種可以明顯看出是對本身的否定，因為經常與難得相互之間處於對立的關係。像
是夏季的三伏天它的氣候可能炎熱也可能寒冷，屬於前者是經常的狀況，後者則
是難得的狀況，兩種情形都在自然界的控制之下；談到步行還是不步行，以及其
他類似的問題，雖然是相互對立的狀況，這是基於人類的自由意願，可以全般掌
握和運用，也是在我們的權力之下所做的選擇。有關我們的權力是相當普通的概
念，區分為兩種類型，決定於採取行動的方式，一種是來自諸如憤怒或欲望之類
的激情，另一種是來自計算或思想；最後這種方式我們現在稱之為「選擇的問
題」。「可能和偶然」的形式非常合理，可以說它會順從我們的衝動，同時要置於
我們的權力之下，彼此使用相異的稱呼，有著迥然不同的關係，有關未來將它稱
為「可能和偶然」，有關現在是「在我們的權力之下」以及「會順從我們的衝
動」[24]。因而可以得到下面的定義：偶然在於它有可能發生或它的對立者有可能
發生，至於決定偶然的兩部分之一完全出自我們的權力，亦即其中之一已經發生
要順應我們的衝動和欲求。

　　我們討論的要點，在於可能較之偶然居於自然的優先[25]，偶然對於我們的權
力居於實質的優先，以及它們各別的性質、名字的起源和相關的問題，我認為這
一切都有完整的交代。

24　這兩者之間的差異，毫無疑問是要答覆可能與偶然的爭執，須知偶然完全與未來有關；參閱
　　亞歷山大《論命運》第26章197頁。
25　這裡的自然優勢可以比照分類學上屬對種的優越地位；參閱亞里斯多德《形上學》第5卷11節。

7 現在讓我們談一談機會以及它所根據的原則。

十三　機會

　　機會是一種成因[26]，有些是根本非常重要，有些是附屬不過爾爾。對於一座房屋或一艘船而言，蓋屋的本領和建造的技術是根本的成因；要是談起音樂的造詣或幾何的學識以及相關的事物，無論是在肉體、靈魂或是外部，要是與蓋屋或造船的方式[27]相比，還是一種附屬成因。可以明顯看出根本的成因擁有決定的力量也是唯一的要素，附屬的成因並非唯一的要素也不產生決定的作用。因為單一的事物有一種多樣性，其實就是無限，完全歸之於彼此之間出現相當大的差異。不過，在事物當中發現附屬的成因，它會直接指向結果，可見它的性質並不單純，要是更進一步追查，就可以找出選擇的存在，這時只有稱之為「出自偶然」。可以舉例說明：像是一個人挖洞栽樹，竟然發現埋在地下的黃金[28]；或者做了難得去做的事情，或者經歷非曾預料的狀況，即使結局與過往都大不相同。

　　有些古代的人士將機會描述為無法預知的成因，甚至人類的算計都得不到明確的結果[29]。要是按照柏拉圖學派的說法，他們的敘述非常接近前面提到的論點，從而得到的定義如下：「機會是一種附屬的成因，出現在同類的事物上面，它會直接指向結果，只有順從選擇才會產生這種狀況」；那麼就這方面而言僅僅增加「無法預知」，以及「人類的算計得不到明確的結果」（從而得知「附屬的成因」這個用語，同樣暗示帶有「相當少見」和「未曾期待」的意義）。至於機會到底是那一類的事物，如果在前面的敘述中找不到證據，可以從《斐多篇》的文字中很清楚看出[30]，它的內容有如下述：

26　參閱亞里斯多德《物理學》第2卷4節。

27　這種本領和技術的形式存在於工匠的心靈之中；參閱亞里斯多德《形上學》第7卷7節。

28　這個例證完全來自亞里斯多德，參閱《奈科瑪克斯倫理學》第3卷5節，《形上學》第5卷30節。

29　亞里斯多德《物理學》第2卷4節提出這個觀念，德謨克瑞都斯加以轉述，參閱狄爾斯《哲理詩殘卷》第2卷〈德謨克瑞都斯篇〉101頁No.A70；有關斯多噶學派的定義，參閱阿尼姆《古代斯多噶學派殘卷》第2卷280頁No.956-970。

30　這段文字出自《斐多篇》58A，這是蘇格拉底服毒亡故後，陪伴在他身旁的斐多，將當時的狀況敘述給關心此事的朋友，是兩個人對話的記錄。

「斐多：難道你們連他受審的過程都沒有聽說嗎？

愛奇克拉底：那倒不致如此，是有人跟我們提過。所以大家感到奇怪，因為對他的審判和後來的執行，當中相隔一段時間。斐多，為什麼會這樣？

斐多：這只機緣湊巧而已，愛奇克拉底，法院開庭對他進行審判的前一天，雅典人對於派往提洛島的聖船，剛好完成在船尾掛上花圈的儀式。」

在這段文字當中我們不要把「機緣湊巧」視為「理應發生」；它的意義是說結果源於成因的會合，只是每個都有不同的終局。祭司將花圈放在聖船上面還有其他的原因，可以認定跟蘇格拉底的逝世沒有關係；法庭對他的判刑完全出不同的目的和意圖，實際的結果等到最後才知道出乎意料之外，好像它的發生是可以預見的結果[31]，是否這種狀況使得人類像是擁有更大的權力。因之，我們為討論機會的意義有時會倍感苦惱。

十四　自發

我們其次要談的事物就是它們需要同時共存。我們曾經說偶然是先存狀態的下層，這種表達方式源自「機會」，也可以說在我們的權力之下所以是「出自機會」；由於自發比起機會具備更大的延展性，因為它包容更多的事物，在不同的時間具備相異的性質，出現這種狀況當然合理[32]。「自發」(Automaton)這個用語到底能表達何種意義，從這個名字可以得知，那就是某一個自然結局無法達成目標[33]；例如在夏季的三伏天遇到寒冷的氣候[34]，因為這種狀況不是不可能，也不是不會發生。一般而言，談到問題的處理，任何事物只要在我們的權力之下就是偶然的一部分，同樣機會是自發的一部分；兩者相對的關係造成彼此影響的偶發事件，自發對應於偶然以及機會對應於我們的權力，如同前面敘述的狀況，不是完全出於後者，有一部分是選擇的問題。從而得知自發會與生物和沒有生命的物體產生關係，機會對一個人來說，最特別之處是他能抵達可以施展長才的舞台[35]；這種狀況有一個很明顯的標誌，相信享受好運和享受幸福是同一回事；現在得知

---

31 pronoia即「預見」，這個字可以譯成「天意」。

32 參閱亞里斯多德《物理學》第2卷6節。

33 參閱亞里斯多德《物理學》第2卷6節。

34 參閱亞里斯多德《形上學》第10卷8節。

35 參閱亞里斯多德《物理學》第2卷6節。

幸福是一種善行，善行只會出現在人類身上，條件是要到達向上發展的極致[36]。

8 下述的項目都包括在命運之中，像是偶然和可能、選擇和那些在我們權力之下的安排、機會和自發，以及產生關係的事物，所有這一切都標示「或許」和「萬一」的說法，如同我們在前面的陳述，命運雖然將它們全部包括在內，只是它們並不順從命運。還是需要把天意提出來說明，現在輪到它不讓命運脫離限定的範疇。

十五　主要的天意

9 高貴和主要的天意是來自居首的神明，他的智慧或意志將福分賜給所有的事物；從最早開始經過全面的安排要遵守神聖的戒律，具備極其美好和卓越的性質。次要的天意屬於第二位階的神祇，祂們在天國隨意遊動，塵世和必定滅亡的事物按照次序產生並且順從有關的規定，以及每一種類型的繼續和保存；上天的恩惠和預知屬於半神或精靈，將他們安置在塵世凡間，用來監視和督導人類的活動，將他們稱為「第三位階」[37]也不是沒有道理。天意似乎形成三種層次，主要的天意具備嚴謹的理性和最高的位階，我可以很明確的表示，不惜代價也要駁斥某些哲學家的觀點，他們認為任何事物只要順從命運就會順從天意（即使沒有意願對自然有這樣的表示）[38]；然而有些事物順從天意（還要區分為三個層次），有些事物要順從命運。命運毫無疑問要順從天意的指示和安排，然而天意不必與命運採取一致的行動（從而了解我們所說主要和最高的天意）：所謂「遵從」某一事物必然次於此一事物之後發生（例如「遵守法律」的行為必然次於法律的制定，以及「遵守自然律」必然次於自然律的產生）；因而「遵從命運」的事物一定比命運本身要年輕，除了一位神明之外，要以位階最高的天意最為古老，如同前面所說的那樣，這位神明擁有的意志或智慧，使祂成為萬事萬物

36　參閱亞里斯多德《物理學》第2卷6節。

37　參閱阿蒲列烏斯《論柏拉圖學派》第1卷2節。

38　季諾將命運區分為基於天意或自然發生兩種，參閱阿尼姆《古代斯多噶學派殘卷》第1卷176頁No.44；後來的逍遙學派哲學家認為兩者完全是一回事，參閱亞歷山大《論命運》第6章169頁。所以會讓主張主天意的說法沒有立足的餘地，在於柏拉圖的論點將靈魂和自然不再有任何區隔，只要萬事萬物的產生順乎自然，同樣就是順乎天意。

的父親和創造者。

泰密烏斯說得好：「讓我們談一談這位創造者為何要構成這個擾攘的宇宙，祂的本質是善，須知行善不會激起怨恨，只要從這裡得到解脫，祂希望一切事物都要盡可能像祂一樣；能從人類的智慧當中獲得認知，這是其他事物所無法比擬，成為擁有存在和建立秩序的首要原則，接受這些觀念就是正確的道路。神明想使萬事萬物皆能為善去惡，當他發現可見的世界並未處於靜止的狀況，到處都是雜亂無章的運動，如果能導引失序成為有序，這就是最大的進步。」[39] 相關的問題以及那些在祂們以後提到的事物，盡可能要把人類的靈魂包括在內，我們必須建構一種環境，使它能夠順從高貴和主要的天意；還是會有類似的意見（「祂會把全部合成好的東西，按照星球的數量分為很多個靈魂，每個星球會配給一個靈魂；等到靈魂登上星球以後如同乘坐在車輛裡面，就會把宇宙的性質告訴他們，同時還宣布命運的法則」）[40]。如同祂把一種基礎[41]和政治的法令撥給人類的靈魂，其次要進行的工作是對這些法令說出它的理由，難道就不必用明確的措辭對命運詳加指示[42]？

十六　次要的天意

祂用下面的文字指出次要的天意所具備的意義：「所有的法則都已經詳盡告知神祇，這樣做的目的是將來有誰犯下惡行就不是祂的責任，祂將一些神祇安置在地球，還有一些在月亮，其他的神祇留在時間的工具上面。一切處理完畢以後，他就吩咐新生神祇要完成任務，就是鑄造無法永存的肉體，等到人類的靈魂滿足需要，再增加不足的東西，用來統治和領導必死的動物，除了因為本身的邪惡犯下罪行，應該另行處理，其他的靈魂在神祇的權力之下，盡可能展現最美好和最得體的模式。」[43] 在這段文字裡面特別提到「這樣做的目的是將來有誰犯下

39　柏拉圖《泰密烏斯篇》29D-30A。

40　柏拉圖《泰密烏斯篇》41D-E。

41　蒲魯塔克獲得一種概念，就是用「基礎」這個字眼，表達柏拉圖常用的片語「將它裝在車上」；這種做法有如占星家將「天宮圖」看成一種基礎，換句話說，就是人的命運是他一生的基礎。

42　柏拉圖《泰密烏斯篇》42D。

43　柏拉圖《泰密烏斯篇》42D-E。

惡行就不是祂的責任」，等於用明確的語言爲命運指示理由所在，根據次要天意
將創造出來的新生神祇納入掌握和統治。

十七　第三位階的天意

祂明確暗示第三位階的天意如同祂所制定的法則：「這樣做的目的是將來有
誰犯下惡行就不是祂的責任」：神祇沒有邪惡的成分所以不需要法律或命運，他
們每一位都要履行所負的職責[44]，如同天意等祂出現以後便納入行列之中。我認
爲在《法律篇》當中，立法者已經明確的證實，柏拉圖的學說就是眞理，因爲它
產生這樣的成效：「設若任何人基於神的恩賜，與生俱有這方面的認知，他就不
需要法律對他的約束，因爲沒有任何一種法律或規範，可以比知識擁有更大的力
量，也不能允許智慧成爲附屬或奴隸；只要它眞正而且自由順從它的天性，它就
是所有事物的主宰。」[45]

十八　三種天意和命運

10 現在就我對柏拉圖的論點做進一步的闡釋：所謂的天意包括三個層
次，第一是天意已經產生命運，就某方面而言將本身包括在內；第
二是天意正與命運同時產生，幾乎將大部分命運都包括在它[46]之內，第三是天意
的產生要跟在命運的後面，用同樣的方式將包括的事物置於我們的權力之下，或
者就說機會已包括在命運之中。因爲「半神或精靈的權力鼓勵我要與這些人聯
合」這句話，蘇格拉底拿來當作一種規定要向瑟吉斯(Theages)詳加說明，雖然
不如亞德拉斯提婭所言「凡向你們提出的條款，應該立即實施不得有誤」的要求
那樣嚴格[47]。我們必須假定這段文字會對某些人士產生鼓舞的作用，那就是半神

44　柏拉圖《菲德魯斯篇》247A；提到宙斯率領十一位神明出巡，主宰和照料世間的萬事萬
　　物。
45　柏拉圖《法律篇》875C-D；主張的論點使作者得到啟示：人類出自神的恩典賜與認知的能
　　力，無須再用法律加以控制；不管怎麼說命運就是神所使用的法律。
46　這是指主要和位居第一的天意。
47　柏拉圖《瑟吉斯篇》129E，本文的對話當中，提到「次神的權責」就是蘇格拉底的徵兆。

的權力應該遵從第三位階的天意，同時它們立即和快速的進行要聽從命運的安排，整個複雜的狀況可以簡單的表示，只有命運這一種形式就已經是綽綽有餘[48]。

　　基於這個觀點，次要的天意會讓人感到更受信任，所有的事物只要包容在命運之中，沒有任何限制可以獲得通過；如果我們有權將真實的命運區分為三個部分，有關彼此「連鎖關係」[49]的爭辯，會將天體的運轉[50]，帶入一個假設可以獲得結果的層次。然而有關這個問題我並沒有窮追不捨非得爭個水落石出不可，是否這方面的問題能稱之為一個假設可以獲得的結果，命運的最初成因早已注定，像是我提到這種狀況，就說它們與命運以相互支持的關係得以存在。

十九　目前爭論的重點所在

11 主標題的爭論已有充分的表示如同上述，另一方面，相反的論點假定每一件事不僅與命運有關，而且要順從命運的安排。任何事物都會與前面發生的爭論採取一致的立場，要是與後面發生的爭論也能保持一致，更可以證明前面的說法真實不虛。

　　在我們的論點當中，偶然居於首位，其次是我們的權力，第三是機會和自發以及所有順從這兩者的狀況，第四是稱讚和責備以及提及的事項[51]，第五和最後是對神明的祈禱和膜拜。「怠惰的爭論」以及所謂的「收割者」[52]，加上不時提到「命運的對立面」，等於將這個觀點轉變成詭辯法的需要[53]。

48　關鍵在於主要的天意將命運包括在內，這時命運就會涵蓋第三位階的天意，使得「假定的前提」能夠導向命定的結局。

49　斯多噶學派所謂的「連鎖關係」是不斷存在的成因，用來表示宇宙變化的整個過程；參閱西塞羅《論占卜》第1卷56節，亞歷山大《論命運》第23章193頁，以及荷馬《伊利亞德》第8卷19行。

50　本書作者的意思是指「行星的運動」；可以說只有行星才能構成第二部分的真實命運。

51　蒲魯塔克所持的觀點就是命運並非無榮辱可言；參閱西塞羅《論命運》17節，以及阿尼姆《古代斯多噶學派殘卷》第2卷〈克里西帕斯篇〉292頁No.957。

52　有關「怠惰的爭論」和「收割者」，參閱西塞羅《論命運》12節，奧盧斯·傑留斯《阿提卡之夜》第7卷2節。

53　克里西帕斯一直想要證明，「怠惰的爭論」是一種毫無道理的謬見，參閱西塞羅《論命運》13節；本書作者認為這三種爭論，用來對抗斯多噶學派的觀點，最後還是毫無成效可言，可見他對自己都沒有信心。

二十　斯多噶學派發生爭論的重點所在

居於反對立場的爭論，首先和最重要的一點，就是任何事物的發生都有成因，而非順從預先的成因[54]；這個世界無論是精神和感情的層次都要受自然法則的統治；我們還可以找到一些證據用來肯定所提出的論點：何況占卜術在人類當中擁有響亮的名聲，在於大家相信它的存在同時還將神明涉入其中[55]；其次我們對於無所不在的智慧抱著默認的態度，相信任何事物的發生都有前因後果；最後是經常重複使用一般人都了解的格言，每一種命題都無所謂眞假對錯可言[56]。

我爲了要對命運這個主題在表達方面使用單純的形式，所以有關的敘述非常簡潔，我們的研究重點在於對兩場辯論做出更精確的檢驗，細節部分還要花很多時間才能完成。

54　參閱亞歷山大《論命運》第9章175頁。

55　占卜術可以用來證明命運的存在，參閱阿尼姆《古代斯多噶學派殘卷》第2卷270-272頁No.939-944；它會引起人類的興趣，參閱西塞羅《論占卜》第1卷6節；占卜術涉及神的存在，參閱西塞羅《論占卜》第1卷5節和38節。

56　參閱阿尼姆《古代斯多噶學派殘卷》第2卷275頁No.962。

第四十七章
論蘇格拉底的保護神及其徵兆

對話者是雅典的阿契達穆斯和底比斯的卡菲西阿斯

1 　阿契達穆斯：卡菲西阿斯，我記得有位畫家提起遊客前來參觀他的作品，表達的看法非常有見地。他說來人當中有些是外行，對於藝術沒有什麼概念，就像遇到一個團體打招呼，只會寒暄幾句而已；至於受過教育精於鑑賞的人士，會對每一位見到的人，用不同的話一一問候；前者對於畫作所能獲得的印象，從開始就缺乏精確的意念，僅僅知道一些繪畫的皮毛。後者可以運用具備批評性質的判斷，仔細檢查加以區分的細節，無論是好是壞都難逃他的法眼和議論。

　　我認為論及事實的真相應有類似的認同方式：如果就遲鈍乏味的心靈而言，能夠知道事物的要旨大意和最後結局，他們對於歷史的交代就會感到滿足；還是有人評定高貴的行為激起仿效的作用，就像偉大的藝術作品所以讓人感到愉悅，在於它具備特有的性質，完全是創作能力使然，絕非機緣湊巧而已；有鑑於這一次在底比斯的起義行動，它的成因是德行的奮鬥用來對抗命運的安排，唯有理性的力量才能無視於面臨的險阻艱辛，交織著痛苦和刺激更是動人心弦[1]。讓我們成為具備知性此一類型的觀眾，請你將起義經過從頭開始告訴我們，還有你在那天參加的討論，我們僅僅知道有這回事，請你藉這個機會原原本本交代清楚。大家可以放心傾聽故事的情節，我不會因而縮短到底比斯的行程，除非雅典人認為我過分親近皮奧夏，非要加以指摘不可，那又另當別論。

1　本篇隨筆將四個性質相異的主題湊在一起，那是蘇格拉底的精神感召、第安諾爾（Theanor）的遠道來訪、泰瑪克斯的洞窟歷險和起義志士的刺殺僭主，雖然情節各有不同，彼此的關係非常複雜，文字的敘述倒是能夠一氣呵成，沒有給人帶來突兀之感；蘇格拉底的保護神不再僅僅具備徵的意義，能夠落實在底比斯的光復行動，使得雅典的民主體制凌駕君主政體和寡頭政體，給後世帶來無與倫比的影響力量。

　　卡菲西阿斯：阿契達穆斯，看到你對任何事情都很熱情而且抱著善意，使得我不得不贊同品達的說法，正人君子應該保有一種「凌駕於所有事物之上」[2] 的責任，所以才願意詳細敘述整個事件的來龍去脈；我現在是以使者的身分來到此地，在市民大會給予回應之前，還有一點閒暇的時間，老實說，拒絕抱持同情心的朋友給予的厚愛，也是不合情理的事。皮奧夏人對於那天的討論始終持堅持反對的意圖，我認爲要恢復古人的做法要對他們加以譴責。正當這種申斥無能爲力的時候……[3] 你想把我們與外鄉人的談話也包括在內，所以無法做一個簡短的說明，由於敘述的內容提到歷史和哲學，我不知道在座各位是否認爲過於沉悶。

　　阿契達穆斯：卡菲西阿斯，你對於在座的鄉紳並不熟悉，我認爲你值得去認識當地這些精英分子。他們的父執輩都是顯赫一時的人物，希臘的城邦都將他們看成最好的朋友；這裡有色拉西布盧斯（Thrasybulus）[4] 的姪兒黎西瑟德（Lysitheides）[5]、康儂的兒子泰摩修斯（Timotheus）[6]，以及阿契努斯的幾個兒子[7]；其餘都是我們這個圈子裡的成員。看來你的敘述會有友善又深感興趣的聽眾。

　　卡菲西阿斯：太好了，我應該從那裡開始講述比較適合？是否有很多狀況各位原來都已瞭如指掌？

　　阿契達穆斯：卡菲西阿斯，你對於整個狀況知道得非常清楚，很多事情在放逐人士歸國之前已經發生，當時雙方還保持對峙的狀態；因此，完全是示好的信息產生的誘因，菲比達斯才會在和平時期[8] 奪取卡德密要塞，使得一部分同胞被阿基亞斯（Archias）和李昂泰阿德（Leontiades）驅離國土，其他留下來的人士受到他們的控制，畏懼之餘只有屈服，等到可恨的叛賊將權力掌握在手中，運用法律

2　品達《地峽運動會之頌》第1卷2行。

3　希臘原文在這裡出現謬誤和遺漏，它真正的意思應該是：「西邁阿斯（Simmias）和塞畢斯所以在哲學的領域知名於世，完全在於與你們的老鄉蘇格拉底熟悉的關係；不像我們（指阿契達穆斯和卡菲西阿斯）遵循神聖的黎昔斯給予的教誨。」

4　色拉西布盧斯是雅典的政治家和將領，三十僭主當政時遭到放逐，403 B.C.重建雅典的民主政體，發起遠征光復失去的領土和屬地，388 B.C.在阿斯平杜斯（Aspendus）會戰陣亡；參閱寇區納（Kirchner）《阿提卡人物誌》（Prosopographia Attica）No.7305。

5　黎西瑟德是參加底比斯起義行動的志士；參閱寇區納《阿提卡人物誌》No.9392。

6　泰摩修斯是雅典名將康儂之子和伊索克拉底的門人，378 B.C.出任水師提督，曾經率領傭兵為波斯服務，返國後參加很多戰役；參閱寇區納《阿提卡人物誌》No.13700。

7　阿契努斯是雅典政治家，他與色拉西布盧斯領導革命志士推翻僭主暴政；參閱寇區納《阿提卡人物誌》No.2526。

8　和平時期是指386 B.C.，斯巴達當局接受波斯國王的條件，簽訂「安塔賽達斯和平協定」（The Peace of Antalcidas）之後這段期間，因為奪取卡德密是在四年以後的382 B.C.。

和武力排除異己。流亡志士來到雅典以後，你也知道我們的大門為梅隆（Melon）和佩洛披達斯敞開，就在這個風雨飄搖的時期，原來遭到放逐的人員逐漸加入他們的團體。我們雖然聽說拉斯地蒙當局，對於菲比達斯占領卡德密的擅權行為施以罰鍰的處分，解除他領軍進攻奧林蘇斯（Olynthus）的指揮權責[9]，儘管如此，還是派遣賴薩諾瑞達斯和其他兩位將領[10]，接替他留下來的職位，必要時還加強要塞的守備力量。我們還知道伊斯門尼阿斯接受審判，馬上遭到極其羞辱的處決，高吉達斯（Gorgidas）在寫給放逐人員的信函當中，對於後續的事故做了很詳盡的報告。你要講的故事是其餘我們不知道的部分，主要情節是你的朋友返回城邦以後，如何將這些僭主剷除殆盡的過程[11]。

2 卡菲西阿斯：在這一段備嘗苦難的期間，阿契達穆斯，留在底比斯的起義人士聚集在西邁阿斯家中，暗中計劃進行復國的活動，主人的腿受了重傷正好趁機休養。我們的企圖是了解每個人的準備狀況和還有什麼需要，表面上看來好像從事哲學的討論。為了避免外人的猜疑，我們邀請阿基亞斯和李昂泰阿德前來參加，要知道這兩人完全被蒙在鼓裡。西邁阿斯在國外停留很長一段時間，曾經旅行各地接觸很多不同的民族，新近回到底比斯沒有多久，他的腦海當中儲存很多異國的傳奇和資料；阿基亞斯只要有了空閒，很喜歡聽他講述前所未聞的事情，表現出友善的模樣與年輕的同伴廝混在一起，比起與他的黨羽盡做不法的勾當，他更願意花時間與我們交談解悶。

有一天，流亡的志士決定趁著黑夜要暗中進入城市，先由菲里尼庫斯（Pherenicus）[12]派遣一位信差前來通知，除了卡戎，沒有人明瞭狀況，信差帶來的話是年輕的放逐者共有十二位，牽著獵犬前往西第朗（Cithaeron）山[13]行獵，預期在傍晚抵達底比斯[14]；除此以外，來人要知道他們溜進城市以後，誰會提供房

9　奧林蘇斯是位於卡夕得西半島的希臘城市，距離底比斯的陸上行程約有五百公里，起義人員趁著斯巴達人進軍途中，部隊早已抽調一空，才能攻占卡德密這個警衛森嚴的要塞。

10　那是阿昔蘇斯（Arcesus）和赫瑞披達斯（Herippidas）；參閱本章最後一節。

11　這些人是指底比斯寡頭政體的幾位僭主：像是李昂泰阿德、阿基亞斯、菲利帕斯（Philippus）和海佩底（Hypates）。

12　菲利尼庫斯是放逐到雅典的底比斯志士；參閱蒲魯塔克《希臘羅馬英豪列傳》之〈佩洛披達斯傳〉5節和8節。

13　西第朗山是位於阿提卡和皮奧夏邊界的一道山嶺。

14　參閱尼波斯《佩洛披達斯》第2卷5節。以及色諾芬《希臘史》第5卷4節；只是記載的人數是七位。

屋讓他們隱匿和掩護，這個消息要立刻回覆他們。就在我們感到遲疑和困惑的時候，卡戎就說用他的住處好了[15]。接著信差離開，要盡速讓來人了解城內的安排。

3 就在那個時候，占卜者狄奧克瑞都斯[16]緊抓住我的手，兩隻眼睛看著卡戎，離開之前對我說道：「卡菲西阿斯，卡戎這個人不是哲學家，不像你的兄長伊巴明諾達斯，受過顯赫又特殊的學校教育，你可以看到他在法律的規範之下，接受本能的引導表現出高貴的行動，為了拯救國家免於暴政的迫害，願意冒險奮鬥犧牲自己的性命。提到伊巴明諾達斯則有不同的看法，讓人感到他會在德行的實踐上面勝過所有的皮奧夏人，卻不願出力幫助這些竭盡全力的愛國人士[17]，須知目前是發揮才幹最好的機會，何以他還要堅持自己的想法，這到底是先天的氣數還是後天的教養使然？」

我回答道：「閣下，你是古道熱腸的朋友，要知道我們應該為自己做出決定，伊巴明諾達斯想要說服我們放棄起義，那是白費力氣得不到成效；如同我們相信這最有利的方式，一定會堅持到底。暴力行為違背他的天性和判斷，所以他才拒絕參加我們邀請的行動，這也沒有什麼可怪之處。你能想像一個醫生答應治療一種疾病，卻對他用的手術刀或針灸器毫無信賴之心；這樣一來，我相信你也不會逼著他，非要切除或是燒灼肢體上面受到感染的部位。」

狄奧克瑞都斯承認這種說法很有道理，我繼續說道：「當然，伊巴明諾達斯的處境又能有什麼不同之處呢？難道他沒有做出非常明確的表示？那就是除非在迫切需要的狀況之下，他不願未經審判處死自己的市民同胞，特別是他很高興加入武裝部隊，盡力不要訴諸內戰的流血和殺戮，使我們的城邦獲得獨立和自由。因為大多數人都反對他的看法，我們已經開始從事起義的行動，他希望我們不要讓他犯下流血的罪行，保持清白之身在最緊要的時刻，能夠出面擔任仲裁和調停的工作；須知正義的行為可以讓我們獲得最大的利益。他的主張是目前沒有必要進行實質的戰鬥，菲里尼庫斯或許加上佩洛披達斯，會運用武力對付那些犯下十惡不赦之罪的人，至於優摩皮達斯(Eumolpidas)和薩米達斯(Samidas)[18]就很難說，他們的脾氣暴躁而且怒火沖天，一旦在黑夜當中可以自由行動，不會放下手

---

15 參閱蒲魯塔克《希臘羅馬英豪列傳》之〈佩洛披達斯傳〉7節。

16 蒲魯塔克《希臘羅馬英豪列傳》之〈佩洛披達斯傳〉22節提到這位占卜官，解決琉克特拉會戰前遭遇的狀況。

17 希臘原文在這一段有很多闕漏之處，經過推敲和補充才有合乎情理的譯文。

18 這個人的名字可能拼錯，應該是薩米阿達斯(Samiadas)才對。

裡的刀劍，必定會殺得血流成河，市民當中所有與他們有夙怨的仇敵，沒有一個能夠幸免於難。」

4 蓋拉克西多魯斯(Galaxidorus)[19] 插嘴打斷我與狄奧克瑞都斯的談話，說是阿基亞斯和斯巴達人賴薩諾瑞達斯快要光臨，特地從卡德密趕來與大家見面。我們只有暫時中止，阿基亞斯到達就召喚狄奧克瑞都斯，帶著他與賴薩諾瑞達斯私下相談很長的時間，離開街道很短一段距離退到安菲昂(Amphion)小丘[20] 的山腳下面，我們為此感到苦惱，害怕有什麼情報傳到僭主那裡，引起他們的懷疑，所以要向狄奧克瑞都斯求證一番。

阿契達穆斯，你認識的菲利達斯(Phyllidas)[21]，當時是阿基亞斯和其他軍事執政的秘書[22]，也是陰謀組織的成員之一，知道流亡志士企圖返國的秘密；這時他正握住我的手，用通常開玩笑的方式，對我喜歡角力的練習和比賽，大肆揶揄一番；然後拉著我走到一旁，問我流亡志士是否會在原定的日期動手。我的答覆是他們會遵照計劃行事，他說道：「好吧，我準備今天在家中款待阿基亞斯，安排一場不醉不歸的酒宴，使得我們的人更容易下手。」

我回答道：「幹得好，菲利達斯，多花工夫讓最主要的敵人聚集起來，可以一網打盡。」

他說道：「想要這樣做會很困難，幾乎是不可能的事，阿基亞斯藉這個機會與某位女士幽會，所以不希望見到李昂泰阿德在場。你必須兵分兩路到他家中行刺；只要將阿基亞斯和李昂泰阿德很利落的處理，我想其他人員會放棄反抗馬上逃避一空，即使讓這些人留下性命也不會帶來困擾，他們對於獲得安全必定感到萬分欣慰。」

我說道：「請你放心，我們會注意；來客現在與狄奧克瑞都斯談什麼問題？」

菲利達斯說道：「我無法告訴你確切的內容，好像聽到出現極其奇特的預言和神讖，會給斯巴達帶來災難和不幸。」

等到狄奧克瑞都斯談完以後就與我們會合，一起前往西邁阿斯的住所，在路

19　色諾芬《希臘史》第3卷5節，曾經提到這位人士。
20　蒲魯塔克將卡德密鄰近一座小丘的名字叫成Amphion或Ampheion，根據學者的解釋，這個字的意義是「底比斯人的山」。
21　參閱蒲魯塔克《希臘羅馬英豪列傳》之〈佩洛披達斯傳〉7節；以及色諾芬《希臘史》第5卷4節；這次起義行動的成功，菲利達斯發揮極其關鍵的作用。
22　軍事執政通常是三位，這裡只提到阿基亞斯和菲利帕斯的名字。

上遇到哈利阿都斯的菲多勞斯(Pheidolaus)[23]；他說道：「西邁阿斯請你們等候他片刻，他私下在與李昂泰阿德商量安斐修斯(Amphitheus)的案子[24]，只有留在那裡繼續懇求，好將死刑的判決改爲放逐的處分。」

5 狄奧克瑞都斯說道：「阿爾克曼娜(Alcmena)過世以後，埋葬在你們的城邦，聽說現在她的墳墓已經掘開，這對我是一個很好的機會，想知道裡面發現什麼東西，好像你到現場是奉亞傑西勞斯的命令，要把阿爾克曼娜的遺骸帶回斯巴達。」[25]

菲多勞斯回答道：「當時我並沒有到場，即使如此，對於這種褻瀆神聖的行爲，還是向我的同胞表示極度的氣憤和惱怒，然而他們對我根本置之不理。好像說是墓中沒有殘餘的骨殖，僅有一塊石頭[26]以及一個尺寸不大的青銅項圈，還有兩只裝滿土的陶甕，因爲年代久遠的關係，已經全部固結成整塊的實物。不過，墳墓的前方埋著一塊青銅面板，上面的字跡非常古老，沒有人能夠識得它表示的意義；等到板面刷洗乾淨刻痕非常清晰，字體相當特殊帶有異國的風味，非常類似埃及的象形文字。據說亞傑西勞斯將它複製一份，派人送給埃及國王[27]，請他交付祭司做出可能的解釋。或許是西邁阿斯告訴我們，他過去從事哲學的研究，曾經多次與埃及的祭司談起這方面的問題。哈利阿都斯發生嚴重的作物歉收，以及湖水暴漲造成的侵蝕[28]，他們不認爲是意外事件，完全是墳墓的發掘帶來的災害。」

經過短暫的停頓，狄奧克瑞都斯說道：「看來拉斯地蒙人也無法逃過上天的震怒，明顯的證據就是賴薩諾瑞斯日前提到的徵兆，很想知道我對此有什麼意見。事實上，他現在留在哈利阿都斯要將墳墓恢復原狀，遵從神讖的指示要爲阿

---

23 哈利阿都斯是皮奧夏地區一個小鎮，對於這個人除了籍貫，其餘不得而知。

24 這位是組成黨派反抗斯巴達的首腦人物，現在被關在牢裡。

25 阿爾克曼娜是海克力斯的母親，有關這方面的記載，沒有見諸任何其他史籍。

26 阿爾克曼娜埋葬以後屍體消失不見，以及成爲一塊石頭；參閱蒲魯塔克《希臘羅馬英豪列傳》之〈羅慕拉斯傳〉28節，以及鮑薩尼阿斯《希臘風土誌》第9卷16節之7。

27 這裡所指的埃及國王，毫無疑問是尼克塔納比斯，他的統治開始於380 B.C.。優多克蘇斯訪問埃及時，帶著一封亞傑西勞斯寫給尼克塔納比斯的介紹信；參閱戴奧吉尼斯·利久斯《知名哲學家略傳》第8卷87節。

28 這件事沒有任何記載的資料，目前的科佩斯(Copais)湖的水位在每年2月或3月漲到最高點。或許時間提前到379 B.C.年初，因爲卡德密的光復是在那一年的11月。

爾克曼娜和阿琉斯(Aleus)[29]舉行酹酒的儀式；至於這裡提到的阿琉斯是何許人，根本沒有人弄得清楚。等到他回來以後，打算把德西(Dirce)[30]的墓地找出來，好像在底比斯人當中，只要沒有出任過騎兵隊長的職位，就不可能知道此事的來龍去脈。因為退休的騎兵隊長私下利用暗夜，將墳墓的位置指點給他的接任者，同時要舉行某種儀式，不得用火以免出現亮光，然後將所有的痕跡全部清理乾淨，接著在漆黑的夜裡分由不同的路徑離開。菲多勞斯，現在我要讚譽這些對手，他們抱著熱烈的情緒想要舉行儀式，然而我認為他們很不容易找到墳墓的位置，那些合法擔任過這個職務的人大都遭到放逐，即使還有高吉達斯(Gorgidas)[31]和普拉頓(Platon)留下，因為對這兩位存有忌憚之心，所以也不會要他們透露口風。目前進駐卡德密的總督接下象徵權力的矛和印璽，卻對於儀式和墳墓毫無所知。」

6　狄奧克瑞都斯與李昂泰阿德和他的朋友談完以後就離開。我們進入西邁阿斯的家中受到熱烈的歡迎，只是他坐在臥榻上面，看起來非常消沉和悶悶不樂的樣子，毫無疑問是他的陳情完全失敗所致。注視我們所有人然後大聲叫道：「啊！老天爺！怎麼會有這樣殘忍又粗暴的傢伙！古代的薩里斯(Thales)[32]長期滯留國外以後返家，他的朋友問到他發現最感驚奇的事物是什麼，他說『一個專制暴君活到年老又能壽終正寢』[33]，難道這不是一個非常合理的回答？那怕一個人自己沒有受到任何傷害，由於這群人組成違法又野蠻的團體，他還是會對他們產生厭惡之心，何況他們還要進行破壞法律和不負責任的統治，更使得他成為他們不共戴天的仇敵。須知上天對這一類的事情都會給予適當的照應，只要我們堅持正義的行為，就會獲得神明的保佑。卡菲西阿斯，你的家人是否知道有位外邦人士要來拜訪他們？這個人到底是誰？」

我回答道：「我不知道你指的是誰。」

29　哈利阿都斯的民眾把阿琉斯和拉達瑪蘇斯(Rhadamanthus)看成同一個人，據說阿爾克曼娜在安斐特里昂死後才嫁給拉達瑪蘇斯；參閱蒲魯塔克《希臘羅馬英豪列傳》之〈賴山德傳〉28節。

30　德西是傳說中底比斯的王后，她的墓地位置不得外洩，免得對於城邦的運道產生不利的影響。

31　高吉達斯在379 B.C.出任隊長(boeotarch)的職位，這時方才建立「神機營」(Sacred Band)的組織。

32　薩里斯是西元前6世紀初葉來自米勒都斯島的哲學家和科學家，成為希臘七賢的為首人物，精通政治和歷史，最受後人稱道的學問還是幾何和天文。

33　參閱本書第13章〈七位哲人的午宴〉2節；以及斐洛迪穆斯《論死亡》(On Death)第38卷29-31節。

他說道：「李昂泰阿德言之鑿鑿，說有人看到一個相貌堂堂的人物，帶著大批衣帽光鮮的隨從，破曉之前從黎昔斯（Lysis）[34] 的墳地拔營離開，那裡發現他過夜的痕跡，像是臨時用草鋪成的床，檉柳的枝幹做成的臥榻，燔祭用的犧牲和酹酒儀式倒在地面的牛奶；早晨還問一位旁觀者，是否能在鎮上找到波利姆尼斯（Polymnis）[35] 的兒子。」

我說道：「誰能像這個外邦人那樣舉止得宜？從你的敘述看來他的氣度非凡，不是一個普通人。」

7 菲多勞斯說道：「的確如此，我們會歡迎他的來臨。西邁阿斯，請歸還讓我們感到奇怪的碑銘，把你所擁有的資料交出來，據說埃及的祭司懂得刻在青銅面板上的文字，那是亞傑西勞斯在哈利阿都斯從我們的手中獲得，他下令挖開阿爾克曼娜的墳墓。」

西邁阿斯立即記起往事說道：「菲多勞斯，關於你所提到的青銅面板，我一點都不清楚它的內容。斯巴達人亞傑托瑞達斯（Agetoridas）抵達孟菲斯（Memphis），亞傑西勞斯託他帶來一份很長的文件，要交給神明的代言人喬努菲斯（Chonuphis）[36]，這時我和柏拉圖以及逍遙學派的伊洛庇昂（Ellopion），花了幾天的時間，在喬努菲斯的住處進行哲學的討論。國王下達命令要喬努菲斯翻譯這篇文件，如果他獲得任何進展，立即派人將譯文送給他。喬努菲斯關門靜心研究三天，參考所有古老書籍各種不同類型的抄本，然後寫出他的答案派人送給國王，同時也將成果通知我們。他說擬定這份文件是為了推崇繆司舉辦藝文競賽，碑銘的形式就具備的特性而言，流行於普羅提烏斯在位的時代，安斐特里昂之子海克力斯對此非常熟悉。神明用銘文教導和規勸希臘人，享受清閒與和平的生活，彼此發生口角要奉哲學為圭臬，放下武器解決爭端，所有的是非對錯訴諸兩造的討論和繆司的裁決。」

「我們認為喬努菲斯的說法很對，特別是從埃及返國的途中，一個提洛人組成的團體，與我們在卡里亞相遇，出於神明一份奇特的神讖做出的指示，需要柏拉圖以幾何學家的身分解決一個難題。神讖的內容如下：鑑於目前的提洛人和所有的希臘人遭遇的災難，要想獲得中止和停息，唯有改建提洛的祭壇，使它比起

---

34 黎昔斯是一位畢達哥拉斯學派的學者，逃亡到底比斯成為伊巴明諾達斯的老師。

35 波利姆尼斯是伊巴明諾達斯和卡菲西阿斯的父親，也是參加起義行動的成員之一。

36 孟菲斯的喬努菲斯曾經教過優多克蘇斯。

原來的體積要能倍增[37]。由於他們無法理解它的意義，所以建構的祭壇非常離譜（由於他們對幾何學的無知，在將原來祭壇的長、高和寬都加倍的結果，形成的體積是原來的八倍）；因此他們請求柏拉圖給予幫助。柏拉圖回憶埃及人有這樣的表示，那是神明嘲笑希臘人對於教育抱著不以爲意的態度，同時還譏諷我們的無知，特別吩咐我們要對幾何學進行專心一致的研究；因爲立方體的體積倍增取決於邊的長度，這不是一般的方式可以解決，必須要找到兩者之間相應的比例，否則根本無從下手；他說尼杜斯的優多克蘇斯和西茲庫斯的赫利康（Helicon）[38]，對於這件事情持同樣的看法，他們認爲神明的本意並不在此，祂命令所有希臘的城邦要放棄戰爭，避免人爲的災難和不幸，必須接受繆司的陶冶和教化；他們要用討論和研究數學的精神，安撫他們的衝動和激情，相互之間的生活和交往不會帶來傷害而是利益。」

8 就在西邁阿斯高談闊論的時候，我的父親波利姆尼斯進入房間，坐在西邁阿斯的身旁說道：「如果你沒有緊急的事情，伊巴明諾達斯特別請你和大家等候片刻，因爲他想介紹一位外邦人士跟大家認識；來客有豪爽的性格，受到義大利畢達哥拉斯學派的派遣，負有高貴而慷慨的任務。根據他的說法，前往黎昔斯的墓地舉行酹酒的儀式，得到鮮明的託夢和幽魂的顯靈；同時他還帶來大量黃金，要送給伊巴明諾達斯作爲報酬，感謝他在黎昔斯老年時期給予的照顧。雖然我們並未要求也不期望，他卻能讓我們脫離貧窮的處境，完全是他堅持要這樣做。」

西邁阿斯表露出高興的神色大聲說道：「眞是大名鼎鼎的人物，具備哲學的修爲和素養。爲什麼他不直接來與我們相見？」

我的父親回答道：「據我所知，他整夜的時間都留在黎昔斯的墓地，伊巴明諾達斯先要帶他到伊斯門努斯（Ismenus）[39]那裡梳洗一番，然後才會來到此地。他的打算是在與我們晤面之前，先在墓地露宿一個夜晚，除非上天有什麼徵兆降臨，禁止他採取下面的步驟，否則就會挖出黎昔斯的遺骸帶回義大利。」說完以

---

37 祭壇爲立方體，它的體積是1，則每邊的邊長爲1，因爲1×1×1=1；現在祭壇的體積增加一倍是2，則每邊的邊長是$\sqrt[3]{2}$；因爲$\sqrt[3]{2}×\sqrt[3]{2}×\sqrt[3]{2}=2$。$\sqrt[3]{2}\cong1.28$（這是一個無限小數）；可以參閱本書第28章〈德爾斐的E字母〉6節。

38 赫利康是一位數學家，蒲魯塔克《希臘羅馬英豪列傳》之〈狄昂傳〉19節提到此人，柏拉圖將他推薦給戴奧尼休斯。

39 伊斯門努斯是一條小河的名字，它從底比斯的城邊流過。

後我的父親保持沉默，再也不發一語。

9 蓋拉克西多魯斯高聲嚷道：「神哪！要想找到一個不受謊言和迷信污染的人，怎麼這樣困難！有些人雖然不爲自己打算，還是會爲無知和軟弱屈服於混亂和失序；還有人以爲受到上蒼的寵愛，標榜他們的作爲帶有神聖的性質，甚至他們所能理解的事物，都隱藏在託夢、幽靈以及如同啞劇一樣的藉口後面。一個人投身公職要與任性自私的暴民打交道，可以拿迷信當作控制民意最好的工具，逼迫他們退回更適合的道路，讓他們做出正確的選擇；然而哲學的方式似乎不適合迷信，還會與它的主張產生公開的衝突，因爲哲學教導我們所有的善行和利益，唯一可以使用的手段是理性；迷信不願管理所有的言行舉止，要從神明那裡尋找庇護，對於理性抱著藐視的態度，也瞧不起展現在外的作爲，它主要的優勢在於謊言的欺騙，訴諸占卜和夢中出現的情景，經常會使卑賤小人和正人君子，可以獲得對等的成功和報酬。因爲這樣的緣故，西邁阿斯，我認爲你的朋友蘇格拉底贊同教學和講話的方法，那就是帶有眞正合乎明哲的標誌，爲了表現男子漢氣概和熱愛眞理，唯一的選擇就是簡樸和誠摯。至於提到欺騙的謊話，就哲學而言是虛幻之物，應該把它趕回詭辯家的身上。」

狄奧克瑞都斯打岔說道：「蓋拉克西多魯斯，你在幹嗎？難道是梅勒都斯[40]讓你信服，認爲蘇格拉底確實說過不當的言辭，神聖之物同樣一無是處？那是梅勒都斯在雅典人面前，用來指控蘇格拉底犯下褻瀆神聖的罪行。」

他回答道：「眞正神聖的事情，他絕對不會不知道。他對哲學的眞諦了然於心，會讓畢達哥拉斯和他的團體成爲魅影、傳說和迷信的獵物，特別是伊姆皮多克利(Empedocles)已經陷入極樂的瘋狂狀態，訓練它運用正確的智慧[41]去面對當前的現象，遵循清醒的理性使得眞相大白。」

10 狄奧克瑞都斯說道：「太好了，閣下，我們應該怎樣稱呼蘇格拉底的保護神或徵兆？或者它只是一個騙局？就我個人來說，沒有比聽到畢達哥拉斯擅長占卜，使我感到更爲驚奇，或者表示更不可思議。看來有如荷

---

40 梅勒都斯指控蘇格拉底犯下褻瀆神聖的罪行，給予服毒自裁的判決。
41 參閱荷馬《奧德賽》第10卷494行及後續各行所描述的提里西阿斯：
　　這是所有死者當中唯一的特例，
　　冥后讓他繼續保有正確的智慧，
　　其餘的亡魂是飄忽不定的幽靈。

馬明確的表示，雅典娜『盡其所能』，一定會『大力支持』奧德修斯的陣營[42]；似乎上天從蘇格拉底幼年開始就呵護著他，用諸如此類的幻影成為他生命當中的引導者；如同雅典娜運用

　　　大能照亮他的前途和應走的道路，[43]

特別是人類的智慧感到黑暗和神秘莫測的事物，經常符合徵兆給予的指示，更讓他感到對神明的恩惠，實在是虧欠良多。」

　　「要想知道更加明確的實例，可以請教西邁阿斯和蘇格拉底其他的朋友，其中有一次好像我也在場，那是我去拜訪預言家優特弗朗（Euthyphron）的時候，西邁阿斯，你應該記得那回事，蘇格拉底步行前往森坡隆（Symbolon）[44]，要到安多賽德（Andocides）之家[45]向優特弗朗請教一些問題，完全出於開玩笑的試探。突然之間他停止說話陷入沉默之中，相當長一段時間像是無法思考；最後他要回去，採取的路線是經過有家具店鋪的大街，呼叫那些走在他前面的朋友，說他的保護神剛才進入他的體內。大多數人都陪著蘇格拉底返家，我和其餘幾位留下來，繼續糾纏優特弗朗不肯放過；有幾個年輕人一直向前走沒有停下來，對於蘇格拉底的保護神看來是持不相信的態度，他們還把笛手查瑞拉斯從他的身邊拉走；後來查瑞拉斯還陪我到雅典去拜訪塞畢斯（Cebes）[46]。他們沿著製作雕像的街道，經過法院的旁邊，迎面遇到一群趕著前行的豬隻，全都滿身污穢而且為數甚多，零亂不堪彼此擠在一起，道路太窄沒有地方相讓，根本無法避開豬隻的衝撞，查瑞拉斯回到家中和其他人一樣，他們的腿和衣服上面沾滿爛泥，因此我們只要提到蘇格拉底的保護神他就會面露笑容，同時感到驚異之處，在於上蒼從來沒有拋棄他或是遺忘他。」

11 蓋拉克西多魯斯回答道：「狄奧克瑞都斯，那麼你認為蘇格拉底的保護神，只是某些特殊和額外的能量，從獲得的經驗可以證實普通占

42　荷馬《奧德賽》第13卷301行以及《伊利亞德》第10卷279行；參閱阿蒲列烏斯《論神聖的蘇格拉底》（De Deo Socrates）165段及後續各段。

43　荷馬《伊利亞德》第20卷95行；以及《奧德賽》第19卷34行。

44　提到的地點或許是城市的廣場，從它的名稱看來形狀有如D字。

45　這個地址非常有名，參閱蒲魯塔克《希臘羅馬英豪列傳》之〈亞西拜阿德傳〉21節。

46　塞畢斯是蘇格拉底的朋友和追隨者，蘇格拉底逝世時他是在場人員之一。

卜術的若干規則，何以不能扭轉處於黑暗的局面，超越理性可以到達的程度？如同一個小銀角子不足以使得天平發生傾斜，除非兩邊的重量完全相等，才能產生決定性的影響，使加入的一邊占有較大的優勢。同樣一個噴嚏或者衝口而出一句話或者任何一種徵兆，由於太過微不足道，對於決心堅定的行動，不會帶來任何影響；如果雙方勢均力敵，平衡的破壞可以解決左右為難的困局，任何微小的改變就會產生強大的推動力量。」

我的父親插嘴說道：「的確如此，蓋拉西克多魯斯，我從麥加拉(Megara)一所學校聽到有這麼一回事，好像特普西昂(Terpsion)[47]持怪異的說法，認為蘇格拉底的徵兆是一個噴嚏，無論是他或別人所打都算在內：因此，當別人在他的右邊打一個噴嚏，不管站前面或後面，他可以進行預想的行動；如果發生在左邊，最好斷了這個念頭；要是自己打噴嚏，這時正好產生某種行動的想法，肯定他可以開始著手；如果完成準備即將付諸行動，這時要是打了一個噴嚏，那麼就得趕緊取消，懸崖勒馬才不致鑄成大錯。讓我真正感到吃驚之處，在於認為他依賴打噴嚏，卻沒有告訴他的朋友，無論是鼓勵還是拒絕，完全靠個人的身體反應，並不是來自上天的徵兆。」

「閣下，這種狀況的發生出於虛榮或自大，完全違背人的誠信與簡樸，因為唯有德行使人感覺到他真正的偉大，所具備的優點遠超過一般的人類。有識之士即使受到無心之言或噴嚏聲音的干擾，不會變更他的行動或者放棄他的決心。不僅如此，蘇格拉底的進展充滿活力而且穩健堅強，從開始就保持正確的原則和成熟的判斷，雖然他的朋友樂於為他慷慨解囊，他還是願意一輩子過著清寒的生活，儘管他備受挫折和打擊，始終沒有放棄哲學的研究，最後他受到無情的迫害，朋友費盡力氣想要讓他逃避，他還是不願屈從他們的懇求，帶著愉悅的心情面對死亡，表現出一個人在極端困苦之下，相信唯有堅強的理性可以主宰一切。須知像蘇格拉底之類的哲人所要採取的行動，可以斷言不會受到聲音或噴嚏的影響，只有更高的權威和原則能夠引導高貴的行為。」

「我聽到他預先告知他的朋友，雅典的軍隊在西西里遭到慘敗的結局[48]。更早的時候，安蒂奉的兒子皮瑞蘭披斯(Pyrilampes)[49]在迪利昂(Delion)的追擊當中，被我們用長矛刺傷成為俘虜，有位從雅典派來負責簽署和平協定的官員，告

---

47 特普西昂是蘇格拉底交往密切的友人。

48 參閱蒲魯塔克《希臘羅馬英豪列傳》之〈尼西阿斯傳〉13節、〈亞西拜阿德傳〉17節；以及柏拉圖《瑟吉斯篇》129C-D。

49 皮瑞蘭披斯是柏拉圖的後父。

訴皮瑞蘭披斯說蘇格拉底抵達奧羅帕斯(Oropus)[50]的海岸地區，亞西拜阿德和拉奇斯(Laches)[51]將要陪伴他安全返回故鄉。從此他經常呼喚蘇格拉底的名字，好得到他的保佑和分享他的運道，等到他在朋友的伴同之下逃走的時候，由於採取的方向是巴尼斯山(Mount Parnes)，結果被我們的騎兵追上以後殺死。據他說他們沒有完全認同蘇格拉底的徵兆，使用一條不同的道路，也就是他們撤離戰場的時候，沒有追隨蘇格拉底的指導，才得到悲慘的下場[52]。我認為西邁阿斯也聽過這方面的情節。」

西邁阿斯說道：「聽到很多次，來自各方人士的敘述，舉凡與蘇格拉底的徵兆有關的事蹟，大家在雅典經常談起。」

12 菲多勞斯說道：「西邁阿斯，我們能讓蓋拉克西多魯斯用開玩笑的口吻，將占卜這樣重大的工作視為打個噴嚏或是無心之言？甚至就是無知的群眾平時重視細微的事物，還抱著無所謂的心情；等到關鍵時刻出現重大的危險和緊急的行動，就會讓大家感到無比的困擾，優里庇德的詩句成為金玉良言[53]：

> 不會在刀頭喋血之際說愚蠢的話。」

蓋拉克西多魯斯應答道：「菲多勞斯，如果西邁阿斯聽到蘇格拉底親口告訴他的話，我倒是想要知道他對這件事會怎麼說，看來你只有忍耐一下；現在你和波利姆尼斯竟然有這樣的表示，談起敘述的情節加以駁斥並不困難。如同身體的脈搏加快或者出現一個膿包，認為是無足掛齒之事，有時醫生將它看成很重要的症狀；像是漁船船長見到海鳥的鳴叫或是一片黃色的雲，顯示暴風雨的來臨，預示海面會有洶湧的浪濤。就一位熟悉占卜術的專家而言，即使是一個噴嚏或一句無意識的話，能夠成為發生重大事件的徵兆。任何人不應忽略預知之事，要能因小識大，以微見著。」

---

50 翻譯成「抵達奧羅帕斯」完全出於臆測；修昔底德在《伯羅奔尼撒戰爭史》第4卷96節，提到敗退的雅典人有三種選擇：一條是到迪利姆去乘船；一條是到奧羅帕斯；另一條是退往巴尼斯山。問題出在希臘原文不提最後這一條路。

51 參閱柏拉圖《會飲篇》221A，以及《拉奇斯篇》181B。

52 這個故事出現在西塞羅《論占卜》第1卷54節。

53 出自他的悲劇《奧托利庫斯》(Autolycus)；參閱瑙克《希臘悲劇殘本》之〈優里庇德篇〉No.282。

「不僅如此，要是一個人不知道文字的重要性，無法從來信的短短幾句話當
中明白它所代表的意義，那麼他在很多方面只有聽從別人的擺布。毫無疑問一個
讀書識字的人[54]可以運用可靠的工具，知道過去那段期間出現的重大事件，像是
人類之間的戰爭、城市的方興未艾、國王的行動和結局；無論是揭露還是回憶所
有的事物，學習歷史的確帶有神聖的意味。閣下，你會因下面極其單純的說明，
感動之餘為之開懷大笑；也就是因為它的簡潔務必多加注意；占卜術可以解釋各
種徵兆，它對未來的重要性真是不言而喻，由於我們對這方面的了解不夠，如果
一位精通這種技藝的人士，在我們看不出門道的狀況下，對於隱藏在事物之中的
趨勢做出合理的推測，相較之下有所不如難免老羞成怒；所以有人就會否認一個
噴嚏或聽來一句話可以引導他的行為，只是將它歸於神意的安排。」

「波利姆尼斯，特別是你一直對蘇格拉底抱持懷疑的態度，認為像他這樣一
位學識淵博的哲人，應該避免欺騙的手法和低級的趣味，不會把他的表徵稱為一
個『噴嚏』或『預兆』，而是一種更為高級的悲劇形式『來自上天的指示』。從另
一方面而言，蘇格拉底是精通辨證法和文字運用的大師，他在談話中提及自己接
受的指示，來自『噴嚏』而非『上蒼』，在我看來這也沒有什麼值得驚異之處；
如同一個人會說他的受傷是中了一箭，雖然箭是從弓中射出，他不會將這筆帳算
在弓的上面；或者我們會說得到的重量是由天平稱出，不會說因為擺上這個重量
使得天平能保持平衡。因為行動不能屬於工具所有，使用人擁有工具可以進行所
需的行動；只要給予的信號如同其他任何一種工具，那麼徵兆的運用就會發揮它
的力量。看來西邁阿斯還有話要說，讓我們領教一下，要知道他的論點一定很有
道理。」

13 狄奧克瑞都斯說道：「讓我們看看那些人要進入房間，前面不就是
伊巴明諾達斯，他帶著外邦人來與大家見面。」

我們的頭都轉向大門，看到伊巴明諾達斯在前面領路，還有伊斯門諾多魯斯
（Ismenodorus）、巴克利達斯（Bacchyllidas）[55] 和我們的朋友參加起義的笛手梅利
蘇斯（Melissus），那位外邦人走在最後面，看來真是氣度不凡，舉止優雅有禮，
穿著非常華麗。等到來客在西邁阿斯的身旁就座，我的兄弟與我坐在一起，其他

---

54 可以拿占卜算命與讀書識字做一比較，參閱普洛蒂努斯（Plotinus）《九章集》（*Enneads*）第3
卷1節。

55 巴克利達斯後來參加琉克特拉會戰，是負責指揮的七員隊長之一；參閱鮑薩尼阿斯《希臘風
土誌》第9卷13節。

人員全部都有了座位，爲了表示客氣大家沉默不語，西邁阿斯對著我的兄弟說道：「好吧！伊巴明諾達斯，請將這位貴賓的姓名和頭銜告訴我們，還有他來自那一個國度？等到介紹認識以後可以進行親切的交談。」

伊巴明諾達斯回答道：「西邁阿斯，來客的名字叫作第安諾爾，他是克羅頓的市民，本人是一位哲學家，淵博多才絕不會辱沒畢達哥拉斯偉大的名聲；實在說他能來到此地，離開義大利的航行經歷很長一段旅程，用勇敢的行動證實高貴的信條的確名不虛傳。」

此刻外邦人開口說道：「伊巴明諾達斯，這件工作是如此的崇高，我想你不會造成任何妨礙吧？如果一件高貴的行動會給朋友帶來利益，那麼表現情意的好處不能看成一種差辱；說到禮物同樣需要送禮者和收禮者，雙方都能完成應盡的本分。他要是拒絕接受禮物，就像一個人不肯接住投過來的好球，擺出藐視一切的模樣，情願它掉在地上也不想拿在手裡。因爲投中目標會給我們帶來快樂，反之則會令人感到鬱悶，如同一個人值得大家的尊敬，難道我們就不能將他當成送禮的對象？如果選擇的目標固定不動，就像當前遇到的狀況，要是還失手不能命中，那就應該責怪自己；只是這個人拒絕禮物，不讓我們表現這番心意，那是對方出於冒犯的故意作梗，不讓我們達成目標。我對你已經詳述所以會旅行來到此地的動機，現在我願意向在座各位再說明清楚，讓大家對於我倆之間意見的分歧，做出公正的判斷。」

「畢達哥拉斯學派成員組成的社團，過去有段期間在各個城市受到地方派系的排斥，很多遭到驅逐只有離開；想當年我們的前輩在梅塔朋屯召開會議[56]，塞隆（Cylon）[57] 的黨徒在房屋四周堆積薪柴，縱火的結果是除了斐洛勞斯（Philolaus）和黎昔斯[58]，因爲年輕，身手矯健敏捷，能夠逃過烈焰的吞噬，其餘所有與會人員全部葬身火窟。斐洛勞斯逃到盧卡尼亞，接著很多支持者也安全抵達該地，後來聲勢壯大起來制服塞隆的黨派；很長時間沒有人知道黎昔斯的下落；後來李昂蒂尼的高吉阿斯從希臘回到西西里[59]，帶來非常明確的信息，告訴

56　古代的學者都認爲畢達哥拉斯亡故於梅塔朋屯，然後在克羅頓舉行火葬，這兩個希臘城市都位於義大利南部，瀕臨塔蘭托灣；參閱戴奧吉尼斯・利久斯《知名哲學家略傳》第8卷39節。

57　克羅頓的塞隆組成一個黨派，反對畢達哥拉斯學派的人士，要將他們滅除殆盡。

58　阿契帕斯（Archippus）的著作裡面提到黎昔斯的逃亡；按照奧林庇歐多魯斯（Olympiodorus）的說法，只有黎昔斯和斐洛勞斯安全無恙，後來斐洛勞斯趕往底比斯，特別到黎昔斯的墳前奠酒舉哀，因爲死者是他的老師。

59　或許是他擔任使節前往雅典，這是在他返國的途中要辦的事，時爲427 B.C.。

阿里薩斯(Aresas)[60] 說他遇到黎昔斯，當下還住在底比斯。阿里薩斯的打算是自
己親身前往，由於年齡太老而且身體衰弱無法成行，特別交代我們盡可能讓黎昔
斯回到義大利，如果已經逝世就運送他的遺骸返鄉。受到戰爭、叛變和篡奪的阻
撓，讓這些朋友在他的生前無法達成任務。」

「等到黎昔斯過世以後，他的守護神託夢給我們，讓大家知道這件事以及熟
悉他生前的狀況，波利姆尼斯，他如何受到你的家人給予的照顧，而且很長時間
共同一起生活，還提到你的家境雖然清寒，當他已經老邁不堪仍舊豐衣足食從無
匱乏之感，就像一個父親那樣厚待自己的兒子，最後讓他滿懷幸福離開人世。我
負起這個任務是因為年輕而且未婚，派遣我的團體由很多年老的長者所組成，他
們富有資產能夠提供大量金錢，當成禮物和友誼奉獻給你們，沒有附帶任何條
件。黎昔斯從你們這裡獲得安身立命的所在，在他看來比適合的葬禮更好的方
式，是用禮物回報善待他的東家主人，而且帶來的禮物是他早年的朋友和同胞提
供。」

14 來客在說話的時候，家父回憶黎昔斯的往事不禁哀悼萬分。我的兄
弟伊巴明諾達斯如同往常那樣，很和藹的對我笑著，然後說道：
「卡菲西阿斯，我們該怎麼辦？摒棄貧窮走上富裕難道可以不必交代一句話？」

我說道：「我們不能就此趕走親密的朋友，清寒的生活是我們『幼年時代最
稱職的奶媽』[61]，你現在要做的事，就是為她多多辯護幾句。」

伊巴明諾達斯說道：「好吧，敬愛的父親，為了讓我們的家庭不必接受外人
給予的金錢，提出的辯護不認為有什麼好怕的地方，除非要滿足卡菲西阿斯對身
體的裝扮，可以當作一個弱點以外，即使要在很多讚譽者的面前炫耀自己的優
勢，不必非要穿上華麗的衣服不可；還有就是需要提供營養豐富的食物，讓他維
持體力能在角力場練習以及下場較量幾個回合。現在我們看到他拒絕放棄古老的
貧窮，不會讓他所據有的長處被身外之物取代，要知道他從小就養成節儉的習
性，對於他擁有的東西已經感到滿足，試問金錢對我們來說又能有什麼用途？難
道我們非要將武器鍍成金色，如同雅典的尼西阿斯[62]拿紫色染料混合黃金，用來

---

60 阿里薩斯是西西里畢達哥拉斯社區的領袖人物；參閱伊安布利克斯《畢達哥拉斯傳》266節
及後續各段。

61 荷馬《奧德賽》第9卷27行。

62 參閱蒲魯塔克《希臘羅馬英豪列傳》之〈尼西阿斯傳〉28節，據說尼西阿斯被殺以後，他有
一面裝飾極其精美的盾牌，陳列在敘拉古的寺廟裡面。

裝飾他的盾牌？我們更不應該用奢華的飲食款待自己，讓慷慨的施捨耗費在口腹之欲，如同允許財富在我們的家中成為無法負擔的貴賓。」

我的父親說道：「我兒，老天在上，我也不希望出現那種狀況，更不願在世的時候，見到我們的生活方式有任何改變。」

伊巴明諾達斯接著說道：「我不願為了保護錢財留在家中，久而久之使人變得怠惰懶散，這時接受的禮物不會給我們帶來好處，獲得的財富無法給我們增加光彩。」

我的父親說道：「我們當然不願這樣。」

伊巴明諾達斯繼續說道：「最近，帖沙利的國君傑生(Jason)[63]，派人送來很多黃金要我接受，當時我公開表示拒絕，同時讓他知道這是對我的侮辱，因為他自己喜愛君主專制，就想花錢買通一位普通市民和一個獨立自由的城邦[64]。閣下，就你個人來說，我把你當成慷慨又卓越的哲學家，對你的仁慈表示歡迎和心存愉悅；現在你卻給身體健康的朋友帶來用不著的補藥。如果你聽到我們遭到敵人的攻擊，運來援助我們的物資是刀槍和弓箭，等到達以後發覺都是友善與和平，我想你不會非要我們留下這些用不著的東西。如同你前來幫助我們對抗貧窮，想像當中總以為我們受到它的折磨，其實只有它才是我們關係最密切的友人，也是家庭當中最親近的成員；其實貧窮並沒有冒犯我們，無須拿財富當成武器將它趕走。不僅如此，可以通知與你一起來到國外的同伴，讓他們把財富用在最好的方面，使得他們的朋友能對貧窮做出最有效的運用。我們用來維持黎昔斯在世的生活和埋葬他所需的花費，他本人已經支付給我們，那就是他對我們精心的教導，還包括其中的課程，就是無須對貧窮抱持厭惡之心。」

15 第安諾爾說道：「難道只有一般老百姓才討厭貧窮，然而害怕和規避財富就不可笑？」

伊巴明諾達斯回答道：「要是沒有舉出充分的理由加以拒絕，只是為了個人的虛榮，一副裝模作樣又粗魯不文的姿態，這樣才會讓人覺得荒謬。」

第安諾爾說道：「的確如此，伊巴明諾達斯，到底是什麼理由禁止你擁有高貴又誠實的財富？或許你可以告訴我(我請你對我客氣一點，不能用回答帖沙利

63　這位是菲里的傑生，參閱本書第15章〈國王和將領的嘉言警語〉70節之13；以及伊利安《歷史文集》第11卷9節。

64　這些話說得早了一點，伊巴明諾達斯還未擁有讓人賄賂的權勢；就是傑生成為僭主，那也是在底比斯獲得自由以後數年的事。

人的方式，毫無通融的餘地）：你認為有時送錢給別人是適合的行為，但卻絕對不能接受別人的贈與；或者你認為無論在任何狀況之下，給予者和接受者是否犯下同等的錯誤？」

伊巴明諾達斯說道：「絕無此意；我始終堅持的原則，就是財富如同其他的東西，要是當成一種贈與或接受的禮物，有時會讓人感到羞辱，有時會給人帶來榮譽。」

第安諾爾追問道：「人們很高興還清欠債，這種給予又有什麼不對？」

伊巴明諾達斯完全同意。

來客說道：「當一個人的給予受到讚譽，難道另外一個人的接受就不能加以表揚？一個人要是能誠心誠意的接受禮物，難道他與那位誠心誠意給予的人相比就會自嘆不如？」

得到的答覆：「不會如此。」

第安諾爾繼續說道：「伊巴明諾達斯，有兩個朋友，要是一個應該給予而另外一個必須接受；我們知道在戰場的時候，要避開那些善於投擲標槍的敵人；關於禮物所表示的友情，沒有道理加以規避或拒絕；因為我們認為貧窮並沒有那樣悲慘，從另一方面來說，財富也不是一無是處，讓人一點都不感興趣。」

伊巴明諾達斯說道：「這話不錯，只是還會出現這種狀況，即使禮物的給予完全出於誠意，但是『臨財毋苟得』的精神值得推崇。我對這方面的堅持完全基於以下的考量。」

「我認為人類的欲望可以說形形色色無奇不有，所以要達成的目標也是難以區分清楚。有些欲望可以稱為『本能』，它的目標迸發自肉體對於歡樂的需要。還有一些外在因素的欲望，僅僅對於空虛的幻想尋求滿足。然而一個人的教養要是很差，壞習慣產生極大的影響和壓力，比起其他基於天性的需要，會將靈魂拖出來給予羞辱和貶損。習慣和實踐讓我們知道，唯有理性能夠減低本能的激情；閣下，還有就是對於好管閒事和毫無必要的多餘欲望，應該運用嚴格的訓練課程，讓理性用一再重複的抑制和約束，對這些欲望加以懲治和拒絕，達到完全的克服和根除。理性可以壓制對飲食的欲望，面臨饑餓和焦渴仍然堅持到底，即使喪失性命也在所不計；要是拿阻止財富和名聲與它相比，做起來要容易得多，縱然在最後關頭放棄權力也不是難事，你能不同意這種說法？」

來客表示贊同。

他接著問道：「訓練的課程和訓練所要達成的目標，兩者之間截然不同；運動選手的目標是與對手比賽獲得勝利，訓練是經由不斷的練習完成身體的準備；

我想你對這方面不會有異議？就是拿我們熟知的德行來說，我認爲你同意目標是
一回事而訓練又是另一回事？」

等到來客點頭認同以後，伊巴明諾達斯繼續說道：「首先要談的是節制：你
認爲禁絕可恥和非法的歡樂，應該是訓練本身還是訓練的目標和證據？」

他回答道：「應該算是目標和證據。」

我的兄弟說道：「難道你沒有考量一個問題，訓練的課程和實作要能發揮自
律的成效，必須在每一天都盡力而爲？當你完成角力每天嚴格的練習以後，胃口
大開如同餓極了的野獸，雖然你站在擺滿菜餚和肉類的餐桌前面，還是要讓你的
奴僕去享用，自己只能進用最清淡的飲食，這時你要讓欲望得到嚴格的磨練，這
是作爲一個角力家應盡的本分。對於歡樂的戒除是訓練靈魂抗拒去做受到禁止的
事物。」[65]

他說道：「確實如此。」

伊巴明諾達斯接著說道：「閣下，公正就是目前存在的一種訓練方法，可以
讓我們用來制止貪財和拜金的欲念。它所包含的內容，不完全是不讓我們在夜間
去偷竊鄰居的財物，或者做窮徑的勾當能夠剝光別人的衣服；甚至就是一個人爲
了金錢出賣國家和朋友，也用不到這方面的訓練（因爲法律會制裁他們的犯罪，
畏懼會讓他們懸崖勒馬）。一個人要盡量克制自己的欲望，即使是看起來很體面
的好處也要拒絕，面對法律的規定要立即讓步不得有所違犯；靠著訓練和習慣的
力量，讓自己遠離所有不榮譽和不合法的獲得和收入；他要是有權力或機會享受
別人提出的歡樂，而且是巨大、有害和卑劣的歡樂，除非他經常對這種做法表示
藐視，否則很難控制自己的欲望，不讓它在這方面獲得滿足。因而，等到別人提
供可恥的賄賂和巨大的利益，除非長久以來根除愛財的念頭，要想拒絕就會面臨
天人交戰的狀況。其他的欲望會養成和加大他的胃口，要是很難不讓自己的手伸
向提供的物品，非常容易受到誘惑表現出不合正義的行爲。他不應讓自己給人家
一種印象，說他接受朋友的好處和國王的禮物，甚至就是命運帶來僥倖的成果，
像是發現埋在地下的寶藏，都應該擺出拒之千里的態度；他不會讓貪心得逞去做
那些不正當或非法的事，更不會讓他的念頭陷入混亂的處境；他會著手完成高尙
的目標，仰著頭保持積極進取的精神，自覺在他的靈魂之中充滿高貴的思想。尊
貴的西邁阿斯，像這樣的人士才值得我們推崇，我和卡菲西阿斯對於來客也抱著

65　有關畢達哥拉斯學派強調的實踐履行，參閱戴奧多魯斯・西庫盧斯《希臘史綱》第10卷5
　　節，以及伊安布利克斯《畢達哥拉斯傳》第21卷187節。

類似的期許,為了向他表示敬意,希望他能同意我們將貧窮的力量發揮到極
致。」

16 我的兄弟說完以後,西邁阿斯屢次點頭表示同意,然後他說道:
「伊巴明諾達斯是一位志行高潔的君子,波利姆尼斯造就他的兒子
有偉大的人格,從他們幼年開始給予最好的教養,都能在學院接受哲學的陶冶。
閣下,有關這次的爭論,你應該知道是你所挑起。讓我們再回到黎昔斯這個問
題:即使像我們所說的那樣,法律同意你將他的遺骸從墓中挖出運回義大利,你
是否還能夠允許它留下來與我們在一起?那麼等到我們過世以後,黎昔斯會很高
興有這樣好的鄰居在陪伴著他。」

第安諾爾聽到這個問題笑了起來,對我們說道:「各位,黎昔斯毫無疑問非
常喜愛這個地方,特別是伊巴明諾達斯的安排極其妥當,讓他在九泉之下除了感
激已是無話可說。只是畢達哥拉斯學派對於葬禮有它的特定儀式,如果任何人缺
乏應有的過程,我們認為他最後的結局不夠完美,造成的遺憾也是人生最大的不
幸。因此,當我們從託夢得知黎昔斯已經逝世(無論是生前的幽靈還是死後的鬼
魂,能在我們的夢中出現只是一種表徵而已),這種狀況對很多人來說,黎昔斯
葬在異國的土地上面,已經是非常不適當的方式,我們應該盡快將他的遺骸運回
家鄉,讓他獲得傳統的儀式才能光榮的長眠。我的內心滿懷希望來到底比斯,等
到本地的人士帶我前往墓園(時間已經是傍晚),我舉行酹酒的儀式召喚黎昔斯的
靈魂回到陽世,告知它我要採取的行動和步驟。等到夜幕降臨我沒有見到幻影或
異象,隱約聽到一個聲音在說:『即使不會褻瀆死者,還是避免移動為宜』;像是
黎昔斯的朋友已經為他舉行神聖的葬禮。這時只要稍微進行判斷,他的靈魂出於
命運的安排與另外的保護神結合起來,或者已經釋放出來要歷經新的生命。再
者,我在今天早晨遇到伊巴明諾達斯,聽他提到如何給黎昔斯辦理喪事,我承認
他已經接受其他畢達哥拉斯學派人士的教導,甚至在不為人知的狀況下辦理得極
其妥當;如果我具備某種技巧,可以從航海當中判斷一位漁船船長是否合格,那
麼可以說他的一生當中,都是同一位保護神。人生的道路真是多得無法計算,只
有極少數人獲得半神的引導。」第安諾爾在說話當中,一直注視伊巴明諾達斯的
面容,像是要重新研究他的性格和心情。

17 有位醫生來到西邁阿斯的面前,解開原來的繃帶準備重新包紮傷
口。這時菲利達斯跟在希波昔尼達斯(Hippostheneidas)後面進入房

中，要卡戎、狄奧克瑞都斯和我，跟他們去到中庭一個角落，來人的面容露出極其煩惱的神色[66]。我問道：「菲利達斯，出了什麼事？」他回答道：「卡菲西阿斯，看來不出事才怪，我很清楚希波昔尼達斯這個人，他不僅膽小而且怕事，早就告訴過你不能讓他知道我們的計劃，也不要他參加實際的行動。」

我們聽到這番話全都提高警覺，希波昔尼達斯說道：「看在神明的分上，菲利達斯，請不要那樣說；我們不能犯錯把鹵莽當成英勇，給我們自己和城邦帶來毀滅的後果；我們要讓流亡志士在安全的狀態下歸國，即使結果命該如此，目前也不應輕舉妄動。」

菲利達斯氣急敗壞的說道：「告訴我，希波昔尼達斯，你認為有多少人在暗中參加我們的復國大業？」

他回答道：「就我所知大約不少於三十人。」

菲利達斯問道：「這樣多的人都同意的計劃，為什麼非要壞在你一個人的手上不可？竟然派一個善於騎馬的信差，通知正在路上的流亡人士，說你要他們轉回去，不必一定要在今天舉事。你要知道只有今天是最好的日子，所有的條件都有利於他們的返鄉行動。」

聽到菲利達斯所說的話，我們全都膽戰心驚，卡戎用陰森的眼神瞪著希波昔尼達斯說道：「混帳東西，看你做的好事？」

希波昔尼達斯說道：「不必驚慌，大家無須針鋒相對，聲音還是和緩一點，請聽一位年歲相若卻又滿頭白髮的人，訴說他所考量的理由。菲利達斯，如果我們想要在同胞面前，表現無畏的勇氣和崇高的精神，可以將性命置之不顧，相信我的話來日方長，有利的機會還多得是。甚至不必等到夜晚，拿起手中的刀劍，現在就去攻打可惡的僭主；讓我們揮霍我們的生命，不是殺人就是被殺。只是殺人或被殺並沒有什麼困難；鑑於敵人的軍隊用那樣大的兵力圍困我們，力不如人的狀況之下奪取底比斯不是一個容易的任務，何況還有人抱持樂觀的看法，認為擊退斯巴達人的守備部隊，只會犧牲兩三個人的性命；菲利達斯貯存再多未攙水的葡萄酒，仍然不足以大開宴席灌醉阿基亞斯和他的一千五百名衛士，就是我們成功殺死阿基亞斯，還得在早晨面對清醒的赫瑞披達斯和阿昔蘇斯。」[67]

「等到敵人已經多少得知我們的朋友和親人返回的信息，為什麼這樣急著要

66　蒲魯塔克《希臘羅馬英豪列傳》之〈佩洛披達斯傳〉8節，同樣提到希波昔尼達斯和克利敦（Chlidon）有關的情節。

67　赫瑞披達斯和阿昔蘇斯是斯巴達派來的指揮官，仍舊留在底比斯；位居第三的賴薩諾瑞達斯已經趕赴哈利阿都斯。

他們陷入滅亡的處境？爲何帖司庇伊人得到的命令要在過去兩天全副武裝，準備隨時接受斯巴達指揮官的召喚？他們要在今天審訊安斐修斯，我聽說要等阿基亞斯回來以後才將他處死[68]。這豈不是我們的計劃已經洩漏的強烈證據？難道最好的辦法不是再等待一段時日，能使期間長得足夠得到上蒼的恩寵？就在他們把那頭公牛作爲犧牲獻祭給德米特的時候，占卜者提到祭壇上面燔炙的胙肉，預兆整個城邦面臨巨大的動亂和危險。」

「除此以外，卡戎，還有一件事情特別與你有關，昨天我與伊瑞安昔斯（Erianthes）之子海佩托多魯斯（Hypatodorus）從鄉間回來，這個人很有見識，是我的親戚，雖然他並不知道有什麼事情在醞釀之中，卻對我說道：『希波昔尼達斯，卡戎是你非常親近的朋友，我跟他並不是很熟悉，如果你願意的話，特別要他提高警覺，免得自己惹上很大的麻煩，甚至會有喪失性命的危險。昨天晚上我做了一個非常奇怪的夢，好像是他的家中有人在分娩，他和他的朋友都著急得不得了，到處都有人在那裡祈禱，屋裡發出呻吟和一些含混不清的聲音；接著巨大的火焰騰空而起，很快蔓延，使得整個城市陷入大火，雖然卡德密周邊爲烈焰包圍，卻沒有燃燒到要塞所在的高度，僅僅在濃煙的籠罩之中。』卡戎，這就是他詳述的夢中景象。」

「就我個人來說，對這件事已經提高警覺，等到今天聽說你要讓流亡人員全部聚集在你的家裡，使得我的心中更加焦慮，害怕我們自己遭到不幸，卻不能給敵人帶來重大的損害，充其量不過讓他們感到驚慌而已。即使我們能夠奪取整個城市，卡德密仍舊落在他們手中；事實就是如此。」

18 卡戎正想要對希波昔尼達斯說些什麼，狄奧克瑞都斯爲了阻止他，就插嘴說道：「希波昔尼達斯，就我個人的看法，雖然獻祭的胅兆對於流亡志士非常有利，還是比不上夢中出現的異象更能激起我冒險的勇氣；誠如你所說從一個友善的家庭，發出讓整個城市變得更加燦爛明亮的光線，同時敵人的營地陷入煙霧（沒有任何東西比它更能引起流淚和混亂）和黑暗，從我們這邊發出聽不清楚的聲音，表示即使有人檢舉，只限於沒有根據的謠言和盲目的疑慮，等到勝利的來到就會真相大白。占卜者發現奉獻的犧牲有凶兆的徵候，也是非常自然的事，因爲它所代表的對象不是公眾人物或流亡志士，而是那群掌握大權的叛黨分子。」

---

68 阿基亞斯奉命護送賴薩諾瑞達斯前往哈利阿都斯，到達以後就會返回底比斯。

趁著狄奧克瑞都斯還在講個不停，我問希波昔尼達斯道：「你派誰去送信？要是你沒有叫他早點動身，或許可以將他追回來。」

他回答道：「卡菲西阿斯，不瞞你說，已經不可能趕上他，這個人是底比斯最好的騎士，你應該對他很熟悉，梅隆雇來駕車的御手都由他督導，雖然梅隆從開始就對整個計劃瞭如指掌。」

正好看到想起的那個人，我說道：「你派的信差是克利敦，對不對？去年他在海克力斯運動會贏得賽馬的優勝。」

他回答道：「不錯，就是他。」

我問道：「那麼他怎麼會在這裡？一直站在門口向我們這裡張望。」

希波昔尼達斯轉過頭去高聲嚷道：「老天爺！眞是克利敦！哎唷！難道出了事不成？」

看到我們在看他，克利敦慢慢從門口走過來，希波昔尼達斯向他點了一下頭，叫他把所有的狀況向我們交代清楚，於是他說道：「希波昔尼達斯，這幾位大人我都認識。我在你家裡和市場沒有找到你，猜想你可能與他們一起來到這裡，所以急忙趕過來，讓你知道出了什麼事。」

「奉到你的命令要我騎著馬全速趕到山裡[69]，去與打獵的人見面，我立即回到家中準備座騎。我吩咐妻子把絡頭和繮繩拿過來，她說不知道在那裡，於是花很多時間在貯物間尋找還是沒有著落，等到她把我像傻瓜作弄一番以後，承認昨天傍晚借給鄰居。我非常生氣開始罵她，這時她用充滿凶兆和驚駭的語句，詛咒我這次倒楣的出行，等到回來更是厄運臨門。老天爺，看來眞是鬼迷住她的心竅，最後我在暴怒之下出手打她，鄰居和附近的婦女都來勸架，四周聚集一大群人爭論不休；我在經過這樣一場失去面子的口角以後，現在僅能將狀況告訴各位大人，你們可以派別人去做這件事，我現在已經心慌意亂不知怎麼是好。」

19 我們感覺情勢發生奇特的逆轉，片刻之前還為計劃的中止頹喪萬分，現在下定決心要立即行動（延後已是不可能的事），所有的焦慮和害怕全部置之腦後。雖然如此，我還是鼓勵希波昔尼達斯激起鬥志，獲得神明的保佑必然會一帆風順。

菲利達斯離開前去安排款待來賓的事項，務使阿基亞斯受到酒色的誘惑，卡戎需要準備房舍，讓流亡人士有安身之處。我與狄奧克瑞都斯回到西邁阿斯身

69　就是位於阿提卡邊界的西第朗山。

的指揮，可以任意改變它的航行路線；還有陶器轉盤在指尖的輕觸之下，能夠毫不費力迅速的旋轉，看來一點都沒有驚異之處。這些都是無生命的東西，建構的目的就是要能輕巧和順利的運轉，會對操作者最微小的壓力做出適當的反應。人的靈魂連接到無以計數的內部運動，像是兩者之間聯繫一根有彈力的繩索[73]，一旦與理性發生關係，很快向著覺察到的目標前進，開始的激情和欲念會延伸到具備理解力的心靈；等到產生強烈的刺激，感到緊張帶來牽引的作用，再度將它拉回原處。實在說，關鍵在於我們無法理解到一個觀念所能擁有莫大的能量。因為那些沒有感覺的骨頭、筋腱和肌肉全都充滿體液，是由遲鈍和衰竭的物質所構成，立即之間靈魂覺察到理解所要達成的企圖，開始它朝向終點的運動，使得整個身體都受到影響，所有的部分全被拉緊，能夠處於平等的地位，像是帶著可以執行的觀念遠走高飛。」

「靈魂覺察到任何與它有關的事物，從而得知內部運動的方式，以及運用欲念激起身體全部的質量[74]，這並非不可能的事，甚至不會有多大的困難。由於無法理解富於知性的聲音，所以很容易為語言的表達感到興奮。因此，就我個人的意見，一種更為卓越的性質和更具神意的靈魂所能擁有的理解力，會對一種較為低劣的靈魂產生刺激作用，根本不需要雙方的接觸，僅僅靠著談話的溝通已經綽綽有餘，如同光一樣可以引起反射。」

「實在說我們像是在黑暗中探索，從聲音可以發現另外一個靈魂所擁有的理性，至於半神的概念會帶著一束光線，照亮可以發覺它的靈魂；如同人們相互之間可以用信號溝通，語言已經失去用武之地，這時他們的想像當中只有概念存在，除非他們可以樂於擁有一種特別帶有神意的光，否則就不能見到概念的本身，同時得知聲音的本質和效果，可以發揮照明的功能；清晰的聲音產生表達作用可以讓人接收，全部由空氣所變成的語言和交談，會將思想傳入聆聽者的靈魂之中；上蒼僅有的想法是能對神所中意的人士發出指示，它的意義是能接受這方面的概念，就要靠著空氣進行傳輸，這又有什麼地方讓人感到可怪之處？如同挖掘地道的攻擊方式被敲擊的青銅盾牌發覺[75]，完全是地下深處產生不同回音的關

73　古代攻城所用的石弩，利用絞緊繩索產生的扭力，可以拋出重大的石塊和箭矢。

74　參閱蒲魯塔克《希臘羅馬英豪列傳》之〈馬修斯・科瑞歐拉努斯傳〉22節；蒲魯塔克特別闡明他的觀念：「神明可以運用某些最初的時機，或是想像中出現的幻覺，激勵我們天性裡面實質和抉擇的因素，在我們的心靈當中產生思想和理念，從而進行、轉換或拒止任何特定的行為模式。」

75　參閱希羅多德《歷史》第4卷200節，這是指波斯人占領埃及以後，對利比亞的巴卡城發起的

係，除此以外，用其他方法都無法得知；半神的信息會傳送給所有的人類，只有個性穩重和心靈寧靜的人士，才能聽到不可思議的聲音，就將他們稱爲神聖的通事。」

「從另一方面來看，大家認爲人只有睡眠的時候，可以接受上蒼給予的啓示；要說清醒就不會受到影響，那是因爲身體的機能已經發揮作用，這種觀念不僅奇特而且很難相信。就像是一位樂師正要演奏豎琴的時候，突然發現琴弦已經鬆弛，如果不能調整它的音準，那麼這件樂器就無法使用。由於不知道出現這種無感覺的成因，才會相信這一切是出於內部缺乏調適，以及他本人產生混亂所致。我的朋友蘇格拉底從此得到自由，如同他還是一個兒童的時候，一份給他父親的神讖有明確的表示，要讓這個小孩保持開放的心靈，不能用外力強迫他接受或要求他改變，使他能夠自由自在的玩耍，不能給他帶來困擾，經常向阿果里烏斯（Agoraeus）的宙斯[76]和繆司祈禱，會給他的人生帶來最佳的引導，勝於一千個老師和隨從。」

21 西邁森阿斯繼續說道：「菲多勞斯，有關蘇格拉底的徵兆，我們的觀念是無論在他的生前或死後都要堅持到底，至於有些人將它歸之於偶爾聽到的無心之言，或是一個噴嚏或類似的狀況，我們倒是很少運用。我從奇羅尼亞的泰瑪克斯聽到一個故事，表達的方式很像神話或傳奇，不能當成一個可以討論的題目[77]，所以我認爲還是暫時保留不談爲妙。」

狄奧克瑞都斯說道：「這怎麼可以？還是說出來讓我們多點見聞；即使是神話，雖然瞧不起所用極其散漫的方法，還是可以達成眞理的要求。首先要告訴我們誰是泰瑪克斯，這個名字我並不認識。」

西邁阿斯說道：「狄奧克瑞都斯，你不知道這個人一點都不奇怪，因爲他年紀很輕就已夭折，後來獲得蘇格拉底的同意，安葬在蘭普羅克利（Lamprocles）[78]的墳墓旁邊；蘭普羅克利是蘇格拉底的兒子，也是泰瑪克斯的朋友和同學，他逝

攻擊；以及埃涅阿斯‧塔克蒂庫斯（Aeneas Tacticus）《戰術學》（*Tactics*）第37卷6-7節。

76 所謂「阿果里烏斯的宙斯」就是「供奉在市民大會的宙斯」；因為大家在市民大會聽過蘇格拉底的講話；參閱柏拉圖《答辯篇》17C。

77 有關這方面的認定的確非常困難，可以參閱柏拉圖《高吉阿斯篇》523A，他說：「荷馬提到宙斯、波塞登和普祿托將繼承的王國分而治之，這是一個極其動聽的故事，大家把它當成虛構的神話，我卻認為它是真理的事實。」

78 要知道蘭普羅克利是蘇格拉底的長子，他在父親遭到處死的時候還活在世上；雖然這裡提到的故事出於虛構，大家會對泰瑪克斯的不幸感到一陣溫暖。

世在泰瑪克斯的前面沒有幾天。泰瑪克斯很想知道蘇格拉底的徵兆具備何種性質和內涵，就像一個抱負遠大的年輕人，著手研究哲學所採用的方式：除了我和塞畢斯沒有請教其他人士，深入特羅弗紐斯的洞窟之中，首先依據神讖[79]的規定舉行慣常的儀式；他留在地下長達一天兩夜，大多數人對他的生還已不抱希望，家人都在哀悼他的涉險喪命。等到他在早晨容光煥發走了出來，大家真是驚奇不已；這時他遵從神明的指示，立即逃開群眾的打探，開始把所見所聞一一告訴我們。」

22 「泰瑪克斯說他向下走進神讖裡面提到的地下岩洞，首先獲得的印象就是伸手不見五指的漆黑；其次是在祈禱以後，他躺在地上很長一段時間，始終不知道自己處於清醒或睡眠的狀態。他似乎在某個時間聽到頭顱發出被敲打的響聲，感覺骨縫裂開靈魂已經出竅。如同它走進混合半透明又純淨的空氣，首先出現的感覺像是靈魂經歷長久的痙攣和抽搐，再度發現能夠擺脫它的糾纏，長得比以前更為碩大無比，如同一面伸展開來的船帆；接著發現某些東西在上面轉動，聽到微弱的疾馳聲如同一首美妙的歌曲[80]。他抬頭向上仰望，整個地球都在他的眼底；這時他看到明亮的島嶼，一個一個都帶著柔和的火光，每一個都有不同的顏色，像是放在五色繽紛的染料之中，靠著光線的照射出現奇妙莫測的變幻和轉移。」

「島嶼的數量多得數不清而且面積都很巨大，全都在那裡不停的旋轉；他認為在蒼穹之中的圓周運動，發出有如天籟的樂章，是如此的溫柔又諧和，所有分離的音聲與運行的方式，保持平穩的位移而且協調一致。眾多島嶼的中央延伸一個海洋或湖泊[81]，各種顏色在它們遷移的過程之中，不斷通過它那藍色的透明體。少數島嶼像是在水道中航行已經越過激流[82]，大多數島嶼被它帶著前進[83]；大海本身成為環狀的漂流，構成的圓周非常平滑而且均衡。所處的位置很深邃，

79　任何人要想在皮奧夏的勒巴迪亞(Lebadeia)，獲得特羅弗紐斯的神讖指點迷津，必須深入地下的洞窟，在睡夢之中等待神明的顯靈；參閱鮑薩尼阿斯《希臘風土誌》第9卷39節。

80　這是天籟之聲；亞里斯多德《論聽聞》第2卷9節，認為這種聲音是令人無法忍受的強烈巨響；但是柏拉圖《泰密烏斯篇》67B卻說，緩和規律的運動會產生一種柔和悅耳的聲音。

81　所謂的海洋和它的環狀運動，表示天體球在白晝的運行狀態；巨大的海也可以說它是銀河。

82　這道激流就是天球赤道(天體球這一部分在快速的運動)，穿越它的島嶼就是行星，水道成為天體球的黃道帶。

83　這是指固定不動的恆星。

主要是對著南方，各處都有隱約可見的淺灘和沙洲[84]，很多地區被洪水淹沒接著就會消退，延伸的距離不會太遠[85]。有些是大洋非常純淨的色澤，到處都會出現斑駁的圖形，混濁的表面如同一個水池[86]。這些島嶼像是乘著波濤的浪頭[87]向後退走，不過，它們沒有回到原來分離的位置，也沒有完成一個完整的圓周。每一個新的循環只比原先那個有少許的進展，它們的公轉依據螺旋狀的軌道在不斷的運行。」[88]

「對於位於中央的島嶼而言，四周圍繞彎曲成環狀[89]是另一個海洋，面積要小於整體的八分之一[90]。有兩個通道可以進入海洋，那是處於相對位置的兩條炎熱的河川，湍急的激流達到沸騰的狀態，大部分藍色海面瀰漫白色的蒸氣[91]。所有景象在泰瑪克斯的眼中都成為帶來歡樂的奇觀。他向下看是一個巨大的圓形深淵，如同一個天球被切開，令人感到毛骨悚然在於它的黑暗，像是一堆不知安靜為何物的質量，不停的攪拌和震動，時常從下面蜂擁出來。從那裡聽到野獸不計其數的咆哮和呻吟，還有無數的嬰兒在哭泣，混合著男人和婦女的哀叫，這些喧囂和嘈雜的聲音，從深淵當中隱約傳出，給人帶來永難忘懷的驚惶和畏懼。」

「經過相當時間以後，有一個他看不到的形象問他道：『泰瑪克斯，你有什麼地方需要我解釋一下？』」

「泰瑪克斯回答道：『太多了，這裡還有什麼能讓我不會感到不可思議？』」

「聲音[92]說道：『不僅如此，更高的地區雖然我們占有很小的部分，那是屬

---

84 淺灘和沙洲可以說是星雲或銀河。

85 淹沒和消退表示在天體球表面的星球，彼此之間不斷在增減的距離；要是根據畢達哥拉斯學派的論點，認為這是宇宙的呼吸，參閱亞里斯多德《物理學》第4卷6節；阿尼姆《古代斯多噶學派殘卷》34頁，提到這個就說它代表銀河的不同寬度。

86 只有月球下面的區域才會產生模糊不清的色澤。

87 成為帶狀的浪頭限制在熱帶地區，或許是快速運動的關係，才會出現可以目視的狀況。

88 螺旋狀表示行星運動所經的路徑，參閱蒲魯塔克《希臘羅馬英豪列傳》之〈福西昂傳〉2節對太陽的敘述，以及柏拉圖《泰密烏斯篇》39A，說是星辰沿著不同的軌道運行，軌道較大運行較慢，軌道較小運行較快。

89 海洋表示黃道帶，所謂小於1／8，是指它占的面積是子午線1／60的8倍，子午線為360度，它的1／60是6度，乘以8是48度，占整個面積的1/7.5(360÷48＝7.5)。

90 天球赤道圍繞黃道，參閱柏拉圖《泰密烏斯篇》36C；說明兩者正交則在外圈有相同的運動，在內圈有相異的運動；現在將內圈變成偏斜，使之與留在水平狀態的外圈形成斜角，這時看到「相同」的運動，即是「在水平面向右運轉」的天球赤道，「相異」的運動是與天球赤道做相反運動的黃道。

91 毫無疑問這是銀河的象徵，發生的位置在黃道帶和銀河圓環的交會處。

92 說話者可能是一位半神或精靈。

於神明所有；如果你願意可以探索帕西豐尼擁有的區域，那裡受到我的管轄；這是四個之中的一個[93]，可以標示出斯特克斯的路線。』」

「他問道：『什麼是斯特克斯？』得到的答覆是：『這是前往哈得斯（Hades）的通道，從你的對面越過，它的頂點可以將光線分開；就像你所看到的那樣，它從哈得斯的下方向上延伸，整個旋轉運動會接觸到光，用來限制和標誌最後區域的範圍[94]。宇宙所有的事物可以區分為四個要素：第一是生命，第二是運動，第三是繁殖，最後是滅亡；第一和第二的連接是統一，在於不可見的質量[95]；第二和第三的連接是在於太陽的理性；第三和第四的連接是在於月球的自然[96]。命運女神是需要女神的女兒，祂掌握鑰匙並且控制每一個連接，超越第一個的阿特羅波斯，超越第二個的克洛索，以及超越連接月球的拉奇西斯。」

「繁殖作用的轉捩點是在月球[97]。當其他的島嶼屬於神明的時候，月球屬於地球上面的保護神（精靈），為了避開斯特克斯，就在它的頭頂不遠處通過；不過，月球一次可以得到一百七十七個二等衡量的公轉單位[98]。等到斯特克斯開始接近，靈魂因為畏懼在那裡痛哭哀號，很多因為失足被帶往哈得斯的地獄，還有一些在適當的時機開始繁殖的斷絕[99]，獲得月球的救援從下面向上洄游，邪惡者和污穢者受到排斥。月球帶著閃電和可怕的吼聲禁止外來者的接近，悲嘆它的命運，它們再度墮落到達底部進行另一個生殖過程，這些都在你的眼前出現。』」

「泰瑪克斯說道：『我沒有看到什麼東西，僅有很多星辰在深淵的上面顫抖和戰慄，有些已經沉入其中，還有一些再度從下面升起。』」

「獲得回應：『你看到保護神的本尊，當然無法辨識，我要向你解釋：每一

---

93 第一個區域是在天體球外部的表面；第二個區域是在表面和太陽的路徑之間；第三個區域是太陽和月球的路徑之間；第四個區域是冥后「擁有的部分」，位於月球路徑的下方，地球的陰影所及的範圍；要說地球是「哈得斯」，那麼它的陰影就是「斯特克斯」。

94 參閱斯托貝烏斯《花間飛舞》第1卷198頁及後續各頁。

95 這是指天球體的表面。

96 本書第62章〈論月球的表面〉28節，提到地球供應人的身體，月球則是靈魂，太陽給予智能。

97 這個觀念最根本的來源是柏拉圖《斐多篇》72B；兩套對立事物的產生，其間沒有連續對應的過程，就會直接走向終點不再出現起點的恢復或轉移，那麼萬事萬物都會具備同樣的性質，處於齊一的狀態，不會存在任何變化。

98 根據吉米努斯（Geminus）最早的理性判斷，基本衡量的公轉單位是「天」，這是太陽從升起到沉沒相隔的時間；吉米努斯其次獲得的理性判斷，二等衡量的公轉單位仍舊是「天」，這是太陽連續兩次上升相隔的時間；後面這種算法使得6個太陰曆的月，可以得到177個二等衡量的「天」。

99 只要生與死的循環開始運行，就不會出現「繁殖的斷絕」這種狀況。

個靈魂都要分享理性和智慧，所謂非理性或無智慧不可能存在。部分靈魂混合肉
欲和激情，等到它進行非理性的考量，就會產生歡樂和痛苦的交替作用；每一個
靈魂不會混合到同一種程度，有些全部沉陷到身體之中，整個生命都被欲念和激
情所敗壞，亂成一團毫無秩序可言；有的只有局部融入，留在外面的部分變得最
爲純淨，它現在不會被拖進去，就像頂端附著一個浮標，漂流在表面可以與人的
頭部保持接觸，這時他的身體已經沉到深處；靈魂會盡量給予支撐，同時還使身
體保持在直立的狀態，它會聽從激情的要求，仍舊未能完全征服。已經沉淪[100]
進入身體的部分就是靈魂；留下來保持自主尚未敗壞的部分大家將它當成理性，
世俗之人認爲它在身體之內，如同鏡子的反射作用將實體變成反映的目標；任何
人知曉的事物都能正確無誤就可稱之爲半神[101]，全部存在於外部的世界。』」

「聲音繼續說道：『泰瑪克斯提到的靈魂、理性或半神，不能存在於星球上
面，它們的下場就是絕滅；你必須理解一件事，那就是你看到的靈魂，已經全部
沉陷到身體之中；它在星球上面再度發出光亮，像是從下面重新出現的模樣，你
必須了解你所看到的靈魂是死後脫離身體開始飄浮，除去一種朦朧和黑暗的氛圍
如同抖掉塵土一樣；那些隨著星球升到更高處是智者和哲人即「擁有知識者」的
半神。看來你是否可以證實每一種與靈魂聯繫和結合的方法。』」

「等到聽完這些以後，泰瑪克斯隨之更加仔細的觀察，這時可以看到星球的
上下擺動，幅度有的很大有的很小，就像一塊軟木在海浪當中起伏，用來標示出
漁網的位置。少數成爲混亂和不規則的螺旋狀運轉，如同蜘蛛吐絲在編織牠的蛛
網，無法簡化牠的運動成爲一條直線，可以採用更爲穩定的路徑。聲音能夠用來
解釋半神的運動何以成爲直線，並且有一定的規律可循，會使靈魂擁有良好的天
性和訓練可以接受約束，它的非理性部分不會形成過度的倔強和難以控制。鑑於
繼續要從一個直線的路徑，運用一種任意和混亂的行動，從所有不同的方位偏離
正軌向外轉移，雖然會急速的拉扯這根繫繩，由於欠缺訓練的關係，要與一種難
以控制和不受約束的角色，彼此之間出現激烈的競爭，在某一時刻優於對手會轉
回正確的道路，或許會屈服於它的激情拖向錯誤的歧途，只有爲了阻止後面這種
情形出現，會使出力量來反抗。」

「拘束的作用在於盡力實施反方向的拖曳，就像一根繮繩插入靈魂當中非理

---

100 「沉淪」這個字可以參閱柏拉圖《菲德魯斯篇》248A，就是投生成為九種不同的人類。
101 參閱柏拉圖《泰密烏斯篇》90A，所謂半神就是神把神性賦予每個人的靈魂中那個最崇高的
部分，會使我們從地面上升，趨向我們在天上的同類。

性的部分，半神運用這種方式稱之為錯誤帶來的懊悔，所有非法和故意的歡樂都讓它感到羞辱；懊悔和羞辱真是痛苦的一擊就在源頭施加於靈魂，由於抑制的功能在於控管和治理的部分；直到靈魂受到無法躲避的懲罰，才會像豢養的家畜，變得順從和習慣於嚴格的統御，再也不需要痛苦的打擊，對於半神所給予的信號和徵兆，要能做出極其敏銳的反應。」

「聲音又開始說道：『實在說這些靈魂是後來才負起責任，逐漸變得嚴格奉行；還有一些靈魂從開始降生，便俯首聽命於統御它的半神，可以認定來自占卜者和通靈者的家族。在這些靈魂當中，毫無疑問你聽過克拉卓美尼(Clazomenae)[102]的赫摩多魯斯(Hermodorus)[103]這個名字，他的靈魂不分日夜，隨時都會離開身體到處漫遊，等到回魂醒來就會舉出很多事情，用來證明他在遙遠地方的所言所行，後來他的妻子有紅杏出牆的行為，將他出賣給仇敵，將留在家中僵硬的身體，趁著靈魂逸出未返將它施以火化。當然這些都是傳說：他的靈魂不能離開身體，半神自由運用它的權力，可以將兩者之間的束縛解除，允許半神隨意悠遊各地，等到返回就能報告所見所聞外部世界的狀況。人們會毀滅自己的身體，如同他在睡夢之中仍舊要為塔塔魯斯[104]的行為贖罪。年輕人，對於這些事情你最好知道，因為目前這層關係，你再過三個月就會離開人世。』」

「等到聲音停息下來，泰瑪克斯想要轉身過去看看說話者是誰，他的頭立刻感到一陣劇烈的疼痛，那是來自外面的巨大壓力，對於發生在他身上的情節，他喪失所有的認知和意識，等到清醒過來，發覺自己躺在特羅弗紐斯洞窟的入口，位置沒有改變就是原來的地點。」

23　「以上敘述的情節是泰瑪克斯的見聞，他回到雅典過了三個月亡故，印證聲音提出的預告[105]；我們在驚詫之餘就對蘇格拉底講起這個故事，他叱責我們要記住一個事實，那就是泰瑪克斯已經不在人世；否則他會很高興聽到泰瑪克斯親口說出此事，他還會問一些更詳盡的狀況。」

「狄奧克瑞都斯，我的陳述非常完整，我想你要是把它看成神話，當然會有

102　克拉卓美尼是一個希臘城市，位於小亞細亞的愛奧尼亞地區，這裡的文風極其鼎盛。

103　赫摩蒂穆斯曾經提到這個故事，參閱特圖列安(Tertullian)《論靈魂》(*A Treatise on the Soul*)第94卷475頁及後續各頁。

104　塔塔魯斯(Hermotimus)就是埃及的惡神泰封，後來成為「地獄」的同義詞。

105　預言家經常聽到自己死亡的告知；參閱本書第45章〈論天網恢恢之遲延〉29節及有關的注釋。

很多問題，同時也可考慮請這位外邦人一起參加討論，因為這個主題對於充滿靈性的人相當適合。」

來客問道：「為何伊巴明諾達斯不願貢獻他的才智？他與我一樣都很精通這方面的教義和學說。」

我的父親面露笑容說道：「閣下，這是他生性拘謹拙於言辭的關係，然而對於學習和聆聽總是貪多不知饜足。因為這樣的緣故，塔倫屯的司頻薩魯斯一直陪著他，說是從未見到一個人，能像他知道得多而話說得少。所以你可以盡量表達你想要說的觀點和看法。」

24 第安諾爾說道：「因此，我認為這個故事是如此聖潔，絲毫沒有褻瀆或誹謗之意，可以當成祭品奉獻給神明[106]。對於西邁阿斯的表白，如果發現有人很難接受，這會讓我感到驚異，要是他們將神聖的字眼安在天鵝、蛇、狗和馬的身上，卻拒絕相信人具有神性，何況人還受到神明的寵愛[107]。一個人愛馬不會將他的關心延伸到這個種類所有成員的身上，通常會選出和分離其中最好的個體，加以訓練和繁殖，珍愛的程度勝於其他的馬；人類的做法完全相似，身為最有權勢的長者從人群當中選擇最好的子弟，給予仔細和周到的培育，無須裝配籠頭和韁繩加以正確引導，而是靠著告知和標誌用來灌輸理性，這種方式對普通民眾而言很難明白其中的玄奧。不是獵犬的繁殖作用使得牠了解獵人所用的信號，馬匹對於騎士也是如此；經過訓練很容易用一聲口哨或一個吆喝給予指揮，牠們聽到以後就會服從。」

「荷馬就是明顯的證據，與其他人的說法有很大的差別[108]，像是他將占卜者稱之為『善識鳥跡的行家裡手』[109]或『通靈的人』[110]，還可以想一想那些能與神明直接對話的預言家，從他們的了解和認知當中，對於未來會有若干指示；有詩為證：

---

106 可以引用鮑薩尼阿斯《希臘風土誌》第9卷39節之14的文字：「任何人只要下降到特羅弗紐斯地下洞窟之中，必須將所見所聞寫在記事板上，當成奉獻給神明的祭品。」

107 參閱蒲魯塔克《希臘羅馬英豪列傳》之〈努馬・龐皮留斯傳〉4節，以及柏拉圖《邁諾斯篇》319A。

108 斯多噶學派將占卜分為兩種，一種出於「人為的技術」，像是徵兆的解釋和天象的判定；一種出於「天生的本領」，像是夢境的幻覺和靈感的啟示；參閱西塞羅《論占卜》第1卷6節。

109 荷馬《伊利亞德》第1卷69行，提到卡爾查斯不僅辨釋鳥跡，而且博古通今、預知未來。

110 荷馬《伊利亞德》第1卷62行，要詢問一位通靈者或詳夢的人。

　　普里安之子赫勒努斯的心中清楚，

　　兩位神明的商議已經是深思熟慮；[111]

以及

　　我聆聽永恆的神所提告誡和箴言。[112]

外人想要得知和認同國王和將領的意圖，來自發出的烽火、傳令官的宣布以及號角的長鳴，身爲密友和知己當然會得到國王和將領的告知；因而能與上天直接交往究竟是少數，這種狀況仍舊罕見，絕大多數還是來自徵兆，因而出現占卜這門技藝；神明的恩典只讓部分人士得到好處，他們還想上天的祝福是眞正來自神意；鑑於靈魂不可能進入別人的身體，卻可以與肉體分離獲得自由，一旦到達這種程度，如同赫西奧德所言，保護神才會成爲『人類的護衛』。」[113]

　　「年邁的角力家已經不適合下場較量，仍舊抱著老驥伏櫪的心理喜愛這項運動，很高興看到其他的選手賣力的訓練，他會傳授自己的經驗，多方勉勵和鼓舞他們的鬥志。有些人經歷奮戰的人生，英勇的靈魂使他成爲半神或神人；他們在世上的努力甚至就是一言一行，不會受到忽略或藐視，有利於競爭者追求相同的目標，抱著炙熱的情緒給予鼓勵和協助，使得他們的德行有卓越的成就，只要保持不斷的奮鬥就能獲得心中所望的獎賞。並不是每一個人都可以得到半神的援手，如同遇到船難在海中泅水的乘客，那些站在岸上的人僅能保持沉默看著他們在那裡奮鬥，因爲他們離陸地還有一段距離，等到靠近能給的幫助也不過搖著手臂發出叫聲，獲得安全才會跑過去涉水蹲在他的旁邊；朋友，這就是半神對待人類的方式。」

　　「長久以來我們深陷塵世的事務，在其中翻滾起伏，如同運輸的貨物在不同身體之間變換；這些半神讓我們爲自己的出路奮戰，他們保持置身事外的態度；我們靠著英勇和努力終於獲得安全，可以抵達一個避難所。靈魂經歷無以計數的生殖過程，要有剛強堅毅的決心始能維持長期的奮鬥，使得它的循環變得更加接

111　荷馬《伊利亞德》第7卷44行及後續各行；赫勒努斯是特洛伊國王普里安和王后赫庫巴的兒子，是一位名聲響亮的預言家和通靈者。
112　荷馬《伊利亞德》第7卷53行。
113　赫西奧德《作品與時光》122行。

近，等到它趨向上方的世界，像是沐浴在汗水之中，抵達海岸[114]之際迫近的危險使它繃緊每一根神經。神明不讓它接觸到罪孽，半神可以前往拯救，讓它無論在何處都能得到援手。一位半神會很熱誠勸戒一個靈魂，不同的半神各有他的對象，就靈魂這方面來說，它會盡量接近半神，俾能從聆聽之中獲得拯救；如果靈魂沒有提高警覺，稍有怠忽就會被半神拋棄，即將落入萬劫不復的處境。」

25 等到第安諾爾講完，伊巴明諾達斯注視著我說道：「卡菲西阿斯，時間到了，我認為你應該快去體育館，不能讓同伴感到失望。這裡的聚會馬上結束，我們會按第安諾爾的意思去做。」

我回答道：「這點請放心，我想狄奧克瑞都斯會有一些話，要當著我和蓋拉克西多魯斯的面對你說。」

他說道：「當然可以，我還是要祝你萬事如意！」然後站起來帶我們走到柱廊的角落。我們一起努力說服他參加起義的行動。他的答覆是完全明瞭狀況，知道流亡人士要在今天歸國，實在說他與高吉達斯為了因應當前的情勢，已經將所有的朋友組織起來[115]。只是他始終堅持一個信念，除非出於絕對迫切的需要，否則未經審判他不會處死任何一位市民同胞。除了這方面以外，對於底比斯的民主政體更重視它的利害關係，那就是有些人不論過去的作為如何，不應受到指控認定他們犯下罪行；從而可以讓市民享有更大的信任，流亡人員提出的策略不會讓人懷疑是出於偏見。我們同意大家的動機完全一致；這時他回到西邁阿斯和那些人的身邊，我前往體育館參加舉事的陣營。

外表看起來像是一群前來角力的夥伴，大家交換情報以後，開始安排暗殺的方式和程序。我們看到阿基亞斯和菲利帕斯，剛剛沐浴完畢正在按摩塗油，準備動身前去赴宴；原來是阿基亞斯護送賴薩諾瑞達斯離開，現在又返回這裡，菲利達斯馬上將他們帶到自己家中，生怕在我們動手阻止之前，安斐修斯已經遭到處決。要讓阿基亞斯抱著希望，他所喜愛的那位已婚婦女會來參加宴會；在座都是經常一起吃喝玩樂的朋友，所以特別勸他要拋開一切憂慮，讓自己鬆弛下來痛快的享受醇酒美人[116]。

---

114 根據希臘原文譯成「海岸」，要是聯想到荷馬《奧德賽》第5卷410行這一句詩，按照字面的意義應該是「出口」才對。

115 等到暗殺的行動完成以後，伊巴明諾達斯和高吉達斯自然會率領隊伍，出現在對斯巴達人用兵的場合；參閱蒲魯塔克《希臘羅馬英豪列傳》之〈佩洛披達斯傳〉12節。

116 參閱蒲魯塔克《希臘羅馬英豪列傳》之〈佩洛披達斯傳〉9節。

26 現在天色已晚，颳起寒風變得更冷，大多數的老百姓趕回家中的時間要比平常早一點，這時我們這一組人與達摩克萊德（Damocleidas）、佩洛披達斯和狄奧龐帕斯會面，另外一組人要與其他的流亡志士碰頭（他們在越過西第朗山就分爲兩組，免得聚在一起人多勢眾，就會引人注目），惡劣的天氣可以讓他們掩住面孔，通過城市不怕被人認出來，有些人在進入城門的時候，看到右邊出現閃爍的光芒，並沒有接著出現雷聲，可見這並不是閃電，視爲帶來安全和榮譽的徵兆，我們的行動不僅會光宗耀祖，直到當前仍然不會有半點危險[117]。

27 等到整個團體一共四十八個人[118]，包括流亡志士和當地參加起義人員在內，都在卡戎的家中聚集，狄奧克瑞都斯在另外的房間向神明獻祭，門口傳來一陣嘈雜的聲音，接著僕人通報阿基亞斯的兩位官員，帶著緊急的事務奉派前來告知卡戎，所以在外面敲門要求立即接見，對於時間的耽誤表示出不耐煩的模樣。卡戎這時感到大事不妙，趕緊吩咐打開大門，頭上戴著花冠去見來人，表示他正在祭神以後進行酹酒的儀式，詢問官員有什麼指示。

其中一位回答道：「阿基亞斯和菲利帕斯命你馬上前去向他們提出報告。」

卡戎問他們這個時候緊急召喚他前去，難道發生什麼重大的事故不成，來人說道：「我們只知道這個，你的意思是要我們如何覆命？」

卡戎說道：「就說我要取下花冠放在一旁，穿好衣服馬上趕去；如果這個時候急忙隨著你們前往，會讓有些人感到驚慌，像是我已經出事的樣子。」

來人回答道：「就這麼辦，我們還奉當局的命令，將守備隊調到要塞的下方駐紮。」

交代完畢他們離開，卡戎讓我們知道這件消息，所有人員都大爲驚慌，認爲我們被人出賣；大多數人都懷疑希波昔尼達斯，因爲他一直交代克利敦，阻止流亡人士返國，等到未能如願才有起義的行動，很可能他產生畏懼之心，就將整個密謀洩漏出去（不過，這個人怎麼講都值得大家的信任）；況且他並沒有與其他人員一起來到聚集的地方，讓人感到這個人做出卑劣的行爲，現在已經背叛大家。這時我們認爲卡戎應該接受召喚去見兩位軍事執政；他就將他的兒子叫進來，阿契達穆斯，你要知道這個小孩長得非常漂亮，一直受到大家的寵愛，平日勤於練習各種運動項目。就我看來他的年紀大約十五歲，比起同年齡的兒童長得更爲高

117　參閱色諾芬《希臘史》第5卷4節。

118　參閱蒲魯塔克《希臘羅馬英豪列傳》之〈佩洛披達斯傳〉9節。

大和健壯。

卡戎說道：「各位，這是我唯一的小孩，大家都知道我很愛他，現在我把他交到各位的手裡；我願向著神明和精靈發誓，要是因為我的緣故讓大家嘗到失敗的苦果，為了表示要與仇敵誓不兩立的決心，請大家立即將他殺死，不必抱著仁慈的心腸。各位，務必請大家像一個勇士面對最惡劣的處境，事到臨頭我們絕不能束手被擒，最後像一群懦夫死在殘酷的敵人刀劍之下，大家一定要血戰到底，為了我們的城邦和榮譽，保證我們有永不屈服的靈魂。」[119]

等到卡戎說完這些話，我們對他偉大的情操和高貴的心靈，全都佩服得五體投地，只是他認為我們會懷疑他，大家都感到氣憤，請他把自己的小孩帶走。佩洛披達斯說道：「卡戎，不管怎麼說，我認為你應該把你的兒子送到別的房間，你剛才講的話非常不對，為什麼非要他與我們都留在這裡同歸於盡？如果你能讓他離開，萬一我們出了事，等到他長大成人便會接替我們的任務，推翻僭主為大家報仇雪恨。」

卡戎答覆道：「危險也罷！安全也罷！等到落入敵人手中還有什麼榮譽可言；就我的兒子來說，能夠在這個年齡就接受戰鬥的考驗，何嘗不是一件美事，如果我們邀天之幸贏得勝利，自由和德行就是最大的獎賞，萬一厄運當頭舉事失敗，難道有比與父親以及如此勇敢的同伴一同慷慨就義更為崇高的下場？讓我們懷抱最大的希望，神明一定會保佑我們堅持正義的奮鬥。」

28 阿契達穆斯，卡戎的話讓大家感動得流下眼淚，他自己卻能面色自若，將他的兒子交給佩洛披達斯負責，在走出房門之前與我們一一握手告別，口裡還不斷說些鼓勵的話。你發現最值得讚揚的地方，是那個小孩的臉上洋溢著面對危險毫無畏懼的神情，就像尼奧普托勒穆斯[120]一樣，從來不會怯懦也不會慌張，拔出佩洛披達斯的佩劍，在那裡仔細的研究一番。

這時，成員之一戴奧杰頓（Diogeiton）之子西菲索多魯斯（Cephisodorus）來到，他的手裡拿著一把長刀，外袍裡面穿起一副胸甲；他聽說卡戎受到阿基亞斯的召喚，指責我們延遲的不智，應該馬上對他的住處發起突擊，總比留在這裡像一群蜜蜂擁擠在狹小空間要好得多。占卜者狄奧克瑞都斯也催促我們採取行動，

---

119 斯多噶學派將勇氣定義為一種科學和技術，使得靈魂保持在無法征服的狀態；阿尼姆《古代斯多噶學派殘卷》第3卷64頁No.264。

120 尼奧普托勒穆斯是阿奇里斯的兒子，奧德修斯對他讚譽有加，參閱荷馬《奧德賽》第11卷528-530行。

他的獻祭獲得神明的承諾，可以保證我們的安全和勝利。

29 我們正在披掛起來準備戰鬥的時候，卡戎面露笑容趕回來，神情坦率對大家講一些鼓勵的話，現在沒有什麼事情值得畏懼，我們的計劃進行得非常順利[121]。他說道：「阿基亞斯和菲利帕斯聽到我要應他們的召喚，當時他們已經喝得太多，以至於他們的頭腦不夠靈活，如同身體已經失去活力和反應；他們起身離開來到門口，阿基亞斯說道：『卡戎，我們聽說放逐人員溜回城市，現在都已藏匿起來。』我聽了心中大吃一驚，回答道：『誰報告這樣的消息？他們藏在那裡？』他說道：『我們還不知道，這也是我所以派人把你找來的原因，看看你是否得到更正確的情報。』」

「像是受到一記重擊以後恢復清醒，我表示這僅是傳聞而已，沒有什麼可以大驚小怪之處；看來我們的計謀沒有在暗中被人洩漏出去（要是有人知道真正的狀況出賣我們，他們不可能不知道聚集的地點）；僅僅出自疑慮或者市井的閒聊傳到他們的耳中；因此我回答道：『安德羅克萊德斯（Androcleidas）[122] 還活在世上的時候，很多沒有根據的謠言和錯誤的報導到處流傳，給我們帶來相當的困擾，阿基亞斯，至於目前我沒有聽到絲毫這方面的信息；不過，我會就這個問題進行調查，如果你還不放心，我只要獲得任何蛛絲馬跡，馬上報告你，以便提高警覺加強防範。』」

「菲利帕斯說道：『卡戎，要全面進行搜尋和調查的工作，一定要讓我們對所有的形勢都瞭如指掌，一點都不能大意或忽略，只有先知快報和掌握狀況才是最重要的事情。』一邊說一邊牽著阿基亞斯的手，引他回到宴會廳繼續通宵達旦的狂歡作樂。」

卡戎說道：「各位，我們不要耽誤正事，讓我們先向神明祈禱，接著趕緊出發。」我們祈求神明的保佑，面露欣慰的神色相互一一作別。

30 這是大家正在晚餐的時刻，風颳得更加強烈，濛濛細雨夾雜飄落的雪花，我們通過街道只發現很少數人還留在外面。由於李昂泰阿德和海佩底的住處相近，指派攻擊他們的小組，成員穿著常用的服裝，每個人的武器是一把利刃，這一組包括佩洛披達斯、達摩克萊德和西菲索多魯斯在內。卡

121　參閱蒲魯塔克《希臘羅馬英豪列傳》之〈佩洛披達斯傳〉10節。
122　安德羅克萊德斯是受到放逐的底比斯志士，李昂泰阿德派凶手到雅典將他暗殺。

戎、梅隆和其他的成員，負責行刺阿基亞斯，他們的外袍裡面襯有胸甲，頭上戴著銀樅和松枝編成的厚厚花冠，少數幾位穿起婦女的服飾。這群人看起來就像已經喝醉酒有女性陪伴的啞劇演員[123]。

阿契達穆斯，要是我們的運氣不好，即使敵人落入無知和盲目的處境，最後還是讓我們的英勇和充分的準備付之東流；很多狀況出於天意並非人謀不臧，就在舉事的時刻出現偶發事件，如同突然面臨可怕又嚴酷的考驗，意外的災禍對我們的希望帶來極大的威脅。卡戎見過阿基亞斯和菲利帕斯回到家中，安排我們的攻擊行動，這時有一封信，從雅典的阿基亞斯祭司送給底比斯的阿基亞斯，他的朋友顯然是一個有心人，洩漏的信息包括流亡人士的返國，他們的復國計劃、藏匿的地點以及當地參加起義的同謀[124]。阿基亞斯飲下過量的酒已經神志不清，一心盼望貴婦的來臨變得極其激動，只是將信拿在手中沒有拆封，信差提醒他帶來的消息非常重要，他回答道：「事大如天也要明日處理」，隨手將它插進座墊的下面。咐咐僕人用大杯將酒裝滿送上來，叫菲利達斯到街道去看看應邀的婦女是否馬上來到。

31 我們抵達以後，希望在場人員處於酒醉狀況之下，能夠騙過他們不會提前發覺免得遭到抵抗；很快從一群奴僕當中穿過，到達宴會的大廳，先停在大門的外面，辨識斜躺在臥榻上面的賓客。花冠和服裝讓他們無法看出我們的真面目，大家坐在那裡保持安靜的神情[125]；梅隆是第一個開始行動的人，手放在劍柄上面，要從他們之間奪路而過，民選的執政卡比瑞克斯（Cabirichus）在他通過身邊的時候，抓住他的手叫道：「菲利達斯，這位不是梅隆嗎？」不過，梅隆掙脫糾纏拔出劍向著阿基亞斯衝過去，後者的步伐蹣跚已經沒有反抗的餘力，受刺倒地以後很快斃命。

菲利帕斯被卡戎砍傷頸部，還是用面前的酒杯架抵擋，黎西修斯（Lysitheus）將他從臥榻推到地上，再用佩劍將他殺死。

我們勸卡比瑞克斯安靜下來，不要再幫僭主助紂為虐，加入我們的陣營為城邦爭取獨立和自由，如同他為了推崇神明要把自己當成神聖的祭品；只是在目前

---

123 參閱蒲魯塔克《希臘羅馬英豪列傳》之〈佩洛披達斯傳〉11節。

124 參閱蒲魯塔克《希臘羅馬英豪列傳》之〈佩洛披達斯傳〉10節；尼波斯《佩洛披達斯》第3卷以及《希臘頌》第1卷404頁。

125 蒲魯塔克《希臘羅馬英豪列傳》之〈佩洛披達斯傳〉11節，提到參加宴會的人員看到這群婦女來到，發出鼓掌和歡迎的聲音。

狀況下很難訴之理性，說服他走向明智的道路，特別是他受到酒醉的影響，整個人變得狂暴又激動，就把執政隨身攜帶作爲地位象徵的短矛，採取防衛的姿態平執在身前，我抓住桿身的中間向上舉過頭頂，大叫要他鬆手好救他一命；這時狄奧龐帕斯從他的右邊趕上一步，用劍刺進卡比瑞克斯的身軀，說道：「你這個吹牛拍馬的傢伙，跟他們一起躺在這裡吧！底比斯得到自由不會讓你戴上花冠，更不會讓你向神明獻祭，要知道你過去多次在神明面前爲敵人祈禱，已經受到整個城邦的唾棄。」卡比瑞克斯氣絕身亡以後，站在旁邊的狄奧克瑞都斯從血泊中拾起聖矛，我們除掉幾位膽敢繼續交戰的奴僕，將沒有抵抗的人關在宴會廳裡面，不讓他們跑到外面去通風報信，直到我們得知另外一組人獲得成功爲止。

32 他們的行動如同我敘述的狀況：佩洛披達斯的小組一路上安靜的行進，來到李昂泰阿德的府邸，敲擊緊閉的大門告訴問話的奴隸，說他們受到凱利斯特拉都斯的派遣[126]，從雅典趕來送一封信給李昂泰阿德。稟報主人以後同意接見來人，等到剛剛拿下門閂只開一條小縫，就被大家一擁而入，在對方不知所措的狀況下，衝過庭院直達他休息的寢室。李昂泰阿德聽到零亂的腳步聲，心中突然浮現大事不好的感覺，拔出佩劍準備保護自己的安全；他的行事毫無公正可言而且極其暴虐，爲人沉著冷靜而且身強力壯；只是在匆忙之中忘記吹熄燈火，否則動手的人會在黑暗當中被他一個一個解決，明亮的光線就很容易發現他的位置，只有第一個進入的西菲索多魯斯，在開門的時候受到側面的捅刺，失血過多倒在地上，他迎擊的下一位是佩洛披達斯，同時還大叫要他的奴僕前來幫助；他們都被薩米達斯和其他人擋住，來者都是底比斯身分顯赫的市民，擁有英勇善戰的名聲，府邸擔任警衛的人員不敢向前擗戰；這時佩洛披達斯和李昂泰阿德還在激鬥不休，寢室的進口非常狹窄，加上橫臥地上奄奄一息的西菲索多魯斯，其他人員全都無法給予援手，近身的搏擊眞是凶狠又險惡，佩洛披達斯的頭部雖然受傷，李昂泰阿德最後還是不支倒地，就在西菲索多魯斯的身旁斷氣。這時西菲索多魯斯還有感覺，等看到他的仇敵已死，他握住佩洛披達斯的手，向其餘人員說了幾句祝福的話，面露欣慰的神情溘然而逝。等到這裡料理完畢，接著要去對付海佩底，還是用同樣的藉口進入他的住所，他雖然逃到鄰居的屋頂，最後還是一命歸西。

126　毫無疑問這是大家都很熟悉的雅典政治家，很可能他與李昂泰阿德很有交情。

33 等到兩個組完成任務,就要在市民的柱廊廣場會合,相互祝賀和交換意見以後,決定立即前去監獄;菲利達斯將獄卒叫出來向他說道:「阿基亞斯和菲利帕斯命你立即將安斐修斯押去。」這個人考慮到這個時間極其反常,菲利達斯的態度非常激動,掙紅著臉像是要與人爭吵的模樣,看起來很不對勁因而追問道:「為什麼軍事執政要在這個時候把犯人押解到他們那裡去?為什麼要你來傳達命令?你有沒有帶當局核定的憑據?」菲利達斯說道:「這就是我的憑據。」就用手裡拿著的騎兵長矛刺穿對方的身體,這個倒斃在地上的惡棍,第二天會有不少婦女前來踐踏他的屍首還向它吐口水。

我們打破監獄的大門,首先喊出安斐修斯的名字,還有很多與我們關係密切的人物,等到聽出我們的聲音,非常高興的從草墊上面跳了起來,身上還拖著鐵鍊;那些雙腳被綁在木樁上面的犯人,伸出他們的手臂在大聲叫喊,乞求我們不要把他們留下不管。等到這些人獲得釋放,不少住在附近的民眾開始加入我們的行列,遠處的人員聞風而來,看到目前的形勢真是大喜若狂。婦女經由口耳相傳聽到起義的消息,全都聚集在街道上面,興奮的面容連皮奧夏人的禮儀都置之不顧;對於路過的人不停詢問發生的狀況。即使有一位父親或丈夫跟在後面,也不會對她們加以阻止;大家都在流著眼淚祈禱,平素最端莊的婦女都陷入熱烈的激情之中。

34 整個起義行動已經出現新的情勢,我聽說伊巴明諾達斯、高吉達斯和他們的朋友,現在都在雅典娜神廟開會商議,就立即趕去參加。很多勇敢的市民開始集合在一起,隨著不斷的抵達人數在逐漸增加[127]。等到我向他們報告剛才的行動,催促他們前往市民大會的會場,成為一支聲勢浩大的援軍加強現有的實力。大家開始召喚市民全副武裝,要為城邦的自由權利列陣出擊;群眾開始編組起來,他們的武器是柱廊陳列的各式各樣的戰利品,還有附近鐵匠鋪子裡要出售的刀劍。希波昔尼達斯在朋友和奴隸的簇擁之下出現,他還帶著一群喇叭手,經常用於海克力斯的節慶和遊行的隊伍之中。無論是在市民大會的會場還是其他各地,全都響起號角的聲音,從各個方向對著我們的敵人提出警告,全城都已高舉起義的旗幟。

斯巴達人的黨羽和走狗從市鎮逃向卡德密,連同他們稱之為「選鋒」的單位,習慣上他們夜間在要塞的山腳下面宿營。等到喪失秩序和極其害怕的烏合之

---

127 參閱蒲魯塔克《希臘羅馬英豪列傳》之〈佩洛披達斯傳〉12節,現在還是處於夜間的狀況。

眾，都已退到要塞裡面，位於高處的守備部隊，看到山下市民大會的狀況，可以說沒有一個地方能保持安靜，各種嘈雜和喧囂的聲音從四面八方傳送過來，雖然他們有一千五百人的強大兵力，還是不願開往下方的市區進行鎮壓的行動，心生畏懼要找到避難的所在，用的藉口是等待賴薩諾瑞達斯，他答應會在該日返回要塞[128]。由於他當時沒有留在現地，斯巴達長老會議給他的處分是大筆罰鍰；赫瑞披達斯和阿昔蘇斯在科林斯被捕以後，落到立刻處死的下場[129]。那是他們與我方簽訂休戰協定以後，就將卡德密交還我們，率領所有的部隊撤離底比斯[130]。

128　賴薩諾瑞達斯已經趕往哈利阿都斯。

129　斯巴達人一直遵守的規定，主將要與守備的城市共存亡，否則會受到極其嚴屬的處分；參閱蒲魯塔克《希臘羅馬英豪列傳》之〈佩洛披達斯傳〉13節。

130　底比斯起義人員擁有的實力非常弱小，不可能在一天之內站穩腳跟，完成進攻要塞的各項工作。根據戴奧多魯斯·西庫盧斯和色諾芬的記載，底比斯人光復城市以後，雅典在次日派來的援軍是五千名步卒和兩千名騎兵，還有其他部隊來自皮奧夏各個城邦，這方面的兵力超過七千人，於是佩洛披達斯開始圍攻卡德密城堡，斯巴達人經過數日的抵抗，最後因為缺乏飲水只有放下武器。

第四十八章
論放逐

1 我們對於自己的朋友才會說忠言逆耳的話，讓他在遭遇苦難和橫暴的時候，無須妄自菲薄而能有所幫助，不像很多人為了安慰不幸者，講一些虛無縹緲的客套話，不僅無益反而有害；就像自己不善於游泳卻要去拯救溺水的人，最後糾纏在一起只有同歸於盡。朋友和真正幫助我們的人所要表達的意思，主要在減輕我們的苦惱並非證明我們確實非常倒楣[1]。就像悲劇中的合唱隊一樣，不要讓自己成為眼淚和哀悼的夥伴，我們即使有需要停留在毫無意願的環境，希望有人能用坦誠的語氣教導我們，悲傷和自卑除了增加痛苦得不到絲毫裨益，因此處於無可奈何的狀況只有面對事實，等到探索出一些道理，就能減輕它帶來的壓力，使得人們可以對關心者有所交代：

> 只要自己看得開沒人能夠傷害你，[2]

其實最為荒謬的事，莫過於不去詢問身體何以遭遇不幸的經歷[3]，或者靈魂使得變壞的運道更形惡化，為了使個人的悲痛方面找到安慰，將別人在外部世界得到的焦慮和憎恨，硬把它與個人的災難當成沆瀣一氣。

2 讓我們將世界上所有的禍源找出來，一個一個檢查它產生損害的程度，即使它們有很多難以忍受的負擔，身體個別感受單獨事件實際重量所產生的壓力，靈魂因為認知的關係會渲染使之變本加厲。石頭的本質是堅硬而冰雪的本質是寒冷；這並非偶然來自外部的影響，使得它們傳達堅硬和寒冷的感覺；

1　讓我們感到苦惱在於提供一些毫無根據的主張；參閱本章第5節的論點。

2　出自米南德的喜劇《仲裁者》，參閱柯克《阿提卡悲劇殘本》第3卷〈米南德篇〉52頁 No.179。

3　笛歐‧卡休斯《羅馬史》第38卷23節之3。

我們知道放逐導致聲譽的喪失和地位的貶損,連同他們的政敵、權勢、官職以及坐在前排的特權,有關的得失引起的歡樂和悲傷,不在於身外之物的性質,而是我們對它的判斷,有的人看得很輕也有人極其重視,有人很容易承受也有人無法釋懷[4]。我們可以聽到波利尼西斯站在他的立場所說的話,當被問到

> 讓我們知道是否感受放逐的痛苦?

他的回答是

> 的確難過,有的狀況不易說清楚。[5]

然而在另一方面,我們得知阿克曼有不同的看法,如同這篇頌辭的作者對他的描述:

> 我的祖先很早開始就住在薩迪斯,
> 祭司和閹人從小給我低賤的養育,
> 如何騙取金錢和敲擊彩繪的手鼓;
> 現在我的名字是斯巴達的阿克曼,[6]
> 繆司在三腳鼎的城市給我的教誨,
> 激起豪情壯志要把暴君踩在腳底。[7]

這個人的意見使同樣的事項更為理想,如同流通的貨幣,對於有些人仍舊一無是處,可能還會帶來更大的損害。

3 無論是演講還是詩歌的表達方式,大家異口同聲認為放逐是人生最大的災難;同樣很多食物帶有刺激性的苦楚、辛辣和酸澀,等到與香甜或某些可口的材料混合起來,就可以免於令人不快的味道。就是顏色同樣具備類似的性質,有些會刺痛我們的視覺,過分強烈的反射使得物體變得模糊不清,甚至對

---

4 參閱本書第34章〈論寧靜的心靈〉17節,以及笛歐‧卡休斯《羅馬史》第38卷23節之4。

5 優里庇德的悲劇《腓尼基人》388行及後續各行。

6 詩人拿希臘人常用的阿克曼(Alcman)取代原來的呂底亞人名字。

7 這裡提到的暴君是呂底亞國王達錫勒斯(Dascyles)和他的兒子捷吉斯。

於頭腦產生眩暈的效果[8]；我們還是能夠治療這種不舒適的狀況，像是混合著陰影減少它的刺激，或是將眼光轉向其他地方，或是注視綠色和較淺的光澤使眼睛得到休息；同樣可以讓不幸轉變成爲美好：就是將任何有用和舒適的條件與目前的環境攪雜起來，像是財富、朋友、政治的自由和生活從無匱乏，都可以算是主要的項目。我認爲在那些薩迪斯人當中，只有寥寥可數願意居住在你們生活的環境，除了受到放逐不得不爾，那又另當別論；有些人對於生活在異國的土地還能感到滿足，就像蝸牛生長在硬殼當中，因爲沒有選擇的餘地，只有將它當成居所並不會感到累贅。

4 喜劇當中一個角色勸他那位倒楣透頂的朋友，鼓起勇氣抵抗命運女神的迫害，等問到「怎麼做？」的時候，得到的回答是「要像一個哲學家」；因此，讓我們扮演一個值得欽佩的哲人，用來抗拒步步進逼的困境和突如其來的橫逆。然而我們如何面對

　　宙斯降下傾盆大雨和凜冽的北風？[9]

不能留在惡劣的天候之中無所事事或哀號悲傷，應該爲自己找到燒得通紅的爐火、供應熱水的浴室、保暖禦寒的斗篷和抗拒風雨的屋頂。你還是可以與其他人一樣，即使遭到人生當中最爲凜冽的寒冬，仍舊保持溫暖不會讓身體凍僵。你不需要更多的資源和幫助，妥善運用自己擁有的部分就已足夠。如同醫生使用放血杯排除有害的體液[10]，保全其他的部分還能同時恢復健康；有些人喜歡吹毛求疵和小題大作，對於任何事情都抱著悲觀的態度，他們經常聚在一起大發牢騷，訴說那些不盡如人意的狀況，深陷困難當中無法自拔，即使到手是最有用的東西，關鍵的時刻卻不能提供任何幫助。

　　閣下，荷馬在他的詩中提到宙斯的寶座前面有兩個大甕[11]，分別將善與惡的美酒裝在其中，祂會把福分或災難按照命運的安排，注滿凡夫俗子的人生之杯；

8　這是蒲魯塔克最愛使用的譬喻之辭。

9　柯克《阿提卡喜劇殘本》之〈Adesp篇〉No.118。

10　蒲魯塔克常用放血杯舉例說明。

11　荷馬《伊利亞德》第24卷527-532行；柏拉圖《國家篇》379D加以引用，只是有的地方與最早的手抄本出現差異。

事實上最後的工作完全由我們自己決定：那些有見識的人會斟進善和好，同時將惡與壞傾倒出去，使得他的一生更爲美滿和諧。誰知群眾如同一個過濾器，壞的渣滓全部留下，精華的部分流走以後消失不見。

5 如果我們遭到眞正痛苦的災難，要用仍然留下儲存在心靈中的善意，創造出愉悅和平靜的氛圍，運用自己的資源安撫來自外部的蠻橫和粗魯。很多事物的本身並不具備惡的性質，就毫無根據的主張而論它的痛苦全然出於虛構；我們採取的行動如同一個見到面具就感到害怕的小孩：他會慢慢接近這個令他畏懼的東西，隨之將它拿在手裡，翻來覆去看了一會，我們從過去的習慣得知，這個小孩從此對面具擺出輕視的態度；因而任何給人帶來恐嚇的事物，只要相處在一起以後，運用理性對它施以堅持的壓力，就可以暴露這些事物的性質不夠穩健、內容流於空洞以及過於誇張的欺騙。

提到放逐就是你目前遇到的狀況，要把你趕出被你視爲本土故國的地區。亞里斯頓說過，世界上根本沒有桑梓之地這麼一回事[12]，自然而然也沒有所謂的房屋、田園、鐵鋪或藥局；在每一種狀況當中，這些存在的東西只是一種名字和稱呼，不過與居住者和使用人有關而已。誠如柏拉圖所言，人類不是天國的植物[13]，並非栽在泥土當中不能移動，它的頭就像固定在泥土裡面的根能夠讓身體直立起來，向上成長直到接觸遙遠天際的邊緣[14]。因而海克力斯的說法很有道理：

> 亞哥斯或底比斯都讓我感到喜歡，
> 它們不是希臘的堡壘是我的故鄉；[15]

然而蘇格拉底的論點更勝一籌，他說他不是雅典人或希臘人而是一個「宇宙人」[16]（如同有人說自己是「羅得島人」或「科林斯人」），因爲他不願將自己關閉在蘇尼姆（Sunium）和提納魯斯和西勞尼安（Ceraunian）山脈之間，這樣一個狹小的地

---

12 阿尼姆《古代斯多噶學派殘卷》第1卷85頁No.371。

13 柏拉圖《泰密烏斯篇》90A。

14 這個觀念在陳述植物的上部是「向下」的根，它的下部是「向上」的莖和葉；柏拉圖《泰密烏斯篇》90A-B有這方面的暗示。參閱亞里斯多德《論靈魂》第2卷4節。

15 瑙克《希臘悲劇殘本》之〈Adesp篇〉No.392；克拉底加以模仿，參閱狄爾斯《哲理詩殘卷》222頁No.15。

16 參閱西塞羅《突斯庫隆討論集》第5卷37節。

區[17]，如同

> 你看縹緲晶瑩且無邊無際的蒼穹，
> 會用溫柔的擁抱掌握環繞的地球？[18]

這才是我們的家鄉故國所及的邊界，在這裡沒有一個人會成為放逐者、異鄉客或外國人；所有的人類會有同樣的火、水和空氣；有同樣的官員、稅吏和長老以及太陽、月球和晨星；遵從統一的法律以及來自一個最高統治機構的敕令：夏至、冬至、秋分、金牛座的宿星以及牧夫座的大角星，那些耕耘播種和植物成長的季節[19]；這裡只有一位國王和統治者，「那就是上帝，祂掌握宇宙的肇始、中繼和結局，依據它的性質進行永無窮盡的輪迴；後面跟隨正義女神，任何人只要違背神的律法，就會受到應得的懲罰」[20]，我們要求的公正所具備的性質，在於將所有人員視為同個城邦的市民同胞[21]。

6 你沒有住在薩迪斯是毋庸質疑的事，所有的雅典人不會住在科利都斯（Collytus），所有的科林斯人不會住在克拉尼昂（Craneion），所有的拉柯尼亞人不會住在披塔尼；那些從密利提（Melite）搬到戴奧米亞（Diomeia）地區的雅典人，等到定居下來以後會提到Metageitnion（八月），以及一個「梅塔吉特尼亞祭典」（Metageitnia）[22]，那個節日是為了慶祝他們的遷移，帶著歡欣的心情接受新的鄰居，一直到現在對於改變的狀況還是感到滿足，難道就為了這個緣故，你會把他們視為外國人或沒有國家的放逐者？你當然不會這樣說。天文學家讓我們知道地球要是與宇宙相比，真可以說滄海一粟，無論是地球上面有人居住的部分或整個地球，從一個地點遷移到另一個地點，又能有多遠的距離？螞蟻或蜜蜂被趕出居住的蟻丘或蜂巢，都會感到驚慌和陌生而不知所措，就這方面而言我們與它們沒有多大差別；因為我們沒有具備有關的知識，也沒有接受這方面的教導，

---

17 提到的三個地點是希臘最東、最南和最北的極限；參閱蒲魯塔克《希臘羅馬英豪列傳》之〈福西昂傳〉29節。

18 瑙克《希臘悲劇殘本》之〈優里庇德篇〉No.941。

19 希臘各城邦的月份有不同的稱呼。

20 柏拉圖《法律篇》715E-716A。

21 為了解釋此一觀點，雖然引用很多古代哲人和學者的著作，仍舊以我國「天下為公，世界大同」兩句最為適切。

22 Metageitnios的意義是「鄰居的改變」。

那就是擁有更爲廣大的心胸,能把整個世界視爲我們所有,事實上它就是如此。

要是有人宣稱雅典的月亮比起科林斯的月亮更爲皎潔,任何人聽到都會認爲這種論點何其愚昧;然而在很多方面我們還不是如此,當我們到達外國的領域,無論是那裡的土地、海洋、風向和天空,總是有所差異和區別,要是拿我們熟悉的環境相比,還是大有不如之感。自然讓我們的行動可以自由自在海闊天空,是我們要把自己綑綁、束縛、囚禁、群聚在狹窄和污穢的居所和區域。然而我們卻要嘲笑波斯國王,因爲他非汲自考斯帕(Choaspes)河的水不能飲用[23],即使將人類棲息的世界全部據爲己有,對他而言還是沒有水源的荒漠。我們離開故國走到其他地方,仍舊對於西菲蘇斯河一往情深,談到優羅塔斯河、台吉都斯山或巴納蘇斯山就思念不已,使得人類棲息的世界,其他的城市對我們而言一無可取,根本不適合居住。

7 埃及的邊境軍隊對於國王的嚴苛感到怒氣填膺,離開駐地逃向埃塞俄比亞(Ethiopia),派來的使者懇求他們歸國,應允他們可以與家人團聚,這些士兵用憤世嫉俗的方式露出他們的私處,說是憑著這個器官那裡找不到妻室和子女[24]。無論是持平而論或者出於委婉的說法,一個人只要能夠獲得安身立命的所在,就不能指責他沒有城邦可以容身,成爲一個喪家之犬,或者把他看成一個外國人。他必須有高明的見識和提出充分的理由,如同一位船長需要在船上配置一個錨,他想要停在任何一個泊地,都能用得著讓船穩固的東西。失去的財富不會很容易或很快速恢復舊觀;對於一個人而言,並非每個城市都可以變成從小成長的故土,然而他可以學習這方面的知識,那就是可以生根在任何地區,不僅能夠求得安定的生活,隨後還要創造興旺的事業。

如同提米斯托克利和費勒隆的德米特流斯,他們都在異國找到歸屬。德米特流斯遭到放逐以後,前往亞歷山卓投靠他的朋友托勒密,不僅生活在富裕奢華的環境,還派人帶著大批禮物餽贈給雅典的市民;提米斯托克利獲得波斯國王賜與的封邑,飲食起居有如王侯,有次他對妻子和兒女說道:「我們已經到了騎虎難下的地步。」[25] 因爲這緣故,有人提到:「夕諾庇人詛咒對方最厲害的話,就說這

23　考斯帕河流經波斯的都城蘇薩;參閱希羅多德《歷史》第1卷188節。

24　參閱希羅多德《歷史》第2卷30節,及戴奧多魯斯·西庫盧斯《希臘史綱》第1卷57節;至於叛變的原因蒲魯塔克斷言出於國王的暴虐,根據希羅多德和戴奧多魯斯的說法,衛戍部隊受到疏忽未能及時換防。

25　參閱蒲魯塔克《希臘羅馬英豪列傳》之〈提米斯托克利傳〉29節,以及本書第15章〈國王和

個人遭受放逐被趕出潘達斯。」犬儒學派的戴奧吉尼斯回答道：「我要是罵這個人，就會說他一直留在該地，那裡也不能去。」[26] 因為那個地點是如此的荒涼，只見

　　　黑海的無情浪花在淺灘上面翻滾。」[27]

　　斯特拉托尼庫斯（Stratonicus）[28] 問他在塞里福斯（Seriphos）島的居停主人，犯了什麼罪行才會受到放逐的處分，得到的答覆是偽造貨幣就會被趕出國門，他說道：「你為什麼不用這種犯罪方式逃出囚禁你的孤島？」還有一個喜劇家[29] 提到無花果要用投石器採收，認為這個島嶼對於物質的供應，好到每一種東西都極其不方便。

8 你應該將沒有根據的意見放在一旁，只對真實的狀況加以考量，那就是人們通常只在單獨一個城市成為外人，然而在其餘的城市都是外僑；所以才會讓人產生這樣的論點，任何人只要放棄自己的城市到其他地方去居住，這種做法既不適宜也不公正；看來一個人要是生下來就是斯巴達人，那麼

　　　命中注定就要做得像那麼一回事；[30]

無論這一輩子沒沒無聞，或是病多體衰，或是淪為派系和動亂的獵物，只能訴諸造化的安排。等到命運女神剝奪他留在故鄉的權利，就會同意他居住在任何他所喜愛的城市。

　　畢達哥拉斯學派有些教條非常通情達理，像是「選擇最好的生活方式，保持不變的習慣使之充滿歡樂」[31]，不僅明智而且放之四海皆準：「選擇最好和最快樂的城市，只要時機到來就會成為你的家鄉」；所謂真正的故鄉不會給你帶來困

（續）────────────────

　　將領的嘉言警語〉38節之16；所以他最後才會自裁以求了斷。

26　參閱戴奧吉尼斯・利久斯《知名哲學家略傳》第6卷49節。

27　優里庇德的悲劇《伊斐吉妮婭在陶瑞斯》253行。

28　斯特拉托尼庫斯是西元前4世紀雅典知名的樂師，博學多才而且機智百出。

29　柯克《阿提卡喜劇殘本》之〈Adesp篇〉No.812；或許出自克拉蒂努斯已失傳的喜劇。

30　出自優里庇德的悲劇《特勒法斯》；瑙克《希臘悲劇殘本》之〈優里庇德篇〉No.723。

31　蒲魯塔克非常欣賞這種說法，曾經引用在本書第11章〈養生之道〉3節，以及第34章〈論寧靜的心靈〉4節。

擾，不會對你糾纏不休，不會給你下達命令：像是「頒布特別的徵收」、「派遣使者到羅馬」、「盛宴款待的總督」、「支付公眾的費用」等等要求；事實上這種狀況是可遇不可求。

如果一個人見多識廣，心中沒有特別迷戀的地方，要是受到放逐就會選擇一個島嶼，在那裡安居下來，像是捷阿羅斯（Gyaros）或辛納羅斯（Cinaros）之類的小島，

> 磊磊的岩層難以生長穀物和林木，[32]

不會感到沮喪或哀悼，也不會像賽門尼德在詩中描述的婦女，一直訴說

> 蔚藍大海用喧囂使得她輾轉反側；[33]

他會像菲利浦那樣說出有理性的話，當他在角力場中被對手摔倒在地，轉過頭看到身體在塵土中留下的痕跡，說道：「啊！神哪！上蒼只讓我們擁有這麼一丁點的地面，我們卻自不量力始終垂涎整個世界！」

9 我想你應該到過納克索斯，如果沒有，那麼海瑞亞（Hyria）離此地並不遠[34]；須知納克索斯有容得下伊斐阿底（Ephialtes）和奧都斯（Otus）的空間[35]；海瑞亞是奧里昂（Orion）的誕生之地[36]。阿爾克米昂在攸門奈德（Eumenides）的面前逃走，根據詩人的描述，他挖掘阿奇洛斯河裡的淤泥，做成磚塊曬乾用來建造居住的房屋[37]；就我個人的揣測，他同時逃離城邦的動亂、黨

---

32 瑞克《希臘悲劇殘本》之〈Adesp篇〉No.393；以及柯克《阿提卡喜劇殘本》之〈Adesp篇〉No.1238。

33 貝爾克《希臘抒情詩集》之〈賽門尼德篇〉No.51；以及戴爾《希臘抒情詩》第2卷28節。

34 蒲魯塔克說的此地是指他的家鄉奇羅尼亞，它與海瑞亞都是皮奧夏地區的小鎮，相距當然不遠。

35 這兩位巨人是阿勒烏斯（Aloeus）之子，年僅九歲雙肩寬達九肘尺（4.5公尺），身高已有九噚（16公尺），參閱荷馬《奧德賽》第11卷305-310行；要說他們停留在納克索斯，參閱品達《皮同賽會頌》第4卷88行及後續各行，以及戴奧多魯斯·西庫盧斯《希臘史綱》第5卷51節。

36 奧里昂的身材要比阿勒烏斯的兒子更加魁梧，參閱荷馬《奧德賽》第11卷309行及後續各行；根據斯特拉波《地理學》第9卷2節的記載，奧里昂的出生地是海瑞亞。

37 這裡有極其哀怨動人的情節，錯綜複雜很難交代清楚，可以參閱有關的記載，諸如修昔底德

派的傾軋以及市民同胞充滿惡意的黑函，選擇一小塊容身之地，不受打擾可以寧靜安度餘生。

　　提比流斯皇帝最後七年生活在卡普里(Capri)島，這個地點成為統治整個世界的中心，他的住處在這段期間沒有任何改變。他始終關懷帝國的狀況，各地的信息都會派專差送來，所有的事務不斷縈迴心頭[38]，退隱到島上無法得到不受干擾的休息，也逃不掉政治的風暴；這個人下船登上了一個小島，還是免不了重大煩惱的侵犯，如果他沒有把品達的詩當咒語一樣[39]，每天都念那麼幾遍，真會讓人覺得他實在可憐：

> 我的心忘懷絲柏之鄉和衝突之地，
> 一小塊長滿橡樹的田園已經足夠，
> 讓我的命運沒有憂愁也沒有爭執；[40]

無論是對總督下達的命令，或是施政的方針在於滿足臣民的需要或是重大的公共建設，都讓他難以置身事外。

10 凱利瑪克斯(Callimachus)說是

> 波斯的繩索不能衡量我們的智慧；[41]

傳誦一時的名言受到大家的稱譽；然而我們卻用「繩索」或波斯的里程來衡量我

（續）──────────────

　　《伯羅奔尼撒戰爭史》第2卷102節、鮑薩尼阿斯《希臘風土誌》第8卷24節以及瑙克《希臘悲劇殘本》379-380頁。

38　斯多噶學派有這樣的主張，他們認為人的靈魂主宰一切，它所居留的位置是心臟；參閱阿尼姆《古代斯多噶學派殘卷》第2卷No.837-839。

39　只有單調的文字才能像咒語一樣的重複，參閱柏拉圖《國家篇》608A和《法律篇》665C；前者要我們在心中默念，後者才要眾人不間斷的朗誦。

40　品達《伊庇尼西亞頌歌集》第4卷50行及後續各行；這話出自西奧斯島的英雄人物優克山久斯(Euxantius)之口，他把廣大的克里特讓給別人，自己情願住在小島上面。

41　凱利瑪克斯是知名的學者、詩人和文法學家，從260 B.C.開始，到240 B.C.逝世為止，一直在亞歷山卓圖書館擔任館長；引用的詩是出自《伊提亞》(Aetia)的殘句。這裡提到的「繩索」是波斯衡量距離的長度單位，等於六十斯塔德或將近七英里。

們的幸福；如果我們居住的島嶼周長只有兩百斯塔德，不像繞行西西里一圈就得花四天的時間[42]，難道我們就得折磨自己，表達無限哀傷，說是怎麼陷入這樣可憐的苦境？到底要多寬的土地才能讓我們的生活免於痛苦？難道你沒有聽到坦塔盧斯在那齣悲劇中所說的話？膾炙人口的道白：

> 我耕種畢里辛錫亞人一大片農田，
> 像是在上面跋涉了十二天的時間；[43]

然後過了一會又說：

> 命運讓我飛黃騰達接著一敗塗地，
> 從而得知人事滄桑不必極口讚譽。[44]

瑙西索斯(Nausithous)不願與賽克洛庇斯(Cyclopes)為鄰，寧可拋棄「海佩里亞廣大的土地」[45]，遷移到一個「與勤奮的人群不相來往」的島嶼[46]，像是「遠離海洋帶來的暴風雨」[47]，可以逃脫人類之間的事務，讓他的同胞過著何其愉悅的生活。最早是邁諾斯的子孫，接著是科德魯斯和奈琉斯的後裔，他們安身在賽克拉德斯群島，直到現在只有沒有頭腦的放逐者，才認為他們受到懲罰。

然而放逐的島嶼並不比錫盧斯(Scillus)區更為廣闊，色諾芬經歷大小戰役以後，是否認為定居在那裡就可以「安度舒適的晚景」[48]？學院的位置是只花三千德拉克馬買下的一小塊土地，柏拉圖、色諾克拉底和波勒蒙住在該處，他們的一生都用在教學上面，色諾克拉底在每年的酒神節，只用一天的時間欣賞新上演的

---

42 修昔底德在《伯羅奔尼撒戰爭史》第6卷1節提到，商船繞行西西里島一周，差不多要八天的時間；根據斯特拉波的說法，航程需要整整五個晝夜。

43 出自伊斯啟盧斯的悲劇《尼歐比》；瑙克《希臘悲劇殘本》之〈伊斯啟盧斯篇〉No.153；畢里辛錫亞人(Berecynthians)的土地在弗里基亞靠近畢里辛錫亞山區。

44 瑙克《希臘悲劇殘本》之〈伊斯啟盧斯篇〉No.159。

45 荷馬《奧德賽》第6卷4行。

46 荷馬《奧德賽》第6卷8行。

47 荷馬《奧德賽》第6卷204行及後續各行。

48 荷馬《奧德賽》有四個地方用到這一句話；要知道色諾芬參加過「萬人大撤退」、斯巴達在小亞細亞的各次戰役，以及慘烈的科羅尼亞會戰，最後自我放逐定居在錫盧斯，那是伊利斯管轄的區域，位於奧林帕斯山的南邊；根據戴奧吉尼斯·利久斯《知名哲學家略傳》的記載，從此他開始歷史、傳記和回憶錄的寫作。

悲劇，也爲慶典增加光彩；開俄斯的狄奧克瑞都斯走很長一段路去罵亞里斯多德，說他改變口味要與菲利浦和亞歷山大一起過宮廷生活，等於

　　　捨棄學院住在黃濁如黏液的河口，[49]

須知這條河流靠近佩拉，馬其頓人稱它爲波布魯斯（Borborus）河，雅典人嫌其外觀不雅，所以給它取了「黏液」這個綽號。

　　荷馬對於他所欣賞的島嶼，推薦給我們的時候都花了一點心思：

　　　她來到林諾斯和神所喜愛的首府；[50]

以及：

　　　幸福在四周圍繞著海的列士波斯；[51]

以及：

　　　攻下陡峭有如金城湯池的西羅斯；[52]

以及：

　　　來自杜利契姆和神聖島嶼的群眾，
　　　這些愛契尼人與伊利斯隔海相望；[53]

或者提起著名的人物：像是神明喜愛的伊奧盧斯、最有智慧的奧德修斯、驍勇過

49　戴爾《希臘抒情詩》第1卷127頁。
50　荷馬《伊利亞德》第14卷230行；林諾斯島位於愛琴海的北部，控制海倫斯坡海峽，是進出黑海的門戶。
51　荷馬《伊利亞德》第24卷544行；列士波斯島位於小亞細亞的西岸，與伊奧利斯地區是一水之隔。
52　荷馬《伊利亞德》第9卷668行；西羅斯島是北斯波拉德（Northern Sporades）群島的主島，位於雅典東北方約兩百公里。
53　荷馬《伊利亞德》第2卷625-626行；杜利契姆島位於愛奧尼亞海，緊靠著神聖的伊色卡島。

人的埃傑克斯、殷勤待客的亞西諾斯（Alcinous），都是從小居住在島嶼上面。

11 季諾得到信息，說他僅有一條商船連帶裝載的貨物，遇到海難沉沒在大洋之中；這時他叫道：「好吧！命運女神！看來祢非要我穿脫毛的斗篷不可，」從此他過著哲學家的生活[54]；我經常抱持這種想法，一個人只要不認為暴民可以利用，從而感到著迷或瘋狂，那他就不會埋怨命運女神，為什麼非要將他限制在一個島嶼上面；甚至還會感激神明讓他離開家鄉，能夠毫無目標在外面不斷的流浪，徘徊在異國的土地，冒著大海波濤的危險，逗留在嘈雜的市集當中，讓他過著定居、閒暇、寧靜和屬於自己的生活，由他提供的中心和半徑所劃出的圓周，可以將他的需要限定在這個範圍之內。還有什麼島嶼不能提供住宿、散步、沐浴以及魚和野兔供狩獵和消遣之用？其中最重要是其他人渴求的安靜，你可以一再不斷的享受。有些人如同賭徒關門留在家裡擲骰子，想要逃避公眾的注意，那些告發者和多管閒事的人，追蹤和搜尋他們直到郊區的產業和花園，不惜使用暴力將他們拉到市民大會和法庭。

要是我們航向一座島嶼，就不會有人找我們的麻煩，或是前來告貸借款，或是要求給予擔保，或是幫助選舉拉票；這時我們身邊都是至親好友，完全出於友誼和親情才會前來探望；要想後半輩子過得快活而實在，不要違背自然之道和神聖的誓言，務求有技術和意願過平淡的生活。那些被他稱為運氣很好的人，就是在世界上到處漫遊，把一生大部分時間花在客棧和擺渡場，如同人們認為行星較之不動的恆星，擁有更大的福分和氣數。須知每一個行星運轉成一個單獨的球面，如同在一個島嶼上面可以保留自己的位置[55]，因而赫拉克萊都斯會這樣說道：「太陽不會逾越它的範圍，正義女神的使者伊瑞尼斯會嚴密的監督。」[56]

12 閣下，對於放逐到島嶼的人而言，他們要切斷與世界其他部分的聯繫，讓我們討論前面所說的話，很高興能像咒語一樣重複：

灰色大海阻擋很多人歸鄉的願望；[57]

54　參閱阿尼姆《古代斯多噶學派殘卷》第1卷No.277。

55　希臘的天文學家將太陽看成一個行星。

56　狄爾斯《哲理詩殘卷》第1卷〈赫拉克萊都斯篇〉172頁No.B92。

57　貝爾克《希臘抒情詩集》第2卷〈阿契洛克斯篇〉389頁No.21。

對你而言並沒有指定與世隔絕的地點，只是受到一個城市的排除和驅逐，表示有
更多的地方提供選擇的自由，更可以用來抵銷深思熟慮的考量：像是「我沒有擔
任官職、進入議會或是主持典禮」；以及其他的問題：像是「我沒有涉入黨派的
傾軋；我沒有耗盡所有的資財；我沒有伺候過總督；我不在意誰來統治行省，是
否他會很快大發脾氣或者使出其他暴虐的手段」。看來我們都很像阿契洛克斯，
這個人瞧不起薩索斯山豐收的田地和葡萄園，因為地面過於陡峭和崎嶇，行走其
間極其不便，有詩為證[58]：

> 這個島嶼就像一隻驢子的背脊骨，
> 矗立天際到處覆蓋著野生的林木；

我們考量到放逐的目的，有一部分是讓人感到羞辱，可以將政治性的城市排除在
外，主要的著眼在於充分的閒暇和自由。

　　然而波斯國王所以享受幸福的生活，那是他冬天留在巴比倫，夏季要到米地
亞避暑，蘇薩的春天是歡樂的季節[59]。其實放逐就是一種自由，舉行神秘祭典可
以逗留在伊琉西斯，在城市[60]裡面歡度酒神節的假日，如果他樂意成為一位觀
眾，無論是皮同運動會或地峽運動會期間，都可以前去遊歷德爾斐或科林斯；要
是他不願去湊熱鬧，可以用散步、閱讀和不受打擾的睡眠打發閒暇的時間；所以
戴奧吉尼斯才有這樣的表示，他說道：「亞里斯多德用餐要隨菲利浦的意，戴奧
吉尼斯只隨自己的意。」[61]不要受政治活動和政府官員的打擾，能夠過早已習慣
的生活方式。

13 就這份資料你可以發現，那些見識最廣智慧最高的人士當中，只有
很少數死後安葬在家鄉，所謂「埋骨何需桑梓地，人間無處不青
山」就是這個道理；他們之中大多數，在沒有受到強迫的狀況下，隨著自己的意
願啓碇前去尋找新的泊地，要過自己想要的生活；所以有人離開雅典前往各地，
也有人從其他地方遷到雅典。還有誰能像優里庇德那樣，為自己的家鄉寫出如此
美好的頌辭？

58　荷馬《伊利亞德》第21卷59行。
59　笛歐‧克里索斯托姆《演說集》第6卷1-7節。
60　指雅典。
61　參閱戴奧吉尼斯‧利久斯《知名哲學家略傳》第6卷45節。

> 我們都是固守家園的農夫和市民，
> 不像那些外鄉人在異地到處流離，
> 如同賭鬼在搖動叮噹作響的骰子，
> 任憑命運的安排要在城鎮間轉移；[62]
> 如果夫人允許我們在此大肆吹噓，
> 這個地區的天氣無論冷熱最宜人，
> 所以希臘和亞細亞最美好的果實，
> 都在阿提卡落地生根和欣欣向榮。[63]

這首詩的作者後來前往馬其頓，他的餘生都供奉在阿奇勞斯的宮廷。你很可能聽過他一首短詩：

> 雅典人優豐瑞昂之子伊斯啟盧斯，
> 傑拉的麥田隱藏他那墳墓的遺址。[64]

希羅多德效法賽門尼德的作為，乘船前往西西里，在《歷史》第一卷起頭有這樣的陳述：「哈利卡納蘇斯的希羅多德在此發表他的研究成果」[65]，後來很多抄本改寫為「休里埃的希羅多德」，因為作者遷移到休里埃，還參加殖民區的興建工作。詩藝的精髓在於神聖和靈感，誰讓

> 弗里基亞人的爭吵變得無比光榮？[66]

那是荷馬，很多地方爭著要他，事實上他並沒有表示意見，難道是他答應一個會使其他城市感到失望？看來較之擁有色尼奧斯(Xenios)頭銜的宙斯，獲得更大和更多的榮譽和地位[67]。

---

62 以上四句詩來自優里庇德的悲劇《伊里克蘇斯》，瑙克《希臘悲劇殘本》之〈優里庇德篇〉No.360。
63 後面四句參閱瑙克《希臘悲劇殘本》之〈優里庇德篇〉No.981；蒲魯塔克硬是將兩段性質不同的文字湊合在一起。
64 貝爾克《希臘抒情詩集》第2卷〈伊斯啟盧斯篇〉241頁No.4。
65 參閱希羅多德《歷史》第1卷1節最前面的文字，開始就是這樣一段題辭。
66 這是引用品達的詩句，出處不詳。
67 宙斯獲得這個稱呼，說明祂是外鄉人和陌生客的保護神。

14 如果這些人的目標是尋求名聲和榮譽，所以才會去追隨哲人，進入學校或者前往培養智慧的雅典，把他們的時間花在黎西姆、學院、畫廊、衛城[68]或音樂廳[69]：如果逍遙學派的學校最受你的喜愛和贊許，其中的學者像是亞里斯多德來自史塔吉拉(Stageira)、狄奧弗拉斯都斯來自伊里蘇斯、斯特拉頓(Straton)來自蘭普薩庫斯、格利康(Glycon)[70]來自特羅阿德、亞里斯頓來自西奧斯、克瑞托勞斯來自法西利斯；僅就斯多噶學派而言，季諾來自西蒂姆、克利底斯來自亞索斯(Assos)、克里西帕斯來自索利、戴奧吉尼斯來自巴比倫、安蒂佩特來自塔蘇斯，以及雅典人阿奇迪穆斯(Archedemus)前往帕提亞人的國度，把斯多噶學派哲學家的繼承人留在巴比倫。我請問有那些人為了逃避迫害和追捕離開自己的家鄉？一個都沒有。其實他們要尋求一種寧靜的心情，處於自己家中因為名聲或權勢的關係，不可能營造出這種環境和氣氛，可見教授別人是他們贊同的學說，完全出於主張的言論；唯獨指導自己淵源於屬行的經驗。甚至到今天那些最優秀的人才，沒有留在故鄉本土，他們都客居異域外地；不是被迫遣送而是自願離開，不是畏罪逃亡而是仔細規劃有擇地而棲的意味，可以免於家鄉受到的干擾和瑣事帶來的壓力。

可以明顯看出，古代要想完成名列經典的著作，衡文的九繆司認為最有力的幫助，身為文士學者必然受到放逐的懲處。「雅典的修昔底德撰寫伯羅奔尼撒人和雅典人的戰爭史」[71]，是在色雷斯(Thrace)的斯卡普特・海勒(Scapte Hyle)；色諾芬的寫作是在伊利斯的錫盧斯區、菲利斯都斯(Philistus)是在伊庇魯斯、陶羅米尼姆(Tauromenium)的泰密烏斯是在雅典、雅典的安德羅遜(Androtion)是在麥加拉、詩人巴克利德是在伯羅奔尼撒。所有的流亡人士和其他更多的文人學者，他們遭受逐出國門的處分，並沒有感到失望甚或懷憂喪志，反倒是獲得機會可以表現活潑的朝氣和出眾的睿智，他們接受出奔異鄉當成命運女神賜與的禮物，有些人即使過世以後，很多地方長存大家的記憶之中；那些在黨派的傾軋贏得勝利的人士，可以將對手施加放逐的處分，時至今日沒有人對他們有半點認識。

68　克萊托瑪克斯的課堂設置在帕拉丁姆，只有衛城的雅典娜神廟獲得這個稱呼。

69　據說克里西帕斯在音樂廳教學，收到很好的效果；參閱戴奧吉尼斯・利久斯《知名哲學家略傳》第7卷184節。

70　這位的名字應該是黎坎才對；參閱戴奧吉尼斯・利久斯《知名哲學家略傳》第5卷66節。

71　參閱修昔底德《伯羅奔尼撒戰爭史》第1卷1節，開始就有這一段文字。

15 有人把遭到放逐視爲身敗名裂的下場,這種觀念不僅可笑,更可以看成毫無見識。難道我們能說戴奧吉尼斯缺乏名望?再狂妄的人也不會有這種想法,須知當年亞歷山大看到他坐在那兒曬太陽,走過去問他有什麼可以效勞之處,戴奧吉尼斯提出的要求是站開一點,不要擋住他的陽光[72];國王爲高尚的氣質深受感動,就向他的朋友說道:「如果我不是亞歷山大,願意做戴奧吉尼斯這樣的人物。」[73]

卡米拉斯現在尊爲羅馬名列第二的奠基者,即使遭到放逐難道會損害他的聲譽[74]?提米斯托克利被驅離雅典以後,還是在希臘人當中保持盛名於不墜,同時從蠻族那裡贏得莫大的聲望[75]。雖然李奧波底(Leobotes)[76]的指控讓提米斯托克利得到放逐的懲處,時至今日前者已經不夠資格給後者提鞋,此外這位控訴人還受到莫大的羞辱;克洛狄斯曾經將西塞羅逐出國門,兩者的處境眞是有雲泥之別;泰摩修斯受到亞里斯托奉的起訴,離開故鄉才能建立傲世的事功。

16 大家認爲優里庇德對於放逐大力抨擊,因此很多人受到他的影響,讓我們看看他提出的指控,都是悲劇中的對話,用問和答的形式表示[77]:

某甲:讓我們知道放逐是否感到很痛苦?
某乙:的確難受,有的狀況不易說清楚。
某甲:到底爲什麼?主要問題是在那裡?
某乙:最嚴重的事情就是說話沒有自由。
某甲:身爲奴隸就是不能講出心中的話。
某乙:這種情形只有傻子才有能力忍受。

---

72 參閱戴奧吉尼斯·利久斯《知名哲學家略傳》第6卷38節;西塞羅《突斯庫隆討論集》第5卷32節。

73 參閱蒲魯塔克《希臘羅馬英豪列傳》之〈亞歷山大傳〉14節,這句話不斷被人引用,可視爲哲學家所能獲得最大的榮譽。

74 參閱蒲魯塔克《希臘羅馬英豪列傳》之〈卡米拉斯傳〉1節,以及李維《羅馬史》第7卷1節。

75 參閱笛歐·卡休斯《羅馬史》第38卷26節。

76 李奧波底是雅典最有權勢的人物阿爾克米昂的兒子,參閱蒲魯塔克《希臘羅馬英豪列傳》之〈提米斯托克利傳〉23節。

77 優里庇德的悲劇《腓尼基人》388-393行;這裡對話的某甲和某乙,分別是約卡斯塔和波利尼西斯;前者是伊底帕斯的母親和妻子,後者是他們兩人所生的兒子。

即使是最基本的假定條件不僅錯誤而且虛僞不實。首先我們不能認定身爲奴隸，就「不能說出心中的話」，因爲一個有見識的人，無論處於何種狀況和面對何種事務，總要保持沉默以惜語如金爲上策，就是優里庇德本人也有類似的表示：

　　沉默遵從理性唯安全始暢所欲言。[78]

其次說到我們逼得「要像傻子擁有忍受的能力」，不僅是在放逐當中，就是留在家鄉更需如此；後者對於城市裡面揮舞不公正的權勢，帶來的詐術和暴力感到更爲畏懼和可怕，老實說受到放逐以後反而可以眼不見爲淨。

　　最後提到極其可笑的地方，就是放逐可以剝奪流亡在外人員自由說話的權利；要說狄奧多魯斯不能隨心所欲表達意見[79]，豈不是讓人感到驚奇不已；有次黎西瑪克斯王對他說道：「像你這樣優秀的人物怎麼還遭到城邦的罷黜？」他回答道：「不錯，我的狀況另當別論，有點像戴奧尼蘇斯被塞梅勒遺棄。」[80] 說話的口氣讓國王心中不悅，就把囚禁在鐵籠中的特勒斯弗魯斯（Telesphorus）[81] 推出來展示，犯人的眼睛被剜只剩下兩個空洞，鼻子、耳朵和舌頭都已割掉，這時國王說道：「我讓你看看這個冒犯我的傢伙，就會得到這種悲慘的下場。」狄奧多魯斯回答道：「狄奧多魯斯從不關心生死之事，曝屍地面或腐爛土中又有什麼差異？」[82]

　　菲利浦進軍要與希臘人開戰的時候，戴奧吉尼斯闖進馬其頓的營地，被當成奸細押到國王的面前，問他是否前來打探，他說已經查明菲利浦的愚蠢和無饜的貪婪，就像賭徒擲下骰子一樣，片刻之間可以決定國王和自己的命運；你想想看戴奧吉尼斯竟然沒有說話的自由[83]？漢尼拔參加一個戰役，用旁敲側擊的方式勸

78　出自優里庇德的悲劇《英諾》，瑙克《希臘悲劇殘本》之〈優里庇德篇〉No.413。
79　西元前4-3世紀生於塞倫的哲學家狄奧多魯斯，創立塞倫學派的宗旨是人生以享樂爲目的，獲得「無神論者」的綽號。
80　參閱戴奧吉尼斯・利久斯《知名哲學家略傳》第2卷102節，以及斐洛迪穆斯《論死亡》第32卷23節；這裡提到的塞梅勒是酒神戴奧尼蘇斯的母親，她在懷孕的時候得罪宙斯遭天火焚身，使得戴奧尼蘇斯有第二次的投生和降世。
81　羅得島人特勒斯弗魯斯是黎西瑪克斯手下的官員，說話侮辱國王的妻子阿西妮，遭到極其殘酷的處罰；參閱阿昔尼烏斯《知識的盛宴》616C，以及塞尼加《論憤怒》第3卷17節。
82　參閱本書第37章〈惡習是否足以引起不幸〉3節；以及斯托貝烏斯《花間飛舞》第3卷316頁。
83　參閱蒲魯塔克《希臘羅馬英豪列傳》之〈笛摩昔尼斯傳〉20節，以及戴奧吉尼斯・利久斯《知名哲學家略傳》第6卷43節。

安蒂阿克斯，要抓住有利的情勢立即向敵人發起攻擊，國王的意思是要訴諸奉獻的犧牲，後來又說腸卜的結果反對採取行動，漢尼拔責備他說道：「你順從一塊胙肉反而不理有見識的人？」[84] 要知道這是一個亡命之徒對國王所說的話？不僅如此，放逐也不會使得幾何學家和文法學家，沒有自由發言的機會，他們只要談論熟悉的題目，就會抱著有教無類的態度，這樣看來，放逐又怎能摧毀有識之士的才華和智慧？只有懦弱又低賤的小人，無論何處都是「閉緊嘴巴，管好舌頭，什麼話都不要說出口」，一副鄉愿怕事的模樣[85]。

我們對優里庇德接著的對白，又能怎麼說呢[86]？

> 某甲：這麼說放逐的人都活在希望之中。
> 某乙：看來不錯，實際上只有呫呫書空。

這種說法可以拿來對付剛愎自用的傢伙，倒不完全是受到放逐的人士；他們不像流亡者沒有獲得教訓，不知道將目前的優點發揮最大的用途，因為他們不願遭到類似的處分，只要放不開就會與未來糾纏不清；雖然他們從來沒有離開過城牆，如同乘坐一隻木筏顛簸在希望的上面，隨時都有破滅的可能。

> 某甲：你父親的朋友和東家曾伸出援手？
> 某乙：世人只許錦上添花那會雪中送炭。[87]
> 某甲：難道高貴的出身也無法發揮作用？
> 某乙：除了發誓賭咒不能拿來添食加餐。

波利尼西斯提到顯赫的家世剝奪他的榮譽，放逐讓他失去所有的朋友，這些話聽起來帶有不入耳的味道，那就是指控別人的忘恩負義；他雖然是一個流亡人士，憑著高貴的出身，能娶一位公主為妻結成一門好親事，當他在占領陣地與敵軍接戰的時候，就會有實力強大的盟友前來給予援助。他自己用下面的詩句加以

---

84 參閱西塞羅《論占卜》第2卷24節，華勒流斯·麥克西穆斯《言行錄》第2卷7節加以引用；提到的國王應該是普祿西阿斯，並非本章所說的安蒂阿克斯。

85 笛摩昔尼斯《演說集》第19篇〈論騙人的使節〉208節。

86 優里庇德的悲劇《腓尼基人》396-397行；連同下面的注釋87，某甲和某乙分別是約卡斯塔和波利尼西斯。

87 優里庇德的悲劇《腓尼基人》402-405行。

極口讚譽：

> 很多達南人酋長以及邁森尼居民，
> 來到此地向我表示他們仁慈有禮，
> 讓我感到遺憾在於難以投桃報李。[88]

同一首詩中有他母親要表示的感懷：

> 他的婚禮沒有點起火炬讓我悲傷，
> 不能同浴聖河真會使人懊惱難忘。[89]

她要是知道自己的兒子住在富麗堂皇的宮殿，應該感到高興和滿足，不必為火炬和沐浴的習慣傷心流淚，特別是亞哥斯人的婚禮當中，一對新人不能接觸到水與火；她可以將放逐的不幸，歸咎於波利尼西斯對女色的迷戀和自己的愚蠢。

17 提到「放逐」是一個譴責的用語。不錯，那些生性愚昧的人，他們還是濫用「窮人」、「禿頭」、「矮小」以及「外國人」和「移民」這些名詞，要是那些窮苦的寒士、外國的移民和流亡在外的人員，都是一些正人君子，他們經過深思熟慮也不會犯下讚譽別人的錯誤。不僅如此，我們提到帖修姆（Theseum）的時候，用來祭祀帖修斯（Theseus）的神廟如同帕台農（Parthenon）和伊琉西尼姆（Eleusinium），還不是同樣受到我們的尊敬？然而帖修斯卻被雅典放逐，也就是因為他的關係，雅典現在才有人煙稠密的居民；須知這座城市不是被他占領而是由他所建造，最後還是受到它的遺棄。

優摩帕斯是來自色雷斯的移民，是他為希臘人制定神秘的祭典和入會的儀式，如果我們對他表示藐視之意，那麼伊琉西斯又有什麼榮譽可言？科德魯斯是誰的兒子，兩人當中誰成為國王？難道麥蘭蘇斯（Melanthus）不是一位從梅西尼放逐的流亡人士？有人對安蒂塞尼斯說道：「你的母親是弗里基亞人。」他反駁

88　優里庇德的悲劇《腓尼基人》430-432行；這裡提到的達南人（Danaan）和邁森尼人（Mycenaean），分別代表居住於特洛伊和小亞細亞的希臘人。

89　優里庇德的悲劇《腓尼基人》344-347行；這裡所指的聖河是底比斯的伊斯門努斯河，新婚夫婦要在這裡舉行共浴的儀式。

道:「她也是眾神之母。」[90] 難道你就不願讚許安蒂塞尼斯的說法?等到「放逐」兩字從你的口中說出,為什麼你不會得到同樣的答覆:「海克力斯的父親那位戰無不勝的勇士也是一位放逐者;還有戴奧尼蘇斯的祖父,受到派遣去尋找歐羅芭[91],愛上她就不願回去,雖然是『腓尼基人的子孫』,等他來到底比斯以後,同樣會放逐他的『後裔』到世界各地[92],所以

> 優伊的戴奧尼蘇斯有婦人的容貌,
> 歡樂酒神喜愛祂的儀式充滿胡鬧。」[93]

目前還會出現一種現象,伊斯啓盧斯領會到黑暗的來臨,所以他說:

> 即使祂身為偉大的太陽神阿波羅,
> 一旦為情勢所迫還是要離開天國;[94]

按照希羅多德的用語是「讓我的嘴唇封起來」[95];不過,伊姆皮多克利開始表示他的哲學觀念,用下面的詩作為序文[96]:

> 神制定古老的法律是命運的讖言,
> 長生不老的半神犯下污穢的罪行,
> 遠離至福之地歷經三萬年的漂泊,
> 這也是我從天國放逐所走的路程。

---

90 參閱戴奧吉尼斯·利久斯《知名哲學家略傳》第6卷1節;蒲魯塔克說安蒂塞尼斯的母親是弗里基亞人,戴奧吉尼斯·利久斯和塞尼加卻說她是色雷斯人。

91 這位是卡德穆斯,他將放逐視為一種榮譽。

92 蒲魯塔克引用的詩句出自優里庇德已失傳的悲劇,參閱瑙克《希臘悲劇殘本》之〈優里庇德篇〉No.819,只是與原來的意義已經有所不同,那就是把「種族的互換」改為「後裔的放逐」。

93 作者不詳,參閱貝爾克《希臘抒情詩殘卷》No.131;這裡的優伊(Euhius)意為「喧囂的神明」,是戴奧尼蘇斯在儀式中的稱呼。

94 伊斯啓盧斯的悲劇《哀求者》214行。

95 出自希羅多德《歷史》第2卷171節,意思是「他不能提這些神秘的儀式」。

96 出自伊姆皮多克利的《警句》,狄爾斯《哲理詩殘卷》第1卷〈伊姆皮多克利篇〉357頁 No.B115。

這裡指出不僅是他本人還有我們大家，只是從他開始全都是偉大城市的過客，是陌生人也是放逐者。

　　伊姆皮多克利說道：「啊！人類，我們的靈魂無論是它的存在和濫觴，沒有混雜血液的循環和呼吸的作用，只有生活在塵世和必死的身體不能缺少這些功能。」如同靈魂可以從各處來到此地，他很婉轉把出生稱為「旅程」，那是使用最溫和的辭語；其實最正確的說法靈魂是一個放逐者和流浪漢，用神聖的敕令和法律將它驅趕出去；然後，它好比一個島嶼受到大海的衝擊，如同柏拉圖所說「像一粒牡蠣藏在殼中」[97]那樣囚禁在身體裡面，因為它不可能記憶或想起，它所留下的

　　　尊榮和幸福究竟能高到何種程度，[98]

它的離開不像從薩迪斯到雅典，或是從科林斯到林諾斯或西羅斯；而是從上天或月球來到地球，還要在地球上面生活；如果它的遷移只是短距離，像是這裡從一點到另一點，就會感到陌生變得非常憤怒，如同低等植物的枯萎和凋謝[99]。雖說某些植物在一個地區之內，較之其他種類長得更為茂盛；然而就一個人來看，沒有任何地方可以剝奪他的幸福，即使是德行或智慧亦復如是[100]。

　　不僅如此，安納克薩哥拉斯在監獄裡面，還忙著演算圓周的面積[101]；蘇格拉底在飲下毒胡蘿蔔汁以後，邀請他的同伴一起討論哲學問題，認為這才是最幸福的事[102]；根據詩人的說法，菲松和坦塔盧斯飛升天國，由於他們的愚蠢才會遭到極其悲慘的災難[103]。

97　參閱柏拉圖《菲德魯斯篇》250C。
98　出自伊姆皮多克利的《警句》，狄爾斯《哲理詩殘卷》第1卷〈伊姆皮多克利篇〉359頁No.B119。
99　柏拉圖將人類描述為「天國的植物」。
100　參閱蒲魯塔克《希臘羅馬英豪列傳》之〈亞里斯泰德傳〉12節，以及笛歐‧卡休斯《羅馬史》第38卷26節。
101　參閱狄爾斯《哲理詩殘卷》第2卷〈安納克薩哥拉斯篇〉14頁No.A38。
102　參閱柏拉圖《斐多篇》58E。
103　菲松是阿波羅的兒子，無法駕馭太陽車宙斯用雷電擊斃；坦塔盧斯死後被打下地獄。參閱本書第34章〈論寧靜的心靈〉4節，蒲魯塔克將蘇格拉底的死亡和菲松的飛升做一比較。

第四十九章
安慰拙荊

　　蒲魯塔克致其妻，謹祝萬事如意

1 妳派出的信差帶來我們小女兒亡故的消息，以為我要前往雅典，路途上面錯失相會的機會；當我抵達坦納格拉[1]以後，從姪女那裡聽到難以置信的噩耗。我想葬禮有關的事宜都已準備妥當，還是要把我的看法告訴妳，那就是無論現在或是以後，總要把引起的悲傷減到最低的程度。有很多妳想做的事情，不必等待我的決定，只要能讓哀悼帶來的痛苦容易忍受，不管如何我都同意，當然不會有過於繁瑣的儀式和迷信的行為，我知道妳對這方面都抱著不以為然的態度。

2 我的愛妻，讓妳和我的情緒保持在容忍的限度之內。因為我知道整個狀況，同時還了解到傷害是何等慘重；如果我發現妳陷入過度的悽楚之中，這會使我感到比發生的不幸更為悲痛。我們的生命不是「從一棵橡樹或一塊石頭」[2]開始，我想妳知道得最清楚，只有在妳的幫助之下，我才能養育這麼多的兒女，由於我們細心的照顧，能夠在家庭裡面成長茁壯。我很清楚妳這一輩子最大的滿足，就是生了四個兒子和一個非常渴望的女兒，為此我們還把妳的名字給了她[3]。我當然知道她對妳充滿孺慕之情，特別是我們極其疼愛兒女，所以內心的悲愴更加深刻和敏銳，妳想起這個小女兒的聰明，帶著天真爛漫的笑容，從來不會使性子無理取鬧，也沒有抱怨不滿的聲音；她的愛心要將自己的禮物與好處與人分享，仁慈的行為使她能獲得最大的快樂。她懇求奶媽的乳汁分給其他的嬰兒，包括無生命的玩偶在內，甚至還讓它上桌好親自餵食。

1　坦納格拉位於皮奧夏和阿提卡的邊境，底比斯東方約二十公里，是南下進入雅典的門戶。

2　荷馬《伊利亞德》第22卷126行或《奧德賽》第19卷163行；生命的開始在於男女之間的喃喃細語和兩情相悅。

3　他的妻子名字叫作泰摩克森娜（Timoxena）。

3 我的愛妻，生前她的一切都讓我們感到愉快，死後回憶這些事情卻使我們無限哀傷，在我認為這種對比的方式並不合理。從另一方面來看，讓我感到擔心的地方，如果我們不再有思念的痛苦，豈不是就會將她忘懷，如同克利美妮的道白：

> 我痛恨那把用山茱萸木頭做的弓，
> 看到一群在遊戲中男孩趕緊離開，[4]

只要任何事情能讓她想起過世的兒子[5]，就立刻逃避和退縮，因為會引起刻骨銘心的痛苦；一味的退避就會陷入落寞和自閉的困境，這也是無可奈何的事。我們的女兒在家人的眼中是全世界最可愛的小孩，無論是抱著她，看到她或是聽她說話，都給我們帶來最大的快樂，只要想起她與我們生活在一起，陪伴著我們的時光，感到這是何等的愉悅，所以不應該落入悲傷的深淵當中（我們與人發生爭論經常要求自己保持理性，須知這時理性可以給予最大的幫助）；更不能坐在那裡無所事事，僅僅將自己囚禁起來，任憑哀悼驅走歡樂，唯有憂思整個據有我們的情緒反應。

4 我聽到有人帶著驚奇的語調說妳沒有表露悲悼的神色，所以妳和家中的婦女，不會裝出醜陋的模樣或自虐的行為，葬禮沒有像舉行祭典一樣擺出華麗的排場，在最親近的家屬陪同之下，進行當中保持肅穆的氣氛，每件事情都做得非常得體。我對這種狀況並不感到詫異，因為妳無論是前往劇院或者參加遊行的隊伍，從來沒有打扮得花枝招展，認為任何奢華的行為不僅徒然無益還會淪為笑柄；這種作風當然會保存在哀悼的時刻，妳的方式必然是不會受到指責的篤實。端莊有禮的婦女不僅在「酒神信徒的暴動中保持泰然自若的神色」[6]，即使處於悲傷的場合仍舊要掌握情緒不能陷入錯亂，親情的流露不在於任性而為而是適度自制。

我們對死者的思念、推崇和追懷是為了表現父母的愛，由於哀悼的情緒從來

---

4 出自優里庇德的悲劇《菲松》，瑙克《希臘悲劇殘本》之〈優里庇德篇〉No.785；可以拿塞尼加〈致馬可斯的弔慰信〉2-3節或〈致波利拜阿斯的弔慰信〉18節，其中提到屋大維和莉維婭的婚姻做一比較。

5 是指死於非命的菲松。

6 優里庇德的悲劇《酒神信徒》317-318行。

不會饜足，使得我們不勝悲傷甚至要捶打自己的胸膛，要是與放縱歡樂相比是同樣的令人感到羞辱；或許認為在這種場合如果沒有痛苦和憂傷，會讓人覺得難為情，其實這也不過是藉口而已；人類的悲歡苦樂都是同一來源，卻要我們克制歡笑和喜悅，任憑痛哭和哀號盡情的爆發，試問還有比這個更不合理的事？有些丈夫會為妻子用了很香的髮油和穿起紫色的服飾而爭吵，竟會同意她們為了服喪剪去頭髮以及穿上黑色的喪服，擺出不雅的姿勢坐在地上，即使躺著都讓人看起來倒盡胃口，這樣做豈不是更不合理？就最壞的狀況而言，主婦要是過分處罰奴僕或婢女或者不夠公正，做丈夫的人會出面調停或者加以阻止，現在妻子因為情緒或不幸身受最痛苦的煎熬，最需要溫情和仁慈的安慰，難道妳能夠視若無睹？

5 我的愛妻，自從我們結婚以來相互尊重從未發生口角，我想彼此之間更無芥蒂之心。從另一方面來說，每一位與我們交往密切的哲學家，對於妳簡便的服裝和節儉的生活，全都感到無比的驚異；無論是宗教的典禮、獻祭的儀式和劇院的活動，就是我們自己的同胞，看到妳是如此的樸素無華，認為可以成為大家的楷模。妳已經在類似目前的環境當中，顯示出常人所不能及的鎮定，那是妳失去長子的日子，還要加上眉清目秀的卡戎離開人世[7]。我還記得當時我還在旅行的途中，一群異鄉人從海上航行開始就陪伴著我，現在他們跟其他人士聚集在我家的門口，全都是聽到我的小孩亡故的噩耗特地趕來。他們看到眼前的家庭是一片祥和的氣氛，所以後來他們對別人談起這件事，認為不像有悲劇發生的樣子，可能是信息誤傳到海外所致。那是一個家庭最容易混亂之際，妳用審慎和安詳的態度處理所有的事務，使它能夠保持鴉雀無聲的安寧。妳在乳頭因為挫傷動過手術以後，還要用自己的乳房哺育嬰兒，這種行為是如此高貴，能夠表現出慈母對子女的真愛。

6 我們提到大部分的母親，等到別人將她的小孩清潔和打扮好以後，才將他們像是寵物一樣抱在懷裡；然而等到他們一旦不幸夭折，就讓自己陷入毫無理性和徒然無益的悲痛之中；這種行為並不是出於母愛，因為真正的善意來自理智和天性，完全出於虛榮心作祟才會表現粗野、狂熱和難以平靜的悲傷與

7　前面提到他們養育四兒一女，其中兩兒一女在幼年夭折，剩下兩個兒子就是奧托布盧斯和蘭普瑞阿斯。據稱次子蘭普瑞阿斯襲用他的名字蒲魯塔克，一般而言這是長子的權利。

哀悼。從這方面來看顯然沒有逃過伊索的法眼[8]，他說宙斯將職掌分配給神明的時候，悲傷女神要求宙斯給祂原先承諾的內容，就是人們心甘情願所做出的選擇。這些在最初都可以如實照辦，因為每個人接受悲傷都是出於自願。一旦讓祂進入就會變成我們熟悉的同伴，再要將祂驅除費盡工夫也難如願。

因此，我們必須將悲傷女神阻止在大門口，不能讓祂進來與我們在一起，否則不僅得穿上喪服還要剃去頭髮，或者其他明顯的徵候；這種狀況每天都會發生，愚蠢的羞怯使我們受到不同程度的傷害，至少也會削弱心靈的力量，就會陷入難以自拔的逆境，悲悼帶來的沮喪和困擾，使得膽小的可憐蟲不敢面露一絲歡顏，白晝無法外出見人，更不要談參加朋友的飲宴。悲慘和不幸的狀況導致對身體更為嚴重的忽略，才會厭惡塗油、沐浴以及日常生活當中其他的習慣。要是從另一方面來看，導致錯亂的靈魂要從健康和強壯的身體獲得幫助。只要苦惱失去它的鋒芒和強度，等到身體鎮定下來就可以將它驅散，如同風和日麗的天候洶湧的浪濤自然很快平息；卑賤的生活方式會使身體變得骯髒又邋遢，無法讓靈魂得到開朗和安詳的環境，僅能呼吸抑鬱和惡臭的氣息，永遠為悲傷和憂愁感到苦惱，等到受到這麼多不利的影響和干擾以後，像這樣的人要想恢復平靜的心靈，將是極其困難的工作。

7 另外要提到一件事，雖然不會讓我感到驚慌，卻會引起厭煩和反感，就是「一群可惡的婦女來訪」[9]，伴隨痛哭流涕的悲鳴和齊聲附和的哀悼，她們會把痛苦的刀刃磨得更加鋒利，不讓我們的悲悼受到任何影響能夠平息下來。我知道妳最近遇到的狀況，就是前去幫助提昂(Theon)[10]的姊姊，費盡力氣要去對抗三姑六婆提出的要求，她們帶著悲傷和尖叫像是來自另外的世界，所有的做法看起來像是「火上加油」[11]，非要將整個喪事辦得轟轟烈烈不可。人們要是看到朋友的房子冒出烈焰，就會聽從指揮大家合力盡快將它撲滅，朋友內心的焦慮如同遭到祝融之災，他們這時的做法是增添燃料。得到眼炎不會讓別人接觸紅腫的部位，這樣才會得到復元的機會，要是一個人為悲傷倍感苦惱，很有耐

8　參閱本書第10章〈致阿波羅紐斯的弔慰信〉19節，提到古代一位哲學家，拜訪正遭喪子之傷的王后阿西妮，因而說出下面一番話。

9　優里庇德的悲劇《安德羅瑪琪》930行。

10　提昂是蒲魯塔克的朋友，雙方家庭來往非常密切。

11　這是蒲魯塔克常用的一句諺語。

心坐在那裡讓旁人介入，豈不是如同患了風濕性潰瘍要用毒藥治療[12]，使得輕微的痛癢變成難以收拾的重症。我知道妳對這些事情都會力爭到底。

8 再者，我要妳回憶我們的女兒尚未出生之前的心情，當時我們不會對命運女神有任何抱怨之辭。其次要聯想到現在的狀況，豈不是回復到當時同樣的處境。我的愛妻，如果我們的家庭在她出生以前，懷著若有所失的心情，當然會對這個小女兒的降臨，各方面都讓人感到更為美滿。不管怎麼說，我們無法從記憶中抹去這兩年的時間，因為她給我們帶來極大的歡娛和快樂；我們相信命運女神的處理，完全基於她的緣故，不認為這是小小的恩惠卻造成極大的不幸，因為祂不會滿足我們的希望，同時我們對祂的賜與也不會忘恩負義。

對於神明要用尊敬的語言，即使是命運女神也要擺出誠摯和忍耐的態度，不要忘記回報以美好和歡娛；當一個人遇到這種不幸的狀況，要在心中回憶美好的事物，把他的思想從黑暗和抑鬱的目標，轉移到生活當中光明和燦爛的部分，最好能夠除去所有的痛苦，至少也要讓嚴重的症狀得以減輕。如同香水給人帶來好聞的味道，有時可以用來中和難聞的臭氣；特別是在我們遭到困難的時候，應該想到上天賜給我們的恩澤，不僅確有需要也能發揮很大的作用。如果一個人無法規避對於幸福的追憶，難以堅持在各方面都要指責命運女神，那麼這是放在手邊最為方便的解毒劑。我們之所以會陷入這種困境，在於我們對於接受的生活方式要橫加指責，如同一本書只有一個污漬，其餘部分全都完好如初。

9 妳應該經常聽到這種說法，幸福依靠穩定持久的習慣，經過改進以後獲得理性的結果；即使好運因為世事的變遷遠離我們而去，對於生活的性質也不致造成毀滅的打擊。

我們還要受到外在情勢的引導，如同一般大眾那樣計算分配的運道，經過判斷所能謀求的幸福以後，盡量找機會為自己獲得更多的好處；所以妳不必詳述現在的訪客只是眼淚和悲傷，須知執行他們的指示是很惡劣的習慣，每個受害的家庭總是不斷遭到他們的糾纏。因為妳的子女、家庭和生活是如此美滿幸福，在別人的眼中當然會出現嫉妒和羨慕，妳只有放在心中暗自忍受。

還有一些人對妳的運氣抱著非分之想，這真是讓人感到憤憤不平，雖然會站

12　好像我們所說「癬疥之症要用虎狼之藥」，這是非常危險的事，諸如此類的比喻古代作者經常使用。

污到引起哀悼的成因，妳要高聲反對這些讓妳很樂意去做的事，等到嘗盡椎心泣血的痛苦，妳就不會受到這方面的遺憾所影響，因為妳想要的幸福還是無法觸及。如同某些批評家只會從荷馬的著作中，挑出「晦澀不明」和「律格錯誤」的詩句[13]，完全忽略全書氣勢的雄偉和詞藻的華麗；所以我們才會帶著惱怒的態度，一直在抱怨和盤算生活當中顯然不足之處，根本忘記同時還混合著利益和優勢，或許我們是在模仿可憐的守財奴，累積巨大的財富不知如何運用，一旦喪失只會悲痛有逾家破人亡。

如果妳對女兒尚未結婚和生子就過世產生憐憫的心理，要是能從另外的立場來考量就會感到釋然如去重負，因為就這兩方面而言妳缺乏應驗的能力和分擔的義務；一個人只要成為擁有不多的物主，那麼從他那裡能夠奪去的東西就相對很少。她現在已經進入一個沒有痛苦的狀態，我們無須為此感到哀慟；如果沒有任何事物可以讓她感到悲傷，我們又何必非要經由她為自己帶來不盡的煩惱？甚至在極其缺乏的狀況下，就會喪失引起痛苦的力量，只要到達這種程度就不再感到這方面的需要。妳的泰摩克森娜年紀很小就夭折，所以她知道的東西不多，給她帶來的歡樂都是微不足道的小事；如果她對很多事物都沒有概念，或者無法產生認知，甚至很難形成一種思想的過程，試問她在這些方面又能有什麼損失？

10 再者，我知道妳並不相信另外一種論點[14]，雖然已經有很多人受到說服，那就是死者在靈魂離開肉體以後，不再有犯錯的機會或者感到痛苦，祖先留給我們的教導以及神秘祭典中酒神儀式給予的啟示[15]，我們在參與的過程中能彼此分享獲得的知識。然而考慮到這方面的狀況，就是可以把永生不滅的靈魂受到的影響，視為捉住以後關在籠中的鳥，要是有很長的時間在肉體裡面接受撫養，參與很多活動和彼此熟悉起來，對於這種生活方式變得更加的馴服；它會再度進入肉體，願意停棲不再離開，經由一再重複的出生過程，要與世間的激情和運道變得糾纏不清。

我們不要認為人到老年，因為臉上的皺紋、滿頭的白髮以及虛弱的身體，就該受到辱罵和惡言相向；其實年邁之人最感困難的工作，就是靈魂對神聖事物的記憶變得模糊，倒是那些與肉體相關的事物顯得更加熱誠，使得靈魂受到扭曲或

---

13 如同我們俗語所說「吹毛求疵」或「雞蛋裡面挑骨頭」。
14 這是指伊庇鳩魯學派的信念；前面那種可恨的婦女，會讓事情變得「火上加油」。
15 參閱西塞羅《突斯庫隆討論集》第1卷13節。

變形，爲的是要適合肉體所制定的形狀。如果靈魂被肉體拘禁只停留短暫的期間，受到更高權力者的釋放獲得自由，還能保持柔順和馴服的狀態，可以很快恢復原有的氣質；如同生火只要全部燃燒起來就能保持常態，有人將它吹熄可以立刻重新點燃，要是等上一段時間完全冷卻下來，這時要想引起一場大火就要費很多工夫。那些情況較好的靈魂，在於它們的命運如同詩人[16]所說，

　　　應該盡快通過冥王哈得斯的大門，[17]

要早在它們更愛肉體和塵世生活之前，否則它們逐漸適應肉體，變得更爲軟弱，只會更加緊密的結合不忍分離。

11 我們可以從祖先和古代的習慣和法律，很清楚看到這件事的眞實狀況；民眾不會爲夭折的子女向神明酹酒祈求降福，更不會讓死者得到活著的人所期待的儀式，如同這些亡故的孩童不是地球的一部分，沒有在世間經歷一段時間。人們不會耽擱時間讓喪禮辦得非常光彩，像是建立壯觀的墓地和紀念碑，或者展示死者的遺體供大家弔唁。因爲法律禁止爲嬰兒的亡故服喪，等於讓我們知道，靈魂已經進入美好和神聖的狀態[18]，再要爲之哀悼哭泣是褻瀆神明的事[19]。因爲就這方面來說懷疑較之相信更爲困難，讓我們保持外在的舉止能夠遵守法律的規定，使得內在的心靈不受迷信的污染，能夠更加純潔和節制[20]。

16　手抄本在此處有很長一段文字的闕漏，然而它要表達的意義還是很清楚。
17　狄奧吉尼斯《悲歌》427行。
18　參閱柏拉圖《法律篇》904C-D。
19　這裡還是有脫落的文字，是否已經補齊無法確定。
20　參閱西塞羅《突斯庫隆討論集》第1卷45節。

第五十章
愛的對話

這是弗拉維安和蒲魯塔克之子奧托布盧斯在眾人面前的談話記錄

1 弗拉雅安(Flavian)：尊貴的奧托布盧斯，想到我們在赫利康的時候，曾經對於愛情做了一番談話，你不是說要就討論的問題提供我一份書面資料？是否你沒有留下記錄，或者這件事你始終縈迴心頭，還得先與你的父親做深入的探討？

奧托布盧斯：記得沒錯，閣下，是在赫利康的繆司神廟，正逢帖司庇伊(Thespiae)[1]的市民歡度厄洛蒂狄亞(Erotidia)節慶[2]，他們抱著虔誠的熱忱和擺出盛大的排場，每四年舉行一次的祭典用來推崇厄洛斯和九繆司[3]。

弗拉維安：你知不知道我們所有人都希望你能前來參加？

奧托布盧斯：要等到你告訴我才知道。

弗拉維安：你詳述詩人的作品當中有廣闊草原和幽暗樹林，濃蔭處處叢生常春藤和天門多；還有其他作者所能掌握的景象，他們的努力和熱情所能獲得的成功，可以比擬柏拉圖提到的艾利蘇斯(Illissus)河[4]，裡面描述舉世聞名的貞潔之樹，還有覆蓋植被的平緩斜坡；這些都歷歷在目令人難以忘懷。

奧托布盧斯：尊貴的閣下，為何我的陳述需要這樣瑣碎的準備程序？所以雙方才會產生爭辯，這種狀況在於需要一個給予同情的合唱隊，還有就是供應可以表演的舞台，其他戲劇性的項目沒有這方面的需求。讓我們祈求繆司之母[5]大發

---

1 帖司庇伊在蒲魯塔克時代，除了坦納格拉、底比斯和奇羅尼亞以外，是皮奧夏的主要城市，其餘都只能說是一些村莊而已，可以參閱法蘭茲《鮑薩尼阿斯》第5章140頁及後續各頁，西塞羅提到帖司庇伊最吸引遊客的地方是厄洛斯的巨大雕像。
2 厄洛蒂狄亞節慶可以參閱阿昔尼烏斯《知識的盛宴》561E及629A。
3 九繆司是掌管文藝和科學的九位女神，宙斯和記憶女神的女兒，參閱本書第1章〈子女的教育〉13節注釋33。
4 艾利蘇斯河在雅典近郊，參閱柏拉圖《菲德魯斯篇》229A、230B，敘述他遊歷此地的狀況。
5 九繆司的母親是記憶女神奈摩昔妮(Mnemosyne)。

慈悲，幫助我讓消失的故事能夠死中復活。

2 很久以前那時我還未出生，家嚴和家慈剛結婚沒有多久，我的外公和外婆發生爭執，後來變得愈來愈激烈，母親夾在當中兩面為難，正好我的父親要向厄洛斯祭祀，藉機帶她前去參加慶典，事實上她自己也要去祈福，為了家庭的和睦特別向神明奉獻犧牲。他經常交往的朋友都離開家鄉，到達帖司庇伊與他見面，像是阿契達穆斯的兒子達夫尼烏斯(Daphnaeus)，他是西蒙的女兒賴山卓(Lysandra)的愛慕者，所有求婚者當中最受到器重；亞里遜的兒子索克拉魯斯(Soclarus)[6]來自泰索拉(Tithora)；塔蘇斯的普羅托吉尼斯和拉斯地蒙的朱克西帕斯(Zeuxippus)[7]前來參加盛會；還有遠自海外趕到的友人。我父親提到皮奧夏的知己，說他們沒有錯過這一次的歡聚。

頭兩三天是在市內觀光和體育館舉行的學術座談中很清閒的度過，後來當地的樂師和豎琴手之間發生衝突，過去為了爭取風月場合[8]的支持已經有夙怨存在，現在狀況惡劣使得大部分來客像是置身敵區，所以他們離開該地前往赫利康，務使自己能夠成為繆司的貴賓。

第二天早晨安塞米昂(Anthemion)和畢西阿斯(Pisias)加入我們的團體，這兩位都有相當的地位，對於稱為「英俊小生」的巴強(Bacchon)有著濃厚的情意，只是表達的摯愛有不同的形式，所以彼此產生激烈的爭執。你得先要知道帖司庇伊有一位聲望很高的婦女，伊斯門諾朵娜(Ismenodora)[9]不僅出身高貴而且家財萬貫，為人嫻雅貞節更是眾所周知，新寡未久仍舊年輕貌美，處身嚴謹從無半句流言蜚語。巴強的父母是她很熟的朋友，這位年輕人等於是她的晚輩，所以想要把有親屬關係的女孩介紹給他，希望結成一門很好的婚事，於是她與巴強見過幾次面，雙方非常親切的交談。

結果她對這位小夥子一見鍾情，無論是他的風度、氣質、容貌以及取悅於她的語言，都讓她深銘心田難以自拔。伊斯門諾朵娜的打算是不願偷偷摸摸，希望

---

6 索克拉魯斯是蒲魯塔克的知己，在本書第77章〈會飲篇：清談之樂〉和第65章〈陸生或海生動物是否能更為靈巧〉，他是主要的對話人物。

7 朱克西帕斯同樣是兩篇隨筆的對話者。

8 帖司庇伊人以文士風流自許，行為的荒淫放蕩知名於希臘世界，參閱伊利安《歷史文集》第11卷6節。

9 伊斯門諾朵娜的年紀大約是三十歲左右，可以從後面第8節引用的詩文中得知；巴強還是一個學生，年紀十八到二十歲的青少年。

舉行婚禮正式成為他的妻子，從此一生廝守愛河永浴。開始出現的狀況是巴強的母親心生疑慮，由於女方的家族擁有顯赫的權勢，不會同意她自貶身價嫁給沒有任何建樹的年輕人。巴強有一些打獵的朋友，都以年紀相差懸殊予以勸阻，同時還取笑老妻少夫的婚姻，比起其他的干涉產生更強烈的效果。他自己還是一個少不更事的青年，對於娶孀婦為妻始終感到羞愧。

儘管如此，他不理會別人的閒言閒語，要讓畢西阿斯和安塞米昂幫他做出決定。須知安塞米昂是他一位年長的表親，畢西阿斯為人沉著穩健是他的仰慕者。因為這樣的緣故，畢西阿斯發揮影響力反對這門親事，更讓安塞米昂堅定自己的看法，要年輕人順從伊斯門諾朵娜的心意。就安塞米昂的立場而論，發覺畢西阿斯犯了很大的錯誤，進而向他表示身為城市的模範人物，作為一個愛人卻取法那些卑劣的伎倆，僅僅為了滿足個人的私欲，做一些見不得人的勾當，甚至想要在角力館裸體相見，就要剝奪所愛之人獲得一份殷實的產業，一位美麗的妻室和一個光輝的前途[10]。

3 避免雙方的歧見變得更為激烈非到劍拔弩張的地步不可，他們請求我的父親和他的朋友擔任仲裁和證人，所以才會加入他們的談話，為了使得討論能夠順利進行，兩造從朋友圈子當中事先各安排一位辯護人，安塞米昂選擇達夫尼烏斯，畢西阿斯借重普羅托吉尼斯。普羅托吉尼斯對伊斯門諾朵娜的抨擊和辱罵，抱著不留情面和任性而為的態度；達夫尼烏斯對此頗有微辭，毫不保留的說道：「老天爺！要是普羅托吉尼斯的意志堅定不移，把一生的時間都奉獻在與愛情奮鬥上面，無論是工作還是遊戲，他的心中充滿愛，他的手裡掌握愛[11]，

> 不僅要將學識就連國家都置於腦後，[12]

看來除了他，我們還能指望誰呢？你就像拉烏斯那樣離開家也不過五天的旅程，他的愛人是個不喜歡出海的水手在外面閒逛，然而你卻

> 展開迅速的雙翼很快越過遼闊海洋，[13]

---

10 參閱柏拉圖《菲德魯斯篇》240A，提到為了獨占所愛的年輕人，希望他失去所有的親人、朋友和自己的財產，更不希望他有前途和出身。

11 參閱柏拉圖《會飲篇》177E，這是蘇格拉底說的話。

12 可能出自優里庇德的悲劇《克里西帕斯》，參閱瑙克《希臘悲劇殘本》632頁。

從西里西亞到雅典去探望那些英俊的小夥子，圍繞在他們的身旁不願離開。」從這番話得知，毫無疑問是苦戀使得普羅托吉尼斯離家遠行。

4 這些話引起一陣笑聲，普羅托吉尼斯說道：「看來你認爲我已經與異性的愛情發生戰爭，當他們試著迫使極其污穢的行爲和激情，去與最榮譽和最尊貴的姓氏爲伍，難道你不願站在男士那一邊，去對抗色情和放縱的欲念？」

達夫尼烏斯問道：「你提到污穢的行爲難道就是婚姻？一個根本不存在的友情會比男女的結合更爲神聖？」

普羅托吉尼斯說道：「爲什麼不！當然，婚姻的基本需要是爲了要養育後代子孫，所以立法者的論點沒有害處，大眾才會異口同聲的讚揚。真正的愛情與女性的閨房毫無相干之處；你對婦人和少女所感受到的愛情我一概拒絕接納，那跟蒼蠅之於牛奶或工蜂之於蜜汁又有什麼不同，就像屠夫和廚師在黑暗中催肥牛犢和家禽，看起來是慈善的行爲實則其心可誅。」

「人們需要麵包和菜餚是非常自然的事，超乎異常的放縱欲念養成暴飲暴食的惡習就被稱爲饕餮。正常狀況下男士和婦女都存在著一種需要，充滿歡情的活力來自彼此之間的關係，等到衝動迫使我們達到這個目的是如此的強而有力，甚至失去控制變成到處氾濫的激流，這時我們產生錯覺以爲是愛神在那裡作祟；其實愛情是讓自己依附於一個年輕又有才華的生命，經由友誼可以達到美德的境界；我們提到對婦女的欲念要是能正常的發展，不僅獲得滿足，還要加倍享受成熟肉體之美的歡情，事實上這是不可能的事。」

「在這方面我們可以拿亞里斯蒂帕斯當作證人，有位老兄對著他大肆抨擊拉伊斯（Lais）[14]，竟說這個豔幟高張的名妓並不愛他；這時亞里斯蒂帕斯回答道：『我不認爲酒和魚都會愛我，只是這兩者同樣會帶給我快樂。』老實說欲望的目標就是歡樂和享受；愛神要是失去友誼的激勵所帶來的希望，像是沒有意願去栽培一棵有缺陷的植物，雖然已到了開花結果的時候，未來卻沒有任何收成可言，如同我們所盼望的各種美德全部都已落空。」

「你知道悲劇中的丈夫對妻子說什麼：

13 戴爾《阿契洛克斯詩文殘句》No.92B；艾德蒙《悲歌與抑揚格詩體》第2卷142頁。

14 拉伊斯是西元前4世紀與弗里妮齊名的豔妓，本章第21節敘述她悲慘的遭遇。

　　你恨我？這在我看來根本不算什麼，

　　這種狀況要等閒視之也是意外收穫。[15]

男子不在乎愛情，要的只是色欲和性交，拿來與劇中的丈夫相比會更加不堪，像是非得忍受一位邪惡又醜陋而且不愛他的婦女。所以喜劇家菲利庇德才會對演說家斯特拉托克利（Stratocles）加以嘲笑[16]：

　　她轉身就走讓你只能親到她的髮辮。」

　　「要是我們將這種激情綺思也能稱爲愛神，至少衪有資格給予陰柔和卑賤的愛情，如同一個生在塞諾薩吉斯（Cynosarges）[17]的野種，還能在婦女的閨房找到施展騙人伎倆的機會。看到天空有一隻老鷹，可以稱爲眞正的山鷹，然而荷馬還要證實說它是『黑色的獵鷹』[18]，雖然還有其他雜交的種類，同樣能在沼澤地區捕食魚蝦而且飛行的速度很慢；只要感到饑餓就會一再重複，發出痛苦和哀怨的長唳。這樣看來只有一種眞正的愛情，就是對男孩的愛慕；不會像安納克里昂所說的那樣，對女孩的愛情如同『烈焰騰空的欲念在熊熊的燃燒』或『香汗淋漓的體軀在閃耀著光芒』[19]。非但不會如此，前者的性質眞是極其簡樸和純潔。這種狀況你可以在教授哲學的學院見到，也會出現在體育館和角力場，爲了尋找讓他們感到心儀的年輕人，當他們發現值得注意的對象，展開追求就會發出一聲清晰而高貴的歡呼。」

　　「談到其他放縱欲念和限於寢室的愛情，要花很多時間留在婦女的懷抱當中和床鋪上面，必須過一種紙醉金迷的生活，雄心壯志被柔情蜜意銷磨殆盡，喪失大丈夫的氣概和友誼所產生的激勵作用，諸如此類的情形應該要加以遏阻，梭倫就在這些方面落實治國之道。他立法禁止奴隸有同性戀的行爲和浴場的按摩[20]，

15　瑙克《希臘悲劇殘本》之〈Adesp篇〉916頁No.401。

16　柯克《阿提卡喜劇殘本》第3卷310頁No.31；菲利庇德對斯特拉托克利不僅訕笑還要大肆抨擊，參閱蒲魯塔克《希臘羅馬英豪列傳》之〈德米特流斯傳〉12節和26節。

17　雅典只有賽諾薩吉斯角力場，允許非婚生的後裔，包括雙親當中僅一位是雅典人的半血統子女，能與市民在一起練習和比賽。可以參閱蒲魯塔克《希臘羅馬英豪列傳》之〈提米斯托克利傳〉1節。

18　荷馬《伊利亞德》第21卷252行及第24卷315行；可以參閱亞里斯多德《動物史》第9卷2節。

19　參閱艾德蒙《希臘抒情詩》2卷第168頁No.168。

20　參閱蒲魯塔克《希臘羅馬英豪列傳》之〈梭倫傳〉1節，不讓男性奴隸有聚集或結黨的機

至於與婦女的性交不在此限。友誼對於自由人而言，可以說是目標高貴和重視禮儀所建立的人際關係，不像歡樂那樣格調卑賤和無足輕重。基於這種緣故，要是與奴隸身分的孩童發生肉體行為，也不是正人君子應有的逸行雅事，因為這種愛情只能算是交媾，與對婦女的愛情沒有任何差別。」

5 普羅托吉尼斯興高采烈還要繼續講下去，達夫尼烏斯打斷他的話，說道：「老天爺！真要感激你引用梭倫的話，讓我們把他當成標準來看看這種愛人是怎麼一回事[21]：

> 直到他愛一位青春年華的小傢伙，
> 甜美的嘴唇和軀體讓他深受蠱惑。

你還可以用伊斯啟盧斯的詩來描述梭倫[22]：

> 你動手動腳的行為無法受人尊敬，
> 我們給你許多親吻看來極不正經。

這位老兄竟然規勸愛人要把視線凝注股溝和臀部，如同祭司彎下腰去檢查犧牲和祭品，令人聽到不禁捧腹。我在這裡要大聲疾呼對於婦女的愛情深表贊同。男性之間的結合即使不會斲喪或者削弱愛人的柔情，仍舊違反天理人情之道。不像男性和女性的愛情那麼正常而自然，雙方能夠堅持理性的要求，經由贊同和支持使得友誼可以穩定的發展。」

「普羅托吉尼斯，你要知道古人所說的『專房』是指一位女士從命於男子。所以品達提到赫菲斯都斯，說祂雖然是赫拉所生卻『失寵』於母親[23]。莎孚把一位還未及笄就出嫁的女孩說成[24]：

> 你就像一個女嬰讓我無法萌生愛意。

　　　會，他的著眼是基於安全的要求。
21　參閱艾德蒙《悲歌與抑揚格詩體》第1卷138頁No.25。
22　這兩句詩出自伊斯啟盧斯的悲劇《墨米敦》，參閱瑙克《希臘悲劇殘本》44頁No.135。
23　應該出自品達《皮同賽會頌》第2卷42行，誤以為是赫西奧德《神譜》927行。
24　參閱艾德蒙《希臘抒情詩》第1卷220頁No.48。

有人問起海克力斯：

> 對於女性你用花言巧語或武力脅迫？[25]

看來他只是與男性發生關係（是否不同意就會涉及暴力和劫掠；即使兩情相悅就雙方的接觸而言，不僅虛弱無力還充滿脂粉味，完全違反自然之道，柏拉圖的話『像牛一樣爬在後面交尾』真是一針見血[26]），這對阿芙羅黛特完全不留情面，可以視為極其無禮的羞辱和冒犯。」

「我引用梭倫在年輕時代所寫的詩篇，發現他不但『熱情洋溢』而且真如同柏拉圖所說『性慾極強』。等他到了老年出現這樣的句子[27]：

> 攜佳人兮披重幃，
> 酌桂酒兮揚清曲；

像是經歷對青少年的愛那場激烈來襲的暴風雨之後，又把自己的生活駛進婚姻和哲學的寧靜海洋。」

「普羅托吉尼斯，如果我們認為這種想法與事實相符，那就是愛人的激情是同樣一件事，無論對象是孿童或是婦女；現在為了贏得爭論，你的抉擇是讓兩者出現很大的差異，這時你就知道你對男童的愛情，根本不夠光明磊落，像是晚生的兒子是老年人的野種，一個見不得人的小孩，因為有合法的兄長在旁虎視眈眈，愛情就會剝奪他應得的繼承權。」

「閣下，僅僅就在昨天或許是前一天，由於年輕人脫去衣服全身裸露，他就偷偷摸摸溜進體育館，開始像是初生的幼雛受到他的親吻和擁抱，等到翅膀逐漸變硬，在角力場中已經無所顧忌。正常的夫妻之愛可以點燃激情，從而使新的一代得以孕育和降生，經由男女雙方的結合使人類獲得不朽的生命；然而他卻對此不斷的責罵和中傷，像是懷著惡毒的構想要讓人類斷嗣和絕後。」

「他之所以否認男孩之愛其目的是求歡作樂，完全基於羞怯和害怕的關係。這就需要一個藉口用來接近豔麗如花的青春，才會假裝是為了友誼和德行。可以

25　瑙克《希臘悲劇殘本》之〈Adesp篇〉916頁No.402。

26　參閱柏拉圖《菲德魯斯篇》250E及《法律篇》636C。

27　參閱蒲魯塔克《希臘羅馬英豪列傳》之〈梭倫傳〉31節，以及艾德蒙《悲歌與抑揚格詩體》第1卷140頁No.26。

拿來掩蓋的東西只是鋪在角力場的沙粒,比賽完畢以後還要洗冷水浴,裝成知識
分子的模樣用哲學家的口吻公開宣布,一定要遵守法律的規定從事身體的訓練。
等到黑夜降臨一切平靜下來,

> 只要警衛離開就會收穫甜美的果實。」[28]

「從另一方面來看,普羅托吉尼斯用雞姦來維持一種沒有性欲的肉體關係,
要知道兩性之情是神所恩賜的機能,用來服侍我們的欲念,值得花時間去等待,
如同祂將榮譽和權力授與世人,你怎麼只尊敬厄洛斯卻對阿芙羅黛特置之不理?
須知僅有厄洛斯使得阿芙羅黛特銷聲匿跡,豈不就像沒有葡萄酒還會帶來酩酊大
醉一樣,飲進肚中像是用無花果和大麥釀成的低級貨色。沒有生育的成果也不能
滿足人性的激情,像你這樣變態的愛很快令人感到膩煩和困頓不堪。」

6 說完這一番話以後明顯看出,畢西阿斯對達夫尼烏斯極其不滿已到老羞
成怒的程度,好難得等到後者停了下來,畢西阿斯大聲說道:「尊貴的
閣下,竟然如此庸俗!如此無禮!你們當然知道有些人如同狗一樣,完全靠著生
殖器官與雌性結合在一起;因為這樣的緣故,愛情遭到驅逐和流放,從各種訓練
的場地、公眾的柱廊以及麗日晴空下的交談,趕往淫蕩好色的婦人懷中,她們憑
藉佳餚、匕首、春藥和巫術,真可以說是無往而不利。毫無疑問,即使是正派的
婦女也不見得適合愛人或者被人所愛。」

聽到這樣的論點,我的父親後來告訴我,說他開始攻擊普羅托吉尼斯,先是
念出一句詩:

> 這番話喚醒亞哥斯人趕快拿起武器。[29]

接著他說道:「我敢發誓畢西阿斯的發言實在太過分,逼得我要與達夫尼烏斯站
在同一陣線。婚姻誠如你所言是沒有愛情的結合,缺欠神所賜與的友誼!我們可
以觀察到提親的過程,要是連求愛和『同意』都付之闕如,那是羞怯和害怕所產
生的枷鎖和繮繩,花多大的力氣都無法除去,要想將兩人拴在一起真是難上加

28　瑙克《希臘悲劇殘本》之〈Adesp篇〉No.403。
29　瑙克《希臘悲劇殘本》之〈Adesp篇〉No.404。

難。」

畢西阿斯說道：「就我而言，根本不會把這種狀況看得有多嚴重，倒是發覺達夫尼烏斯的論點很像銅具備的金屬性質。事實上火對銅塊的影響不及熔化的銅汁來得那樣大，要是把前者浸入後者當中，很快一點一點的軟化最後變成液體。所以不是賴山卓的美貌讓達夫尼烏斯感到煩惱，完全是他與一個特定對象[30]交往和接觸的關係，使得他像著火一樣流露出激昂的情緒，明顯的證據是他如果不趕快向我們跑來，就會變得一發不可收拾……」

他繼續說道：「我也知道安塞米昂非常樂意有這樣的情形出現，我的話要是冒犯到各位裁判，只此一回下不爲例。」

安塞米昂說道：「眞是太好了，你開始就應該表明這樣的立場。」

7　畢西阿斯說道：「我盡可能就關心的事項要大家對婦女提高警覺，那就是兩性之間不存在著愛情，特別就這方面所能衍生的問題，要讓少不更事的年輕人提防伊斯門諾朵娜所擁有的財富。如果我們讓他陷身在龐大而值錢的家產當中，等於是害他在不知不覺中慘遭滅頂，如同錫塊被銅液熔化因而消失不見。像他這樣的青年要是娶一個樸實和端莊的婦女，雙方的結合不會對他的性格造成改變，如同酒和水的混合那樣的平順，那麼我們要爲他正確的選擇感到慶幸。」

「只是從這位婦女的身上，我們看到她在發號施令以及做出決定；此外她實在不應該拒絕那麼多傑出、高貴和殷實的求婚者，非要垂青一位還未脫掉學校制服，仍需家庭老師[31]隨扈在旁的小夥子不可。一個有見識的人『要將妻子給他帶來福分視若敝屣』[32]，不讓自己因爲她的關係獲得飛黃騰達的前途。龐大的財富會使婦女輕浮、傲慢、善變和虛榮。丈夫的高升讓她感到得意忘形，即使把他留在家中不求上進，妻子的財富對他的約束如同『埃塞俄比亞的黃金鎖鍊』。」[33]

30　或許就是指蒲魯塔克本人。
31　有的家庭老師具備奴隸的身分，要伴同小主人前往學校，從後面的狀況看來，巴強已經不做這方面的安排。
32　參閱瑙克《希臘悲劇殘本》之〈優里庇德篇〉522頁No.502。
33　參閱希羅多德《歷史》第3卷23節，因為埃塞俄比亞的黃金遍地都是，相形之下青銅更為珍貴。

8 普羅托吉尼斯說道:「有些你還沒有提到,我們冒著被人視為愚蠢和加以嘲笑的危險,想要與赫西奧德的話背道而馳,因為他的詩句[34]:

三十歲是成人的年紀最適合於結婚,
少女天癸後四年十五歲是及笄之齡。

新郎的年紀應該大於新娘才對,要是一個尚未成熟的青澀少年去娶一個歲數大很多的婦女,接著就會出現極其不利的狀況,像是農夫要對椰棗和無花果進行人工授粉。」[35]

「或許你會說:『不錯,因為她在愛著他,像是全身欲火難熬。』那麼,她要在他的家中舉行狂歡酒宴,為他的畫像裝飾一些花束,甚至要與她的情敵比個高下,請問又有誰出面去制止呢?如果她想做一個真正愛他的人,每天蹙眉像是不勝悽楚的樣子,拋棄往日輕鬆安逸的生活,穿起降服於激情的華麗衣裳。如果她真是賢慧的淑女而又知書達禮,就應該留在家中等待求婚者,這時男士一定會趨之若鶩。一位婦女公開宣示她的愛情,正人君子在厭惡之餘只有逃之夭夭,如此過度的放縱欲念又怎能接受和容忍年齡相差懸殊的婚姻?」

9 普羅托吉尼斯講完以後,我父親接口說道:「安塞米昂,大家再度把這種事情當成一個公眾的話題來討論,逼得我們在反駁的時候,不能否認自己是家室之愛的擁護者,因而無法從目前的立場找到規避之路,你看我們是否已陷入兩難的困境?」

安塞米昂說道:「你的話不錯,閣下,現在要對他們在『愛情』這方面的攻擊,進行全般的防禦,如同剛剛畢西阿斯用『財富』這個題目對我們大肆威脅一樣。」

我的父親問道:「我們不讓伊斯門諾朵娜得到所愛的人,完全出在她的愛情和她的財富,如果這兩方面的問題可以解決,難道他們對這樣一位婦女就沒有其他的指控?事實上她是生活在一個極其堂皇而富裕的環境。設若她不僅美貌又年輕將會如何?她有值得驕傲和顯赫的家世那又如何?[36] ……正派的女性要是律己

---

34 赫西奧德《作品與時光》696-698行。
35 參閱狄奧弗拉斯都斯《植物史》第2卷4節。
36 這裡有字句的脫落和闕失,從前後文看只是一小段而已。

甚嚴又長著一個鷹鉤鼻，很可能得到不太友善和欠缺寬容的名聲，類似的狀況能說從來沒有發生？她們要是經常對丈夫發脾氣，冠以復仇女神的綽號又有什麼不對？看來最好的辦法，是從市場娶一位色雷斯人哈布羅托儂（Habrotonon）[37]或是米勒都斯的巴契斯[38]，只要花錢就可帶回家中，再將栗子撒在她的身上[39]也就成了，根本無須非得大費周章不可。」

　　我的父親接著說道：「我們知道很多體面的男子，就像剛剛所說的那樣要娶身分低賤的女奴；薩摩斯的女笛手，神廟獻祭儀式的舞女，亞里斯托尼卡（Aristonica）[40]之流的交際花，還有厄蘭瑟（Oenanthe）和她慣用的手鼓，以及阿加索克麗（Agathoclea）[41]曾經將數頂皇冠踩在腳下。敘利亞人塞美拉米斯是國王一位家養奴隸的侍妾，誰知這位尼努斯大帝看到她驚為天人，立即陷身愛河。等到她逐漸擁有權力對於國王產生藐視之心，提出要求能夠處理和指導國家的事務，期望有一天能戴起皇冠登上王座。尼努斯同意她的建議頒布命令，所有臣民要像服從國王一樣聽命於她公正無私的裁定。開始她的指揮非常溫和深獲大家的擁戴，後來她對衛隊大事整肅，看到在這方面完全消滅反對的勢力，對她的指示都會毫不遲疑的執行，她下令逮捕尼努斯用鐵鍊鎖住關進監獄，最後還是面臨處決的下場，使得她能夠光榮統治整個亞細亞到很多年之久。」

　　「老天爺！畢勒斯蒂琪（Belestiche）[42]是國王的愛人，被亞歷山卓人奉上阿芙羅黛特的名號，並且為她建立神龕和廟宇，誰不知她是從市場買來的蠻族婦女？還有一位婦女就在這裡與厄洛斯分享香火和膜拜，她的鍍金雕像與國王和王后一起設立在德爾斐，這些難道都是她征服那些寵愛她的人所得的嫁妝？」[43]

37　這位哈布羅托儂是提米斯托克利的母親，也有人說他的母親不是哈布羅托儂，而是卡里亞出生的優特普（Euterpe），參閱蒲魯塔克《希臘羅馬英豪列傳》之〈提米斯托克利傳〉1節。

38　按照阿昔尼烏斯《知識的盛宴》594B的記載，這件事發生在薩摩斯島，描述巴契斯與普蘭根（Plangon）的友情。

39　新娘或是剛買來的奴隸進門，要在來人身上撒栗子以避邪納福。

40　亞里斯托尼卡其人不詳，或許是斯特拉托妮絲之誤；參閱阿昔尼烏斯《知識的盛宴》576F或蒲魯塔克《希臘羅馬英豪列傳》之〈龐培傳〉36節。

41　阿加索克麗是托勒密四世的情婦，參閱蒲魯塔克《希臘羅馬英豪列傳》之〈克里奧米尼斯傳〉33節；厄蘭瑟是她的母親。根據波利拜阿斯《歷史》第14卷11節的記載，阿加索克麗擁有極大的權勢。

42　畢勒斯蒂琪是托勒密二世的情婦。

43　帖司庇伊的弗里妮與愛神厄洛斯共享一個廟宇的香火，她的愛人雅典雕塑家普拉克色特勒斯為她製作一尊黃金雕像，放置在德爾斐的阿波羅神廟，參閱鮑薩尼阿斯《希臘風土誌》第10卷15節。

「高貴的君主所以遭到出身低賤的婦女利用，完全在於自身的優柔和軟弱，不知不覺之中淪為她們的獵物。還有一些人士雖然清寒貧困，娶了富有和顯赫的婦女以後，個人沒有喪失絲毫的尊嚴，他們享有榮譽和幸福能夠白頭偕老。一個人必須約束他的妻子不能讓她作威作福（有點像太瘦的人擔心所戴的指環，因為很鬆就會脫落而遺失），如同他將母馬的鬃毛剪掉[44]，然後將牠牽到河岸或池邊；可憐的牲口看到牠的倒影是如此的醜陋和不堪入目，高傲的心態自然消失，就會讓公驢爬到牠身上與牠交配，這樣才能生出主人想要的騾子。」

「選擇婦人成為妻室不在於她的人品或家世而在乎財富，這種做法不僅無知而且卑鄙；如果女方家財萬貫加上德容俱備，還要規避，未免過於迂腐讓人感到可笑。安蒂哥努斯寫信給駐防慕尼契亞(Munychia)的守備部隊指揮官[45]，要讓軍犬戴上很硬的項圈，保持精瘦的身材，意思是要他提高警覺以防雅典人的蠢蠢欲動。丈夫可以娶多金而貌美的婦人，不一定非要妻子是貧窮的無鹽，完全在於自己的冷靜沉著和謹言慎行；除了不必過分讚譽她帶來的莫大好處，還得保持自己的人格不要成為卑躬屈節的奴僕。他對妻子的控制和導引在於他的公正而非所能獲得的利益，他可以靠著品德和人格，如同沉重的砝碼讓天平不至於向她那邊傾斜。」

「再者，伊斯門諾朵娜正是適婚的年齡，像其他婦女一樣能夠生兒育女，不僅如此，據我所知這位女士有如花朵一樣盛開。」我的父親對畢西阿斯笑笑接著說道：「何況她並不比與她競爭的異性對手更老，仍然保有光可鑑人的青絲，不像陪伴在巴強身邊的男士早已滿頭華髮。如果他們還很年輕足以匹配這位伴侶，那又何必把她看成厲害的對手，到處說世上的少女全不如她，非要阻攔她去見這位年輕的情人？須知少年夫婦在相處很長一段時日以後，就會逐漸放棄他們的剛愎習性和堅持己見，否則很難相互混合到水乳交融的程度。開始成家的時候如同變化多端的天氣，即使兩情愉悅還是要經歷不斷的奮鬥。如同狂風吹襲沒有導航員的船隻，愛神對於兩個人的婚姻關係，要在其中掀起一陣引起混亂的暴風雨，這時既不能共同如願的指揮也無法相互衷心的服從。」

「嬰兒要受到奶媽的照顧，兒童要聽從老師的教導，青年要遵守體育督導官的訓示，就是那些愛慕男孩的成年男子，也要聽命於法律的規定和將領的指揮。

---

44 參閱亞里斯多德《動物史》第6卷18節，可與哥倫美拉(Columella)的《論農莊》(*De Re Rustica*)第6卷35節做一比較。

45 有關寫信的時機和狀況，參閱塔恩(Tarn)的《安蒂哥努斯‧哥納塔斯》(*Antigonus Gonatas*)126頁和注釋35。

沒有一個人能夠成為自己的主人進而為所欲為，也沒有一個人逃得了管轄和約束。只要明瞭這點，一個年齡較長而又明理的婦女，想要引導一位年輕人的生活又有什麼可怕之處？如果她的見識高人一等會對丈夫更有幫助，因為她深愛著自己的良人，會使生活充滿甜蜜變得更為溫馨。」

我父親說道：「總而言之，我們這些皮奧夏人極其崇拜海克力斯，對於年齡不適的婚姻從不在意，認為這方面無須過分的拘謹。我們知道海克力斯將三十三歲的元配麥加拉（Megara），讓給十六歲的姪兒愛奧勞斯作為妻室。」[46]

10 據說我的父親還在侃侃而談的時候，一位朋友騎著馬從城市疾馳而來，向畢西阿斯報告一個驚人的信息。

伊斯門諾朵娜深信巴強對於雙方的結合，個人沒有任何的異議和反感，所以會產生困窘完全來自外人的非難，所以她決定不讓年輕人逃脫她的手掌。她召集幾位身強力壯對她忠心耿耿的男性友人，還有最為熟悉的閨中知己，把他們組成一個訓練有素的團體，巴強習慣上在離開角力場以後，擺出有禮的姿態經過她的住宅回到自己的家中，於是他們專心一意等待時機的來臨。他訓練完畢洗浴塗油以後，在二三位友伴的陪同之下返家。伊斯門諾朵娜在門口與他相遇，只是用手輕輕扯他的衣服，她的朋友得到信號就將這位英俊的年輕人圍住，抓著他的斗篷不放，將他推進她的家中，立即緊閉大門。

這時房裡的女士將他穿的斗篷脫掉，換上一套結婚的禮服，所有的奴僕全部忙亂起來，無論是伊斯門諾朵娜的住宅還是巴強的門首，用橄欖和月桂的枝葉裝點得煥然一新，一位女笛手奉命出巡祈福，沿路在閭巷之間不停的吹奏。

帖司庇伊人和外來的賓客聽到這件奇聞，有的只是感到好玩笑笑而已，還有人勃然大怒，唆使體育督導官出面干涉，因為他負責管理青年的言行舉止，嚴格注意他們的生活起居[47]。現在沒有一個人對音樂競賽感到興趣，大家都離開劇院聚集在伊斯門諾朵娜的門口，七嘴八舌的爭論不休。

11 我的父親繼續敘述：畢西阿斯的朋友騎著口吐泡沫渾身流汗的馬，像是負有軍事任務的信差，激動之餘很難說得清楚，意思是巴強已

---

46 參閱戴奧多魯斯·西庫盧斯《希臘史綱》第4卷31節。

47 蒲魯塔克根據個人的了解，知道當時很多城邦設置類似的職位，只是在帖司庇伊是否有體育督導官都很可疑，更不可能嚴格執行任務。

經遭到伊斯門諾朵娜的綁架；朱克西帕斯聽到以後大笑起來，他是優里庇德的粉絲，隨口念出應景的詩句[48]：

夫人，你對財富的力量太過於耽溺，
須知產生致命的結局非你所能算計。

畢西阿斯跳將起來嚷道：「啊！神哪！敗壞我們城鎮的放縱會給我們帶來什麼樣的惡果？在走向無政府的動亂之路，看來只有靠著自治才有辦法！等到婦女接管整個城邦，連自然律都受到違犯和逾越，再去為法律和規範進行辯護真是極其荒謬的事。難道這就是在林諾斯[49]見到的類似狀況？還是讓我們逃離此地吧！」他大聲叫道：「我們趕緊走吧，看來我們的城邦已經受到閹割，要把體育館和市議會全都交到婦女的手中。」畢西阿斯說完匆匆離開，普羅托吉尼斯追隨在後，一面像是跟他一樣的怒氣沖天，一面像是在那裡勸他平靜下來。

安塞米昂解釋道：「如此勇敢的一擊的確是強勢的行動，我們過去佩服林諾斯人[50]，想不到現在自己也能如法炮製。明確表示一個女性為了愛情，可以不惜一切的代價。」

索克拉魯斯帶著微笑問道：「你真相信這是綁架和搶劫的行為？難道不是一個年輕男子的計謀，用來擺脫愛人同志的糾纏，對於一位多金又美貌的婦人，從而可以投入她的懷抱？」

安塞米昂回答道：「請不要有這種想法，索克拉魯斯。更不必懷疑巴強的人格；雖然他的個性並非那樣的簡樸和坦誠，然而他絕不會對我有所隱瞞，我們之間真是沒有秘密存在，同時他非常清楚整個狀況，就這件事來說我是伊斯門諾朵娜極其熱心的盟友。誠如赫拉克利都斯[51]所言：『打愛情的戰爭要想不動怒是很難辦到的事。』為了滿足這方面的欲望，即使賠上生命亦在所不惜，至於金錢和名聲更不在話下。我還要進一步的表示，你在這個城邦能找到比伊斯門諾朵娜還要謹言慎行的女士？你什麼時候聽到她有敗德的傳聞或暗示她被惡習所污染？不

---

48 瑙克《希臘悲劇殘本》之〈優里庇德篇〉678頁No.986。

49 林諾斯島的婦女共同密商以後一起發難，將所有的男子全部殺光，參閱阿波羅多魯斯《史綱》第1卷9節之17。

50 她們失去丈夫以後，第一次來到島上的人是阿爾戈英雄號的成員，這些寡婦接受他們的調戲，性情大變，再也不會產生以往那種殺氣。

51 狄爾斯《哲理詩殘卷》第1卷170頁，參閱蒲魯塔克《希臘羅馬英豪列傳》之〈馬修斯‧科瑞歐拉努斯傳〉22節。

錯，看來完全是出乎神意的一時衝動，控制這位可憐弱女子的心靈，使得她喪失理性全無往日的見識可言。」

12 佩普泰德(Pemptides)[52] 笑著說道：「毫無疑問，這是一種身體的疾病，大家對它的稱呼帶有神聖的意味[53]。要知表面可見症狀非常普遍，有些民族認為主要的徵候在於極端狂熱的心靈，感受到上蒼所降臨到他身上的痛苦。」

「有次我在埃及旅遊的時候，看到兩位鄰居為了一條在路上蜿蜒而行的蛇發生爭執，他們都為可以帶來好運而心花怒放，進而認為這個吉兆應歸自己所有。現在已經產生類似的狀況，我看到兩造都為著愛情拉拉扯扯，有的人想將巴強帶進男士的住所，還有人要把他擁入婦人的閨房；雙方都認為他會帶來好運和祝福，對於這種擁有實力和獲得尊敬的激情，我可以說是一點都不感到驚奇，要把它從每個罅隙和角落驅趕出來，還要限制它的自我誇耀和得意洋洋。因此我要保持片刻的沉默，看來雙方的積極行動，不再是私人的爭風吃醋，已經引起公眾的關切。現在畢西阿斯已經離開我們，我很高興從你們那裡聽到有這樣的認定標準，等到他們把事實做出明確的陳述以後，你們當中有人首先表示，在他的心中已經將厄洛斯尊為神明。」

13 佩普泰德說完以後閉口不語，我父親開始答覆有關的問題，這時另一位信差從城市來到，奉伊斯門諾朵娜之命要把安塞米昂召去商量。事情的發展因為體育督導官的意見不合變得更加混亂，有一位堅持要他們將巴強交出來好讓他回家，另一位則表示這是男女雙方的事，其他人不應干涉。於是安塞米昂起身趕了過去。

我的父親直呼佩普泰德的名字說道：「佩普泰德，我認為你剛剛所提的問題非常重要，只是這種思想相當危險。你對於每一位神祇要求得到祂的記錄和證明，對於我們不可侵犯的信仰而言是褻瀆神聖的行為。須知這些信仰來自古老的傳統，是祖先留給我們最美好的事物；不可能認定或發現比這些信仰更為明確的證據，在於

52　佩普泰德是突然出現的人物，前面根本沒有提及，可見還有很多脫落遺漏的地方，只是不知道而已。

53　是指癲癇；參閱本書第65章〈陸生或海生動物是否能更為靈巧〉32節及其注釋。

人的心智不足以解決這部分的無知。[54]

虔誠的信仰是宗教的基礎，如果個人的信心和既得的利益，因為單一觀點引起騷擾或產生動搖，整個體系就會變得衰弱不堪讓人感到疑懼。」
「優里庇德在他的《麥蘭尼庇》一劇開始的道白[55]：

　　我所認識的天神宙斯僅僅來自傳聞；

立即引起觀眾的喧囂和不滿，我想你也知道這件事；後來他用另外的合唱疊句（因為他對這個劇本充滿信心，架構和情節表現高雅華麗的風格，真是經過精心推敲創造出來的傑作），同時修改歌詞成為現在的詩文：

　　天神宙斯向全人類宣告真理的聲音。」

　　「運用爭辯的方式使得我們對宙斯或雅典娜或厄洛斯的信仰變得可疑或無法確定，那麼我們又能有什麼收穫？身為愛神並不需要第一座祭壇和奉獻給祂的犧牲。誠如大家經常提到，厄洛斯不像某些阿蒂斯（Attis）[56]和阿多尼斯（Adonis）[57]那樣的神祇，淵源蠻族的迷信是異國的入侵者。他要是獲得雙性人和婦女的幫助，就無權用偷渡的方式去採摘榮譽的果實，否則自己可以負責起訴非法登記的神明以及私生子。」
　　「閣下，事實剛剛相反，你可以聽到伊姆皮多克利有這樣的宣示：

　　愛神有深遠的見識讓眾神感到服氣，
　　祂運用心靈的眼睛無須注目和凝視。

你可以認定他的詩句可以用在厄洛斯的身上；你雖然在最古老的神祇當中看不到

54　優里庇德的悲劇《酒神信徒》203行。
55　出自優里庇德的悲劇《麥蘭尼庇》，參閱瑞克《希臘悲劇殘本》之〈優里庇德篇〉510頁No.480；後來發現本劇的開場白記載在一個紙草本上，包括修改的詩句在內。
56　阿蒂斯是大地之母西比莉鍾愛之人，據說是敘利亞人或阿卡狄亞人，後來被野豬用獠牙撞死。
57　當時對阿多尼斯的崇拜非常流行，祂的祭典稱為關亡節，要舉行盛大的儀式，表現哀悼的氣氛，不僅是希臘人和埃及人，就連猶太人也難免，直到後來才視為偶像受到取締。

祂的名字，我們可以把祂的存在當成一種概念；如果你要對每位神祇找出證據，那得拿出詭辯家常用的突擊方式，去搜查每一座神廟和攻占每一個祭壇，沒有一位神祇能免於惡意的告發和審訊。」

「只要念這首詩，無須更進一步的探討：

　　要想見識阿芙羅黛特具備絕大神力，
　　又何需千里迢迢急著趕赴天涯海角？
　　祂將愛情散布在世間賜與凡夫俗子，
　　地球上面才有綿延不息的子孫後裔。[58]

伊姆皮多克利將祂尊為『生命的賜與者』，還有索福克利用『多產』對祂大加恭維；這兩種稱呼的表達真是恰得其分，非常適合祂所具備的特質和職務。阿芙羅黛特擁有偉大而奇特的功能，等到厄洛斯在陪伴女神的時候，竟然成為祂次要的任務。」

「如果不是有厄洛斯的存在，所有的男女關係可以斷言是一種乏味的渣滓，變得

　　毫無榮譽可言身邊也不見一個朋友。[59]

沒有愛神的性交如同饑餓與口渴產生的需要，很快就會饜足而且不能達成高貴的目的。女神利用厄洛斯除去歡樂的膩煩效應，創造出情投意合的生命共同體。巴門尼德(Parmenides)[60] 所以會宣稱厄洛斯是阿芙羅黛特最古老的成品，可以說是基於類似的理由，《宇宙起源》（*Cosmogony*）一書有這樣的說法：

　　祂在所有神祇當中首先建構出愛神。

我的意見認為赫西奧德[61] 的論點更為合理，他描述厄洛斯在祂們當中是第一位出

58　出自優里庇德的悲劇《希波萊都斯》449-450行，參閱瑞克《希臘悲劇殘本》之 〈優里庇德篇〉648頁 No.898。

59　伊斯啟盧斯的悲劇《奠酒者》（*Choephore*)295行。

60　巴門尼德是西元前5世紀的哲學家。在義大利的伊利斯建立一所學院；平生的事蹟不詳。

61　赫西奧德《神譜》120行，參閱柏拉圖《會飲篇》178B。

生，爲的是要讓祂成爲不可或缺的因素，使得所有的物種能發揮生殖作用。」

「如果我們剝奪愛神依據傳統應該屬於祂的尊嚴，甚至將它授與阿芙羅黛特還是會帶來困擾和騷動，事實上不可能很肯定的表示，在責怪厄洛斯的同時，爲何不會傷害到阿芙羅黛特的顏面。反倒在同一舞台上面讓我們聽到

怠惰的愛神是為了好吃懶做的人類；[62]

以及

我的小孩，塞浦瑞斯並非唯一名字，[63]
祂根據職司還有很多的稱號和頭銜；
擁有永恆的生命祂就是冥王哈得斯，
因愛生恨馬上成為暴虐的復仇女神。[64]

最特別之處在於沒有任何一位神祇，能像祂可以安然逃脫誹謗的言辭，也就是說不會讓愚蠢的罵名落在頭上。」

「只要看看阿瑞斯的情況，便可得知其中的差別。阿瑞斯與厄洛斯各自據有完全對立的位置，像是銅幣的正反兩面所蝕刻的圖案。雖然大家承認祂是重視榮譽和功勳蓋世的主神，同時承受數不清的指責和謾罵：

尊貴的夫人，瞎眼無所見的阿瑞斯，
像豬長著上翹的鼻子真是醜何言之。[65]

荷馬[66] 稱他爲『滿身血污』和『背叛者』。克里西帕斯解釋祂的稱呼等於是對神明的指控和定罪。他說阿瑞斯意爲Anaires即『刺客或殺手』，像是給某些人一個

---

62 出自優里庇德的悲劇《達妮》(Danae)，參閱瑙克《希臘悲劇殘本》之〈優里庇德篇〉455頁No.332
63 塞浦瑞斯(Cypris)是愛與美女神阿芙羅黛特的稱號。
64 瑙克《希臘悲劇殘本》之〈索福克利篇〉329頁No.855。
65 瑙克《希臘悲劇殘本》之〈索福克利篇〉308頁No.754。本書第2章〈年輕人何以應該學詩〉5節引用。
66 荷馬《伊利亞德》第5卷31行和831行。

機會，把我們當中那些具備愛好爭辯和鬥志高昂之類性格的人，用推崇的口吻將他們稱爲『阿瑞斯』。還有一些人[67]根據他們的描述，阿芙羅黛特的特質在於欲望，赫耳墨斯是辯才，繆司是文藝而雅典娜是智慧。如果我們將每一位神祇都依據情緒、機能和德行列入名單，在不勝其煩之下會使我墮入無神論的深淵。」[68]

14 佩普泰德說道：「不錯，我有同感。用我們的激情去辨識神明是有欠虔誠的舉動。從另一方面來說，等於是說我們把自己的激情當成神明。」

我的父親問道：「那麼你認爲阿瑞斯是一位神祇或者只是我們所擁有的一種情緒？」

佩普泰德的回答是他相信阿瑞斯是一位神祇，卻掌握我們心靈之中積極進取和英勇無畏的成分。

我的父親大聲說道：「佩普泰德，那又能算什麼？如果像你所說好戰的、敵意的和對抗的成分具備神聖的意味，那麼摯愛的、友善的和結合的衝動，難道就不能留給一位神明當成祂的徵兆？當人類在殺戮和被殺的時候，有一位神明無論把祂稱爲Enyalios或Stratios，它的意義均爲『喜愛戰爭者』，在那裡督導和控制他們所使用的兵器和弓箭、他們要摧毀的城鎮和他們要分配的戰利品。當人類想要婚姻和摯愛能夠促成和諧和合作，難道就沒有一位神明出面作證和加以監督，從而給予我們導引和幫忙？」

「當人們前去獵取雄獐、野兔和麋鹿的時候，不是有一位女神即阿格羅提拉（Agrotera）的阿特米斯，在那裡幫他們吆喝和驅趕野獸？他們要是用陷阱和羅網去捕捉狼和熊，就會向亞里斯特烏斯（Aristaeus）祈禱，難道不是

　　此人首先拿出欺騙的手法對付野獸？[69]

海克力斯彎弓射鳥之際，會向另外一位神明祈求協助，誠如伊斯啓盧斯所說[70]：

67　特別是斯多噶學派的成員。

68　參閱本書第27章〈埃及的神：艾希斯和奧塞里斯〉24節和66節。

69　這句詩的出處不明，現代學者認爲原作者可能是西元前3世紀的凱利瑪克斯，他是來自塞倫的知名詩人和戲劇家。

70　出自伊斯啓盧斯的悲劇《負巨岩的普羅米修斯》，參閱瑙克《希臘悲劇殘本》之〈伊斯啓盧斯篇〉67頁No. 200，詩中所指的「目標」是啄食普羅米修斯肝臟的兀鷹。

善獵者阿波羅會將我的箭導向目標？

等到一個人出發去捕捉最美麗的獵物也就是『愛情』，怎麼能沒有一位神明或精靈在旁加以指示和贊助？」

「看來我不像荷馬有橡樹、神聖的橄欖樹和葡萄[71]，帶著喜氣洋洋的意味將它稱之爲『栽培』；在我看來人類這棵植物[72]的成長優勢在於它的美和善。尊貴的達夫尼烏斯，生長的活力顯示青春之美同樣屬於靈魂和身體。」

15 達夫尼烏斯說道：「我憑著神明的名義發誓，誰還能有別的想法？」我的父親說道：「所有的人都會如此，大家相信神明理應關心莊稼之事，舉凡犁田、播種、耕耘都包括在內，豈不是如同品達的詩篇提到山林水澤的精靈？他們擁有

能與巨木等齊的年歲生死義結金蘭，
等到結實累累的秋季發出燦爛金光，
戴奧尼蘇斯的莊園更顯得喜氣洋洋。[73]

當然，提到兒童和年輕小夥子就得另當別論：當他們處於正在成長的青春年華，要接受教育使得人格塑造成形，不會是一位神祇的職司用來維持和促進他們的發育過程[74]；一個人在成長期間應該有神明照顧，使得他不致因爲缺乏保護者而遭到惡意的打擊，造成德行的發展方向誤入歧途，對於主要的優點和長處產生不利的影響。」

「再者，他們在提及這些情形的時候不會感到震驚或者覺得厭煩，特別是神對某個人的寵愛使他繼續獲得很多的好處；這種狀況不論在任何地方都可見到，而且對他的需要大有裨益，特別是有些服務不完全著重外表的禮儀，這樣做又有

---

71 荷馬《奧德賽》第5卷59-69行。

72 參閱本書第29章〈德爾斐的神讖不再使用韻文的格式〉12節，將人視為植物的觀念引用柏拉圖《泰密烏斯篇》90A。

73 克里斯特《品達的吉光片羽》No.153，詩中提到的戴奧尼蘇斯是酒神也是葡萄之神；蒲魯塔克在本書第27章〈埃及的神：艾希斯和奧塞里斯〉35節，第77章〈會飲篇：清談之樂〉第9篇問題14第4節，引用這一首詩。

74 參閱蒲魯塔克《希臘羅馬英豪列傳》之〈努馬‧龐皮留斯傳〉4節。

什麼不對？例如類似的問題與分娩有關，必然伴隨著出血和陣痛這些令人嫌惡的東西，然而還是受到艾莉昔婭和洛奇婭(Locheia)出自神意的監督。實在說一個人要是沒有良好的師傅和護衛，就會出現很多的缺失因而走上錯誤的道路，還不如不要降生到這個世間。人即使患病也不會被神明拋棄：有一位神祇的職責[75]是當我們陷入這樣的處境，就會給予援手讓我們變得身強力壯；甚至人在面臨死亡也不會遭到遺忘：有一位神祇給予關心，領導死者走入另一個世界；祂是令人長眠的領主，護送人的靈魂前往普祿托的國土[76]：

> 陰森的夜不會用音樂讓我感到歡娛，
> 祂不是先知的預言家和治病的醫生，
> 卻護送我們的靈魂通過陰森的地府。

這方面的過程同樣包括很多難以入目的情景。」[77]

　　「愛情要是從另一方面來看，就像你在前面所說具備一種神聖的功能，神明對於年輕英俊的愛人要擔任主持和裁判的工作，並非跟在後面亦步亦趨，所以任何競爭和搶奪的行動就神明而言都不適合。這裡沒有可恥的衝動，反倒是溫和的說服和柔情的關愛，促進一種值得用盡心思的甜蜜感情，使得

> 非常勞累的工作一點都不感到吃力；[78]

要走的道路是重視品德的友誼。只有神明能使這種感情達成最適合的目標，不在於祂的導引，因為已進入祂的領域之內，要是與九繆司、三美神[79]和阿芙羅黛特相比，還是以厄洛斯最爲適宜。麥蘭尼庇德(Melanippides)[80]的詩句說起

> 愛情的欲望在男士的內心慢慢滋生，
> 暗中播下的種子會帶來愉悅的收成；

75　是指醫藥之神阿斯克勒庇斯(Asclepius)。
76　瑙克《希臘悲劇殘本》之〈Adesp篇〉916頁No.405，詩中的「祂」是指神的使者赫耳墨斯。
77　是說人的出生和死亡，同樣的醜陋又殘酷。
78　優里庇德的悲劇《酒神信徒》66行。
79　三美神是指阿格拉伊婭、優弗羅西妮和塔利婭，分別代表「燦爛」、「歡樂」和「花卉」。
80　麥蘭尼庇德生於米洛斯島，爲西元前5世紀的抒情詩人和神劇作家；參閱艾德蒙《希臘抒情詩》第3卷238頁。

美好的感覺在於混雜永難忘懷的歡樂。好吧！朱克西帕斯，難道這就是我們所要
表達的意思？」

16 朱克西帕斯回答道：「不錯，老天爺，講得真對，要持反對的論點
實在太過荒謬。」

我的父親說道：「有關這方面倒是理由很充分，古人將友誼區分為四種不同
的層次：第一種基於天性的親情，第二種是家族和親戚，第三種是朋友和舊識，
第四種是愛人和情人；前面三種無論是對同伴、賓客、族人和家庭都有他們的保
護神。唯有愛情受到忽略，由於褻瀆的行為不適合接受神明的保護，難道除了愛
情，其餘的項目都需要監督和指導？」

朱克西帕斯說道：「你的論點很對，只是這種說法聽起來非常不合邏輯。」

我的父親說道：「柏拉圖的見解就這方面而言有點離題[81]，然而對後續的討
論會有所幫助。有一種瘋狂形式出自身體對於靈魂的不當反應：當有害的發散物
進入因心身的異狀或某種性質的混合所形成的循環，這種瘋狂發作以後，接踵而
至的就是野蠻、粗魯和病態[82]。第二種瘋狂如果沒有神意的感應就不會存在。這
並非本體的自發，而是一種外在的頓悟，用來取代理性推定的功能；會用更高的
能量投入或設定在運動之中。諸如此類的精神錯亂有一個常用的名字即『狂
熱』，要是跟呼吸發生關係就會稱為『鼓起勇氣』，或者與感覺有關可以說是『通
情達理』，只有靈魂的騷動不安可以稱之為『狂熱』，因為對於這種力量的分享和
參與帶有神聖的性質。」

「狂熱還有另外幾種：第一種預言的狂熱來自阿波羅的靈感和祂所賜與的能
力；其次是酒神崇拜的靈感來自戴奧尼蘇斯；根據索福克利的說法，

　　神靈附體是在祭司的舞蹈完畢以後，[83]

因為西比莉和潘神的祭典，一般而言豈不就是酒神信徒通宵達旦的痛飲作樂？」

「第三種狂熱來自繆司，帶著有如處女的純潔心靈[84]，擊出一個火花蔓延成

81　有關柏拉圖的見解可以參閱《菲德魯斯篇》244A及265A，要是與《國家篇》503A的論點加
　　以對比，兩者的主張竟然大不相同。

82　柏拉圖《泰密烏斯篇》86E-87A整段文章的精義，這幾句話將它全部包括在內。

83　瑙克《希臘悲劇殘本》之〈索福克利篇〉313頁No.778。

84　參閱柏拉圖《菲德魯斯篇》245A，提到繆司撫慰溫柔和貞節的靈魂，並沒有說出「有如處

一場詩和音樂創作的熊熊烈焰。還有一種是『阿瑞斯的狂暴』這與戰爭有關，每個人都知道神明對於這種急躁的情緒一直在推波助瀾：

> 戰神披起胄甲就有異鄉人在旁歌舞，
> 內戰的吶喊要激起淚流滿面的愁苦。」[85]

「即使一個人可以歸屬不同的範疇，其餘的項目全都應該列入命運的浮沉和變異之類，達夫尼烏斯，這樣很難逃過別人的注意，也無法保持靜止的狀態。我對這方面有點意見想要問問佩普泰德……

> 神明對於美好的收穫感到無上欣慰，[86]

我們對孝順的兒童和貞節的婦女，要激起寵愛和關懷的熱情，在我們所有的狂熱當中，這一種難道真是最為猛烈和最為溫馨？」

「你是知道還是不知道，士兵放下武器就是他從戰爭的瘋狂中清醒過來，那些

> 興高采烈的隨從都解除攜帶的刀槍，[87]

他是一個憎惡戰爭的旁觀者，端坐在那裡一動也不動。如同在酒神信徒的狂歡和賽貝勒祭司(Corybant)的儀式中，等到樂師的曲調產生變化，不再是抑揚體的旋律和弗里基亞的風格，激烈的舞蹈開始放緩節奏更加柔和，最後慢慢停止下來。具備預言能力的阿波羅女祭司，朗誦神讖以後步下放置三腳鼎的祭壇，很快恢復平靜和安寧的神色。當一個人陷入性愛的瘋狂之中，身體受到欲火的煎熬，不是閱讀文學作品或是出現『神秘化身』或是改換目前環境，可以讓他保持原來的抑制和沉潛。他留下來的時候不停的表達愛意，等到離開還是思念不已，白天他緊跟在後面不放，夜晚也在愛人的門口徘徊，清醒就去召喚所愛慕的年輕人，酒酣之際高唱讚美的情歌。」

（續）━━━━━━━━━━━━
　　女」的字眼。
85　伊斯啟盧斯的悲劇《哀求者》681-672行。
86　瑙克《希臘悲劇殘本》之〈Adesp篇〉917頁No.406。
87　荷馬《伊利亞德》第7卷121-122行。

「有人[88] 曾經說過，詩意的想像力使得內心存有的影像，在從夢中喚醒以後變得更加鮮明，表現出栩栩如生的模樣；愛人的心靈所存有的影像更加真實，談起被愛者對他的擁抱或叱責，就好像他已經在場一樣真實。我們的視線如同在潮濕的泥灰牆上繪出其他的圖畫，很快消失無蹤，等於從我們的心中一閃而過[89]；被愛者的影像一瞥之下在心頭燃燒，如同用製陶上釉的技術，將他的一言一行留在記憶之中直到永遠。」

「羅馬人加圖[90] 經常說起，愛人的靈魂已經停留在被愛者的身上……無論是型態、性格、生活方式和所有的行動，莫不如此。因為戀愛的關係，他用最快的速度完成一次長途旅行，如同犬儒學派人士[91] 的說法，他發覺走向德行的路程『變得更為振奮而短促』。事實上友誼……像是在一位神明的幫助之下，乘著愛情的波濤急速前行。」

「總而言之，愛人的狂熱並非欠缺上蒼的協助，也不是沒有神明充當他的嚮導和御手，所以才會有節期和祭典可以讓我們大事慶祝。」

「我們對於神明加以區別的關鍵在於權力和利益，可以將它們視為人類所擁有的兩大財富，王權和德行可以說是最為具備神性。讓我們先看看是否愛神的威力較之其他的神明有所不如；須知索福克利有這樣的詩句[92]：

> 塞浦路斯的王后已擁有絕對的權勢，
> 她戰無不勝的征討獲得至高的榮譽；

然而阿瑞斯的實力還是無可匹敵。我們看到其他神明，對於力量採用雙向的分配方式，下面就是兩個很好的例子：因為一種力量使我們接受美好的事物，另外一種力量領導我們對於邪惡和醜陋發起戰鬥，我敢說這些是最基本的要素，從一開

88　何人說過這段話有不同的主張：斯托貝烏斯在《花間飛舞》第4卷47節認為這個人是品達；伊利安在《歷史文集》第13卷29節說是柏拉圖；戴奧吉尼斯‧利久斯在《知名哲學家略傳》第5卷18節摘錄亞里斯多德說出這段話。

89　蒲魯塔克認為壁畫要是不經過補強，就很容易褪色失去原有的光彩，毫無疑問他在那時代看到很多毀損的畫面。雖然壁畫有乾式繪法和濕式繪法兩種，要是考量持久的狀況，當然以濕式為佳，只是繪製時間的把握非常重要。

90　參閱蒲魯塔克《希臘羅馬英豪列傳》之〈馬可斯‧加圖傳〉9節。

91　參閱戴奧吉尼斯‧利久斯《知名哲學家略傳》第7卷121節；朱理安《演說集》第7卷225C。

92　索福克利的悲劇《特拉契斯的婦女》497行。

始就出現在我們的靈魂當中，像是柏拉圖……有同樣性質的概念[93]。可以舉例來說明，要是愛神缺席的話，我們認為阿芙羅黛特的工作只值一個銀幣而已，沒有人僅僅為了滿足祂的歡樂，要去忍受愛情的痛苦和危險。」

「閣下，在這裡不必提到弗里妮，以及像拉伊斯和納特妮昂(Gnathaenion)之類美色事人的女性，

　　　寫著花名的燈籠傍晚發出微弱光芒，[94]

所有的男士都受到歡迎和款待，她們的門戶經常是人來人往。

　　　天空突然颳起一陣飛砂走石的狂風，[95]

使出所有的力量帶來愛情和欲念：片刻之間，類似的活動所擁有的價值，等於坦塔盧斯傳說的財富和捷吉斯(Gypes)[96]強勢的王國。如果不是愛神發揮激勵的作用，阿芙羅黛特的恩寵就會式微，很快變得膩煩讓人生厭。」

「你會發現這已經很明確的指出，那就是很多人要與第三者分享歡樂，不僅對他們的情婦還包括妻子在內，扮演淫媒和老鴇的角色。閣下，有一個例子就是聲名狼藉的羅馬人迦巴(Gabba)，據說他設宴款待密西納斯，席間發現後者在調戲他的妻子，想要與她有苟合的勾當，於是他就低頭打盹裝出睡覺的樣子。這時家中一位奴隸溜進餐廳想要偷酒喝，迦巴眼睛一瞪叫道：「混帳東西，你難道不知道我的睡覺是為了方便密西納斯？」所以這種事情也沒有什麼值得大驚小怪，因為迦巴就是一個不知羞恥的小丑[97]。奈柯斯特拉都斯在亞哥斯是菲拉斯(Phayllus)的政敵，等到馬其頓國王菲利浦[98]來到城鎮，由於菲拉斯的妻子容貌美豔動人，大家認為只要她願意親近菲利浦，那麼菲拉斯一定可以獲得首輔的職

93　雖然出現脫落和遺漏，還是可以推測這段話，不是出自柏拉圖《國家篇》440A，就是《會飲篇》190D，意思是憤怒可以用來抗拒自己的欲望。

94　瑙克《希臘悲劇殘本》之〈Adesp篇〉917頁No.407。

95　荷馬《伊利亞德》第17卷57行。

96　捷吉斯是西元前7世紀利底亞的國王，他的篡位是一個極其荒謬的傳說，參閱希羅多德《歷史》第1卷8-13節。

97　迦巴就是奧古斯都宮廷的弄臣，當時的學者記載很多他所說的笑話和作弄別人的故事。

98　馬其頓國王菲利浦五世，197 B.C.在賽諾西法立會戰被羅馬將領弗拉米尼努斯擊敗，成為羅馬凱旋式受盡羞辱的俘虜。

位；奈柯斯特拉都斯的派系風聞此事，就在菲拉斯門前的街道設置巡邏；菲拉斯要他的妻子穿上士兵的軍靴，披上一條斗篷頭戴馬其頓氈帽，通過崗亭的時候看起來像是皇家小廝，在沒有被人發覺之下將她送到菲利浦的御帳。」

「除此此外，不論是在過去和現在這些成群結隊的愛人同志當中，你能找出任何一個爲了獲得宙斯的殊榮，竟會把所愛之人的情意全部賣掉？我想絕對不會。那些沒有人膽敢出面駁斥的僭主，甚至連他們的政策都找不到反對者，竟然在愛情方面有很多敵手，想要與美少年建立友誼都會出現很多競爭的人士，怎麼可能發生這種事情？說起雅典的亞里斯托杰頓（Aristogeiton）[99]、梅塔朋屯的安蒂勒昂（Antileon）和阿格瑞堅屯的麥蘭尼帕斯，你應該知道他們的故事。這幾位老兄看到城邦的暴君任性的行爲如同不省人事的醉漢，已經把整個國家摧毀得殘破不堪，開始的時候他們並沒有抗拒或是提出任何異議，等到暴君想要勾引他們所愛的孌童和美妾，這時才表示不顧性命也要保全自己的愛情，如同這個範疇是神聖不可侵犯的廟宇。」

「據說有這樣一回事，那就是亞歷山大寫信給普羅提阿斯（Proteas）的兄弟狄奧多魯斯，提到：『如果你沒有愛上那位女樂師，請將她送給我代價是十泰倫』[100]。亞歷山大有一位友伴名叫安蒂佩垂德，帶著他的琴師前來參加酒宴，這位妙齡少女取悅亞歷山大，於是他問安蒂佩垂德：『看來你並不愛她，是嗎？』對方回答道：『我愛她有逾自己的性命。』亞歷山大很氣憤的說道：『好吧，你這個該死的混帳東西！』然而他能克制自己的欲念，不再去動這位麗人的腦筋。」

17 我的父親繼續說道：「現在我們可以考量一下，厄洛斯在戰場的範圍之內或阿瑞斯主宰的區域，能夠占有多大程度的優勢。如同優里庇德所說的那樣[101]，厄洛斯不是生性怠惰之徒，大家曾見過他在戰場服役，他不會

花整夜的時間親吻少女柔軟的臉頰。[102]

---

99 亞里斯托杰頓是雅典護衛民主制度的志士，他的事蹟可以參閱修昔底德《伯羅奔尼撒戰爭史》第6卷54-57節，以及柏拉圖《會飲篇》182C。
100 蒲魯塔克《希臘羅馬英豪列傳》之〈亞歷山大傳〉22節，敘述亞歷山大克制欲念的美德真是不勝枚舉，看來這個例子把他的假面具完全撕毀，人之大欲真是存在於飲食男女之中。
101 本章有關愛情的問題引用柏拉圖的話，包括優里庇德在內，全部出自柏拉圖《會飲篇》179A-180B。
102 索福克利的悲劇《安蒂哥妮》783行。

一個人完全被愛神據有，再也不需要阿瑞斯去與他的敵人戰鬥；如果他有自己屬意的神明在一起，他即將

　　準備越過火山、海洋與無邊的空際，[103]

完全是爲了他的朋友，即使這位朋友對他的叮囑是務須注意自己的安全。」

　　「索福克利的戲劇演出這樣的情節，尼歐比的幾位兒子被箭射中瀕臨死亡，其中一個呼救要求幫助，除了他的愛人沒有其他人員給予援手，只有無可奈何的說道：

　　啊！命該如此，死後有誰給我報仇。[104]

你當然知道法爾沙利亞（Pharsalia）的克里奧瑪克斯（Cleomachus）這個人和他的事蹟，以及他何以戰死在沙場的緣故。」

　　佩普泰德和他的同伴說道：「我們不清楚這件事，很高興你能告訴我們來龍去脈。」

　　我的父親說道：「的確值得聽一聽。用來對付伊里特里亞人的勒蘭廷戰爭，等到已經處於最激烈的階段，克里奧瑪克斯前去幫助卡爾西斯人的陣營。卡爾西斯人認爲自己的步兵有相當的實力，感到困難之處在於阻止敵人的騎兵部隊。克里奧瑪克斯驍勇善戰享有盛名，所以盟友請求他首先對敵人的騎兵發起攻擊。這時他所愛的男孩正好就在跟前，於是克里奧瑪克斯要他留下來，作爲這場戰鬥的旁觀者。他的愛人說他願意這樣做，很溫柔的擁抱克里奧瑪克斯，還爲他戴上頭盔。克里奧瑪克斯滿腔熱血，將一群最勇敢的帖沙利人集結在四周，全力進擊打敗當面的敵軍，大膽的作爲使對方的騎兵部隊陷入混亂，形成全面的潰散，最後等到重裝步兵不支轉身逃走，卡爾西斯人獲得決定性的勝利。這時克里奧瑪克斯的氣數已盡戰死在沙場。卡爾西斯人一直到今天，還可以爲你指出那座建造在市場當中的墳墓，前面矗立著巨大的石柱。過去他們對雞姦的行爲極其厭惡，現在不僅接受，還認爲是光榮的戀情。」

103　瑙克《希臘悲劇殘本》之〈Adesp篇〉917頁No.408。

104　整個劇本已經殘缺到無法修補的程度，阿昔尼烏斯《知識的盛宴》601A-B，讓我們知道這是一齣悲劇，情節類似伊斯啟盧斯的《墨米敦》；引用的詩句可以參閱瑙克《希臘悲劇殘本》之〈索福克利篇〉229頁No.410。

「亞里斯多德[105] 提到克里奧瑪克斯陣亡時的狀況，雖然這時他們已經打敗伊里特里亞人，最大不同之處是他能死在愛人的懷中，身邊的膩友是來自色雷斯的卡爾西斯人，盟邦將他派到優卑亞去幫助當地的同胞。他說完全是基於這樣的原因，卡爾西斯人才流傳一首民歌[106]：

> 你這位文雅的小夥子有良好的家世，
> 見到勇士與漂亮少女講話不會嫉妒；
> 愛神在卡爾西斯能夠放鬆祂的四肢，
> 要想城邦興旺完全靠著無比的勇氣。

詩人戴奧尼休斯的作品《根源》(*Origins*)當中，安頓(Anton)是那位愛人的名字，被他所愛的情人是菲利斯都斯。」

「佩普泰德，在你的故鄉底比斯，凡是一個兒童登記為成人的時候，他的愛人要為所愛的人準備禮物，那就是一套配備齊全的鎧甲，這話可沒有說錯吧？龐米尼斯(Pammenes)[107] 極其擅長談情說愛的技巧，不惜為之變換重裝步兵的戰鬥序列，同時還指責荷馬[108] 說他對於愛情一竅不通，亞該亞人的部署按照家族和鄉親的關係，而不是將愛人與所愛的人編成相鄰的隊伍，只有這樣才會使得他們的

> 盾牌緊密連接就是頭盔都靠在一起，[109]

因為他認為只有愛神是唯一戰無不勝的將領。」

「事實上人在危急的時候會拋棄他們的族人和親戚，甚至他們的雙親和子女（這事神明非常清楚）；愛人同志之間的關係只要受到愛神的保佑，沒有一個敵人

---

105 這位同名的亞里斯多德不是雅典的哲學家，可能是卡爾西斯的歷史學家，參閱穆勒《希臘歷史殘篇》第2卷141頁。
106 艾德蒙《希臘抒情詩》第3卷546頁。
107 龐米尼斯是伊巴明諾達斯在政壇的支持者，參閱蒲魯塔克《希臘羅馬英豪列傳》之〈佩洛披達斯傳〉18節。
108 荷馬《伊利亞德》第2卷362行，這是尼斯特的建議，因為俗語說得好：
　　打虎最好親兄弟，
　　上陣還得父子兵。
109 荷馬《伊利亞德》第13卷131行和16卷215行。

能將他們分得開打得散；在一些狀況之下，甚至毫無必要，他們受到感動要展示愛情的危險，有時連性命都視若敝屣。帖沙利的瑟隆(Theron)受到愛人的鼓舞，就將左手按在牆上，拔出劍將大拇指砍下來，向他的對手挑戰看看是不是敢這樣做。有一個人面朝下倒在戰場，這時敵人正要將他殺死，他提出請求要把身體轉過來，爲的是不願讓他所愛的人看到致命的傷口出現在後背。」

「皮奧夏人、斯巴達人和克里特人不僅最爲黷武好戰，還是多愁善感的民族，他們在古代出了很多偉大的英雄人物，像是默利傑、阿奇里斯、亞里斯托米尼斯、西蒙、伊巴明諾達斯[110]，都在這方面留下分桃斷袖的名聲。其實伊巴明諾達斯愛上阿索皮克斯(Asopichus)和卡菲索多魯斯(Caphisodorus)兩位年輕人；後者跟隨他戰死在曼蒂尼，埋葬在他的身邊；阿索皮克斯在這時表示自己是所向披靡的戰士，他的敵人對他眞是敬畏有加，等到安斐沙的優克納穆斯(Eucnamus)把他擋住還能反擊，就在福西斯人之中獲得英勇過人的聲譽。」

「海克力斯的愛人爲數眾多，很難開列一份完整的名單；例如大家都相信愛奧勞斯受到他的寵愛，一直到現在都爲愛人同志所推崇和膜拜，他們在他的墓前交換義結金蘭的誓詞[111]。有人提到海克力斯展現救人的才華，爲了取悅埃德米都斯，治癒阿塞蒂斯致命的疾病；埃德米都斯不僅深愛自己的妻子，同時還受到海克力斯的戀慕。其實阿波羅也是埃德米都斯的愛人，有詩爲證：

他整年不辭辛勞的服侍埃德米都斯。」[112]

「我很慶幸能夠提到阿塞蒂斯這個名字。婦女不管怎麼說總是無法與阿瑞斯相提並論，等到愛神掌握她們的心靈，指使她們表現英勇的行動超越自然的限制，甚至對於死亡都毫無畏懼之感。很多人引用神話學的證據，從而得知阿塞蒂斯、普羅提西勞斯和奧菲烏斯的妻子優里迪絲(Eurydice)之間的風流韻事，愛神是獨一無二連哈得斯都要聽命於祂的神祇。爲了凸顯冥王與眾不同之處，索福克

---

110 在這五位英雄當中，阿奇里斯、西蒙和伊巴明諾達斯是大名鼎鼎的人物，不需要介紹；根據希臘神話的記載，默利傑是凱利敦國王厄尼烏斯的兒子，荷馬的《伊利亞德》將他敘述為一位過氣的英雄人物，死於特洛伊戰爭發起之前；亞里斯托米尼斯於650 B.C.率領聯軍，在第二次梅西尼戰爭擊敗斯巴達人，後來因阿卡狄亞人倒戈而失利，受到放逐羅得島的處分。

111 愛奧勞斯墓前的神龕到了鮑薩尼阿斯的時代尚未傾圮，參閱《希臘風土誌》第9卷23節以及蒲魯塔克《希臘羅馬英豪列傳》之〈佩洛披達斯傳〉18節。

112 這句詩的出處不詳，有人認為作者是凱利瑪克斯；這裡提到神與凡人之間的戀情，可以參閱蒲魯塔克《希臘羅馬英豪列傳》之〈努馬‧龐皮留斯傳〉4節。

利寫出下面的詩句[113]：

> 祂已將仁慈和關懷的天性完全拋除，
> 僅僅滿足不加任何修飾的公正無私。

其實祂只對愛人同志表示相當的敬意，不會擺出『作威作福和殘暴凶狠』[114]的模樣。」

「閣下，這對要在伊琉西斯參加神秘祭典的人而言，未嘗不是一件好事，我曾經提過有關慶祝愛神的神秘祭典，那是在哈得斯的地盤擁有更高的位階。我並沒有爲古老的故事完全說服，也不能說對它們一點都不相信。他經常提及愛人可以讓哈得斯的黑暗冥府大放光明，這種說法能讓人相信基於某些神意的機遇。實在說他們不知道這些事在何地可以完成以及如何達成目標，因爲他們已經迷失路徑，在所有的人類當中只有柏拉圖運用他的哲學關懷這方面的問題。眞相如同微弱而淡薄的惡臭散布在埃及的神話當中，一個人需要敏銳的機智追蹤向下的足印，從證據的蛛絲馬跡可以獲得重大的結論。」

「那麼讓我們留下這個主題，可以看看愛神的權力有多麼巨大，接著可以檢驗祂對人類的仁慈和恩賜，我不敢說祂能從被愛者那裡得到很多的好處（可以很明顯看出適合每一個人），眞正的意思是祂有更大和更多的好處賜給這些愛人。優里庇德雖然對愛情很有經驗，當他寫出下面的詩句至少還是感到相當的驚奇：

> 雖然他從前對繆司的才藝一無所知，
> 靠著愛情的教導還是學會填詞作詩。[115]

一個人過去即使生性遲鈍，愛情可以使他變得精明能幹，我們注意到懦夫也能奮勇殺敵，如同柔軟的木材經過火烤質地就會堅硬；那些以往吝嗇小氣的人，因爲愛情的關係變得慷慨大方、誠摯專一和品格高尚。他的卑劣和貪婪如同鐵塊在烈焰中熔化，會將更多的幸福賜給被他所愛的人，比起他從別人手中獲得的禮物更爲珍貴。」

113　瑙克《希臘悲劇殘本》之〈索福克利篇〉298頁No.703。
114　荷馬《伊利亞德》第9卷158行。
115　出自優里庇德著名的悲劇《第妮碧婭》(Stheneboea)，參閱瑙克《希臘悲劇殘本》之〈優里庇德篇〉569頁No.663。

「毫無疑問，你一定知道安塞米昂之子安尼都斯的故事，他是亞西拜阿德的情人。安尼都斯舉行盛大的宴會款待外來的賓客，亞西拜阿德醉醺醺的闖進來，把桌上的酒具拿了一半，然後才離開[116]。席間的外鄉人非常惱怒的表示：『這個年輕人怎麼這樣無禮和放肆。』安尼都斯說道：『不盡然如此，他可以全部拿走，現在把我要的都留下來，看來已經是相當的厚道。』」

18 朱克西帕斯很高興的說道：「老天爺！我過去一直非常討厭安尼都斯[117]，來自他對蘇格拉底和哲學擺出不合情理的態度，看來他在戀愛方面倒是很像一位有教養的紳士，我也要放棄古老的成見不再對他有藐視之意。」

我的父親說道：「太好了，愛神可以改變一個人的倔強和陰鬱的性格，使得他們更通人情到處受到歡迎，這豈不是很大的功德？

　　爐灶明亮的火焰會讓家庭更加溫馨；[118]

像是一個人感受愛情的熱力，面龐洋溢喜悅的微笑。人們的反應有的地方真是毫無理性可言：如果他們在夜間看到家中出現一陣炙熱的亮光，認為這是超自然的現象因而感到無比的驚異；他們得知一個卑劣、低賤和可恥的靈魂，突然之間獲得知識、慷慨、渴望、仁慈和寬厚，受到薰陶和教化產生徹底的改變，他們會像特勒瑪克斯一樣大叫，

　　啊！看哪！真的有神明在主宰一切！」[119]

他問道：「達夫尼烏斯，美德三女神難道無法做出這樣奇妙的事？我的意思是一個人處於戀愛之中，很少想到那些非常實際的事務，不僅有關同伴和親戚，

116　根據阿昔尼烏斯的說法，亞西拜阿德沒有將這些酒具據為己有，安尼都斯是有錢人，雙方又有很深的交情，所以才去拿他的東西，色拉西布盧斯很窮，就將這些金銀器具送給他；參閱蒲魯塔克《希臘羅馬英豪列傳》之〈亞西拜阿德傳〉4節。

117　安尼都斯是西元前5-4世紀雅典的水師提督，409 B.C.未能從斯巴達人手裡光復皮洛斯，後來在他的協助之下推翻三十僭主的統治，399 B.C.成為蘇格拉底的三位指控者之一，這位大哲學家因而遭到服毒的判決。

118　這句詩的作者是荷馬，《荷馬與赫西奧德的較量》274行有非常肯定的表示。

119　荷馬《奧德賽》第16卷40行；特勒瑪克斯看到一道光，當作雅典娜出現的徵兆。

甚至就是法律、官員和國王，也都不放在心裡。他的行事一無所懼，更不必恭維任何人，或是需要別人的支持和服務。他的能力可以抗拒『天上的雷電以及長矛的揮舞』[120]，一旦他的眼光專注在俊美的男童身上，

> 他如同畏戰的公雞低垂征服的雙翼。[121]

所有的自信被擊成碎片，高傲的靈魂受到制服已經動彈不得。」

「我們來到繆司的神龕前面，最適合的方式是提到莎孚的名字。羅馬的作家[122]描述赫菲斯都斯之子卡庫斯(Cacus)，說是從他的口裡噴出一道有如激流的烈焰，莎孚的詩句同樣混雜著熊熊的火光，她的情歌把她的心和熱情結合成為一體，就像斐洛克森努斯所說的那樣[123]：

> 繆司用甜美的聲音治癒愛情的病痛。

達夫尼烏斯，由於你現在受到賴山卓的影響，不可能完全忘懷你那位古老的情人，請為我們朗誦莎孚充滿誘惑的頌詩[124]，裡面敘述她激動到喪失聲音，身體像是在欲火中燃燒，以及她所愛的人出現的時候，她的面容變得蒼白，腳步踉蹌而行，情不自禁陷入暈眩之中。」

等到達夫尼烏斯憑記憶將詩篇高聲念出[125]，我的父親繼續發言；他問道：「憑著上蒼的名義，我要提出幾個問題：這難道不是陷入著魔狀況一個很明顯的例子？確實沒有一種超自然的力量能對靈魂產生如此鼓勵和刺激的作用？阿波羅女祭司在騷動不安的情況下真要緊抱巨大的三腳鼎？賽貝勒的樂器和讚美曲能使祂的皈依者進入心神恍惚的狀態？」

---

120 這句詩用來形容宙斯的英勇，出自品達《皮同賽會頌》第1卷5行。

121 作者是弗里尼克斯(Phrynichus)，用這個名字的劇作家有兩位，一位擅長悲劇而另一位是喜劇大師，這裡是指後者；這句詩用來描寫鬥雞的神態，很像一位愛人低聲下氣的樣子。

122 這位羅馬人是魏吉爾，參閱《埃涅伊德》第8卷199行。

123 參閱艾德蒙《希臘抒情詩》第3卷388頁No.6；斐洛克森努斯對這種說法應該感到奇怪，因為他認為是克洛普斯治好他的病。

124 莎孚這首稱為《哀頌》的情詩，現在只有三節留存下來，其中以第2節更為膾炙人口，發揮的功效可以參閱蒲魯塔克《希臘羅馬英豪列傳》之〈德米特流斯傳〉38節。

125 雖然前面是讀詩的情節，但是從後面他父親提出問題的內容來看，中間還是出現很大一段脫落和遺漏的文字。

「很多人看到同樣的身體和完全相似的美，僅有愛人被它攫住以致無法動彈；爲什麼會這樣？要是我們無法體會米南德的教誨，就難以了解下面這兩句詩的意義[126]：

> 精神狀態的痼疾可能已經恢復正常，
> 感到慶幸在於愛情造成巨大的創傷；

只有神明可以產生不同的效果，那就是突然將其中一位緊抓不放，同時讓另外一位獲得自由。」

「有些狀況最好是在開始就說清楚，要不然就像伊斯啓盧斯所說的那樣：

> 現在就會從我的嘴巴裡面傾吐出來，[127]

對於那些非常重要的事情，我無法相信自己會閉口不語。閣下，或許我們的信仰基於我們的概念，除此以外可以從知覺獲得以及來自神話、法律和合理的解釋這三種根源；毫無疑問那是詩人、立法者以及居第三的哲學家，在我們想到神明的時候，可以成爲我們的嚮導和教師。他們同樣認同神明的存在，對於祂們的數量、位階、性質和功能，保持極其廣泛而相異的見解。哲學家認爲神明處於這種狀況：

> 祂根本無法體會辛勞和疲憊的工作，
> 更不想感受老邁年高和病痛的折磨，
> 還能避開陰曹地府以及喧囂的冥河。」[128]

「基於這個緣故他們不贊成詩人所說的『鬥爭』和『祈禱』，同時也不承認『畏懼』和『驚怖』是神明或者是阿瑞斯的兒子。他們與立法者在很多方面有所不同，如同色諾法尼斯告訴埃及人的話，要是他們認爲奧塞里斯難免一死，那就不能將他尊爲神明，如果他們相信他是神，那麼就不要爲他的亡故傷心流淚。從

126　柯克《阿提卡喜劇殘本》第3卷〈米南德篇〉163頁No.541之7-8。

127　瑙克《希臘悲劇殘本》之〈伊斯啓盧斯篇〉105頁No.351。

128　克里斯特《品達的吉光片羽》No.143，本書第14章〈迷信〉6節引用。

另一方面來看，哲學家[129]要爲神明制定若干模式、數量、氣質和意圖，詩人和立法者沒有耐心聽這些道理，何況他們無法了解所要表達的意義。」

「總而言之，他們的意見要多方面考量而且經常發生分歧，那個時候的雅典分爲三個派系即『海岸黨』、『山岳黨』和『平原黨』[130]。相互之間彼此仇視甚或引起爭論，後來他們經過協議將票全部投給梭倫。大家一起選他出任仲裁人、行政首長和立法者；似乎他無庸置疑能掌握所有的德行。特別是三個黨派對於神明有不同的理論，相異之處表現在選舉上面，彼此提出的候選人很難被大家接受。然而神明當中只有一位獲得全體堅定的贊同，名望最高的詩人、立法者和哲學家聚在一起，如同阿爾西烏斯提到米蒂勒尼的民眾，他們選舉彼塔庫斯（Pittacus）[131]出任君主一樣，只有愛神在

> 異口同聲的歡呼中獲得一致的擁戴。」[132]

「因此我們可以看到愛神被赫西奧德、柏拉圖和梭倫，分別選爲國王、行政首長和調解者。祂的頭上戴著王冠從赫利康來到學院，一路上擺出盛大的排場，授與祂凱旋式的行列，很多雙駕戰車限於用在愛情的溝通，並不像優里庇德描述的那樣[133]：

> 拘禁身體的桎梏並非用金屬所製造，

類似愛情被強加以冷漠的束縛，因爲感到羞辱像是遭到實質的壓迫。事實並非如此，這是一個長著翅膀的團體，翱翔於最美好和最神聖的領域，就這方面而論，還有人[134]所持的說法較之我更要高明百倍。」

---

129 這些哲學家如同色諾克拉底一樣，屬於畢達哥拉斯學派或斯多噶學派。

130 經過梭倫的改革以後，雅典有三個貴族派系興起，就是阿爾克米昂家族領軍的海岸黨，掌握阿提卡西南海岸地區；波提阿家族居首的平原黨，包括雅典和北部平原各主要家族；以及奉彼昔斯特拉都斯家族為共主的山岳黨，擁有阿提卡東部海岸地區。

131 希臘七賢之一的彼塔庫斯在西元前6世紀出生於列士波斯島，雖然亞里斯多德說他的職位來自選舉，還是受到詩人阿爾西烏斯的誹謗，說他是米蒂勒尼的僭主。

132 艾德蒙《希臘抒情詩》第1卷418頁No.160。

133 瑙克《希臘悲劇殘本》之〈優里庇德篇〉549頁No.595。

134 這個人就是柏拉圖，他的論點可以參閱《菲德魯斯篇》和《會飲篇》。

19 我的父親結束他的談話，索克拉魯斯問道：「你對於我們的討論最初採取迂迴的方式，接著很粗暴的打斷大家的談話，然後再轉回頭重新開始，難道你沒有看到這是第二次遇到同樣的題目？我個人認為討論的發言是神聖的事情，卻不能用公正的態度來對待。其實就在片刻之前，無意中提到哲學家柏拉圖還有埃及人，沒有多講就擺在一邊不再理會；現在你可以重新就這方面再加以說明。這些話姑且不論柏拉圖是否『已經清清楚楚說得非常明白』[135]，或許是那些女神[136]借用柏拉圖的口講出這番道理，我們現在向你提出請求，即使你告訴我們，想來也不會給你帶來困擾。你暗示埃及人的故事與柏拉圖學派有關愛神的理論非常類似，對於這個問題你再也不能規避，應該把你的看法原原本本告訴我們，如果我們聽到的是『雞零狗碎的證據』而非『斬釘截鐵的結論』，想來也會感到滿足。」

其他人也說出他們的意見，這時我父親就說埃及人承認兩位愛神，如同希臘人所崇拜的烏拉尼奧斯（Uranios）和潘迪摩斯（Pandemos）[137]，他們還把太陽當成第三位愛神，至於阿芙羅黛特[138]……大家給予最大的尊敬。

我的父親繼續說道：「他們提到厄洛斯和太陽非常相似，認為這兩者都不是真正的火，而是一個發光體[139]，可以放射出甜美又豐碩的溫暖。須知全部的收益來自太陽，它把營養、光明和成長的力量給予所有的物體，這時愛神同樣從靈魂發出閃爍的光線。太陽在大霧之後或是從雲中露出讓人感到更加溫暖，如同經過爭吵和嫉妒能與所愛的人和好如初，會使愛情變得更為甜美帶來更大的刺激。有些人認為太陽會發光也會熄滅；因此他們對愛情抱持同樣的觀點，認為它具備必然死亡和不穩善變的性質。」

「最後，身體沒有經過訓練就無法忍受太陽帶來的燒烤，缺欠教養的靈魂沒有指導的原則，支持愛情的壓力難免受到傷害。每一種的退化過程總會變得痛苦不堪，這時就會指責神明的力量不足，從來不考慮問題來自個人的軟弱。」

「還是有相異之處要指出來：太陽非常坦誠把它的美和醜表露在人們的眼中，愛神的光輝只會帶來美麗，祂說服世間的情人全神凝視被愛的對象，對於其他事物可以略而不顧。」

---

135 荷馬《奧德賽》第12卷453行

136 這些女神是指九繆司。

137 烏拉尼奧斯和潘迪摩斯分別代表「天」和「地」，是一對戀人彼此之間的稱呼。

138 有的學者認為中間缺少「稱為月球和地球，因而祂被」這幾個字。

139 參閱柏拉圖《國家篇》509B。

「現在他們將阿芙羅黛特的名字賦予地球，雖然缺乏令人信服的證據[140]……事實上月球同時具備世俗和天體的性質，這是一個永生混合死亡的地方，一旦沒有太陽的照射就不會發光，所有的明亮效果全部喪失殆盡，如同沒有厄洛斯的在場，阿芙羅黛特可以說是一無是處。」

「阿芙羅黛特被視爲月球以及厄洛斯被視爲太陽，其間類似之處較之若干神明與星辰的關係更爲醒目和突出[141]；它們絕不會恆等，身體與靈魂就有差異，不同之處在於太陽可見而厄洛斯只能理解。甚至還有人說，這種陳述的方式尚可接受，也就是太陽的活動與愛神背道而馳。因爲太陽要將我們的注意力從可以理解轉變爲可以感覺，運用視覺的魅力和明亮對我們進行蠱惑，讓我們相信眞理和所有美好的事物，都可以在太陽和它統治的區域之內找到，而不是其他任何地點。如同優里庇德所言[142]：

在地球上喜愛炫目閃光是何其不智；

那是

我們不知道還能有其他的生活方式，

或許是我們對眞相的忘懷，愛神卻可以喚起我們的回憶。」[143]

「如果我們面對強烈又明亮的光線從而覺醒過來，所有在夢中見到的事物會離開靈魂馬上消失無蹤；正如我們從一個生命轉到另一個生命，接著生在這個地球上面，太陽像是眩惑我們的記憶和麻醉我們的心靈，雖然會激起歡樂和興奮的感覺，也會遺忘我們往昔所經歷的人生。然而靈魂眞正脆弱的時期是在別的生命之中，那是一個不熟悉的環境；因爲它會抵達這個世界，藉著在夢中可以很高興的歡迎和凝視最美麗和最神聖的事物[144]。

---

140 有的學者認爲脫落的文字應該是「仍舊暗示兩者之間相當的類似」。
141 從這裡可以看出，他沒有考慮到阿波羅和阿特米斯之間的兄妹關係，才會說出這種話，須知前者是太陽神而後者是月神。
142 優里庇德的悲劇《希波萊都斯》193-195行。
143 參閱柏拉圖《菲德魯斯篇》249C-E。
144 這一段的文字當中有很多地方需要修補，全都根據柏拉圖《菲德魯斯篇》加以訂正。

他的四周浮現香豔而又險惡的夢境，[145]

靈魂受到說服認定只有此地而非別的處所，可以存在美麗和珍貴的事物；除非保
證神性不受侵犯，貞節的愛神[146]會成為它的醫生、救主或嚮導。」

「愛神藉著肉體形式的中介來到此地，對於從哈得斯的領地所獲得的真理，
祂是神聖的指導者，愛神引導它前往真理的平原[147]，集中純淨和真實的美把此地
當作它的家園。當我們經過長久的分離，渴望與它擁抱甚或有交媾的行為。這時
愛神非常文雅的出現，要把我們拉出黑暗的深淵，護送我們向上飛升，如同我們
參加禳褉祭典的入會儀式，有一位神秘的導師陪伴在我們身邊。」[148]

「我們安全帶到更高的地位，愛神雖然可以經由身體的通路，還是受到隔離
和孤立無法到達靈魂。幾何學的教師在學生剛開始學習這門課程的時候，要是無
法理解有關無形和不變的物體所具備的純智力概念，會就球體、正立方體和十二
面體提供有形和可見的實體模型；位於上天的愛神也會用同樣的方式來應付我
們，如同一塊玻璃要有美麗的實體才會有美麗的映象。真實的狀況僅僅是必死的
人類反映出不朽的神明、易於腐敗的物質反映出永遠清新的物質，以及感性反映
出知性。」

「年輕人的青春時期在形體、色澤和容貌上放射出美感的光輝，愛神非常輕
柔的激起我們的記憶，熊熊的戀火已被可靠的工具點燃；有些不通人情的朋友和
親戚，想用暴力的手段和欠缺理性的方式撲滅愛情的烈焰，等到發覺在這方面得
不到任何好處，反而讓自己冒出欺騙和激情的煙霧，不知不覺溜進黑暗和非法的
歡情之中，整個人陷入羞辱的腐敗狀況。所有的人基於清醒的理性和謙遜的態度
要除去暴虐的成分，如同真正的火只有它的光線、色彩和溫暖可以保持在靈魂之
中。如同某些人[149]很肯定的表示，溫暖不能引起激烈的攪拌，通過原子的移動
來自摩擦光滑的表面形成輕微的接觸，導致種子或後裔的排列方式；抑或可以產
生不可思議和極其豐碩的生命力循環，如同植物的萌芽和成長，這種環境的進入
方式在於默許和情意。」

「那些愛人在不久之前已經得知不必重視被愛者的肉體，要向心靈的深處移

---

145 這句詩的出處不詳，有的專家經過一番研究認為作者應該是凱利瑪克斯。
146 參閱本書第27章〈埃及的神：艾希斯和奧塞里斯〉78節，這裡所說的愛神是指奧塞里斯。
147 參閱柏拉圖《菲德魯斯篇》249B和254B。
148 性質很像伊琉西斯的神秘祭典。
149 這個人是指伊庇鳩魯，參閱盧克里久斯《論萬物的本質》第4卷1041行

動才能依附對方的性格，眼前的面紗除去以後看得更加清楚，彼此的交往通過理性的談吐，最重要的部分在於合乎規範的行為，從而可以發覺被愛者是否符合心目中的形象，那是來自美的理想模式。如果對方無法達成這方面的要求，他們不會與他繼續下去，就要轉移到另外一位，如同蜜蜂會放棄很多新鮮又可愛的花朵，原因是它們沒有蜜汁可供採取。他們只要獲得與神明有關的足印、發散的物質和相似之處，就會陶醉其中用高興和讚揚的口吻稱之為對美的記憶，在全心全意受到吸引以後，經過奮鬥要使全人類恢復真正的友善、幸福和摯愛。」

20 「現在這些詩人對於神明的讚揚和歌頌都是為了娛樂自己，或是在飲酒狂歡以後當作消遣之用，他們基於個人的信仰還會寫出嚴肅的作品，或許他們要表達思想方面的問題，經由神明的幫助確實掌握真理。還有人關懷愛神的出生[150]：

> 說祂乘著西風而來有信使在前通報，
>
> 長著一頭金髮讓諸神感到何其煩躁；

除非你願意讓自己被文藝的批評說服，他們非常肯定的表示，心靈的意念象徵感情所發出的光輝會有很大的變化。」

達夫尼烏斯問道：「為何還有其他的解釋可以得到這樣的結論？」

我的父親說道：「當前的現象逼得我們要接受這方面的說辭。我們看見一道彩虹[151]的時候，那是光通過非常細微的濕氣，對視覺形成的折射作用，相當平整而濃厚的雲層，會對接觸的陽光產生類似的現象。同樣可以在雲中看到一些幻影，出現的方式也可以說是大同小異。高貴的靈魂喜愛同一性質的美，愛神的操作方式對它而言帶有計謀和策略的意味。祂在這世界的自然現象當中對他們的記憶造成折射，這時可以稱之為瑰麗的景色，至於另外一個世界那不可思議的『美』[152]，才是愛情具備神性和受到祝福的真實目標。」

---

150 這兩句詩的作者是阿爾西烏斯，參閱艾德蒙《希臘抒情詩》第1卷328頁No.13。艾德蒙還引用評論的文字：「百花怒放的春天是愛情的季節，所以阿爾西烏斯才將愛神稱之為西風和彩虹的兒女。」

151 有關彩虹可以參閱本書第27章〈埃及的神：艾希斯和奧塞里斯〉20節，以及第62章〈論月球的表面〉3節所做的描述。

152 參閱柏拉圖《會飲篇》210D-211C，這裡所說的美是從形體之美到體制之美，再從體制之美

「大多數人所追逐的孌童和婦女僅是豔麗的鏡中映象，他們所能達到的程度在於摸索不到什麼東西，比較具體的狀況是歡樂之中混雜著痛苦。或許這是埃克賽昂(Ixion)[153]會有不斷迴旋和脫序行動所表示的意義，因爲他的欲念和追逐的目標是雲中的幻象，那只能說是空虛的陰影，如同兒童熱切盼望要把彩虹抓在手裡，僅僅在它出現的時候會產生吸引力。」

「高貴和自制力很強的愛人具有完全不同的嗜好和傾向，他的關懷反射到另外的世界，對於『善與美』是神聖又易於理解。他在可見的身體邂逅到美色，就把它當成記憶的工具。他對此非常高興而且願意接受，伴同他的歡樂僅能用來點燃心靈的火焰；他在這個世界就會涉及到肉體的狀況，過去他對可見的美能夠展現明亮的模樣，一直抱著極其驚異的渴望，要是就這方面的行動加以限制，他一定感到難以滿足。當他死後進入另外的世界，已經不可能轉頭再回到性愛的泥淖去打滾，或是進入剛剛結婚的新房；這種帶來噩兆的夢境就是男性和女性愛上肉體的歡樂，要把他們稱爲愛人是極其錯誤的看法。」

「眞正的愛人是他抵達另外的世界，在神聖的道路上獲得佳人的陪伴，參加神明的神秘祭典，列席不斷舉行的儀式，長出雙翼在舞蹈的行列中迴旋，直到時間來到，進入月球的草地與阿芙羅黛特相會，再度存在於這個世界之前，始終會沉睡不醒。」

我的父親說道：「這個題目已經逸出討論的範圍，無法達成原訂的目標。愛神如同優里庇德所說與別的神祇沒有差別，

　　　　會爲人類奉獻的尊榮感到龍心大悅；[154]

祂也會皺起眉頭生氣：愛神對於接受祂的人非常仁慈，至於那些極其頑固非要反對祂不可的人，就會使用嚴厲的手段；祂不像宙斯有『殷勤待客』美名，卻很快報復做了錯事的異鄉人和乞求者；也不像那位『保佑家庭』的神明，只是一位父親的詛咒而已，如同厄洛斯對於受到委屈和迫害的愛人，要迅速採取行動去懲處粗野和傲慢的傢伙。」

「爲何要把優克森瑟都斯(Euxynthetus)和琉科可瑪(Leucocoma)[155]的戀情告

(續)─────────────────────

　　到知識之美。

153　神話中的埃克賽昂看到美麗的天后赫拉，心中生出淫念想要與祂交配，宙斯將一朵烏雲變成祂的形體，埃克賽昂將它抱住，結果生出一群人首馬身的Centaurs「馬人」。

154　優里庇德的悲劇《波利萊都斯》7行。

訴大家呢？或是提到故事裡面的女主角在塞浦路斯仍舊被稱為帕拉西普陶莎（Paracyptousa）[156]？很可能你沒有聽過克里特人戈爾果接受懲罰的情節，大致的狀況與帕拉西普陶莎非常類似，只是後者從窗隙當中看到愛人送喪的行列，頃刻之間自己變成一座石像。」

「有位名叫阿山德（Asander）的年輕人，出身顯赫的家庭而且操守正直，愛上了戈爾果。他遭遇厄運使得身價一落千丈，在各方面都無法提供很好的條件；由於他與戈爾果是親戚，還是要求能夠娶她為妻，這位女士的家產股實受到很多人的覬覦，所以阿山德面對不少有力的競爭對手，終究還是贏得佳人的青睞……」

21 「須知他們[157]只是要找出產生愛情的成因，並不特別指出男性或女性，一般而言都會考慮到兩者。要說從男孩而不是婦女的身上，散發視覺的形象進入愛人的體內，在流動的過程中激起大量的原子，聚集起來產生種子或精液，難道真有這種狀況發生？這種美麗又神聖的激情[158]，我們稱之為恩典、真理和奧林匹克之美的回憶，屬於另一個世界所有；那裡的靈魂有著翱翔的翅膀，這是它為何不會生於少女和婦人，以及男孩和青年的緣故，一個純潔和接受嚴格訓練的人物，通過美麗和可愛的外形發射耀眼的光芒（如同亞里斯頓所說的那樣[159]，一雙製作精美的鞋子，可以襯托出纖細均勻的腳踝）。光彩奪目的靈魂儲存在美麗的容器和純潔的身體，無論留下多麼清晰的痕跡，知覺和感官所擁有的能力，能夠正確的體認不致遭到曲解，更不會出現任何瑕疵。」

「有位縱情歡樂的愛人在劇中被人問到，是否

喜愛美麗的婦女更甚於英俊的男士？

他的回答

（續）————————————————

155　這一對戀人住居在克里特，參閱斯特拉波《地理學》第4卷4節。

156　參閱安東紐斯・黎比拉利斯《變形記》39行，帕拉西普陶莎這個名字的意義是「偷窺」。

157　特別指伊庇鳩魯學派的成員。

158　柏拉圖學派人士非常反對伊庇鳩魯學派的教條，要是提到無法用語言表達的關係稱為「激情」，參閱柏拉圖《菲德魯斯篇》249D-E。

159　參閱阿尼姆《古代斯多噶學派殘卷》第1卷390頁，特別指出這是西奧斯島的亞里斯頓。

內心懷有魚與熊掌兩者皆得的念頭。[160]

　　這樣的回答只是讓人相信他性好漁色，高貴的愛人爲了追求美才會從事愛情的勾當，他只要看到優秀和突出的稟賦，根本不在乎生理的細節部分有什麼差異。」

　　「一位愛馬的人對於『阿格曼儂的母馬伊莎(Aetha)』[161]或是稱爲波達古斯(Podargus)的名駒，具備優異的品質都會感到雀躍不已。獵人並不見得全都偏愛公狗，一定會飼養克里特和拉柯尼亞的母犬。那些愛上人體之美的人士，要是對於兩性表達不同的意見和看法，那又怎麼能說男性和女性在愛情方面的差異，只是雙方穿戴的服飾？……」

　　「他們[162]說美是『德行之花』的確很有道理；否認女性可以產生美豔如桃李的效果或是把『呈獻』當成『理所當然屈從於德行』，也是一件極其荒謬的事。伊斯啓盧斯的說法眞是不錯[163]：

　　　溫柔的少女一旦嘗試過戀愛的激情，
　　　炙熱如火的眼睛會洩漏心中的欲念。

要是婦女的神情出現色情、淫蕩和無恥的標誌和記號，難道就不能在她們的面孔上面閃耀謙恭和貞節的光輝？不僅如此，即使後面這些『記號』發揮綜合作用，難道就不能引起或激發我們的愛情？事實上我認爲上面兩個問題，完全喪失立場並且沒有原則。」

　　「達夫尼烏斯，我們已經明確表示兩性同樣具有所有這些特質，讓我們一起努力找出成因，用來對抗朱克西帕斯發展出來的論點。他靠著未能控制的欲望辨識愛神，逼得靈魂陷入荒淫的場合，然而他自己無法證明，只是經常從那些壞脾氣的傢伙[164]聽到這方面的說法，其實他們從未有過愛情的經驗。這些人當中有部分爲著嫁妝勉強自己親近可憐的女性，接著將她們推入嚴苛和奴役的環境，日復一日的爭吵在於對她們加以控制。還有一些人想要子女才去娶一門妻室，就像

160　瑙克《希臘悲劇殘本》之〈Adesp篇〉906頁No.355。
161　荷馬《伊利亞德》第23卷295行。
162　他們是指斯多噶學派的成員，特別是克里西帕斯，參閱阿尼姆《古代斯多噶學派殘卷》第3卷718頁。
163　瑙克《希臘悲劇殘本》之〈伊斯啟盧斯篇〉78頁No.243。
164　可能是指塞倫學派和伊庇鳩魯學派的成員。

蟬要將精子射入蟋蟀或其他同類的體內[165]，它們在接觸以後很快會繁殖出幼蟲的個體。等到他們獲得所望的成果就準備與對方離異，如果婚姻還是維持下去，他們對雙方的關係毫不在意，無論是愛人或被愛對這些人來說都是可有可無的事。」

「『疼愛妻子』和『愛惜生命』之間的差異非常微小，要是拿譯文來說只是一個字母而已[166]，從而暗示我們這些都有關於相互的忠誠，衍生的限制在於時間的因素和交往的狀況。一個人受到愛神的影響和啟發，最早了解『為我所有』或『非我所有』的意義，須知這兩個字曾經用在柏拉圖的城市[167]。有句話說是『朋友有通財之義』，提起愛人並非絕對有效，它只用於靈魂結合在一起的人，雖然身體分離也沒有關係，他們希望靈魂不再分離，同時還相信會一直保持下去。」

「其次要談的就是節制，相互之間的自我約束是婚姻的必要條件，並非習慣性順從羞愧或畏懼的要求，完全基於自動自發的著眼，

> 要像韁繩和船舵能發揮導引的力量，[168]

這樣才能相安無事的生活在一起。愛神只要堅持克制、端莊和互信的原則，甚至一位浪蕩子弟都會受到感動，還可以讓他的愛人一同洗面革心，除去無禮、傲慢和頑劣的惡習，使得個性趨向溫和、謙遜和寧靜。他的衣著變得更加端莊，對於所有的訴求除了一件，其餘全都置之不理。」

「你聽人說過拉伊斯應該是毫無疑問的事，豔幟高張的名妓憑著美麗的容貌和待客的手段，讓所有的希臘人為之瘋狂，在兩個海灣之間[169]成為爭相追求的目標。等到她愛上帖沙利人希波洛克斯（Hippolochus），像是

---

165 參閱柏拉圖《會飲篇》191B；提到過去人類的性器官都在後面，生殖不是靠男女的交媾，而是像蝗蟲一樣將卵產在泥土裡面；與本章敘述的內容有很大的出入。

166 「愛惜妻子」和「愛惜生命」的英譯attachment to wife和 attachment to life，只有一個字母w和l的不同，要是用希臘文來表示能不能這麼說，應該是沒有問題才對。

167 參閱柏拉圖《國家篇》462C，柏拉圖要讓他理想中城邦的所有市民，對同一事物經過協調以後，能夠統一表示「是」或「否」的論點，不能有個人的意見，更不能有自私的主張。

168 瑙克《希臘悲劇殘本》之〈索福克利篇〉315頁No.785；參閱蒲魯塔克《希臘羅馬英豪列傳》之〈亞歷山大傳〉7節。

169 科林斯位於地峽，它的一邊是科林斯灣，另一邊面臨薩羅尼克灣。

遺棄科林斯的衛城讓它沉淪在海中，[170]

不僅要在暗中逃離一大群愛她的恩客，還得告別很多交好的姊妹淘，等於打了一場秩序井然的撤退作戰。她歷盡艱辛抵達帖沙利以後，當地的婦女嫉妒她的美貌，引誘她進入阿芙羅黛特神廟，用石塊將這個可憐的女子擊斃；一直到現在大家還把這個地點稱爲『謀殺者』阿芙羅黛特之廟。」

「我們知道只要愛神成爲靈魂的主宰，女奴會逃離主人的懷抱，臣民也會拒絕王后的情意。他們提到羅馬只要任命所謂的笛克推多，全部民選官員都要喪失法定的職務，如同愛神像統治者一樣進入我們當中，原來與所有君王和領主之間的主從關係全部解除，爾後所有的日子都是這位神明的奴隸。一位高貴的婦女因爲愛情的結合得到法定的良人，情願忍受熊和蛇的擁抱，也不能讓其他男士大肆輕薄。」

22「雖然有很多例子可以提出來說明，我始終認爲蓋拉夏的康瑪[171]這個哀怨的故事不能略過，至少她還是你的老鄉，曾經參加神明的神秘祭典。康瑪是一個美豔動人的少女，嫁給地區行政長官西納都斯爲妻。西諾瑞克斯是蓋拉夏最有權勢的人物，愛上康瑪以後，知道只要是她的丈夫還活在世上，無論是武力的逼迫或是說服的手段都不能贏得佳人的芳心；因此他下毒手將西納都斯害死。康瑪在悲劇發生以後，成爲世襲的女祭司服侍阿特米斯，可以獲得庇護，也能安慰痛苦的心靈。她把大部分時間用在女神的廟宇，即使有很多國王和權貴向她獻殷勤，她還是心如死水一個都不接受。西諾瑞克斯大著膽子前來提親，她並沒有表示拒絕或是譴責他過去的行爲，好像爲他的愛心和善意所感動，看起來不會有什麼壞心眼。他非常自信要前往神廟向她求婚，雙方相見以後她答應提出的要求，接著領他到女神的祭壇前面，拿出一瓶混合著毒藥的蜜汁用來舉行酹酒的儀式，她在念出禱文以後飲下一半的液體，將剩餘的蜜汁交給這位蓋拉夏人。」

「當她看到他將瓶中的飲料全部吞嚥以後，就像是參加凱旋式發出歡呼的聲音，她心滿意足的叫道：『我親愛的夫君，失去你以後我過的生活像是在忍受酷

170　瑙克《希臘悲劇殘本》之〈優里庇德篇〉703頁No.1084。
171　這個故事的來龍去脈可以參閱本書第20章〈勇敢的婦女〉20節；以及波利努斯《謀略》第8章39節。

刑，現在等待的日子總算結束，心中感到無上的快慰；我在這個惡漢身上已經爲你報仇雪恨，現在能與他偕死獲得的樂趣，如同過去能與你共同活在世上。』他們將西諾瑞克斯抬上异床，很快就命喪黃泉；康瑪還多活了一天一夜，據說她用最大的勇氣和滿心的愉悅面對死亡。」

23 「很多諸如此類的事情發生在希臘本土和鄰國異邦，有人宣稱只要阿芙羅黛特與厄洛斯形影不離，就不可能有友誼存在，這樣一來有人對阿芙羅黛特謾罵不休難道我們就得忍受？現在提到男性與男性的結合（或者說這不是交配，只能算是猥褻的暴力行爲），有個人用這種方式表示倒是很有道理：應該

是海布瑞斯的工作無關於塞浦瑞斯。[172]

我們將處事消極和明哲保身的人稱爲牆頭草，無法獲得別人的信任和尊敬，更談不上友誼的建立；索福克利對這些傢伙的描述真是極其傳神：

有些朋友擔心受怕以至於愁容滿面，
或向神明祈禱能置身事外不受牽連。」[173]

「年輕人並非天生就是邪惡之輩，完全出於外在的誘惑和環境的逼迫，誤導良家子弟走上絕路的歹徒，在這個世界上最受痛恨而且令人無法信任，只要時機來到就會遭到慘報。克拉提阿斯（Crateas）[174] 殺掉他的情人阿奇勞斯，皮索勞斯（Pytholaus）害死菲里的亞歷山大[175]，安布拉西亞（Ambracia）的僭主伯瑞安德（Periander）[176] 問他的孌倖是否還沒有懷孕，這位孌童在極其氣憤之下將他殺害。」

---

172 瑞克《希臘悲劇殘本》之〈Adesp篇〉917頁No.409。特別要指出海布瑞斯和塞浦瑞斯這兩個名字的英譯，分別是只有兩個子音不同的Hybris 和Cypris；然而海布瑞斯的意義是「蠻橫」，塞浦瑞斯的意義是「愛情」，所以用它作為阿芙羅黛特的稱呼。

173 瑞克《希臘悲劇殘本》之〈索福克利篇〉313頁No.779。

174 參閱柏拉圖《亞西拜阿德二篇》141D；以及亞里斯多德《政治學》1311b8。

175 參閱蒲魯塔克《希臘羅馬英豪列傳》之〈佩洛披達斯傳〉35節；殺死亞歷山大的主謀是自己的妻子娣布（Thebe），下手的皮索勞斯是娣布的三兄弟之一。

176 這位同名的伯瑞安德不是七賢之一的科林斯僭主；參閱亞里斯多德《政治學》1311a39。

　　「從另一方面來看，提到合法的妻子開始以肉體結合建立情誼，如同在神秘祭典中分享彼此的幸福。塵世的歡樂何其短暫，從每日的生活當中迸發尊敬、仁慈、愛慕和忠誠，不必像德爾斐人那樣胡言亂語，非要把阿芙羅黛特稱爲『和諧之神』不可，更無須學荷馬將這種關係叫作『友誼』。這也可以證明梭倫[177]制訂婚姻法極具經驗，規定一個男子每月與妻子的行房不得少於三次，不完全是爲了性愛的快樂。城市之間在期限已到會重新簽訂雙方的協議書，因此丈夫也想整理雙方的婚姻關係，採取溫和的行動清除共同生活所累積的不滿和怨言。」

　　「你可能會說：『愛上婦女不僅一無是處還讓人抓狂。』難道對於男色就沒有那麼多的麻煩？

　　　我看到唇紅腮白美少年就書空咄咄，[178]
　　　軀體交纏即使命喪黃泉此生未虛度；[179]

如同變童戀者的精神錯亂模樣，還有色情狂無法滿足所受的痛苦，這些都不夠資格稱之爲愛情。」

　　「要說婦女不能負起德行的責任眞是荒謬無知的論點，當很多巾幗鬚眉表現出大無畏的男子漢氣概，又何必再討論她們的審愼、智能、忠誠和公正？認爲她們在所有各方面的關係都具備高貴的性質，唯獨指責友誼的表現不夠資格，這豈不是非常怪異的雙重標準。事實上她們喜愛兒女和丈夫，甜美的情意如同肥沃的土壤能夠接受友誼的胚芽，何況還要加上一層產生誘惑力的淑範，如同散文加上詩意讓人感受到旋律、音韻和節奏的愉悅，帶來更大的教化力量眞可以說所向披靡。如同婦女的天生稟賦在於可愛的面龐、甜美的聲音、誘人的姿態和性感的身裁，對於放蕩的尤物而言，她們參與歡樂的消遣擁有莫大的優勢，特別是有關貞節的應變能力，可以獲得夫君的尊敬和善意。」

　　「柏拉圖[180]贊許色諾克拉底是一位高貴又心地善良的年輕人，只是他到神廟獻祭給三美神卻帶著慍怒的心情。如同勸一個賢慧又貞節的婦女去向愛神奉獻

177　參閱蒲魯塔克《希臘羅馬英豪列傳》之〈梭倫傳〉20節；同時蒲魯塔克特別強調，和諧的婚姻有利於社會的安定，認為美好的性關係是最重要的部分
178　還會衍生其他狀況，譬如自戀症，像是納西蘇斯(Narcissus)看到水中的倒影就愛上自己。
179　柯克《阿提卡喜劇殘本》第3卷〈Adesp篇〉451頁No.222-224。
180　參閱本書第12章〈對新婚夫婦的勸告〉28節；以及蒲魯塔克《希臘羅馬英豪列傳》之〈該猶斯‧馬留傳〉2節。

犧牲,使得神明贊許她的婚姻和保護她的家庭,裝扮她變得豔麗動人,使得她的丈夫不會移情別戀與她反目成仇,更不會像一個喜劇中的角色不斷在那裡叫嚷,說是

> 我怎麼壞到要傷害這樣嫻靜的妻子![181]

因為在夫妻的婚姻生活當中,愛人比起被愛是更大的功德和恩情,每當我們犯下很多錯誤,會要破壞雙方關係的時候,必須靠著這些力量將我們救出困境。」

24 「尊貴的朱克西帕斯,你無須害怕婚姻初期所造成的尖銳刺痛,雖然會有傷口或是受到欺騙,還是不要心生畏懼之感。如果能與善良的女性結合,即使無法避免衝突還是不要緊張,這種狀況就像樹木的接枝,最後還是會癒合;特別是剛剛受孕的時候,會出現不適的狀況,須知懷胎十月的過程都會對雙方造成傷害。」

「兒童在學習的初期難免困窘不安,哲學也會給年輕人帶來很大的煩惱;然而這種刺痛的感覺不會一直保持下去。真正的愛人會有同感:像是兩種液體的混合,愛情似乎在最初會引起一些興奮和激動,隨著時間的推移會慢慢沉澱,最後形成一種穩定的狀態。結婚的男女彼此相愛才可以稱為『合體之緣』[182],至於那些僅僅生活在一起的人,相互的關係如同伊庇鳩魯提及原子的接觸和交織[183],還是會發生互撞和反彈,無法形成一個生命的共同體,只有愛神靠著婚姻的約束才能完成。」

「要想從另外一個人獲得更多的歡娛或是從其他人得到持久不斷的服侍,除了婚姻沒有第二條路;還有就是其他的友誼經過美化以後,不可能獲得這樣高的尊敬或這樣多的羨慕,像是

> 夫妻之間一直保持鸞鳳和鳴的信念。[184]

---

181 柯克《阿提卡喜劇殘本》之〈Adesp篇〉450頁No.221。
182 這是安蒂佩特的論點,參閱阿尼姆《古代斯多噶學派殘卷》第1卷255頁。
183 參閱本書第75章〈答覆科洛底:為其他哲學家提出辯護〉10節,以及烏西尼爾《伊庇鳩魯、殘卷》No.286。
184 荷馬《奧德賽》第6卷183-184行。

其實法律幫助厄洛斯促進整個社會的生殖作用，甚至導致神明對祂有這方面的需要，詩人基於這種認知就說：

　　上蒼深愛大地才會降下及時的雨水，[185]

所以自然哲學家也有同樣的論點，太陽愛上月球靠著光線的傳播連成一體。由於地球是所有人類、動物和植物共有的母親，即使擁有大愛和期望的神明要放棄自然的現象，或者是地球本身不再渴望和擁有運動的原則，須知天體的運行都依據神意，難道還不會在注定的時間之內死亡或是遭到永遠的滅絕？」

　　「我不希望你認為我講得離題太遠，有些僅是不切實際的讜語；經過我的提醒已經讓你知道，對於喜愛兒童的同性戀者他們的輕浮易變，大家經常給予譴責和嘲笑。他們常說如同用頭髮切開煮好的雞蛋，再親密的友誼也會分手[186]；這些愛人如同遊牧民族，整個春天都在青蔥的草原上度過，然後撤營離開充滿敵意的區域。甚至詭辯家拜昂用尖酸刻薄的口吻，將美少年的鬍鬚稱之為哈摩狄斯和亞里斯托杰頓，因為滿面于思受到愛人的遺棄，如同美麗的暴君還是會被兩位義士剗除。」

　　「然而，對於真正的忠誠愛人還是會帶來不公正的指控；優里庇德的論點很精到[187]，雖然阿加豐的鬍鬚很長，還是有人會去擁抱和親吻，因為美好的秋天怎麼說總是讓大家感到心情舒暢……甚至到了滿面的皺紋仍舊容光煥發，進入墳墓還被人記憶和追思。從而得知喜愛男孩的同性戀人之間，能有長久關係的只找到很少的例子，至於與婦女的結合組成家庭，獲得白頭偕老的成功那真是不勝枚舉，一直到生命結束都能保持相互的忠貞和深情。我要告訴你發生在我們這個時代的一個故事，正好是維斯巴西安皇帝在位。」

185　瑙克《希臘悲劇殘本》之〈優里庇德篇〉648頁No.898。
186　參閱柏拉圖《會飲篇》190D-E，是說宙斯將一個人切開分為兩個人，所以人類要追求另一半的友誼；這與本章的論點還是大相逕庭。
187　參閱本書第15章〈國王和將領的嘉言警語〉24節之3；以及蒲魯塔克《希臘羅馬英豪列傳》之〈亞西拜阿德傳〉1節。優里庇德讚譽亞西拜阿德是美男子，有詩為證：
　　其人如玉樹臨風，
　　年華則秋茂春容。

25 「西維利斯(Civilis)在高盧煽起一場叛變[188]，自然會出現很多的幫手和追隨者，其中有一位名叫薩比努斯的年輕人，他的家族在高盧無論就財富和名望而言都是首屈一指。等到冒險的事業已經覆滅，預期會有嚴厲的報復，使得某些人採取自我了斷，還有人想在被捕之前盡可能遠走高飛。薩比努斯可以獲得更好的機會，為了安全起見逃到國外地區；問題出在他娶了一位才貌雙全的妻子，她的高盧名字叫作伊姆波娜(Empona)，譯成希臘文是希羅伊妮(Heroine)。他不願將她遺棄也不能帶她同行。現在他把財富儲藏在一個地下的洞窟裡面，這個地點只有兩個自由奴知道。他將其餘的奴隸全部釋放，向他們說他要吃下毒藥自盡，然後帶著這兩個心腹的僕從進入洞窟之中。他派一位名叫馬修的自由奴去見他的妻子，告訴她說是他已服毒身亡，屍體放在家鄉的房舍舉火焚燒化為灰燼，他希望這會使他的妻子悲痛不已，讓別人相信他已亡故的消息。」

「事實證明果然如此，伊姆波娜投身在地不斷哀慟哭泣，三天三夜不進飲食。薩比努斯得知這樣的狀況，生怕她會相從於地下，吩咐馬修暗中讓她曉得他還活著，只是已經躲藏起來，請她繼續哀悼一段時期，不要讓人有任何懷疑之處。於是她扮演極其稱職的悲劇角色，從外表看來確實值得同情；她渴望與他見面，趁著夜暗前去相聚，等到次晚才返回家中。就這樣過了七個多月，沒有任何人知情，她能夠在地下與良人一起生活。」

「這時她將薩比努斯打扮像是變了一個人，所有的衣服經過改換，頭髮夾住用繩索綁成一束，然後陪著他前往羅馬，希望在那裡可以找到一個赦免的機會。結果還是無功而返，從此她花大部分時間與他生活在地下，然而三不五時要到城鎮去見她的朋友和親戚。後來發生最不可思議的事情，就是不讓那些貴夫人知道她已經懷孕，甚至她有時會與她們同在浴場。當時有一種塗油的方式，婦女用來梳理頭髮保持金色或紅色，裡面包含脂肪，要是用來按摩身體，會使得皮膚產生膨脹的效果，所以她只用在四肢，免得腹部受到影響更難隱瞞。她獨自一人忍受生產的痛苦，如同在獸窟中的母獅，把剛生的兩頭幼獅，帶到地下洞窟去會見她的丈夫。這兩位男孩長大以後，有一位在埃及作戰陣亡[189]，另外一位目前到德爾斐來拜訪我們，他的名字也叫薩比努斯……」[190]

188　這件事發生在69-70 A.D.，參閱塔西佗《歷史》第4卷66節。

189　可以確定本篇對話錄完成的時間是116-117 A.D.之後，因為從圖密善亡故到蒲魯塔克過世這段期間，只有埃及發生戰爭。

190　根據塔西佗的記載，薩比努斯逃避追捕有九年之久；笛歐‧卡休斯《羅馬史》第65卷16節，

「雖然皇帝後來將她處死，卻要爲謀殺付出重大的代價，整個皇室在很短時間之內竟然全部滅絕一空[191]。他在登基之後所有的行爲沒有比這次更爲殘暴，甚至就是神明和精靈都轉過頭去不忍卒聞。她說的話是如此富於膽識和高傲，認爲無須乞求觀眾的同情，更加引起維斯巴西安的怒火：當她得知丈夫得不到赦免，放棄所有求生的希望，甚至願意拿自己的性命來抵罪，最後她說即使生活在黑暗的地底，也要比接受他的統治更爲幸福。」

26 我的父親告訴我，他們結束有關愛情的談話，是在鄰近帖司庇伊的一個地方，這時看到畢西阿斯的一位朋友戴奧吉尼斯，對著我們興匆匆的跑過來。當他還在相當距離的時候，索克拉魯斯向他打招呼說道：「戴奧吉尼斯，你是不是來告訴我們有戰事發生？」後者回答道：「哈哈！馬上要舉行婚禮，大家請快一點，向神明奉獻犧牲的儀式正等待各位去參加。」

他們聽到以後都感到高興，朱克西帕斯想要知道戴奧吉尼斯的朋友是否還在生氣。

戴奧吉尼斯說道：「恰恰相反，他是第一個同意伊斯門諾朵娜的要求，現在頭戴花冠身穿白色斗篷，非常熱心帶領迎親的行列經過市場前往神廟。」

我的父親說道：「太好了，一切總算雨過天青，最後的結局是皆大歡喜，我們要感謝神明的保佑，看來祂在愛情方面已經賜給這對新人最大的恩惠。」

(續)───────────────────

　　說是薩比努斯整個家族都被送往羅馬，維斯巴西安皇帝下令全部處決。
191　維斯巴西安死於79 A.D.，等到圖密善遭到謀殺已經是十七年以後的事。

第五十一章
愛的故事

第一篇

皮奧夏有個名叫哈利阿都斯(Haliartus)[1]的城市，那裡住著一位容貌豔麗、體態輕盈的女郎，她是狄奧法尼斯(Theophanes)的女兒亞里斯托克莉婭(Aristocleia)。兩個男士分別是奧考麥努斯(Orchomenus)[2]的斯特拉托和本城的凱利昔尼斯向她示愛。斯特拉托的家業非常富有，對於美麗的少女懷有炙熱的情意；因為他曾經在勒巴迪亞一個稱為赫西尼(Hercyne)的清泉，看到她在裡面浴沐，準備攜帶一個花籃[3]參加神聖的遊行行列，為的是要向天神宙斯表示崇高的敬意。凱利昔尼斯與女郎有血親的關係，來往密切，所以占很大的優勢。身為父親的狄奧法尼斯對婚事感到相當困擾，特別是他對斯特拉托存著畏懼之心，那是因為斯特拉托無論個人財富或家庭關係，在所有的皮奧夏人當中居於首屈一指的地位，希望聽從特羅弗紐斯(Trophonius)[4]的抉擇，這位古代的英雄人物去世以後，世人向他求得的神讖非常靈驗；斯特拉托聽了少女身邊一個奴婢的話，說是亞里斯托克莉婭傾心於他。因此斯特拉托提出要求，希望婚事能由要成為新娘的本人決定，等到狄奧法尼斯當著所有人的面詢問少女，她竟然選擇凱利昔尼斯為夫婿。斯特拉托雖然感到憤憤不平，覺得這件事還是難不倒他，過了兩天才去見狄奧法尼斯和凱利昔尼斯，說是不能結成一門好親事，只能怪月老從中作梗，要

---

1 哈利阿都斯是皮奧夏中部的城市，位於底比斯的西北方約二十公里。
2 奧考麥努斯是皮奧夏西部的城市，形勢險要是交通樞紐，拉斯地蒙人始終在這裡配置守備部隊。
3 出巡遊行是希臘宗教活動最常見的方式，選擇家世良好和相貌姣美的女郎，組成一支深受歡迎的隊伍，手提精美的花籃，裡面裝著各種祭品。
4 特羅弗紐斯是皮奧夏的民族英雄，死後成為四處顯靈的神明，為他在勒巴迪亞建立一個祭壇，可以祈求降下神讖指點迷津

求雙方的友誼還能保持不受影響。斯特拉托的一番好意他們當然願意接受，甚至還邀請他前來參加婚禮。他在動身赴宴之前，已經找來一群朋友加上相當數量的奴僕，讓他們分散在其他的賓客當中，避免引起旁人的注意。這位女郎要遵守古老的習俗前往賽西莎(Cissoessa)泉去向山林水澤的精靈獻祭，這時埋伏在四周的人立刻衝上去將她抓住，交給斯特拉托緊緊抱在懷裡帶走，凱利昔尼斯和身旁幫忙的人前去搶奪，整個狀況像是失去掌握，就在大家相互用力拉扯的時候，女郎不知不覺之間已經香消玉殞在他們的手裡。出現這種不意的狀況後，轉眼間凱利昔尼斯不見蹤影，不知是厭世身亡或是自我放逐離開皮奧夏，沒有人能夠說出他以後的下落；斯特拉托見到少女的屍體，立即拔劍自刎。

第二篇

　　有一個人名叫菲敦(Pheidon)，經過一番奮鬥，使得自己成為伯羅奔尼撒人的統治者，希望他出生的城市亞哥斯(Argos)[5]能夠高居所有城邦之首，要想成功必須及早運用陰謀手段對付科林斯人。所以他向科林斯當局提出要求，請他們送一千位最勇敢和最強壯的年輕人到他那裡去。科林斯人答應這件事，選派迪山德(Dexander)負起指揮的責任。菲敦的打算是將所有的年輕人屠殺殆盡，科林斯經過慘痛的打擊會從此衰弱下去，隨後運用他的權勢將它掌握在手裡，須知這個城市的形勢險要，是控領整個伯羅奔尼撒地區的堅強堡壘。雖然這是一件極其狠毒的行動，他對相信的朋友並沒有保密，其中就包括哈布朗(Habron)在內。哈布朗身為迪山德的好友，就把菲敦的陰謀告訴他，結果趕在攻擊發起之前，一千位年輕人便已經安全撤回科林斯。菲敦要找出洩漏秘密的叛徒，進行非常詳盡的審問和搜捕。哈布朗驚慌之餘帶著妻子和奴僕逃到科林斯，定居在城市附近一個名叫梅利蘇斯的村莊。後來他有了一個兒子，就用出生的地點將他取名為梅利蘇斯。等到梅利蘇斯長大成親，妻子給他生下一個名叫阿卡提昂(Actaeon)的兒子，年紀雖然幼小卻長得唇紅齒白，面貌姣好又性格溫柔，有了很多對他思念不已的愛人，為首一位就是阿基亞斯，出身源遠流長的海克力斯家族，無論財富和權勢在

5　亞哥斯位於伯羅奔尼撒半島東海岸，瀕臨亞哥斯灣，斯巴達的東北方約一百公里，一直與拉斯地蒙人爭奪伯羅奔尼撒半島的霸權。

科林斯算是最顯赫的人物。他無法用誘騙的方式得到這個小孩，決定用武力將他劫走，於是帶著一群朋友和奴僕，到梅利蘇斯的家中去飲酒歡聚，想乘機帶著阿卡提昂離開。身為父親以及在場的朋友當然加以阻止，鄰居也都跑來趕走鬧事的人，大打出手之際，竟然使得阿卡提昂當場慘死；來人也就一哄而散。梅利蘇斯將他兒子的屍首擺在科林斯的市民大會前面，要求懲處犯下惡行的凶手，科林斯人僅僅同情他的遭遇，想要息事寧人，沒有採取進一步的行動。他得不到結果只有返家，等到舉行地峽祭典(Isthmian Festival)[6] 期間他來到波塞登神廟，大聲指控巴契阿迪家族(Bacchiadae)[7] 不能主持公道，提醒民眾要記得他父親當年的義行和恩典，懇求神明要讓科林斯人遭到報應，說完從高崖上面縱身跳下喪失性命。沒過多久城市遭到乾旱和瘟疫，科林斯人求取神讖指示禳解的辦法，神明的答覆是波塞登惱怒科林斯人的忘恩負義，除非有人為阿卡提昂之死遭到懲治，否則他絕不善罷干休。阿基亞斯是派去求取神讖的人員之一，知道以後主動表示不再返回科林斯，願意終生放逐在外。他航向西西里成為敘拉古(Syracuse)[8] 的創建者，後來他有了兩個女兒奧特吉婭(Ortygia)和敘拉庫莎(Syracuse)。特勒法斯是阿基亞斯所愛的人，負責指揮一艘船隨著他來到西西里，後來發生叛逆事件，阿基亞斯被他謀殺。

第三篇

　　西達蘇斯(Scedasus)從前是一個家境貧窮的人，住在帖司庇伊境內一個名叫琉克特拉(Leuctra)[9] 的村莊；他有兩個女兒希波(Hippo)和米勒夏(Miletia)，也有人說她們的名字是第安諾和優克西琵(Euxippe)。後來西達蘇斯興旺起來，雖然沒有到達極其富有的程度，對於外鄉人還是非常友善，安排的食宿都很周到。兩

6　地峽祭典是為了推崇海神波塞登，舉行運動會和各種競賽，品達在《地峽運動會之頌》提到優勝者的名字，對他們大肆讚揚一番。

7　這個貴族世家在西元前8-7世紀，始終對科林斯擁有統治的權力，希臘七賢之一的伯瑞安德就是巴契阿迪家族的成員。

8　敘拉古是科林斯人阿基亞斯建立的殖民區，時間是奧林匹克十一會期第四年即733 B.C.。腓尼基人和迦太基人都向西西里移民，據希臘人的說法要比他們早三百年。

9　琉克特拉只是皮奧夏一個村莊，在底比斯西南方約三十公里，位於帖司庇伊和普拉提亞之間，371 B.C.底比斯人在此擊敗斯巴達的大軍。

個斯巴達的年輕人來到家中，主人很高興的接待來客。他們對兩位少女心生愛意，看到西達蘇斯一副有錢人的架式，克制幻想不致有什麼莽撞的行為。翌日他們告辭前往德爾斐，是這次出行的目的地。等到他們向神明就關切的事項請示迷津以後，轉身要回到自己的家鄉，在經過皮奧夏的途中，再度到西達蘇斯家中投宿。這時他本人正巧不在琉克特拉，兩個女兒按照通常的習俗，接待遠來的外鄉人，誰知年輕人看到少女沒有人保護，竟然強暴她們。等到發現自己鑄下大錯，為了滅口就將她們殺害，將屍體丟進井中，然後趕快離開。西達蘇斯回到家中發現女兒失蹤，留在屋裡的東西沒有零亂的樣子，一時還摸不清頭腦不知發生什麼事情，直到他養的狗在不停的吠叫，朝他打轉然後引他來到井邊，方才覺察大事不好，接著就將兩具屍體從井中打撈上來。從鄰居口裡得知前一天他們看到拉斯地蒙人進入他家中，就是不久以前接待過的年輕人。他猜測是他們犯下滔天的大罪，因為就在上次留宿的夜間，兩個斯巴達人對女郎讚不絕口，還說將來不知誰有福氣成為她們的丈夫。

西達蘇斯動身到拉斯地蒙去見民選五長官[10]，抵達亞哥斯境內已經天黑，就到一個客棧去打尖，遇見一位老者是奧留斯（Oreus）的土著，這個城市位於赫斯夏人（Hestiaea）[11] 地區。西達蘇斯見到他在那裡長吁短嘆，不停咒罵拉斯地蒙人，於是問他拉斯地蒙人做了什麼對不起他的事。老者用指控的語氣告訴西達蘇斯，說他是斯巴達統治下的順民，拉斯地蒙人派到奧留斯擔任總督的亞里斯托迪穆斯，個性殘暴，視法律如無物。他說道：「這個傢伙愛上我那年輕的兒子，知道無法用說服的方式得到他，就用武力將他從角力場帶走，這時有位體操教練加以干預，還有很多年輕人出來幫忙，亞里斯托迪穆斯看情勢不對只有放棄；到了次日他準備好一艘戰船，抓住我的小孩帶到奧留斯對岸，就要使用強暴的手段，這個小孩始終不肯從命，一怒之下拔出劍割斷他的咽喉。接著亞里斯托迪穆斯回到奧留斯，大開宴會以示慶祝。」老者繼續說道：「等我知道以後為他辦完喪事，前往斯巴達晉見民選五長官，他們對我的陳情根本不予理會。」西達蘇斯聽到這番怨恨之言，心中感到非常氣餒，懷疑斯巴達人到時候對他仍舊如此，擺出一副愛莫能助的神色。接著輪到他將自己的不幸告訴這位陌生人。於是老者勸他不要妄想民選五長官會主持正義，還是返回皮奧夏給女兒建造墳墓為上策。西達

---

10 斯巴達的民選五長官是寡頭政體用來抑制君權的制度和工具，設立於狄奧龐帕斯一世在位的
　　時代（約為720-675 B.C.），這是萊克格斯死後出現的重大改革。

11 赫斯夏是優卑亞島北部一個區域，原來是城市的名字，後來改稱奧留斯。

蘇斯聽不進他的諫言，到達斯巴達以後，就在民選五長官面前訴說他的委屈。發現他們毫不在意，於是他趕緊覲見國王，還是得不到任何答覆，之後在外面只要遇到任何一位市民，他都對他們說起這件悲痛的慘案。等到他沒有獲得一點善心的回應，就向著太陽高舉雙手從城市當中跑過，再度捶打地面呼喚伊瑞尼斯(Erinyes)[12] 的名字，最後自裁了此殘生。

　　拉斯地蒙人後來還得為此事付出很大的代價。等到他們統治所有的希臘人，在很多城市配置守備部隊。底比斯的伊巴明諾達斯(Epaminondas)[13] 首先在自己的城市發難，將斯巴達的守備部隊屠殺殆盡。兩個城邦之間引起戰爭，接著雙方的軍隊在琉克特拉相遇，底比斯人認為這是好預兆，因為古老的年代他們在此地獲得自由。那時安斐克提昂(Amphictyon)遭到第尼盧斯(Sthenelus)的放逐[14]，來到底比斯的城市，發現他們要向卡爾西斯人繳納貢金，於是他殺死優卑亞國王卡爾科敦(Chalcodon)，使得底比斯人免於苛捐雜稅之苦。目前出現的狀況是拉斯地蒙人被打得潰不成軍，地點就在西達蘇斯兩個女兒的墳墓附近。根據傳說在會戰開始之前，底比斯軍隊有一位將領佩洛披達斯(Pelopidas)[15]，受到某些徵兆的干擾，起初認為是不吉利的事，那就是西達蘇斯在他的夢中顯靈，站在他的面前要他鼓起勇氣，拉斯地蒙人來到琉克特拉，會為他和他的女兒付出慘痛的代價；還特別交代佩洛披達斯在與拉斯地蒙人戰鬥的前一日，準備一匹白色的幼駒，在少女的墓前為她們獻祭。拉斯地蒙人的營地仍舊設置在特基亞(Tegea)[16] 的時候，佩洛披達斯派人到琉克特拉去找少女的墳墓，等到從當地居民口裡知道所在的位置，舉行莊嚴的獻祭以後，他率領軍隊帶著高昂的士氣前去應戰，最後獲得勝利。

12　伊瑞尼斯是三位復仇女神的總稱。

13　伊巴明諾達斯是底比斯的將領和政治家，西元前4世紀最偉大的人物之一，琉克特拉會戰和曼蒂尼會戰打敗拉斯地蒙人，結束斯巴達在希臘的霸權，他在362 B.C.作戰受傷逝世，接著才有馬其頓的崛起和亞歷山大的征服行動。

14　安斐克提昂是德爾斐祭司杜凱利昂的兒子，海克力斯之子第尼盧斯將他放逐，來到底比斯讓居民免於重稅之苦，他最大的功勞是建立安斐克提昂同盟，運用宗教的力量使希臘的城邦團結起來。

15　佩洛披達斯(410-364 B. C.)是底比斯將領，光復城邦的自由權利，率領聯軍直逼斯巴達城下，建立千古的英名；參閱蒲魯塔克《希臘羅馬英豪列傳》之〈佩洛披達斯傳〉。

16　特基亞是阿卡狄亞地區的城市，位於斯巴達北方約五十公里，是進入伯羅奔尼撒半島南部的門戶，形勢非常險要。

第四篇

福庫斯是皮奧夏人,住在一個名叫格利薩斯(Glisas)的小鎮,他的女兒凱麗里有沉魚落雁的容貌和嫻淑和善的性格。她的身邊有三十位年輕人向她示愛,這件事在皮奧夏可以說是轟動一時。福庫斯總是找出很多理由拖延她的婚事,害怕稍有不慎會受到暴力相向[17]。最後他還是屈從大家的要求,願意很快將女兒嫁出去,只是要讓阿波羅神讖決定最適當的人選。這群求婚者聽到這番話非常惱怒,衝向前去將福庫斯當場殺死。少女在混亂之中離家逃走,這群年輕人在後追趕。她來到一個地方發現有幾個農夫在建造打穀場,就向他們尋找庇護,於是農夫將她藏在穀堆裡面,追趕的人從旁邊經過沒有發覺。她留在安全的地方等到舉行龐皮奧夏(Pamboeotia)祭典,前往科羅尼亞坐在埃托尼亞(Itonia)的雅典娜祭壇[18] 前面,當著神明的面向大家傾訴求婚者無法無天的惡行,還說出每個人的名字和出生地點。皮奧夏人可憐少女的不幸遭遇,對於年輕人的殘暴極其憤怒。求婚者知道這件事已經無法善了,逃到奧考麥努斯請求給予庇護,奧考麥努斯人拒絕收容他們,他們排除路上的障礙前往希波提(Hippotae),這個村莊坐落在赫利康山的斜坡上面,位置正在瑟斯比(Thisbe)[19] 和科羅尼亞兩地之間。他們在此地獲得准許留下來。底比斯派人前往要求交出殺害福庫斯的凶手,遭到希波提居民的拒絕,兵力優勢的皮奧夏人在菲杜斯(Phoedus)指揮之下,要向他們開戰;這時的菲杜斯負責領導底比斯的政府。他們圍困守備森嚴的村莊,最後用截斷水源的方式讓居民屈服,抓住謀殺的罪犯用石頭將他們擊斃,村民全部出售為奴;接著將圍牆和屋舍全都夷為平地,土地分為兩份交給瑟斯比和科羅尼亞的市民大會處理。據說在占領希波提的前個夜晚,聽到從赫利康山多次傳來一種聲音,像是有人在說:「我在這裡。」三十位求婚者聽出來是福庫斯的腔調。還有人說就在他們遭到處死的那一天,為這位老人在格利薩斯設立的紀念碑,附近的地面長滿番紅花。底比斯的統治者和將領菲杜斯從戰場返城的途中,接到有一個女兒出生的消

---

17 失望的求婚者當然會心生不滿,為了避免災難只有盡量敷衍應付。

18 愛奧尼亞人被帖沙利人趕出家園,就將埃托尼亞的雅典娜祭壇搬到皮奧夏,這個聖地位於靠近科羅尼亞的龐皮奧夏,舉行的祭典能使皮奧夏人團結一致。

19 瑟斯比位於皮奧夏的西部,瀕臨科林斯灣,科羅尼亞在它的北方約二十公里。

息，認爲這是一個吉兆，就將她取名爲奈柯斯特拉塔(Nicostrata)[20]。

第五篇

亞西帕斯(Alcippus)是土生土長的拉斯地蒙人，娶達摩克瑞塔(Damocrita)爲妻，生下兩個女兒。他是城邦最優秀的參贊，負責的公共事務都能讓市民感到滿意，難免引起政敵的忌恨，就用虛假的言辭誤導民選五長官，說是亞西帕斯想要推翻目前的政治體制，因而落得遭到放逐的下場。亞西帕斯在離開斯巴達的時候，他的妻子達摩克瑞塔願意跟隨丈夫，同時還要把女兒一起帶走，她這樣做受到親友的阻止，說是他的財產不僅受到籍沒，就連女兒的嫁妝都沒有能力供給。這時還有一些求婚者向兩位女郎示愛，主要原因在於敬仰她們的父親有高尚的人品。他的政敵現在設法通過一份訴狀，禁止任何人向他的女兒求婚，說是她們的母親一直向神明祈禱，要她的女兒趕快生出兒子，長大以後好替她們的父親報仇。達摩克瑞塔在各方面都感到莫大的壓力，一直等到節慶期間要舉行祭典，所有已婚的婦女帶著未婚的少女、奴婢、年幼的孩童前來參加，就是官府人家的妻子也要與他們在一起，留在大廳度過整夜的時間。她把一支短劍藏在腰間，帶著女兒在夜晚來到神聖的地點，等到所有的婦女留在大廳進行神秘的儀式，她將進口全部封閉，然後在門邊堆起大量木材(這是另外的人士準備在祭典當中作爲奉獻犧牲之用)，點燃以後發生大火。等到大家跑來要救他們的妻子兒女，這時達摩克瑞塔用劍殺死女兒，然後伏在她們的屍體上面自裁身亡。拉斯地蒙人爲了發洩他們的怒氣，就將達摩克瑞塔和她女兒的遺體丟到邊界以外，也不許任何人掩埋她們。他們說神明非常厭惡這種處理的方式，因而拉斯地蒙人遭到大地震的災難[21]。

---

20 這個名字的意義是「征服者的禮物」。
21 很可能是指464 B.C.那場破壞力極強的地震。

第五十二章
哲學家應與掌權者多多交談

1 請把索卡努斯（Sorcanus）[1] 緊抱在你的懷中，接著對他的友誼加以獎賞、尋求、歡迎和培養；須知友誼無論在私人生活和公眾生涯當中，已經證明用處甚大而且收效極宏。從你的行動得知你是一個喜愛擁有高貴氣質的人，熱心公益願意成為大眾的朋友，不像某些人所說的那樣，僅僅是抱負和企圖極其強烈而已。看來某些事情完全相反，一個有野心的政客對任何竊竊私語都感到畏懼，如同正派人士害怕被人稱為唯利是圖或趨炎附勢，非但如此表示，還要極力避免留給公眾不當的印象。要是一個人只是追求哲學，堅持對它的需要超越一切，別人又會怎麼說呢？或許有正面的表示：「讓我們把伯里克利（Pericles）[2] 或加圖（Cato）[3] 變成補鞋匠西摩（Simo）或教師戴奧尼休斯；為的是哲學家會坐在我的身邊與我談話，就像蘇格拉底對伯里克利那樣正襟危坐不可。」開俄斯的亞里斯頓（Ariston）[4] 得罪一位詭辯家，後者只要有機會就對大家說他的壞話，於是亞里斯頓說道：「我甚至希望畜生都聽得懂人類的語言，這樣就能鼓勵牠們要去落實德行的要求。」然而對我們而言，如果擁有權勢的人以及統治者，具備的習性不僅野蠻而且殘暴，難道我們不該避免接觸他們和拒絕認識他們？

品達[5] 說過「一位雕塑家用大理石刻成的雕像，命中注定除了懶洋洋的站在基座上面，再也沒有什麼事可幹」的話，我認為哲學的傳授並非如此消極無為。須知哲學家的努力在使所有的事情都能主動負責、發揮效率和充滿生氣；激勵人

1　除了知道索卡努斯是蒲魯塔克非常親近的朋友，此外付之闕如。

2　伯里克利(495-429 B.C.)是雅典民主政體的政治家和謀略家，城邦在他領導之下權勢臻於顛峰，建設雅典成為最偉大的城市。

3　這位應該是馬可斯·加圖(234-149 B.C.)，羅馬政治家和學者，成為舉世聞名的監察官，大力鼓吹毀滅迦太基，終於促成第三次布匿克戰爭。

4　開俄斯的亞里斯頓是西元前3世紀知名於世的斯多噶學派哲學家。

5　參閱尼米西阿努斯(Nemesianus)《品達評註》第5卷1節。

們的目標在於不顧一切的困難採取具體行動,在於運用正確的判斷走向最有用的道路,在於施展光明正大的作爲獲得別人的尊敬,在於要求睿智和偉大的心靈結合仁慈和守分的精神;因爲他們擁有這些特質,使得仁民愛物的君子更樂意與家世顯赫和掌握權勢的人物交談。醫生較之常人有更高的理想,這是無庸置疑的事;他會很高興治癒那雙看清很多東西和觀察很多事物的眼睛。哲學家擁有的靈性在於對很多事物抱持渴望的求知理念,認爲有義務要用明智、自律和公正的態度對待更多的世人。如果他眞像所說的海克力斯和許多古代人士,具備一種發現水源和將它聚集起來的技術,「他就不必趕到遙遠的烏鴉岩(Crow's Rock),去給牧豬的奴隸挖出一道名叫阿里蘇薩(Arethusa)[6]的流泉」[7];應該爲城市、軍營、國王的農場或神聖的叢林,找到一些河川可以供應滔滔不絕的水源。

我們聽到荷馬[8]把邁諾斯稱爲「偉大天神的知交」,要是按照柏拉圖[9]的說法是「熟悉的朋友和門生」。他們並不認爲神的門生只是普通的市民,可以整日留在家中無所事事;應該是灌輸睿智、公正、仁慈和高尙諸如此類特質的國王,他們的所作所爲會使大家獲得利益和福祉。有人提到一種叫做海冬青的植物,如果有一隻羊將它吃進口中,會使得整個羊群都停下來不肯前進,這時牧人要趕緊將這棵植物拿走;因爲海冬青具備辛辣刺激的氣味,像野火一樣的擴散開來,所有接近的東西都會受到波及,吸取它所放射出來的藥性立即發生效用。

哲學家的傳授私下只以個人爲對象,受教者戒絕四周能使肉體感到舒適的事物,從而享受心靈的快樂;像是繪圓周定出幾何學的界限,不讓超越到其他人士的身上,僅僅對某個人創造安寧肅穆的心情,時過境遷以後就會消失不留一點痕跡。如果傳授的對象是統治者、政治家或重視行動的人,則讓他們的心中充滿熱愛榮譽的精神,經由個人可以造福整個群體,如同安納克薩哥拉斯(Anaxagoras)[10]陪伴伯里克利,柏拉圖影響狄昂(Dion)[11],以及畢達哥拉斯對希裔義大利人的首

---

6 這是伊色卡島一道清澈又甜美的流泉;有人說同名的泉水是在敘拉古;還有人認爲它在卡爾西斯。阿里蘇薩本是山林水澤的仙女,這裡用來泛指水木清華之地。

7 荷馬《奧德賽》第13卷404-410行。

8 荷馬《奧德賽》第19卷179行。

9 柏拉圖《邁諾斯篇》319D,學者認爲這篇對話錄是託名柏拉圖的僞作。

10 安納克薩哥拉斯(500-428 B.C.)是出生在愛奧尼亞的哲學家,後來定居雅典以教學爲生,成爲對伯里克利幫助最大的朋友。

11 狄昂(408-354 B.C.)是西西里政治家,受教於柏拉圖,成爲終生交往的知己,率領流亡人士攻占敘拉古,驅逐僭主戴奧尼休斯,效法雅典建立民主政體,後被部將所弒。

領給予潛移默化。加圖離開軍營，揚帆前去拜訪阿瑟諾多魯斯(Athenodorus)[12]；西庇阿奉到元老院的派令，要他如波賽多紐斯(Poseidonius)[13] 所說的那樣[14]：

> 找出守法和違紀的人員分別給予獎懲。

西庇阿馬上延請帕尼久斯與他同行。那麼帕尼久斯又該如何說呢？難道他非要這樣訴求：「如果你是貝托(Bato)、波利迪烏西斯(Polideuces)或任何以私人身分提出邀請的人士，無論是要我趕快跑著離開城市，或是安靜留在角落先解決哲學家的三段論法，我都樂意接受答應的條件去與你作伴。由於你是伊米留斯‧包拉斯的兒子，要知道你的父親兩次出任執政官，而且你又是西庇阿‧阿非利加努斯的孫子，要知道你的祖父曾經征服迦太基人漢尼拔，要是我不願高攀跟你交談，提出的理由難道還不夠充分？」

2 事物的陳述有兩種說話的方式，一種存在於心靈之中，這是神的使者赫耳墨斯賜與的禮物；另外一種存在於言辭之中，腐儒的老生常談僅僅作為手段和工具。如果有人這樣說[15]：

> 不錯，我在狄奧吉尼斯出生前就知道。[16]

我們聽到這種講法只有不予理會，何況它對我們不會產生任何影響。無論心靈的話還是言辭的話，兩者的宗旨和目標還是友誼，只是對象分別是自己和鄰居；就前者而言，獲得的結果經由限於德行的哲理，使得一個人求得內在的和諧，免於過分苛刻的自責，和平與友善的感情能夠推己及人。

12　綽號柯迪利奧(Cordylio)的阿瑟諾多魯斯是一位斯多噶學派哲學家，生在塔蘇斯，以維護帕加姆斯(Pergamus)王國的自由權利為職志，70 B.C.遷居羅馬，生活所需全靠小加圖的資助。

13　波賽多紐斯(135-51 B.C.)生於敘利亞的阿帕米拉(Apamela)，受教於雅典的帕尼久斯，是一位斯多噶學派的哲學家、政治家及歷史學家。他與西塞羅往來密切。

14　荷馬《奧德賽》第17卷487行。

15　出自不知其名的喜劇作家，參閱柯克《阿提卡喜劇殘本》第3卷〈Adesp篇〉495頁No.461，或本書第29章〈德爾斐的神讖不再使用韻文的格式〉3節，或奧盧斯‧傑留斯《阿提卡之夜》第1卷3節。

16　狄奧吉尼斯(Theognis)是西元前6世紀出生在麥加拉的輓歌體詩人。

要是他們之間沒有倒楣的爭執和口角，
很難在這個團體當中發現黨派的存活。[17]

從這方面來看，應該著重於激情必須服從理性，衝動不會產生爭執，辯駁不會形成對立，欲望和悔恨之間不存在粗暴的喧囂和縱情的歡娛，萬事萬物充滿仁慈和友善，使得每個人接獲最大的恩德，從而讓自己感到幸福和滿足。

品達提到從前繆司的口頭禪是「不會貪圖物欲也不會勞頓辛苦」[18]，我相信祂現在不會有這樣的要求，因為缺乏教育和良好的品味，就連一般人眼裡的赫耳墨斯都變得敗壞不堪，「為著到手的好處隨時準備受人的雇用」[19]。說起阿芙羅黛特會對普羅庇都斯（Propoetus）的女兒生氣[20]，那是因為

她們對於年輕男子始終抱持厭惡之心，[21]

或者說是烏拉妮婭、卡利奧披和克萊俄[22] 很高興語文為金錢污染，都是言過其實並沒有這回事。不僅如此，我認為繆司的職掌和賞賜對於維持友誼，較之阿芙羅黛特的風韻和嗜好更有助益。常人認為美言嘉許是友誼的開端和根源，當然也要考量說話方式的企圖和目的。大多數人還是基於善意認同對方的聲望，因為我們相信讚譽完全出自愛心。

如同埃克賽昂為了追求赫拉就溜進雲中一樣[23]，因而這些人就拿一副欺騙、炫耀和狡詐的面孔取代友誼。有識之士投身政壇，就會盡量建立良好的名聲，從而獲得信任擁有更大的權力處理事務；如果民眾沒有意願，即使再大的福祉也難以讓他們感到歡樂，然而只有信任可以讓他們產生意願。如同射出的光被人看到比起照在身上，要能感到更大的福分；名聲被人得知比起免於忽略，要能感到更大的快樂。他退出公職生涯，可以靜坐沉思，享受不受打擾的閒暇是何等幸福；

---

17 出自不知名詩人，貝爾克認為作者應該是伊姆皮多克利。
18 品達《地峽運動會之頌》第2卷10行。
19 就是俗語所說：「得人錢財，與人消災」的意思；參閱米南德《仲裁者》67行以及狄奧弗拉斯都斯《人物誌》30節之7。因為赫耳墨斯在神明當中以辯才著稱，這句諺語就是「花錢買得好名聲」。
20 參閱奧維德《變形記》第10卷221-238行。
21 出自不知名的詩人。
22 這三位繆司分別職掌天文、辯論和英雄史詩以及歷史。
23 參閱本書第50章〈愛的對話〉的注釋153。

「重視節操和遠離鬼神」[24] 使得他的名聲流傳在群眾和劇院之中。甚至如同希波萊都斯(Hippolytus)[25] 對阿芙羅黛特頂禮膜拜一樣，根本不屑於行事公正和備受尊敬的名聲。

　　須知唯有德高望重居於領導的地位，一個人不必在友誼當中追逐財富或權力，只要具備溫和與節制的習性，對於財富和權力所造成的影響可以盡量避免。還有就是不要一味在年輕人當中只喜愛面貌英俊的孩童，應該接納那些願意受教、遵守秩序和樂於求知的子弟；雖然有的人就氣質而論值得注意，哲學家不能為美麗的外貌所嚇走，特別是天賦的清新、魅力和青春年華，竟會使道貌岸然的長者為之奪門而出；一位個性謙虛有良好教養的人士，擁有適當的領導地位和政治權勢，哲學家不要將他拒於千里之外，非但應該與他結交，還要對他懷抱很大的期望。為此他不怕被人稱為討好奉承和吹牛拍馬的人，像是

> 很多癡情的人吃了塞浦瑞斯的閉門羹，
> 除非瘋狂迷戀否則不會在後苦苦緊跟；[26]

因而有些人的態度是要與知名之士和政要建立友誼；哲學家即使棄絕公眾事務，也不會避開這一類的人士。然而一個人只要對公職生涯感到興趣，就會張開雙臂向他們走去。即使這些人違背他的意願也不會讓他感到苦惱，他也不會用不合時宜而且強辭奪理的論點，非要在政要權貴和知名之士的耳根提供意見，他會很高興與這些人談話，願意在他們身上花一些閒暇的時間，非常熱心的在旁邊陪伴他們。

3 如果有人向你這樣表示：

　　我耕種畢里辛錫亞人整整一大片農田，

24　優里庇德的悲劇《希波萊都斯》102行。

25　希波萊都斯是帖修斯和亞馬遜女王所生的兒子，這位美少年與狩獵女神阿特米斯相戀，有次見到愛與美女神阿芙羅黛特，毫不理會，使她大為嫉妒，施法術讓他的後母斐德拉向他示愛，受到拒絕便向帖修斯哭訴，說是希波萊都斯勾引她，接著上吊身亡。帖修斯信以為真詛咒他的兒子，等到希波萊都斯被殺，阿波羅出面主持公道，案情大白恢復他的名譽。

26　參閱優里庇德的悲劇《希波萊都斯》115行；斯托貝烏斯《花間飛舞》63節之3。詩中提到塞浦瑞斯是阿芙羅黛特的稱號。

像是在上面辛苦跋涉了十二天的時間；[27]

說話的人不僅是喜愛農作的人，同時對他的同胞充滿愛心。他很高興耕種廣大的面積能夠餵飽很多人的肚皮，不像安蒂塞尼斯擁有的荒地，小得只夠奧托利庫斯在上面角力[28]。如果他這樣說的意義是：「所以會推展這樣的耕種方式，爲的是要征服有人居住的世界。」我對這種觀念還是持反對的態度。伊庇鳩魯把幸福視爲深邃的寧靜，像是處於一個有陸地屏障和包圍的海港之中，說是對於福祉的賜與比起接受，感到更爲高貴而愉悅；

充滿仁慈和愛心的付出是最大的快樂。[29]

他把阿格拉伊婭（意爲Splendour，即「燦爛」）、優弗羅西妮（意爲Gladness，即「歡樂」）和塔利婭（意爲Good-cheer，即「愉悅」）這三個名字給予美德三女神，眞不愧獲得智者的稱呼，對他而言，任何做出仁慈的行爲，就會使得快樂和幸福更加的偉大和純潔。人們經常在接受福祉的時候感到難以爲情，反之要是給予別人任何恩惠都會覺得心花怒放。他們所以會使很多人行善，在於要靠著他們將福祉給予更多的人。從另一方面來說，誹謗者、造謠者和阿諛者對於統治者、國王或暴君，不斷用腐化的手段讓高高在上者陷入墮落的命運，因之每個人都要將他們驅逐並且給予懲處，好像他們不是將致命的毒藥放在一個杯子裡面，而是看到他們倒在公共的泉水當中好讓大家喝下去。

那些奉承和討好凱利阿斯的角色，在一齣喜劇當中出盡洋相，觀眾看到以後哄堂大笑，優波里斯對於諂媚之徒有這樣的描述[30]：

若非使用火或拿出青銅和鐵製的兵器，
否則怎麼能使這群貨色聚在一起進食。

27　這兩句詩出自伊斯啟盧斯的悲劇《尼歐比》，參閱瑞克《希臘悲劇殘本》之〈伊斯啟盧斯篇〉52頁No.153。說這番話的人是宙斯之子坦塔盧斯。

28　色諾芬《會飲篇》3節之8，提到安蒂塞尼斯的土地寸草不生，只能供應沙子給奧托利庫斯，用來鋪撒在角力場上面。

29　或許是抑揚格的三音步詩，參閱柯克《阿提卡喜劇殘本》第3卷495頁。

30　出自優波里斯的喜劇《奉承者》，參閱柯克《阿提卡喜劇殘本》第1卷303頁。

談起暴君，無論是阿波羅多魯斯、費拉瑞斯或戴奧尼休斯[31]，他們的朋友和知交都受到他們的毆打、拷問和炮烙；或者爲了要拖他們下水，使得這些人到後來還是會遭到指控；因爲統治者傷害的對象還是少數；要是他們的朋友也與他們一個鼻孔出氣，那就會有更多的民眾受到無情的摧殘。哲學家以私人身分與要陪伴的對象相處，個別來說不會對這些人造成冒犯、傷害和拖累；而且他使用的方式會很溫和，可以除去統治者身上的惡性，或是在他的心靈當中指點正確的道路。從哲學的立場可以解釋，只有在全般控制和支配的狀況下，可以基於公眾的利益，用來調整經常運用的權力。

城邦對於祭司都很尊敬而且給予各種榮譽，因爲他們爲所有的市民提出要求，不單單是他自己、他的朋友和他的家人。祭司不會懇請神明將福氣賜給民眾，須知祂們的施與始終順應自然之道，所以祭司只向祂們熱誠的祈禱。哲學家要是與統治者作伴，就會使得受到影響的對象，行事更加公正、爲人更加謙和、處世更加熱誠；類似的狀況非常相似，使得他們更加幸福。

4 我在想一位七弦琴製造者設若知道未來這件樂器的擁有人，要爲防衛底比斯建起一座城牆，他一定會用非常熱誠的態度把琴製得更加完美。安菲昂(Amphion)[32]表示出同樣的情緒，像是薩里斯(Thales)[33]的音樂是如此迷人還具有教化的力量，使得拉斯地蒙人的黨派傾軋立即消失於無形。一位木匠製造一具舵柄，如果他知道這件成品用來操縱提米斯托克利的座艦，好爲防衛希臘的自由去與敵人戰鬥，或是讓龐培當成消滅海盜的工具，那麼他就會變得更加歡喜自己從事的工作。你可以想像得到哲學家的教導所要反映的事物，就是政治家和統治者應該賜給眾人以最大的福祉，在於堅持正義的功能、制定適用的法律、懲罰犯罪的惡徒、維護社會的秩序以及增進城邦的繁盛。在我的想像當中一位手藝高明的造船師傅，如果知道要做一個舵柄用來操縱阿爾戈號，「出乎關切的心理」[34]會使他同樣感到無比的興奮；一位木匠製造一具犁或一輛馬車，遠不如像是要製作旋轉木框[35]那樣的熱心，因爲梭倫將他制定的法律，刻在加了保護裝置

31 分別是卡桑卓(Cassadra)、阿克拉加斯(Acragas)和敘拉古殘暴無道的僭主。
32 根據傳說，安菲昂彈奏七弦琴的時候，地上的石頭自動砌成底比斯的城牆。
33 沒有人知道希臘七賢之中爲首的薩里斯竟然是一個音樂家或詩人；據說音樂家薩勒塔斯(Thaletas)曾經教過立法者萊克格斯，倒是沒聽過他能終結斯巴達的黨派爭執。
34 荷馬《奧德賽》第12卷70行。
35 梭倫頒布的法律，書寫在木板或長方形可以轉動的盒子上面，將它稱之爲卷軸，直到蒲魯塔克的時代，還可以在雅典的大會堂見到殘留的餘物。

的平板上面。

　　哲學家的教導要獲得法律的力量，才能將這些原則眞正銘刻在統治者和政治家的靈魂上面，從而對他們進行嚴密的控制。這也是柏拉圖要遠航西西里的理由，希望他的教導能夠制定法律和促成行動，用來規範戴奧尼休斯的政府架構。他發現戴奧尼休斯就像一本經過塗抹又重新寫過的書，沾滿暴政的污點和色澤，因爲時間的關係深深印在上面，現在這些痕跡已經很難除去。不僅如此，看來人們應該在比較完善的狀態下，接受更有價值的教誨才對。

第五十三章
致未受教育的統治者

1 塞倫人請柏拉圖爲他們制定一部法律和建立一個廉能政府[1]，他沒有答應而是說塞倫人目前的狀況非常興旺，須知

　　　自大的心理就會傲慢到了極點；

表現出翻臉無情和難以駕馭的模樣，由於

　　　人的天性在久處順境就會變質；[2]

所以要想制定法律是辦不到的事；這也是他對飛黃騰達和成就非凡的人士抱持的看法。任何人要向統治者提供治理國家的諫言，之所以會感到困難重重，也是出於這方面的顧慮；統治者害怕接受別人的意見就將責任賦予奴隸，難免會阻礙權力運用所獲得的優勢。

　　他們並不明瞭狄奧龐帕斯的分權觀念，讓民選五長官[3]與兩位國王共同治理國家，就是出自這位斯巴達國王的倡議。他的妻子爲這件事責備他，說是他們的兒子將來繼承的權勢，要比他過去所接到的少很多。他說道：「妳的看法不對，非僅權柄更大而且更爲安全。」放棄過多和絕對的統治權可以避免嫉妒和危險。狄奧龐帕斯把皇家的職責視同巨大的溪流注入不同的個體，等於剝奪自己擁有的

1　柏拉圖延長他的旅程前去訪問塞倫一事，只有戴奧吉尼斯·利久斯《知名哲學家略傳》第3卷6節加以證實。
2　引用某位悲劇家的作品，參閱瑙克《希臘悲劇殘本》617頁。
3　斯巴達的民選五長官分別代表當地的五個部族，主要負責民法的審判和公眾的秩序，至於這個制度建立於萊克格斯當政或狄奧龐帕斯一世在位(大約在757 B.C.或其後)的時期，現在已經無法得知；然而在西元前6-5世紀，民選五長官擁有的權力已經超越國王。

部分並將它送給別人。統治者經由哲學獲得明智恬淡的理性,像是擁有得力的國師和衛士,能從他的權勢當中除去危險的因素;如同外科醫生割除威脅患者生命的腫瘤,使得身體能夠很快康復。

2 大多數國王和統治者都很愚蠢,他們的行為如同手法並不熟練的雕塑家,為自己製作碩大無朋的雕像,外形看起來是如此的雄偉壯觀,表現的模樣是兩條腿站得很開,肌肉的線條非常有力,仰天大張著嘴在吶喊。這些統治者也不過是說話的聲音很沉悶,面部的表情很冷酷,採用的手段很殘忍,生活的方式很孤獨,完全仿效君王身分的神聖和尊嚴。事實上他們與巨大的雕像可以說是完全雷同,因為它只具備英雄人物和神明的外觀而已;裡面裝滿泥土、石頭和鉛塊,填充的材料除了使雕像獲得重量,保持永久的矗立無須任何支撐外,並沒有其他用處。

鑑於未受教育的將領和統治者,經常會因無知產生搖晃和傾覆。承受巨大力量的基礎用磚砌得不夠直,只要倚靠著它就會失去平衡。制定堅實不變的章程和準則,任何適用於它或依靠於它的事物,都可以獲得正確無誤的答案;君王想要運用諸如此類的政治手腕,首先在於獲得自主的權力,必須規範自己的心靈和建立自己的性格,使得所有的臣民要能適應他的模式;一個人在這方面不能持久就會喪失立場,對於愚蠢無知的人就無法因材施教,對於未經教化的人就無法灌輸文明,對於不守法紀的人就無法維持秩序,他也無法管好那些拒絕接受統治的人。大多數人的腦筋簡單,竟然相信統治最大的好處在於免除統治的自由。實在說波斯國王通常有這種想法,他是獨一無二的主子,除了他的妻子,其他人都是他的奴隸。

3 統治者又該受誰的管轄?如同品達所說的那樣[4],

> 所有的國王應遵守法律的規定,
> 無論生前死後不得有任何異議;

---

4 參閱貝爾克《希臘抒情詩集》458頁No.169或151;柏拉圖《高吉阿斯篇》784B及《法律篇》690B都加以引用。

那些寫在書卷、木板[5]或任何東西上面的法律，都沒有讓他置身事外不受約束，依據的道理是法律如同賦予他的生命，法律要持續與他長相左右，法律始終在盡保護和看管的責任，法律居於領導的地位不會離開他的靈魂。例如波斯國王的侍衛大臣之中，一位負有特別的使命，每天早晨要進入寢宮，口裡說道：「陛下，現在是起床的時候，大能的歐羅瑪斯德(Oromasdes)[6]給予指示，舉凡應該考量的事項，請你務必要再三斟酌。」受過教育和人情通達的統治者，總是有一種內在的聲音在提醒他和告誡他。

波勒摩(Polemo)[7]的確說過，愛情是「神明為了照顧和保護青春所採用最有效的手段」；還有一個更正確的說法，統治者服侍神明是為了照顧和保護人類。神明將光榮的禮物賜給人類，統治者應該將其中一些分給大家，還有一些要加以防護以免受損。

> 你看縹緲而又無邊無際的蒼穹，
> 用溫柔的擁抱掌握圍繞的地球；[8]

天空在最初將適合的種子撒下來，大地使之發芽成長；有一些的成長靠著陣雨或者微風，還有一些靠著星球和月亮發射出溫暖的光線；萬物經過太陽的修飾才有亮麗的外表，同時還能相互混合在一起生長，因此人們將太陽稱為「愛情的魅力」，完全來自它的性質；所有的禮物和恩惠是如此美好和卓越，神明的賜與要能合理的享受和使用，不可能沒有法律、正義和一位統治者。

法律的目標和使命是公正，統治者的工作是遵守法律，神明使得萬事萬物井然有序，所以統治者要用神明作為他的楷模和範本。這樣一位統治者不需要菲迪阿斯(Pheidias)[9]、波利克萊都斯(Polycleitus)[10]或邁朗(Myron)[11]為他塑像造形，

5　梭倫的法律最早是書寫於木板上，參閱第52章〈哲學家應與掌權者多多交談〉4節和注釋34。

6　波斯古代先知和哲學家瑣羅亞斯德創立的善惡兩元論，將歐羅瑪斯德或阿胡拉(Ormusd)稱為「善」或「光明之神」，要與阿里曼(Ahriman)「惡」或「黑暗之神」進行永不間斷的鬥爭。

7　波勒摩是雅典哲學家，接替色諾克拉底成為學院學派的首腦人物，亡故於270 B.C.。

8　出自優里庇德不知其名的戲劇，參閱瑙克《希臘悲劇殘本》663頁，這兩句詩的下面一句是「要把宙斯當成你們信仰的神明」，西塞羅引用在《論神的本質》第2卷25節。

9　菲迪阿斯是雅典雕塑家，不僅完成帕台農神廟的雅典娜像和奧林匹克的宙斯像，還負責整個衛城的規劃和施工，他的成就可以說是「前無古人，後無來者」。

10　波利克萊都斯(452-412 B.C.)是亞哥斯人，希臘當代最偉大的雕塑家。

11　邁朗生於伊琉瑟里，後來定居雅典，是西元前5世紀知名的雕塑家，他的作品體型修長，對

他用德行作為量測的工具，使自己的外觀如同神明，從而創建的雕像讓人們看到就很高興，值得大家對它表示尊敬。如同神明在天空為自己設置最美麗的相貌，那就是太陽和月亮，因此統治者處於一種狀況：

> 他類似神明要堅持公正的決心；[12]

那是在說一個人擁有神明的智慧，如同他的面容和身體的形狀，創造的才華可以取代權杖、雷電或三叉戟，由於有些統治者用來表現在雕塑和繪畫上面。從而引起他們的愚昧，使得敵意高漲，因為他們宣稱無法到達所望的標準。神明降下天譴，責打模仿祂使用雷鳴、閃電和光環的人，至於有人與祂在德行方面爭勝，像祂那樣付出善意和仁慈，歡喜之餘會將成功的恩惠賜給他們，還讓他們分享祂的平等、公正、真理和溫馨，可以說沒有任何事物比這個更為神聖；無論是火、光、太陽的運行、星辰的升沉、永恆和不朽，都要等而次之。因為神明享有至善至福，並非經由祂的生命所包含的時間範疇，而是祂的德行所具備的管轄特質，最卓越之處在於部分的德行聽命於神性和天意。

4 亞歷山大殺死克萊都斯(Cleitus)[13]心中苦惱萬分，安納薩爾克斯為了安慰他，就說正義女神和公理女神之所以要分坐在宙斯的左右[14]，那是人們認為國王的任何行為不僅合理而且公正；這種方式對於平息國王因罪孽所生的悔恨，即使再努力也無法矯正或給予幫助，只能鼓勵他變本加厲犯下錯誤而已。像這樣的事用揣測更為適當，所以我說宙斯不需要正義女神坐在他的身邊，他本人就是正義女神和公理女神的化身，也是最古老和最完美的法律。可以從古人的著作和訓誨，得知他們已經陳述所用的方式，暗示沒有正義女神，即使是宙斯也無法有效的統治。

按照赫西奧德的說法「正義女神是一位處女」[15]，沒有腐化也不會墮落，提

（續）————————————————————
後世影響甚大。
12 荷馬《奧德賽》第19卷109行。
13 克萊都斯是亞歷山大的友伴，格拉尼庫斯會戰時還救過國王的性命，328 B.C.秋天在粟特的馬拉坎達發生這樁慘劇。
14 安納薩爾克斯說這段話的目的，在使亞歷山大明白自己如同宙斯，兩手分掌正義和法律，身為征服者所做的一切都合法而正當，根本不必邊就懊悔的心理和無用的輿論；雖然可以免除國王的悲痛，同時也敗壞他的品德，亞歷山大比起從前更加膽大妄為而且目無法紀。
15 赫西奧德《作品與時光》256-257行。

到祂都很尊敬，祂能克己自制而且樂於助人；因此國王被人奉上「尊敬的頭銜」[16]，可見他們受人景仰的多而感到畏懼的少；統治者的作惡多端較之厄運臨頭更使人感到畏懼；通常前者是後者的成因；統治者這方面的恐慌就種類來說應該出自人道的立場，並非無知到對於代表他的臣屬也感到懼怕，免得他們像他一樣不知道會遭到傷害。

> 守夜的狗聽到傳來野獸的長嗥，
> 提高警覺來往巡視欄內的羊羔；[17]

不是為了自己的安全而是需要保護的對象。底比斯人聚集起來舉行慶典，大家放棄應負的職責沉溺於飲宴歡樂，只有伊巴明諾達斯一個人巡查軍械庫和城牆，說是他要保持清醒，可以讓其他人去喝酒和睡覺。加圖在烏提卡(Utica)[18]發布公告，將所有戰敗倖存的人員都派到海岸，等他看到大家登上船隻，向上天祈禱祝他們能有順利的航程，然後他回到住處自裁了此殘生。因此可以教導我們得知統治者對那些事物應感到畏懼，對那些他應該擺出藐視的態度。

潘達斯的暴君刻里克斯(Clearchus)[19]睡覺時，就像蛇那樣爬進一個箱子；亞哥斯的亞里斯托迪穆斯建造一個在天花板上面的房間，裡面擺上一張床供他和情婦夜晚睡眠之用，進入這個房間要向上攀登經過一扇活門，女郎的母親在下面將梯子搬走，等到第二天早晨再架起來。他要是使得自己的寢宮變成狹小的牢房，你能想像他在劇院、市政廳、元老院會議室、盛大宴會那副戰慄和緊張的模樣嗎？真正的國王為他們的子民擔憂，只有僭主害怕他們的廷臣；因此他們多一分權力就多一分畏懼之心，等到他們有了更多的子民，就會有更多的人使他們感到害怕。

5 有些哲學家持過分主觀的看法，實質的物體全都具有激情，現存的事件屈從無窮無盡的需要、機會和轉變，他們認為神明要與實質的物體和所

---

16 荷馬《伊利亞德》第4卷402行，這裡提到的國王是阿格曼儂。

17 荷馬《伊利亞德》第10卷183-184行。

18 烏提卡是阿非利亞主要的海港，運往羅馬的穀物拿這裡當成集散地。羅馬帝國有西西里、阿非利加和埃及三大穀倉，糧食的供應是羅馬當局最重要的工作。

19 刻里克斯是赫拉克利的僭主，這個城邦位於潘達斯；參閱穆勒《希臘歷史殘篇》第3卷526頁。

有的事件混雜在一起,然而既沒有這種可能,何況也不見得適合。從另一方面來看,無論在何處接觸上界都是非常自然的事,遵循相同的原則直到目前仍舊不變,根據柏拉圖的論點,建立在神聖的基座上面,行進的路徑合乎天理是平直的坦途,就可以到達目標[20]。他把太陽當作最美麗的肖像,出現在天空像是鏡中反映的身影,讓下界的人都可以看見,如同祂用最隆重的方式發射公正的光和知識的光,當作受到祝福和睿智的抄本對於哲學大有助益,所有最美麗的事物都按照祂的形象複製出來。除了哲學的傳授沒有任何方式可以將這種特質灌輸到人的內心,讓我們能像亞歷山大保有類似的經驗。

馬其頓國王到達科林斯就去探望戴奧吉尼斯(Diogenes)[21],讚譽他有赤子之心,為他的人格和氣質的偉大感到詫異,說道:「如果我不是亞歷山大,我想成為戴奧吉尼斯。」他幾乎要說他被好運、光榮和權勢壓得透不過氣來,因而感到憂心忡忡,何況還讓他沒有閒暇做自己想做的事;所以他羨慕犬儒學派人士所穿的斗篷和可用的書囊。戴奧吉尼斯所以不唯命是從和面對權貴處之泰然,完全靠著本身的素養避免為物所役,不像亞歷山大縱橫天下要靠軍隊、馬匹和刀槍。亞歷山大具備的氣質使他能成為一個像戴奧吉尼斯的哲學家,然而他還能建立繼往開來的事功,這是出於天命和氣數;因為他是亞歷山大,才把成為戴奧吉尼斯當成難以企求的理想;他乘坐的命運之舟受到狂風的吹襲在怒海中航行,當然需要很重的壓艙物和經驗豐富的舵手。

6 弱勢的低階平民因為缺乏權力變得愚蠢庸俗,形成的結果是不會產生錯誤,如同經歷一場夢魘,悲痛的感覺使得心靈受到襲擾;按照欲望的需求無法恢復原來的狀況;等到權力變得式微,為了提升它的聲勢,會使激情增加更多的活力。戴奧尼休斯的看法不無道理,他說他能夠享受權勢的樂趣,在於心中想到的事可以很快去做。實在說這樣的局面非常危險,那就是他以為做了他想做的事,最後經過考量還是以不做為上策;

　　下達命令把事情辦得有條不紊。[22]

20　柏拉圖《菲德魯斯篇》254B。

21　希臘重要的哲學家當中有三位的名字都叫戴奧吉尼斯,本書指的應是來自夕諾庇的戴奧吉尼斯(413-323 B.C.),他是犬儒學派最知名的人物,憤世嫉俗的態度對後世的影響極其深遠。

22　荷馬《伊利亞德》第19卷242行。

邪惡能以很快的速度獲得權力，就會迫使每一種激情露出原來的面目，像是進行憤怒的謀殺、愛情的通姦和貪婪的籍沒。有的事情必須盡快完成，諸如罪犯可以馬上處決；等到猜忌之心油然而生，受到中傷的人也會立即喪失性命。

物理學家說閃電的發生要較雷聲爲晚，如同血液的洶流要在傷口出現以後；看起來閃電較快，那是因爲聽覺要等待聲音，視覺只要遇到光線。因而在證據未提出之前，已經宣告指控和定罪；在宣告指控和定罪之前，已經執行當局的懲罰。

> 靈魂現在已屈從不再堅若巨崖，
> 如同浪潮上漲使錨爪陷入沙泥；[23]

除非是理性的重量可以壓制權力，使它保持在卑下的地位；統治者要拿太陽當作榜樣，等到它爬上北方的天空到達最高的緯度，這時會出現距離最短的移動，用極其緩慢的速度確保軌道運行的安全。

7 權力所在的位置不可能將惡行盡行掩蓋。癲癇患者如果走上高處或是在附近活動，就會感到暈眩和站立不穩，這是得病的明顯證據；如同命運女神有時會讓未受教育和毫無歷練的人，因財富、名聲和職位而得意忘形，不過爬得高摔得重也是很自然的事。還可以運用一個很好的比喻，你有一大批陶甕，卻無法告訴我那些很完整那些有瑕疵，等到你把水注入其中就可以發現滲漏；如同敗壞的靈魂無法容納權力，迫使欲望、憤怒、欺騙和惡習會從裂縫中穿透出來。一位名聲顯赫的人物爲微不足道的過錯，讓人在背後講得極其不堪，對於這些狀況又有什麼可以說的呢？因而才會誹謗西蒙說他喝得太多[24]，中傷西庇阿（Scipio the Younger）[25] 說他睡得太久，盧庫拉斯飲宴過於浪費[26] 被人說壞話……

---

23 出自不知名戲劇家的作品，參閱瑙克《希臘悲劇殘本》之〈Adesp篇〉911頁No.379。

24 西蒙遭到指責的不僅是酗酒而且是個多情種子，還娶自己的姊姊艾爾萍妮絲爲妻；然而雅典的法律不禁止同父異母的兄妹或姊弟成親，同母異父的手足則不可以。

25 這位是率軍攻陷迦太基並兩度出任執政官的小西庇阿；參閱本書第16章〈羅馬人的格言〉10節。

26 盧庫拉斯在他的阿波羅餐廳，舉辦一場晚宴的費用是一萬五千德拉克馬，須知當時一個士兵的年薪不過兩百德拉克馬；豪奢浪費的程度真是古今罕見。

第五十四章
花甲老人是否應該忙於公事

1 優法尼斯(Euphanes)[1]，我們知道你用坦誠的語氣讚譽品達的著作，最令人心折的表達方式，就是經常誦讀下面的詩句：

> 我們面對鬥爭不能再有頹廢怨言，
> 戰士喪失勇氣會墮入陰暗的深淵；[2]

肉體的病痛可以提供形形色色的託辭，能夠讓我們擺脫政壇的鬥爭，最後還是老年使我們能從「神聖的第一線」[3] 全身而退。更為特殊之處在於這些藉口，使得我們的野心和抱負會受到挫折和阻撓，開始承認年紀有適合的限度，不僅運動員的生涯有這方面的考量，即使是政治家也應事先好好打算。我最近一直在想老年人從事政治活動的狀況，認為有責任要與你討論相關的問題。我這樣做並不是對長期以來相互扶持的旅程感到膩煩，也不是想要放棄公職生涯，這麼多年以來就像老朋友一樣給予規勸和勉勵，即使我們希望能轉換環境，已經不可能熟悉陌生的事務，何況我們也不想改變初衷和原來的理想；除非在我們有生之年的剩餘時光當中，能證明我們過去那段漫長的歲月，完全在浪費生命結果是一事無成；否則可以說從一開始就堅持所選擇的道路，能夠達成所望的目標，過著誠實和正直的生活。

有人曾經向戴奧尼休斯提到，暴政並不是一塊體面的裹屍布[4]；就他的狀況而言，那種毫無正義的君主政體，從頭到尾都是極大的災害和完全的不幸。過了

1　優法尼斯是蒲魯塔克來往密切的朋友，只知道他是雅典人，此外一無所悉。
2　貝爾克《希臘抒情詩集》第3卷475頁 No.228。
3　最早的西洋棋是兩位弈者在棋盤上面各據有五線，可以用來安置棋子，最中間的一線稱為「神聖的行列」。
4　參閱伊索克拉底《頌辭》第4卷125行。

一段時間以後，戴奧吉尼斯在科林斯見到戴奧尼休斯的兒子，現在不是僭主，而是一個普通市民，於是他很得體的說道：「戴奧尼休斯，看來你現在的運道真是不錯！照理說你應該像你父親一樣，住在高牆圍繞的皇家宮殿裡面，度過驚惶和戰慄的一生直到老之將至；而不是與我們在一起，過著無憂無慮自由自在的生活。」在一個民主和法治的國家，人們習慣於接受治理而不是統治別人，唯有如此才能給公眾帶來更大的福利，死後所能獲得最光榮的名聲，在於贏到壽終正寢的結局。所以賽門尼德就曾這樣說：

> 塵土歸之塵土終究要相從於黃泉。[5]

除非發生下面的狀況，就是熱愛人類和榮譽的人士過早的死亡，出現在軍事和戰爭需要之前，所以無法達成高貴的目標，因而靈魂當中積極和神聖的屬性，比起激情和肉體的屬性更難以持久不變。

我們不能接受某些人的觀念，認為我們只有在賺錢的時候，才不會變得衰弱無力，這種說法的確還有斟酌的餘地。從另一方面來看，我們應該更正修昔底德[6]的名言，相信它不僅在於「熱愛榮譽不會使人變老」，甚至更具體的做法在於對社區和城邦的服務精神，要能像螞蟻和工蜂一樣堅持到底。從來沒有人看到一隻工蜂，因為年紀或時間的關係，最後會變成一隻專事生殖的工具；有很多人主張公眾人物過了壯年以後，必須退休坐在家中飽食終日無所事事，不應該有任何值得一提的行動，如同鐵器因生鏽而腐蝕最後遭到毀棄。諸如加圖[7]經常提起人到老年已經是來日無多，為何還要將惡行帶來的病痛加上去。雖然卑賤低劣的方式多如牛毛，對於年齒已高的長者而言，怠惰、怯懦和疏忽不再算是羞辱，他這時從公職退休去做一些適合女性的家務事，或者前往鄉間監督莊稼的收割以及指使婦人從事拾穗的工作，倒是可以

> 問伊底帕斯解謎的名聲現已何在？[8]

---

5 貝爾克《希臘抒情詩集》第3卷417頁No.63。

6 參閱修昔底德《伯羅奔尼撒戰爭史》第2卷44節，出自伯里克利在陣亡將士國葬典禮的演說。

7 參閱蒲魯塔克《希臘羅馬英豪列傳》之〈馬可斯‧加圖傳〉9節；這裡的惡行是指貪財好色。

8 優里庇德的悲劇《腓尼基人》1688行，這是安蒂哥妮對眼睛已瞎的父親伊底帕斯所說的話，即使過去可以無往不利，現在事過境遷已經毫無助益。

　　因為有人到了老年才開始從政，算起來不是過去很久的事（他們說伊庇米尼
德剛剛入睡還是年輕人，等到醒來已經是年過五十歲的老者），由於長期以來適於
安逸和休閒的狀態，現在投身努力打拚和最花時間的工作，不僅無法習慣，就是
處理的事務和公眾的人物都不熟悉。等於給吹毛求疵的傢伙一個挖苦的機會，對
於那些想謀求一官半職和擔任民間領袖的人士，可以引用阿波羅女祭司的話：
「你來得太遲了。」你要是不合時宜去敲行政長官的門，就像無知的人利用參加
飲宴的場合，等到夜深人靜才偷偷溜去，或是如同那些新調過來的陌生人，須知
這裡不是你居住的地方也不是你的國家。從此你的生活模式即將局限於沒有經驗
的範疇。賽門尼德有一句名言：「城邦會教導市民應該如何去做」[9]，放之四海皆
準的說法非常正確，有些人仍舊有時間忘卻終生受用的東西，逼著自己從頭學習
新的項目，經過一番努力和用功總算有相當收穫。只要時機的掌握非常得當，很
容易忍受帶來的辛勞和折磨。一個人到了老年開始公職生涯，相信大家提到他的
時候，交談的內容都會再三斟酌，不會講些不合情理的難聽話。

　　2 然而在另一方面，我們看到一些人年紀輕輕，出於明智的決定辭去公眾
的事務；傳令官在市民大會宣布法律的時候，要聽取大家的意見，首先
受到呼喚登上講壇的人士，不是諸如亞西拜阿德[10]和皮瑟阿斯（Pytheas）[11]之類
的年輕人，而是年過五十歲的老成之輩，請他們發言提出個人的看法。他們不再
有衝動浮躁的個性和飛揚跋扈的膽識，垂老的歲月已失去戰勝對手的機會。不像
加圖年過八十以後還涉入一場訟案成為被告，抱怨在不同世代的人士面前為自己
辯護是件很困難的事。提到凱撒[12]擊敗安東尼[13]以後，大家認為他的政治手腕非常
老到，對人民是這樣的仁慈和有益，看來他像是已經走到生命的盡頭。有次年輕
人干擾到別人的講話，他用嚴厲的口吻指責他們的行為和習慣，說道：「小夥
子，長者說話要洗耳恭聽，須知他們在年輕的時候，也用這種態度善待老年
人。」

9　貝爾克《希臘抒情詩集》第3卷418頁No.67。

10　亞西拜阿德在年紀很輕的時候就投身政壇，不僅頭角崢嶸而且使得前輩失色，所以本章敘述
　　的狀況對他並不適合。

11　皮瑟阿斯是西元前4世紀雅典演說家，政壇上面與笛摩昔尼斯站在敵對的立場。

12　這位凱撒是指奧古斯都屋大維，後來是接位的王儲使用「凱撒」的稱號。

13　屋大維於31 B.C.在阿克興會戰擊敗安東尼和克麗奧佩特拉的聯軍，次年安東尼在亞歷山卓
　　自殺，屋大維統一羅馬帝國，進封號為奧古斯都。

伯里克利等到進入晚年,才在政府當中擁有最高的權力,就在這個時候他說服雅典人從事戰爭;雖然他抱著戰鬥的熱誠,發覺要在不適當的時機對抗六萬重步兵,經過調停總算能夠達成拒敵境外的要求;爲了避免有人不聽命令擅自出戰,認爲妥善的做法是把武器封起來不發給民眾,也不讓他們用鑰匙打開城門。色諾芬筆下所描述的亞傑西勞斯,有很多地方很值得大家效法,他說道:「亞傑西勞斯已經是老邁之年,還有那一位年輕人不甘拜下風?他面對強敵仍舊臨陣當先,還有那位正當盛年的對手不爲之戰慄失色?他到了風燭殘年還不服輸,還有哪一位的亡故比起他更能使敵人爲之欣喜若狂?他已經走到生命的盡頭,還有哪一位將領比他更能激勵盟軍的士氣?特別是他在逝世的時候年事甚高,還有哪一位年輕人比他更受朋友的懷念?」[14]

3 看來時間的流逝不會阻止任何人從事偉大的工作;然而今日的我們生活在奢華的環境,免於暴政、戰爭和圍攻所帶來的災禍,所有的爭執和對抗靠著法律和辯論,大部分都能用公正的方式獲得解決,怯懦的心理來自規避激烈的手段,所以才會承認不僅無法與將領和公眾人物相比,就是較之詩人、教師和演員更差一籌,難道實情不就是如此?不錯,賽門尼德老年還與他的合唱隊贏得優勝,詩句有如下的描述:

> 詩人光榮的隊伍富於合唱的技巧,
> 他是名城的子弟和奠基者的根苗。[15]

據稱索福克利受到兒子的指控說他患了癡呆症[16],因而高聲唱出《伊底帕斯在科洛努斯》一劇合唱隊的入場之歌,開始幾句是[17]:

> 陌生人,你來到景色優美的鄉居,
> 整個地區飼養和培育飛奔的良駒,
> 光輝的科洛努斯遍布綠色的叢林,
> 夜鶯用嘹亮歌喉唱出甜蜜的聲音。

---

14 色諾芬《亞傑西勞斯傳》11節之15。
15 貝爾克《希臘抒情詩集》第3卷496頁No.147。
16 雖然古代有幾位作者記載這件事情,只是很少人會真正相信。
17 索福克利的悲劇《伊底帕斯在科洛努斯》668-673行。

歌聲所獲得的讚譽是在大家的護衛之下，將他從法庭送到劇院，在場人員全都高
聲喝采，祝賀他打贏這場官司。下面是索福克利短短的諷刺詩，會讓大家都感到
滿意：

> 索福克利已到了五十五歲的年紀，
> 竟然為希羅多德撰寫讚譽的頌辭。[18]

喜劇作家斐勒蒙（Philemon）[19] 和阿勒克瑟斯（Alexis）[20] 在亡故之前，戴著花
冠活躍在舞台上面。波盧斯（Polus）是悲劇名角，伊拉托昔尼斯和斐洛考魯斯都提
過他，說是他在七十歲的年紀，四天工夫就演出八齣悲劇，沒過多久溘然長逝[21]。

4　老年人要是在講壇上面感覺沒有像登上舞台那樣高貴，這也不是什麼丟
　臉的事。真正要從神聖的競爭中金盆洗手，不願再擔任政治人物的角
色，我不知道還有什麼工作可以替代？擺出國王的派頭粉墨登場，再扮演農夫真
是太過於平凡。笛摩昔尼斯說到他熟悉的人物[22]，批評帕拉盧斯放棄諸如賽會演
出的督導、皮奧夏的行政長官和安斐克提昂會議主席之類的職位，等到不再是一
個公眾人物，對於神聖的船隻處理極其不當，竟然用來運送梁板、木椿和牛隻給
密迪阿斯（Meidias）[23]；同時還為稱量麵粉和橄欖油製的糕餅，以及買賣成束的羊
毛忙碌不堪，據說沒有任何人逼他非這樣做不可，他卻以「辛勞的老馬」自居，
真不知這是出於何種道理？擔任公職以後竟然還在市民大會找到卑賤的工作，如
同一位家世良好的淑女，脫去長袍換上廚娘的圍裙，留在酒館裡面應接不暇。須
知一個人轉到家庭事務和賺錢工作，公職生涯受到尊敬的才華和能力全部喪失殆

18　貝爾克《希臘抒情詩集》第2卷245頁No.5。

19　斐勒蒙是米南德在戲劇界最主要的競爭者，生卒時間是361-262 B.C.，蘇達斯（Suidas）說他
　　在睡夢之中安詳去世，成為活在世上一百歲的人瑞；另外有本託名盧西安的偽作，敘述他在
　　九十七歲那年，一陣大笑使他突然亡故

20　有一篇頌辭證實阿勒克瑟斯壽登期頤之年(375-275 B.C.)，他是中期喜劇的倡導者，平生寫
　　出254個劇本，沒有傳世的作品。

21　近代學者理查遜(B. E. Richardson)在其《古代希臘的老年人》(Old Age among the Ancient
　　Greeks)215-222頁，開列了一份很長的名單。

22　笛摩昔尼斯《演說集》第21章〈控訴密迪阿斯〉568節。

23　密迪阿斯是雅典一個有錢人，據說指控他的起訴書寫好以後並沒有使用；參閱蒲魯塔克《希
　　臘羅馬英豪列傳》之〈笛摩昔尼斯傳〉12節。

盡；這個時候只有一件事情可做，那就是將放縱和奢侈美其名爲休息和娛樂，辯稱政治家只有在這種環境可以安靜的打發時間，直到老之將至。

我不知道上面提到的生活力式，更爲接近兩幅圖畫中的那一幅：其中之一是描繪水手的行爲，這時他們還在海上航行未曾抵達港口，爲了要留在滿足色欲的島嶼，紛紛離棄他們的船隻；同個畫家以海克力斯爲主角又畫了另外一幅，大力士穿起黃色的長袍留著鬈曲的頭髮，躺在歐斐利(Omphale)的宮殿讓利底亞的少女爲他打扇[24]。難道我們應該運用同樣的方法將政治家堅持武力的外表剝去，讓他喜愛在宴會中拿出豎琴和笛子演奏音樂？龐培大將對盧庫拉斯講的話是否不應對我們帶來任何影響？盧庫拉斯沉溺於浴場休閒、宴飲無度、白晝宣淫、心神倦怠和大興土木之中，放棄軍事活動和戎馬生涯，還能責備龐培喜愛官位和虛名與他的年齡大不相稱；所以龐培才會加以反駁，說是老人的奢侈揮霍比起縱橫政壇更不合乎時宜。有一次龐培生病，醫生開的藥方是吃鶫鳥[25]進補（這種食材要是季節不合很難獲得），有人提到盧庫拉斯養了一些正在催肥，龐培不願派人前去求取，說道：「總不能讓人說龐培是靠著盧庫拉斯的窮奢極侈才能活下去吧？」

5 大家都同意追求各式各樣的歡樂和享受完全合乎自然之道，老年人除了少數需要的項目，因爲機能的衰退大多數都要放棄；不僅是

> 愛神與長者在一起就會怒不可遏，[26]

這是優里庇德所說的話；至於在飲食方面，大多數老人因爲感官的遲鈍和缺少牙齒，我可以這樣說，那就是很難引起食欲和消化能力的減弱。他們應該爲自己求得心靈的愉悅，不要像賽門尼德那樣行爲卑劣和氣度狹隘，有人責備他何其貪婪，因爲他說老年剝奪他所有的樂趣，唯有獲得物欲的滿足才能安慰晚景。從另一方面來說，公職生涯追求的喜悅最爲高貴而且備受羨慕，事實上我們認爲神明僅有的享受在於至高無上的權力，獲得的樂趣在於啓迪至善和崇高的行爲。

---

24 海克力斯受到赫拉魔法的蒙蔽，殺死好友伊斐都斯，宙斯判他要賣身爲奴三年，才能洗清罪孽，於是他成爲利底亞皇后歐斐利的奴隸。

25 英譯本指這種食材是thrush，一種鶫鳥或是歌鶫，文中提到夏天要催肥，很可能是拉丁人最喜愛的一種稱爲glis的野味，法文叫作loir，要說牠是禾花雀就有點文不對題。

26 出自優里庇德的悲劇《伊奧盧斯》，參閱瑙克《希臘悲劇殘本》之〈優里庇德篇〉369頁No.23。

　　畫家尼西阿斯喜愛他的工作，沉溺其中忘懷日常的生活，經常會問奴僕他是否已經沐浴或是用過早餐。阿基米德（Archimedes）[27]想要演算幾何學的題目，他的奴僕將繪圖板從他身旁拿走，然後將他的衣物脫去再塗上油膏，這時阿基米德還將圖稿拉近已經塗油的身體。你可能認識著名的笛手卡努斯（Canus），經常說人們不知道悅耳的旋律會給他帶來多大的快樂，如果可能他情願付錢給那些願意聽他吹奏的人。鑑於上述的例證，我們不可能覺察德行提供多大的歡樂，關鍵還在於實踐的過程；高貴行為所產生的結果，在於工作造福於社區和人類，如同平滑和溫柔的觸摸輕拂過我們的身體，難道只能產生阿癢和鬆弛的感覺？一種狂亂、易變的刺激快感與痙攣的悸動混合起來，是高貴的工作帶來的歡樂，如同對城邦有極大貢獻的人物，他們不必像優里庇德[28]筆下描述的形體有著黃金的雙翼，而是能夠如同柏拉圖學派的學者提供卓越的意見[29]，帶著他們的靈魂向高處飛翔，獲得偉大和尊貴的精神攙雜著極樂的歡娛。

　　6 你可以想一想那些耳熟能詳的故事。有人問到伊巴明諾達斯發生在他身上最快樂的事情是什麼，得到的回答是他贏得琉克特拉會戰的時候，雙親仍舊健在可以分享他的榮譽。蘇拉[30]結束內戰讓義大利獲得解放，班師羅馬的那天晚上整夜無法入睡，像是乘著一陣微風使得靈魂飄浮在巨大的歡樂之中，他將自己的感受寫進回憶錄。我們都同意色諾芬[31]的說法，沒有比讚美更為甜蜜的聲音，世界上沒有任何見聞、記憶或知覺能夠帶來更大的快樂，那就是一個人擔任城邦的職務和官位，他的施政受到大家的注視，在眾目睽睽之下像是整個地區被他發出的光芒所照亮。

　　證實一個人的行為在於衷心的感激，只有讚譽可以與感激媲美，用以引進值

27　阿基米德（287-212 B.C.）是敘拉古人，當代最知名的科學家、數學家和工程師，他在敘拉古抗拒羅馬大軍的攻城，以及最後被害，可以參閱蒲魯塔克《希臘羅馬英豪列傳》之〈馬塞拉斯傳〉13-19節。

28　瑙克《希臘悲劇殘本》之〈優里庇德篇〉655頁No.911

29　柏拉圖《菲德魯斯篇》246B-248E，靈魂如同車駕，上面有位御者操縱兩匹長著翅膀的飛馬。

30　全名為盧契烏斯‧高乃留斯‧蘇拉（Lucius Comelius Sulla, 138-78 B.C.），與該猶斯‧馬留相爭後贏得內戰勝利，成為笛克推多（獨裁官），進行暴虐統治。他死後埋在戰神教練場，墓碑上面刻著自己撰寫的墓誌銘：

　　有仇報仇，有恩報恩；

　　連本帶利，加倍還清。

　　參閱本書第16章〈羅馬人的格言〉14節。

31　色諾芬《回憶錄》第2卷1節之31。

得頌揚的善意，使得來自德行的樂趣更爲光明燦爛。身爲男子漢的責任是不要讓
自己的名聲，到了老年像是運動員頭上戴的花冠，變得枯萎了無生氣。工作要不
斷的創新求變，對於過去的行爲表示感激，能夠使之延續下去獲得更好的效果。
工匠的任務是要將駛往提洛的船隻[32]維護在良好的狀態，拆下陳舊的船板換上嶄
新的材料，像是這艘聖船從古代開始就一直擁有永存不朽的特性。名聲的保持和
維護，如同火一樣要添加燃料才不會發生問題，等到熄滅變冷以後，再要點著就
會帶來相當的困難。

　　蘭庇斯(Lampis)[33]是海上討生活的船長，有人問他如何發達起來，他說道：
「我的萬貫家財來得倒是很順遂，開始的時候一點一滴慢慢累積，加上辛勤賣力
的工作就能大發利市。」政治的名聲和權力在開始的時候很難維持，出於偶然機
會所得到的優勢，一旦使它的威望壯大起來，這時就很容易水漲船高，還能延續
長治久安的局面。一個人有了朋友還想維持密切的關係，就不能經常向對方提出
事體重大的需索，卻要不斷在日常生活當中表達自己的善意；人民的友情和信任
也很類似，不能一直向特定的對象提出很多要求，諸如支付合唱隊的費用、出庭
爲人作證好打贏官司，或者保有職位提供更周到的服務。不僅如此，要想持續良
好的互動關係，個人還得做好各方面的準備，處理的事務不能出現差錯，對人民
的關切和照顧不能稍有倦怠之心。

　　甚至就是我們談起戰爭這樣嚴肅的題目，經過仔細的研究以後，發覺不會全
部都是堂堂正正的會戰、激烈無比的搏鬥和曠日持久的圍攻，部隊還是同意偶然
需要的獻祭、雙方之間的社交聚會，以及有足夠的閒暇從事競賽和其他可笑的活
動。要知道公職生涯包含劇院的盛大演出、節慶的遊行行列，食物的充分供應、
繆司和阿格拉伊婭的合唱隊、神明的祭祀奉獻、要在元老院和市民大會平息立法
者的慍意、甚至就是歡樂和享受引起無窮無盡的麻煩都要一一擺平；大家想想
看，對於所帶來的困擾、辛勞和負擔，又有誰不感到害怕？看來這也是當然之理。

7 糾纏公職生涯最大的禍害就是嫉妒，對老年人帶來的困擾就要少得多，
　　按照赫拉克萊都斯(Heracleitus)[34]的說法，「狗只向不認識的人吠叫」，

32　「提洛的船隻」就是稱爲「帕拉盧斯(Paralus)號」的聖船，每年一次載著雅典的代表團前往
　　提洛島，參加盛大的阿波羅祭典。

33　蘭庇斯是伊吉納島最爲富有的船主。

34　赫拉克萊都斯是500 B.C.前後望重一時的哲學家，出身以弗所皇室，公開宣布將王座讓給他
　　的兄弟，現在留存的著作都是引用的殘句。

一個人剛剛進入政壇就會面臨吃味的攻擊，想要登上演說家使用的講台，都會在入口遭到拒絕不讓進入。大家熟悉而且面孔已經習慣的知名之士，即使讓人討厭，也不會給予粗魯和野蠻的對待，提出抗議的態度也要溫和得多。嫉妒基於這樣的理由可以說它很像煙霧，當一個人開始步入政壇，如同木柴剛剛點燃，當然會冒起大量濃煙，等到火焰由通紅變得白熾就會很快消失。

舉凡一個人自認操守、家世和聲望都無懈可擊，會把其他的長處看得一文不值，擁有的優點是來自個人無需外求，同時還可以當成恩惠賜給別人。說起「首席」的來源出於時間的因素，有一個很特別的單字presbeion即「年高德劭者的特權」，這樣就不會引起不滿也獲得大家的認同。表示對長者的尊敬也給城邦帶來光彩，呈獻者比起接受者會感受更大的榮譽。再者，並非所有的人都期待權勢的掌握，來自他本身具備的財富、辯才和智慧，然而任何人只要投身政壇，都希望獲得老年人才能擁有的尊敬和聲望。

無論是航行在危險之中要對抗逆風和波濤，還是一帆風順經歷水波不興的大海，對於船長來說最後的目標沒有不同，那就是進入港口找到停泊的位置。一個人乘坐這艘「城邦之舟」，經過長時間的奮鬥用以抗拒嫉妒的巨浪，等到海面平靜開始回航，要從公職生涯中全身而退，連同政治的組織和派系以及公眾的活動一併放棄。只要留在政界的時間愈久，得到的朋友和工作夥伴愈多，他不可能全部拋開不管或是讓他們自生自滅，如同一個領唱者對他的合唱隊負有必然的責任。長久的政治生涯就像是一棵長著很多樹根的古木，所有的事務全都糾纏交織在一起，離開比留下會引起更多的困難和煩惱。那些仍舊對老年人存著嫉妒或猜疑的政敵，與其讓對手解除武裝離開，還不如自己消除不當的心理。他們對於老年人不會趕盡殺絕，因為只有嫉妒才會維持競爭，要是受到藐視就會置之不顧。

8 偉大的伊巴明諾達斯對底比斯人說的話可以證實此點，寒冬之際阿卡狄亞(Arcadia)[35]的居民邀請他們進入城市，住到當地人士的家中；他加以禁止還對底比斯人說道：「你們從事軍隊操練或者進行角力比賽，阿卡狄亞人在一旁注視就會讚不絕口，如果他們看到各位坐在火邊啜飲豆粥，就會認為你們並沒有什麼高明的地方。」如同一個老人保持得體的言行舉止，看在眼裡就會贏得大家的尊敬；像是有些人整天躺在床上，或是坐在門廊的角落喋喋不休一面還摳

35　阿卡狄亞位於伯羅奔尼撒半島中部，是一個多山而且難以進入的地區，長久以來為斯巴達所控制，主要的城市有特基亞、曼蒂尼和麥加洛波里斯。

著鼻子,這種樣子怎能不讓人感到羞辱。毫無疑問的,荷馬的話也讓聽到的人認
爲非常正確,尼斯特(Nestor)[36]趕去參加特洛伊戰爭,受到大家的尊敬也獲得很
高的榮譽,佩琉斯(Peleus)和利特斯(Laertes)[37]留在家中,無人理會還受到大家的
藐視。

　　勤勉審慎的習性不會長久的保持下去,減少對外的活動就會逐漸變得怠忽,
這時通常需要所謂「腦力的激盪」,只有思想才能啓發和純化理性和行動的力
量,像是

　　　　常用物品閃爍如同美麗的青銅器。[38]

一個人超過正常的年紀出任文官或武職,不會因身體虛弱以致執行公務產生重大
的錯誤,特別是具有細心和謹慎的長處,吸取前人的經驗不致重蹈覆轍,處理事
務總以節制和溫和爲方針,不像有些人那樣會利用暴民使社會陷入混亂,整個城
邦如同在颶風襲擊下巨浪翻騰的大海。

　　國家遭到危難或陷於驚懼之中,渴望能有老年人掌握政局。經常是那些年邁
的領袖帶著他們離開困境,不會違背他們的意願非要戴上頭盔不可,大家同舟共
濟駛往安全的港口;甚至把將領和政客推到一邊,即使政客能夠大鼓如簧之舌,
或是將領就像宙斯一樣,「讓士兵拚死不退與敵人奮戰到底」[39],還是可以將他
們置之不理。現在舉出一個例子來說明,狄奧查里斯(Theochares)的兒子查理斯
是個孔武有力的年輕人,雅典的政客想把他調教得極其出色,好作爲對付泰摩修
斯和伊斐克拉底的工具,向外放話說是雅典的將領需要像他那一類的人物;泰摩
修斯說道:「不行,神明在上,這個人只夠資格給我們背鋪蓋捲,須知身爲將領
要能『掌握重點,知所先後』[40],加上意志堅定和判斷正確。」

36　尼斯特是皮洛斯國王,希臘聯軍年紀最大的長者,閱歷豐富而且深受各方的敬重,成爲阿格
　　曼儂最爲倚重的智囊。

37　佩琉斯是希臘神話中的英雄人物,與他的兄弟特拉蒙從事各種冒險活動,娶女神帖蒂斯爲
　　妻,生下阿奇里斯這個兒子。利特斯是奧德修斯的父親。

38　出自索福克利不知其名的戲劇,參閱瑙克《希臘悲劇殘本》之〈索福克利篇〉314頁
　　No.780。

39　這是特提烏斯(Tyrtaeus)的回憶,參閱艾德蒙《悲歌與抑揚格詩體》8節之31;以及荷馬《伊
　　利亞德》第12卷458行。

40　荷馬《伊利亞德》第1卷343行。

　　索福克利說他已經垂垂老矣，避開色欲的誘惑如同逃離殘酷的暴君[41]；所以一個人投身政壇不僅如此，還要免於其他的嗜好和喜愛，像是善於內訌和追求虛名，更不能勉強自己成爲地位最高的人物，一切的嫉妒、猜忌和傾軋全都因之而起。老年人對這方面的感覺倦怠而遲鈍，甚至已到心如止水的地步，這樣才不會有過分激烈的情緒，也才不會產生衝動的行爲，還能讓思想保持清醒冷靜合乎理性。

9 讓我們承認這話說得不錯：

　　　真可憐！還得把被子蓋得嚴實點！[42]

顯然要用來制止某位野心勃勃的人士，因爲他已經滿頭白髮，不應再從事年輕人暴虎馮河的行動；也可以用來責備一個只管家務事的老年人，好像長久臥病在床以後爬了起來，不應再去尋求將領的職位或者出任地方的行政長官。我們引用這句話可以基於不同的目的，像是規勸一個人不要把一生的時間都花在公眾的事務上面，不必對所有的鬥爭不到生命終結絕不中止，像是要把他召喚回來告訴他要換走新的道路，過去所熟悉的一切可以棄之若敝屣。

　　可以把它當成很充分的理由，用來勸阻一位花甲老人不要爲自己準備婚禮，雖然他爲此已經全身打扮得光鮮入時，下面就是寫給斐洛克特底的詩句：

　　　嘆汝結縭真悲慘，
　　　一樹梨花壓海棠！[43]

就是老年人也會說些俏皮話來自嘲：

41　參閱柏拉圖《國家篇》329C，裡面提到蘇格拉底說是有人問索福克利，他的性能力是否尚未消退。

42　優里庇德的悲劇《歐里斯底》258行，這是身爲姊姊的伊里克特拉向生病的歐里斯底所說的話。

43　柯克《阿提卡喜劇殘本》第3卷609頁No.1215，提到這句詩的作者是中期喜劇的劇作家斯特拉蒂斯(Strattis)；瑙克《希臘悲劇殘本》之〈Adesp篇〉841頁No.10，則說作者是不知其名的悲劇家。

> 臨老還要入花叢，
> 娶妻像是為鄰人。[44]

詩人認爲一個人長期以來與妻子分享他的生活和家庭，所作所爲可以說是無可指責，然而到了晚年卻離開她單獨過日子，或者用情婦取代有婚姻關係的配偶，不合情理的狀況眞是荒謬到了極點。出現這種行爲應該給予告誡，限制一個老人不要習慣於封閉的狀況，無論他是一個名叫克利敦的農夫，或是一個名叫朗潘(Lampon)的船長，或是一個庭園派(The Garden)的哲學家[45]，還得與其他的市民有密切的接觸。任何人要是勉強留下像福西昂、加圖或伯里克利這樣的人物，竟然會這樣說：「各位雅典(或羅馬)的朋友，

> 衰老的年齡成為葬禮最好的點綴，[46]

產生的結局是要告別公眾的生活，你不要再登上演說家的講台，無須拜訪將領的轅門，更不必關心國家大事，趕往鄉下住在農莊由女僕給予照顧，把時間花在管理家務和記帳上面。」等於在勸政治家走上不甚得體又錯誤的道路。

10 有人會說：「爲什麼會這樣？爲什麼在喜劇中沒有聽到一位士兵說：

> 我已滿頭白髮今後還會讓我退伍？」[47]

確實如此，我的朋友，服侍阿瑞斯的隨從最好是年輕人，或者處於身強力壯的中年，才能忍受

> 戰爭以及不斷的演練帶來的傷害，[48]

甚至老年人的華髮都會被頭盔掩蓋，

---

44 出自作者不知為誰的一齣喜劇，柯克《阿提卡喜劇殘本》第3卷451頁No.225。
45 庭園派即伊庇鳩魯學派。
46 這句詩經常出現在一些悲劇或喜劇的道白當中。
47 柯克《阿提卡喜劇殘本》第3卷451頁No.226；作者和劇本的名字都一無所知。
48 荷馬《伊利亞德》第8卷453行。

　　無論軀體和四肢已經是傷痕累累；[49]

即使他的精神仍舊勇氣百倍，身體已經衰弱不堪。

　　宙斯是掌管戰爭會議、市民大會和城邦的天神，我們從祂的隨員那裡要的不是手和腳的動作，並非一定要靠這方面的技巧去戰勝敵人，要從他們那裡得知宙斯的勸告、先見和叮囑，特別是祂的講話不會在市民當中引起哄堂大笑，或是鼓勵士氣發出吶喊的叫聲，而是其中包含著良知、審慎和節儉。過去民眾看到有人出現白髮和皺紋就會訕笑，當前卻成為擁有經驗和能力的證據，還要加上名聲建立的印象以及說服的幫助。所有這一切是為了年輕人的服從、老年人的統御和城邦的安全，在於

　　長者的廟算與勇士持長槍以決戰；[50]

以及其他的詩句：

　　德高望重的老年人組成顧問會議，
　　設置的地點在尼斯特高聳的座艦；[51]

大家對這樣的說法都深信無疑。

　　德爾斐的阿波羅女祭司把拉斯地蒙結合王權的貴族政體稱為「德高望重者」（Presbygeneas），萊克格斯稱之為「長老」（Gerontes）；羅馬的參議會一直被稱為「元老院」（Senate），原意為「老人團體」。依據法律規定可以戴起冠冕，對於地位崇高的領袖人物而言，位置在白髮老人的上面是榮譽的象徵。我認為gerasd「榮譽」和「報酬」以及gerairein「尊敬」這兩個字的起源，就是來自gerontes「老人」；並不是他們與其他市民相比，沐浴要用熱水以及睡在柔軟的床鋪上面，完全是智慧使他們在城邦保有高貴的地位，如同較晚結實的植物會有更完美和豐碩的收穫，這是歷時較長自然而然所產生的效果。

　　不管怎麼說，萬王之王的阿格曼儂向神明祈禱，特別提到尼斯特，要在

49　荷馬《伊利亞德》第19卷165行。

50　希里德（Schroeder）《希臘詩文殘卷》之〈品達篇〉467頁No.199。

51　荷馬《伊利亞德》第2卷53行。

眾人當中找十位像他一樣的顧問；[52]

我們不能苛求尼斯特「作戰英勇」，說他是一個「聲音宏亮的亞該亞人」，然而大家都承認，無論在民事和軍事方面，他都有卓越的貢獻；老年人的重要性和影響力，在於

勝者要靠智取而非一味運用蠻力，[53]

這種論點的表達方式有高明的企圖心和說服力，足證城邦採用的各項措施極其偉大而卓越。

11 國王的權責在所有的政治職位當中，可以說是最為崇高而且重要，特別要求審慎、勤勉和專注。總而言之，他們口中的塞琉卡斯（Seleucus）[54] 經常這麼說，設若一個人的本領不過僅識幾個大字，那就不要揀拾丟在地上的皇冠；有人提到菲利浦把營地選在認為很適合的地點，聽到有人說那裡不好為拉車的馱獸找草料，於是他大叫道：「啊！海克力斯，我的祖宗！如果連騾子都要我把牠們安排得妥善又舒適，這算是什麼生活！」甚至時間會對國王提出忠告，老之將至就要將皇冠和紫袍放置一邊，穿上斗篷手拿拐杖到鄉間過日子，免得頭髮已白還要想繼續統治的事，失去理性還要占有高位，除了忙碌沒有任何好處。說起有關老年人的問題，要是提到的古人諸如亞傑西勞斯、努馬或大流士並不適合，那麼我們就不必讓梭倫離開阿里奧帕古斯會議（The Areopagus）[55]，或是要加圖告別元老院，也不必勸伯里克利在局勢不穩之際變換民主政體。年輕人在講台上面意氣風發，等到瘋狂的野心和衝動全部傾注在公眾身上以後，年紀的增長會從經驗獲得智慧，這時竟然告別從政的生涯，昔日的抱負無法施展，就像無知的婦女放棄一切，這豈不是極其荒謬的事。

---

52 荷馬《伊利亞德》第2卷372行，說話的人是阿格曼儂。
53 出自優里庇德的悲劇《安蒂歐普》，瑙克《希臘悲劇殘本》之〈優里庇德篇〉419頁No.200。
54 塞琉卡斯·尼卡托(Seleucus Nicator, 358-281 B.C.)是亞歷山大的友伴和部將，大帝崩殂以後，他繼承在亞洲的領土，305 B.C.建立塞琉西亞王朝，成為塞琉卡斯一世。
55 阿里奧帕古斯會議創設的年代相當久遠，等到梭倫成為立法者，規定會議的成員必須擔任過執政的職務，從而恢復最具權勢的地位，開始的時候保持委員會或會議的形式，後來才發展出最高法院的機能和職稱。

12 大家還記得伊索提到的狐狸，牠不讓豪豬清除身上的蝨子，豪豬不聽話還是照做不誤，於是狐狸說道：「如果你把身上的蝨子全部弄走，就有更多吸血的害蟲爬滿全身。」城邦經常根據需要罷黜老成之士，充滿渴求名位和權力的年輕人，他們無法具備政治家的風範和素養。如果他們沒有經過學習的階段，甚至連老年人擔任公職的所作所為，他們都沒法在旁仔細觀察，那麼他們何從獲得這方面的知識？一個人要是沒有站在舵房裡面，去與暴風、巨浪以及多季的夜晚對抗，僅靠航海手冊並不能使他有資格成為船長；須知

> 坦達里迪的雙子星深受眾人敬仰，
> 安全無虞的水手航向遼闊的海洋。[56]

　　一位年輕人只是在黎西姆的學院，讀過有關政治學的書或是寫過幾篇文章；過去沒有接觸到實務方面的工作，何況他不能「坐在御者的旁邊看他如何握好韁繩」，或「站在船尾看船長操控船隻的動作」[57]，所以他僅有的出路只有依靠政客或將領，能像御者或船長一樣把經驗傳授給他，事實上政客和將領都會爭著要助他一臂之力，同時希望他能有他們那樣好的運道；須知他在熟悉狀況之前還是會無所適從，為了獲得知識很可能要面對危險和困難；試問這樣的生手如何正確的管理城邦，說服市民大會和元老院聽從他的意見？沒有一個人能把這方面的狀況說得很清楚，如果不是出於其他的理由，老年人從事城邦的工作，主要在於指導和訓練年輕人。就像教授語文或音樂的老師，自己先要誦讀一篇文章或是演奏一段旋律，讓學生聽了以後可以照本宣科去練習；所以政治家不僅要用演講的方式提出建議，還要依據施政方針從事實際的行動。

　　對於年輕人的指引和傳授在於遵照老年人的言行，鑄造他們的性格並且使之定形。所以這種訓練方式，不像追隨熟練詭辯術的大師，處身在角力場的嘈雜環境，不會有一點危險；真正說起來很像參加奧林匹克運動會，可以引用賽門尼德的詩句：

> 剛剛斷奶的幼駒跑在母馬的身邊。[58]

56　貝爾克《希臘抒情詩集》第3卷719頁No.91；詩中的坦達里迪(Tyndaridae)是卡斯特和波拉克斯的通稱，這對攣生子是水手的保護神。

57　亞里斯托法尼斯的喜劇《武士》542行。

58　貝爾克《希臘抒情詩集》第2卷445頁No.5。

如同亞里斯泰德跟在克萊昔尼斯的後面亦步亦趨，西蒙對於亞里斯泰德也是影不離身；還有就是福西昂追隨查布瑞阿斯的行動，加圖將費比烏斯·麥克西穆斯視爲導師，龐培之於蘇拉以及波利拜阿斯之於斐洛坡門，莫不如此。這些年輕人加入長者的陣營，在他們的政策和行動當中成長茁壯，不僅獲得經驗還接受他們的衣缽，能夠在政壇擁有名聲和權勢。

13 有些詭辯家公開宣布，學院派哲學家伊司契尼斯[59]雖然沒有受教喀尼德門下，卻自稱是他的學生，伊司契尼斯回答道：「我聽過喀尼德的講話，因爲年長的關係所以腔調非常柔和，讓我們感到興趣而且得益不淺。」老年人參加公眾活動不僅靠著演說還要採取行動；無須過分修飾帶有譁眾取寵的意味。如同他們經常提到的聖鳥朱鷺，隨著年齡的增長，身上腥臭的味道全部消失，只會散發出好聞的淡淡香氣；所以老年人的意見或論述都不會逆耳，何況還具備分量說出來神色自若。因此老年人處理城邦的事務，都會希望年輕人作爲幫手，如同柏拉圖所說純酒攙水容易入口[60]，就連神明喝醉都會狂興大發，要接受清醒者給予的懲治，才會恢復原有的理智。老年人的謹慎與年輕人的熱情混合起來，靠著名聲和抱負的力量，可以除去狂狷和粗暴的成分。

14 除此還有人抱持錯誤的看法，認爲從事政府的工作如同出海航行或是發起戰爭，執行任務直到達成目標。事實上政府的工作不是一個特定的服務項目，說是任何時候需要結束就可以馬上停止。人群如同動物的聚落[61]是一種生活方式，大家共處在組織完善的社會裡面，每個人的有生之年像是盡責的市民，將榮譽和福祉奉獻給人類。因此爲人處世最適當的態度，在於從事城邦的事務不能說要停止就停止；如同他們不能停止去做正確的事，如同他們不能停止愛自己的國家和同胞。這些事項自然而然居於最重要的位置，提出的建議不能因爲懶散和柔弱而棄之不顧。完全在於

　　你是揚名列祖列宗的偉岸大丈夫，

59　西元前1世紀的伊司契尼斯生於米勒都斯島，後來定居雅典是一位學院派的哲學家。

60　柏拉圖《法律篇》773D，他用戴奧尼蘇斯和波塞登兩位神明，分別代表酒和水。

61　參閱亞里斯多德《政治學》第1卷2節，把人類稱爲社會動物。

以及

> 讓我們繼續努力為人類謀求幸福。[62]

15 可以舉例證明人的虛弱和無力應該歸之於疾病而不是年齡，所以才會有很多病懨懨的青年以及精力充沛的老者，最適當的方式不是勸阻年邁的人從事政府的工作，而是不用那些沒有能力的呆子；也不是僅召喚年輕人為大家服務，主要還是有資格完成使命的人士。例如，亞里迪烏斯（Aridaeus）[63]是一位青年，而安蒂哥努斯已經垂垂老矣，後者戰無不勝幾乎據有整個亞洲，說起前者就像舞台上面啞口無言的侍衛，僅僅是姓氏和穿著像國王而已，那些機緣湊巧獲得實權的人物，帶著惡意對他肆意侮辱。他就像一個不知世事的傻瓜，竟然要如同詭辯家普羅迪庫斯或詩人斐勒塔斯（Philetas）的傢伙，管理城邦的事務；這兩個傢伙年紀雖然很輕，患有重病長年躺在床上。卻不知道用諸如福西昂、利比亞的馬西尼撒（Masinissa）和羅馬的加圖之類的老人，讓他們出任極其重要的職位。

衝動的雅典人在不合時宜的狀況下引發戰事，福西昂下達命令要年齡超過六十歲的人，拿起武器隨著他進入戰場；大家聽到非常惱怒，這時他說道：「這有什麼好害怕！我已經八十歲還不是擔任將領與大家在一起。」波利拜阿斯（Polybius）[64]提及馬西尼撒到了九十高齡才過世，還留下一個年僅四歲的兒子；亡故之前不久，他在一場重大會戰中擊潰迦太基人，獲勝以後的次日早晨，大家看到他站在帳棚前面吃一塊骯髒的麵包。有些人對於他的節儉感到不可思議，他說他平日的習慣就是如此。索福克利有這樣的詩句：

> 常用物品閃爍如同美麗的青銅器，
> 塵封的府邸時間一到會倒塌在地。[65]

62　瑙克《希臘悲劇殘本》之〈Adesp篇〉917頁No.410。
63　亞里迪烏斯是亞歷山大同父異母的弟弟，大帝崩殂以後，他繼承馬其頓王國，成為優柔虛弱受人藐視的國王。
64　波利拜阿斯是布匿克戰爭時代的歷史學家，204 B.C.生在阿卡狄亞的麥加洛波里斯，167 B.C.成為亞該亞聯盟的放逐人員，留在羅馬的時候住在包拉斯·伊米留斯家中，成為小西庇阿的密友，146 B.C.目睹迦太基的滅亡。
65　瑙克《希臘悲劇殘本》之〈索福克利篇〉314頁No.780。

我們真可以這樣說,靠著理性、回憶和思想才會使靈魂發出燦爛的光芒。

16 基於人同此心、心同此理的緣故,大家都說國王生活在閒暇和安靜的宮廷,不如成長在刀兵和動亂的時期。阿塔盧斯是攸門尼斯(Eumenes)[66]的兄弟,由於長期處於怠惰和寧靜的狀況,所以個性變得軟弱毫無作為,斐洛坡門(Philopoemen)[67]雖然是他的廷臣,他卻變成受到斐洛坡門保護和豢養的綿羊。甚至羅馬人都用開玩笑的口吻問那些來自亞洲的人士,國王對斐洛坡門是否還能保有影響力?我們發現盧庫拉斯只要全神貫注於作戰行動,羅馬雖然有很多名將,能與他媲美者可以說寥寥無幾;等到他的生命已經喪失行動的能力,只能存活在家庭的保護和毫無意識的狀態之中,成為一具無用的骷髏,就像溫暖海洋的海綿之類生物,到了老年就由名叫凱利昔尼斯的自由奴,給予照料和看護。他之所以落到不堪聞問的狀況,可能是服用藥物或是接受江湖郎中的療法,以至於心神渙散喪失知覺,後來還是他的兄弟馬可斯(Marcus)將這些人趕走,雖然沒有活多久時間,直到臨終都如同一個嬰兒,完全靠著馬可斯細心的伺候。

澤爾西斯的父親大流士經常表示,受到危險的威脅會變得更加精明睿智[68]。錫西厄人阿提阿斯說他要是好吃懶做的話,比起馬夫也好不了多少。有人問起戴奧尼休斯一世如何打發閒暇,他回答道:「我絕不讓自己有你說的狀況出現。」他們經常提到強弓的折斷是拉得太緊,靈魂則是放得太鬆;要說音樂家不再傾聽美妙的旋律,幾何學家不再解答難題,數學家不再練習計算,完全是年歲日增帶來的影響,雖然他們追求學識無關於行為而是思想,心靈的習性如同身體的活動全都受到斲喪。

政治家心靈的習性,諸如審慎、睿智、公正和經驗,以及在正確的時間運用適當的言詞,創造打動人心的說服力,要想維持最高的標準,都得靠著不斷的表達、行動、思考和判斷;放棄這些活動等於讓為數眾多的偉大德行自絕於我們的

---

66 攸門尼斯二世(197-158 B.C.)是帕加姆斯國王,成為羅馬在東方最主要的盟友,共同對抗安蒂阿克斯三世,公開指責馬其頓國王帕修斯的侵略行動。攸門尼斯過世,讓自己的兄弟阿塔盧斯接位,要求他娶寡嫂為妻。等到阿塔盧斯成為國王以後,雖然自己已經有幾個兒子,還是培養姪兒成為王儲。

67 本書提到兩位斐洛波門,一位是本章所提阿塔盧斯的廷臣,另外一位是蒲魯塔克為他立傳的將領和政治家,組成亞該亞同盟,使得希臘有能力抗拒羅馬的優勢。

68 這是大流士贊許自己的話,更重要是能保持冷靜靈活的頭腦和全神貫注的意志。

靈魂，這是相當可惡的罪孽，我們認為對人性、公益和感恩的熱愛，不應有任何的終結或限制，只是會逐漸的衰微和虛弱。

17 泰索努斯（Tithonus）[69]是生命能夠永存不朽的人物，到了老年還是需要妥善的照顧，如果你有這樣一位父親，我相信你對於陪伴他、與他說話或是幫助他不會感到厭煩，更不會規避長期以來應盡的責任。你的祖國或是克里特人所稱的故鄉已經是源遠流長，比起你的雙親更早到世間享有更大的權利，還是無法達到長生不老和自給自足的目標。反過來說，它通常需要更多的關懷、幫助和警覺，會將政治家拉到身旁不給離開，像是

> 緊抓住她的衣裳不讓她向前趕路。[70]

你知道我侍奉德爾斐的阿波羅，就舉行賽會的四年周期[71]來算已經歷時甚久，你並沒有這樣說：「蒲魯塔克，提到那些向神明奉獻犧牲，跟著遊行的隊伍前進，以及在合唱隊中載歌載舞的工作，你已經做得夠多了；現在身為長者到了這把年紀，頭上不應再戴花冠，可以把有關神讖的事全部交出來。」你自己是庶民生活當中從事神聖儀式的主持人和闡釋者，對於城市和廣場所供奉的天神宙斯，竟然放棄對祂的頂禮膜拜，真是令人感到不可思議，何況這些祭典你多少年來一直奉行不渝。

18 如果你願意的話，有關老年人應從市民的活動中退出這個題目，我們不必再討論下去，倒是可以談一談有那些工作適合老年人去做，重點在無須強制也不會帶來任何負擔，更不必最後非要努力奮鬥不可。政治的運作還有很多部分適合到達老邁之年的人士。如同聲音有很多基本的音程和調性，也就是音樂家經常提到的旋律，可以讓我們將一首歌從頭唱到尾。我認為人到了老年要找容易入口和適合身分的歌曲，那些音調過高和音色太強的旋律，不必刻意去嘗試和練習，唱歌要順其自然直到結束，如同一般人說話的樣子和正常的姿

69　泰索努斯是曙光女神的丈夫，雖然是一個凡人卻能長生不老。

70　荷馬《伊利亞德》第16卷9行。這是阿奇里斯向佩特羅克盧斯說的話，要他不要像一個小姑娘那樣依戀自己的母親。

71　德爾斐舉行的皮同賽會，包括運動會以及各種文藝和音樂競賽，用來推崇太陽神阿波羅，最早是每八年辦理一次，後來改為四年。

態,無須像專業的歌手非要大家喝采不可。我們不能因爲豎琴的弦調得太緊,就要放棄演奏的機會,爲了順應老年人的需要,公衆服務的各種活動不要過於繁重,經過調整變得輕鬆而適度。

我們不要讓身體沒有任何活動和練習,即使體力不容許像以往那樣揮動鐵鋤、躍過橫桿、拋擲鐵餅或者穿上鎧甲搏鬥;老年人爲加快呼吸的速度和恢復身體的溫度,可以經常的游泳或步行,或者參加輕鬆的球賽以及與友人談話。我們不要讓毫無動靜的身體陷入寒冷的冰窟,從另一方面來說,也無須再負擔各種職務,從事形形色色的公衆活動,因爲老年人已經明顯體力不濟,所以不要逼得走上這種地步:

> 看來你渴望我要將長矛抓在手裡,
> 誰知萎縮的右臂完全使不上力氣;[72]

甚至有的人就他的年紀來說,無論是體能和活力並沒有受到大家的贊許,還是把所有的公事全部攬在身上,不讓任何人分擔他的工作,這種做法有點斯多噶學派成員口裡的天神宙斯[73];所以會事無巨細都要插手而且與個人的形象混雜起來,在於對聲望有著難以饜足的欲念,任何人想要在城邦的榮譽和權力方面分一杯羹,都會引起難以克制的嫉妒和排斥。

有一個人雖然已過知天命的年紀,對於各種職位仍舊大小不拘,不管那一類的選舉他都成爲候選人。永無止境的忙碌使他等待各種可以提供的機會,像是法院和議會都不放過,甚至還有野心出任使節的職務,或是在法律的事務居於首席的位置,如果你們對這種人毫無信任之感,再大的努力也都是白費工夫。任何人要是就要求的事項表示善意,對於老邁年高之人的確是很大的負擔,事實上,得到的結果可以說是背道而馳。年輕人非常痛恨永不放手的長者,因爲會使他們沒有機會投身政治活動,更不容許他們能在公衆面前亮相;就一般大衆的看法,他們對於年輕人謀求權勢和職位,與老年人愛好錢財和歡樂相比,認爲都是一丘之貉難以分出高下。

---

72 優里庇德《海克力斯讚歌》269行。
73 克利底斯寫出頌歌用來讚美宙斯,很多方面都能符合斯多噶學派的教條和論點,可以參閱斯托貝烏斯《牧歌》第1卷1節12行。

19 布西法拉斯（Bucephalus）的年齒日增已經垂垂老矣，亞歷山大爲了不讓牠過於勞累，會戰前的校閱方陣和部署隊伍，都是乘坐其他的馬匹，等到發出攻擊的命令才用牠當座騎，上了馬背就向著敵軍衝鋒，激烈的搏鬥一直到會戰結束。深具見識的政治家等到年事已高，就會對自己有所抑制，摒除那些並非急需的活動，次要的政務交給已屆壯年的人士處理，全副精力用於軍國大事。運動員爲了保持競爭的條件處於顛峰狀態，拋開所有急需的工作，所有的體能用在一無所獲的辛勞上面，練習要注重小節一絲不苟。我們與運動員不一樣，把瑣碎和無用的雜務丟在一旁，全神貫注值得重視的項目。

或許如同荷馬所說「任何事情對年輕人而言都很適當」[74] 一樣，大家都會接受他們也會去愛他們；如果某人做了很多微不足道的工作，大家會把他稱爲非常賣力而且勤奮的朋友；要是個人有相當出色的表現，大家認爲他行事高貴而且才識優異。在某些條件之下即使會引起爭論或是過於草率，因爲處在那種年紀的關係會變得適時適切。至於老年人在公職生涯當中擔任下屬的工作，像是承包稅賦、督導港口和管理市場，還有就是負起外交使節的任務，要到國外去拜訪將領和政要，要是沒有絕對必需或者接待不夠尊重，只是爲了表示友好給予奉承和禮遇；閣下，在我看來都是可憐而且不會引起羨慕的差使，還有人認爲這種事務不僅麻煩還很低俗。

20 老年人據有服務公眾的職位，除非連帶應有的尊嚴和敬重，否則就是做了不合時宜的事。像是你目前在雅典擔任阿里奧帕古斯會議的主席，這種地位有如天神宙斯；除此以外，榮任安斐克提昂會議的議員，那是你隸屬的城邦給了你生命，伴同「充滿喜悅和不太勞累的工作」[75]。老年人非但不應主動尋找職位，即使受到借重還要盡量表示推辭之意，無須從別人的手中接受實質的好處，還得把所有的利益盡量送給別人。這並不像提比流斯皇帝所說，人過了六十歲還向醫生伸手眞是沒有面子[76]；然而更丟人的事莫過於討好民眾要他們投你一票。這種做法既無知又卑鄙，鑑於反其道而行可以獲得尊嚴和榮譽，就一個老年人而言，唯有他的城邦在推舉、召喚和等待著他，歡迎他的來倒是光榮和友善的讚譽，他要基於眞正的需要和眾人的仰望，才接受一個崇高的職位。

74　荷馬《伊利亞德》第22卷71行。

75　優里庇德的悲劇《酒神信徒》66行。

76　身爲老人要想不討好醫生，一定得有健康的身體和正常的心理，無論古往今來對於老人而言，都是可望不可求的幻想。

21 一個人等到年華逐漸老去，無須再用以往的伎倆，在市民大會放言
高論；他不能經常跳上講台信口開河，也不可以像一隻自鳴得意的
公雞，不論別人講什麼都表示反對；不要與年輕人唱反調更不要激怒他們，以免
失去他們的敬意，也不要讓他們養成不服從的壞習慣，或是沒有意願聽他在說什
麼。他有時還要放鬆對他們的管制，爲了讓他們表現英勇的精神，可以挺身而出
反對他的意見；先決條件是這種反對，應該無關於國家的安全，或者涉及到榮譽
或禮儀。要是眞正出現重大的情況，即使沒有人召喚他，還得拚了老命趕快跑
去，讓支持他的人在旁伴隨，甚至用舁床將他抬到會議的場所。

如同我們提到阿庇斯‧克勞狄斯(Appius Claudius)[77] 在羅馬的作爲，正當軍
團在一場重大會戰被皮瑞斯(Pyrrhus)[78] 擊敗以後，他聽到元老院要通過和平協
定的議案，認爲這是無法容忍的事，雖然他的兩眼幾乎已經看不見，還是叫人把
他抬到羅馬廣場旁邊的元老院議事廳，進去以後站在議員的中間，說他爲眼睛瞎
掉感到悲傷，現在卻向神明祈禱最好是耳朵也都聾掉，就可以聽不到他們在討論
如此可恥和無知的事情。他半用譴責半用教誨和激勵，說服元老院派遣大軍去與
皮瑞斯決一勝負，最後羅馬終於成爲義大利的主人。

獲得民意支持的領袖人物彼昔斯特拉都斯(Peisistratus)[79]，運用陰謀活動使
得自己成爲僭主，狀況已經非常明朗，這時沒有人敢站出來阻止，梭倫就把所有
的武器拿出來放置在家門口，召喚市民前來保護他們的城邦。彼昔斯特拉都斯派
人去見他，問他能靠什麼來堅持破釜沉舟的信心，梭倫回答道：「我的年齡。」[80]

22 老年人的火氣全消只能說一息尙存，緊急的事務可以產生激勵的作
用，恢復原有的生機；據稱另一種方式有時對老年人相當適合，就
是位卑事繁的職務，不僅帶來很多困難和麻煩，最大的好處是無利可圖。有時在
等待市民召喚他，知道他們渴望他，受到延請就會到他們家中去相見，由於他的
到場會給大家帶來莫大的信心。其實他大部分時間保持沉默，讓年輕人發表演

---

77 羅馬在296 B.C.打敗薩姆奈人，領軍的執政官就是阿庇斯‧克勞狄斯，他與辛尼阿斯
(Cineas)的通信還流傳到西塞羅時代。

78 皮瑞斯是伊庇魯斯世襲國王；參閱本書第15章〈國王和將領的嘉言警語〉36節及第23章〈希
臘和羅馬情節類似的故事〉6節。

79 雅典僭主彼昔斯特拉都斯，年輕時與梭倫極其友好；參閱本書第15章〈國王和將領的嘉言警
語〉50節。

80 參閱亞里斯多德《雅典的政體結構》14節之2及其注釋。

說，就那些具有政治野心的敵對者而言，他的舉止如同一位公正的仲裁。要是競爭超越節制的限度，他會給予溫和而仁慈的譴責，總之盡力要終止雙方的口角、侮辱的言辭和升高的怒氣，有人要是所提的意見發生錯誤，他會給予修改和矯正，絲毫沒有吹毛求疵的意味；對於正確的言論也不吝讚譽。他有時會自承調停失敗，不願多費口舌去說服民眾，爲的是要使年輕人變得更有能力和勇氣；當然他有時也會像尼斯特那樣有不入耳的言詞：

> 沒有一個亞該亞人責備你說的話，
> 即使發言毫無道理不會有人反對，
> 得不到結論在於你還是個年輕人，
> 無論有多大本領還是我們的後裔。[81]

23 所謂具備政治家風範在於避免在公開場合，用尖銳刻薄的言詞傷害別人，對於那些天性喜愛公眾事務，特別在口齒和智慧擁有優勢的人士，私下用和藹的神色提出建議和教誨，鼓勵他們行事要光明磊落，心地要樸實純潔。可以仿效騎術教練使用的方法，從一開始就讓馬背上的學生保持溫馴的態度，聽從他的指導。因此年輕人不管在任何方面出現差錯，不要讓他們垂頭喪氣，而是激勵他們堅定的站起來。就像亞里斯泰德和西蒙在開始的時候，雙方對於城市有不同的意見，衝動之下發生口角鬧得不歡而散，後來亞里斯泰德對西蒙還是大力支持和多方鼓勵；尼西菲盧斯（Mnesiphilus）[82] 對提米斯托克利也是如此。

還有一個故事提到笛摩昔尼斯在市民大會的演說，爲在場人員轟下台去感到心灰意懶，遇到過去聽過伯里克利講話的老者，抓住他的手說他具備天賦的才華很像那位偉大的人物，所以絕不要妄自菲薄。泰摩修斯的演奏運用新的闡釋方式被大喝倒采，於是說他自己犯下褻瀆音樂的罪名，優里庇德要他鼓起勇氣堅持到底，過了不了一會，整個劇院的觀眾全都要拜倒在他的腳下。

81　荷馬《伊利亞德》第9卷55-58行，這是尼斯特對戴奧米德所說的話。

82　雅典的弗里瑞區（Phrearrhian）有位尼西菲盧斯是名重一時的詭辯家，受到提米斯托克利的仰慕，就是他的從政都是經過尼西菲盧斯的教導。

24 羅馬的灶神女祭司把她們一生的時間分為三部分，開始是投身學習的過程，接著是執行傳統的儀式，最後是負起教導的責任；他們在以弗所(Ephesus)[83]稱呼侍奉阿特米斯的神職人員，最初是見習生，然後是女祭司，最後是祭司長；因而政治家要想遂行職責到爐火純青的程度，首先要學習所有的政務，然後開始辦理日常的工作，最後要教導和傳授新進的人員。老實說一個人可以督導別的運動員進行練習和比賽，對自己的練習和比賽卻無法加以裁判。因此他可以教導年輕人有關公眾事務的項目，要他們投身政壇努力奮鬥；這時自己就要保持

　　把話說完要馬上動手去做的態度，[84]

這對城邦的用處很大不可以等閒視之；萊克格斯就是採用類似的方式，認為對他很有幫助；因為年輕人把他視為立法者，遵守他的要求習慣於服從每一位老年人。

　　賴山德表示年邁的長者在拉斯地蒙最受推崇和尊敬，為何他會有這樣的想法？難道是老年人獲得允許，可以過怠惰的生活、拿錢去放高利貸、聚在一起賭錢或者用飲酒來打發時間[85]？當然你不會這樣說。我們相信年長的人只要擔任過行政的官職、慈祥的律師或是學校的老師，除了會去督導公眾的事務，也會檢查年輕人所有的行動，關心他們的操練、娛樂和飲食，即使再細小的事情都不放過，會讓犯錯的人感到畏懼，事情只要做正確就會獲得表揚，讓大家存著向善之心。這些長者會使年輕人受到教化和薰陶，會拿他們做榜樣，不僅要年輕人注重待人接物的禮儀，還要加強他們天賦的才華，不讓他們存有嫉妒的心理。

25 嫉妒的情緒並不適合人生所有的階段，儘管如此還是在年輕人當中較為常見，只是取了像是「公平競爭」、「充滿幹勁」和「實現旺盛的企圖心」等好聽的名字；要是老年人還看不開，那真是不合時宜、沒有修養和缺乏見識。德高望重的政治家不能像一棵參天老樹，使得那些在它下面發芽抽條和傍著它成長的植物，不僅被它奪去養分，還被它遮掩得不見天日。他應該很高

---

83 以弗所是十二個愛奧尼亞城市之一，位於小亞細亞的利底亞，靠近卡伊斯特魯斯(Caystrus)河口。

84 荷馬《伊利亞德》第9卷443行。

85 參閱阿昔尼烏斯《知識的盛宴》279E和365C。

興接受對他表示好感和願意追隨他的人，要對這些人提供指導、保護和援助，不僅給予善意的教誨和規勸，還要畀以合適的職位，俾能獲得榮譽和聲望；或者讓他有服務公眾的機會，深受大家的歡迎和輿論的好評。

諸如此類的事情還是會引起反感和帶來困難，就像某些藥物所具備的性質，初服不僅難以入口還感到痛苦，最後產生舒適和有利的效果。年輕人並不習慣面對膽大妄爲的暴民，不要逼他們去與這些人打交道，更不能讓他們屈服於恫嚇的吼叫。他自己應該讓他們知道他之所以會違反民意，完全基於有利於城邦的考量，這樣會使年輕人對他心悅誠服，願意擔負他所交給的任何工作。

26 我們要把上面提到的事記在心裡，政治作爲的內容不僅僅是保住職位、出任使節、市民大會的喊叫、圍繞講台四周的怒吼要通過法律和提出動議。大多數人民認爲這些都是政治的部分內涵，如同哲學家坐在椅上與大家談話，按照書本準備他的上課資料；須知政治和哲學最關緊要之處在於不斷的實踐貫徹，表現在每天的言行舉止和態度作爲之中，只是這方面大家並不清楚。如同狄西阿克斯經常提到的狀況，要是人們繞著柱廊走動可以稱爲「悠閒的散步」[86]，至於走到鄉下或是去看朋友就不能算在裡面。現在看來要做一個政治家就像要做一個哲學家。不論用什麼標準來衡量，蘇格拉底一定是哲學家，雖然他不會到法院處理事務，或者出任官職坐在高背椅上，或者譁眾取寵說出好聽的話，或者與他的門生參加遊行；他倒是會與他的門生嘲笑那些有上述行爲的人。他們會在一起飲酒，一起在軍中服役或者在市場閒逛，最後他被關進監牢服毒身亡。在他的一生當中，無論是他的經歷和活動，無論是他的時間和精力，無論是他的思想和行爲，全部奉獻給哲學，這也是有史以來第一位。

我們必須了解與政治有關的問題：頭腦簡單的笨蛋無論他是一位將領、書記或公眾演說家，所作所爲在於討好鬧事的暴民、發表冗長的談話、掀起黨派的爭執、強制之下執行公務；可以說這些都不能使他成爲一個政治家。一個人必須眞正具備服務桑梓的精神，熱愛人類和城邦，關心民眾的福祉，擁有政治家的風範，這種人雖然身上沒有標誌，僅從行動來看就像一位政治家，對掌握權勢的人給予規勸，對需要帶領的人給予引導，對深思熟慮的人給予協助，對犯下錯誤的人給予矯正，對行事公正的人給予鼓勵，他坦誠表示投身公職絕不會謀求私利，

86　這是逍遙學派哲學家的說法，把它看成一種運動的方式；參閱穆勒《希臘歷史殘篇》第2卷226頁。

無論是處理重大問題或是奉到召喚,參加市民大會和各種議事不會爭取高位,他看到或聽說正在執行的計畫和事務,不會置身事外只是故作驚訝而已,他會說出個人的看法,經過審慎的調查對有些項目表示同意,或者對其他的項目給予否決。

27 亞里斯泰德偶爾會在雅典擔任重要的職務,加圖並沒有在羅馬擁有一官半職,他們的一生都盡力爲城邦服務。伊巴明諾達斯出任將領有很多偉大的建樹,要是提到他在帖沙利的行動,這時他的身分並非將領或行政官員,可以說與過去的功勳相比毫不遜色;底比斯的將領統率方陣進入行動困難的地區,現在已經陷入混亂之中(敵軍的投射武器對他們產生很大的壓力),他從重裝步兵的行列召喚過去,要他負起指揮的責任;首先他鼓勵士氣穩定軍心,接著重組殘破的方陣全部納入掌握,很快編成戰線面對敵軍,迅速發起攻擊獲得會戰的勝利。斯巴達國王埃傑斯與敵人在阿卡狄亞對峙,率領部隊列陣編成會戰隊形,這時聽到一位年長的斯巴達人在叫他,說他目前的做法就像修昔底德所說的那樣[87],因爲他從亞哥斯的撤退極其不當,想要使出全副精力進行補償的行動,這樣做等於是錯上加錯;埃傑斯接受諫言,指揮大軍退出戰場。

他們爲麥內克拉底(Menecrates)在議事廳的門口設置一張座椅,民選五長官經常在會議當中起身去見他,向他請教和詢問國家最重要的事務,因爲他被大家視爲智者,經過商議可以得到最正確的決定。因此,等到他的體能和精力全部消耗殆盡,大部分的時間都躺在床上,民選五長官派人請他前往市民大會,他起身以後步行前往,走得很慢感到行動非常困難。這時在路上遇到幾位兒童,就問他們知不知道有什麼事,比起聽從老師的吩咐更加重要,他們回答道:「沒有能力可以不要去做。」他認爲自己已經盡了人力,今後一切要聽天命的安排,於是轉身返回家中。一個人服務公眾的熱誠只要能持久就不會消失,如果無法堅持下去就沒有強制的力量。

西庇阿身爲將領也是政治家,經常要該猶斯·利留斯(Gaius Laelius)[88]擔任他的顧問,有些市民將西庇阿稱爲唱壓軸戲的主角,該猶斯卻是藏在幕後的導演;西塞羅出任執政官的時候,完成高貴而偉大的行動方案,使得國家獲得安全,恢復原來的局面,他承認哲學家巴布留斯·尼吉狄斯(Publius Nigidius)[89]的策劃出

---

87 修昔底德《伯羅奔尼撒戰爭史》第5卷65節。

88 該猶斯·利留斯是小西庇阿的知己,140 B.C.出任執政官;參閱本書第16章〈羅馬人的格言〉10節之8。

89 巴布留斯·尼吉狄斯是羅馬的學者和神秘主義哲學家,58 B.C.出任法務官,後來遭到放

力最大。

28 老年人可以運用種類眾多的政治活動使國家蒙受其利，最關緊要之處在於貢獻最好的東西，簡言之就是理性、判斷、坦誠和詩人[90] 所說「博大高深的智慧」；不僅是我們的手、腳和全身的力氣在擁有和分享整個城邦，最重要還是我們的靈魂，那美麗的靈魂是如此的公正、節制和睿智。他們獲得適當的特質不僅很遲而且很慢，年齡的關係不再用於他們的城邦和市民同胞，卻能對他們的家庭、田園或財產大有裨益，這樣看來豈不是很荒謬，所以年齡對於執行次要的事務不會減低我們的權力，如同在領導和統治方面反倒可以增加我們的效用。所以古老的赫耳墨斯石像沒有手和腳，只有部分僵硬的軀體，那就表示老年人不必有任何活動，只要保持積極的精神和創造的心靈。

(續)—————————————————————
　　逐，死於45 B.C.。
90　蒲魯塔克的心中沒有浮現某一位特定詩人，只是運用帶有詩意的措辭和表達方式。

第五十五章
為政之道的原則和教訓

1 麥內瑪克斯（Menemachus）[1]，要是這兩句詩：

再無亞該亞人責備你應該怎麼說，
即使沒人反對問題還是無法解決；[2]

能夠適用於任何事情，哲學家也可以拿來要民眾從其中獲取教訓，不是只給一些道理不充分的勸戒或忠告；像是僅知道修剪燈芯卻不會給它添油。看到你對於自己的城邦，擁有

能言善道的本事接著是敢做敢為，[3]

完全在於你有高貴的出身和家世；只是年齡的關係現在還無法深入了解，亦即哲學家的生涯要向大眾揭露城邦的事務和公眾的衝突，舉出的例證對於旁觀者而言，並非僅僅語言的表達而已，最重要的還是有目共睹的行為，基於這個原因所以你向我提出要求，想要獲得為政之道的原則和教訓。我經過考慮認為拒絕並不得體，只能希望最後的成果會滿足你的熱誠，不讓我的善意落空。現在會盡量符合你的要求，我要提出大量各式各樣的例證，同時加以詳盡的說明。

---

1 蒲魯塔克的朋友麥內瑪克斯出生在小亞細亞的薩迪斯，就是本書第48章〈論放逐〉2節提到那個遠離故國的流亡人士。
2 荷馬《伊利亞德》第9卷55行，詩中的亞該亞人其實就是後來的希臘人。
3 荷馬《伊利亞德》第9卷443行。

2 爲政之道最穩固和強健的基礎就是政策的抉擇，依據的原則在於判斷和理性，並非來自空洞的見解、無謂的競爭或缺少合法訴求引起的衝動。一個人不能留在家中無所事事，就得把大部分的時間花在集會的場所，即使毫無需要仍然照舊無誤；有一些人因爲自己的事業無關緊要，所以才投身公職，同時要把政治活動當成打發時間的消遣和娛樂；還有很多人進入政壇完全出於機遇，認爲只要失去興趣隨時可以離開，取捨之間毫無困難。他們像是處在同樣的景況，如同一個旅客要乘船前往異域，只不過經歷一陣搖晃就駛進開闊的海面，舉目四望是白茫茫的大洋，即使會暈船和遭到很多不便，不得不留在船上忍受面臨的逆境，像是

> 過去的時光掌握手中的縱情歡娛，
> 目前像是行駛平靜而明亮的海路，
> 難得的閒暇留連在甲板緩緩散步，
> 瞬間強風吹襲船頭深深切入波谷。[4]

這些人投身政壇最大的疑慮和困擾，在於整個過程讓他們感到懊惱和苦悶，期望獲得光彩反而陷入羞辱之中，即使擁有權力反而產生畏懼之心；他們涉入的事務不僅危險而且充滿隨時引發的騷動；也有人願意從事公眾生涯完全出於信念和理想，認爲參與的活動對自己最爲有利，可以獲得最大的榮譽和地位，無從感受任何橫逆帶來的威脅，堅持原有的理念也不會任意改變。

　　誠然我們不能將從政之路看成單純的商業行爲，如同斯特拉托克利和德羅摩克萊德(Dromocleides)以及他們的黨派[5]宣稱的狀況，邀請每一個人前往黃金的果園(他們用開玩笑的口吻來稱呼演說家的講台)；一旦我們突然之間被狂暴的強烈情緒攫取，就不能毫無打算貿然登了上去，如同該猶斯·格拉齊(Gaius Gracchus)[6]記取的教訓，在他的兄長遇難引起劫火的餘燼尚存之際，盡可能避開或脫離政治的是非，等受到某些人的侮辱和謾罵，激起憤怒的情緒，鼓起勇氣衝進爭權奪利的漩渦。雖然他很快就厭煩公眾的事務和虛名，當他想要停止去過平靜的生活，

4　這首詩的作者是賽門尼德，參閱貝爾克《希臘抒情詩集》第3卷396頁。

5　提到這群人是雅典的政客，他們極力奉承德米特流斯，可以從中獲得很大的好處；參閱蒲魯塔克《希臘羅馬英豪列傳》之〈德米特流斯傳〉10-11節及26-27節。

6　該猶斯·格拉齊(155-121 B.C.)出身羅馬最顯赫的世家，擔任護民官，繼承兄長提比流斯·格拉齊的遺志，獻身改革，慘遭殺害。

這時他發覺自己掌握的權力太大已無法全身而退，稍有不慎就會人頭落地。

有人扮演政治競爭和追逐光榮的角色，如同在舞台上面的名伶，必然為這種行動感到後悔，他不僅要去服侍那些他要統治的下屬，還要得罪那些他要取悅的上司。從另一個方面來看，我相信他就像是不慎掉進井中的人，僅僅出於機運欠佳或不意狀況，逼得他要在險阻重重的道路上面蹣跚而行，對於遭到的混亂和險惡感到懊惱不已；鑑於他已經別無所求，不必再為任何事情操心，最好的辦法是放棄所有的責任，言行舉止務必謙虛審慎，這時或許可以保有身後的榮譽。

3 政治家依據個人的心志決定選擇的道路，必須堅持到底不能任意改變，他盡可能去了解市民的特質，就最大程度而言是所有個別性格的綜合體，具備強烈的力量真是無與倫比。一個政治家抱著某種企圖，想要改變人民的嗜好和習性，非但不易成功而且沒有安全可言，極關重要之處在於需要很長的時間和擁有很大的權勢。有點像酒稱為天之美祿對人產生的作用，飲者在開始的時候可以控制自己，等到醉人的成分逐漸使身體溫暖起來，迅速在血管中流動進入所有的器官之中，發揮的影響力會使喝酒的人呈現不同的性格，就各方面對他造成極其徹底的改變。政治家也是如此，靠著聲望和公眾的信心建立起個人的領導風格，要想發揮功能在於能夠適應人民的特質和願望，要以大眾的好惡與傾向作為主要的考慮因素。

雅典的民意很容易受到情緒的激怒，或者轉為憐憫的善意，處於安寧閒暇的時刻，不顧事實的真相，很快產生懷疑的心理；他們隨時要去幫助地位卑微的弱者，最喜歡聽到詼諧和滑稽的演說，最高興有人對他們大加讚譽，要是談吐帶有譏笑的意味就會使他們勃然大怒；他們會使高級官員心懷恐懼如履薄冰，也使他們的敵人感到善意和友情。迦太基的人民具備完全不同的性格，他們對於在上位的統治者極其無情，陰鬱的面孔帶著卑躬討好的神色；對於臣服的屬民非常嚴苛和暴虐；遇到恐懼會低聲下氣的求饒，受到激怒會施加野蠻的報復，任何決定會固執到底不知變通，對於帶來歡樂和文雅的談話，抱著難以苟同和無法接受的態度。

克利昂提議延後召開市民大會，舉出的理由是他要向神明獻祭，同時還要招待遠來的賓客，只有雅典的民眾不會感到他的說話何其荒唐，鼓掌之餘在大笑聲中表示同意[7]。亞西拜阿德在向民眾演講的時候，一隻鵪鶉從他的斗篷裡面逃了

---

7 蒲魯塔克提到克利昂很多荒唐的行徑，參閱《希臘羅馬英豪列傳》之〈尼西阿斯傳〉7節。

出來，大家很熱心的把牠捉回來還給他[8]，並不認為這有什麼不合禮儀的地方；他們不會因為輕浮的行為覺得受到冒犯，非要把亞西拜阿德和那隻家禽當場殺死不可；從而得知漢諾（Hanno）[9]負責指揮部隊進入戰場，用一隻獅子為自己背負行李，受到指控說他有成為僭主的企圖，最後將他施以放逐的處分。

我不相信底比斯人在獲得敵人的函件以後，能夠像雅典人一樣控制情緒不去閱讀；他們抓住菲利浦的信差，得到送往奧琳庇阿斯的書信，認為這是一個不在家的丈夫寫給妻子的私函，裡面有不能讓別人得知的情意，仍舊保持彌封的狀況送還原主。

要是從另一方面來看，伊巴明諾達斯拒絕回答對他的指控，就從劇院的座位站了起來，經過市民大會前往體育館；我相信雅典人不會有這樣好的雅量，可以容忍伊巴明諾達斯無禮的壞脾氣。斯特拉托克利（Stratocles）說服雅典人向神明獻祭，提出的理由是他們贏得勝利，事後接到的信息是前方吃了敗仗，就在大家對他氣惱不已的時候，他說能讓大家獲得三天的歡樂又有什麼不好[10]；我相信斯巴達人同樣無法原諒有如小丑的動作。

宮廷裡面一味討好奉承的寵臣，如同捉鳥人那樣模仿國王的聲音，甚至一舉一動像是受到同化，暗示他們對他的景仰和愛慕，就用這種欺騙的手法引他入彀，好受他們的擺布。政治家對於所治理的人民，不能一味揣測他們的特質和習性，而是在他的控制之下，能夠深入的了解所涵蓋的範圍，針對每種不同的類型做有效的運用。就一個崇尚自由的城邦而言，政治家對人民的特性要是一無所知，會造成嚴重的錯誤和失策，如果拿來跟君主政體的狀況相比，與國王沒有建立穩固的友誼，帶來不利的影響可以看成無分軒輊。

4 等到政治家已經獲得權力和贏得民眾的信任，這時要試著針對市民的特性給予訓練，運用溫和的手段引導他們走向最有利的道路，對待他們的方式盡可能講求人道，須知改變大眾的習氣是極其艱巨的任務。因為你已經生活在完全公開的舞台上面，必須要以真面目示人，所有一切都用行為反映，靠著教育的力量改變氣質，凡事都要守法重紀。要將所有的邪念全部從靈魂中驅除絕非

---

8 參閱蒲魯塔克《希臘羅馬英豪列傳》之〈亞西拜阿德傳〉10節，可見當時鬥鵪鶉的風氣極其盛行。
9 漢諾是迦太基將領，成為漢尼拔政壇上的敵手。
10 斯特拉托克利是雅典操縱民意的演說家，人品不堪，然而言辭極富煽動性；此處提到的海戰於322 B.C.發生在阿摩格斯島，馬其頓艦隊擊潰雅典水師。

易事，總要盡力克制和摒棄極其嚴重和易於蔓延的過錯和缺失。你知道有關提米斯托克利的故事，當他想要投身政治生涯就得放棄飲宴和狂歡；他在夜間仍舊讓清醒的頭腦不斷沉思，次日他對朋友的解釋是密提阿德(Miltiades)的勝利紀念碑[11]使他無法入睡。就是伯里克利都要改變生活的習性，從此他走路的速度放慢，說話的語氣盡量溫和，表現沉著冷靜的容貌，除了市民大會和最高委員會，其他的地方和場合全不涉足。

不管從那個方面來看，適度的控制人民對於城邦極其有利，只是這種工作絕不簡單；群眾如同多疑而善變的野獸，只要面對或聽到音聲就會引起驚慌，主政者對於他們能夠接受權威的統治應該感到滿足。因此政治家應付這些狀況不能掉以輕心，很多事情會影響他的生活和性格，發生任何個人的瑕疵或有害的報導，都要立即清除乾淨。他對民眾的一言一行都要有所反應，更要關心他們在日常生活中面對的事情，像是飲食、愛情、婚姻、娛樂以及一切與生計有關的重要項目。

亞西拜阿德雖然是投身公眾事務最為活躍的市民，也是從未吃過敗仗的將領，由於私生活的腐化和糜爛不堪，最後還是難逃滅亡的命運，即使他有很多長處，過於自私而且缺乏節制，使得城邦的利益蒙受很大的損失，難道只有這種例證可以使得我們對他的打擊振振有辭？所以雅典人才會指責西蒙的酗酒成性，羅馬人找不到別的差錯，只能怪罪西庇阿的酣睡不醒；龐培大將的政敵看到他用一根手指搔頭，竟然攻訐他沒有教養[12]。如同臉上長著黑痣或胎記，要比身體有烙印、殘缺或疤痕，更容易引起別人的反感；領導人或政治家在生活上的微小過失，通常被人看得非常嚴重，雖然大多數人關心城邦的政策和治理的方式，順應民意除去所有的怪癖和惡習，對居上位者而言仍舊是刻不容緩的事。

護民官利維烏斯·德魯薩斯(Livius Drusus)[13]所以獲得大家的讚許倒也很合理，他的住所很大一部分被鄰居看得清清楚楚，一個工匠前來見他，答應只要五泰倫的費用可以改進所有缺點，德魯薩斯回答道：「你要是能將整個房舍全部公開，讓所有市民看到我是如何過日子，我願意付給你十泰倫的報酬。」因為他是一個律己甚嚴的人，始終過著井然有序的生活；或許他並不需要完全暴露在市民的眼前，因為大家從公眾人物的習性、言論、行為和生活，已經有了深入的體認，甚至他把自己掩蓋得很緊密還是徒然。民眾之所以會喜愛和讚譽某一位政治

11　密提阿德是490 B.C.在馬拉松會戰獲得勝利的將領，統率雅典人擊敗波斯大軍。

12　龐培的父親雖然曾經擔任執政官，他們這個家族居住在瀕臨亞得里亞海的派西隆地區，當然會受到羅馬貴族世家的排擠，運用各種藉口羞辱他的出身。

13　利維烏斯·德魯薩斯在91 B.C.出任護民官，他的父親是112 B.C.的執政官和109 B.C.的監察官。

人物，對另一位則大起反感和藐視，個人的形象和公務的處理可以說是同等重要。你或許會問道：「真的不能把城邦放在生活放縱和行為不檢的官員手中？」他們即使不在意這樣去做，如同懷孕的婦女想吃石子和堊土，或者暈船的人會把很鹹的醃菜吃進肚中，過不了一會就要全部吐出來，表露出極其厭惡的神色。

處於民主體制的人民，或許是他們自己過著奢侈的生活，或許是性格過於剛愎，或許是缺乏更好的領導者，有時只能將就現況也是無可厚非的事，雖然在開始的時候對從政的人表示厭惡和藐視，後來聽到與他們有關的情形就會感到高興。如同喜劇家柏拉圖嘴裡提到的「人民」，那是

> 你要盡快緊抓住我的手不得放鬆，
> 不然我要去選阿捷流斯出任將領；[14]

接著他讓「人民」要一個盆子和一根羽毛，為的是能夠伸進喉嚨引起嘔吐，然後說是

> 曼蒂阿斯肅然站在我的講台旁邊，[15]

以及對於

> 可惡的壞蛋西法盧斯助一臂之力。

卡波（Carbo）[16] 答應要做某件事情，為了保證起見他立下誓詞也發出咒語，羅馬人民對他毫無信心，所以打賭他不會履行諾言。斯巴達有一個無惡不作的傢伙名叫笛摩昔尼斯，他提出一個很有價值的建議，卻受到市民大會杯葛，民選五長官認同事件的迫切性想要付諸表決，有一位長老告訴他們可以提出同樣的建議，只是得出於德高望重者的口中，意思是用「新瓶裝舊酒」改善包裝，這樣市民大會便會樂於接受。因此在一個崇尚自由的國家，重要事務獲得贊同或者缺乏

---

14 柯克《阿提卡喜劇殘本》第1卷652頁No.185；有關阿捷流斯（Agyrrhius）可以參閱亞里斯托法尼斯的喜劇《財源廣進》176行。

15 這句和下一句詩，同樣出自柏拉圖的喜劇，曼蒂阿斯（Mantias）和西法盧斯（Cephalus）都是受到嘲笑的雅典人。

16 帕皮流斯・卡波（Papirius Carbo）在85 B.C.出任執政官。

信心，完全在於主事者的品德和性格。

5 我們不應將一切的成就歸於德行，事實上對於辯才所能發揮的效果和力量不容忽視，考量到演說術並非說服力的幕後主使人，充其量只能算是合作者。因而我們要將米南德(Menander)的詩句：

> 演說家的說服力靠品格而非詞藻[17]，

修正為品格和詞藻要兩者俱備；從而可以很肯定的表示，那是舵手操控船隻而不是他緊握手中的舵輪，騎士指揮馬匹而不是他所用的韁繩，所以政治的德行可以加以運用，不在於講話人的言詞而是他具備的特質，如同舵輪或韁繩所發揮的功能，治理一個城邦在於對它的掌握和指導，如同柏拉圖所說，要站在一個馱獸的尾部，就會非常容易要牠向後轉[18]。

有些偉大的國王如同荷馬把他們稱為「宙斯的後裔」，都用紫袍、權杖、衛隊和神讖將自己包裝起來；他們是占優勢和居高位的人類，能以威嚴的外表奴役絕對多數的大眾，儘管他們想要實話實說，從來不會忽略言辭的魅力；須知

> 市民大會比戰爭的運道更易成名；[19]

他們不僅崇拜主持會議的宙斯、大事殺戮的阿瑞斯和決定勝負的雅典娜，還要求助於卡利奧披(Calliope)[20]，因為

> 只有祂的雄辯配得上可敬的君主，[21]

人民發出凶狠和暴虐的氣勢會因說服而軟化，也被語言的魅力所安撫；除非他擁

17　柯克《阿提卡喜劇殘本》第3卷135頁No. 472。
18　柏拉圖《克里蒂阿斯篇》109C，「他們不像牧羊人用牧杖驅趕羊群，使用外在的力量迫使身體就範，完全依照生物自身的意願，用說服的方式控制他們的靈魂，為他們把穩船舵，從而引導在世間的歷程。」
19　荷馬《伊利亞德》第9卷441行。
20　卡利奧披是職掌雄辯和英雄史詩的繆司。
21　赫西奧德《神譜》80行。

有良好的表達能力和口若懸河的辯才，僅憑普通的習性和常人的態度，要想獲得權力領導城邦和統治民眾，豈不是癡人說夢連一點希望都沒有？

船上的領航要藉著船長的口令要求划槳手有一致的動作，政治家要靠自己用心靈的力量去指揮城邦，也就是要用演說下達命令。因為他不需要借重其他人的聲音，基於這種狀況他非要張口有所表示。如同伊斐克拉底（Iphicrates）[22] 被演說家亞里斯托奉犀利的言辭打得無法招架所說的話：「我的敵手是演技高超的名角，只是我寫的劇本要更加精采。」看來並不需要優里庇德這樣的詩句：

> 悲慘的人會使後裔子孫啞口無言，[23]

以及

> 啊，人類的行為又何必須要聲音，
> 精明的演說家終竟一切化為泡影！[24]

要是阿爾卡米尼斯（Alcamenes）、尼西奧底（Nesiotes）、埃克蒂努斯（Ictinus）[25] 和所有的工匠和司務，能夠發誓他們不是演說家，那麼大家會同意他們可以拿上面的說法作為護身符。

如同有次在雅典的兩位建築師，被問到他們對一項公共工程的看法，其中一位是口若懸河的演說家，用準備好的言詞將建造的方式向民眾講得頭頭是道，另外一位是技藝高超的工程師，只是缺乏表達的能力，硬著頭皮走上前向大家說道：「各位雅典的市民，不管他怎麼說，我只會動手做。」如同索福克利所講的那樣[26]，只有技藝女神的屬下「用重錘猛擊鐵砧」，即使是百鍊精鋼也化為繞指柔。城市的保護神雅典娜和職司諫言和諮詢的底米斯，透過他們的代言人說是

---

22 伊斐克拉底的生平參閱本書第8章〈機遇〉5節注22及第15章〈國王和將領的嘉言警語〉44節。

23 瑙克《希臘悲劇殘本》之〈優里庇德篇〉678頁No.987。

24 瑙克《希臘悲劇殘本》之〈優里庇德篇〉494頁No.439；出自他頭一齣稱為《希波萊都斯》的悲劇。

25 阿爾卡米尼斯和尼西奧底是西元前5世紀的雕塑家；埃克蒂努斯是規劃帕台農神廟的建築師。

26 瑙克《希臘悲劇殘本》之〈索福克利篇〉309頁No.760；或許出自一齣神劇《潘多拉》（Pandora）。

　　兩位神明召集市民大會接著解散；[27]

　　要是他的工作發生阻礙也就是出現弱點，如同木板的節瘤或者鐵器的裂痕，靠著言詞加以安撫或者修理平整，演說對於某些項目可以發揮重鑄或適應的功能，表達能力可以當作唯一的工具，能夠將城市裝飾得花團錦簇[28]。

　　基於這樣的緣故，伯里克利時代的城邦，誠如修昔底德（Thucydides）[29]所說「只是名義上的民主政體，事實上是在一位卓越人物的統治之下」，完全靠著演講獲得的權力。當時還有一些優秀人才如同西蒙、伊斐阿底和修昔底德；有次斯巴達國王阿契達穆斯（Archidamus）[30]問起修昔底德，他與伯里克利相比誰是更高明的角力手，他回答道：「沒有人能說得清楚，每當我把他摔倒在地，他總是堅持說他沒有失手，反而勝我一籌，使得旁觀者相信他的話而不是自己的眼睛。」這樣不僅給伯里克利建立名聲，也給城邦帶來安全；政府在他的治理之下要保有現存的財富，禁止與國外的事務發生瓜葛以致糾纏不清。尼西阿斯（Nicias）[31]的政策還是蕭規曹隨，然而他欠缺說服的能力，又想拿言詞辯論掌握民眾，認為就像使用馬勒一樣容易，最後他無法抑制民意，也失去主導的立場，違背自己的意願推向西西里的遠征，結果是一敗塗地以致全軍覆沒。

　　大家都說動物之中狼的行動不靠耳朵，須知任何人領導一個民族或是一個城邦，應該完全依據大眾的聽覺；不能說沒有表達的能力，非要找出沒有教養和毫無法則的伎倆，像是滿足他們的口腹之欲，贈送禮物和金錢，安排各種表演和節目，這樣做根本談不上領導，只能算是討好罷了。對於人民的管理和統治要靠說服的手段，提起暴民又要另當別論，上面所說捕捉和豢養野獸的辦法，對於沒有理性的群眾倒是非常管用。

6　政治家的演說不能過於幼稚和戲劇化，像是他的談話用精緻和美麗的辭藻編一頂花冠，還要戴出去讓人家觀看；在另一方面也不能像皮瑟阿斯

27　荷馬《奧德賽》第2卷69行。
28　參閱柏拉圖《智者篇》267E。
29　修昔底德《伯羅奔尼撒戰爭史》第2卷65節，這裡是對伯里克利的人格特質、領導才華和為政之道的綜合描述。
30　這是斯巴達的優里龐帝系阿契達穆斯二世，他是朱克西達穆斯之子，在位期間469-427 B.C.。
31　尼西阿斯(470-413 B.C.)是雅典的富豪，出任將領在伯羅奔尼撒戰爭建立善於用兵的盛名，限於民意難違的局面，遠征西西里的敘拉古以致全軍覆沒。

批評笛摩昔尼斯的講詞，熬夜苦思帶有焚膏繼晷的燈油味，論點非常的尖銳深刻，局限於嚴苛的規定和範圍。如同音樂家的撫弦觸鍵帶有感情，不僅是手法的熟練和高明而已；所以政治家、律師和統治者的講話難免講求技巧和風格，同時還要流暢而自然[32]。說起更重要的地方必須充滿率真的性格、高尚的情操、坦誠的態度、過人的見識以及人性的關懷；他的談話還得有很好的理由，帶有令人愉悅的魅力和贏得贊同的溝通；要想達成高貴的水平還得有文雅的句法和措辭，充滿活潑生動的思想理念。

　　大多數的政治性演說並不適合法庭，為了免於內容的枯燥，可以增加格言、警語、歷史和神話的材料以及各種隱喻，用在適當的時候更能感動聽眾；正如有人宣稱「你不能讓希臘變成獨眼龍」[33]；以及迪瑪德斯說他「管理的城邦像是快要沉沒的破船」[34]；以及阿契洛克斯的名言：

> 不能讓坦塔盧斯那塊碩大的巨岩，
> 就這麼懸在我們所住島嶼的頭頂；[35]

以及伯里克利吩咐雅典人要「拔去派里猶斯(Peiraeus)的眼中釘」[36]；以及福西昂提到李奧昔尼斯的勝利，就說我們去打有如短跑的戰爭可以無往不利，一旦曠日持久像長跑就會力有不逮[37]。

　　一般而論，崇高的理想和堂皇的風格更適合於政治性的演說：例如笛摩昔尼斯的議論〈論腓力〉、修昔底德在他的著作中記載民選五長官第尼萊達斯(Sthenelaidas)的講詞、阿契達穆斯國王在普拉提亞的談話，以及伯里克利在雅典瘟疫流行以後的演說[38]。還有埃弗魯斯、狄奧龐帕斯和安納克斯米尼斯等人，說

32　這些技術性的字眼經常為修辭學家使用。

33　參閱亞里斯多德《修辭學》第3卷1411A，提到雅典演說家反對毀滅斯巴達的理由，是不要讓希臘失去一目成為獨眼龍。

34　參閱蒲魯塔克《希臘羅馬英豪列傳》之〈福西昂傳〉1節。

35　貝爾克《希臘抒情詩集》第2卷396頁；詩中提到坦塔盧斯是宙斯在凡間的兒子，做出瀆褻神聖的惡行，受罰在地獄接受折磨，一塊大石懸在頭頂，隨時會掉下來將他砸得粉碎。

36　參閱蒲魯塔克《希臘羅馬英豪列傳》之〈伯里克利傳〉8節，眼中釘是指形勢險要的伊吉納島，敵對城邦據有可以阻絕派里猶斯對外的航運，等於切斷雅典的生命線。

37　參閱蒲魯塔克《希臘羅馬英豪列傳》之〈福西昂傳〉23節，因為李奧昔尼斯會讓雅典捲入拉米亞戰爭。

38　參閱修昔底德《伯羅奔尼撒戰爭史》第1卷86節和第2卷72節。

服的才華在於優美的文藻和修辭的效果，發表的時刻是部隊完成整備排成陣式之後，為了鼓舞士氣

　　不會在刀頭喋血之際說愚蠢的話。[39]

7 政治家的演說有時候用得著嘲諷和訕笑，特別是對某些人要加以斥責和非難，只是不能帶有侮辱的意味和粗俗的言詞。諸如此類的狀況最常用於回答問題或反駁意見的時候，應該神色自若，更不能表露火冒三丈的模樣，這樣會使答話者如同小丑或是讓人懷疑帶有惡意。像是西塞羅、老加圖和亞里斯多德的門生優克西修斯（Euxitheus），他們講話都帶有嘲笑的口吻，知道掌握分寸不致激怒別人。這些人多半用於自衛，當然會獲得別人的諒解，同時還可取悅於人，那又何樂而不為。有一位被人懷疑是小偷的傢伙，嘲笑笛摩昔尼斯到了夜晚還孜孜不倦的工作，他的回答是「我為了防備你只有整夜燈火通明」；有次迪瑪德斯夸夸其辭向他說道：「笛摩昔尼斯，你怎麼敢找我的麻煩，豈不是像母豬要糾正雅典娜一樣。」他立刻還以顏色說道：「不錯，你的雅典娜去年因為通姦被人抓住[40]。」市民責罵色內尼都斯（Xenaenetus）[41] 身為將領還要逃走，他的回答非常機智：「老兄，還不是為了要保全你那群朋友的性命。」

　　一個人說開玩笑的話，注意不要太過分或是冒犯在座的聽眾，特別是時機和場合要得當，不能讓人感到他是如此無知或帶有惡意。像是德謨克拉底（Democrates）[42] 前往市民大會，說他自己如同阿里奧帕古斯會議，沒有多大實力卻滿口恫嚇之辭；等到奇羅尼亞[43] 的災禍發生以後，他向人民發表演講，說是：「我並不願城邦遭到這樣重大的不幸，逼得你們非要聽我提出規勸不可。」這種說話的口氣讓人認為他個性卑劣，前面那句話更是過於狂傲，怎麼看來都不像一位政治家。福西昂簡潔的言辭受到贊許，雖然波利優克都斯（Polyeuctus）推崇笛

39　瑞克《希臘悲劇殘本》之〈優里庇德篇〉441頁No.22；出自優里庇德的悲劇《奧托利庫斯》。

40　兩個用來反駁對方的言辭，記載在蒲魯塔克《希臘羅馬英豪列傳》之〈笛摩昔尼斯傳〉11 節；只是他將後面那個說法用得不對，因為「母豬想要教雅典娜（或想要比誰最美麗）」是一句諺語，帶有「自不量力」和「醜人多作怪」的意思；當然也可以說「雅典娜」是迪瑪德斯那位老相好使用的花名。

41　色內尼都斯是雅典的將領，其餘付之闕如。

42　德謨克拉底是西元前4世紀雅典的演說家。

43　西元前338年8月2日菲利浦在奇羅尼亞會戰擊敗雅典和底比斯聯軍，整個希臘世界受到馬其頓的控制。

摩昔尼斯是最偉大的演說家，卻說福西昂的談話最為精闢，寥寥幾個字卻表示深奧的意義。笛摩昔尼斯不把其他的演說家放在眼裡，等到福西昂站起來發言，他很緊張的說道：「這個傢伙又要來修理我了。」

8 總而言之，對民眾的講話一定要考量周詳，而且言之有物，事先做好準備工作；甚至就是偉大的伯里克利在發表公開演說之前，會向神明祈禱不要講一句與主題無關的廢話。即使演說家在講話的時候能夠眼觀四面耳聽八方，盡量要適應當前的狀況，公眾的事務經常很快出現新的發展，笛摩昔尼斯在這方面反應要較很多人為差，他的性格過於慎重就會猶豫不決，掌握不住稍縱即逝的機會。狄奧弗拉斯都斯提到亞西拜阿德講話能抓住重點[44]，問題說得頭頭是道，特別著重遣詞用字，經常在談話中突然停了下來，為的是要找到一個適當的字眼，這樣做讓人覺得他有難以啟口的地方，甚至引起不當的聯想。

有人在突發狀況之下抓住機緣登高一呼，立即振奮民眾的士氣，產生吸引的力量可以帶領他們出生入死。試舉拜占庭的李奧（Leo）[45]作為例子，這時兩個城邦之間正為政治問題發生爭執，他特別來到雅典要做一番解釋，雅典人譏笑他看起來瘦弱又矮小，他說道：「我妻子的個頭還不到我膝蓋那樣高，你們有誰見過？」大家聽到更是樂不可支，他繼續說道：「我們的身材雖然不夠雄偉，等到雙方發生口角引起衝突，拜占庭這麼大的城市還不夠我們施展手腳。」演說家皮瑟阿斯發言反對將榮譽贈與歷亞山大，有人對他說道：「你這麼老了，還敢討論如此重大的事情？」他回答道：「亞歷山大的年紀比我輕，你卻贊成要把他尊為神明。」

9 政治家追求治國之道要保持屢行不懈的態度，強調它的重要性在於具備奮鬥到底的能力；特別是演講要接受嚴格的訓練，才能擁有堅定的語調和強壯的肺部，就不會感到精疲力竭像是被人打敗的樣子，

　　搶劫的喊叫回響驚天動地的聲音。[46]

44　參閱蒲魯塔克《希臘羅馬英豪列傳》之〈亞西拜阿德傳〉10節。

45　李奧這個字按照原文是「獅子」的意義，一個身裁矮小的人用這個名字，像是帶有自嘲的味道。

46　亞里斯托法尼斯的喜劇《武士》137行，這齣戲的情節與克利昂有點關係。

加圖知道要說服市民大會或元老院已毫無希望，因為事先被他的對手用金錢和利益收買，所以他只有發表冗長的演說，整天的時間留在講台不肯下來，使得議事程序無法進行，這樣才能擊敗政敵的不法意圖。類似的方式必須重視準備的工作，發表的談話讓聽的人認為言之有理，才能繼續下去達成所望的結果。

10 從事公眾生涯的開端有兩個入口，向上發展的路途也有兩條；一條可以很快平步青雲，面對的危險可不算小；另外一條平庸而緩慢只是非常安全；有些人採取出眾、顯赫和果敢的行動，進入政界以後飛黃騰達，像是從突出在大海之中的岬角發航，當然會占有領先的位置；他們認為品達的話非常正確：

> 計劃用富麗堂皇的建築作為紀念，
> 開始就得有發出耀眼光芒的門面。[47]

人類天生喜新厭舊的心理是不爭的事實，像是觀眾對於剛推出的節目表示歡迎；職位和權勢迅速成長發出燦爛的光輝，對於嫉妒可以產生遏阻的作用。亞里斯頓曾經說過，要想生火不會冒出煙霧或是獲得名望不會帶來嫉妒，必須在起點就烈焰騰空帶來驚人的聲勢；有些人的升遷不僅按部就班而且非常緩慢，難免會在多方面產生空隙遭到攻擊。

很多人的一生像是花還未全開就已經凋謝，進入政壇的演說家更是如此，有一句詩提到拉達斯(Ladas)：

> 起跑線斷裂的聲音傳入他的耳中；[48]

等到他擔任使節有光輝奪目的成就，或是身為將領獲得聞名四海的大捷，或是出任統帥建立千古不朽的勳業，只要出現受到大眾欽佩和頌揚的狀況，再也沒有人擁有先前那樣大的權勢，對他懷有猜忌之心或是對他表示藐視之意。

阿拉都斯(Aratus)[49]的名聲最後到達登峰造極的地步，靠著消滅奈柯克利

---

47 品達《奧林匹克運動會頌歌》第6卷4行。

48 拉達斯是斯巴達人，曾經多次獲得奧林匹克運動會短跑優勝，這句詩是出自他的頌辭；衝線的時候當然會引起觀眾的歡呼

49 阿拉都斯(271-213 B.C.)是西賽昂的將領和政治家，成立亞該亞聯盟，抑制斯巴達的擴張，

(Nicocles)這位僭主得以踏入政界;亞西拜阿德能與曼蒂尼人[50]結盟一起對抗拉斯地蒙人。龐培提出舉行凱旋式的要求,未能獲得元老院的同意,就是蘇拉也都投票否決,這時龐培說道:「東升的朝陽比起西沉的落日受到更多人的膜拜。」蘇拉聽到這句話不再持反對的立場。還可以舉高乃留斯‧西庇阿做例子,他成為市政官的候選人,羅馬人突然之間不理會法律的規定,推舉他出任執政官,可以看出他在政壇的起步就能出人意表,完全是市民推崇他在伊比利亞經由單人決鬥贏得勝利,那時他還是一個年輕人,沒過多久他出任軍事護民官,出征迦太基有卓越的成就,更加受到羅馬人的愛戴,就是老加圖也極口贊許,說是

智者如日月,凡夫僅能逐影而行。[51]

時至今天,城邦的事務不再包括戰爭的領導統御,沒有暴政和僭主需要推翻,聯盟的合縱連橫早已停息,試問還有什麼場合可以供年輕人創造顯赫而光輝的從政生涯?帝國仍然有法律和使節可以施展長才,不僅需要熱誠的性格,還得擁有勇氣和智慧;我們的城市有很多卓越的行業受到忽視,仍舊值得一個人去奮鬥使之發揚光大;還有很多惡習造成不良的後果,會給城市帶來羞辱或傷害,可以讓一個人用畢生之力將它消除於無形,主要在於要從本身的改革做起。老實說在過去這段期間,舉凡重大的訟案獲得公正的判決,讓正義的一方獲得勝利;誠信的行動在於為弱勢的顧客辯護,用以擊敗位高權重的對手;大無畏的演說為了主持公道,不惜與邪惡的統治者為敵;諸如此類的行為等於公開向大眾表示,讓人們有更為光榮的進口可以踏入服務公眾的政壇。還有不在少數的人經由政敵的攻訐得以享有名聲,那是他們獲得地位和職務以後,讓對方心懷猜忌或產生畏懼。一個人擁有權勢沒過多久就黯然下台,要是還能獲得更好的名聲,已經證明他優於那些推翻他的人。

正人君子基於德行成為城邦的領袖人物,受到打擊完全出自嫉妒的動機;伯里克利、提米斯托克利和龐培雖然是當代最偉大的政治家和將領,還是分別受到

(續)——————————

    抗拒馬其頓的入侵,是當代風雲人物;參閱蒲魯塔克《希臘羅馬英豪列傳》之〈阿拉都斯傳〉。

50 亞西拜阿德與亞哥斯、伊利斯和曼蒂尼簽訂聯盟是在420 B.C.,後來延續的時間長達百年之久,修昔底德在《伯羅奔尼撒戰爭史》第5卷有詳盡的記載。

51 荷馬《奧德賽》第11卷495行。

西邁阿斯、阿爾克米昂和克洛狄斯之類小人[52]的騷擾和非難，就連伊巴明諾達斯也沒有被演說家麥內克萊達斯放過；要知道從事這種類型的攻擊無法獲得更好的聲譽，從各方面來看也沒有利益可言。如果人民用錯誤的方式來處置仁德之士，很快就會為對方的憤怒感到悔恨不已，這時他們認為要對冒犯找出藉口最容易的辦法，就是將一切歸罪於始作俑者，說是大家受到少數幾個人的蠱惑和說服，才會出現不講公理正義的行為。

　　還有另外的方式，就是對邪惡的統治者高舉反抗的義幟；像是雅典的克利昂和克利奧奉（Cleophon），運用令人感到羞愧的膽識和詭計，將整個城邦據為己有，要是將他們推翻和罷黜，不失為登上政治舞台的光榮通道。我對很多情況都有深入的了解，知道有些人受到一個主張寡頭政體的元老院施加的壓迫，只有減縮自己原本擁有的權力，如同伊斐阿底在雅典[53]和福米奧在伊利斯[54]遭遇的局面，後來還是恢復原有的職權，能夠獲得更大的榮譽；任何人要是正好在這個時候踏入政壇，就要冒很大的危險。梭倫從一開始就一帆風順，城邦這時分為三個對立的團體，稱之為「山岳黨」（Diacrians）、「平原黨」（Pedieans）和「海岸黨」（Paralians）；他避免與這些派系糾纏不清，所有的行事全部一視同仁，他說他無論有任何作為，都在謀求大家的和衷共濟，因此他被市民推舉為立法者，用來解決彼此的傾軋和意見的相左，從而建立強而有力的政府組織和統治權力[55]。很多人運用這種方式以更為顯赫的職位開啟他們的政治生涯。

11 若干舉世聞名的人物像是亞里斯泰德、福西昂、底比斯的龐米尼斯、羅馬的盧庫拉斯、加圖以及拉斯地蒙人亞傑西勞斯，他們選擇的路徑更加安全又省力；如同常春藤纏繞著一棵強健的樹木向上爬升；年輕人還無藉藉之名當然要依附聲譽顯赫的長者，在他們的庇護之下得以成長茁壯，最後能在城邦的政局當中打下穩固而踏實的基礎。靠著克萊昔尼斯[56]給予大力鼎助，亞里斯泰德後來創建偉大的事業，其他如查布瑞阿斯之於福西昂、蘇拉之於盧庫

52　分別參閱蒲魯塔克《希臘羅馬英豪列傳》之〈伯里克利傳〉35節、〈提米斯托克利傳〉23節和〈龐培傳〉46節。

53　伯里克利運用伊斐阿底削弱阿里奧帕古斯會議的權力，要是用亞里斯多德的說法，就是給予人民過分激進的自由，後來變成一匹無法駕馭的野馬，使得城邦深受其害。

54　福米奧是柏拉圖的門生，奉老師的託付到伊利斯重建民主政體。

55　參閱亞里斯多德《雅典的政體結構》第5章。

56　克萊昔尼斯是民主政體的創立者，規劃了十個部族的組成、行政區域劃分、選舉制度及五百人會議。

拉斯、麥克西穆斯之於加圖、伊巴明諾達斯之於龐米尼斯以及賴山德之於亞傑西勞斯，莫不如此。其中只有賴山德在國外享有大名，野心勃勃的亞傑西勞斯起了猜忌之心，不僅對他的指導行動置之不理還橫加羞辱；至於其他的人士都會感懷他們的導師，能夠表現出高貴的氣質和政治家的風度，直到最後都會加以推崇，說是提拔他們的恩主如同高懸空際難以仰視的太陽，靠著明亮的天體，他們才能反射出耀眼的光芒。

即使用損人的言辭批評西庇阿的對手都說他是採取行動的人，位居幕後的主使者卻是他的朋友利留斯；不過利留斯聽到這些話並沒有自鳴得意，還是用誠摯的態度不斷推崇西庇阿的德行和功勳。阿非拉紐斯（Afranius）[57]曾任龐培的幕僚，雖然居於較低的位階，還是期望出馬競選執政官，由於龐培屬意其他的候選人，他只有克制自己的抱負和企圖，說他如果違背龐培的決定，雙方就無法相互合作，即使穿上執政官的紫袍，不僅沒有榮譽可言，反而帶來痛苦和困難；等待一年以後，終於獲得最高職位，同時鞏固與龐培的友誼[58]。一個人的成名出於他人之手還能獲得大家的厚愛，這時即使發生讓人感到不滿的地方，也容易得到諒解，不至於造成難以彌補的缺陷。所以菲利浦規勸亞歷山大，在自己沒有登上王座之前，要用和悅的言辭和友善的態度與別人交往，盡可能多結識朋友，相互之間建立深厚的情誼。

12 任何人從事公職都會選擇帶領他的指導者，主要的依據不完全在於名聲和權勢，應該著重實際所具備的價值和分量。須知不是每一種樹木都會接受和支持纏繞它的葡萄藤；有的植物甚至會窒息爬藤或是阻礙它的生長；城邦同樣會出現類似的狀況，一個人對於高貴的行為毫不愛惜，僅僅在乎自己的地位和官職，就不願提供年輕人從事公眾活動的機會，反過來因為猜忌的關係予以打壓，也就是不讓他們獲得榮譽，因為榮譽是年輕人最關緊要的養分，缺少以後就會自然凋謝而枯萎。馬留在蘇拉的協助之下，先是在利比亞接著在高盧建樹很多的功動，後來就拿戴用指環引起的紛爭作為藉口，不再讓蘇拉留下效力就打發他走路；他們在利比亞的時候，馬留是獨當一面的將領，蘇拉是擔任副手的財務官[59]，蘇拉受到派遣去見巴克斯（Bocchus），好把已成階下囚的朱古達

---

57 阿非拉紐斯是龐培的部將和好友，60 B.C.出任執政官，內戰期間在西班牙敗於凱撒之手，投降以後放回，塔普蘇斯（Thapsus）會戰失敗被殺。

58 參閱蒲魯塔克《希臘羅馬英豪列傳》之〈龐培傳〉46節。

59 財務官的職位相當於副將。

（Jugurtha）[60] 押解回營，這位年輕人頭一遭嘗到光榮的滋味，不知道用謙遜的態度對待臨頭的運道，就戴上一枚作為印鑑的指環，上面刻著朱古達向他投降的圖案，作為他立下莫大功勞的銘記[61]。馬留氣惱之餘，解除他的職務將他遣返羅馬。蘇拉轉變立場向卡圖拉斯和梅提拉斯效忠，當時這兩位擁有很大的權勢，一直反對馬留；等到馬留幾乎將羅馬摧殘殆盡，蘇拉發起一場內戰將他驅離，連帶畢生建立的權力全被剝奪。

倒是蘇拉對龐培的拔擢不遺餘力，聽到龐培領軍來到的消息，立即離開帳幕來不及戴上帽子就去迎接；蘇拉讓其他的年輕人有機會發揮領導的才能，甚至吩咐有些人要能抗拒他的意志，所以他統率的軍隊充滿朝氣和積極進取的精神。他希望獲得的權力超越所有的人士，能夠完成偉大的事業，成為首屈一指的領導者。只要具備高尚的抱負和企圖，就有年輕的政治家追隨並且緊緊依附，不會將屬於他的榮譽攫走。伊索的寓言很難成為事實，那是說一個鷦鷯站在老鷹的肩膀上面，突然飛出去會趕在牠座騎的前面，完全是追隨者接受庇主的善意和友誼；從而使他們對於柏拉圖所說「不知受命，何以下令」[62] 會有很深的體認。

13 接著討論的重要因素與朋友有關，我們對於提米斯托克利和克利昂的觀念都難以苟同。克利昂決定投身政壇做出一番事業，就將朋友召集起來宣布要與他們斷絕關係，免得在公眾生涯當中需要做出政策抉擇的時候，受到朋友的影響變得軟弱和誤導，無法達成完全正確和不偏不倚的目標；如果他能拋棄貪婪的心靈和好鬥的習性，不再存有嫉妒和惡毒的念頭，那將比放棄友誼可以產生更大的作用；因為城邦需要自律甚嚴的正人君子，而不是沒有朋友或同志的人士。如同喜劇作家所說的那樣，他趕走的朋友是

　　百位圍在四周搖尾乞憐的奉承者；[63]

何況他對上層階級擺出嚴厲和冷酷的神色，轉過頭去認同普羅大眾，為的是贏得他們的好感，所以他才會

60　朱古達是努米底亞國王，戰敗以後被俘，204 B.C.死於羅馬的監獄。
61　參閱蒲魯塔克《希臘羅馬英豪列傳》之〈該猶斯‧馬留傳〉10節和〈蘇拉傳〉3節。
62　參閱柏拉圖《法律篇》762E。
63　亞里斯托法尼斯的喜劇《和平》756行，作者提到克利昂其人。

　　盡力取悅長者以及嘉惠施恩貧民，[64]

與民眾當中那些最卑劣的不良分子結爲夥伴，不惜運用一切手段謀求個人的權勢和地位。

　　提米斯托克利的辦法與前者相比可以說南轅北轍，有人對他這樣的表示，如果他的行事能夠公正無私，那麼他的施政作爲會更有成效，他回答道：「要是我把朋友看得與別人沒有什麼不同，他們也不能從我這裡得到什麼好處，請問我還要坐在這個位置上面幹什麼！」他之所以犯下錯誤，在於公私不分和友情重於一切，把個人的好處和利益優於城邦和社區的事務和福祉。這方面的敘述也有完全相反的記載，據說賽門尼德要求他做不符公正原則的事，提米斯托克利向對方說道：「違反音韻和體裁就不能稱爲優秀的詩人；受到關說不遵守法律的規範就不是盡責的官員。」

　　嚴格說來，領航挑選水手以及船長挑選領航，在於

　　　　知道站在船尾如何將舵掌得很穩，
　　　　嚴防暴風將繫帆的繩索拉得很緊；[65]

以及建築師選擇手下和工匠，在於有妥善的合作關係，不致損毀他設計的作品；要是按照政治家選擇朋友所設立的限制，豈不是都成了駭人聽聞和可惡之極的事。鑑於品達說過「就制定法律和堅持正義而言，政治家是手藝最好的工匠」之類的話[66]。要是他不能選擇信念相同的朋友，那就得不到最大的幫助或是分享他的熱誠，共同去做最高貴的事情，很可能會經常犯下錯誤，運用不正當的手段強使他走上歧路，其間的差別眞是無法以道里計；要知道政治家的交友出了問題，等於營造師傅和木匠不知道使用圓規、直尺和水平儀，或是手法和技術出現錯誤，建構的工程會發生歪曲和傾斜，最後難逃倒塌的命運。

　　朋友對政治家而言是有思想的活工具，所以他在朋友出了差錯的時候不能置之不理，他應該很仔細的監督和查看，即使因無知所產生的缺失都不可以發生。

64　一位不知名的喜劇作家對索福克利的《佩琉斯》，進行不甚高明的模仿，不可能是亞里斯托法尼斯；有關《佩琉斯》可以參閱瑙克《希臘悲劇殘本》之〈索福克利篇〉239頁No.447，引用的詩句可以參閱柯克《阿提卡喜劇殘本》第3卷400頁。
65　參閱希尼德(Schneider)《希臘詩文殘卷》之〈凱利瑪克斯篇〉787頁No.382。
66　參閱希里德(Schroeder)《希臘詩文殘卷》之〈品達篇〉403頁No.57。

梭倫做了一件鑄成大錯的事，使得他在市民當中的聲望深受打擊：他處心積慮要
減輕人民的債務，就想推行一種稱爲「註銷欠債」（Seisachtheia）[67] 的辦法，先將
實施的方式告訴他的朋友，他們聽到以後爲了圖利自己，把公理正義置之不理，
趕在法律公布之前，暗中向人借下大筆金錢，用來經營華屋或買下很多田地，等
到提案通過成爲法律，他們可以賴債不還，結果梭倫要爲整個事件負責。亞傑西
勞斯同樣對於朋友的多方需索，出於婦人之仁缺乏拒絕的堅定意志，就像優里庇
德的悲劇當中叫作佩格蘇斯的角色，

　　　這匹座騎受到恫嚇就蹲伏在地面；[68]

要是過於熱心幫助陷入不幸處境的人，當他完全喪失反抗命運的能力，等於在使
自己犯下難以彌補的錯誤；例如菲比達斯未奉命令奪取卡德密一事受到法庭的審
判，亞傑西勞斯出面爲他開脫，就說國外發生狀況他有權自行處置。司福德瑞阿
斯（Sphodrias）因爲違法的軍事行動（雅典人是他們的朋友和盟邦，他竟然入侵阿
提卡）受到有罪的指控，亞傑西勞斯的兒子無法推辭膩友的要求出面講情，司福
德瑞阿斯得到無罪開釋的判決。亞傑西勞斯曾經寫一封信函給某地的統治者，內
容如下：「要是尼西阿斯無辜，請你馬上放他出來；如果他確實犯罪，看我的面
子不必追究；無論如何要讓他平安離開。」[69]
　　福西昂對於他的女婿查瑞克利涉及哈帕拉斯的賄案受到指控，表示出一副公
事公辦的樣子，他說道：「我的女婿現在到庭，希望秉公處理，務必勿枉勿
縱。」接著離開法院。科林斯的泰摩利昂[70]用盡勸說和乞求，還是無法讓他的兄
長願意放棄暴政，就與他的友人將他殺害以絕後患。一個政治家對於朋友除了不

67　梭倫在西元前6世紀對於雅典的政府結構進行改革，主要的特色就是免除債務，Seisachtheia
　　的字面意義就是「擺脫負擔」，亞里斯多德《雅典的政體結構》第5章，對於這件事加以討
　　論，認為梭倫犯了用人不當的錯誤，個人的清白並未受到懷疑。
68　出自優里庇德的悲劇《貝勒羅豐》，參閱瑞克《希臘悲劇殘本》之〈優里庇德篇〉451頁
　　No.309；佩格蘇斯是長著翅膀的飛馬，牠是貝勒羅豐最為寶貴的名駒。
69　這是亞傑西勞斯寫給卡里亞國君艾德里烏斯（Idrieus）的函信；一般而言他謹守國王的分際，
　　只要涉及朋友的案件，如果還拘泥於正義的原則，照他個人的說法，僅僅作為拒絕的藉口而
　　已。
70　參閱蒲魯塔克《希臘羅馬英豪列傳》之〈泰摩利昂傳〉4-5節。他殺死兄長泰摩法尼斯
　　（Timophanes）以後，無法見諒於自己的母親，開始拋棄政治並離群索居，幾乎有二十年的時
　　間，不接受公職或從事重要活動。

能做僞證，更不能存有「友情就是神聖的祭壇」[71] 諸如此類的觀念，這句話是伯里克利的名言；而是盡可能遵循法律、平等和優勢這些方面的原則，如果稍有疏忽就會爲城邦和民眾帶來巨大的災難和傷害；司福德瑞阿斯和菲比達斯豁免懲處的結果，與爾後斯巴達引發的一連串事故，造成琉克特拉會戰的失利有很大的關係。

政治家基於原則要有理性的行爲，對於朋友的輕微過失不要有過分嚴厲的處置；只要城邦的主要利益能夠確保安全無虞，在可能範圍之內要盡量支援自己的朋友，給予安慰和鼓勵，幫助他們脫離困境。賜與的恩惠不要引起反感，諸如幫助朋友獲得職位，或是指派從事行政工作，或是擔任使節從事外交任務，像是將榮譽或金錢贈送給一個統治者，或是與一個城邦協商有關友誼和合作的事項；如果有些重要軍國大事，可以凸顯個人的地位和風格，應該親自出馬負責，選擇適宜的朋友從旁協助。如同戴奧米德的作爲：

> 要是你讓我挑選同去的忠勇夥伴，
> 睿智如神明的奧德修斯誰敢遺忘？[72]

奧德修斯用適當的恭維話給予答覆：

> 長者問到的馬匹新近來自色雷斯，
> 國王已經被英勇的戴奧米德殺死，
> 還得加上十二位高貴隨從的死屍。[73]

對於一個朋友的禮讓，等於在裝點他所給予的美言，這與他接受的讚譽相比毫不遜色，因爲柏拉圖說過「自負與孤獨形影不離」[74]。應該讓朋友分享對別人的厚愛所展現的善意和仁慈的行動；如果有人向他提出勸告或加以推薦，要他對某人給予好處，這時要讓後者知道並且感激這個人。

對於朋友提出卑鄙或邪惡的要求立即加以拒絕，只是言辭保持溫和不必過於

---

71 雖然伯里克利說了這句話，他還表示必要時得離祭壇遠一點，這樣才能保持友情有始有終，得到最好的結局。

72 荷馬《伊利亞德》第10卷242行。

73 荷馬《伊利亞德》第10卷558行。

74 柏拉圖《書信集》第4封321B。這是他寫給狄昂的信，結尾要他多多結交朋友。

刺耳，運用安撫的方式讓對方知道有違他的名聲和榮譽。伊巴明諾達斯的例子令
人感到佩服：佩洛披達斯要他從監獄中釋放一個小販受到拒絕，沒過一會佩洛披
達斯的膝妾請他幫忙獲得同意，這時他說道：「佩洛披達斯，小恩小惠適合給予
奴僕女流之輩，對於將領而言是一種侮辱。」加圖出任財務官，行事雷厲風行，
對人不假辭色，卡圖拉斯是他熟悉的朋友當時是監察官，有一個人正在接受審
判，卡圖拉斯向他提出給予無罪釋放的請託，加圖說道：「你怎麼做這種不顧廉
恥的事，要知道你現在的職責何其重大，訓練我們的年輕人敦品勵學和守法重
紀，竟然自己無法身教言教成為模範，看來我要僕人把你趕出門去。」他在拒絕
給予好處的時候，不能使用冷酷和刻薄的言辭，務必讓人產生一種印象，不是願
意出現冒犯的行為，而是基於法律和正義的壓力。

　　我們的公職生涯當中，對於需要金錢維持生活的朋友，給予援手講起來也是
很有光彩的事；可以舉個例子來說，提米斯托克利在會戰以後，看到一具屍首戴
著金的手鐲和項圈，他走過去並沒有停下來，只是轉過頭對朋友說道：「你們可
以將這些東西當成戰利品據為己有，我是提米斯托克利，沒有這方面的需要。」
一個人在公職生涯當中因為負起行政責任，經常有機會可以用來幫助他的朋友；
雖然說不是人人都可以做到麥內瑪克斯[75] 那樣：他讓一位朋友負責法庭的訟案，
因為出色的辯護得到公正的判決，當事人給予非常優厚的報酬；他推薦另外一位
給某個富翁作為法律方面的顧問和保護，他幫助另一位得到有利可圖的合約或承
包租稅的行業。伊巴明諾達斯要他的朋友去見一位富豪，提出送給來人一泰倫的
要求，同時向這位富豪講明是他的吩咐；這位富豪派人去問他這樣做的理由何
在，伊巴明諾達斯回答道：「因為這個人很窮但是非常正直，要知道你所以發財
完全靠著侵占城邦的財富。」色諾芬提到亞傑西勞斯很高興他的朋友都能發達，
至於他自己則視錢財如糞土[76]。

14 可以引用賽門尼德所說「所有的夜鶯都會長冠毛」這句話[77]，每一
種顯要的職位都要忍受敵對和爭執，公眾人物對這方面要特別重視
不能掉以輕心。大多數人都推崇提米斯托克利和亞里斯泰德，說他們無論是出任
使節或是指揮軍隊，負起重大任務都能捐棄相互的成見和敵意，等到當面的問題

75　蒲魯塔克將這篇隨筆獻給這位朋友，當然要藉機會對他大事讚揚一番。

76　色諾芬《亞傑西勞斯傳》4節。

77　貝爾克《希臘抒情詩集》第3卷418頁No.68。

解決以後再爭執都不算遲。還有若干人士對馬格尼西亞(Magnesia)[78]的克里蒂納斯(Cretinas)有很高的評價,當時他是赫米阿斯(Hermeias)的政敵;然而赫米阿斯不僅有極大的權勢,充滿進取的精神,且心地光明磊落。等到米塞瑞達底戰爭爆發以後,有鑑於城邦面臨存亡的關頭,他請求赫米阿斯接掌國家軍政大權,自己情願引退;反過來說,如果赫米阿斯希望他出任將領,那麼赫米阿斯就要離開政壇,以免雙方因為意見不合發生爭執,妨害到各項準備工作,影響城邦的安全。提出的挑戰讓赫米阿斯感到心悅誠服,認為克里蒂納斯比他更擅長戰爭有關的事務,所以他要帶著妻子和兒女離開。城邦當局不僅派人護送,還供應他需要的財物,使得他的放逐生活非常安適,還可免於受到圍攻之苦;馬格尼西亞人在克里蒂納斯卓越的領導之下,完全出乎眾人的意料之外,雖然陷入毀滅的邊緣,最後還是逃過城破國亡的危險。

須知最高貴的事情無過於激勵全民奮發進取的精神,所以大家公開宣稱:

我熱愛國家甚於自己親生的子女;[79]

每個人都能這樣表示那就更不容易,只是說起「我恨某人希望災難落到他的頭上,然而我更愛國家,相較之下情願他平安無事」,試問又有那一個人願意放棄這樣的機會?有些人的心態未開化已落到野獸的地步,非但不願自貶身分去與敵人和解,為了報復,即使犧牲朋友亦在所不惜。福西昂和加圖的做法很相似,得到的效果更好,他們不許私人的敵意與政治的意見分歧有任何關係;他們為了反對大眾的福祉受到無謂的犧牲,所以在公務方面的競爭會相當堅持而且不講情面,然而處理私人的事務所用的方法非常友善,不會讓政治上的對手產生憤怒的情緒。

政治家不應將任何市民同胞看成敵人,除非像亞里遜(Aristion)[80]、那比斯(Nabis)[81]和加蒂藍[82]之類這樣的人物,他們對城邦而言是討厭的害蟲和移動的

78　馬格尼西亞有兩處:一是帖沙利的一個區域;另一是愛奧尼亞的城市,密安德(Maeander)河從旁流過;這裡所提是後者。

79　或許出自優里庇德的悲劇《伊里克蘇斯》,說話的人是伊里克蘇斯的妻子普拉克西瑟;參閱瑙克《希臘悲劇殘本》之〈優里庇德篇〉918頁No.411。

80　亞里遜是西元前1世紀伊庇魯斯的哲學家,後來成為雅典的僭主,87 B.C.發生第一次米塞瑞達底戰爭,受到蘇拉的圍攻,城破被殺。

81　那比斯是斯巴達優里龐帝系最後一位國王,在位期間205-192 B.C.,庇洛普斯(Pelops)王在世時,任他為攝政,亡故(很可能是他下手謀害)以後,那比斯接位成為殘酷無道的暴君。

腫瘤。所以他們不應運用爭執的方式，應該像一個技藝高超的音樂家，琴弦的鬆緊都在他的控制之下，能夠發出和諧的聲音；所以他們對於任何錯誤都無須發怒和給予嚴厲的指責，要像荷馬那樣使用溫和的言辭而非訴求道德的標準，諸如：

> 朋友，我認為你的智慧高人一等，[83]

以及

> 你會說出比這番言語更好的議論；[84]

如果他們的所言所行對公眾有利，就不必為職務的功能不彰感到憂慮，更無須講一些動聽的話來多方解釋；如果基於需要，我們對於欠當的行為說出譴責的話，即使讓人感到可信，還是可使他們嫌棄惡行，提升對美德的要求，善行在相互對比之下具有更大的價值，較之其他方式更為適合。

我認為政治家應該向世人證明，對於政敵都秉持大公無私的原則，要在法庭上面幫助他們對抗惡意的指控者，不相信誹謗的謠言，特別是控訴背離他們堅持的理念；聲名狼藉的尼祿在處死色拉西阿斯(Thraseas)[85]之前不久，有人用一份惡毒且偏頗的起訴書，在法庭對色拉西阿斯提出指控，儘管他對這個人極其痛恨和忌憚，仍舊說道：「我希望大家對色拉西阿斯像我的好朋友一樣，讓他看待這場審判感到非常滿意。」能讓不同類型的人士感到困惑，不失為一個很好的辦法，人性本惡喜歡做損人不利己的事，即使一個人的品德良好，他的敵人提到他會這樣說道：「他並沒有這樣的表示，也沒有這樣的作為。」還有一些人只要他們犯下錯誤，就會讓人記起他們的祖先，如同荷馬所說：

> 身為泰迪烏斯之子未能克紹箕裘。[86]

(續)

82　參閱本書第44章〈論不會得罪人的自誇〉4節。

83　荷馬《伊利亞德》第17卷171行。

84　荷馬《伊利亞德》第7卷358行。

85　色拉西阿斯是斯多噶學派哲學家，開始時最為尼祿倚重，後來受到離間變得冷淡，這個案子發生在58 A.D.，經過很長時期的審訊，要到66 A.D.才做出處死的判決。

86　荷馬《伊利亞德》第5卷800行，詩中提到泰迪烏斯之子就是戴奧米德。

阿庇斯（Appius）與西庇阿‧阿非利加努斯（Scipio Africanus）[87] 在選舉中相互敵對，於是前者說道：「啊！包拉斯！你要是看到你的兒子爲了選上監察官，竟然叫稅務官斐洛尼庫斯（Philonicus）當他的保鏢，就是在地府也會死不瞑目。」這樣的說法可以用來譴責犯錯的人，也可以讓挺身而出者增加光彩。

索福克利筆下的尼斯特表現政治家的風度，回答埃傑克斯的謾罵：

> 你說話不留口德但行爲還算規矩，
> 雖然我心中不滿並不會責怪於汝。[88]

龐培與凱撒用粗暴的手法對待共和國，所以加圖對龐培抱著很大的反感，等到這兩個人之間發生戰爭，加圖勸大家將國家的領導權交給龐培，表示他的看法說道：「龐培這個人雖然給大家帶來很多災難，最後他還是會一一解決。」即使責備也混合著讚譽，而不是一味的加以羞辱，坦誠的語言不會引起憤怒，只是良心受到刺激會感到懊悔，這時會表現出仁慈的神色，認爲自己經過治療完全痊癒。政治家必須了解惡言相對絕沒有任何好處。我們可以檢視笛摩昔尼斯對伊司契尼斯的指控，以及伊司契尼斯的反駁，還有海帕瑞德對抗迪瑪德斯的書面講詞，以及問到梭倫、伯里克利、拉斯地蒙人萊克格斯和列士波斯人彼塔庫斯之類的人物所說的話，他們都不會違背這些原則。

甚至就是笛摩昔尼斯，也只有在法庭的訴訟，他的辯護言辭才會運用嬉笑怒罵的方式，以求達成最好的說服效果。他的〈論腓力〉絲毫不帶嘲訕的意味和下流的髒話。要是不遵守這些規定，會給說話者帶來羞辱，而不是那些受到謾罵和奚落的人；再者會讓事務的正常處理受到干擾，各種會議和市民大會的議事程序都會因而產生混亂。福西昂採用的方法更爲高明，他馬上閉口將發言權讓給辱罵他的人，等到這個傢伙感到驚異最後安靜下來，他再上前接著說道：「好吧，有關騎兵和重步兵的作戰你們已經聽夠了，現在讓我與大家討論輕步兵和盾牌兵的狀況。」

很多人遇到難堪的狀況無法忍受，很不容易保持沉默，口無遮攔的人在引起反駁以後，發現對自己有利就會閉上嘴巴，所以回答一定要簡短，表示自己沒有生氣也毫無怨恨之心，用的辭句文雅又有風趣，偶爾用尖銳的語氣回敬一下。駁

---

87 這位西庇阿‧阿非利加努斯即爲小西庇阿；參閱本書第16章〈羅馬人的格言〉10節。
88 瑙克《希臘悲劇殘本》之〈索福克利篇〉312頁No.771。

斥最好引用對方所說的話，以其人之道反治其人之身，這時對方攻擊最烈之處，也會對自己傷害最大；所以我們的說話可以鏗鏘有力，一切要在理性的掌握之下，特別應該了解輕侮的言辭只會讓自己被人輕侮。例如凱利斯特拉都斯（Callistratus）[89]譴責底比斯人和亞哥斯人，因為厄迪帕斯弒父而歐里斯底殺母，伊巴明諾達斯反駁說道：「兩人犯下十惡不赦之罪被我們逐出國門，是你們要收容無情無義之人。」

還有就是一位雅典人對斯巴達的安塔賽達斯（Antalcidas）很自豪的說道：「我們經常把你們趕離西菲蘇斯河。」後者回答道：「是啊！我們卻一直沒有機會將你們趕離優羅塔斯（Eurotas）河。」[90]福西昂有一次的駁斥非常機智，迪瑪德斯對著他尖叫道：「雅典人應該將你處死。」他應聲說道：「不錯，要是他們瘋狂就會這樣做；如果他們保持清醒，只有像你這樣的人才會一命嗚呼。」杜米久斯對演說家克拉蘇說道：「聽說你為養在水缸的八目鰻死掉而哭泣，這話沒錯吧？」後者就用這樣的問句來反駁：「聽說你先後埋葬三位妻子都沒有流一滴眼淚，這話沒錯吧？」上述都是非常適當的回答，學會以後可以使人終生受用不盡。

15 一個人有很多種方式可以用來服務大眾，加圖的做法就是如此，所以他說好市民要不辭辛勞，就能力所及善盡天職。大家極其推崇伊巴門諾達斯，因為底比斯人出於嫉妒心作祟，為了羞辱起見，竟然指派他出任「市務官」（telmarch）；他從來沒有疏忽應負的責任，還說職務不能提高人的地位，倒是人可以提高職務的地位，所以看在他的分上，後來「市務官」這個職位變得極其重要和神聖，雖然原先不過是督導清除小巷的糞便和大街的積水。我自己經常從事這方面的工作，甚至就是來到鎮上的訪客，看到我親自動手也覺得很好笑。安蒂塞尼斯說的話對我大有裨益，時常會記在心頭；有人看到他手裡提著一條乾魚經過市場，對此表示十分驚異，他說道：「這是我買來自己吃的。」

從另一方面來看，我會親自到工地量好屋瓦的位置，督導人員運送和下卸石塊之類的材料，有人批評我怎麼會參與這樣的事情，我表示這不是為自己而是為服務桑梓。很多事情看起來可以說微不足道，特別是個人的私事根本不值得重視，只要涉及城邦有關全民的福祉，即使再瑣碎的雜務也不能掉以輕心，更應該善盡自己的責任，抱持最大的熱心全力以赴。有些人認為伯里克利對事務的處

89　凱利斯特拉都斯是西元前4世紀的雅典政治家，口才極佳，使得笛摩昔尼斯想盡辦法要去聽他演講，後來受到懲處，放逐至色雷斯。

90　這段故事也出現在本書第15章〈國王和將領的嘉言警語〉69節之2。

理，可以做得更為尊嚴，表現得更為光彩奪目；雅典人建造稱之為薩拉米尼亞（Salaminia）號和帕拉盧斯（Paralus）號的聖船，逍遙學派的哲學家克瑞托勞斯有這樣的主張，這兩艘船只能擔任有迫切需要的重大任務，不能作為一般用途；所以政治家只負責最關緊要的軍國大事，如同優里庇德描述的宇宙之主：

> 天神將歷史發展的主軸抓在手中，
> 細節部分交由造化小兒任意撥弄。[91]

　　或許我們不能贊同瑟吉尼斯的野心和抱負，無論是各種賽會和祭典[92]的場合，所有比賽包括角力、拳擊甚至長跑[93]他都要獲得勝利。有次他參加葬禮，為了紀念某位逝世的英雄人物，這時開始依照傳統，所有的選手要下場較量角力，就大家的看法把他找來是很大的錯誤，因為他的到場沒有人可以贏得比賽；等於他用那種方式蒐集一千兩百頂桂冠，大多數看來都是毫無用處的垃圾。
　　這樣看來他與遭到剝奪參加政治活動的人員又有什麼差異；因為他們同樣受到市民嚴苛的批評和反對；他們之所以不受歡迎，在於過多的成功引起大家的嫉妒，等到他們不幸失利，就會讓幸災樂禍的群眾心花怒放；那怕在開始受到大家的稱讚，到後來還是難逃嘲笑和諷刺。因此才有人寫出下面的詩句：

> 你們請看看密蒂奧克斯成為將領，
> 他在檢查我們要吃的麵包和麥粉，
> 確保城邦的安全視察進出的道路，
> 管事太多最後落到極悲慘的處境。[94]

密蒂奧克斯（Metiochus）是伯里克利的擁護者之一，經由這種關係獲得莫大的權勢，難免會惹來旁人的側目而視。根據他們的說法，一個政治家必須深刻體認，當他來到群眾的面前要能受到他們的敬愛，等到離開不跟大家在一起要被人念念

91　瑞克《希臘悲劇殘本》之〈優里庇德篇〉675頁No.974，至於出自他的那一齣悲劇已不得而知。
92　這是指希臘世界四個主要的賽會：即奧林匹克運動會、皮同運動會、地峽運動會和尼米亞運動會。
93　長跑的距離是二十斯塔德，相當於2.5英里。
94　出自一位早期喜劇的劇作家，柯克《阿提卡喜劇殘本》第3卷629頁No.1325。

不忘。所以西庇阿‧阿非利加努斯經常花很長的時間住在鄉村，一方面可以解除眾人的嫉妒所帶來的負擔，一方面不讓自己的豐功偉業給別人造成很大的壓力。

克拉卓美尼的泰米西阿斯(Timesias)[95]從他服務城邦的事蹟看來，無論各方面都是非常優秀的人物，由於事無大小都要躬親處理，當然會引起其他人士的猜疑和忌恨，直到碰巧遇到某種狀況，他才知道問題的嚴重；有次他從一群兒童的身邊經過，他們正在玩一種把脛骨從洞中踢出來的遊戲，幾個小孩之間發生爭吵，就說其中一位在作弊，受到指責的小孩賭咒說道：「要是我沒有將這塊骨頭踢出來，情願像泰米西阿斯一樣被打得腦漿迸裂死於非命！」泰米西阿斯聽到以後，知道對他的不滿已經深入人心，四處蔓延到無可挽回的地步，回到家中向妻子說明此事，吩咐她馬上整理行李，立即離家隨他從城市逃走。這也就是提米斯托克利受到雅典人苛刻的待遇以後，他所說的話：「各位親愛的同胞，為何你們對於接受再三的好處會感到如此的厭倦？」

提到這些事情有的說得是很正確，其他的也不盡然如此。一個政治家對於公眾事務的任一部分都不能冷漠以待，他應該用善意和憂慮的態度關懷全民的福祉，注意所有的項目並且深入了解全般的細節。他不能成為船上那種稱為「神聖索具」[96]的東西，平時存放擺出地位超然的模樣，等待城邦有絕對需要或面臨厄運再拿出來使用；他要像領航員，不是完全靠自己的手去做事，執行任務在於憑藉不同的人員掌握相異的工具，靠著他將散開或分離的工作結合在一起，才能發揮整體的力量，因此他要運用水手、瞭望員、帆纜長，以及位於船尾賦予掌舵重任的舵手；所以政治家也適用這種方式，將職位授與其他人員，態度優雅又友善邀請他們登上演說家的講台；他不會靠著自己的演說、敕令和行動，將城邦的事務全部緊抓在手裡不放，而是選出合格和適當的人員，以分層負責的方式做最有效的運用。

伯里克利拔擢熟悉軍事的明尼帕斯(Menippus)出任將領的職位，運用伊斐阿底的政治才華壓制阿里奧帕古斯會議的氣焰，藉著查瑞努斯(Charinus)的人際關係通過制裁麥加拉的議案[97]，派遣朗潘(Lampon)遠航異域成為休里埃(Thurii)這個殖民地的奠基者。等到將權力分配給很多人，不僅可以減少仇視和敵意所帶來

95　泰米西阿斯率領移民前往色雷斯地區，等到建立阿布德拉這個城市以後，發現他的施政引起市民的反感，馬上離開返回故鄉。

96　是指最重的錨，保存到最危急關頭才用，參閱本章第19節以及盧西安《朱庇特的悲劇》(Juppiter Tragoedus)第60章和它的注釋。

97　432 B.C.通過的法案，雅典和它的盟邦要對參加拉禁運，不得有貿易的來往和商業的行為。

的困擾和煩惱，還可以使處理公務發揮更大的功效，如同我們的手分為五根指
頭，非但沒有使它變得脆弱，反而成為最富技巧的工具。因此政治家要讓別人分
享城邦的管理，在合作的基礎上面建立廉能的政府。

有些人由於他對名聲和權力抱有無法饜足的貪念，就把城邦的重擔整個壓在
自己的肩上，這樣做不合乎自然之道，就是教育訓練也無法達成這方面的要求。
（如同克利昂搶著出頭去領導軍隊，斐洛坡門要去指揮戰船以及漢尼拔對著民眾
長篇大論說個不停），一個人要是聽到優里庇德引用的詩句：

木匠沒有成品不能算是完成工作，[98]

那就知道犯錯以後還是無法找藉口為自己開脫。如同你不是一個辯才無礙的人，
還在繼續充當使節；或者你的生性懶散卻要從事公職；或者你對於計算一無所知
還想管理金庫；或者你已年老力衰或是性格懦弱卻要指揮軍隊。

伯里克利管理城邦將權力分給西蒙，要後者負責水師與蠻族從事戰爭，他們
兩個一人長於文治而另一位專注武功。安納弗利斯廷區(Anaphlystian)的優布拉
斯所以備受讚譽，在於很多人對他極其相信，願意畀以權勢和重任，然而他卻對
希臘的事務沒有興趣[99]，不願接受將領的職位，要把才華用在財政方面增加歲入
的租稅，後來能對國家做出更大的貢獻。伊斐克拉底在家鄉當著很多聽眾的面
前，練習他的演說竟然受到譏笑，事實上他的口才便給不能說水準很差，只是他
應該滿足於軍事方面給他帶來的榮譽，把這部分的發展空間留給詭辯家。

16 任何民主政體都瀰漫一種風氣，那就是用惡意攻訐和吹毛求疵的態
度對待從事公職的人，如果沒有反對的黨派和異議的表示，他們對
於很多可行的方案，都是出於圖利個人的陰謀，會給當政者以及他的同事和朋友
帶來誹謗，所以政治家不能讓真正的敵手或異議分子沒有存在的餘地。如同開俄
斯(Chios)[100]的民意領袖歐諾瑪迪穆斯在黨派鬥爭大獲全勝以後，反對將所有的
政敵從城市放逐，他說道：「當我們需要團結起來對付敵人的時候，朋友之間就
不會產生爭執。」坦誠的說法真是傻氣十足；等到民眾對於那些重要和有利的措

---

98 瑙克《希臘悲劇殘本》之〈優里庇德篇〉678頁No.988。
99 這是指城邦之間協商和談判有關事宜。
100 開俄斯島位於小亞細亞的愛奧尼亞海岸，當時是希臘的殖民區，不過彈丸之地都會發生黨派
的鬥爭，可見希臘人善於自相傾軋真是名不虛傳。

施產生懷疑，主事的官員來到市民大會不要全部表示同樣的觀點，讓人以為事先經過協商，應該讓兩三位朋友提出異議，很快站在另外的方面發表意見，接著像是被說服所以改變立場。用這種方式可以拉攏一般的民眾，之所以會發揮影響力，顯然是為了謀求公眾的福祉。對於無足輕重的雜務不必如此大費周章，因為讓一位朋友出面反對也不是一件壞事，這樣做可以使得每個人都遵從自己的理性，對於極其重要的軍國大事，他們的同意在於有最好的政策指導，看起來似乎不必預為安排。

17 政治家通常是城邦理所當然的統治者，像是君王或貴族階層，這些人就像蜂窩裡面居於首領地位的蜜蜂[101]，他們內心的想法是要把公眾事務始終掌握在手裡；經由選舉產生的職位和權責，他不應該過分的熱中或者經常出任，因為一個人喜愛官職無法獲得尊嚴，同時也得不到民眾的擁護；如果人民將職位授與他按法律的規定召喚他，這時他不應拒絕；即使給予的官職與他的聲譽相比顯得低微，他不僅要接受，還得非常熱心的從事這份工作；正確的處世之道在於身居高位要感到光榮，即使屈從低階也不能妄自菲薄；身為政治家，無論是放棄或接受更為重要的職位，在雅典像是指揮軍隊的將領，羅得島的「執政」（prytany）以及這裡的皮奧夏總監，處處都要展現謙恭的態度，同時給予較低職位以示尊敬和光彩，那麼我們對於後者不會感到輕視，對於前者也不會產生嫉妒。一個人不管在那裡接受任何官職，要把伯里克利的話謹記心頭，他在授與將領的斗篷之際，曾經對自己這樣說：「伯里克利，務必謹慎小心，因為你統御一群自由人，他們不僅是希臘人，還是雅典的市民。」

因此你必須這樣對自己說：「你統治一群屬民，須知你是凱撒的代理人，以卸任執政官的頭銜管理這個城邦，『這裡沒有在平原上面列陣的長矛兵』[102]，也不是古代的薩迪斯，更沒有名聞遐邇的利底亞強權。你必須更加小心謹守本分，身居將領的職位要把眼光投向演說家的講台，對於自己獲得勝利的桂冠，不要太過驕傲和自信，因為你們可以看到羅馬士兵的鞋子已踩在你們的頭上。不僅如此，你們要效法行動者的作為，在獲得當局[103]的允許以後，聽從倡導者的指示，不要超越節奏和衡量的自由限度，為了民眾的福祉，要盡量發揮個人的熱

---

101 那時的希臘人不知道蜂巢當中以蜂后最為重要，何況她還是雌性。
101 那時的希臘人不知道蜂巢當中以蜂后最為重要，何況她還是雌性。
102 索福克利的悲劇《特拉契斯的婦女》1058行。
103 蒲魯塔克那個時代的希臘，只要與政治有關的事務，提到的「當局」就是羅馬的元老院和各級政府。

情、才幹和名聲。一個人的從政生涯即使局部出現瑕疵，也不會就此帶來噓聲和
奚落，更不會從而一蹶不振。儘管有很多人經驗到

　　　　恐怖的行刑者揮動利斧砍下頭顱，[104]

就像你的老鄉帕達拉斯（Pardalas）[105] 和他那批走狗，濫殺無辜到喪心病狂的程
度。還有很多人士被放逐到一個島嶼，誠如梭倫所言：

　　　　雅典人有金城湯池不再流離失所，
　　　　其他島嶼的居民難免要身罹災禍。」[106]

　　我們要是看到小孩在玩耍的時候，把父親的鞋子穿在腳上，還戴上他們的冠
冕，這時我們就會笑了起來。城市的總督如果用非常愚蠢的態度鼓勵民眾，要他
們去仿效祖先的成就、觀念和行動，即使已經不適合目前的狀況和環境，再要做
也不過被人視為笑話罷了；除非他們完全受到蔑視保證一事無成，否則一旦受到
激動造成難以收拾的後果，這時就會讓人笑不出來。過去的希臘人有很多特立獨
行的事蹟已經詳細記錄下來，讓我們知道政治家對於與我同代的人士，就性格方
面而言產生鑄造和矯正的作用。例如，讓雅典人縈迴在心的記憶不是戰爭的勝
負，而是諸如三十僭主垮台以後獲得的特赦、占領米勒都斯發生的慘劇、對弗里
尼克斯的罰鍰[107]，以及卡桑德（Cassander）重建底比斯後他們戴上花冠慶祝[108] 之
類情事。還有像是他們聽到亞哥斯發生內訌，有一千五百名市民被自己的同胞殺
死，於是通過議案將贖罪的犧牲送到該城的市民大會；以及他們為了查出哈帕拉

104　瑙克《希臘悲劇殘本》之〈Adesp篇〉918頁No.412。
105　帕達拉斯是薩迪斯人，所以才說他是參內瑪克斯的老鄉，後來因為黨派的內訌喪失性命；可
　　以參閱本章最後一節。
106　貝爾克《希臘抒情詩集》第2卷34頁。
107　弗里尼克斯是希臘悲劇的開山祖師帖司庇斯的門徒，他是第一位讓女性演員登上舞台的劇作
　　家，他的主要作品有《阿卡提昂》(Actaeon)、《阿塞西蒂斯》(Alcestis)和《達納伊德》
　　(The Danaides)，他不理當局頒布的禁令，將雅典占領米勒都斯發生的慘案編成悲劇上演，
　　受到罰鍰的處分，因而轟動一時。
108　卡桑德是安蒂佩特的長子，等到他掌握馬其頓的政局，殺害奧琳庇阿斯，羅克薩娜以及她與
　　亞歷山大所生的兒子；卡桑德在305 B.C.登基為王，316-314 B.C.重建為亞歷山大夷為平地的
　　底比斯，亡故於297 B.C.。

斯(Harpalus)的贓款[109]，前往涉嫌人士的家中翻箱倒篋的搜尋，對於一位剛結婚的人卻輕輕放過。看來諸如此類振奮人心的行動，可以讓人記得我們的祖先，也不過是馬拉松、優里米敦和普拉提亞這幾個地名和其他的例子，可以使一般民眾感到自豪以至於手舞足蹈，除此以外全部留存在詭辯家的學校裡面。

18 政治家對於自己城邦的統治者[110]不要恣意指責，應該與高階人士建立友誼，要讓權勢顯赫者成為他從政最堅固的堡壘。羅馬人推薦朋友獲得政治利益最為熱心，我們能從君王或政壇大老那裡因為友誼蒙受利益，經過轉移用來增進全民的福祉，這也是一件美事。像是波利拜阿斯和帕尼久斯由於西庇阿的厚愛，連帶他們的家鄉都獲得很大的好處[111]。凱撒[112]奪取亞歷山卓以後，進入城市的時候握著阿瑞烏斯的手，簇擁四周的朋友當中只與這位哲學家談話；所有的亞歷山卓人認為會遭到嚴厲的處置，於是向他不停的苦苦哀求，這時他向他們做了願意赦免的表示，原因在於亞歷山卓是座偉大的城市，還有就是對興建者亞歷山大的尊敬，他說道：「第三點是為了給我的朋友一個面子。」

大多數政壇人士甚至到了老年，還一直花很多時間在別人的門口打轉[113]，把自己的家務事置之不理，為的是獲得推舉，能在行省出任總督或行政長官，可以搜括他所企求難以計數的金錢，雖然利益是如此巨大，這怎能與上面提到的恩惠相比？友情的基礎在於雙方的地位平等和公正不阿，這樣不僅關係穩固而且可長可久，提到有人為了造福桑梓，甚至日夜不懈出入別人的庭院，勉強自己要與居高位者建立良好的關係，優里庇德對此特別加以讚美[114]，難道我們不該修正他那不夠水準的觀念？

---

109 哈帕拉斯是亞歷山大主管財務和國庫的大臣，324 B.C.他將竊取的財物五千泰倫帶到阿提卡，大肆賄賂雅典的達官顯要，其中包括笛摩昔尼斯在內，等到事發以後，當局追查贓款下落，對違法人員施以重罰。

110 這是指羅馬派駐行省的總督和各級官員。

111 分別代表伯羅奔尼撒半島中部的阿卡狄亞地區，以及靠近小亞細亞海岸的羅得島。波利拜阿斯是政治家和歷史學家，帕尼久斯是斯多噶學派哲學家。

112 這位凱撒是指尚未取得奧古斯都稱號的屋大維，他對阿瑞烏斯的禮遇和優容，可以參閱蒲魯塔克《希臘羅馬英豪列傳》之〈安東尼傳〉80節。

113 按照羅馬人的習慣，為了表示尊敬，要到對方的前門行禮致意。

114 優里庇德在悲劇《腓尼基人》524-525行，借用伊特奧克利的口，念出下面兩句道白：
　　一切為了九五之尊，
　　是非黑白可以不分；
如果蒲魯塔克引用這兩句話，看來倒是非常適合當時的狀況。

19 政治家要使土生土長的城邦服從君主或最高統治者，原則是無須過於卑躬屈節，即使行動受到束縛也不能讓身體失去自由，更不能讓他們予取予求；城邦遭到奴役要立即譴責，必要時摧毀政府的體制，使一切陷入迷惑、怯懦和無權的處境。如同一個人已經習慣於飲食的限制，即使作息都要聽從嚴格的要求，無法享受與生俱來的健康生活，必須聽從醫生的指示又另當別論。因此有些人要把君主的決定當成命令，無論是會議的召開、特權的授與[115]以及行政的措施全部稟承他的意志，逼得君王成為隨心所欲的主人。這種成因主要在於最顯赫的市民心存爭權奪利的貪念。一旦陷入身不由己的狀況，他們就會損害到低階人員的利益，為了一勞永逸民眾應該運用武力，將這些人從城邦當中放逐；對於有關這方面的事務也會出現意見不合的地方，他們這些被稱為有權有勢的人物，毫無意願在市民同胞當中屈就低階的位置。造成的結局是元老院、市民大會、法院和整個地方政府全部喪失原有的職權。

身為政治家要安撫一般市民在於達成平等的要求，經由讓步歸還他們應有的權力，將他們保持在本地政府的管轄範圍之內，等他們遇到災難立即解決面臨的困境，這可以說是最有治療效果的政治秘方。他寧可在政壇上面被自己的同胞擊敗，也不願在家鄉破壞公平的原則贏得勝利，這時他可以乞求大家採取與他同樣的做法，教導所有的市民知道爭執會帶來多大的禍害。他不僅要用尊重和推崇的態度，與市民同胞和部族的人士[116]進行和解和協商，對於鄰人和工作的同僚亦復如是；不要與專業的演說家發生衝突或意見不合之處，發現有違犯規定的地方要靠著法律的力量去對他們進行制裁，要讓他們感到羞愧才能收到嚇阻的作用。

醫生要是無法徹底治癒疾病，就會用藥物將它逼出身體的表面；政治家要是無法使得城邦免於陷入困境，為了控制可能的騷動或引起的反叛，就會將這種不穩的狀況藏匿在城邦的內部，根本不需要用任何方式將它變得眾所周知。如同前面所說，政治家的策略在於馬上採取措施，主要的作為在於確保安全和避免動亂，不讓空洞的意見帶來瘋狂的衝動。就身為領導者的性格和高尚的心靈來說，那就是

> 充滿奮勉上進和無所畏懼的勇氣，
> 為了保衛城邦要與敵人拚鬥到底；[117]

---

115 毫無疑問這些特權包括榮譽市民、冠冕章紋、設立雕像以及諸如此類各種方式。

116 古代大多數城邦的市民，要依據部族或家族予以區分。

117 荷馬《伊利亞德》第17卷156-157行。

一旦面臨困難的狀況和時機，要站穩腳跟極力反抗奮鬥不懈，他不要製造麻煩為自己掀起政爭，等到城邦陷入狂暴的混亂局勢，不能就此棄之不理或是置身事外。更不能煽動城邦處於不穩的危險狀況，如果有這種跡象出現，他要挺身而出用坦誠的言辭說服大家，就像船隻遭遇狂風巨浪，要靠神聖的錨發揮安定的作用。

須知處理不善會帶來天大的麻煩和災難，就像尼祿讓帕加姆人嘗到家破人亡的苦果，羅得島人遭到圖密善的大肆屠殺是最近發生的事，更早就是佩特里烏斯被帖沙利人活活燒死，所以奧古斯都才對他們斬草除根痛下毒手。

> 那麼你不會看到他在那裡睡懶覺，[118]

也不會因害怕而畏首畏尾，這樣的人才真正是一位政治家，他不會推卸責任一味怪罪別人，更不會逃避危險尋求安全的保護；你們可以看到他在服行使節的職權，在大海中航行，要說的話只是

> 殘暴的凶手，我們已經前來受死，
> 啊！阿波羅！你又何必降下瘟疫。[119]

即使民眾犯下的錯誤他沒有涉入其中，還是願意為大家肩負面臨的危險；最高貴的行為在於運用一個人的品德和智慧，平息對全體人民發出的怒氣，其中最受讚譽之處，是讓恐怖和酷虐的威脅在不知不覺中消散無蹤。

布利斯和史帕契斯是奉派到波斯請罪的斯巴達使者，國王對於他們的處置，在前面已經有很詳盡的敘述[120]；還有就是第諾(Sthenno)[121]的叛案，瑪默廷人因而受到龐培的懲罰，第紐斯向龐培說這樣做是犯了大錯，不能因為他一個人的罪行，使得大多數無辜的人員面臨玉石俱焚的命運；他承認是他自己說服朋友和強迫政敵，所以他才是應該處以極刑的罪魁禍首。這番話使得城市免遭龐培的毀滅，就是第紐斯都得到他的寬恕。對於蘇拉而言，即使他願意高抬貴手，有人還

118　荷馬《伊利亞德》第4卷223行，說這句話的人是阿格曼儂。
119　希尼德《希臘詩文殘卷》之〈凱利瑪克斯篇〉787頁。
120　有關這兩個人的故事，可以參閱本書第17章〈斯巴達人的格言〉69節之63。
121　參閱蒲魯塔克《希臘羅馬英豪列傳》之〈龐培傳〉10節，只是主角由瑪默廷人第諾改為希米拉人第尼斯(Sthenis)。

是求仁得仁；就在他攻下普里尼斯特（Praeneste）[122] 以後，除了曾經招待過他的居停主人以外，下令處決全體市民，受到寬恕的人士有高貴的節操，告訴蘇拉說是整個城邦都被他絕滅，所以不能接受恩典苟且偷生，情願與同胞一起從容赴義。總而言之，我們祈禱要能避開荼毒生靈的危機，始終懷抱更為美好的希望。

20 有鑑於各種官職無論從何種程度而言，都帶有重要和神聖的性質，所以我們對於擁有一官半職的人，應該給予最大的敬意；一位官員獲得尊重在於他能與同僚合作無間，並非戴上冠冕穿起鑲著紫邊的袍服。人們認為友誼的開始是在軍隊服役一起從事戰鬥，或是幼年同時在學校接受教育，等到大家共同負起指揮的責任或者出任政府的要職，因為無法免除三種惡行的糾纏，就會造成相互的傾軋和敵視。因為他們會將同僚視為平輩，彼此之間就會引起派系的鬥爭；對於在上位者或者自己的長官，無論出於奉承或猜忌都會產生嫉妒之心；對於在下位者或者自己的部屬，難免擺出高傲的神情表示輕蔑的態度。

一個人應該取悅上司建立良好的關係；對於自己的部屬應該加強授權增進工作的效能；對於自己的平輩和同僚給予尊敬能夠友善和睦相處，大家有一種認知，

> 朋友不完全在於追逐聲色和飲宴，
> 或者坐在火爐旁道家常娓娓而言；[123]

那些有選舉權的人民應該一視同仁，因為他們是祖國的繼承者，相互之間理當表示最大的善意。不管怎麼說西庇阿還是在羅馬受到嚴厲的批評，因為他奉獻海克力斯神廟的時候，邀請朋友參加，唯獨遺漏他的同僚穆米烏斯（Mummius）[124]；這兩位在出任將領的時候，彼此不認為可以成為朋友，通常在這種狀況之下，由於雙方職務的關係，應當相互表示尊重和情誼。如此微不足道的忽略和失禮，對於西庇阿在各方面廣受讚譽的名聲而言，難免要蒙受傲慢的瑕疵，每個人都認為他

---

122 普里尼斯特的圍攻是在西元前82年11月中旬，第一批「公敵宣告單」頒布，馬留之子小馬留列名其上，想要挖一條地道逃走的打算破滅以後，小馬留只有自裁免得被俘受辱；等到城破以後投降人員達到一萬兩千人，全部遭到處決。

123 柯克《阿提卡喜劇殘本》第3卷495頁。

124 盧契烏斯·穆米烏斯（Lucius Mummius）是西元前2世紀的羅馬將領，146 B.C.以執政官身分出征，擊敗亞該亞聯軍，縱兵洗劫科林斯。

重視榮譽而且心地善良，怎麼會想到要去貶損同僚的尊嚴，惡意的藐視暴露自己帶有敵意的野心，任性的行為只是表示個人的驕縱和擅權，歸根結蒂而言，何以有如此不滿的心態？

我記得自己還很年輕的時候，有次奉派與另外一位市民出任使者晉見行省的總督，這位同事因故在中途留了下來，我還是繼續前進見到最高行政長官完成任務。等到我回到奇羅尼亞要在市民大會提出協商的報告，這時我的父親離開座位將我叫到一邊，私下向我交代不要光提自己，還要顧及到我的同事，所以千萬不要只說：「我」見到那些人；「我」講了那些話；「我」做了那些事；而是要說：「我們」見到那些人；「我們」講了那些話；「我們」做了那些事。像這樣的處理方式，不僅向人表示友善和保存別人的顏面，同時還可免於名聲帶來的嫉妒。因此很多偉大的人物要將他的成就歸於神明的保佑和運道的賜福。像是泰摩利昂在西西里除去暴虐的統治以後，興建一座稱為奧托瑪夏（Automatia）的命運女神廟；皮同殺死科特斯（Cotys）[125] 受到雅典人的推崇和讚揚，他說道：「這是神明的決定，祂藉著我的手去完成這件工作。」有人向拉斯地蒙的國王狄奧龐帕斯提到，斯巴達之所以永保無虞得力於國王的統治，他回答道：「不對，應該是得力於民眾的服從。」

21 一個城邦的兩種人彼此之間產生互動的影響。大多數的民眾無論是說起還是想到，始終認為政治的要務在使人們成為一群善良的老百姓。他們還提到任何城邦的庶民階層，論人數遠超過統治階層。如果他是民主體制下的市民，擔任統治的官員只是很短的期限，大部分時間是處於被管轄的狀況。因而最受重視和最關緊要的事項，在於學習和確保對於當局的服從和聽命，即使在位的人士權威和名望不足，亦應如此。

有件事看起來很荒謬，像是狄奧多魯斯和波盧斯之類悲劇的名伶[126]，要跟在一位三流角色的後面進場，對他說起話來還要必恭必敬，像這種配角會戴上皇冠手執權杖；真實的場面和政府的架構當中，富有和著名的人物貶損和蔑視出身清寒門第的官員，過高的姿態會對城邦帶來羞辱和造成傷害，所以他應該用自己的

125　科特斯是奧德瑞西國王，統治的國土位於色雷斯地區，在位期間382-358 B.C.，後來成為柏拉圖的學生，戰敗遭雅典將領皮同殺害。

126　參閱奧康諾（J. B. O'Connor）《古代希臘名伶和演出史》（*Chapters in the History of Actors and Acting in Ancient Greece*），第1章敘述各種戲劇的表演狀況，以及門派、演技和角色的區分；通常將扮演國王的伶人稱之為「第三等」（tritagonists）。

地位來增進官員的尊嚴和權力。斯巴達的國王把居上位的權勢讓給民選五長官，任何斯巴達人奉到後者的召喚，爲了表示服從不會慢步緩行，全速跑過市場向市民同胞展現聽命的精神，帶著歡欣的心情對於統治者付出由衷的尊敬。他們不會像那些欠缺教養和沒有禮貌的民眾，在街道上大搖大擺的行走表示自己的地位，或是在運動會中濫用裁判的權力，辱罵酒神節慶當中的領唱者，出言譏諷將領和體育督導官，根本不了解也不知道尊敬別人比起受到尊敬，可以獲得更高的榮譽。

一個在城邦擁有權勢的人物，要想獲得眾人的景從，應該把自己看成是官員的保鏢和護衛，不必高高在上要他們來爲自己服務；因爲後面這種做法只會引起厭惡和嫉妒，須知尊重官員不僅贏取良好的名聲，還能得到善意的回報。所以要時常去拜訪官員也要歡迎他的蒞臨，步行的時候要讓他走在中間的位置[127]，一個人爲了增加城邦的光彩，不要從他那裡收受任何好處。

22 即使服務桑梓有時會在官衙受到辱罵或是被人激得火冒三丈，只要想想戴奧米德的話，就會平心靜氣，他說：

全力以赴最後的報酬是實至名歸，[128]

還有笛摩昔尼斯所說的話，他說他現在不僅僅是笛摩昔尼斯而已，須知他是最高委員會的成員[129]、合唱隊的領隊[130]以及身爲戲劇比賽的桂冠得主。因此我們要延後報復到適當的時間；要不是等到他的任期結束再對他展開攻擊，或者暫停我們的怒氣擱置到以後再發作。

23 任何人不論擔任何種職位都要抱著最大熱誠全力以赴，對於有益公眾的事務要有先見之明，運用智慧推動各項工作；如果這些下級官

---

127 參閱蒲魯塔克《希臘羅馬英豪列傳》之〈西塞羅傳〉2節，「他們看到西塞羅無論行走或就座，位置都在中央，讓其他的家長感到妒火中燒。」

128 荷馬《伊利亞德》第4卷415行。

129 最高委員會是由雅典六名資深執政組成，主要責任等於執行最高法院的職務。

130 《笛摩昔尼斯全集》第25章〈控訴密迪阿斯〉524節。笛摩昔尼斯擔任合唱隊的隊長，密迪阿斯曾經當眾對他說出侮辱的言辭。其實這個職位是由官方指派，要負責整個隊伍的演出費用。

員是正人君子，就要主動提出建議或者指出應做的事項，讓他們運用已經妥善考量的理念，全力達成預想的目標，能將恩惠賜給整個社區從而獲得眾人的尊敬；要是他們之中有些人不把他的建議當一回事，抱著敷衍、拖延和惡意的心態，那麼這個人就得自己走向前去，把狀況向人民說清楚講明白。他不可以忽略或藐視公眾的利益，可也不能過分的干預和涉及與自己職責無關的公務。因為法律通常授與統治的最高階級以審核是非對錯和評定利害獎懲之權。

他[131] 說道：「有個人名叫色諾芬，在軍中的職務不是將領或隊長。」[132] 等到緊急狀況發生，只有他知道應該如何去做，也只有他具備全力以赴的膽識，使得他負起指揮的責任，讓所有的希臘傭兵能夠活著返回祖國。那比斯攻打梅西尼，亞該亞的將領極其怯懦不敢率軍前去救援，斐洛坡門基於誠摯的愛國心，在沒有奉到政府的命令之下，自動自發前去效力，竟然奪回失去的城市，這是他一生當中最光榮的事蹟。革新不在於無關緊要或偶然發生的瑣事，一定要像斐洛坡門的作為確有其必要；或許出於榮譽的成因如同伊巴門諾達斯那樣，不惜違背法律的規定，就皮奧夏總監[133] 的職位給自己增加四個月的任期，為的是有足夠的時間可以入侵拉柯尼亞，以及對梅西尼進行重建的工程[134]。須知在確有急需的狀況之下，即使未來曾面臨任何指控或責備，我們不僅要為自己辯護，還得認定偉大和光榮的行動可以給我們的冒險帶來安慰。

24 帖沙利人的君王傑生採取粗暴和騷擾的措施，用來對付圖利自己的個人，經常會說出這樣一句格言：「一個人對於小事毫無是非可言，必然會期望他在大事方面能夠堅持公正的立場。」我們認為只有身為暴君或僭主才會有這種說法，要是用於政治的謀略可以改為：「贏取民眾的好感不妨在小事方面稍做退讓，為的是在軍國大事堅持立場，不僅反對民眾的冥頑不靈，還要阻止他們不得犯下錯誤。」任何人要是對所有的工作都能保持正確無誤和全力以赴，這時很難要他退縮或讓步，經常會表現出行事急躁和毫不通融的態度，使得民眾習慣於採取反對的立場，有時難免要對他大發脾氣；諺語說得好：

131　這個人是《遠征記》的作者，其實就是色諾芬本人。
132　參閱色諾芬《遠征記》第3卷第1節。
133　皮奧夏總監是皮奧夏聯盟最高行政首長。
134　這方面的工作包括梅西尼脫離斯巴達的控制，獲得獨立自主的權利，以及整個城市的重建以恢復舊觀。

> 浪大的時候要把帆腳索放鬆一點; [135]

為政之道在於要有「退一步海闊天空」的胸襟，還得與民眾打成一片，像是為他們舉行節慶祭祀，辦理各種賽會以及劇院的表演節目，有時對他們所犯的錯誤還得裝聾作啞或是視而不見，如同一個家庭當中父母對待年輕人，不要一直去挑他們的毛病，為的是要使嚴厲的譴責和坦誠的批評，就像治療病症的藥劑一樣不能多用，以免失去效用或是變得陳腐不堪；然而對於重大的事務，要保持它有說服的力量和完成的信心，可以用來加強對民眾的掌握和控制，同時可以促進他們的服從。

亞歷山大聽到他的姊妹與一位英俊的年輕人發生關係，沒有在暴怒之下大發脾氣，僅僅提到她偶爾可以不顧皇家的地位，讓自己享受快樂也是合乎情理的事。他對這方面做出讓步，類似的行為不見得合理或是值得去做；擁有王權無論是故意示弱或是殘暴不堪，都不能當成玩樂和嬉笑的事。政治家要盡其可能不讓民眾用暴虐的行為對待同胞；不能讓民眾剝奪和沒收其他人的家產，不能讓民眾瓜分國庫的經費和財富，他要用說服、爭辯和威脅的手段，反對這些帶來苦果的欲念；他知道如果不加以遏制，等於是給城邦培育和繁殖克利昂和他的黨羽，這些人誠如柏拉圖所說的那樣，是一群帶著螫人毒刺的雄蜂[136]。

民眾要是拿著古老的祭典或對某位神祇的崇拜作為藉口，想從充滿野心的私人手中獲得好處，像是公開的賽會活動、少量分配的金錢、表達善意的禮物以及慷慨的表演節目，只要這些人很大方而且財力充足，民眾樂於受用又有何妨。伯里克利和德米特流斯治理下的政府，諸如此類的項目可以說屢見不鮮；西蒙為了美化市場特別栽植篠懸木和鋪設人行道，加圖看到加蒂藍事件在凱撒的煽動之下，帶來的危險是民眾很可能發起一場革命，說服元老院通過議案發給貧民一份救濟金，使得社會安定下來，叛亂最後無疾而終。如同醫生將病人已受感染的血放掉很多，只不過給他少量無害的滋養物；政治家也要運用同樣的手法，等到他從民眾當中除去大奸巨蠹，為了平息無知者的不滿以及滋生的流言浮辭，採取的措施在於給予小恩小惠的好處。

---

135 瑙克《希臘悲劇殘本》之〈Adesp篇〉918頁No.413。
136 柏拉圖《國家篇》522C-D。

25 可以運用權宜之計以轉移民眾的興趣到其他有利的事項，迪瑪德斯負責城邦的財政和稅收，等到人民的情緒高漲，想要派遣三層槳座戰船編成的艦隊，前去幫助反叛亞歷山大的城邦[137]，要求他供應所需的龐大經費；他說道：「你們要的金額可以如數支付，原來我準備用在陶甕祭典[138]，預期每位市民可以分到半個邁納，現在要將這筆錢挪到軍事方面運用，那麼你們要自行負擔節慶所需款項。」大家放棄遠征行動，免得喪失所能分到手的金錢，這樣一來不會冒犯亞歷山大的陣營，雅典的民眾可以減少受到報復的危險。

政治家對於很多不利的政策無法用直接的手段加以制止或轉移，他必須運用迂迴前進和旁敲側擊的方式。像是福西昂奉到命令要在不適當的時機入侵皮奧夏，他立即發布公告[139]，規定凡年齡已滿六十歲的市民，應該服行兵役列入戰鬥編組，等到年邁的老人聚集起來厲言抗議，他說道：「這有什麼好怕的？像我出任將領，雖然已經有八十歲，還是會與各位在一起。」因而我們可以使用這種辦法，像是為了阻遏不合時機的使節團，可以將資格不合的成員列名其上；或者是為了避免興建大而無當的建築物就呼籲大家慷慨解囊；或是為了制止不得體的訴訟案件或海外的派遣任務，命令原告和被告兩造要同時在法庭見面或不同黨派的人物一起派到國外。要是有些人提出某些辦法和措施，同時還煽動民眾支持和採用，開始就要把這些人拉進法院，讓他們負起責任要達成所望的成果；這樣一來他們就會撤回提案或是讓它自動無效，如果他們還是堅持到底，就要分擔極其不快的困擾。

26 若干有用而重要的事項，要想完成必須經過力爭而且花很大的工夫，那麼可以試著從朋友當中選擇最有能力的人負責，或者物色其他有權勢的人物，條件是要容易相處；至少會與你合作而不是一味的反對，主要的原因是這些人有智慧，所以會放棄相互之間的爭權奪利。再者你要能夠知己知彼，發現本人不適合要執行的工作，要找的人選不必要求在很多方面類似自己，主要在於他所具備的本領。

戴奧米德從事危險的偵察工作，選擇小心謹慎的人而不是無畏的勇士[140]擔

137　發生在330 B.C.，斯巴達國王埃傑斯領導希臘各城邦進行反抗馬其頓的行動。

138　雅典每年春初的安塞斯特里亞節慶，因為在Anthesterion月（2月）舉行而得名，一共是三天的時間，第一天稱為陶甕祭典，要開封嘗試當年的新酒，並且向酒神戴奧尼蘇斯獻祭。

139　參閱蒲魯塔克《希臘羅馬英豪列傳》之〈福西昂傳〉24節。

140　荷馬《伊利亞德》第10卷243行，他的人選是奧德修斯。

任他的夥伴,這樣的行動需要兩人在性格上面獲得均衡,不會因爲相似的德行和能力產生的企圖心,引起彼此之間的競爭。如果你沒有很好的口才,一個演說家在與人訴訟或出任使節的時刻,就會找你當他的幫手,如同佩洛披達斯之於伊巴明諾達斯;如果你的談話陳義過高對於群眾缺乏說服的能力,你就會像凱利克拉蒂達斯那樣,要找一個口若懸河有助於與人修好的政客作爲同僚;如果你的體能虛弱無法負擔艱困的任務,那就要選吃苦耐勞的壯漢分擔沉重的工作,如同尼西阿斯要拉瑪克斯(Lamachus)[141] 與他同時出任將領。基於這樣的原則,使得有許多腿腳、手臂和眼睛的傑里安,深受大家的羨慕,在於這些四肢和感官都聽命於一個心靈的指使。

有些政治家爲了達成同一目標而聯合起來,這時要考量的因素不僅在於個人的狀況和財產的多寡,還要把命運機遇、才華能力和德操品行都包括進去。如果他們之間獲得一致的同意,就採取的行動而言,比起用其他的手段,能夠獲得更爲響亮的名聲和更爲卓越的成就;所以絕不要像阿爾戈英雄號所出現的災難,他們將海克力斯留在後面沒有跟著前往,被迫只有在婦女的住處擔任各種工作[142],靠著魔法和藥物免得葬身該地,最後還能偷走金羊毛。人們進入建有神廟的聖地要將身上佩帶的金飾留在外面,就我個人的看法,甚至就是鐵器都不能帶進供奉神明的地點。無論對於身爲城邦的贊助者和保護神的宙斯而言,或者是底米斯和正義女神,演說家的講台就是一個不受侵犯的聖地。

一個人對財富和金錢的過分喜愛,如同長滿鏽斑的鐵器[143] 或者是患有靈魂的疾病,打一開始就要將這種惡習除去,把它丟在市場的挑賣小販和放高利貸者的身上,

> 然後轉過身去頭也不回馬上離開,[144]

一個人要有這種信念,如果他在擔任公職的時候爲自己累積錢財,等於是偷竊聖地的器物、挖掘墓地的陪葬和侵占朋友的財產,像是靠著出賣國家發財或是做僞

---

141 拉馬克斯是雅典的將領,遠征西西里擔任尼西阿斯的副手,這個人有勇無謀而且家境貧寒,只要動之以小利,就會聽命從事,所以能與尼西阿斯合作無間。後於414 B.C.遠征敘拉古期間,在安納帕斯(Anapus)附近的作戰行動中陣亡。

142 所以才會發生傑生誘拐米狄亞的事件。

143 參閱柏拉圖《國家篇》609A。

144 荷馬《奧德賽》第5卷350行。

證謀利，這時他是一個人格破產的顧問，一個接受賄賂的法官和一個貪污瀆職的官吏；總而言之，他的所作所爲毫無公理正義可言。因此我對這方面的惡行無須做過多的描述。

27 雖然野心比起「垂涎」這個字眼帶有強烈的競爭意味，對於城邦的毒害倒是沒有多大差別，只是更爲膽大妄爲而已；野心是與生俱來的本能，不會表現怠惰和卑下的反應，態度更加的積極和衝動，洶湧的情緒來自受到感染的群眾，急速從得意的顛峰中升起，喝采的喊叫會橫掃一切反對的聲音，經常變得難以駕馭和無法抑制。誠如柏拉圖所言，年輕人從幼小開始就要接受教導，他們不適合佩帶金銀，更不能擁有珠寶，因爲他們的靈魂當中已經混合這些貴重的金屬[145]；我認爲這是一種比喻的說法，我們從傳承所獲得的德行已充滿我們的性格。從而讓我們的抱負變得更加謙遜，所以值得推崇之處在於未被嫉妒和挑剔所敗壞、污染和混雜，還能擁有如黃金般純潔的心靈，爲了能夠服務整個城邦和社區，我們的行動和公共措施都經過慎重的考量和精心的規劃。

因此我們不需要繪製圖畫、設立銅像和貨幣浮雕這方面的虛榮，甚至這些頌揚也只是別人的工作；譬如對於「喇叭手」和「負矛者」[146]這兩座雕像而言，我們所要推崇和讚美的對象，並非誰是那個設立者而是爲誰所設立。等到羅馬處處都是雕像，加圖拒絕別人爲他設立類似的紀念物，他說道：「我情願人家問到我爲什麼沒有，不希望問我爲什麼會有一座。」過分的殊榮一定會引起嫉妒之心，人民認爲他們有義務將它送給不接受的人，要是他接受就會變成人民心目中的壓迫者，如同人們爲提供的服務要求給予酬勞。要是一個人能夠駕船安全駛過敘蒂斯(Syrtis)危險的海域，接著卻在平靜的水道中傾覆，出現這種狀況就談不上偉大或光榮；如同一個人管理國庫和稅收，即使善盡職責也不能要求延長任期或是在大會堂占有一席之地；這樣做就會撞上高聳的岬角，最後淹斃海中落得屍骨無存。

不僅如此，人生在世最好的做法是不妄求諸如此類的殊榮，即使大家提供也要加以推辭和婉拒。要是民眾的盛情美意實在難卻，也要抱著這種想法，就是一個人獻身政治活動，奮鬥的目標不在於獲得金錢或禮物，即使神聖的競爭值得一

145　柏拉圖《國家篇》416E。
146　這是兩座極其著名的雕像，據稱「負矛者」(Doryphorus)是西元前5世紀波利克萊都斯的傳世之作。

頂皇冠[147]，要能僅以一篇銘文、一條法律或一道敕令為滿足，甚至像伊庇米尼德
(Epimenides)完成城市的祓禊儀式[148]，就在衛城接受一根綠色的橄欖枝。安納克
薩哥拉斯放棄所贈與他的榮譽，提出的要求是每逢他的忌日，兒童可以放假在外
面玩耍；至於殺死袄教祭司的七個波斯人，獲得的特權是他們的後代子孫，可以
戴一種向前額傾斜的頭巾，秘密的記號表示他們所完成的行動。

彼塔庫斯接受的厚愛在表示的時候帶有相當的政治意味，他被告知可以如他
所願從市民手中獲得土地，於是他投出一根標槍，要求的範圍沒有超過飛行的距
離。羅馬人柯克利願意接受的賜與是一天之內能夠犁完的耕地，然而他卻是一個
跛子。須知榮譽不是行為的報酬而是感激的象徵，可以延續很長的時間，有關的
事蹟經常會被大家提起。

費勒隆的德米特流斯(Demetrius)[149]為自己設立三百座雕像，沒有一座會生
出綠鏽或者變得骯髒不堪，因為在他活著的時候所有的紀念物都遭到摧毀的命
運，其中有幾座被迪瑪德斯熔化以後，得到的青銅料用來製造夜壺。很多其他的
榮譽也經歷類似的命運，所以會讓人們白眼相向，不僅是接受者的欠缺資格，還
有就是禮物的過於貴重。確保榮譽的期限最好和最有把握的方法，就是減低它所
代表的價值，要是過於偉大、崇高和堂皇，如同比例不合標準的雕像很快倒塌。

28 我現在用「榮譽」所稱呼的東西，就群眾的看法而言

不見得對，我只是追隨傳統而已；

這是我引用伊姆皮多克利的詩句[150]。政治家不要藐視基於善意的厚愛和眞正的榮
譽，這是他們用來表示會記得他的施政作為，所以還是要看重個人的名聲，時時
不忘德謨克瑞都斯的要求[151]：「取悅你的鄰人」。甚至就是得不到狗群的搖尾歡迎

---

147 奧林匹克運動會、皮同運動會、地峽運動會和尼米亞運動會，優勝者的花冠分別是用橄欖
葉、月桂葉、松枝或芹莕製作。
148 大約在500 B.C.前後，雅典受到瘟疫帶來的災禍，所以召喚克里特島的伊庇米尼德去為城市
祈福。
149 費勒隆的德米特流斯(350-283 B.C.)是雅典的哲學家、政治家和演說家，傾向馬其頓被控叛
國，後來在卡桑德的支持下，掌握軍政大權達十年之久，等到德米特流斯一世解救雅典，他
逃到皮奧夏，接著放逐埃及直到逝世。
150 穆拉克《希臘哲學殘篇》第1卷3頁。
151 穆拉克《希臘哲學殘篇》第1卷355頁。

和馬匹的揚蹄長嘶，也會受到獵人和騎術教練的排斥；將這些動物帶回家中與牠們生活在一起，可以獲得利益和歡樂的雙重好處，等於對我們說明他與黎西瑪克斯一樣有忠心耿耿的狗，還能如同詩人向我們敘述阿奇里斯的座騎對佩特羅克盧斯的感覺[152]。我相信即使是蜜蜂也會對養蜂人表示好感和歡迎，不是非要螫刺使他們因痛疼而憤怒不可。所以人們才用煙燻對付蜜蜂使牠不敢靠近，對於不聽駕馭的馬和喜歡逃家的狗，用來約束的工具是銜勒和項圈。

一個人除非真正出於好心和善意，相信自己的行為不僅高貴而且公正，否則不可能自動自發對別人表現溫馴和慈愛的態度。笛摩昔尼斯的主張很有道理[153]，他認為城邦為了對抗暴政，所能擁有最好的防護力量就是對它的不信任；我們相信靈魂的這一部分最容易被人所操縱和掌握。卡桑卓擁有的預言能力沒有給市民帶來好處，由於大家對她毫無尊敬之意，所以她說：

> 神要我預告他們無法相信的事情，
> 遭遇苦難不斷呻吟才稱我為智者，
> 從前我在他們的眼中只是個瘋人；[154]

市民對阿克塔斯(Archytas)[155] 極其信任，他們用善意接待巴都斯(Battus)[156]，主要原因在於這兩位都是名滿天下的人物，這樣做會為自己帶來難以計算的利益。

政治家的名聲所能獲致最大的好處，能夠得到市民的信任，有了踏入政壇的敲門磚；再者是民眾的善心成為最有用的自衛武器，可以拿來對抗惡意的誹謗和中傷。

> 她這種行為就像一位慈愛的母親，
> 正在為熟睡的嬰兒趕走蚊蟲蒼蠅；[157]

152　荷馬《伊利亞德》第19卷404行及後續各行；伊利安《論動物的習性》第6卷25節。
153　《笛摩昔尼斯全集》第6卷〈論腓力二篇〉24節。
154　瑙克《希臘悲劇殘本》之〈Adesp篇〉919頁No.414。
155　塔倫屯的阿克塔斯是政治家、畢達哥拉斯學派哲學家和數學家，七次出任將領，從未吃過敗仗，他是西元前4世紀的知名人物並且是柏拉圖的朋友。
156　或許這裡指的是塞倫的巴都斯三世，他在西元前6世紀中葉重建城市的政治體制。
157　荷馬《伊利亞德》第4卷130行。

權勢薰人的事務能夠免於嫉妒心的作祟和操弄，可以使寒門和貴族、窮人和富
豪、平民和官員全都處於平等的立場和地位。總而言之，民眾的善意加上信任和
德行，會使一個人投身政治生涯，可以達成一帆風順和平步青雲的效果。

　　從下面的案例中可以學習到如何反向思考：有些居住在義大利的人士，他們
強暴戴奧尼休斯（Dionysius）的女兒和妻子[158]，將她們殺死以後焚燒屍體，最後
把骨灰從船上撒到海裡。有一位名叫米南德（Menander）的國王，他是統治巴克特
里亞人的仁君，崩殂在軍營之中，全境的城市為他舉行盛大的葬禮，有關遺體的
處理發生爭執，很難獲得大家都能接受的條件，最後決定將骨灰分為若干相等的
分量，每個城市攜回再為它建造壯觀的紀念碑。在另一方面，阿格瑞堅屯人處決
費拉瑞斯（Phalaris）[159]以後，下令不准任何人穿著灰色的斗篷，因為暴君的奴僕
就是這副打扮。居魯士長著鷹鉤鼻，直到今日波斯人認為長有這種鼻型的人最為
英俊。

29 　城邦和人民當中為個人所孕育和產生的愛情，以出自德行擁有強烈
的力量和神聖的性質；舉凡名不正言不順的榮譽，以及對友好與和
睦做出錯誤的表揚，它們的獲得來自招待大家觀賞劇院的節目、分發金錢和禮
物，以及提供角鬥士的搏命演出，所有的伎倆如同低賤的奉承者。一個人只要能
讓群眾貪小便宜得到好處，這時大家就會對他笑臉相迎，同意他擁有期限短暫而
且有名無實的聲譽。他是第一位提到這件事的有識之士，說有個人最早知道群眾
的心理，於是想盡辦法要投其所好，等到舉國上下全都墮其彀中，原來具備強大
的力量全部瓦解。有些人花很大的代價去購買所要的名聲，這種賄賂的行為會給
接受者帶來毀滅的效果，群眾因而變得強大而莽撞，認為他們有權力對重大事務
表示贊同或否決。

30 　如果我們處於一個富裕的環境，無論是根據習慣或傳統，對於公眾
活動的捐獻不要表現慳吝的模樣；富人不讓別人分享他的家產，比
起窮人偷竊公家的財物，更容易遭到群眾的痛恨和敵意；因為前者的行為對他們
帶來傲慢和藐視，然而後者是基於需要所以鋌而走險。那麼，首先是禮物不要讓

158　這位是敘拉古的戴奧尼休斯二世，參閱蒲魯塔克《希臘羅馬英豪列傳》之〈泰摩利昂傳〉13
　　節，以及伊利安《歷史文集》第6卷12節。

159　費拉瑞斯是西元前6世紀最殘酷的暴君，他的領地在西西里的阿格瑞堅屯，曾經製作銅牛對
　　無辜的市民施以炮烙之刑。

人有廉價收買的看法，而是使得接受者感到驚奇和為之心折；其次是找機會要與神祇的崇拜結合起來，像是要領導民眾走向虔誠的道路。只要他們看到有些人為了推崇神性的存在，相互之間進行激烈的競爭，這時就在群眾的心田當中迸發強烈的意願，從而相信神明的偉大和尊嚴。根據柏拉圖的意見是不讓青少年學習利底亞人和愛奧尼亞人的曲調，因為前者讓我們的心靈充滿憂愁和苦惱不堪，後者會使我們的思想沉溺歡樂和滋生惡意[160]。因此你必須盡可能不讓城邦落入為所欲為的狀況，更不能鼓勵和培育出草菅人命、野蠻粗暴、言行卑劣和墮落放縱的邪惡人物，如果你沒有辦法全面封殺，也要避免和反對群眾有這方面的需要。你要讓所有的消費和支出都符合節約和需要的目標，無論帶來多少歡樂和愉悅，也不要造成任何傷害和痛苦。

31 如果你保持小康之家的財產，談到你的需要會嚴格限制在一定範圍之內，對於承認家庭的清寒不應感到羞辱或是受到打擊，更無須為了排場和顏面去向高利貸借錢，未來的後果只是讓人覺得你是如何的可憐和荒謬。人要是缺乏自知之明就會給朋友帶來煩惱，還要對錢莊老闆講盡好話；須知過度的消費和支用不會獲得名聲和權勢，只能面對羞辱和藐視。只要想到與這些有關的事情，就會讓我們記得拉瑪克斯和福西昂（Phocion）[161]的行徑；雅典人向神明奉獻祭品的時候，大家要福西昂慷慨解囊，民眾跟著在一旁鼓譟，他說道：「我對於只捐出菱菱之數感到很難為情，問題在於我欠凱利克利的錢必須先還。」然後他指出這位放高利貸者。還有就是拉瑪克斯在出任將領以後，經常把為自己買鞋和斗篷的費用，列入公帳的開支。赫蒙以貧窮為藉口不願出任官職，帖沙利人通過提案每月送他一桶[162]酒以及每四天發他一斗[163]糧食。

自己承認貧窮一點都不丟臉，寒士由於他們的德行可以享受談話的自由和公眾的信任，須知他們與那些經常招待大眾和舉辦演出活動的人物相比，就對城邦的影響而言可以說不分軒輊。政治家在這方面最好是嚴格控制自己，不要像一個步兵非要走向平原去與騎兵搏鬥。如果他是一個窮人，就不要想去舉行運動會、提供劇院的演出節目，以及辦理盛大的宴會，為了贏得名聲和權力非要與富豪分

160　柏拉圖《國家篇》398E。
161　福西昂曾經四十五次當選雅典將領，西元前4世紀贏得戰無不勝的威名，他之後成為雅典以德治國的統治者；參閱本書第15章〈國王和將領的嘉言警語〉49節。
162　當時的一桶相當於六品脫或三公升的液量單位。
163　當時的一斗相當於1.5蒲式耳的乾量單位。

個高下。他應該爭著要去領導城邦在德行和智慧方面加強實力，這樣做不僅高貴而且受到大家的尊敬，還可以獲得權力和吸引群眾的追隨和擁護；應該把這種事情看成

　　要比克里蘇斯的金幣更想弄到手。[164]

　　一個正人君子不會僭越無禮更不會冒犯別人，謹慎的態度沒有自負的言辭，

　　散步時不會對同胞擺出嚴屬神色。[165]

首先他應該和藹可親而且很容易接近，他的家像是一個永遠開放的港口，為需要的人提供安全的庇護，表示他的關懷和友善在於服務的行動，還能與人分享失利的悲傷和成功的喜悅。他不會有大群奴僕簇擁前往浴場或劇院，否則就有足夠的理由引起旁人的痛恨和反感，也不會表現出過分奢侈和頹廢的行為以致聲名狼藉。無論是外表衣著、日常作息、兒女教養和妻子對待奴隸的方式，都與其他人處於同一水平，他能與群眾的生活打成一片，對待他們完全是真心誠意。再者他是一個滿懷善心的顧問和不收任何費用的律師，等到夫妻或朋友之間發生爭執口角，他是一個最稱職的和事老和調解人。無論是在元老院或市民大會的講台，他在公事方面一天要花不少工夫，因此他生活當中其餘的時間，

　　像一件颳東北風天氣送來的衣服，[166]

使得很多寒士得到他的照顧和安慰。

　　他的一生和全部的工作都奉獻給民眾的福祉和城邦的利益，不像一般人所想的那樣，出任官職只不過使閒暇的生活受到打斷，或是出於強制要做出部分的犧牲。完全基於這方面和其他的特質，他才受到人民的擁戴和追隨，在與他的慎思明辨和先見之明的對比之下，讓大家看出那些吹牛拍馬的傢伙，是何等的虛情假意和招搖撞騙。圍繞德米特流斯四周的奉承者，他們不把其他的君主稱之為國

164　參閱波拉克斯《字彙》第3卷87節或第9卷84節。

165　瑙克《希臘悲劇殘本》之〈Adesp篇〉919頁No.415。

166　瑙克《希臘悲劇殘本》之〈Adesp篇〉853頁No.75；柯克《阿提卡喜劇殘本》第3卷612頁No.1229。亞里斯多德將它當成諺語用在《氣象學》364b之13。

王，所以塞琉卡斯叫作「戰象的統治者」，黎西瑪克斯就是「金庫衛士」，托勒密成為「水師提督」，阿加索克利簡稱「島主」。

群眾在剛開始對於有見識的正人君子抱著規避的態度，等到以後對他的行為和人品有更深的認識，把他視為具備政治才華的人物和充滿服務精神的官員；至於其他的人士，有的是合唱隊的供應者，有的是宴會的承辦人，有的是體育選手的領隊。那麼就算是凱利阿斯(Callias)[167]或亞西拜阿德付了宴會的帳單，大家還是傾聽蘇格拉底的談話，所有的眼光都注視到他的身上；雖然城邦在承平時期由伊斯門尼阿斯負責租稅，利查斯(Lichas)準備糧食以及尼西拉都斯(Niceratus)籌組戲劇表演，只有伊巴門諾達斯、亞里斯泰德和賴山德出任行政長官、決策人物和率軍出征的將領。等到我們明瞭這些事情，舉凡從劇院、廚房和市民大會會議廳所獲得的名聲，無論是多麼響亮，還是無法搖晃我們分毫，更不要說對我們造成羞辱和打擊；因為它毫無榮譽可言也不受尊敬，只能延續很短一段期間，就會被鬥獸場和劇院的表演節目所超越。

32 凡是精於養育蜜蜂的專家，知道熙熙攘攘充滿嗡嗡之聲的蜂巢，表示蜂群處於生機勃發和健康良好的狀態；神明非常關切管轄之下理性的群體，判斷它的幸福主要在於人民要保持和平與寧靜。作為一個政治家對於梭倫的訓示都能接受還要進一步加以仿效，這時他會感到困惑，為何這位偉大的人物會下達這樣的敕令：城邦一旦出現激烈的內鬥，無論任何人只要保持騎牆的態度，沒有參加對立的任一黨派，都要受到剝奪市民權的懲處。須知身體受到疾病的侵襲，開始的時候健康的改變並非來自出現異常的部位，反而會使未受感染的器官加強它的功能，排除與自然機能不合的惡質部分。人民遭受黨派傾軋帶來的痛苦，對於城邦如果沒有造成直接的危險和立即的毀滅，到了最後終究還是停息下來，經過這樣的磨練過程使城邦更為強壯，達成長治久安的局面。人們了解流動的體液如同上面敘述的狀況，就會充滿生病的部位以達成治療的效果。等到城邦陷入全面的動亂之中就會面臨毀滅的命運，除非這種動亂是來自外國的侵略，基於需要所施與的懲罰，城邦為了驅逐不幸和災難，就會採行合理的措施，反而會因禍得福轉危為安。

一旦社會處於喪失秩序的狀況，這時你應該感到傷心悲痛，不能無動於衷或是為獨善其身而慶幸不已，對於別人的愚蠢無知反而沾沾自喜。從另一方面來

167　凱利阿斯(450-370 B.C.)是雅典貴族，以富有和奢侈知名於當代。

看，即使遭到梭倫的懲處，這個時候你必須盡其所能，要像瑟拉米尼斯
(Theramenes)[168]那樣穿上厚底官鞋，與兩個對立的黨派都能接觸交談，並不投
身其中任何一個陣營。你雖然沒有參加施政錯誤的隊伍，還是可以明顯看出你不
是外來者，能夠對兩方都給予幫助，可以成為他們共同的朋友和同志；如果你對
雙方都抱著同情和憐憫，即使不必分擔他們的不幸和災難，也不會引起猜疑和嫉
妒。

為政之道最偉大和最高貴的功能，在於促成社會的整體進步和發展，不讓黨
派的傾軋和鬥爭有興起的機會。從而使得城邦享受最大的福祉，主要的項目是和
平、自由、繁榮與和諧；甚至於和平的基礎在於各民族根本不需要目前運用的政
治手段；「無論是希臘或其他的國家，彼此之間不再存在戰爭」[169]，從此完全消
失不見蹤影；每個民族都能享有最大的自由，我們的統治者對此完全同意，滿足
的程度可能超過大家的期望；生產富饒的土地和風調雨順的氣候，所有的妻子孕
育出「肖似雙親的子女」[170]，後裔子孫都能過著安全自在的生活。這些福祉是智
者向神明提出的要求，答應以後賜給全體市民同胞。

對於政治家而言，仍舊有其他不意的活動落到他要治理的行省，可以比擬前
面所提到的福祉，在於使得居住在一起的群眾能夠友善和睦，除去彼此間的紛
爭、對立和敵意。就像是朋友之間發生口角，他首先要交談的對象是那些自認受
到打壓的人，要能分享他們的苦惱和憤怒。然後對他們給予安撫和慰勉，教導他
們不要將委屈放在心上，至於那些對此還要追究或是非要報復不可的人，相比之
下相差不能以道里計。所以我們不僅要有理性和高尚的人格，還得具備智慧和豁
達的精神，須知我們在瑣碎雜務方面稍作讓步，集中精力專心於軍國大事。他無
論是個別和集體都在教誨所有的人民，注意到整個希臘已經處於體質虛弱和離心
離德的局面，對於有見識的人而言只接受一個優勢，那就是和諧與平靜的生活方
式，特別是城邦之間一旦陷入公開的決裂和內爭，命運勢必要我們付出慘痛的代
價。黨派的勝利者在統治上能有何種光榮可言？發布任免一位總督的詔書，無論

---

168 雅典在411 B.C.改為寡頭政體，瑟拉米尼斯在變法人士當中可以說是佼佼者，等到後來發現
  問題沒有解決，開始慢慢疏遠過去的同志，404 B.C.當選為「三十僭主」之一，想要限制同
  僚不得有過分的權力，結果被他們處死；說他喜歡穿厚底官靴，意思是指他是「兩邊討好的
  騎牆派」，因為這種官靴沒有左右腳之分。亞里斯多德《雅典的政體結構》28節之5，讚譽
  他是一位愛國志士。
169 這個警句來自修昔底德《伯羅奔尼撒戰爭史》第2卷36節。
170 赫西奧德《作品與時光》233行。

是作廢還是轉移到別人身上，抑或再繼續連任下去，所能獲得的權力就整體而言，又能帶來多麼嚴重的後果？

大火通常不會發生在廟宇或公共地區，家中的油燈受到疏忽或者燃燒垃圾，引起嚴重的火災使得城市付之一炬；公務的爭執通常不會引發城市的暴動，私人的恩怨和得失造成尖銳的對立，產生的衝突涉及政策的執行，就會使城邦陷入萬劫不復的困境。一位政治家理應對上述事項進行療傷止痛或加以阻攔制止，有些狀況甚至不會發生，或者在出現以後迅速撲滅，還有一些不至於擴大危害到公眾的利益，只是使當事人本身受到牽累。所以他自己應明瞭其中的利害所在，並且要明示讓大家了解，私人問題始終給公務帶來困擾，如果在開始沒有注意或者無法給予妥善的處理，很小的事件將發展成巨大的災害。

據說德爾斐最大的動亂是克拉底所引起，他的女兒要嫁給費利斯（Phalis）的兒子奧西勞斯（Orsilaus），婚禮當中混酒缽沒受外力自行破裂，奧西勞斯認為這是一個凶兆，留下新娘，與他的父親一起離開。過沒多久，克拉底暗中把一件金製的神聖器皿，放在對方奉獻犧牲的遊行隊伍裡面，奧西勞斯和他的兄弟受到逮捕，沒有經過審判就將兩人從懸崖拋了下去，他們的朋友和親戚前往雅典娜神廟提出還個公道的訴求，結果有些人在這個聖地遭到殺害。等到很多不幸的事件隨之發生以後，德爾斐人將克拉底和他的黨羽判處死刑，他的財產也被充公，為了使受到詛咒的行為得到贖罪，他們在城市的低處興建神廟用以許願。

敘拉古有兩位年輕人是很親密的朋友，一位要出遠門就將心愛的變童交給另一位照顧，誰知這位老兄趁機加以勾引，等到他回來就進行報復，於是與冒犯者的妻子發生戀情。元老院一位年老的議員提出告發，要將這兩位年輕人從城市放逐，以免相互的仇視造成無法善了的後果。他的提案沒有獲得通過，從此社會不和帶來重大的災禍，即使是最穩健的政府也因而一蹶不振。你應該知道一個發生在家鄉的案例，就是帕達拉斯和第勒努斯的彼此敵視，細微私事帶來的結局是叛變和戰爭，幾乎要將薩迪斯這個城邦摧毀殆盡。

政治家因而對於諸如此類的違失和過錯不可等閒視之，如同身體的疾病會很快蔓延，務必掌握徵兆、對症下藥和盡快治療。如同加圖所說的那樣，唯有提高警覺和步步為營，始能大事化小，小事化無。政治家最具說服力的工具，在於即使他有私人的成見，還能表現出溫和以及願意修好的態度；遇到意見不合能夠堅持理念絕不動怒，對於無法避免的爭執不會對人使用尖酸刻薄的言辭。如同他在拳擊場與人較量戴上柔軟的手套，減少受傷的機會使競賽不會造成致命的後果。

要是與自己的市民同胞打官司，最好的方式是簡化案情，用訴狀和辯護來解

決兩造的爭議，不必使盡各種無法見人的伎倆，動刀動槍非要拚個你死我活不可，更不能運用惡毒的言辭和威脅的手段，擴大爭端變成無法收拾的醜聞。一個人只要用公道的方式善待對手，就會發現別人對他亦復如是。有關公眾事務和利益所形成的對立和爭執，只要除去私人的夙怨和敵意，就會降低它的必要性，不會造成嚴重和難以治癒的傷害。

第五十六章
論君主政體、民主政體和寡頭政體

1 昨天我與你討論過的手稿,現在將它帶到你的面前,希望能夠接受你的批評和指正,目前我處於完全清醒的狀況,不像是在夢中聽到諸如「政治的智慧」[1]之類的說法:

> 黃金的地面洋溢神聖的頌歌;[2]

得用這種詞藻來規勸和鼓勵你進入政壇,為自己打下穩固的基礎。「來吧,讓我們將城牆建得高大又堅固。」[3]這座雄偉的建築物就是即將給予的教導和訓勉。任何人只要接受勸告就要做從政的準備,其次是要讓他了解為政之道,最後希望能達到運用自如的程度,盡其可能服務人民,同時能掌控自己的事業,不僅安全無虞,還能獲得應有的尊榮。要想延續下面的走向與以後要敘述的狀況,我們必須考量統治以何種體制為最佳。如同一個人的生活有形形色色的模式,politeia即「統治」之意,關係到一群人民的生存,因此政治家要為它找出最好的體制,對我們而言當然是最關緊要的事,如果無法如願也要退而求其次。

2 再者,politeia亦可稱之為「市民權」,這個字定義為:「分享城邦所有的權利」,如同我們知道麥加拉人經過投票通過,將politeia(市民權)授與亞歷山大大帝,等到他為他們熱情感到可笑,這時麥加拉人告訴他,說是他們過去僅將市民權授與海克力斯,直到目前他算是第二位。亞歷山大非常驚奇,願意接受這份榮譽,認為它的價值在於極其難得而且罕見。一個人投身公職可以稱為

1　荷馬《奧德賽》第19卷547行,只是原詩是珀妮洛普對奧德修斯說的話:「那並非夢魘而是即將實現的美好事物」,看來與「政治的智慧」沒有什麼關係。
2　希里德《希臘詩文殘卷》之〈品達篇〉465頁No.194。
3　希里德《希臘詩文殘卷》之〈品達篇〉465頁No.194。

政治家，畢生的事業就是politeia亦即「治國之道」。可以舉例來說，像是我們讚揚伯里克利和畢阿斯(Bias)[4]的politeia「治國之道」，反之我們會對海帕波拉斯(Hyperbolus)[5]和克利昂大肆譴責。有些人將某一項能爲民眾謀求福祉的顯赫行動視爲politeia，算作「政治作爲」，例如把金錢當禮物分配給民眾、結束一場曠日持久的戰爭、頒布一份法案獲得永垂不朽的聲譽；按照我們目前的說法，如果他在無意之中採用所需的手段和辦法，同樣可以稱之爲執行一項「權宜措施」(politeia)。

3 除此以外，politeia可以定義爲一個城邦的制度和組織，用來指導所有的事務；因此按照他們的說法有三種politeia(統治的體制)：君主政體、民主政體和寡頭政體；三者之間的比較，希羅多德的《歷史》第三卷有詳盡的敘述[6]。看起來這三者像是最典型的模式，其他的體制不是頹廢就是腐化，也可以說是過猶不及；如同樂譜的音階所發生的狀況，完全是弦的過鬆或過緊所定出的基調。這些統治的體制在它的管轄期間都能建立廣泛而強大的權力：波斯人接受經抽籤決定的皇權，可以擁有絕對的權力而且無須負責；斯巴達人的寡頭政體具備貴族政治的風格，只是採取放任主義沒有太多限制；雅典人的民主政體具備獨立和自治的性質，成爲絕對的民粹主義。這些體制要是得不到正確的表達，經過曲解或誇大就會被稱之爲(1)暴政，(2)受到豪門世家的支配[7]，(3)暴民政治：那也就是(1)皇室是培養暴虐和失職行動的溫床；(2)寡頭政體的傲慢和僭越；(3)民主政體會養成無政府主義、平等觀念、極端主義和愚民政治。

4 有素養的音樂家會使每一種樂器在演奏的時候發出和諧的旋律；這要靠著他的技巧以及能夠掌握樂器的特質和調性。然而我們要聽從柏拉圖的勸告[8]，爲了避免音聲過分的複雜，除了留下七弦琴和班多琴，所有其他的弦樂

---

4 畢阿斯於西元前6世紀初期生於愛奧尼亞的普里恩，名列希臘七賢之一。

5 海帕波拉斯是雅典的群眾領袖，421 B.C.克利昂亡故以後，他在市民大會擁有極大的勢力，417 B.C.發起貝殼放逐表決，想要藉機除去尼西阿斯或亞西拜阿德，反而遭到敵手聯合起來將他流放，他轉往薩摩斯島定居，支持寡頭政體的激進分子將他殺害；自從他被迫離國，大家將貝殼放逐制度視爲排除異己的工具，廢除不再使用。

6 希羅多德《歷史》第3卷80-84節；這是他借用波斯的大流士說出的話，其實東方民族自古以來都是君主制度，無法對民主政體和寡頭政體做出不偏不倚的評述。

7 參閱亞里斯多德《政治學》第4卷1節。

8 柏拉圖《國家篇》399C-D，柏拉圖拿曲調來做比較，認爲只有多里斯調和弗里基亞調，它

器、鍵盤樂器和豎琴全部捨棄；政治家運用同樣的手法，可以成功操控萊格克斯在斯巴達創建的寡頭政體，讓自己成爲有同等權力和地位的同僚，安靜面對他們去做他想要做的事；他同樣可以在民主政體當中大展身手，像是在演奏一件有很多聲音以及和弦的樂器，爲政的一張一弛都符合統治的需要，也知道如何抗拒群眾的需索，以及必要時對他們的駁斥。如果他把這些政體當成工具要從中做出選擇，應該聽取柏拉圖的勸告，除了君主政體沒有其他的對象；只有君主政體可以達到德行的頂點，具備最高的見識和情感，不必妄自菲薄於不可抗拒的衝動或者應付一時的權宜措施；因爲其他體制的統治方式具備某種意義，雖然受到政治家的控制，事實上適得其反，看起來像是在他的領導之下，也不過是虛有其表而已；因爲他無法建立堅固的實力，用來反對從那些體制所獲得的能量。「圍攻者」德米特流斯[9]在失去他的霸權以後，就用伊斯啓盧斯的詩句對命運女神抱怨不已[10]：

　　祢從開始就惹得我暴跳如雷，
　　現在卻安撫我要能知書達禮。[11]

第五十七章
何以吾人不應借貸

1 柏拉圖的《法律篇》提到禁止人們從鄰居那裡取水，除非他在自己的土地上打井，直到黏土層還無法獲得所要的水源[1]；因為黏土帶有油質又很堅實，保持水分留下不讓它流走；這麼說來只要自己盡力還得不到，可以分享別人的水源[2]，法律的著眼要能解決人們的需要。雖然對於金錢沒有制定相關的法律，人們還是不應向別人借貸；如同一個人不先檢查自己家中水井的狀況，或者將一些潺潺細流聚集起來，使它能夠滿足自己的需要，那又怎麼可以求助於別人的泉源？目前發現問題所在出於奢侈的生活、優柔的個性或極度的浪費，自己擁有東西覺得無法稱心如意，雖然沒有必要去滿足欲望，還是情願支付很高的利息。從而在這方面可以獲得強有力的證據：借貸從來就不是來自人們有確切的需要，只是希望為自己獲得無用的冗物。一個人能從債主那裡得到貸款，必須證明他有產業或抵押；也因為他有償還的財力，所以他才獲得可以借錢的信用。

2 為何你要向錢莊老闆或兌換經紀獻殷勤拉交情？其實可以從自己的桌上借錢[3]，就是擺著的酒具、銀盤和珍貴的糖果盒。美麗的奧利斯或特內多斯(Tenedos)喜歡陶器，她們認為用來裝飾餐桌會比銀器更為明亮；因為利息的味道非常沉重而難聞，如果不是每天都受到它的薰染，你即使過著揮霍無度的日子，還是不願讓器物的外表長出一層醜陋的鐵鏽。朔日[4]和初盈是每月最神聖

---

1 柏拉圖《法律篇》844B，提到農莊的業主要在自己的土地上面鑿井，如果打不出水來，鄰居應該為他供應人與牲口所需的飲水；看來與本章的說法有很大的出入。

2 梭倫制定的法律，規定公共水井之間的距離應在四弗隆或半英里之內，所有人員都可以使用井中的水，如果供應不足可以自行鑿井，挖到十噚(六十英尺)深還出不水，有權到鄰居的水井去汲水，每天兩次的量是四十升。

3 希臘語文的「銀行」和「餐桌」是同一個字彙。

4 每月的朔日支付利息是不成文的規定，亞里斯托法尼斯的喜劇《雲層》17行和1134行，提到大家對每月的頭一天都痛恨不已。

的日子，即使高利貸者在這兩天最受人憎惡，同時還容易被人告發，只要與你無關就不會記在心上。有的人不願出售貨物，反而拿來作爲貸款的抵押，看來神明要想救他都很困難；他們覺得接受開價會被人看不起，至於把自己的利益當成利息付給別人，反倒毫無羞愧之心。

偉大而明智的伯里克利用四十泰倫的純金[5]，作爲雅典娜女神身上的裝飾，況且他們隨時可以拿走，他說道：「爲的是我們能夠用來支付戰爭的經費，結束以後歸還等值的黃金。」談到這裡我們也可以如法炮製，即使我們受到需要的圍攻，不能讓我們的敵人就是高利貸者成爲守城的部隊，更不允許我們的財產在出售以後被別人奴役。不僅如此，爲了保有我們的自由，除了緊縮每日的開支，可以讓高利貸者從我們的桌上、床上和車上拿走那些無用之物，要是運道很好，可以在歸還本息以後回復往日的生活。

3 羅馬的貴婦將首飾捐出來當成奉獻給太陽神的祭品，出售的款項用來製成一個金碗，派人送到德爾斐的阿波羅神廟；迦太基的婦女將頭髮全部剪下來，製成繩索用以拉開強弩或是操縱機械[6]，防衛自己的城邦和家園。我們卻爲獨立自主感到羞辱，非要接受抵押和借據的奴役不可；說來我們應該對真實的需要加以限制和約束，經由解除債務的程序和變賣無用的冗物，爲我們自己和妻子兒女找到一個供奉自由女神的聖地。阿特米斯是供奉在以弗所的女神，答應欠債的人可以在祂的神廟獲得安全和保護；至於節約之神不受侵犯的聖地，遍布各處真是無所不在，打開大門歡迎律己甚嚴的有識之士，提供他們歡樂的廣大空間和自在的悠閒生活。

阿波羅女祭司在波斯戰爭期間對雅典人頒布的神讖，上蒼會爲他們提供一道木牆，雅典人應該放棄他們的土地、城市、財產和房舍，爲了爭取城邦的獨立可以在船舶上面找到庇護；如果我們希望過自由人的生活，同樣要讓神明提供我們木頭的桌椅、陶製的器皿和粗糙的斗篷。

---

5 參閱修昔底德《伯羅奔尼撒戰爭史》第2卷13節；伯里克利用來修建衛城和神廟的費用是3,700百泰倫，這時國庫的存放的金額高達9,700泰倫，對比之下，雅典娜身上這點黃金根本算不了什麼。

6 古代的希臘城邦從西元前4世紀開始，知道運用各種機械製成投射武器，特別是圍城作戰可以發揮很大的功效；參閱阿庇安《羅馬史》第8卷13節之93。

　　不要硬頂住敵人騎兵的攻擊，[7]

也不要屈服於對手裝點著牛角和銀飾的戰車；因為利息的速度有如這兩種進攻的隊伍，很快擊潰債務人極其微弱的抵抗。所以要運用任何可以到手的機會，無論是行動緩慢的驢子或駑馬，從有如敵人和暴君的高利貸者手中逃脫；因為這些債主不像波斯人只要求土與水，他們要剝奪你的自由權利，要用訴訟來使你身敗名裂。須知你沒有能力還款，他就會向你催討；如果你有很硬的財務後台，他不會接受你的付現；如果你要變賣產業，他就會壓低價格；如果你不想出售，他會逼得你非賣不可；如果你對他提起訴訟，他會在法庭與你交手；如果你發誓要讓他感到滿意，他會命令你要按誓言去做；如果你抵達他的家門口，他會當著你的面將門關上；如果你留在家中不出來，他會待在那裡不斷敲你家的門。

4 　梭倫制訂法律不再以個人的身體作為債務的保證，這對雅典人有何好處？可見他這樣做是為了拯救高利貸者；那是因為債務人在那些要毀滅他的人看來，所具備的身分只是奴隸，他屬於整體而不是某一個人，否則怎麼會令人感到這樣的可畏？根據柏拉圖的說法，粗暴、野蠻又凶狠的奴隸，站在哈得斯的身旁是殘酷的復仇者和劊子手，專門用來懲罰那些在世間過著邪惡生活的幽靈[8]。要知道高利貸者把市場當成一個可惡的地方，因為這些傢伙如同兀鷹一樣，就在這裡對債務人進行吞噬和剝削，還要「鑽入他們的內臟裡面」[9]，在其他的例子中還要密切注意他們的行動，必要時對他們施加坦塔盧斯的酷刑（Tantalus）[10]，就是不讓他們品嘗自己耕種和收穫的產物。

　　大流士派遣他的部將達蒂斯和阿塔弗尼斯（Artaphernes）攻打雅典，帶著腳鐐手銬用來捕捉俘虜；這些高利貸者有類似的辦法，他們攜帶的希臘大甕裝滿簽字的借據，這些都是用來對付債務人的刑具，一路上穿城過鎮，並不像垂普托勒穆斯（Triptolemus）[11]那樣教人耕作，反倒是遍地種植借貸和舉債的塊莖，帶來為數

7　參閱希羅多德《歷史》第7卷141節，引用雅典得自德爾斐女祭司的第二份神讖，意思是要他們放棄城池的防衛，到海上與波斯人進行最後的決戰。

8　柏拉圖《國家篇》615E。

9　荷馬《奧德賽》第11卷578行

10　天神讓坦塔盧斯身受饑餓和乾渴之苦，頭懸巨岩隨時有喪失性命之憂，只是沒有提到那些食物的來源。

11　伊琉西斯的垂普托勒穆斯受到穀物女神德米特的教導，要把農耕技術傳授給希臘各地的民眾。

眾多和無法免除的勞務和利息，它們的成長茁壯是如此的快速，所有城市在重壓之下窒息而亡。據說野兔的繁殖能力很強，可以在哺乳小兔的同時再生一窩，接著立即懷孕；野蠻的惡棍對於借貸所訂的利息，急迫的程度如同沒有身孕就要生出小孩；他們把錢借出去以後馬上要求支付利息，再將這些應收的款項加上去，當成他們所付借貸的一部分。

5 梅西尼人有這樣的諺語：

　　皮洛斯城會繼續存在於世間；[12]

我們可以拿來說高利貸者的

　　　剝削伎倆會繼續存在於世間。

因為這些人靠著利上滾利和息上生息獲得大宗好處[13]，使得自然科學家的主張「宇宙的事物不能無中生有」，在對比之下成為大家的笑柄。有些錢莊老闆把承包租稅視為可恥的行業，然而承包商的徵收業務卻受到法律的認可；他們借錢給別人已經違背法律的規定，這與從債務人那裡徵收租稅又有什麼不同；其實借貸的行為就本質而言應該視為一種騙術，因為對方收到的借款較之將要歸還的本金加利息，可以說是少之又少，這就是不折不扣的詐欺手法。

　　波斯人認為各種罪惡當中，謊言偽證位居第二而重利盤剝居於首位[14]，特別是那些欠債之徒都是鬼話連篇；高利貸者的扯謊更甚於債務人，無論是他們的總帳和分類帳，裡面即使寫著支付某筆金額給某人，實際的款項還是要少很多。他們所以說謊的成因在於貪婪而非掩飾的需要或資金的短缺；這種無饜的貪念到頭來難以享受樂趣和獲得利益，只能給那些受到他們誤導的人帶來毀滅的命運。重

12　斯特拉波《地理學》第8卷7節；亞里斯托法尼斯《武士》1059行。

13　羅馬十二表法第八表第十八款：任何人不得以高於十二分之一的利息放高利貸，經過查證放高利貸者罰鍰是放款的四倍。雖然法律規定借貸的利息，但是一般都將它視為具文，根本不予理會。

14　希羅多德《歷史》第1卷138節，波斯人認為不當的行為以說謊位居第一，其次是負債，這裡並非指責重利盤剝；加圖在《論農業》第1章1節提到，偷竊罰雙倍，高利貸罰四倍，可見羅馬人認為高利貸的罪行較之盜竊更為嚴重。

利盤剝者從債務人的手中奪取他們不需耕種的土地，將債務人逐出以後占有他們不會居住的房屋，搬走他們不會拿來用餐的桌椅，剝下他們不會穿在身上的衣物。等到他們毀滅頭一位犧牲者，隨後獵取接踵而來的可憐蟲，就把前者當成後者的誘餌。禍害如同野火一樣蔓延開來，陷入其中遭到毀滅的負債者更能助長火勢，他們是一個接著一個遭到吞噬。高利貸者所煽起和維持的烈焰除了讓很多人遭到毀滅，實際的收穫並不如想像的那樣豐碩，他可以不時拿出帳簿看看有多少人被他出售為奴，有多少人被他逐出自己的家園；總而言之，他雖然可以聚集相當的財富，整體來說還是損人不利己。

6 大家不要認為我這樣說是在向高利貸者宣戰，須知

他們從來沒有搶過我的牲口；[15]

我不過是要指出一個人成為欠債者是多麼的可恥，最可憐的地方是會墮落到奴役的生涯，還有就是借錢告貸是極其愚蠢和軟弱的行為。如果你有錢？那就不要借貸，因為你沒有支付的需要；如果你沒有錢？那就更不要借貸，因為你沒有償還的能力。讓我們就這兩方面做進一步的探討。加圖有次規勸一位行為不知檢點的長者，很不客氣的說道：「閣下，老邁年高本身已經是凶多吉少，你為什麼還要把惡行帶來的羞辱和病痛強加上去？」[16] 因此就你的狀況看來，無須為著貧窮感到困惑不安，特別是貧窮本身已經伴隨很多不幸和厄運，不要再讓借貸和賒欠增加更多的煩惱；清寒較之富有唯一占上風之處，在於可免於整天提心吊膽過日子，這方面的優勢不可輕易喪失；還有就是你的所作所為不要蒙受格言的奚落：

背不動一隻羊硬要扛一頭牛。

你要是無法挑起貧窮的擔子，為何還要把高利貸放在肩上，須知這種重負甚至連有錢人都難以忍受。或許你會說：「這麼一來，你叫我怎樣生活？」當你還有手和腳可用也能說得出話來，當你還能愛人以及被人所愛，當你還能幫助別人以及受到別人的感激，請問你自己該如何答覆？可以靠著教人讀書識字、帶領兒童上

15　荷馬《伊利亞德》第1卷154行。
16　看來老年人的惡行除了貪財好色，還要加上借高利貸，最大的災難應該是禍留子孫。

學、爲人看守門戶和出海當船員水手過日子，怎麼說總比聽到「還錢」的命令要好得多，面臨那種狀況才讓人感到極其難堪和羞辱。

7 眾所周知的羅馬人魯蒂留斯(Rutilius)[17]進城去見繆索紐斯，說道：「繆索紐斯，我們的救主宙斯是你效法和推崇的榜樣，祂並不是一位債務人。」繆索紐斯笑著回答道：「祂也不是一位債權人。」因爲魯蒂留斯自己是一位高利貸者，發現繆索紐斯有欠債不還的毛病。從這個例子可以看出斯噶多學派人士的虛榮；那些可以作爲例證的事物你在以往曾經過目，爲何你還要將它帶來救主宙斯的面前？燕子無須借錢，螞蟻不要貸款，像這樣的生物，自然界並沒授與牠們理性和雙手，也沒有讓牠們獲得技術；人爲萬物之靈，不僅本身獲得莫大的利益，就連同馬、狗、松雞、野兔和穴鳥的生存，都爲天賦的本能所左右。你的說服力比不上穴鳥，啞口無言與松雞不相上下，家世出身不如一條狗，即使你在等候著他，你在款待著他，你在保衛著他，以及你在爲他戰鬥，你還是無法從任何一位人類當中得到幫助，那麼你爲何還堅持很差勁的主張？你難道不知道陸地和海洋提供這麼多的機會？克拉底的說法是[18]：

> 我看到米塞拉斯在梳理毛皮，
> 他的妻子一起工作非常勤奮，
> 掙扎求生免於饑荒遭到餓斃。

安蒂哥努斯王在雅典的時候，克利底斯也在該城，有一段時間兩人沒有見面，偶爾相遇國王問道：「克利底斯，你現在還靠著磨粉維生？」他回答道：「陛下，的確如此，我這樣做是爲了不讓自己違背季諾(Zeno)[19]的教誨，也不要成爲放棄哲學的逃兵。」這樣一位開磨房和揉麵團的人，竟然擁有極其崇高的心靈，他那雙用來磨出麵粉和烘烤麵包的手，可以爲神明、月亮、星辰和太陽寫出瑰麗的詩篇。然而我們卻將勞動視爲奴役，爲了免於落到這種地步，我們要舉債借錢，去向破壞家庭的人獻殷勤，舉止如同他們的保鏢，不時的宴請他們還要贈送禮物，定期付給他們所要的貢金。我們所以會如此，不是因爲拮据困苦(沒有

17 全名爲巴布留斯‧魯蒂留斯‧盧普斯(Publius Rutilius Lupus)，他是西元1世紀羅馬修辭學家。
18 參閱貝爾克《希臘抒情詩集》第2卷366頁No.6。
19 本書提到名叫季諾的哲學家一共有三位，這裡是指生於西蒂姆的季諾(336-264 B.C.)，在雅典從事教育工作，成爲斯多噶學派的創始人。

人會把錢借給家無恆產的窮人），而是我們的奢華無度。如果大家都能滿足於生活的需要，放高利貸的錢莊老闆如同馬人（Centaurs）[20]和戈爾根（Gorgon）[21]，沒有生存的餘地。

　　奢侈才會產生高利貸者，正如浮華的風氣創造出金匠、銀匠、香水師傅和色彩豔麗的染工，我們的欠債不是為了買麵包和酒，主要在於支付莊園、奴隸、騾馬、宴會大廳和餐飲所需，要向很多城市表現我們不受限制的鉅額費用，非要與不事生產和忘恩負義的敵手分個高下不可；一個人只要與高利貸者發生牽連，終其一生都會面臨到處借錢的命運，如同一匹馬只要被人裝上銜勒和繮繩，就會遇到一個接著一個的騎士。這些欠債的人不會逃離他們早先已經享受過的牧場和草原，如同伊姆皮多克利筆下的精靈，犯了錯誤受到神明的懲處：

　　　要從天堂流放到荒涼的海洋，
　　　接著再將他打入黑暗的地獄，
　　　經歷陽光淨化作用押回穹蒼，
　　　輪迴的過程遭到排斥和厭惡。[22]

因此借錢的人會與「接二連三的債主打交道」[23]，開始是科林斯的高利貸者或經紀人，接著是佩特里（Patrae）[24]的債權人，然後是雅典的掮客，他們想盡辦法對他進行剝削，他的家產在支付利息的過程中被切成小塊出售，最後的下場是全部喪失。

　　一個人不小心陷入泥淖，必須盡全力掙扎然後趕緊脫離；如果只是戰慄、轉動或是打滾，只會讓自己愈陷愈深；有些人的打算是要更換債主，於是他們的名字在幾位高利貸者的帳簿之間移轉，利率的提高會使得他的負擔愈來愈重。這種

20　希臘神話說埃克賽昂殺死岳父，逃到宙斯那裡乞求庇護，竟然愛上天后赫拉，宙斯用一片烏
　　雲變幻成赫拉的形象，埃克賽昂擁抱烏雲，生出一些半人半馬的怪物，得到「馬人」的稱
　　呼。

21　戈爾根就是蛇髮女妖美杜莎（Medusa），見到她的人會變成石頭，帖修斯為民除害，得到雅
　　典娜的協助將她殺死。

22　穆拉克《希臘哲學殘篇》第1卷2頁32-34行；本書第27章〈埃及的神：艾希斯和奧塞里斯〉
　　26節曾經引用。

23　穆拉克《希臘哲學殘篇》第1卷2頁35行。

24　佩特里位於伯羅奔尼撒半島北端的亞該亞地區，面臨科林斯灣，控制進出的水道，航運非常
　　發達，所以需要資金的周轉。

狀況如同一個人染上霍亂，所有的治療不能發生作用，因為處方的藥物在入口以後，全部都會嘔吐出來，引起的脫水使得病情更加嚴重。這些喜歡借錢的人同樣不願清理債務，不管在一年之中任何季節，只有在不得已支付利息的時候感到痛苦和抽搐，自然增殖的過程立即出現另外的付款，會給他帶來更大的壓力，遭到新加的剝削會讓他感到反胃和頭疼。他們應該擺脫債務重獲自由，才有健康的身體和幸福的生活。

8 現在我的話是要講給那些富有的人聽，他們已經習慣於過優渥的生活，於是說道：「竟然要我沒有奴僕，以及沒有灶神和房舍？」如同一個人患有水腫，全身脹得像一隻木桶，於是對他的醫生說道：「竟然要我減輕體重消瘦下去？」為你好何以不能這樣？你沒有奴隸總比自己成為奴隸要強得多，即使自己沒有財產也要比財產變成別人所有，能使自己保持心平氣和。某人說起一個有關兀鷹的故事：那群猛禽當中有一隻引起強烈的噁心，就說牠把自己的腸子都吐了出來，另外一隻兀鷹聽到以後說道：「那又有什麼關係？你嘔吐出來的不是腸子，而是剛剛吃進去的腐肉。」

任何人要是因為負債而出售家產，這時他賣的不是自己的田地或房舍，依據法律的規定，債權人已經成為這些財產的物主。他說：「我的父親不僅依據法律的規定，還要遵從神明的意願，把田地留給我。」這話很對，你的父親留給你的東西，包括自由權和市民權在內，所以你要更加珍惜和重視。因此他在賜給你生命的同時，也讓你能夠有健全的四肢，等到一旦發現長出壞疽，你得付錢給外科醫生好將手或腳切除。卡利普索（Calypso）將「芳香撲鼻的衣服」[25] 蓋在奧德修斯的身上，那是她對神明寵愛的人物一見鍾情，也可以說是一件禮物讓他記起所表達的愛意；等到他遭遇船隻翻覆身體被海浪吞沒，衣物浸水變得沉重使他很難浮到海面，只有很快除去穿戴的東西才能脫險，赤裸的胸膛上面綁著一條頭巾，

> 面對著陸地游向長長的海岸，[26]

當他安全抵達以後，就可以找到衣服和食物。

等到高利貸者過了一段時間用「付錢」這句話，對著可憐的債務人施加打

---

25 卡利普索是居住在仙島的女神；參閱荷馬《奧德賽》第1卷264行。

26 荷馬《奧德賽》第5卷439行。

擊，難道這不是突如其來的暴風雨？

> 據說是他聚集雲層增強洪峰，
> 颶起東南西三個方向的颶風；[27]

如同利上滾利和息上生息，債務人被他們緊緊抓住，背負重擔使他無法浮出水面用游泳逃脫，最後會沉到水底就此消失不見，連帶那些為他在票據上面背書的朋友。底比斯的克拉底沒有受到支用的壓力，也不會出現賒欠的問題，只是對於家務的管理感到厭惡，不願過謹慎理財和心神渙散的生活，放棄價值八泰倫的財產，穿起斗篷帶著背囊，從哲理和清寒當中找到安身立命的所在。「安納克薩哥拉斯情願他的田地荒蕪，好讓羊群能在上面放牧。」[28]

提到這些人的例子還是有它的需要，像是抒情詩人斐洛克森努斯（Philoxenus）[29]，他在西西里的殖民區獲得大量的土地，豐碩的收成可以提供保證，能夠過著舒適安逸的生活，等到他看到奢侈的享受和歡樂完全欠缺文明的素養和品味，於是他說道：「神明可以為我作證，我情願放棄這些美好的事物，也不能讓自己迷失其中。」於是他把分配的土地讓給別人，然後乘船離開富饒的島嶼。陷入債務的民眾，就不能在意於債主的催討、款項的繳納、奴役的懲處和受騙的苦況，他們就像菲紐斯（Phineus）[30]一樣為了餵飽有翼的女怪，要把所有的糧食拿出來供她填滿肚皮；他們要在收成之前不適當的季節搜購穀物，也要在橄欖尚未摘下就得買進食油。要是他向欠債者說道：「我要用這種價格買多少數量的酒。」就將等值的鈔票交給對方，這時成串的葡萄還懸掛在藤上，等待牧夫座的大角星從東方升起。

27　荷馬《奧德賽》第5卷291-292行。

28　這話是希米流斯（Himerius）所說，他是雅典以奉承出名的詩人；參閱希米流斯《田園詩》第3卷18行。

29　斐洛克森努斯（435-380 B.C.）生於賽舍拉，是一位擅長神劇的抒情詩人，在敘拉古為戴奧尼休斯一世的宮廷服務。

30　菲紐斯是一位瞎眼的預言家。

第五十八章
十位演說家的傳記

第一篇　安蒂奉

　　安蒂奉(Antiphon)是拉姆努斯區(Rhamnus)市民索菲盧斯(Sophilus)的兒子，從小接受嚴父的教導(他的父親是一位詭辯家，據說亞西拜阿德幼時上過他主持的學校)，靠著公開演說獲得權力，縱橫政壇無所不利；有人說他憑著自己的才華出人頭地。後來他開辦一所學校，所以會與蘇格拉底意見不合，完全是學術方面的辯論，雙方沒有產生較量的心理，色諾芬在他的《回憶錄》中有很詳盡的敘述[1]。他為市民撰寫法院訴訟需要的辯詞，根據大家的說法，他是第一位具備法律專業能力的人士，無論如何，在他之前或者就當時的狀況而言，合法的正式演說還不多見，因為講詞寫作的風氣還未盛行，即使是提米斯托克利、亞里斯泰德或伯里克利這些人，仍舊沒有當眾發表意見的習慣，雖然那個時代的環境已經提供他們很多的機會，某些場合也需要有公開的演說。

　　講詞寫作受到抑制並非出於能力的欠缺，明顯的證據是史家對上述演說家的演講都有詳盡的記載。我的意思是像亞西拜阿德、克瑞蒂阿斯、黎昔阿斯和阿契努斯這些人物，對於他們在這方面的演講，我們都能完整的記錄下來，要是回溯到最早發生的時期，就會發現完全以安蒂奉的作為當成圭臬，只是這時他的年紀已經衰老不堪。他是第一個出版講演術原則的作家，憑著他的見識和機智獲得尼斯特這個綽號。西昔留斯(Caecilius)在以安蒂奉為題的論文中，從史家修昔底德在著作中對他的讚譽之辭，推測他是修昔底德的老師[2]。

　　他的演講用詞精確具有說服的能力，原創的才能表現幹練的氣概，機敏的表

1　色諾芬《回憶錄》第1卷6節。

2　參閱修昔底德《伯羅奔尼撒戰爭史》第8章68節：「對於提出廢除民主制度的意見，考慮最多的是安蒂奉，他是當代雅典人當中的佼佼者，擁有最聰明的頭腦和雄辯的口才。」

達掌握複雜的案情，他的攻擊性言詞經常出人意表，爭辯的論點合乎法律和情緒的要求，特別是運用適宜的手段來達成所望的目標。

他生在波斯戰爭和詭辯家高吉阿斯在世的時代，當然高吉阿斯的歲數要較他大很多；他的生命一直延續到四百人會議[3]的興起，導致民主政體的毀滅，似乎他是參與其中的一分子，同時成為指揮兩艘三層槳座戰船的支隊長[4]，後來出任將領[5]，經歷幾次海戰獲得勝利，成為四百人會議最重要的盟友。

他徵召及齡人員加以武裝派到軍隊服役，建造六十艘三層槳座戰船；等到加強埃蒂昂尼亞(Eetioneia)的防務[6]，趁有利的時機向拉斯地蒙派出使節。四百人會議被市民推翻，他與會議成員之一的阿奇普托勒穆斯(Archeptolemus)面臨起訴的命運，安上叛逆的罪名接受審判，宣判定罪遭到死刑的懲罰，屍首示眾不得埋葬，他的後裔子孫都列入褫奪市民權的名單。有人告訴我們說他被三十僭主[7]處決，據稱黎昔阿斯曾為安蒂奉的女兒出庭辯護，敘述整個事件的來龍去脈；卡黎司魯斯(Callaeschrus)提到他有一個女兒，是合法的婚姻所出。狄奧龐帕斯在他的著作《論腓力》(Philippics)[8]第十三卷，說他死於三十僭主之手；極可能是另外一位名叫安蒂奉的人，這個人是黎西多奈德(Lysidonides)的兒子；克拉蒂努斯在他的喜劇《酒瓶》(The Flask)當中，有個角色使用這個名字還說他是一個惡棍。然而一個人早就亡故而且是死在四百人會議期間，如何又能活在三十僭主的時代？

還有另一個與他喪生有關的傳說。他擔任使者乘船前往敘拉古，正是暴君戴

---

3 時間是411 B.C.，寡頭政體開始主導雅典之前四個月。

4 富有的市民有責任為水師裝備戰船，可以獲得「支隊長」的尊稱。

5 西元前5世紀的時候，安蒂奉在雅典是一個很普通的名字，所以有很多發生在別人身上的事，也都算在本章這位演說家的頭上，像是(1)一位愛國又富有的市民(色諾芬《希臘史》第2卷3節)，黎昔阿斯曾經為他的女兒辯護，同時將他的作戰行動歸於這位演說家；(2)一位被敘拉古僭主戴奧尼休斯處死的悲劇作家(亞里斯多德《修辭學》第2卷6節)；(3)一位科林斯的詭辯家(色諾芬《回憶錄》第1卷6節)；(4)皮瑞蘭帕斯(Pyrilampus)之子(柏拉圖《巴門尼德篇》127A)；(5)黎西多奈德之子(本篇後面提到的人物)；(6)亞里斯托法尼斯的喜劇《黃蜂》當中受到嘲笑的角色。託名柏拉圖所著的幾篇對話錄當中，經常出現安蒂奉這個名字，大家都把他們當成這位演說家。

6 派里猶斯的大港北面有一道防波堤，它的名字叫作埃蒂昂尼亞，四百人會議所以要加強這裡的工事，是為了控制整個港區的進口。

7 404 B.C.斯巴達占領雅典以後，指派一個三十人的團體，要對原有的民主體制進行改革，他們奪取所有的權力實施暴虐的統治，直到403 B.C.的5月被推翻為止。

8 穆勒《希臘歷史殘篇》第1卷300頁。

奧尼休斯一世氣焰最高的時期，在一場盛大的宴會當中，大家討論問題談起那種青銅的質地最好，在座賓客發表不同的意見，安蒂奉說雅典人製作哈摩狄斯和亞里斯托杰頓的雕像，曾經使用品質最佳的青銅。等到戴奧尼休斯聽到這番話，懷疑他別有用心要鼓勵大家推翻暴政，於是下令將他除去以絕後患。另外還有一種說法，戴奧尼休斯之所以生氣，是因爲安蒂奉對他的悲劇大開玩笑。

演說家留存的講詞有六十篇之多，根據西昔留斯的論點其中有二十五篇是僞作。柏拉圖在他的對話錄《派桑德篇》（*Peisander*）嘲諷他是個愛財之士[9]。有人還說他協助暴君戴奧尼休斯編寫多齣悲劇。這時他仍舊忙著作詩，把它當成安撫不幸遭遇的最佳方法，等到他居住在科林斯的時候，租賃的房屋靠近市場，他在大門口以鬻文爲業，用詩歌治療陷入災難的平民大眾；根據當時的狀況提出問題和找出原因，使得面臨困難的人士得到慰藉。他想到這種謀生的技術對他的前途沒有好處，轉而去學習演講術。有些人把安蒂奉的《論詩人》（*On Poets*）一書，認爲是出於雷朱姆的格勞庫斯之手[10]。談到他最受推崇的講詞，其中一篇與希羅德（Herodes）有關，另外就驕傲和虛榮的心態，對伊拉西斯特拉都斯提起的控訴，以及針對起訴書爲自己所寫的辯護詞，還有身爲將領的笛摩昔尼斯提出不法措施的建議，因而要與他對簿公堂。他還爲出任將領的希波克拉底撰擬起訴書，使得被告在缺席的狀況下受到定罪的判決。

西昔留斯還加以補充，提到狄奧龐帕斯出任執政[11]頒布的敕令，那是四百人會議受到推翻的年份，阿里奧帕古斯會議的成員對安蒂奉的審判進行表決。二十一日這天阿里奧帕古斯會議的成員在公共會堂舉行投票：指派阿洛披斯區（Alopece）的笛摩尼庫斯（Demonicus）爲秘書，帕勒尼區的斐洛斯特拉都斯（Philostratus）擔任主席，安德朗（Andron）提出動議，有關涉及的人員都是受到譴責的將領，他們的行爲有損雅典城邦的利益；當時他們的工作如同派到拉斯地蒙的使者，像是從營地登上敵人船隻啓碇出航，陸上行走通過迪西利亞爲對方掌握的要塞，等於踐踏城邦的尊嚴；所提人等就是阿奇普托勒穆斯、歐諾瑪克利（Onomacles）和安蒂奉，現在都已遭到逮捕，押來法庭接受審判。阿里奧帕古斯會議的成員要選出十員新出任的將領，上一任期所有的將領接受命令前來法庭，都要參加這場審判。最高委員會（Thesmothetae）[12]將在次日奉到召喚，等到召集

9　柯克《阿提卡喜劇殘本》第1卷629頁No.103。

10　穆勒《希臘歷史殘篇》第2卷23頁。

11　時爲411-410 B.C.。

12　會議的六名委員要擔任過執政的職位，他們的職責如同最高法院。

令送回法庭,他們在集會中應該提出要列入選舉名單的檢察官、將領和其他人員;如果有任何人想盡辦法非要當選不可,必須指控他們犯下叛逆的罪行,無論法庭做出何種判決,要按照通過的法律將他們視為賣國賊。

根據審訊的結果制定書面的判決文:

阿格里勒區(Agryle)的希波達穆斯之子阿奇普托勒穆斯,拉姆努斯區的索菲盧斯之子安蒂奉,兩人都在法庭受審,確定犯有叛國的罪行,判決文已經獲得通過,現在要將他們交給劊子手執行死刑,他們的財產全部充公,其中十分之一奉獻雅典娜女神。他們居住的房舍全部清除夷為平地,要在原址設立界碑,上面刻著:「叛徒阿奇普托勒穆斯和安蒂奉的土地」。根據兩種法規完成處理財產的公告。阿奇普托勒穆斯和安蒂奉不得埋葬在雅典,以及雅典當局統治的領土上面;無論是阿奇普托勒穆斯和安蒂奉本人,還包括他們合法或不合法的子女,全都喪失市民權和財產權,任何人收養阿奇普托勒穆斯和安蒂奉的子女,被收養者同樣喪失所有的權利。此一判決文銘刻在青銅面板上,要與涉及弗里尼克斯的敕令放置在同一地點。

第二篇　安多賽德

安多賽德(Andocides)是李奧哥拉斯(Leogoras)之子,他的祖父也叫安多賽德,曾經促使拉斯地蒙人和雅典人簽署和平協定[13]。他可能隸屬賽達瑟尼亞區(Cydathenian)或蘇尼安區(Thorian)[14],出身貴族世家,根據赫拉尼庫斯的記載[15],先世可以追溯到赫耳墨斯,得知神的使者創始的血胤已經傳承到他的身上;因為家族淵源這層關係,等到科孚人與科林斯人爆發戰爭[16],他獲選伴同格勞康率領二十艘船前去援助前者。

13　根據三十年和平協定,對於麥加拉和它的港口,雅典在446-455 B.C.放棄原來擁有的權利。

14　這部分的資料來源發生謬誤;如果他是李奧哥拉斯的兒子,那就應該隸屬休里區(Thurae)才對。

15　穆勒《希臘歷史殘篇》第1卷55頁No.78。

16　參閱修昔底德《伯羅奔尼撒戰爭史》第1卷53節,然而他的本文出現差錯,須知格勞康遠征的同僚是休里區的李奧哥拉斯之子德拉康泰德(Dracontides),並不是書上所說的安多賽德,因為在433 B.C.那個時候,安多賽德的年紀還很輕,不足以負起重大的責任。

　　後來他受到不敬神明的指控，涉嫌赫耳墨斯神像的破壞事件[17]以及藝濟德米特的神秘儀式（因爲在更早的時候，他以放蕩揮霍著稱於世，曾經參加夜間的狂歡飲宴，打壞一座神明的雕像，他有一個奴隸曾經目擊當時的情景，因而出面告發，當他受到起訴還是不願交出那個奴隸，這樣做不僅敗壞自己的名聲，也引起大家的猜疑，等到西西里的遠征成行後不久，必須面對第二件訟案的指控。當時雅典人對於正式出兵或者私下協助始終遲疑不決，科林斯人從李昂蒂尼和伊吉斯塔[Egesta]派人前來催促，如同克拉蒂帕斯的說法，他們就在這個時候損毀設立在市場附近的赫耳墨斯石像，除此以外還藝濟神秘祭典）。

　　就在對整個控案進行審判的時候，法庭同意讓他就指控的項目獲得無罪開釋，條件是他要供出其他涉嫌者。他爲了盡力開脫自己，揭發犯下大不敬罪行的人士，甚至連他的父親都受到他的檢舉，從而導致所有人犯的定罪和死刑宣判；他爲了救出已經繫囚的父親，就向當局提出保證，說他的父親願意給城市戴罪立功，爲了不願食言再受牽連，李奧哥拉斯指控很多人犯下侵占公款和其他惡行，經過逮捕和定罪給予應得的懲罰，因爲這個緣故兩父子全都免於監牢之災。

　　出賣朋友和損人利己的行爲，使得安多賽德在公眾之間的名聲敗壞，這時他開始經商做生意，認識塞浦路斯國王和很多知名之士，誰知他又誘拐一位雅典的良家婦女，她是亞里斯泰德的女兒也是他的姪女，在家人不知情的狀況之下，把她當作禮物送給塞浦路斯的國王。等到他爲這件醜聞告上法庭，就從塞浦路斯將這名女子偷偷接走，自己則被國王抓住關進監牢。後來他脫逃返回雅典，正好遇到四百人會議控制國家事務，他被當局打進監獄，又想盡辦法再度逃出，等到寡頭政體遭到罷黜，他……三十僭主掌握政權以後，他被城市驅逐出境，流亡期間停留在伊利斯，等到色拉西布盧斯和追隨的黨徒完成復國大業[18]，乘機隨之重返雅典。他奉命前往拉斯地蒙磋商和平條款，因爲誤事受到懷疑再度遭到放逐[19]。

　　他將撰寫的講詞全部提供出來，寶貴的資料後人可以參考運用，有些是在神秘祭典此一重大案件的辯護稿，還有他要求安全返國的陳情書。現存的演講稿是

17　雅典人為了祈福會在家門口豎起赫耳墨斯的頭像，形狀類似方形的石碑；415 B.C.發起西西里遠征之前，竟然在夜晚出現破壞雕像的事件，何人所為不得而知。

18　三十僭主的倒行逆施是從404 B.C.夏季開始，到了該年12月，色拉西布盧斯占領位於菲勒的要塞，打敗三十僭主發起的兩次攻擊，西元前403年5月復國志士奪取派里猶斯，11月推翻暴政恢復民主政治。

19　他遭到控訴的原因還是無法得知，〈論和平〉的演說發表在393到390 B.C.之間，提到和平協定的條款訂得非常適切，大家感到滿意，安多賽德是代表隊成員之一。

〈論起訴書〉（On the Indictment）和〈論和平〉（On the Peace），還有反駁斐亞克斯(Phaeax)的辯護詞。他活躍政壇的時代，哲學家蘇格拉底尚未過世，知道他出生於奧林匹克七十八會期，那一年雅典的執政是狄奧吉奈德(Theogenides)[20]，因此他要比黎昔阿斯年長十歲[21]。毀損的神像因爲他的緣故極其出名，獲得「安多賽德的赫耳墨斯」這個稱呼。這座石雕是伊傑斯(Aegeis)部落奉獻之物，設置的地點就在安多賽德的居處附近。他在祭祀酒神的神曲演唱競賽活動，出資爲所屬部落供應合唱隊[22]獲得優勝，製作一個三腳銅鼎設置在城市的高處，正對著西列努斯的石灰石雕像。他的寫作用語措辭簡單扼要不講究技巧，演講平鋪直敘不善於運用比喻。

第三篇　黎昔阿斯

　　黎昔阿斯(Lysias)的父親是西法盧斯，他的祖父和曾祖父分別是賴薩尼阿斯(Lysanias)和西法盧斯；他的父親是土生土長的敘拉古人，想要過城市生活，所以搬到雅典，這與詹第帕斯之子伯里克利的勸說有關，他是伯里克利的知交，雙方關係友善而親密，何況他還是一個家財萬貫的富豪。有人說他之所以離開故鄉，那是僭主傑洛當政，他在敘拉古受到放逐所致。黎昔阿斯生在雅典，斐洛克利(Philocles)[23] 接替弗拉西克利(Phrasicles)[24] 出任名年執政官(Eponymous archon)，時爲奧林匹克八十會期第二年，從一開始那些家世最顯赫的雅典人就把他當成同學；等到城邦建立西巴瑞斯殖民區，後來改名爲休里埃(Thurii)，他與長兄波勒瑪克斯(Polemarchus)（他還有另外兩位兄長分別是優特迪穆斯和布拉齊盧斯[Brachyllus]）前往該地，他的父親不久過世，居住的房舍[25] 按照遺囑分給這四位

20　狄奧吉奈德擔任執政的時間為468-467B.C.，只是這個時間有問題，因為根據他自己的說法，不可能出生在440B.C.之前，看來其間有八年的差距。

21　這是已經修正過的數字。

22　有一篇敕令提到潘迪歐尼斯(Pandionis)部落的合唱團，戴奧尼休斯節慶獲得音樂競賽的優勝，留存到現在還沒有失傳。

23　斐洛克利出任執政的時間是459-458 B.C.。

24　460-459 B.C.的執政是弗拉西克萊德(Phrasicleides)，並非弗拉西克利。

25　柏拉圖的《國家篇》就是在西法盧斯的屋裡進行討論，當然對話錄不是歷史書籍，很多的時間、地點和人物都出於虛構，還是從而得知柏拉圖認識西法盧斯和他的兒子。

兄弟，這時是普拉克色特勒斯出任執政[26]，他的年齡不過十五歲。

他仍舊留在西巴瑞斯，受教於敘拉古人提西阿斯(Teisias)和尼西阿斯，繼承一座房屋並且享有一份津貼，直到克里奧克瑞都斯(Cleocritus)出任執政[27]，這時他已三十三歲才成為市民。次年凱利阿斯出任執政，時為奧林匹克九十二會期[28]，雅典人在西西里遭到全軍覆沒的慘劇[29]，所有的聯盟都極其憂慮，特別是居住在義大利的希臘人更為不安，他受到指控說他是親雅典的人士，與其他三百人同時遭到放逐。他到達雅典正當凱利阿斯出任執政之年[30]，後來四百人會議獲得城市的控制權[31]，他還留在當地沒有離開。雅典人的艦隊在伊哥斯波塔米會戰[32]中落到殲滅殆盡的下場，三十僭主擁有整個城邦[33]，這些都是他受到放逐七年以後的事。當局要剝奪他的家產，他的長兄波勒瑪克斯因而喪生，他自己關在家中等待處決之際逃走(因為他的屋裡有兩扇門)，然後暫住在麥加拉。

聚集在菲勒(Phyle)的起義志士[34]開始動身回到雅典，看來他提供的幫助比任何人都要大得多，因為他支付兩千德拉克馬的費用，供應兩百面盾牌，雇用三百名傭兵隨著赫馬斯(Hermas)進軍，說服伊利斯的色拉西迪烏斯(Thrasydaeus)，這個人在他居停期間成為好友，答應捐獻兩泰倫給義軍。等到流亡人士返國，結束優克萊德之前的無政府時期[35]，考慮到他對復國大業的貢獻，色拉西布盧斯提出建議要授與他市民權，市民大會批准表示友好的饋贈，阿契努斯認為程序不合法，因為沒有經過元老院的投票通過，所以制定的條款無效。[36]

他在雅典度過餘生，除了不能選舉和出任官吏，能夠享有市民所有的權利。他是在八十三歲那年過世，有人說他只活了七十六歲，還有人認為就是八十歲。

26　普拉克色特勒斯出任執政的時間是444-443 B.C.。

27　克里奧克瑞都斯出任執政的時間是413-412 B.C.。

28　奧林匹克九十二會期的執政是凱利阿斯，執政時間是406-405 B.C.，這與下文所提及之凱利阿斯並非同一人。

29　雅典發起西西里遠征是在415 B.C.，經過兩年的作戰，413 B.C.秋季全軍覆沒。

30　凱利阿斯出任執政的時間是412-411 B.C.。

31　此事發生於411 B.C.夏季。

32　405 B.C.雅典的水師於此會戰中被斯巴達的艦隊摧毀，伯羅奔尼撒戰爭宣告結束。

33　時為404 B.C.。

34　這是指色拉西布盧斯和他的同志，一直到403 B.C.的5月，流亡人士奪取派里猶斯，混亂的狀況要等民主政體的恢復才會中止，優克萊德當選為403-402 B.C.的執政。

35　雅典人將城邦因黨派的爭執無法選出執政，稱之為「無政府時期」。

36　無論是元老院或五百人會議，要先審查送交市民大會的提案，如果未能通過就不能提交市民大會表決。

他在世的時候還能見到年輕的笛摩昔尼斯。前面提到他出生於斐洛克利出任執政之年，所以享壽八十三歲應該沒有算錯。

他有四百二十五篇演講詞流傳下來，根據戴奧尼休斯和西昔留斯以及學院派的說法，其中只有兩百三十三篇真正是他的作品。他說他留下所有與訟案有關的資料，僅僅只有兩篇遺失。阿契努斯對他提起訴訟，準備剝奪他的市民權，他的演說是支持立法以免出現類似狀況；另外一篇演講是反對三十僭主。他的演說非常簡潔，具有說服力，大多數都是滿足顧客私下的需要。他曾經編過一本修辭學的教科書，出版的作品包括《公眾演講集》、《書信和頌辭》、《葬禮演講集》、《婚禮演講集》，以及一篇用於蘇格拉底的案件對法官發表的辯護記錄[37]。

他的文章在遣詞用字方面看起來運用自如，實際上要想仿效極其困難[38]。笛摩昔尼斯的演說對尼厄拉[39]大肆攻擊，提到黎昔阿斯愛上梅塔妮娜（Metaneira），然而她與尼厄拉都是奴隸；後來黎昔阿斯娶他兄長布拉齊盧斯的女兒為妻。柏拉圖在《菲德魯斯篇》[40]提到他，說他是一個高明的演說家，年紀看起來比伊索克拉底還要大得多。再者，菲利斯庫斯（Philiscus）是伊索克拉底的門人也是黎昔阿斯的好友，寫了一首輓歌體的詩送給他，可以明顯看出當時詩人的年紀還很輕，印證柏拉圖的說法正確無誤。八行體的詩全文如下：

> 卡利奧披的女兒正在那裡滔滔雄辯，
> 弗朗蒂斯也要向你表示開創的智慧；
> 任何改變都會造成形形色色的種類，
> 鮮明的生活方式會帶來新生的身體；
> 黎昔斯表現至高美德應該大事慶祝，[41]
> 最後要回歸亡故和陰鬱的永久居所，

---

37 西塞羅《論演說家》第1卷231節，以及戴奧吉尼斯·利久斯《知名哲學家略傳》第2卷20節之40，都提到黎昔阿斯要為蘇格拉底辯護，寫出一篇演說稿讓他先過目，結果遭到這位哲學家的拒絕。或許是在蘇格拉底死後過了若干年，他給哲人寫出頌辭形式的講演，為了駁斥詭辯家波利克拉底對蘇格拉底的攻訐。

38 這是哈利卡納蘇斯的戴奧尼休斯對他的讚譽之辭。

39 笛摩昔尼斯《演說集》第59章21節提到的尼厄拉是一個外國人，看起來像是雅典市民斯提法努斯（Stephanus）的妻子。

40 柏拉圖《菲德魯斯篇》279A。

41 所以會用Lysis「黎昔斯」這個名字，那是因為Lysias「黎昔阿斯」不合於希臘文的音韻；也有學者認為這首詩是用來頌揚畢達哥拉斯學派的黎昔斯。

> 我的靈魂要將全部的情意獻給友伴，
> 永存的人類還是值得為此不惜一死。[42]

　　他為伊斐克拉底寫了兩篇演講詞，一篇是反駁哈摩狄斯，另一篇用於泰摩修斯(Timotheus)受到叛逆的指控[43]，終於贏得兩件訟案的勝利。伊斐克拉底願意為泰摩修斯的行動負起責任，即使涉及謀逆的罪行也在所不惜，他用黎昔阿斯的講詞來為自己辯護，因而獲得無罪的判決；倒是泰摩修斯受到處分很重的罰鍰。他在奧林匹克祭典當中宣讀一篇很重要的講辭，呼籲希臘人彼此和平相處，同時大家要推翻戴奧尼休斯的暴政[44]。

第四篇　伊索克拉底

　　伊索克拉底(Isocrates)是厄契亞區(Erchia)的狄奧多魯斯之子；狄奧多魯斯是擁有幾位奴隸的中產階層人士，精通笛藝受雇公立合唱團[45]，讓他的子女都受到妥善的栽培[46]（另外還有兩個兒子名叫特勒西帕斯〔Telesippus〕和戴奧姆尼斯都斯〔Diomnestus〕，以及一個女兒）；因為笛手的職業不能登大雅之堂，受到亞里斯托法尼斯和斯特拉蒂斯的訕笑。伊索克拉底生於奧林匹克八十六會期，正值邁里努斯區(Myrrhinus)的黎西瑪克斯出任執政之年[47]，比起黎昔阿斯年輕二十二歲，較之柏拉圖年長七歲[48]。他在兒童時期如同一般雅典人接受正規教育，曾經

42　貝爾克《希臘抒情詩集》第2卷640頁。貝爾克提到他只摘錄很長詩篇的部分，從殘留的詩句當中無法得知黎昔斯的生年是否在伊索克拉底的前面，有很多狀況要看剩餘的篇幅才弄得清楚。

43　就在355 B.C.，伊斐克拉底和作戰失利的雅典將領泰摩修斯，受到他們的同僚查理斯出面指控，說他們賣國犯下叛逆的罪行。雖然伊斐克拉底表示自己責無旁貸，還是受到無罪的開釋，泰摩修斯被處以一百泰倫的罰鍰，這在他而言根本無力負擔，離開雅典不久以後亡故。

44　這篇演說只有殘卷傳世。

45　有錢的雅典人都要做一些公益服務的工作，其中花費最大的是維持一個公立合唱團，提供所需的薪資和訓練，以及為音樂會或戲劇的演出，準備所需的樂師和歌者。

46　參閱伊索克拉底《演說集》第15卷〈論財產的交換〉(On the Exchange of Property)161節。

47　黎西瑪克斯出任執政的時間是436-435 B.C.。

48　柏拉圖生於428-427 B.C.(現在公認的說法是429 B.C.)，按照這種算法黎昔阿斯生於459-458 B.C.(如果伊索克拉底比黎昔阿斯小二十二歲又比柏拉圖大七歲，那麼黎昔阿斯要比柏拉圖

參加各種講座聆聽明師的授課,諸如西奧斯的普羅迪庫斯、李昂蒂尼的高吉阿斯、敘拉古的提西阿斯,以及演說家瑟拉米尼斯,這幾位都是一時之選。後來瑟拉米尼斯面臨遭受三十僭主逮捕的危險,逃到赫斯夏的波莉婭(Boulaea)[49]祭壇求得安全的庇護,這時每個人都噤若寒蟬,只有伊索克拉底挺身而出仗義執言,接著他保持沉默有很長一段時間,後來才知道他之所以不再出頭,完全是順從瑟拉米尼斯的要求;那是瑟拉米尼斯不願他的朋友非要分擔災難和不幸,認爲這會給他帶來更大的痛苦。等到伊索克拉底在法庭受到不實的指控,傳聞瑟拉米尼斯某種修辭學的教法用這件訟案作爲例證,還有人把提到的教法放在波頓(Boton)的名下。等到他成年以後才對政治始終保持置身事外的態度,主要原因在於他的聲音過於微弱,性格比較怯懦[50],而且在與拉斯地蒙人的戰事當中喪失繼承的財產。

　　明確的證據得知他爲別人撰寫有關訴訟的稿件,僅有一次自行公開宣讀,那是因爲他涉及「財產交換」的訟案。他設立一所學校轉而研究哲學,完整表達思考所能獲致的結果,撰寫《慶典演講集》(*Festival Oration*)[51],以及其他具備諮詢性質的著作;有些講詞他自己當眾發表,還有一些準備給別人使用,希望強調啓發的方式能讓希臘人多多思考,因爲這才是有識之士應有的作爲。他無法很快達成所望的企圖,只有放棄異想天開的念頭,成爲一所學校的主持者,有人說最早是在開俄斯開辦,只能招到九個學生。等到他把束脩點算一下,不禁流著眼淚說道:「我已經賣給這裡的人民,看來也只有認命。」

　　他對於願意與他談話的人總是來者不拒,首先要把爭辯的言辭和政論的性質分辨清楚,就他的立場始終執著政論方面的考量。他曾經在開俄斯擔任公職,還有他生長的城邦也授與他官位。他後來賺的錢比任何詭辯家都要多得多,甚至成爲負責裝備三層槳座戰船的富有市民,獲得支隊長[52]的稱號。僅僅陪伴他去訪問許多城市的門生弟子,算算數目就在百人以上,包括康儂之子泰摩修斯在內;沿途寫的書信都由泰摩修斯派人送回雅典;因爲兩人的關係非常密切,等到薩摩斯

(續)—————————————————————————

　　　大二十九歲,那麼他應該生於458-457 B.C.才對)。

49　波莉婭是元老院祭祀的諮詢女神,這個祭壇的位置靠近大會堂,就在衛城北邊的山坡上面。

50　參閱伊索克拉底《演說集》第5卷〈菲利浦〉81節或第12卷〈論泛雅典主義〉9節。

51　那是他在奧林匹克運動會發表的《頌辭》。

52　裝備一艘戰船能夠負起出航和作戰的任務,成爲有錢市民的責任和義不容辭的公益活動,出任「支隊長」表示個人擁有巨額的財富。

獲得解救[53]，這位弟子還從剩餘的款項當中拿出一泰倫贈送給他。

他的門生當中不乏知名的人物，像是開俄斯的狄奧龐帕斯（Theopompus）[54]、庫米的埃弗魯斯，編纂悲劇引起爭論的阿斯克勒皮阿德，以及法西利斯的狄奧迪克底。談起狄奧迪克底是享譽當時的悲劇家，沿著聖路走向豆類市場的途中，可以看到他的紀念堂矗立在旁邊，這條路可以一直通向伊琉西斯，只是這座建築物已經傾圮；著名詩人的雕像沿著紀念堂向後設置，現在只有大詩人荷馬的像留存現地。還有人說雅典人李奧達瑪斯（Leodamas）、雅典立法者拉克瑞都斯（Lacritus）、海帕瑞德和伊西烏斯都是他的門徒。他們說他還在教演講術的時候，笛摩昔尼斯非常熱心要向他求教，無法支付一千德拉克馬的束脩，只能送上所要的五分之一，亦即兩百德拉克馬作為學習的費用。這時伊索克拉底回答道：「笛摩昔尼斯，我們無法將所教的東西切成小片零賣，如同上好的魚貨都要論條出售，如果你想成為我的門生，我就會將全套課程傾囊相授。」

他亡故於奇朗達斯（Chaerondas）出任執政之年[55]，在希波克拉底的角力場聽到奇羅尼亞會戰的信息，拒絕進食達四天之久，最後終於一命嗚呼[56]。臨終之際他高聲朗誦優里庇德三齣戲劇的起首詩句：

> 達瑙斯像優良的種馬有五十個女兒。[57]
> 坦塔盧斯家族的庇洛普斯定居比薩。[58]
> 心狠的卡德穆斯離開西頓這座城市。[59]

53　時為365 B.C.。

54　狄奧龐帕斯（377-320 B.C.）是來自開俄斯島的歷史學家，他和他的父親達瑪西斯特拉都斯（Damasistratus）支持斯巴達人，334 B.C.被亞歷山大大帝放逐，獲得赦免以後逃到托勒密一世的宮廷，在埃及逝世。他的著作非常豐富，傳世多為殘卷，以《伯羅奔尼撒戰爭史》續篇最為知名。

55　奇朗達斯執政時間為337-336 B.C.。

56　伊索克拉底逝世的來龍去脈，可以參閱鮑薩尼阿斯《希臘風土誌》第1卷18節之8，以及本篇後續的記載；彌爾頓（J. Milton）的第十首十四行詩，寫出膾炙人口的詩句：
　　他在奇羅尼亞獲得何其羞辱的勝利，
　　希臘失去自由成為哲人的殺身之地；
　　然而從伊索克拉底寫給菲利浦的第三封信，知道他為馬其頓國王獲得會戰的勝利，感到無比的歡喜和快慰。

57　出自優里庇德的悲劇《阿奇勞斯》，參閱瑙克《希臘悲劇殘本》之〈優里庇德篇〉427頁No.819。

58　出自優里庇德的悲劇《伊斐吉妮婭在陶瑞斯》1行。

59　出自優里庇德的悲劇《弗里蘇克斯》（Phrixus），參閱瑙克《希臘悲劇殘本》之〈優里庇德

他活到九十八歲，也有人說他享有期頤的高壽；看到希臘人陷入奴役的困境達四次[60] 之多，這已經不是他所能忍受。在他去世前一年(也有人說是四年之前)完成《泛雅典風格的演講集》(*Panathenaic Oration*)[61] 一書的寫作；過去爲撰寫《慶典演講集》花了十年(有人說是十五年)的工夫。他們說他這兩本書從李昂蒂尼的高吉阿斯和黎昔阿斯的演說，獲得很多的論點和材料。有關〈論財產的交換〉這份講詞是他在八十二歲那年所寫，其他反對菲利浦的演說都是亡故之前不久的事。

演說家希皮阿斯的女兒普拉莎妮(Plathane)育有三個兒子，她將幼子阿法留斯送給伊索克拉底當養子，這時他已是進入垂暮之年。他聚積貲產成爲萬貫富翁，非僅來自門生弟子的孝敬，而是接受塞浦路斯國王奈柯克利（這位君主是伊凡哥拉斯〔Evagoras〕之子)的餽贈，因爲他寫出推崇備至的頌辭，獲得二十泰倫的潤筆之資。看到他財源廣進因而成爲嫉妒和羨慕的對象，獲得提名三次出任裝備三層槳座戰船的榮譽指揮官，前面兩次他以生病爲由婉拒，他的兒子出面陳情得以免除，第三次他克盡職責還花費很大一筆錢財。就作爲一個父親而論，他說他只給兒子一個奴隸作伴，同時還特別交代：「只要一路走下去，就會發現你有兩個奴隸而不是一個。」

他參加阿提米西婭(Artemisia)爲追思和推崇毛索盧斯(Maussolus)[62] 舉辦的文藝競賽，他所作的頌辭已經失傳。他還爲海倫撰寫一篇悼詞，還有一篇稱爲阿里奧帕古斯風格的講稿。有人說他是在絕食九天以後喪命，也有人提到他逝世的時間，是在奇羅尼亞會戰陣亡人員舉行葬禮以後第四天。他的兒子阿法留斯也爲這次葬禮撰寫演說的講稿。伊索克拉底與他的家人都埋葬在賽諾薩吉斯(Cynosarges)[63] 附近，靠著小丘左側的墓園，除了他本人、還有他的父親狄奧多魯斯和他的母親、他的姨母阿納科(Anaco)、他的養子阿法留斯、他的表兄弟蘇格拉底、阿納科的兒子、與他父親同名的堂兄弟狄奧多魯斯、養子阿法留斯的幾位兒子也就是他的孫兒，以及阿法留斯的親生父母狄奧多魯斯和普拉莎妮；所有

(續)─────────────────────

篇 〉627頁No.819。

60 這四次是指西元前5世紀雅典帝國、伯羅奔尼撒戰爭以後的斯巴達人、伊巴明諾達斯指揮下的底比斯人以及戰無不勝的馬其頓人；這些都是伊索克拉底所親眼目睹。

61 參閱洛布文庫《伊索克拉底全集》第2卷368頁。

62 哈利卡納蘇斯的統治者毛索盧斯在353 B.C.逝世，希臘世界爲死者營建壯觀的墓園是從他開始，雄偉的紀念物出自雅典建築師的設計,所有的裝飾由第一流的雕塑家負責，這些雕塑的剩餘部分包括毛索盧斯和其妻阿提米西婭的頭像，成爲大英博物館最名貴的收藏品。

63 賽諾薩吉斯是雅典一個區，該地建有很大的體育館和角力場。

的名字刻在六塊銅板上面，現在已經全部喪失。

伊索克拉底的紀念碑是高三十肘尺的石柱，上面安置高七肘尺的女妖像作爲一個象徵，至今都已蕩然無存。附近豎立一塊石碑，上面除了詩人的名字，就連教導過他的老師都列名其中，加上雕刻一幅圖畫，高吉阿斯凝視天體模型，伊索克拉底就在他的旁邊。還有一座他的青銅雕像是康儂之子泰摩修斯奉獻，安置在伊琉西斯位於神廟走廊的前端。上面有這樣的銘刻：

> 虔誠的泰摩修斯將它獻給兩位女神，
> 伊索克拉底的友誼和睿智萬古長存。

這件藝術精品是李奧查里斯(Leochares)的傑作。

在他的名下有六十篇講詞留存，按照戴奧尼休斯和西昔留斯的鑑定，分別有二十五篇和二十八篇是眞蹟，其餘都是僞作。他非常厭惡在大庭廣眾的面前講學，有一次只有三個人聽課，他留下兩位讓第三位離開，告訴他次日再來，因爲今天的課堂已經滿座。他經常向門生提起他的教學只要十邁納，如果任何人有信心可以教他，只要加上悅耳的聲音，他願意付一萬邁納的束脩。有人問他如何能使別人也像他自己那樣成爲一個優秀的演說家，他的回答是磨刀石自己產生不了作用，這得靠鐵器的全力配合，才能發揮如切如磋和如琢如磨的效果。有人說他曾經編過一本論演講術的教科書，也有人認爲他教學的重點在於實際的練習而不是方法的討論。他從未向自己的同胞要過束脩。

每當他的門人去參加各種公眾集會，他要求他們回來向他報告發言的狀況，蘇格拉底的亡故使他非常悲傷，次日他就穿上黑色的喪服。再者，有人問他：「什麼是演講術？」他說：「那是化大事爲小事或變小事爲大事的藝術。」有次他成爲塞浦路斯僭主奈柯克里昂的貴賓，前往府邸參加盛大的宴會，有些人要求他發言，他說道：「適合當前場合的題目我難以勝任，我所精通的題目不適合當前的場合。」[64] 他看到悲劇家索福克利用充滿深情的眼光追隨著一位兒童，他說道：「索福克利，我們不僅要保持雙手乾乾淨淨，就是視覺器官也應如是。」[65] 庫

64　奈柯克里昂是塞浦路斯島薩拉密斯的僭主，當時是亞歷山大權勢薰人的時代，安納薩爾克斯在大帝那裡說了不利於奈柯克里昂的讒言，很可能導致他家破人亡的下場，等到亞歷山大崩殂，安納薩爾克斯受到極其殘酷的報復，參閱戴奧吉尼斯·利久斯《知名哲學家略傳》第9卷58-59節。

65　蒲魯塔克認為說這番話的人是伯里克利，參閱蒲魯塔克《希臘羅馬英豪列傳》之〈伯里克利

米的埃弗魯斯沒有學到什麼東西就離開他的學校,這位門生的父親又將第二份束脩送了過來,於是他將埃弗魯斯稱爲可笑的迪弗魯斯(Diphorus)(Twice-bringer,即留級生之意);其實,從埃弗魯斯後來在歷史方面有很大的成就,可以得知他對這位門生下了很大的工夫[66]。

他表示自己的習性愛好女色,所以會在床鋪上面多加一張草墊,枕頭用番紅花的溶液浸得很濕。他在年輕的時候沒有結婚,等到老年身邊有一位名叫拉潔西(Lagisce)的情婦,爲他生了一個女兒,沒有出嫁,在十二歲的年紀不幸夭折。後來他娶演說家希皮阿斯的千金普拉莎妮爲妻,一共有三個兒子,其中之一就是收養的阿法留斯,前面已經提過。阿法留斯奉獻一座他的青銅像,放在靠近奧林皮伊姆(Olympieium)的石柱上面,基座有銘刻的題辭:

> 阿法留斯將他父親的雕像設立此地,
> 頌揚宙斯的仁慈和祖先往日的光輝。[67]

據說他還是一個小孩的時候,曾經騎在馬上參加比賽,所以他們提到有這樣一座兒童騎馬的青銅像,放置在衛城的阿里弗羅伊(Arrhephoroi)圓形廣場[68]。

他的一生當中只涉及兩件訟案:第一件是麥加克萊德(Megacleides)提出財產交換的要求。這件官司因爲生病的關係,沒有在法庭現身,就派他的兒子阿法留斯代表前往,結果獲得勝訴。第二件訟案與出任榮譽指揮官有關,黎西瑪克斯同樣向他要求財產交換,這件官司他敗訴,只有負起裝備一艘三層槳座戰船的責任。他還有一副肖像畫掛在龐皮姆(Pompeium)紀念堂[69]。阿法留斯撰寫演講詞的數量並不很多,都與法律方面的事務有關而且經過深思熟慮。他曾經創作三十七齣悲劇,在他的寫做生涯當中,只有兩齣參加比賽。他開始寫作是在黎昔斯特拉都斯(Lysistratus)出任執政之年[70],等到索西吉尼斯(Sosigenes)出任執政[71],他已

(續)————————————
傳〉8節和西塞羅《論義務》第1卷40節之144。
66 參閱本章第39章〈言多必失〉22節注112。
67 貝爾克《希臘抒情詩集》第2卷329頁;這根石柱和雕像直到鮑薩尼阿斯時代,還保存在原地,參閱《希臘風土誌》第1卷18節之8。
68 它的位置在伊里克修姆(Erechtheum)神廟的西邊,靠近衛城西北方的城牆。
69 龐皮姆紀念堂位於迪派隆(Dipylon)門內,成為雅典各種節慶遊行的起點,蓋這個石頭建築物的目的也是為了便利隊伍的集結和排列。
70 黎昔斯特拉都斯的執政時間是369-368 B.C.。
71 索西吉尼斯於342-341 B.C.出任執政。

經用去二十八年的時間，那一年他在城區的戴奧尼蘇斯節慶，六次連續的戲劇表演中，他有兩次贏得優勝，戴奧尼休斯擔任他的經理人；在其他劇作家的安排之下，他在勒尼安(Lenaean)祭典[72]參加兩場的演出。衛城還設置伊索克拉底的父親狄奧多魯斯和他母親以及他姨母阿納科的雕像，他母親的雕像現在設立的位置靠近海吉亞(Hygieia)，上面的題辭與從前不一樣[73]，至於阿納科的像已經沒有蹤影。阿納科有兩個兒子亞歷山大和索西克利(Sosicles)，分別來自她的前後兩位丈夫西努斯(Coenus)和黎昔阿斯。

第五篇　伊西烏斯

　　伊西烏斯(Isaeus)是卡爾西斯人，前往雅典進入伊索克拉底開辦的學校。他在用字措辭講究音調的優美，談話主題重視安排的技巧，這兩方面與黎昔阿斯有很多地方相當類似[74]，除非一個人對他們那種特定的風格非常熟悉，否則要想在很多篇的講詞當中，分辨出來各屬何人所有，那可不是一件容易的事。他在伯羅奔尼撒戰爭結束之際正當盛年，從他留下的講詞可以得到這樣的推論，直到菲利浦統治他還活在世上。他曾經教過笛摩昔尼斯演說術，不是在正式的講堂上課，爲了一萬德拉克馬的束脩私下在家中傳授[75]，後來笛摩昔尼斯的成就驚人，使他獲得很大的名聲。有人提到笛摩昔尼斯控告監護人由他撰寫訴狀。他留下六十四篇演講詞，其中有五十篇認爲出自他手，還有一些是他修訂的修辭學原則。能夠將演講賦予藝術的形式，可以歸功於他的首開先河，同時他特別強調演說家應該具備文雅的風格。笛摩昔尼斯在這方面對他的仿效不遺餘力。喜劇家狄奧龐帕斯

72　城區戴奧尼蘇斯祭典或大酒神節，在每年的5月舉行；農村戴奧尼蘇斯祭典或小酒神節是每年12月由阿提卡各區自行辦理，勒尼安祭典是在每年的12月。所有的祭典都有戲劇表演，只是小酒神節不演當年新編的悲劇，每一次演出通常包括三齣悲劇和一齣神劇，阿法留斯獲得兩次優勝，事蹟刻在石碑上面作爲紀念。

73　樹立雕像是爲了推崇當事人的功勳，至於將題辭改換以後，用張冠李戴的方式紀念另一位人物，這種狀況在那個時代並非少見之事，所以笛歐‧克里索斯托姆在他的演說中，對這種陋習大加抨擊。

74　參閱哈利卡納蘇斯的戴奧尼休斯《論伊西烏斯的法學素養》2節，提到他在各方面都要效法黎昔阿斯的作爲。

75　參閱本章第8篇〈笛摩昔尼斯〉。

在《帖修斯》(*Theseus*)一劇中提到他的名字[76]。

第六篇　伊司契尼斯

　　伊司契尼斯(Aeschines)是阿特羅米都斯(Atrometus)和格勞科瑟(Glaucothea)的兒子；阿特羅米都斯在三十僭主當政時遭到放逐，後來對於恢復民主政體出力甚大。伊司契尼斯隸屬科蘇斯區，出身並非顯赫的家族或有錢的豪門。他的身體在年輕時很強壯，健身房的工作非常辛苦，擁有清脆的嗓子，後來投身戲劇，要是按照笛摩昔尼斯的說法，有很長的時間他擔任舞台助理的職務，經常在酒神節慶典期間，在劇中扮演一個三流角色[77]，卻能與名伶亞里斯托迪穆斯(Aristodemus)[78]同台演出，並且利用閒暇重複練習古老的悲劇[79]。他還是一個小孩，就幫助父親教授文學課程，等到成年服兵役在邊境巡邏。如同很多人所說的那樣，後來他隨著伊索克拉底和柏拉圖從事學術研究，要是按照西昔留斯的意見，他投效的明師是李奧達瑪斯[80]。

　　他的公職生涯表現非常卓越，加入反對笛摩昔尼斯的黨派，奉命在很多代表團中擔任重要工作，有一次為簽訂和平協定去與菲利浦磋商有關事宜[81]。後來他受到笛摩昔尼斯的指控，說他要摧毀福西斯人的國土，再就是他當選出席安斐克提昂會議的代表，這時正好安斐沙人在興建港口，傳聞在他的煽動之下掀起安斐沙人與安斐克提昂人之間的戰爭。結果使得安斐克提昂人轉而尋求菲利浦的保護，從而得知這完全是伊司契尼斯的大力協助，菲利浦能夠掌握當前的狀況，接

76　柯克《阿提卡喜劇殘本》第1卷737頁No.18。
77　福久斯非常明確的提到，即使是阿提卡的小鎮，祭典期間都有戲劇的演出；有一份古老的記載，說是伊司契尼斯曾經以演戲為生，參閱奧康諾《古代希臘名伶和演出史》77頁。
78　亞里斯托迪穆斯是那個時代名聲最響亮的悲劇演員，雖然他生在義大利的梅塔朋屯，卻被授與雅典的公民權，346 B.C.擔任使節，與菲利浦簽訂以斐洛克拉底為名的和平協定。
79　希臘的悲劇不像喜劇因為年代的先後，區分為早期喜劇、中期喜劇和新喜劇；所謂古老的悲劇是指那些未能經常演出的劇目。
80　很可能是他自行苦學成功，後面也提到他從未追隨明師；參閱作者匿名的《伊司契尼斯傳》13節，以及昆蒂良《演說家的教育》第2卷17節。
81　伊司契尼斯於347及346 B.C.奉派晉見菲利浦，商議雙方簽訂和平協定的事宜，特別是第二次完全是為了達成這個任務。笛摩昔尼斯發表兩次演說，一次是346 B.C.的〈論和平〉，另一次是343 B.C.的〈論騙人的使節〉，對於伊司契尼斯和他的同僚，給予毫不留情的抨擊。

著征服福西斯全境。普羅巴林蘇斯區(Probalinthus)的優布拉斯是司頻薩魯斯的兒子，這個人在民眾當中有很大的影響力，伊司契尼斯得到他的首肯，表決能以三十票的多數贏得無罪的宣判。還有另一種說法，雖然反對他的政客都已寫好講詞，因爲受到奇羅尼亞會戰的影響，整個訟案並沒有進入司法程序[82]。

等到後來，菲利浦過世和亞歷山大渡海前往亞洲，他認爲帖西奉提案要將榮譽賜給笛摩昔尼斯是不合法的行爲，因而對他提出控訴，投票得不到五分之一的支持，爲了不願付出敗訴一千德拉克馬的罰鍰，自我放逐前往羅得島定居。有人說他受到更嚴重的懲處就是市民權的剝奪，逼得他只有離開雅典，到了以弗所想去投靠亞歷山大。就在亞歷山大崩殂的混亂時期，他乘船前往羅得島，在那裡開辦一所學校獻身教育事業。他對羅得島人宣讀控訴帖西奉的講詞，用來展現他在這方面所具備的功力，這時大家都感到不可思議，爲何在滔滔不絕的雄辯之後，竟然會打輸這場官司，他說道：「各位羅得島的朋友，要是你們聽到笛摩昔尼斯的答辯，對於獲得這樣的結果，一定不會感到有任何驚奇之處。」等到他亡故以後，留下的學校獲得響亮的名聲，被稱爲「羅得島學院」，特別以修辭學和演講術享譽西方世界。沒過多久他遷到薩摩斯島，逗留該地一直到病逝爲止。他說話的聲音聽起來優美悅耳，要是根據笛摩昔尼斯的評論[83]，清晰感人帶有德謨查里斯(Demochares)的演說風格。

用他的名字留傳的講詞只有四篇：那就是〈駁斥泰瑪克斯〉(Against Timarchus)、〈論犯錯的使節〉[84] 以及〈控訴帖西奉〉[85] 這三篇確定是出於他的手筆，至於題目爲〈對提洛人的演說〉(Delian Oration)不能算伊司契尼斯的作品。笛摩昔尼斯曾經有所表示，談到「提洛島的聖地應該給予庇護」這件訟案[86]，可以確知他受到指派出任備用辯護律師，市民大會選出海帕瑞德取代他的職位，所以他並沒有在法庭發言。他自己提到[87]有兩個兄弟阿弗比都斯(Aphobetus)和斐洛查里斯(Philochares)。他是第一個將塔邁尼(Tamynae)大捷的信息帶回雅典的人士，因而第二次獲得賜與桂冠的榮譽。

82　蒲魯塔克用簡短兩句話，就將這件訟案與338 B.C.發生的戰事扯上關係，其實他在343B.C.已獲得無罪的判決。

83　《笛摩昔尼斯全集》第18卷〈論王權〉259節及308節。

84　《伊司契尼斯演說集》(洛布古典文庫本)15頁及後續各頁。

85　《伊司契尼斯演說集》(洛布古典文庫本)303頁及後續各頁。

86　《笛摩昔尼斯全集》第18卷〈論王權〉271頁134節。

87　伊司契尼斯〈論犯錯的使節〉149節；雖然他與笛摩昔尼斯使用同名的演說題目，須知對方攻擊他在「騙人」，他只是承認自己「犯錯」。

有些人認爲伊司契尼斯從未有機會得到明師的指導，他曾經在法庭出任小職員，從而發跡能夠平步青雲。大家都認爲他第一次的公開演說，是在民眾面前發表反對菲利浦的言論，立即建立莫大的名聲，被選爲使者派往阿卡尼亞（Arcadia），等他到達以後獲得一萬名援兵，用來對抗菲利浦大軍的壓境。他檢舉泰瑪克斯犯下褻瀆神聖的惡行，被告不敢出面爲自己辯護，竟然自縊身亡，笛摩昔尼斯曾經談起這件事的來龍去脈[88]。他與帖西奉、笛摩昔尼斯一起選爲使節團的成員，要與菲利浦面商簽訂和平協定的事宜，就實際效果而言，他比笛摩昔尼斯獲得更大的成就。這是第二次他成爲十位使者之一[89]，證實他爲和平協定立下誓言，已經盡最大努力達成任務，最後還能免於追究，獲得無罪的判決，這些都在前面提過。

第七篇　萊克格斯

萊克格斯（Lycurgus）的父親是萊柯弗朗（Lycophron），祖父的名字也叫萊克格斯。他的祖父被三十僭主處死，貝特區（Bate）的亞里斯托迪穆斯下的毒手，這個人是赫里諾塔米伊（Hellenotamiae）委員會[90]成員之一，雅典恢復民主政體以後遭到放逐的處分。萊克格斯隸屬布塔迪區（Butadae）的伊特布塔迪（Eteobutadae）部落。他在哲學家柏拉圖的講座上課，開始立志從事哲學的研究；後來他成爲演說家伊索克拉底的門生。他的公職生涯無論是光彩奪目的演說家，還是積極進取的官員，兩方面都獲得燦爛的成就。他獲得大家的信任管理城邦的財政，負責金庫的業務長達三個四年期[91]之久，經手的款項總額爲一萬四千泰倫，還有人（其中一位是演說家斯特拉托克利，曾提出動議要對他大事表揚）[92]說是一萬八千六百五十泰倫[93]。要用投票的方式將他選出來，這在雅典也是第一次，雖然是他在行

88　《笛摩昔尼斯全集》第19卷〈論騙人的使節〉2節及285節。

89　伊司契尼斯〈論犯錯的使節〉178節。

90　赫里塔諾米伊委員會有十名成員，負責向參加提洛同盟的城邦，徵收貢金交由雅典統一運用。

91　此時期爲338-326 B.C.；沒有人知道這個職位的頭銜爲何，亞里斯多德《雅典的政體結構》僅僅提到，沒有一個正式的職位擁有如此廣泛的權責。可能任職的時限是以五年爲期。

92　可以閱本章後面附錄的敕令第3篇；得知他的身後備受推崇。

93　粗略估算相當於300萬英鎊或1,500萬美金；這是英譯者在1930年的幣值，現在要多加一百倍都不止。

使法定的權責，卻拿朋友的名字作爲人頭，因爲法律規定市民當選國庫的司庫，擁有這個職位的期限不得超過四年。

　　他無論是在炎熱的夏天或寒冷的冬日，對於公眾事務始終奉行不懈。大家要他供應戰時所需的軍品和糧秣，就將大量物資儲存在多座建築物之內；他還爲城邦建造和裝備四百艘三層槳座戰船，以及在黎西姆建構體育館並且種植很多樹木；等到出任工程主管修築公共會堂以及完成酒神風格(Dionysiac)的劇院[94]。民眾對他極其信任，甚至將高達二百五十泰倫的私人存款交給他保管。他將金銀製作的聖物交給城市用於遊行的行列，以及用黃金鑄造實心的勝利女神雕像。很多建築物的建造正在半途遭遇困難，只要交到他手裡就能如期完成，其中包括造船廠和軍械庫。他環繞泛雅典風格(Panathenaic)的運動場建立圍牆；要完成這項工程就得推平一個峽谷，這片土地原屬戴尼阿斯(Deinias)所有，萊克格斯向他建議當成禮物奉獻給城邦。

　　他負責保衛城市的安全要逮捕作奸犯科的惡徒，就將這些人全部清除一空，某些詭辯家提到萊克格斯，說他用筆簽署對抗罪犯的保證書，不是蘸著墨水而是鮮血。因此，亞歷山大大帝要求把他交出來，民眾就是不答應。想當年菲利浦第二次將戰爭帶到雅典，萊克格斯和波利優克都斯、笛摩昔尼斯等人出任使者，前往伯羅奔尼撒和其他城邦去求援。他的一生在雅典人當中能夠建立名望和地位，大家把他看成正義之士，只要置身在法庭裡面，萊克格斯的證詞對於需要辯護律師的被告，都可以從而獲得最大的幫助。

　　在他的倡導之下制訂很多法律：像是有關喜劇演員的條款，陶甕祭典(Festival of Pots)[95]要舉辦戲劇競賽，優勝人員的名字要列入登記，成爲城區戴奧尼蘇斯節慶[96]合格的參賽者；這在從前是不可能的事，是他恢復久已停辦的活動。此外制定法律要爲劇作家伊斯啓盧斯、索福克利和優里庇德樹立雕像；他們的悲劇經過妥善無誤的抄寫，存放在公共保管室，城邦的辦事員向要演出這些劇目的演員誦讀保存的原本，這時演員使用的抄本要校正其中的謬誤，如果未能按照原本的

---

94 大興土木或許是當時用來控制財政開支的手段；伯里克利興建衛城和帕台農神廟就是最好的例子。

95 安塞斯特里亞節慶在每年Anthesterion月第13天(2月13日)起一連舉行三天，第一天稱為陶甕祭典，要嘗開封的新酒，用盛大的酹酒儀式向神明祈福。

96 城區戴奧尼蘇斯祭典或稱大酒神節要連續舉行五天，時間選在每年Elaphebolion月第10天到第17天(3月10日-17日)之間，從534 B.C.開始就有這個節慶，據稱是彼昔斯特拉都斯從伊琉瑟里引進雅典。

內容演出，將構成違反成例的行為。第三種法律是居住在雅典的市民或異鄉人，同意他們購買出身為自由人的戰俘為奴隸，無須獲得原主人的允許[97]。再者，派里猶斯應該舉行波塞登節慶，主要內容是選出三個演出成套劇目的合唱團，優勝者的獎勵不得少於十邁納，經判定為第二名和第三名者，分別獲得八邁納或六邁納的賞金。再者，婦女前往伊琉西斯朝拜不得乘坐馬車[98]，免得出現貧富過於懸殊的狀況，如有任何婦女違背，一經查獲要處以六千德拉克馬的罰鍰。然而他的妻子沒有遵守規定，告發者正好逮到機會，他只有按規定付給一泰倫；不久以後因為類似的事件又在市民大會受到控訴，他說道：「不管怎麼說，我是給錢消災的人，這條法律沒有讓我得到任何好處。」[99]

有次萊克格斯要與色諾克拉底（Xenocrates）見面，誰知稅吏一把將這位哲學家抓走，好逼他交付外國人的定居稅[100]；萊克格斯用手杖給了稅吏當頭一棍，讓色諾克拉底獲得自由，同時還以稅吏執法過當關進監獄。他的仗義行為受到大家的讚揚，沒過幾天，色諾克拉底遇到萊克格斯的兒子，就說道：「小朋友，看來我已經很快報答令尊對我的厚愛，因為我的關係使得他名聲傳播各地。」有個名叫優克萊德的奧林蘇斯人是撰寫訴狀的高手，萊克格斯如法炮製將判決文用在這個人身上[101]。

雖然他的家境相當富裕，無論寒暑，身披僅有的一件斗篷，只有需要，才在白天穿上涼鞋。他日夜不停的學習研究，由於稟賦不足無法即席發表演說。他睡在一個小茅屋裡面，只有一塊羊皮和一個枕頭，很容易醒來再去鑽研功課。有人對他吹毛求疵加以批評，說他以咬文嚼字為業，竟然還要付錢給詭辯家，豈不是自暴其短；他的答覆是如果有人能讓他的兒子變得更好，願意付出的代價不是一大筆錢，而是一半的家產。他由於出身良好的世家，所以說話坦誠總是直言無隱。雅典人有次對他的意見表示異議，他火冒三丈的說道：「啊，趕快去買一根

97　當成奴隸拍賣的戰俘，根本不考慮過去的地位和身分，這在古代是各國通用的法則，其目的是鼓勵大家在作戰的時候，要勇敢殺敵贏取勝利，一旦戰敗被俘較之陣亡更為悲慘。

98　這是指每年一度到伊琉西斯的進香行列，為了舉行祭祀穀物女神德米特和帕西豐尼的神秘儀式。

99　這個故事可能出於虛構；蒲魯塔克在《希臘羅馬英豪列傳》之〈尼西阿斯與克拉蘇的評述〉第1節，只提到萊克格斯花錢收買證人，這與伊琉西斯的進香毫無關係；伊利安《歷史文集》第13章24節，說是政治家的妻子在接受合法的指控以後，可以給予罰鍰的處分，她不能賄賂告發者。

100　定居稅是十二德拉克馬。

101　他提出的議案經通過成為敕令，還有幾份存世，特別是刻在石碑上面的銘文。

科孚人使用的鞭子，花再多的錢也都值得！」[102] 他們公開宣布亞歷山大是神，他說道：「難道他是進入自己的廟宇，就要在身上灑聖水的神明？」

　　等到他逝世以後，他的兒子受到麥內西克穆斯（Menesaechmus）的指控，判決書已經由色拉西克利（Thrasycles）準備妥當，要交給十一個劊子手去處置。這時正在放逐之中的笛摩昔尼斯給雅典人寫一封信[103]，說是拿出趕盡殺絕的方式對待萊克格斯的兒子，將會使城邦落到名譽掃地的下場。因此雅典人改變心意將他釋放出獄，何況還有狄奧弗拉斯都斯的門人德謨克利（Democles）出庭爲他辯護。萊克格斯自己以及他的後裔，都是政府出錢爲他們辦理葬禮；他們的紀念碑設置在哲學家麥蘭修斯的花園裡[104]，正對著皮歐尼亞的雅典娜神廟。

　　他們使用非常正式的石板，上面所刻的名字有萊克格斯和他的兒子，一直保留到我們所處的時代。他最大的成就是將城邦的歲入從過去的六十泰倫提升到一千兩百泰倫。他瀕臨死亡之際還下令將他抬進大地之母神廟，放在波琉提瑞安（Bouleuterion）[105] 大廳當中；像是爲自己的公職生涯和施政作爲提供一本詳盡的帳簿。除了麥內西克穆斯，沒有人敢厚著臉皮對他提出指控，雖然受到不實的誣告還能全身而退，等到返回家中才安然逝世[106]；就他的一生來看，可以蓋棺論定他是一個重視榮譽的人，特別是他的演講受到最高的讚賞。他雖然被很多人提起控訴，從來沒有受到定罪的處分。

　　萊克格斯和凱利斯托生了三個子女；凱利斯托的父親是貝特區的哈布朗，她有一個兄弟名叫凱利阿斯，查朗達斯出任執政之年[107]，凱利阿斯的職位是經管軍費的司庫。戴納克斯（Deinarchus）在攻擊畢斯久斯（Pistius）的演說當中，提到當事人擁有的姻親關係。他死後留下三個兒子，即哈布朗、萊克格斯和萊柯弗朗；其中哈布朗和萊克格斯死後沒有子嗣。不過，哈布朗在過世之前已經在政壇有很大的名氣；萊柯弗朗娶伊克蘇尼區（Aexone）的菲利帕斯之女凱利斯托瑪琪（Callistomache）爲妻，有一個名叫凱利斯托的女兒；這個女兒嫁給阿查尼區（Acharnae）的戴諾克拉底之子克里奧布羅都斯，生下的兒子取名萊柯弗朗，後來

102　科孚人的鞭子帶有倒刺，會給人帶來更多的痛苦，這位演說家發著脾氣說道：「我要用九尾鞭讓你的民眾多吃一些苦頭。」

103　參閱笛摩昔尼斯《書信集》第3封；以及伊司契尼斯《書信集》第12封。

104　從而可以推測麥蘭修斯的花園位於學院的隔壁。

105　元老院會議廳的名字可能稱為波琉提瑞安，這座建築物和大地之母的神廟，現在發現它們的原址位於阿果拉（Agora）市場的西側。

106　他的去世是在324 B.C.。

107　查朗達斯執政的時間為338-337 B. C.。

爲他的外祖父萊柯弗朗收養，死後還是沒有兒女。等到萊克格斯過世，蘇格拉底娶身爲孀婦的凱利斯托爲妻，生下一子名叫森瑪克斯(Symmachus)。森瑪克斯有子亞里斯托尼穆斯，亞里斯托尼穆斯有子查米德，查米德有女菲利芭(Philippa)。菲利芭嫁給賴山德生子米迪烏斯(Medeius)，米迪烏斯享有盛名是神秘祭典的解釋者[108]，成爲優摩帕斯家族(Eumolpidae)的創始人。米迪烏斯與格勞庫斯之女泰摩莎生了三個子女；兒子勞達米亞(Laodameia)和米迪烏斯成爲波塞登和伊里克蘇斯神廟的祭司，女兒菲利芭是雅典娜的女祭司。菲利芭未出任女祭司之前，嫁給密利提區的戴奧克利，他們的兒子也叫戴奧克利，後來成爲將領指揮重步兵部隊。戴奧克利娶哈布朗之女赫迪斯提(Hediste)爲妻，育有兩個子女，即菲利庇德和奈柯斯特拉塔。狄奧弗拉斯都斯之子執炬者[109] 提米斯托克利娶奈柯斯特拉塔爲妻，生了兩個兒子狄奧弗拉斯都斯和戴奧克利。從而提米斯托克利構成波塞登—伊里克蘇斯的祭司階級。

演說家有十五篇演講詞留傳後世。他曾經受到市民大會多次的表揚，獲得建立雕像的榮譽。他有一座青銅像[110]放置在西拉米庫斯，安納克西克拉底(Anaxicrates)出任執政那年[111]，根據通過的敕令設立；他和他的長子按照該年同一敕令，同意在公共大會堂豎立他們的雕像。等到萊克格斯逝世以後，他的長子萊柯弗朗爲核定此案遭到官司纏身。萊克格斯很多次對宗教事務發表談話，指控阿里奧帕古斯會議成員奧托利庫斯、出任將領的黎昔克利(Lysicles)、德米阿斯(Demeas)之子迪瑪德斯、麥內西克穆斯以及其他很多人士，使得他們都受到有罪的宣判。他讓迪菲盧斯(Diphilus)面對法庭的審判，被告把銀礦的岩石支撐挖走，從而煉出銀兩致富，須知坑道的支撐用來承擔上層的重量，挖走會引起倒塌的危險，所以這是違法的行爲。萊克格斯的判決使得迪菲盧斯受到死刑的懲處，籍沒家產可以分給每一位市民五十德拉克馬的補償金，算出整個款項爲一百六十泰倫；也有人說他分給每位市民的金額是一邁納[112]。他讓亞里斯杰頓、李奧克拉底(Leocrates)和奧托利庫斯這幾位當權者，在市民大會受到執法過於怯懦的指

---

108 他任職的城市是在伊琉西斯，這與該地的神秘祭典有相當密切的關係。

109 執炬者的職位是世襲，在伊琉西斯的神秘祭典當中，可以發揮很大的作用和功能。

110 刻在這尊雕像基座上面的文字，可以在《希臘銘文》第2卷上面查到；第二座雕像設立的位置，離開大會堂沒有多遠，參閱鮑薩尼阿斯《希臘風土誌》第1卷8節之2。

111 安納克西克拉底於307-306 B.C.出任執政，參閱本章後面的附錄敕令第3篇。

112 1邁納是100德拉克馬或600奧波，當時每日水手或士兵的日薪是3奧波，所以1邁納等於七個月的薪資，這在普通市民而言，算是一份意外之財。

責。倒是萊克格斯本人獲得「朱鷺」的綽號：

> 談起來低賤的奇里奉只能算是蝙蝠，
> 他們敬仰萊克格斯尊為神聖的朱鷺。[113]

　　他的家族最早源於伊里克蘇斯，須知伊里克蘇斯是蓋亞和波塞登的兒子，論及最近的血胤來自黎科米德(Lycomedes)和萊克格斯，民眾為了表示推崇，甚至用公款為他辦理喪事。整個家族從父親到兒子繼續擔任波塞登的祭司，所有的名字都刻在一面石碑上面，設立的位置是在伊里克修姆，卡爾西斯人伊斯門尼阿斯對此有詳盡的敘述。那裡還有萊克格斯和他的兒子哈布朗、萊克格斯和萊柯弗朗的木頭雕像，是普拉克色特勒斯的兩個兒子泰瑪克斯和西菲索多都斯(Cephisodotus)製作的精品。他的兒子哈布朗設立這面石碑；哈布朗擔任祭司是出於繼承，後來將這個職務交給他的幼弟萊柯弗朗。所以才有哈布朗將三叉戟交給萊柯弗朗的表示方式。萊克格斯有一份記錄列舉擔任公職的重大事蹟，後來將它刻在石碑上面，放置在他所建角力館的前方，所有人都可以看到。沒有一個人會懷疑他會犯下監守自盜的罪行。安蒂克利(Anticles)之子尼奧普托勒穆斯遵從神明的顯靈，要將位於市場的阿波羅祭壇[114]鍍上黃金，他提議給予表揚並且賜與設立雕像的殊榮。他提出動議通過一項敕令，同意優奧尼穆斯區(Euonymus)的戴奧皮瑟斯(Diopeithes)之子戴奧蒂穆斯(Diotimus)，獲得最高位階的榮譽，這是在帖西克利(Ctesicles)出任執政之年[115]。

第八篇　笛摩昔尼斯

　　笛摩昔尼斯(Demosthenes)隸屬皮阿尼亞區(Paeania)，是笛摩昔尼斯和克里奧布勒(Cleobule)的兒子，他的母親是捷隆(Gylon)的女兒。他七歲喪父成為孤兒[116]，

113　亞里斯托法尼斯的喜劇《鳥群》1297行及其注釋。詩中的奇里奉(Chaerephon)是一位雅典市民。

114　佩特羅斯(Patrous)市場的阿波羅神廟有一座祭壇，它的位置在神廟的前面。

115　帖西克利於334-333 B.C.出任執政。

116　笛摩昔尼斯生於384 B.C.。

還有一位五歲的妹妹，未成年一直隨著母親生活。有人說他進入伊索克拉底的學校，權威人士認爲他師事卡爾西斯的伊西烏斯；他的老師伊西烏斯是伊索克拉底的門生，當時居住在雅典。他效法的對象是修昔底德以及哲學家柏拉圖，他們說他聽從這兩位的教誨特別熱心。然而馬格尼西亞的赫吉西阿斯卻提到，他要求隨從讓他去聽凱利斯特拉都斯的課，這位知名的演說家是阿菲德納區(Aphidna)伊姆皮杜斯(Empedus)的兒子，曾經擔任騎兵隊的指揮官，也在市場爲赫耳墨斯設立一個祭壇，經常前往市民大會發表談話。笛摩昔尼斯有一次聽到他的演說，對他的演講術心儀不已。其實笛摩昔尼斯只有很短一段時間能有這樣的機會，那是他仍舊留在雅典的時候，等到他受到放逐前往色雷斯，這時笛摩昔尼斯已經成年[117]，也服完應盡的役期，後來才去師事伊索克拉底和柏拉圖；然後他延請伊西烏斯到家中爲他授課，花了四年的時間盡力模仿老師的演講風格。帖西拜阿斯(Ctesibius)在他的《論哲學》(*On Philosophy*)一書中，說他經由敘拉古人凱利阿斯的教導，能夠學到安斐波里斯的齊蘇斯(Zethus)在演講方面的技巧，還透過卡里斯都斯的查瑞克利，對於亞西達瑪斯(Alcidamas)的理論全部了然在心。

笛摩昔尼斯到達成人的年齡，從監護人手裡得回的財產，遠較他應有者爲少，他認爲他們未盡管理的責任告上法庭，這時是泰摩克拉底出任執政之年[118]。被告有三人即阿弗帕斯(Aphobus)、色瑞庇德(Therippides)以及笛摩奉(Demophon)或德米阿斯；其中又以最後這位是罪魁禍首，因爲是他母親的兄弟[119]。他把罰金訂爲每個訟案十泰倫，等到三個被告定罪，沒有非要他們支付不可，無論是還錢給他或是表示感激之意，終究會讓他們全身而退。亞里斯托奉(Aristophon)[120]因爲年齡的關係辭去政壇領導人的職位，笛摩昔尼斯不過是合唱團的領隊[121]，等到安納吉魯斯區(Anagyrus)的密迪阿斯當眾給了他一拳，這時他

---

117 這時他是二十歲，盡一個市民的責任要服役完成兩年的訓練。
118 泰摩克拉底執政的時間為364-363 B.C.。
119 蒲魯塔克似乎將笛摩奉與他的父親德米阿斯弄得混淆不清，笛摩昔尼斯控訴的對象，主要是阿弗帕斯，這個人不是他的舅舅而是他的表兄，參閱《笛摩昔尼斯全集》第29卷〈控訴犯下僞證罪的阿弗帕斯〉59節。
120 亞里斯托奉是一位二流政客，卻在民眾當中擁有相當的影響力，就在笛摩昔尼斯擔任領隊之前那段期間，他在政壇特別活躍，至於他的引退與笛摩昔尼斯的崛起，看不出有任何關係；亞里斯托奉享有高壽，幾乎活了將近一百歲。
121 從這裡看出笛摩昔尼斯真是天生好命，因為只有家業富饒的人士才能擔任合唱團的領隊，他要負責籌措和支付所有的費用，準備練習的場地和食宿的開銷，供應合唱團的服裝和道具，配合各種戲劇的演出。

正在劇院善盡演出的職責，於是他要控告對方傷害罪，獲得三千德拉克馬的賠償才撤回訴狀。

他們說他還是一個年輕人的時候，就躲到一個洞窟裡面去努力練習，故意將頭髮剃去一半感到羞於見人不會出去，為了很快起來就睡在一張很狹窄的床上，他對於r這個捲舌音的發聲不準確，運用困而行之的方式不停練習加以克服；他在演說的時候會出現很難看的聳肩動作，他為了很快終止天生的壞習慣，有人說他將一把利劍從天花板懸掛下來對準肩膀，身體害怕遭到刺傷自然就會保持不動的姿態。他們說他在身前放一面很大的鏡子，一邊練習一邊注意自己的動作，發現有不對的地方就立刻改進。他經常前往費勒隆的海邊，在驚濤巨浪的怒吼聲中盡力提高自己的音量，後來即使演講當中面臨聽眾的干擾，他也不會受到影響出現中斷的狀況。他因為體質的關係氣息非常短促，所以花了一萬德拉克馬的代價，請當時的名角尼奧普托勒穆斯給予教導，如何調整呼吸和精進發音的技巧，能夠一氣呵成講出整段的長句。

當他從事政治生涯的時刻，發現城邦的公職人士分為兩個黨派，一派人擁戴菲利浦，另一派人向民眾呼籲要捍衛自由的權利。他將自己的名字登記在反對菲利浦的陣營，經常規勸雅典人要援助面臨危險的城邦，否則他們很快會淪為暴君統治之下的臣民。基於同樣的政策，他與海帕瑞德、瑙西克利（Nausicles）、波利優克都斯和戴奧蒂穆斯等人結交，同時使得底比斯人、優卑亞人、科孚人、科林斯人、皮奧夏人以及其他很多城邦，與雅典人建立聯盟的關係。

有次他發表演說，被群眾的噓聲趕出市民大會，回家的路上感到心灰意懶鬥志全無，色里亞區（Thria）的優諾穆斯（Eunomus）是一位長者，正巧遇到他就給予鼓勵。一位名叫安德羅尼庫斯（Andronicus）[122] 的名角看出問題所在，說他的言辭非常優美，然而姿態存有缺陷，並且要他回想在市民大會的演講，身體的動作看起來呆板而笨拙。從此，笛摩昔尼斯對於安德羅尼庫斯佩服得五體投地，對於演講的練習完全是言聽計從。有人問他演講術第一原則為何，他的回答是「技巧」，問到第二原則和第三原則，他說的還是「技巧」和「技巧」[123]。

他在市民大會的演講因為表達方式的新穎受到喝采，安蒂法尼斯和泰摩克利

122　安德羅尼庫斯是西元前4世紀第一流的悲劇名角，參閱奧康諾《古代希臘名伶和演出史》78頁；蒲魯塔克《希臘羅馬英豪列傳》之〈笛摩昔尼斯傳〉7節，提到一位名叫薩特魯斯的演員，同樣對他鼓勵有加。

123　要是按照希臘的修辭學，「技巧」這個字的含義就原文而言，涵蓋的範圍更為寬廣，參閱亞里斯多德《修辭學》第3卷開始的部分。

（Timocles）就在他們的喜劇當中，用插科打諢的言辭對他大開玩笑，說是

> 謹以大地、泉源、河流及清溪為誓[124]

的擲地有聲，在市民大會中引起騷動。他對阿斯克勒庇斯心儀不已，這位演說家通常會把重音放在倒數第三個音節，不是大家公認最後音節的適當位置。等他念到神的epios「寬大」這個句子，證明運用改進的方式才能獲得最佳的效果。從此他那與眾不同的道白和腔調，經常會在聽眾當中造成一陣混亂和喧囂。哲學家優布利德（Eubulides）雖然是米勒都斯人，卻在雅典開辦一所學校，等到他進入接受教導，能夠逐漸矯正學識不足帶來的缺點。

有次他在奧林匹克運動會，聽到特里納（Tereina）的拉瑪克斯，大聲宣讀致菲利浦和亞歷山大的頌辭，還對底比斯人和奧林蘇斯人痛加譴責；他仗義執言站起來引用古代詩人的箴言和警句，證明底比斯人和奧林蘇斯人的行為是如此的光榮和偉大；結果使得拉瑪克斯只有閉口不語趕快逃離現場。有人向菲利浦報告笛摩昔尼斯公開發表反對他的演說，菲利浦對這個人說道：「要是我聽到笛摩昔尼斯的演講，同樣會選這個人出任將領，好把戰爭帶進自己的城邦。」菲利浦經常提到笛摩昔尼斯的演說像是士兵，殺氣騰騰令人不寒而慄；然而伊索克拉底的演說如同伶人，可以給大家帶來引起歡樂的表演。

笛摩昔尼斯到了三十七歲，年齡的計算是從笛克西修斯（Dexitheus）出任執政[125]到凱利瑪克斯出任執政[126]，這時他已經擔任公職，奧林蘇斯人聽到菲利浦用戰爭對他們施壓，特別派遣使者前來求援，他說服雅典人願意提供幫助；等到翌年柏拉圖過世[127]，菲利浦的大軍制服奧林蘇斯人。色諾芬是蘇格拉底的接班人和門徒，對於笛摩昔尼斯從青年直到中年都相知甚深，他的著作《希臘史》完成於曼蒂尼會戰以及查瑞克利出任執政之年[128]；笛摩昔尼斯在之前的泰摩克拉底出任執政之年[129]，已經使得他的監護人受到定罪的處分。伊司契尼斯遭到定罪立即

124　柯克《阿提卡喜劇殘本》第2卷128頁No.296；德米特流斯說他在市民大會，發出音調鏗鏘的誓約，參閱蒲魯塔克《希臘羅馬英豪列傳》之〈笛摩昔尼斯傳〉9節。
125　笛克西修斯執政的時間為385-384 B.C.。
126　凱利瑪克斯執政的時間為349-348 B.C.。
127　柏拉圖於348或347 B.C.過世。
128　查瑞克利執政的時間為363-362 B.C.。
129　泰摩克拉底執政的時間為364-363 B.C.。

逃出雅典[130]，笛摩昔尼斯騎馬在後追趕，前者以為來人要將他抓回去，只有放慢腳步並且將頭蒙住，笛摩昔尼斯大聲與他打招呼，說一些鼓勵的話，送給他一泰倫的盤纏。

笛摩昔尼斯發言開導民眾，要求他們支持留在薩索斯的傭兵部隊；呼籲大家要像一艘三層槳座戰船的船長，利用這個機會立即出航前去援助。後來他負責供應軍隊的食物和糧秣，受到監守自盜的指控結果宣判無罪。菲利浦攻下伊拉提亞（Elateia），笛摩昔尼斯與在奇羅尼亞[131]的作戰人員一起逃走，這種狀況很明顯是擅離職守，他在飛奔之際身上的斗篷被帶刺的灌木叢鉤住，他竟然轉過身來大叫：「拜託放我一條生路！」最後倒是應驗他寫在盾牌上面的一句話：「時來運轉」，因為他本人沒有受到任何損傷。不過，民眾還是要他對陣亡人員發表葬禮演說[132]。

等到這場戰役結束後，他致力於城市的改革事宜，當選為委員會的成員，負起加強防務的工作；他自己掏腰包支付所需費用，金額達一百邁納。他除了拿出一萬德拉克馬[133]當作禮物送給神聖的使節團[134]，還乘坐一艘三層槳座戰船前去訪問加入聯盟的城邦，將他們繳交的貢金收集以後運回雅典。他從事的活動能夠獲得多次的褒獎，較早的場合是笛摩米勒斯（Demomeles）、亞里斯托尼庫斯和海帕瑞德等人提出動議，要將金冠賜給他用來表揚他的成就，最後還有帖西奉為他捧場；等到敕令獲得批示給予他應得的榮譽，這時受到戴奧多都斯和伊司契尼斯的攻擊，指控核定的過程違背法令的規定；他的辯護非常成功，原告無法得到五分之一投票數的支持。

到了後來，亞歷山大在亞洲發起一系列的會戰行動，哈帕拉斯（Harpalus）背叛

---

130 笛摩昔尼斯出資修復雅典的長牆，帖西奉在市民大會提出建議，通過敕令贈給笛摩昔尼斯一頂金冠，伊司契尼斯憤恨難消，檢舉笛摩昔尼斯犯下通敵之罪；從而使笛摩昔尼斯發表〈論王權〉極其重要的演說。這個訟案在奇羅尼亞會戰前提出，直到八年後開始審理，法庭不畏強權做出無罪的判決，伊司契尼斯得到同意票不足五分之一，被處以罰鍰的處分。

131 奇羅尼亞會戰發生在338 B.C.，馬其頓的菲利浦獲勝，從此希臘各城邦失去獨立自由的權利。

132 希臘已經吞下失敗的苦果，笛摩昔尼斯的政敵發起攻訐，捏造罪名和口實對他提出控訴，市民大會不為所動，仍舊保持以往敬的態度，視他為愛國的忠誠之士，等到運回奇羅尼亞的陣亡將士遺骸，大家推舉笛摩昔尼斯出面主持國葬典禮。

133 有關他在這方面所做的貢獻，參閱《伊司契尼斯全集》第3卷〈控訴帖西奉〉17節；以及《笛摩昔尼斯全集》第18卷〈論王權〉118節。

134 雅典組成代表團派到希臘那些建有重要神廟的聖地，諸如提洛島、以弗所、德爾斐，參加盛大的祭典儀式和宗教活動。

國王帶著大筆金錢逃到雅典[135]，笛摩昔尼斯在一開始對他拒不接納，等到哈帕拉斯進入港口，笛摩昔尼斯收下一千達里克銀幣的獻金，態度馬上改變，雅典當局想將這個人交給安蒂佩特，他發言反對並且提出一個動議，哈帕拉斯可以將錢財存放在衛城，甚至無需將金額的總數告訴市民大會；雖然哈帕拉斯說他帶來七百五十泰倫的鉅款，根據斐洛考魯斯的說法，經過檢查發現，留在衛城的還不到三百五十泰倫。他們將哈帕拉斯關起來，等待亞歷山大派人來處理，這時他從監獄逃出來前往克里特島，也有人說他到的地方是拉柯尼亞的提納朗(Taenarum)[136]。

笛摩昔尼斯接受賄賂受到指控，所持理由是他沒有提到存放錢財的數額，以及警衛未能負起看管的責任。在海帕瑞德、皮瑟阿斯、麥內西克穆斯、希米里烏斯(Himeraeus)和佩特羅克利(Patrocles)的主持之下，他被押到法庭進行審判；他們的判決獲得阿里奧帕古斯會議的核定，除了受到放逐的懲處，還加上五倍贓款的罰鍰(他受到指控是收受三十泰倫的賄賂)，也有人說他並未等待審判就已離開雅典。

過了若干時日，雅典當局派波利優克都斯擔任使者前往阿卡狄亞自治區[137]，目的在於要他們擺脫與馬其頓人的同盟關係。等到波利優克都斯毫無作為，幸好有笛摩昔尼斯鼎力相助得以說服對方。任務的達成使他大受讚譽，不久以後同意撤銷放逐的處分，為了表示感激之意，特別通過敕令派一艘三層槳座戰船接他回國。這時他的表兄弟皮阿尼亞區的笛蒙(Demon)提出一個動議，獲得市民大會的通過，那就是他應該拿出三十泰倫，修飾位於派里猶斯的「救世主」宙斯的祭壇，只是這個議案後來撤回沒有執行。他接受提出的條件繼續原來的公職生涯。

安蒂佩特被希臘人圍困在拉米亞，雅典人要為天大的好消息向神明奉獻供品，笛摩昔尼斯同他的朋友亞傑昔斯特拉都斯(Agesistratus)談起這件事，對於激怒馬其頓的做法不表同意，他說道：「因為我知道希臘人無論從認知和體力這兩方面而言，他們從事的戰爭如同運動場上面短跑的衝刺，至於長距離的競走一定要敬謝不敏。」等到安蒂佩特奪取法爾沙拉斯，這時發出恐嚇之辭，除非他們將

135　哈帕拉斯身為馬其頓的財務大臣，認為遠征印度極其危險，亞歷山大大帝不可能活著回來，所以在後方毫無顧忌大肆揮霍，等到亞歷山大班師回朝，面對嚴峻的形勢知道無法善了，只有率領六千人馬和五千泰倫的財富，離開東方先逃往塔蘇斯，到達雅典是在324B.C.。

136　提納朗是拉柯尼亞最南端的海岬，形成一個優良的港口，是斯巴達對外的航運中心，以建有雄偉的波塞登神廟享譽希臘世界。

137　阿卡狄亞位於伯羅奔尼撒半島中部，是一個多山而通行困難的地區，長久以來受到斯巴達的控制，形勢險要成為北方的屏障，主要的城市有特基亞、曼蒂尼和麥加洛波里斯，組成一個自治區，政治上享有部分獨立和自主的權利。

指名的演說家交出來，否則他會對雅典進行圍攻作戰。笛摩昔尼斯離開城市，是第一位逃到伊吉納的人士，安置在伊阿庫斯的聖地尋求庇護，後來安全受到威脅，就更換地點前往卡勞里亞；雅典人投票通過要將演說家交給安蒂佩特處置，其中包括笛摩昔尼斯在內，他作為一個懇求者在波塞登神廟得到一個棲身之所。阿基亞斯(Archias)[138]曾經是演說家安納克西米尼斯的門人，後來獲得「逃犯追獵者」的綽號，已經來到這裡正在勸他離開聖地，特別指出安蒂佩特會把他當成朋友接待，笛摩昔尼斯說道：「你在悲劇演出的角色不能感動我，現在你的規勸同樣沒有什麼效果。」阿基亞斯想使用武力強迫的手段，當局派來的官員加以阻止，笛摩昔尼斯說道：「我在卡勞里亞求得庇護，不是自己想要活命，而是在於揭發馬其頓人的罪行，他們甚至在祭祀神明的地點，使用暴力是褻瀆神聖的行為。」

　　這時他要求寫下遺言，根據馬格尼西亞人德米特流斯的說法，他寫的就是一首兩行體的短詩，後來雅典人為他樹立一座雕像，就將它銘刻在基座上面：

　　　智者如斯，哲人已萎；
　　　力抗強權，庶幾無愧。[139]

這座雕像出自波利優克都斯之手，設置的地點靠近「粗繩圍繞的聖地」以及十二位神明的祭壇[140]。按照某些權威人士的意見，他臨死前只寫了「笛摩昔尼斯致安蒂佩特」[141]幾個字。斐洛考魯斯說他服毒身亡[142]；史家薩特魯斯說他用來寫信的筆裡面裝著毒藥，他用嘴去吮吸因而喪命；伊拉托昔尼斯認為他始終對馬其頓人懷著畏懼之心，長期以來在臂上戴著一只有毒的鐲圈。有人說他是屏住呼吸窒

138　這位阿基亞斯是當代知名的悲劇演員，有一塊石碑上面記載他在330 B.C.贏得勒尼安節慶的戲劇競賽優勝；蒲魯塔克《希臘羅馬英豪列傳》之〈笛摩昔尼斯傳〉28節說阿基亞斯後來成為安蒂佩特的走狗，很多顯赫的希臘人喪命在他的手中，包括權傾一時的演說家海帕瑞德和笛摩昔尼斯在內。

139　貝爾克《希臘抒情詩集》第2卷331頁；有人說這兩句詩是笛摩昔尼斯臨死前親筆所寫，只能看成附會的杜撰之辭。

140　這是雅典市場內一個很大的區域，早年拿來實施貝殼放逐作為投票之用，拉起粗繩可與市民大會隔開便於秩序的維持；至於鄰近的十二神明祭壇，目前經過挖掘發現位於阿果拉市場的北邊，等到粗繩圍起的地區撤除以後，就搬遷到西南方的衛城斜坡上面。

141　這幾個字通常是信件前面的稱呼，是否他真給安蒂佩特寫下最後的遺言，已經不得而知。

142　穆勒《希臘歷史殘篇》1卷第407頁。

息而亡,還有人斷言他吃下裝在指環裡面的毒藥。他的壽命按照算法最多是七十歲,也有人算得較少是六十七歲,他活躍在政壇有二十二年之久。

當年菲利浦被弑[143]的消息傳來,笛摩昔尼斯顧不得他的女兒剛過世,穿著白色喪服就離開家中,對於這位馬其頓暴君的亡故,表現出欣喜欲狂的模樣[144]。接著底比斯人與亞歷山大之間發生戰爭,他對底比斯人的支持不遺餘力,經常鼓勵其他的希臘人要自立圖強。這也是亞歷山大將底比斯夷爲平地,爲何向雅典人提出引渡他的理由,極力恐嚇如果他們拒絕會落到和底比斯人同樣的下場。等到亞歷山大要讓波斯人飽嘗戰火帶來的苦果,要求雅典人要爲他提供一支水師,笛摩昔尼斯還是發言反對,不敢保證亞歷山大將來不用這些部隊,前來對付裝備它們的城邦。

他娶了一位家世高貴的妻子爲他生了兩個兒子,妻子的父親名叫赫利歐多魯斯(Heliodorus),還有一個女兒未曾出嫁就已夭折。他的姊妹嫁給琉科尼區(Leuconoe)的拉奇斯,生下一個兒子名叫德謨查里斯,這位外甥作戰非常英勇,政壇上面倒是是沒沒無聞。笛摩昔尼斯有一座雕像放置在大會堂[145],如果你一直走向燔祭的爐台,可以看到它的位置在右邊的排頭,披著一件斗篷還佩帶一支短劍,據說安蒂佩特要他們交出這些演說家的時候,他正是這身裝束向著民眾發表演講。

過了一段時間,雅典的市民大會投票通過,笛摩昔尼斯的親人獲得在大會堂設立雕像的殊榮。等到他亡故又在市場爲他豎立一個雕像,那是高吉阿斯出任執政之年[146]。他的外甥德謨查里斯提出請求獲得核定,接著是德謨查里斯的兒子琉科尼區的拉奇斯,要爲拉奇斯的兒子琉科尼區的德謨查里斯,在皮薩拉都斯(Pytharatus)出任執政之年[147]提出請求。一直要等到十年以後,延伸以前的批准

---

143 這件事發生在336 B.C.,弑君的凶手是鮑薩尼阿斯,由於他遭到菲利浦的迫害,去向亞歷山大訴說所受的冤屈,據說亞歷山大吟誦優里庇德在《米狄亞》一劇的道白:
   何人應墮修羅場?
   其夫其父與新娘。
   雖然亞歷山大受到猜疑的說法甚囂塵上,後來仍徹查陰謀事件,涉案人員不分首從給予嚴懲。

144 參閱蒲魯塔克《希臘羅馬英豪列傳》之〈笛摩昔尼斯傳〉22節。

145 大會堂是普里塔尼斯(Prytanes)所建,又稱爲「普里塔尼廳」,元老院的常設委員會用它作爲舉行會議的地方,要將雕像放置在大會堂,必須對城邦有卓越的貢獻,經過提案表決發布敕令的程序。

146 高吉阿斯於281-280 B.C.出任執政。

147 皮薩拉都斯執政的時間爲271-270 B.C.。

可以在市場為他豎立雕像，至於笛摩昔尼斯和他的長子原來設置在大會堂的雕像，可以一直保持下去不許遷移。在所有顯赫的人物當中居於前排的位置。用來推崇這兩位的敕令刻在基座上面，德謨查里斯設立在市場的雕像據說後來移到大會堂。

流傳下來的六十五篇講詞都出自他的手筆。有人說他的生活極其荒淫奢華，喜歡穿起婦女的衣著，絕不放過任何縱情聲色和長夜飲宴的機會，因而得到巴塔盧斯（Batalus）[148] 這個綽號。有人解說是表示矮小之意，這是他的奶媽在他幼年時，拿這個名字來譴責他。犬儒學派的戴奧吉尼斯有次在酒館遇到笛摩昔尼斯，顯出一副難為情的樣子，閃閃躲躲不想讓人看見，就對他說道：「你愈是這樣扭扭捏捏，愈想前來酒館猛灌黃湯。」戴奧吉尼斯還對他大開玩笑，說他演說就像一個天不怕地不怕的錫西厄人，到了戰場就像一個面無血色的浮濫子弟。他從伊斐阿底的手裡拿到很多錢，後者是一位政客，曾經擔任使者前往波斯，暗中被國王收買要他帶錢回去分給雅典的政壇人物，目的是要激起城邦對菲利浦發起戰爭；據說笛摩昔尼斯從國王那裡得到三千達里克銀幣的賄款。他逮捕奧留斯區某位名叫安納克西拉斯的傢伙，這個人他曾經待為上賓，現在卻當成奸細施以刑求，雖然安納克西拉斯不承認提出動議使之通過成為敕令，還是被他交給劊子手處以極刑。

有一次雅典人不讓他在市民大會發表演說，他說他只想很扼要的講幾句話，等到大家安靜下來，他說道：「一個年輕人雇一頭驢子從城市前往麥加拉，快到正午太陽的光線非常毒辣，無論是他還是驢子的主人都想走在驢子有陰影的一側，每個人都阻止對方這樣做，主人就說他雇的是驢子，陰影並沒有包含在內，年輕人說他雇了驢子就包括所有的權利。」他講到這裡就要舉步離開，在場人員將他擋下來，要想知道故事的結局為何，他說道：「你們只想聽我說驢子投下的影子[149]，當我要談論國家大事的時候，你們卻拒人於千里之外。」波盧斯是位悲劇名角，有次告訴他說演出兩天的酬勞是一泰倫，他回答道：「要我保持一天的沉默就得付我五泰倫。」他的聲音變得沙啞使得他在市民大會受到大家的譏笑，他說道：「判定演員的良窳在於他們的嗓子，政治家在於他們的見解。」

伊庇克利（Epicles）為了找他的麻煩，就說他花很多時間去準備演講的稿子，他說道：「我認為對一個偉大的民族講一些無中生有的話是非常可恥的事。」他

們常說他爲了潤飾講稿，整夜的燈光不熄，直到五十歲都是如此。他向大家表示自己只喝水從來不飲酒[150]。演說家黎昔阿斯與他非常熟悉，伊索克拉底看到他從事公職的態度如同蘇格拉底學派的哲學家，一直到奇羅尼亞會戰都是如此。他發表的談話大都是即興式的演說，事先並沒有準備，那是他有這方面的天賦才華[151]。安納吉魯斯區的奈柯法尼斯(Nicophanes)之子亞里斯托尼庫斯，是第一位提出動議的人，要賜給他一座金冠當作無上的殊榮，狄昂達斯(Diondas)用合法的誓詞加以攔阻。

第九篇　海帕瑞德

海帕瑞德(Hypereides)隸屬科利提區(Collyte)，格勞西帕斯(Glaucippus)之子和戴奧尼休斯之孫。他有一個與他父親同名的兒子，身爲晚輩的格勞西帕斯不僅是演說家還自行撰寫講稿[152]，後來有一位名叫阿爾菲諾斯(Alphinous)的兒子。海帕瑞德在成爲哲學家柏拉圖的門生以後，接著又與萊克格斯列入演說家伊索克拉底的門牆；他在雅典從事公職期間，正好遇上亞歷山大涉入希臘的事務。他在市民大會的發言基於反對的立場，關心將領戰敗降服的狀況，要求雅典人對於艦隊的問題要立即解決；同時還勸大家不能解散在查理斯(Chares)[153]指揮之下配置在提納朗的傭兵部隊；特別是他對這位將領極有好感。

當初他在訟案當中提出抗辯，要求依法歸還他繼承的土地；因爲大家相信他從伊斐阿底那裡分到波斯人贈送的錢財[154]。等到菲利浦圍攻拜占庭，他被選爲指

---

150 參閱《笛摩昔尼斯全集》第6卷〈論腓力二篇〉30 以及第19卷〈論騙人的使節〉46。

151 蒲魯塔克《希臘羅馬英豪列傳》之〈笛摩昔尼斯傳〉8節，提到他很少臨時起意發表演說，每當人們指名要他表示意見，除非對那個題目非常熟悉而且已有準備，否則絕對敬謝不敏。有次皮瑟阿斯用嘲諷的口吻，說他的論點帶有燈油的味道，那是熬夜苦思的成績。看來與本篇的記載真是大相逕庭。

152 雅典的法庭，訟案的兩造有親自發表論述的責任，要是自己沒有這方面的能力，就得請人為他代寫講詞，為了得到高手的幫助，有時需要支付鉅額的費用。

153 查理斯是雅典名將，從367-334 B.C.參加無數次對外的戰爭，使得雅典能與馬其頓分庭抗禮，他熟悉兵法而且經驗豐富，缺點是不講信義和貪婪成性，給城邦帶來很大的困擾。

154 那時的喜劇作家可以任意對很多事物加以嘲笑和諷刺，泰摩克利在《提洛島》一劇中，提到笛摩昔尼斯和海帕瑞德，參閱柯克《阿提卡喜劇殘本》第2卷432頁。

揮三層槳座戰船的支隊長，奉派前去援助拜占庭人；在那一年他還負擔合唱團的花費，然而其他人免於支付所有公眾事務的款項。他提出動議要將榮譽賜給笛摩昔尼斯，狄昂達斯將這個案子帶到市民大會，理由是通過的敕令與法律牴觸，因而他只有撤回。雖然他與笛摩昔尼斯、黎昔克利、萊克格斯以及他們的同伴結為朋友，只是無法有始有終；等到黎昔克利和萊克格斯過世以後，笛摩昔尼斯接受哈帕拉斯的賄賂面臨審判，他做的抉擇有異於其他的演說家（因為只有他沒有收賄），就是對笛摩昔尼斯提出控訴。

　　他在奇羅尼亞會戰結束以後，提出的動議通過成為敕令，告示的主要內容是對居住在雅典的外國人授與市民權、釋放奴隸使其能獲得自由、為安全起見將神聖的物品、兒童和婦女安置在派里猶斯；亞里斯托杰頓認為應變的措施違犯法律的條款，就一狀將他告上法庭，結果獲得無罪的判決。有人責備他發布的告示很多地方不理會法條的規定，他說道：「馬其頓人的盾牌投下陰影[155] 遮住我的眼睛。」以及「制定這份告示不是我而是奇羅尼亞會戰。」不過，相關的措施卻給菲利浦帶來很大的威脅，方才允許雅典人將陣亡人員的屍體搬運回去，不久之前他們從勒巴迪亞派傳令官向他提出要求，遭到拒絕無功而返。後來，等到克朗儂（Crannon）會戰[156] 結束，安蒂佩特提出的條件是雅典人要把海帕瑞德交出來，市民大會同意對方的要求，他從城市逃到伊吉納，連同一些不願讓這份敕令通過的人士。

　　他遇到笛摩昔尼斯，為過去持反對態度表示歉意。等到他離開，就被綽號「逃犯追獵者」的阿基亞斯（這個傢伙是休里埃人，剛開始是一個演員，後來成為安蒂佩特的爪牙和走狗）抓住，將他強行從波塞登神廟[157] 帶走，因為他留在那裡想獲得神明的庇護。他們將他押往科林斯送到安蒂佩特的面前，當他受到酷刑拷問的時候，竟然咬斷自己的舌頭，免得熬不住劇痛洩漏城邦的機密大事。傷勢嚴重拖到Pyanepsion月第九天（即10月9日）亡故。赫米帕斯（Hermippus）說他一路步行押到馬其頓，在那裡他們把他的舌頭割掉，死後屍首示眾不得埋葬[158]。他的表兄弟阿爾菲諾斯（有人說這位是他的孫子，亦即格勞西帕斯之子）得到一個醫生

155　意思是戰爭迫在眉睫，很多事情必須從權處理，有的地方要睜隻眼閉隻眼，不能完全拘泥於
　　法律的規定。
156　亞歷山大大帝崩殂以後，希臘人起義反抗馬其頓的統治，然而缺乏有力的領導人物，等到西
　　元前322年8月在帖沙利的克朗儂接戰失敗，很多城邦私下向安蒂佩特議和。
157　這座神廟位於伯羅奔尼撒半島東岸的赫邁歐尼。
158　穆勒《希臘歷史殘篇》第1卷50頁。

的幫助,醫生的大名是斐洛皮瑟斯(Philopeithes),才能領回海帕瑞德的遺體,火化以後將骨灰帶到雅典交給他的親人。變通的做法還是違背雅典人和馬其頓人頒布的敕令,根據他們下達的指示,海帕瑞德生前遭到放逐,死後也不能安葬在故鄉。還有人說他喪生在克里奧尼,就在他與其他人士一起帶到那裡以後,割去舌頭以及逝世的過程如同上述,他的家屬得到他的骨骸,如同他的祖先安葬在希派德(Hippades)門外的墓地[159]。赫利歐多魯斯在他的作品《論紀念物》(On Monuments)第三卷提到這件事。現在這座紀念物已經完全湮滅無法辨識。

據說他擅長向群眾演說,有些人的評論認爲他比笛摩昔尼斯更勝一籌,在他的名下留下七十七篇演講詞,其中有五十二篇應該出自他的手筆[160]。他縱情性愛不知節制,爲了使身價高昂的邁里娜(Myrrhina)能夠金屋藏嬌,不惜把自己的兒子逐出家門;派里猶斯還有亞里斯塔哥拉(Aristagora)爲他主持中饋;他把底比斯女郎菲拉(Phila)安置在伊琉西斯照顧產業,要知道爲她贖身花了二十邁納。他養成習慣每天都要步行前往漁市場一趟[161]。說他跟弗里妮非常熟悉是很合理的事,這位豔幟高張的名妓被控褻瀆神聖接受審判,他擔任律師出面爲她辯護[162];他一開始的言詞辯論倒也是平平無奇,等到她有可能受到有罪的判決,就領著這位婦女進入法庭的中央,扯下她的衣服裸露出胸部,法官看到如此美麗的身材,當然只有馬上開釋[163]。

他根據所知的事實暗中撰寫起訴笛摩昔尼斯的書狀,正巧生病,笛摩昔尼斯到他家中探視,發現他的手中拿著對付自己的文件;這時笛摩昔尼斯非常氣憤,海帕瑞德說道:「你只要是我的朋友,就不會用這個來害你;如果你一旦成爲我的仇敵,憑著確鑿的證據可以阻止你,不致對我使出任何毒辣的手段。」他擬定

---

159 這是雅典的城門,位置在衛城的東南方。

160 原來留傳下來都是一些零星的殘卷,到了19世紀在埃及的莎草紙抄本中,發現六篇完整的演說。

161 有一齣喜劇嘲笑他是貪吃的老饕;阿昔尼烏斯《知識的盛宴》第8卷341,說是泰摩克利的劇本《提洛島》和《愛卡留斯人》(Icarians),運用八卦新聞編造的情節,對於海帕瑞德大肆攻訐。

162 阿昔尼烏斯《知識的盛宴》第13卷590D,對這部分做出解釋,說是梅薩拉·科維努斯(Messala Corvinus)將海帕瑞德辯護的陳述口譯成爲拉丁語,引用昆蒂良《演說家的教育》第10卷5節之3。

163 這部分的情節出現在阿昔尼烏斯《知識的盛宴》第13卷590E;然而有位名叫波塞迪帕斯(Poseidippus)的喜劇家在《以弗所的貴婦人》(Ephesian Lady)一劇中,把弗里妮獲得無罪開釋,歸功於她自己的交際手腕,參閱柯克《阿提卡喜劇殘本》第3卷339頁。

一個敕令要將殊榮贈給愛奧拉斯(Iolas)，大家認為是他毒斃亞歷山大[164]。他與笛摩昔尼斯同時參加拉米亞戰爭，用極其奇特的方式為陣亡人員發表葬禮演說[165]。想當年菲利浦準備從海上啟航入侵優卑亞，雅典人陷入驚懼之中，他用私人捐募的錢財裝配四十艘三層槳座戰船，就用自己和兒子的名字為其中兩艘命名，特別是這兩艘最早完成作戰的整備。他們為了聖地的控制權與提洛人發生爭執，雖然雅典人挑選伊司契尼斯擔任辯護律師，阿里奧帕古斯會議的成員仍舊推舉他出面負責，因而海帕瑞德這一次的演講有個標題稱之為〈提洛人〉。

他奉命出任使者去見羅得島人。等到安蒂佩特的使者來到雅典，這些人對於派遣他們的上司，極口讚譽說他是心地善良的君主，他得知狀況以後向羅得島人說道：「大家都知道安蒂佩特是文質彬彬的君子，只是雅典人不需要忠厚老實的主人。」據說他在法庭當眾發表演說的時候，不會運用喜劇演員的技巧和手法，只是直截了當敘述與案情有關的事實，甚至對於陪審員都盡量不要干擾。他奉派到伊利斯人的城市，就運動員凱利帕斯被控在競賽中作弊一案進行辯護，結果他打贏這場官司。安納吉魯斯區的密迪阿斯之子密迪阿斯，對於出任將領的福西昂提出指控，說他不應接受贈與的禮物，時間是色尼阿斯(Xenias)出任執政之年[166]的Gamelion月第二十四天(即1月24日)，他出任辯護律師結果敗訴。

第十篇　戴納克斯

戴納克斯(Deinarchus)是蘇格拉底或索斯特拉都斯之子，有些人說他是雅典人；還有人認為他是科林斯人，年紀很小就來到雅典，正是亞歷山大入侵亞洲動亂不安的期間[167]，等到定居下來就成為狄奧弗拉斯都斯的門生，他的老師已經接替亞里斯多德成為學校的負責人[168]。費勒隆的德米特流斯主持的講座，他也在其

---

164 要說亞歷山大大帝遭到毒斃，完全是毫無根據的傳聞。

165 這是亞歷山大逝世後的323-322 B.C.，馬其頓的安蒂佩特被李奧昔尼斯率領的希臘聯軍，圍困在靠近色摩匹雷的拉米亞。海帕瑞德的葬禮演說大部分內容都已留存下來。

166 不知道名為色尼阿斯的執政是何人，有的學者認為305-304 B.C.的執政是優克森尼帕斯(Euxenippus)，海帕瑞德在這個時候已經亡故；或許是阿基亞斯出任執政的346-345 B.C.，這時福西昂接受的餽贈才會與塔邁尼會戰發生關係。

167 時為334-323 B.C.。

168 就是逍遙學派建立的黎西姆學院。

中聽過課。他積極參與公眾事務是在安蒂佩特亡故[169]以後，很多政治人物遭到處死，其餘人士流亡在外。由於他成爲卡桑德的朋友，所以業務格外興隆。他爲需要他捉刀的人士撰寫講詞，應付的費用完全依據他的要價，業務上的對手都是知名的公眾人物，由於他不能在集會場合發表演說[170]，因而他僅僅爲競爭的對手撰寫講詞和訴狀。

等到哈帕拉斯自東方潛逃來到希臘，他寫出很多起訴書用來指控收受賄賂的人士，這樣做可以供應原告所需的文件。沒過多久，就在安納克西克拉底出任執政之年[171]，安蒂哥努斯和德米特流斯派警衛部隊駐守慕尼契亞，他受到指控，認爲安蒂佩特和卡桑德占領派里猶斯與他大有關係，這時他把大部分的產業換成現金，自我放逐前往卡爾西斯定居。他過了十五年的流亡生活還能累積相當的財富，同時與其他受到放逐的人員返回雅典，受到狄奧弗拉斯都斯和朋友的影響，開始重操舊業。他有一位名叫普羅克森努斯(Proxenus)的朋友，居住在這位老兄名下的房屋裡面，竟然遺失很多金錢，這時他已經是年邁的老人而且視力很弱，等到普羅克森努斯拒絕調查失竊案件[172]，他就與對方打起官司，這是他第一次在法庭發言辯護。這篇講詞還留存於世[173]。

他的講詞有六十四篇流傳下來，認爲都是出自他的手筆，其中有些是亞里斯托杰頓交出來的文件。他是海帕瑞德極其熱心的追隨者，有人認爲就他情緒的變化和性格的衝動，說他是笛摩昔尼斯的擁護者較爲適宜。如果從他的演講風格來看，對於笛摩昔尼斯而言更是非常有成就的模仿者。

169　時為318 B.C.。

170　要是他出生的籍貫是科林斯人，法律禁止他當眾發表演說。

171　安納克西克拉底於307-306 B.C.出任執政。

172　看來戴納克斯涉嫌偷竊或欺詐。

173　這篇演說僅存片斷的殘卷。

敕令

第一篇

　　琉科尼區的德謨查里斯（Demochares）[174] 是拉奇斯之子，現在為皮阿尼亞區的笛摩昔尼斯之子笛摩昔尼斯提出請求，同意在市場為笛摩昔尼斯設置一座青銅雕像，原來在大會堂的雕像維持現狀不要移動，即使在顯赫的歷史人物當中，他和他的長子擁有的特權是永遠居於前排的位置。笛摩昔尼斯的表現如同公眾的恩人和庇主，為雅典的市民帶來莫大的福祉，不僅重視公益事務甚至放棄自己的財產，為了使優卑亞的人民得到自由，他捐出八泰倫和一艘三層槳座戰船；等到西菲索多魯斯指揮的艦隊航向海倫斯坡，他又捐出另外一艘三層槳座戰船；市民大會遴選查理斯和福西昂出任將領，奉派前往拜占庭，他再捐一條戰船隨同前往，同時還出資贖回在皮德納、梅松尼和奧林蘇斯被菲利浦捕獲的戰俘[175]。潘迪歐尼斯部落的成員沒有能力維持的合唱團，他接替下來負責支付所需費用；除此以外還補充市民所缺的武器裝備。市民大會選他出任城防委員會的負責人，他供應工程所需的經費，還另外多花三泰倫環繞派里猶斯挖掘兩條壕溝。等到奇羅尼亞會戰結束，他捐出一泰倫辦理善後事宜；後來出現糧食短缺的狀況，他出資一泰倫用來供應食物。笛摩昔尼斯的出面說服、給予恩典和極力規勸，使得很多城邦的人民受到感動，底比斯人、優卑亞人、科林斯人、麥加拉人、亞該亞人、洛克瑞斯人，拜占庭人和梅西尼人才會參加聯盟的陣營，從這些人民和盟邦當中獲得的部隊，計有一萬步卒，一千騎兵，還有他出任使者遊說盟邦貢獻戰爭所需費用，總額已經超過五百泰倫。他為了阻止伯羅奔尼撒人前去幫助皮奧夏人，私人前往並且花了大筆金錢，達成如同使者一樣的任務。他規勸人民採用很多卓越的行政措施，所有與他同時代的人物當中，只有他堅持自由和民主的信念，採取符合民意和成效最佳的行動。等到民主政體被推翻以後，笛摩昔尼斯受到寡頭政體的放逐，面對安蒂佩特派來追捕的士兵，仍能保持絕不屈服的忠貞，基於獻身民主政

174　德謨查里斯是拉奇斯之子，拉奇斯又為另一位德謨查里斯之子，所以祖父和孫子的名字同是德謨查里斯；實際上從前面得知德謨查里斯是演說家笛摩昔尼斯的姪兒。
175　這是分別發生在356、353和348 B.C.的會戰，菲利浦都能獲得勝利。

體的大無畏精神，使得他在卡勞里亞視死如歸安然就義。

第二篇

　　雅典執政皮薩拉都斯（Pytharatus）大人[176]：琉科尼區的拉奇斯是德謨查里斯之子，現在要爲琉科尼區的拉奇斯之子德謨查里斯，向雅典的阿里奧帕古斯會議成員以及市民大會提出請求，同意爲德謨查里斯在市場設置一座青銅雕像，原來在大會堂的雕像保持現狀不要移動。他的長子可獲得設立雕像的特權，在所有顯赫的歷史人物當中，能夠永遠居於前排的位置。因爲他證明自己是雅典人民的恩主和表現優異的顧問，他爲民眾帶來的福利有如下述：他是一位達成任務的使者、立法的倡導者以及政治家……他督導城牆的建構以及鎧甲、投射武器和攻城機械的整備；他在四年的戰爭期間[177]加強城市的防務工作，與皮奧夏人之間建立和平關係、簽訂各項協定以及達成同盟要求；接著他被推翻民主政體的人士給予放逐的處分。他在戴奧克利（Diocles）出任執政之年[178]受市民大會召喚返國，他首先減少行政的開支同時節約公共財源，他以使者身分去見黎西瑪克斯，用個人擔保使人民得到價值三十泰倫白銀的貸款，再度商談的款項已超過一百泰倫；在他的建議之下，派出一位使者到埃及去見托勒密，經由若干人士的參與，爲人民帶回價值五十泰倫白銀的貸款；他出任使者去見安蒂佩特獲得二十泰倫的白銀，他將這些款項帶給伊琉西斯的人民。所有與財政有關的措施都能獲得市民大會的同意，而且他都能如期完成。德謨查里斯爲了維護民主政體受到放逐的處分，從未參加寡頭政體的任何活動，他在民主政體遭到推翻以後不再出任官職。在他那個時代從事公務的政治人物當中，他是唯一堅持民主政體的雅典人，從未參與改變政府組織的任何陰謀活動。他所遵循的政策是使所有雅典人安全擁有法庭的裁定、法律、法院和財產。他從未有任何違背民主政體的言語和行爲。

176　皮薩拉都斯於271-270 B.C.出任執政，本章第8篇〈笛摩昔尼斯〉提供類似的情節。

177　戰爭發生於294-290 B.C.，後來雅典在德米特流斯‧波利奧西底的圍攻之下，開城投降結束雙方的戰事。

178　戴奧克利於287-286 B.C.出任執政。

第三篇

　　布塔迪區的萊柯弗朗是萊克格斯之子，呈上書面的要求：布塔迪區的萊克格斯獲得市民大會的同意，贈送一座雕像給他當作禮物，請按照敕令的旨意，維持原狀留在大會堂無須遷移。安納克西克拉底出任執政之年[179]，由於安蒂阿契斯（Antiochis）部落的斯特拉托克利是優特迪穆斯的兒子，隸屬於戴奧米亞區，他在第六會議室提出下述動議：有鑑於布塔迪區的萊柯弗朗之子萊克格斯，很早就從他的祖先那裡繼承對民主政體的忠誠；因而市民大會對萊克格斯的家族，包括他的祖先黎科米德和萊克格斯，不僅生前賜給榮譽和地位，就是死後憑著表現的英勇和德行，要在西拉米庫斯為他們舉行國葬。鑑於萊克格斯的公職生涯期間為國家制定很多健全的法律，他曾經三次出任主管城邦財稅收支的司庫，整個期間有四年之久，使得城邦歲入的分配款總數達到一萬八千九百泰倫，他從市民那裡接受私人的信託基金，總額已經達到六百五十泰倫；為了滿足城邦和人民的急需，從而使得先前的公債和利息能夠趨向一致，制定的標準為大家所接受。因為他受到大眾的信任，認為對所有的基金在管理方面非常公正，經常接受政府的表揚。鑑於萊克格斯受到市民大會的遴選，能夠累積鉅額的金錢放置在衛城，可以供應女神華麗的裝飾，製作黃金鑄造的勝利女神實心雕像，添置各種金銀器具供遊行行列之用，為一百位攜籃女童打造黃金飾物[180]。他被選來負責生產和補充戰爭所需各種裝備，僅僅帶到衛城就有很多副鎧甲以及一萬五千件投射武器，還有四百艘三層槳座戰船完成裝備，可以隨時啓航出海，供應裝備給需要的部隊以及從頭規劃各類工程使之能夠開工，除了這些以外，他完成造船廠和軍械庫的建造，一些別人做到一半的項目，交到他的手中才能如期完工，像是帶有泛雅典風格的運動場，以及在黎西姆興建的體育館，還有很多建築物裝點整個城市變得花團錦簇。亞歷山大大帝在征服亞洲以後，萊克格斯對他用行動表示反對，所以下令給所有的希臘人，必須將這個人交到他的手中；城邦儘管對亞歷山大存有畏懼之

179　安納克西克拉底於307-306 B.C.出任執政，這份敕令相關的內容可參閱本章第7篇〈萊克格斯〉。

180　家世良好的少女組成遊行的行列，她們手裡提著裝滿祭品的籃子。

心，還是拒不從命。爲了使城邦維持自由和民主的政府，他有很多次不得不委曲求全；他從未因爲做錯事受到定罪的處分，終其一生絕不接受任何形式的賄賂。因此，所有雅典人都應該知道，任何市民在他的公職生涯當中，爲了民主政體和自由權利選擇正確和適當的行爲，生前獲得最大的尊敬，死後接受長久的感激。他的一生都有很好的運道，現在應由市民大會投票表決，爲了推崇布塔迪區的萊柯弗朗之子萊克格斯所擁有的美德和公正，同意在市場爲他設置一座青銅雕像，不僅可以樹立在法律所禁止的地點，還要核准萊克格斯長子的雕像，能夠永遠放置在大會堂。所有與他有關的敕令全部有效，市民大會的秘書應該將它刻在一塊石板上面，放在衛城靠近奉獻祭品的地點，市民大會的司庫從專款中支付刻字所需五十德拉克馬費用，以上依據市民大會通過的敕令遵照辦理。

第五十九章
亞里斯托法尼斯和米南德的綜合評比

1 ……一般而論，他[1]對於米南德(Menander)[2]更加喜愛，特別是加了下面這段：因而他說：「亞里斯托法尼斯(Aristophanes)[3]的文字不夠優雅，表現的方式過於庸俗和猥褻，米南德絕不會如此；可以明顯看出，一般市井小民對於前者的敘述都會著迷，有識之士對他則嗤之以鼻。我特別要提到用字的推敲、音韻的講究和衍生的情節；米南德在這方面經過深思熟慮而且小心翼翼，非不得已不輕易使用；至於亞里斯托法尼斯的運用頻率甚高，即使時機不甚妥當，還是抱著呆板的態度堅持到底。」

他繼續說道：「亞里斯托法尼斯有些出名的詩句帶有雙關語聽來讓人難忘；像是：

> 錢莊老闆的行徑雖然看來很混帳，
> 還得找機會用酒把他們灌個稀爛。[4]

以及：

> 他颳起刺骨的寒風還講中傷的話。[5]

1　雖然前面的文字已經脫落或遺漏，這個「他」應該是指蒲魯塔克，即使本篇評論另有編者，還是要借用原作者之口，發表他對兩個劇作家所持的論點。

2　米南德是西元前4-3世紀雅典戲劇作家，也是新喜劇的創始人。他曾獲得八次戲劇競賽之優勝，著名且存世的作品有《壞脾氣的男子》；其生平參閱本書第2章〈年輕人何以應學詩〉4節注41。

3　亞里斯托法尼斯是西元前5-4世紀希臘最偉大的喜劇作家，為古老阿提卡喜劇的領導人物。著名並存世的作品包括《阿查尼人》、《武士》、《雲層》(Clouds)等；其生平參閱本書第1章〈子女的教育〉14節注40。

4　這兩句詩找不到出處，所有與亞里斯托法尼斯劇本相關的作品，包括已經編纂的殘本，都沒有登錄在內。

以及：

> 給他肚子一拳讓腸胃感到很舒適。[6]

以及：

> 我來到可笑的地方難道還能不樂。[7]

以及：

> 你這個用來做放逐投票的破陶罐，
> 扯了許多爛污我又能拿你怎麼辦？[8]

以及：

> 他對婦女來說該是個狂野的傢伙，
> 因為他從小就在草藥鋪子裡幹活。[9]

以及：

> 看來蠹蟲已蛀壞我那美麗的羽飾。[10]

以及：

（續）

5　出自亞里斯托法尼亞《武士》437行，詩中的「寒風」和「中傷」兩個字，就希臘文來說是押韻的雙關語。

6　出自亞里斯托法尼亞《武士》454行。帶有「大碗喝酒，大塊吃肉」極其豪爽的意味。

7　柯克《阿提卡喜劇殘本》第1卷546頁No.618；詩中提到這個可笑的地方，是指西西里的傑拉這個城市。

8　柯克《阿提卡喜劇殘本》第1卷543頁No.593；指一個行為卑劣的政客，除了會用貝殼放逐去害那些正人君子，幾乎是一無是處。

9　出自亞里斯托法尼亞《參加帖斯摩弗里亞祭典的婦女》455行。有一位參加會議的婦女，指責優里庇德最大的過失，就是在他的悲劇中闡釋性的問題。

10　出自《阿查尼人》1110行；說話的人是身為將領的拉瑪克斯，他全副戎裝來到舞台。

給我那面裝飾戈爾根頭像的盾牌；
我說還要那塊蛋糕上面塗滿鮮奶。[11]

以及其他諸如此類的事物用同樣的方式來表達。他的句法架構帶有悲劇、喜劇、
誇張和散文的風格，展現出曖昧、晦澀、尊貴、高尚、好辯和厭煩的意味；遣詞
用字是如此的靈活而且變化多端，對於某些角色並不給予定型的描述：我可以舉
例來說，他筆下的國王不是全都莊嚴尊貴；政客不是全都辯才無礙；婦女不是全
都天眞無邪；市井小民不是全都口無遮攔；地痞光棍不是全都粗野放蕩；他對筆
下的角色所分配的對話完全根據當時的狀況，來決定它的內容和語氣，除非聽到
他們的交談，否則無法分辨這個角色是兒子或父親、惡棍或神明、老嫗或英雄。」

2 「米南德的對話和用語是如此的洗練優美，主要的劇情經過融合表現出
整體的氣勢；雖然混雜很多的情緒反應和角色造型，都能符合各種不同
類別的人物，儘管日常生活和行爲舉止要保留它的整齊劃一，如果主角要突出他
的身分，像是使用奇特的語句或欺騙的言辭，甚至發出咆哮的聲音，這時他會讓
作爲背景的音樂突然停頓，等到很快恢復原來的旋律以後，在對比之下產生最佳
的效果。雖然不同的行業都有很多知名的工匠，像是鞋匠不會製造同一類型的鞋
子，面具師傅不會做出形狀相同的面具，裁縫不會縫製尺寸相同的衣服；這樣才
能在同個時間之內，適用於所有的男子、婦女、兒童、老人和家中的奴隸。米南
德的遣詞用字能綜合各個時期的風格，適合每一種角色的性別、身分和年齡。他
從事這個行業還是一個初出茅廬的年輕人，過世的時候無論在戲劇界和詩壇都有
很高的名聲[12]，根據亞里斯多德的說法，那個時代的作家在措辭和詞藻方面有最
大的進步和發展。因此，我們要是拿米南德早期、中期和晚期的劇本加以比較，
就知道他有很多特質能夠長遠的保留，同時還可以踵事增華達到爐火純青的境
界。」

---

11 這兩句詩是敍拉古作戰陣亡的拉瑪克斯與和平主義者狄卡科波里斯的對話；拉瑪克斯奉命率
　領部隊在寒風凜冽的冬季到邊界去防衛，他使用雅典娜的盾牌，上面裝飾蛇髮女妖美杜莎
　（戈爾根是她的別稱）的頭顱；下一句是愛好和平的狄卡科波里斯坐在爐火熊熊的餐廳，開懷
　享受飲宴之樂。

12 米南德只活了五十歲就去世，自從他二十歲寫出第一個劇本《憤怒者》，參加競賽獲得優勝
　以來，有三十年的歲月投身舞台無往不利，特別是倡導新喜劇的風格，使他成為戲劇界繼往
　開來的人物。

3 「有些劇作家寫作的對象是普通平民，還有一些要描述少數的特殊人物，很不容易說他們在作品當中，對這兩個階層的認知和創作都能遊刃有餘。所以亞里斯托法尼斯的劇本無法討好一般大眾，就是智識分子對他也難以忍受；他的詩歌就像已經人老珠黃的粉頭，硬要扮演賢妻良母的角色；大家對於他的僭越和做作非常痛恨，就是自命清高的人物也都討厭他的放縱和毒惡。米南德則不然，連帶他所具備的魅力達到讓大家都能滿意的程度。他所寫的詩可以列入希臘最美麗的作品，無論是主題還是內容，都適合在課堂中討論，或是在宴會中朗誦，或是在劇院中競賽演出。他表現最基本的技巧在於運用語言的才華，戲劇的所有主題具備強大的說服力，情節和角色所產生的影響使得觀眾無法逃避，任何人只要通曉希臘語言就會受到他的控制。事實上有些道理還是講得通，像是一個知名的學者除了欣賞米南德的著作，否則怎麼會進入劇院？他的喜劇角色只要登上舞台，看起來與整個劇院充滿飽學之士又有什麼差別？還有誰比他更適合在宴會中拿出來款待朋友，甚至就是酒神戴奧尼蘇斯都要稍遜一籌？如同一個畫家在眼睛感到疲憊的時候，可以轉頭去看鮮豔的花卉和碧綠的草地；對於哲學家和知識淵博的學者而言，他們在集中精力專心研究之餘，米南德可以讓他們的心靈在和風拂面、處處濃蔭的草原上獲得休息。」

4 「雅典在那個時代培養很多優秀的喜劇名角，只有米南德的劇本充滿著機智和歡娛，就像我們食用的鹽得自海水一樣，美麗的愛神阿芙羅黛特出生於大洋之中。亞里斯托法尼斯的對話可以說是妙語如珠，只是措辭非常粗魯而且尖酸刻薄，容易傷人引起反感，我不知道是否他過分誇耀自己的精明使然，這在他筆下的文詞或劇中的角色當中都非常容易看出。即使他極力模仿可以說是東施效顰，舉例來說劇中的奴僕骯髒的外表一點都不體面，鄉下人完全缺乏自信看起來非常愚蠢，還有就是逗趣的丑角並不好笑讓人感到荒謬，戀愛的男女沒有可愛的情節只是一副色情狂的樣子。據我看來他所寫的劇本不是要讓正人君子過目，那些充滿誹謗、放蕩和刻薄的詩篇，裡面都是猥褻和荒唐的字眼，為了滿足嫉妒成性和心懷惡意的人士。」[13]

---

13 可以明顯看出，這篇隨筆絕大部分的內容都已散失殆盡；其實從蒲魯塔克的兒子蘭普瑞阿斯為他的作品所編的目錄可以看出，蒲魯塔克為詩人、劇作家寫出很多的傳記、評論和注解，都沒有流傳後世，諸如《荷馬研究》四卷、《伊姆皮多克利的注解》十卷、《品達傳》、《赫西奧德傳》、《論狄奧弗拉斯都斯的作品》兩卷以及《論優里庇德》等。

第六十章
論希羅多德的《歷史》是充滿惡意的著述

1 尊貴的亞歷山大(Alexander)[1]，史家希羅多德(Herodotus)[2] 的筆調帶有文過飾非的特質，陷人入罪的論點真是羅織周密，很多人在閱讀以後無法了解史實的真相，可以很明顯的看出，他的著作《歷史》記載的內容是如此簡化和省略，經常在不同的主題之間來回穿梭走動，即使犯了錯誤還抱殘守缺自以為是；特別是他的性格以及他無法堅持倫常的理想，同樣會使更多的讀者產生迷惑和謬見；就他對歷史的概念和認識而言，非常符合柏拉圖的說法：「偏差的行為到達顚峰，讓人看起來合於正義的要求，其實這種狡辯真是大錯特錯。」[3] 他的寫作運用極其惡毒的伎倆，擺出友善的神色和坦率的言辭裝扮虛假的面孔，對於想要探明實情可以產生阻撓的作用。希羅多德的做法就是這樣下流，極盡卑劣之能事去討好奉承某些特定人士，對另外一些人則不惜加以詆毀和污衊。雖然如此，卻沒有人敢揭發他是一個說謊話的騙子。這位作者筆下主要的犧牲者都是皮奧夏人和科林斯人，他對這些市民毫無仁慈和寬容之心。

我要挺身而出為祖先涉及的指責和事情的真相提出辯護，讓大家知道他的著作當中，特別是這一部分是如何的虛僞不實。毫無疑問，如果一個人要記錄他的謊言和捏造的情節，必須參考很多的書籍，至少要能如索福克利所說：

> 說服能力在於一瞥之下消除大家的疑慮。[4]

---

1 亞歷山大是一位伊庇鳩魯學派的學者，蒲魯塔克來往密切的朋友，平生不詳。

2 希羅多德的生卒年月按照傳統說法是484-420 B.C.，出身是小亞細亞名城哈利卡納蘇斯的世家子弟，為了反抗僭主的暴政，460 B.C.放逐到薩摩斯，參加雅典建立休還埃殖民區的行動，時為443 B.C.，後來在該地過世，他的《歷史》一書記載希臘人與波斯人之間的鬥爭，從西元前6世紀中葉克里蘇斯時代，直到479 B.C.希臘聯軍在普拉提亞會戰擊敗波斯大軍為止，他被後世的學者諸如西塞羅等人尊為「歷史之父」。

3 參閱柏拉圖《國家篇》第2卷361A，這一段的要旨是說不正義的行為不論如何粉飾，最後還是無所遁形。

4 參閱傑布(Jebb)譯，皮爾遜(Pearson)編注《索福克利的殘本》(*The Fragments of Sophocles*)

這一點我可以非常確切的斷言，希羅多德運用的體裁和風格，產生很大的成效和魅力，用來掩蓋作者有缺陷的性格特質，以及不願讓人發覺在敘述方面故意造成的錯誤。菲里的菲利浦經常說希臘人從此不再對他忠誠，卻將他們的命運交到提圖斯‧弗拉米尼努斯的手裡[5]，只不過換一個新的奴隸項圈，雖然比起老舊的桎梏擦傷較少，戴的時間卻要長久太多[6]。希羅多德的陰險要是與狄奧龐帕斯（Theopompus）[7]相比，雖說沒有那樣的尖酸刻薄而且講得理直氣壯，卻產生更為深沉和更加痛苦的效果，這也是無可質疑的事。就像寒風穿透狹窄的縫隙，比起空曠地方的呼嘯而過，帶來更為刺骨凝髓的感覺。

我認為評論的較佳方式是先定出一個大綱，將看來有問題的項目條列在上面，然後決定他的敘述是否帶有誹謗的惡意，或者出於真誠的善心；個別的章節在不同的標題下面予以分類，檢查的重點在於是否適合固定的模式和突發的狀況。

2 希羅多德身為歷史學家對於敘述的事件，首先應該以持平適中的措辭達成要求，他不為此圖，竟然運用非常嚴苛的字眼和文句。雖然他知道大家批評尼西阿斯「過於沉溺於虔誠的習性」，還是把生性保守的人士稱之為「狂熱的盲從分子」；他談起克利昂「莽撞到精神錯亂的程度」，而不是大家所說「發言何其不智」[8]；這樣一位作者可以看出他充滿惡意的心態；任何人只要陷入不幸的處境，顯然會讓他感到心花怒放，還要安排非常精巧的情節，寫出動人的故事到處廣為宣傳。

3 要是有些事項會傷害到書中人物的名譽，而且與敘述的主題沒有多大的關聯，這位史家緊抓不放而且相信確有其事，即使沒有適當的位置可以安放，有時還會列入著作的重點當中，甚至不惜增加情節和採用迂迴的方式，將

（續）────────────
　　第3卷No.865。
5　197 B.C.羅馬將領提圖斯‧奎因久斯‧弗拉米尼努斯率領大軍，在賽諾西法拉會戰中擊敗馬其頓國王菲利浦五世，希臘的城邦獲得自由。
6　頑強不屈的奴隸特別是有逃走前科者，都會戴上木製或鐵製的頸枷，其實只有舊的項圈才因用久不會擦傷，何況新品都要沉重得多；參閱蒲魯塔克《希臘羅馬英豪列傳》之〈弗拉米尼努斯傳〉10節，記載艾托利亞人說出這段話。
7　這位狄奧龐帕斯(377-320 B.C.)是來自開俄斯島的史家，參見本書第58章〈十位演說家的傳記〉第4篇及注釋54。
8　提起說話的溫和應該是修昔底德才對，他並沒有批評克利昂在史法克特里亞的行動有如一個瘋子，參閱《伯羅奔尼撒戰爭史》第3卷30節和第4卷28節。

某些人的失敗過程和愚蠢作為，全都一網打盡暴露為公眾所知。從這裡可以清楚得知，毫無疑問的他喜歡嘲諷世人的錯誤和缺失。

　　修昔底德記述克利昂的事蹟，絕不會刻意提到他敗德的惡行，雖然很多人對這位老兄很不客氣；就拿那位名叫海帕波拉斯的政客來說，把他稱為「壞蛋」[9]也是唯一感到適可而止的形容詞，其他的事也就既往不咎。戴奧尼休斯認為蠻族確有罄竹難書的罪行，菲利斯都斯（Philistus）[10]同樣省略不予理會，避免節外生枝的狀況與希臘人的史實糾纏不清；事實上在他的歷史著作當中，發生離題現象[11]的主要部分在於神話和古老時代的記錄，還有就是他對書中人物的讚譽之辭。作者要是附帶一些任性而為的謾罵和放言高論的說辭，就會讓自己陷入悲劇的苦難之中，像是

　　　記錄人類災難的主編會受到大家的詛咒。[12]

4 每個人都可以清楚看出，希羅多德只報告負面消息，對於美好和值得稱譽的事情反倒是一字不提。略去的資料應該有適當的位置加以敘述，所以沒有這樣執行，完全是出於存心不良的動機，即使如此還是可以免於別人的批評。事實上，吝於贊許和樂於譴責同樣是不公正的行為，如果在這方面還要變本加厲，難免會讓人感到厭惡和不齒。

5 我對若干史書所以認定它的偏頗不公，在於同樣的事件有兩個以上不同記載流傳下來，它竟然贊同最不會給予讚譽的說法。大家默許詭辯家可以視狀況採用最壞的成因，同時拿出各種手段證明它就是最好的東西；完全出於個人的惡習或者只是賣弄學問而已。他們即使激起大家對於難以置信的事物盡可能加以辯護，卻毫無意願要去誘惑別人對他們的說三道四深信不疑。從另一方面

9　參閱修昔底德《伯羅奔尼撒戰爭史》第8卷73節；蒲魯塔克《希臘羅馬英豪列傳》之〈尼西阿斯傳〉11節，可以看出他對海帕波拉斯的批評也是一針見血。

10　菲利斯都斯(430-356 B.C.)是敘拉古的史家和政治家，協助戴奧尼休斯一世登基成為僭主，發生爭執遭到放逐，後被戴奧尼休斯二世召回，授與水師提督的職位，海戰敗於狄昂之手憤而自殺；他的著作有三十卷《西西里史》。

11　經常偏離主題和節外生枝是蒲魯塔克對修昔底德的批評，認為他在這方面有很大的瑕疵，特別提到他讚譽帖修斯和提米斯托克利的方式，根本與現況不符；至於菲利斯都斯只是模仿修昔底德的風格而已。

12　瑞克《希臘悲劇殘本》之〈Adesp篇〉913頁No.388。

來說，史家必須實事求是，他的認知在於發掘眞相和據實報導，如果事故不能確切的證明，能夠得到多數人的讚譽總比那些完全得不到賞識，更容易爲人取信[13]；很多作者對於無法讓人獲得稱讚的記載全部予以刪除，這也是比較公允的方式。

可以舉例說明，埃弗魯斯在書中寫到提米斯托克利，就說他知道鮑薩尼阿斯有叛逆的行爲，並且雙方對此有了協議，埃弗魯斯繼續說道：「等到鮑薩尼阿斯將這方面的事情，原原本本告訴提米斯托克利以後，邀請他參加反叛的陣營可以分享預期的報酬，提米斯托克利不願意接受所提建議，因爲這些話並沒有打動他的心。」[14] 從另外的論點來看，修昔底德的著作當中沒有引用這些資料，等於是對埃弗魯斯做出無言的譴責。

6 一般而論，即使實際的作爲受到大家的認同，言行的動機和意圖卻受到懷疑，希羅多德的看法傾向於難以獲得稱讚的說明，內容不僅苛刻無情而且充滿惡意。像是一個喜劇家所要表示的觀點，伯里克利因爲阿斯帕西婭（Aspasia）或菲迪阿斯[15]的關係，引起蔓延整個希臘世界的戰火，並非出於競爭的企圖心，要對伯羅奔尼撒人的狂妄自負加以遏制，何況他還不願對斯巴達人做出任何讓步。

現在發生的情況是一位作者對卓越和高貴的行爲杜撰可恥的理由，竟然贏得舉世的讚譽；雖然他無法公開挑剔那些實際的作爲，就用誹謗的謊言替當事人捏造暗中不爲人知的意圖，從而使他們受到羞辱的懷疑和猜忌。如同有些史家認爲身爲僭主的亞歷山大遭到娣布謀殺[16]，她也不是發自高尚的情操以及對邪惡的憎恨，完全是基於嫉妒的行動和婦人的激情；還有人提及加圖的自裁，說他害怕凱撒已有計劃要對他進行殘酷的報復[17]。猜忌和惡意比起眞正的史實，更能轉移和影響後人的視聽。

---

13 希羅多德曾說：「我的職責是把聽到的一切記錄下來，沒有任何義務去相信每一件事情。」參閱《歷史》第7卷152節，看來蒲魯塔克對他持這種觀點，表示極其反對的態度。

14 參閱雅各比《希臘歷史殘篇》第2卷189頁No.70。

15 參閱蒲魯塔克《希臘羅馬英豪列傳》之〈伯里克利傳〉24節及31-32節；這裡提到的阿斯帕西婭是周旋於權貴人物之間的美豔尤物；菲迪阿斯是負責整個衛城工程的雕塑家。

16 菲里的亞歷山大在359 B.C.被他的妻子娣布謀殺，完全是自己惡貫滿盈所致；參閱蒲魯塔克《希臘羅馬英豪列傳》之〈佩洛披達斯傳〉28節和35節。

17 蒲魯塔克基於個人的觀點，認為凱撒會赦免小加圖，參閱蒲魯塔克《希臘羅馬英豪列傳》之〈小加圖傳〉72節。

7 況且就過去已經表現的行為而言，一位史家的敘述成為帶著陰毒的公開指控。像是他斷言某個人獲得勝利，不是出於作戰的英勇而是金錢的收買（有些人對菲利浦持這種說法）；或者是過於容易沒有遭到困難（像是他們說起亞歷山大的遠征）；或者不是出於能力才華而是好運臨頭（如同泰摩修斯[Timotheus][18] 的政敵有這樣的表示，他們繪出一張圖畫，泰摩修斯正在睡覺當中，那些他要攻打的城市，自然而然掉進捉龍蝦的籠子裡面）。類似的狀況非常明顯，作者為了使人們的注意力從偉大的事功上面轉移，或者為了貶抑德行的力量，所以他們會否認這些工作是出於高貴的精神、或者是要克服各種困難、或者是冒險犯難的作為、或者是個人努力的成效。

8 現在某些人肆意辱罵歷史上知名之士，攻擊的重點在於惡劣的態度加以無情的指控，逾越理性的範圍完全無法自我控制已到神志不清的程度。他們運用間接的方式獲得掩護再投射誹謗的標槍，接著轉身離開引起爭論的場所，談起他們自己並不相信控訴的事實，卻強要別人認同他們的說法[19]，因而這種否認有惡毒的意圖，根本就是認罪的表現，他們的抹黑和中傷是最卑劣的伎倆。

9 還有一些作者具有同樣的性質，他們即使擺出樂於讚譽的架式，還是夠資格稱得上吹毛求疵的苛刻。如同亞里斯托克森努斯（Aristoxenus）在對蘇格拉底的裁決當中，將他稱為一個未受教育和毫無知識的酒色之徒，最後卻說「我對他沒有半點惡意」。一個人的奉承要講究技巧和手法，有時會在歌功頌德當中混雜溫和的批評，讓他們的阿諛和討好聽到耳中變得坦誠又直率[20]。凡事只要出於壞心眼就會在開始說些讚譽之辭，這樣一來使得他的指控更具說服力。

10 有關這部分的類別可以列舉更多的特性，下面所提足以傳達人類對目的和方法所抱持的觀念。

18　泰摩修斯是康儂之子和伊索克拉底的門人，也是凱利克拉蒂達斯同時代的人物，378 B.C.當選十員將領之一，曾經率領傭兵為波斯服務，返國後參加很多戰役，攻占開俄斯島失利被處以一百泰倫的罰鍰。

19　蒲魯塔克特別舉出希羅多德在《歷史》第8卷94節，毫無根據就說科林斯的水師提督，要從薩拉密斯會戰中逃走。

20　參閱本書第4章〈如何從友人當中分辨阿諛之徒〉5節。

11 很早很早以前，可以從愛納克斯的家庭講起，也將他的女兒愛奧包括在內；所有希臘人認為愛奧(Io)是從蠻族接受神聖的葬禮[21]，所能贏得的聲望使很多海洋和最著名的海峽，都用她的名字當作正式的稱呼[22]；甚至最顯赫的皇族都是她的後裔[23]。廣受欽佩的希羅多德卻說她受到船長的誘拐，得知已經懷孕怕被人發覺，就把自己交到腓尼基商人的手裡，同時還提出不實的引證用來推卸責任，竟說完全是腓尼基人談起有關她的故事[24]。

等到在波斯人當中提出學者的名字當成傳聞的證人，說腓尼基人將愛奧和其他婦女一起劫走；這時希羅多德繼續毫無差錯的說起古希臘人的豐功偉業，那就是特洛伊戰爭，然而就他的意見是一種極其愚蠢的行動，所以會發生完全為了那位毫無價值的婦女。他說：「如果不是她們心甘情願，絕不可能被人劫走。」[25]那麼讓我們說說看，神明對斯巴達人非常氣惱，因為他們掠奪琉克特魯斯(Leuctrus)的女兒[26]，特別是埃傑克斯對卡桑卓的強暴還受到祂們的懲處，要是按照希羅多德的標準，「如果不是她們心甘情願，絕不可能被人強暴」；這些天神豈不是都在做一些愚蠢的事。

即使他自己曾經這樣說過，亞里斯托米尼斯被斯巴達人活捉然後強行帶走[27]；幾天以後亞該亞人的將領斐洛坡門遭到同樣的下場[28]；還有就是羅馬執政官雷高拉斯(Regulus)被迦太基人俘虜[29]；只是在歷史上很難發現比這幾位更勇敢的戰

---

21 愛奧是牛隻的保護神，很多方面與艾希斯混淆在一起，特別是她在埃及結束漂泊無定的生活。

22 像是希臘西邊的愛奧尼亞海，以及博斯普魯斯海峽得到「母牛淺灘」的稱呼，是否辛里亞人或色雷斯人認為這是在愛奧來到以後取的名字，因為她在漂泊的行程當中，變成一隻母牛渡過那些地方；參閱伊斯啟盧斯的悲劇《普羅米修斯》732-734行及839-841行。

23 指的是埃及和亞哥斯的國王，參閱伊斯啟盧斯的悲劇《普羅米修斯》853-869行。

24 參閱希羅多德《歷史》第1卷5節。

25 希羅多德將波斯人當作證人，是他們說了這些話，好像跟自己毫無關係；參閱《歷史》第1卷4節。

26 這個故事的來龍去脈可以參閱本書第51章〈愛的故事〉第3篇，說被害人是西達蘇斯的女兒，蒲臘塔克《希臘羅馬英豪列傳》之〈佩洛披達斯傳〉20節和鮑薩尼阿斯《希臘風土誌》持同樣的說法；戴奧多魯斯·西庫盧斯《希臘史綱》第10卷51節，以及色諾芬《希臘史》第6卷4節，卻說她是西達蘇斯和琉克特魯斯的女兒。

27 引用這個例子本身就是一個錯誤，梅西尼人在民族英雄亞里斯米尼斯的領導之下，反抗斯巴達人的統治展開殊死的鬥爭，然而希羅多德根本沒有提過這件事。有關他被捕的情節，都是後來的作者記載在他們的作品上面；參閱波利努斯《謀略》第2卷31節，以及鮑薩尼阿斯《希臘風土誌》第4卷17節。

28 參閱蒲魯塔克《希臘羅馬英豪列傳》之〈斐洛坡門傳〉18節。

29 發生在第一次布匿克戰爭(264-241 B.C.)。

士。對於這類事情我們不必感到驚奇，因為像是豹和老虎之類的猛獸，都會活生生為人類捕捉，希羅多德卻把受到強暴的婦女當成指控和定罪的目標，出面為帶走她們的惡徒提出辯護[30]。

12 希羅多德是一個親蠻族的人物，布西瑞斯受到用活人當犧牲獻祭，以及謀殺異鄉人的指控[31]，竟然讓他宣告無罪。他出面作證，認定所有的埃及人不僅絕對虔誠而且公正，轉過來控訴希臘人犯下可恥的暴行。在《歷史》第二卷[32]，敘述麥內勞斯從普羅提烏斯那裡找回海倫，獲得榮譽和豐富的禮物以及成為震驚世人的罪犯；惡劣的天氣阻止船隻的航行，「麥內勞斯想到一個傷天害理的辦法，從當地抓走兩個兒童，當成奉獻給神明的犧牲，激起的恨意如同一陣暴風雨，他逃過追捕向利比亞啟航。」我不知道埃及人是否提到這個故事，可以舉出反證是海倫和麥內勞斯兩位，仍舊在埃及享有很高的名聲[33]。

13 這位史家對他所堅持的主題絲毫不肯放鬆。他說波斯人從希臘人那裡學到雞姦的行為[34]。然而波斯人在看到希臘海之前，每個人都認為他們會閹割兒童，這些可以說是他們最擅長的本領，希臘人怎麼會有資格教導他們色情的勾當？他說希臘人從埃及人那裡，學到遊行的行列和國家的祭典，還有對十二位神祇的崇拜儀式；他說就是戴奧尼蘇斯的名字都是得自埃及的米連帕斯（Melampus），他把其他有關的事項都教給希臘人；還有與德米特有關的神秘祭典以及不為人知的儀式，都是達瑙斯的女兒從埃及帶來的。他提到埃及人用捶打胸部表示悲痛，對於要哀悼的神明沒有提到祂的名字，因為「他對神聖的事務要保持沉默」[35]。

然而他對於海克力斯和戴奧尼蘇斯，並沒有像原先那樣持保留的態度。他表示埃及人把海克力斯和戴奧尼蘇斯當成古老的神祇膜拜。希臘人崇拜的對象是古老年代的凡夫俗子。他說埃及的海克力斯是第二代的神而戴奧尼蘇斯屬於第三

30　沒有人認為海倫受到強暴，或說她跟隨帕里斯前往特洛伊是違背自己的意願；蒲魯塔克非常熱心投入爭論，所以將這些全都忘在腦後。

31　希羅多德在《歷史》第2卷45節，否認會有這種事情發生，看來他對埃及人的習俗，可以說是一無所悉；同時他也沒有提到布西瑞斯這個名字。

32　希羅多德說是埃及的祭司向他提到這個故事，參閱《歷史》第2卷119節。

33　事實上這種事無須任何證據，因為這是埃及人對他們表示恭維的意思。

34　參閱希羅多德《歷史》第1卷135節。

35　參閱希羅多德《歷史》第2卷61節，以及本書第14章〈迷信〉13節。

代，因此祂們的存在有開始的時間，不可能永恆不朽[36]。他雖然表示祂們都是神明，在其他地方卻說祂們應該當成死去的英雄人物接受「奉祀的祭品」，不能像神明那樣享用「呈獻的犧牲」。他說出一些與潘神有關的事，運用毫無價值的埃及神話，推翻希臘宗教最莊嚴和最神聖的真理[37]。

14 最荒謬之處還不僅這些。他追溯海克力斯的祖先到帕修斯，按照波斯人的記載說帕修斯是亞述人；他說道：「如果我們計算多里斯人的淵源，可以回溯到達妮和阿克瑞休斯（Acrisius）的話，那麼他們的酋長確定是血統純正的埃及人。」[38] 事實上他把伊巴孚斯、愛奧、伊阿蘇斯（Iasus）和阿古斯這些人丟在一旁[39]，完全沒有理會；他所以會這樣，不僅在於急著認定有一個埃及的海克力斯和一個腓尼基的海克力斯而已；他還說我們的海克力斯出生在前面兩位之後，像是希望這位英雄人物能夠離開希臘，好把他當成外國人看待。然而古代的有識之士，像是荷馬、赫西奧德、阿契洛克斯、派桑德（Peisander）、司提西喬魯斯、阿克曼和品達等人，都沒有提到埃及的海克力斯或腓尼基的海克力斯；他們只知道一件事，希臘的海克力斯是皮奧夏人和亞哥斯人的後裔。

15 再者就是希臘七賢（他卻將他們稱為「詭辯家」[40]），他說薩里斯有腓尼基人的血統，可以說家世和出身是蠻族[41]。他將梭倫看成謾罵神明的代言人，因為書中的梭倫說道：「克里蘇斯，你向我問到有關人的問題，可是你所問的這個人卻知道神非常嫉妒，喜歡干擾人間的事務。」他把梭倫有關神明的觀念，綜合著自己的陰險和褻瀆強加進去[42]。他只引用彼塔庫斯那些沒有

---

36 所謂永恆不朽是指時間沒有開始也沒有結束，這裡提到埃及的神明最早已有一萬五千年，最近不過八百年前左右，比起特洛伊戰爭還要晚一些；參閱希羅多德《歷史》第2卷145-146節。

37 參閱希羅多德《歷史》第2卷46節和145節，提到的狀況並不全像蒲魯塔克所說的那樣，還是有很大的出入。

38 參閱希羅多德《歷史》第6卷53-54節，這裡提到的達妮是阿克瑞休斯的女兒，也是帕修斯的母親。

39 「埃及人」達瑞斯是阿克瑞休斯的曾祖父，如果他是愛奧之子伊巴孚斯的後裔，那麼他就是希臘人；伊阿蘇斯和阿古斯按照另一個版本的記載，分別是愛奧的父親和祖父。

40 詭辯家這個字在最早的希臘作者看來，就是「智者」的意思（參閱希羅多德《歷史》第1卷29節），蒲魯塔克對這點應該很清楚。

41 參閱希羅多德《歷史》第1卷170節。根據戴奧吉尼斯‧利久斯《知名哲學家略傳》第1卷22節，薩里斯是腓尼基人，因為他是卡德穆斯的後代子孫。

42 事實上，梭倫對神所抱持的態度，就希臘的文學而言並沒有什麼不尋常的地方，一般人大都

多少價值的次要情節[43]，對於重大和突出的作為，雖然他有機會敘述，卻不加以理會。雅典人和邁蒂勒尼人為了奪取西格姆(Sigeum)的統治權，雙方引發戰爭；雅典將領弗里儂(Phrynon)向對方提出挑戰，看有那一位敢出陣與他進行一對一的搏鬥。這時彼塔庫斯走向前去迎擊，用一張網將敵手絆倒再將他殺死，雖然弗里儂身強力壯還是無濟於事。等到邁蒂勒尼人要賜給他豐碩的報酬，他投擲一根標槍，要求給予飛行距離之內的土地；直到今天還將這個地點稱為彼塔西姆(Pittaceum)。果真如此，希羅多德來到此地會有怎麼樣的表示？他並沒有提到彼塔庫斯的英雄事蹟，只是談起詩人阿爾西烏斯拋棄手裡的武器，如何從戰場逃走[44]。他對美好的事物略而不提，醜惡的情節絕不放過，猜忌的觀點加以支持，對人對事無非幸災樂禍，須知所有的罪行從而產生。

16 後來他對阿爾克米昂家族大肆攻訐，雖然這個家族出現很多勇士，推翻暴政使城邦獲得自由。他指控族人犯下背叛的罪行，說是他們讓彼昔斯特拉都斯從放逐中赦回，可以重新掌握原有的權力，條件是彼昔斯特拉都斯要娶麥加克利(Megacles)的女兒為妻。然而在他的故事中提到這位女兒向她的母親說起：「你看怎麼辦，媽媽，彼昔斯特拉都斯不用正常的姿勢與我交媾。」因而阿爾克米昂家族被邪惡的行為所激怒，就將僭主逐出國門[45]。

17 我們從希羅多德毫不通融的態度可以得知，斯巴達人受到惡意的對待，可以說與雅典人不分軒輊。世人都在稱許和推崇奧什拉達斯(Othryadas)，然而希羅多德對他的敘述極其粗魯不文，說是：「三百位出戰的勇士只有他活在世上，其他的同伴全部戰死沙場，現在他一個人回到斯巴達，感到羞辱認為毫無顏面，自刎在現在稱為昔里伊的地點。」[46] 事實上，他早就說對抗的兩方都宣稱自己獲得勝利，現在提及奧什拉達斯的妄自菲薄，可以作為斯巴達

（續）————————————————————————————

　　如此。所以蒲魯塔克對於希羅多德倒是不必過分的深文周內，非要羅織入罪不可。
43　參閱希羅多德《歷史》第1卷27節。
44　參閱希羅多德《歷史》第5卷94-95節。
45　所以使用不正常的交媾姿勢，是為了不要生下受到詛咒的子女，參閱希羅多德《歷史》第1卷59-61節；希羅多德敘述阿爾克米昂家族在黨派鬥爭中所扮演的角色，他們最後還是驅除僭主讓雅典人獲得自由，參閱《歷史》第4卷62-63節；而且他帶著非常痛苦的心情，不願指控他們在馬拉松會戰中打算背叛雅典人，參閱《歷史》第4卷121-124節。
46　參閱希羅多德《歷史》第1卷82節，斯巴達和亞哥斯各派三百名勇士出戰，用來決定誰能擁有昔里伊這個地區。

人戰敗的證據；因爲勝利之後的存活才能擁有最高的榮譽。

18 希羅多德在開頭曾經提到，克里蘇斯是一個沒有見識只會自我吹噓的統治者，也是一個極其荒謬的人物[47]，對這方面我放過姑且不論；然而等到他成爲俘虜以後，竟然把自己視爲居魯士的良師益友[48]，須知居魯士就智慧、勇氣和高貴的性格這幾方面而言，可以當成最偉大的君王而且受之無愧。他提到克里蘇斯僅有的美德是將許多價昂的禮物奉獻給神明，甚至就這一點而論，他能做出所有想像得到最爲褻瀆神聖的行爲。這位史家卻說克里蘇斯的父親還活在世上的時候，他的兄弟潘塔勒昂（Pantaleon）就與他爭奪王位，等到克里蘇斯登極成爲國王，立即處死一名貴族，是用鋼刷將皮膚一條一條給刮了下來，還將這位貴族的家產當成奉獻給神明的祭品[49]，原因在於他是潘塔勒昂的朋友和支持者。作者還談到米提的戴奧西斯（Deioces），憑著人品和正義贏得國王的寶座，雖然他本人並沒有具備那方面的特質，卻發覺要想擁有絕對的權力，就得著手建立正直不阿的名聲[50]。

19 我們不要將希羅多德對待蠻族的方式放在心上，從他所舉出的例子可以看出，好像他對待希臘人在相較之下已經非常寬大。他說雅典人以及大多數其他的愛奧尼亞人，對於他們的愛奧尼亞姓氏和名字都感到恥辱，他們不願被人稱爲愛奧尼亞人，規避所有的頭銜和名諱；只有那些從雅典的大會堂來到此地的人，認爲自己是最高貴的愛奧尼亞人，因爲有蠻族的婦女爲他們生下子女；這些婦女的父親、丈夫和子女全被來人殺光，出於這種理由她們制定一條法規，用誓言約束每個人都要遵守，同時傳給她們的女兒要奉行不渝：那就是絕不與丈夫共餐，以及不得叫出他的名字。他說現在的米勒都斯人都是那些婦女的後裔[51]。他還加以補充說明，只有眞正的愛奧尼亞人才會舉行阿帕都里亞

---

47 有關克里蘇斯的事蹟，希羅多德著墨甚多，可以參閱《歷史》第1卷27、30-33、53-56、71和75各節。

48 參閱希羅多德《歷史》第1卷88-91節；蒲魯塔克《希臘羅馬英豪列傳》之〈梭倫傳〉27節，提到梭倫與克里蘇斯的對話，認爲從編年史和年代紀的資料來看，這是不可能的事；同時又說即使確有其事，不僅吻合梭倫的性格，可以凸顯他那無上的智慧和崇高的心靈，至於克里蘇斯的表現根本不值一提。

49 參閱希羅多德《歷史》第1卷92節，克里蘇斯奉獻的祭品，並不是只有這一個來源。

50 這與希羅多德《歷史》第1卷96節的記載，部分內容出現曲解和失真。

51 希羅多德在《歷史》第1卷143節和146節，提到米勒都斯人有兩種狀況，最後卻引導出極不

(Apaturia)祭典，他說：「除了以弗所人和科洛奉人[52]，所有的人在祭典期間都會大肆慶祝。」基於這層關係，他對這兩個城邦的民眾宣稱自己有高貴的血統，抱著否定和駁斥的態度。

20 他說佩克特阿斯(Pactyas)高舉義幟反對居魯士的時候，賽麥和邁蒂勒尼的民眾，經過安排要將佩克特阿斯引渡給波斯人，「爲了獲得某些代價，雖然我無法說出確實的總數」[53]（這件事眞是荒謬，拒絕講出收賣的價格，卻爲二個希臘的城市打上羞辱的記號，同時還保證所說都是事實）。他說：「過後佩克特阿斯來到開俄斯島，當地的民眾將他從波琉考斯(Poliuchos)的雅典娜神廟中趕出來，將他抓住送回阿塔紐斯(Atarneus)的領地，因而收到一大筆報酬。」[54] 不過，蘭普薩庫斯的卡戎是位年紀很大的作家，曾經記載佩克特阿斯起義的始末，沒有指責邁蒂勒尼人或開俄斯人犯下可恥的罪行，他說得非常明確：「佩克特阿斯得知波斯的大軍快要接近，只有趕緊逃走，先到邁蒂勒尼跟著前往開俄斯，後來還是居魯士將他擒獲。」[55]

21 《歷史》第三卷敘述斯巴達人對僭主波利克拉底的征討，他的記載完全按照薩摩斯人的意見和說法：斯巴達人的遠征行動是爲了感激薩摩斯人幫助他們對抗梅西尼人，所以才對僭主發起戰爭，好讓遭受放逐的市民恢復失去的自由權利。接著他又說斯巴達人否認這種主張，他們沒有絲毫幫助薩摩斯人的意圖，遠征行動並非爲了前去解救薩摩斯人；這一次的征討斯巴達人是爲了處罰對方，因爲薩摩斯人將他們送給克里蘇斯的混酒缽據爲己有，還加上一副來自阿瑪西斯的胸甲[56]。儘管如此，我們知道當時沒有一個城邦，能像斯巴達對於榮譽抱著崇高的抱負，對於僭主懷有極大的敵意。遭到他們驅逐的人士，諸如科林斯和安布拉西亞的賽普西盧斯家族(Cypselids)[57]、納克索斯的黎格達米斯

（續）————————————————————

　　合理的結論。

52　參閱希羅多德《歷史》第1卷147節，那是這兩個城市的人犯了殺人罪，所以受到排斥。

53　這件公案的來龍去脈非常複雜，絕非三言兩語可以說得清楚，有的地方是蒲魯塔克斷章取義，還有就是原文出現謬誤，參閱希羅多德《歷史》第1卷157-160節。

54　參閱希羅多德《歷史》第1卷160節；阿塔紐斯位於大陸，是面對開俄斯島的城市。

55　有關佩克特阿斯起義的本末和最後的下場，參閱雅各比《希臘歷史殘篇》第3卷No.262之F.9；要說卡戎是比希羅多德更爲年長的作者，雅各比並不表示同意。

56　阿瑪西斯是埃及新王朝第二十二代國王，在位期間569-525 B.C.。

57　擁有賽普西盧斯名號的僭主家族的成員，控制位於希臘西北地區的殖民地；只是很難得知斯

(Lygdamis)[58]、雅典有彼昔斯特拉都斯的幾位兒子、西賽昂的伊司契尼斯、薩索斯的森瑪克斯、福西斯的奧利斯以及米勒都斯的亞里斯托吉尼斯(Aristogenes)[59]，還有就是他們的國王李奧特契達斯罷黜亞里斯托米德(Aristomedes)和亞傑勞斯(Agelaus)[60]，剝奪帖沙利的統治者所擁有的權柄，以上這些難道都要拿胸甲或混酒缽作爲藉口？有關的事蹟自有其他的作者敘述更爲周詳深入。根據希羅多德的記載，斯巴達人拒絕對於從事的戰爭做出公正和合理的解釋，還是懷著睚眥必報的心態，當成理由去攻擊那些飽嘗災禍和命運乖戾的人，那麼可以說他們已經淪落於卑劣和愚蠢的深淵之中。

22 我們同意可惡的伎倆雖然低級，斯巴達人仍舊是他用筆抹黑人格的適當目標。處於窮追猛打的狀況之下，照說科林斯這個知名的城市不應該首當其衝，或許看到有機會就加以消遣一番，所以才會有這樣令人吃驚的指控和極其荒唐的誹謗。他說道：「科林斯人成爲征討薩摩斯島非常熱心的支持者，因爲薩摩斯人在很久以前曾經冒犯他們。事情的始末是這樣：伯瑞安德從科孚的名門世家當中選出三百個兒童，送往阿利阿底那裡施以閹割去做宦官，當他們在薩摩斯島登岸以後，受到當地人士的教導，可以留下在阿特米斯神廟尋求庇護，每天供應他們用芝麻和蜂蜜製作的糕餅，直到脫離苦難爲止。」[61] 這位史家提到「薩摩斯人冒犯科林斯人」就是指這麼一回事；他說基於這個緣故在過了很多年以後，等到斯巴達人與薩摩斯人發生爭執，他們就去教唆斯巴達人出兵；如果薩摩斯人讓三百位希臘兒童保留男子漢的雄風，反而成爲怨恨的對象，這種理由眞是很難自圓其說。

一位作家用蒙騙的手法，讓世人認爲科林斯人做出可恥的行爲，對於城市的

(續)───────
巴達在安布拉西亞進行干預的行動，按照亞里斯多德在《政治學》第5卷1304A的記載，一個民主政治團體打出反叛的旗幟，很快讓僭主遭到罷黜。至於科林斯驅逐他們的僭主，可能不需要外來的協助。

58 納克索斯受到彼昔斯特拉都斯的保護；並沒有任何一位作者，提到黎格達米斯被斯巴達人趕走，因為那個時候他們正進行薩摩斯島的遠征行動。

59 上面幾個僭主的名字和發生的時間，都沒有人聽過，要說斯巴達會干預薩索斯和米勒都斯的政局，很難讓人相信確有其事。

60 這些帖沙利人的名字大家都不熟悉，李奧特契達斯率領一支斯巴達部隊前往帖沙利，要去懲處在波斯戰爭中抱持騎牆態度又有實力的阿琉阿斯家族，希羅多德說他接受賄賂領軍回朝，後來事發受到斯巴達當局的放逐，參閱《歷史》第4卷72節，以及鮑薩尼阿斯《希臘風土誌》第3卷7節。

61 這是引用希羅多德《歷史》第3卷48節的記載，得到情節有出入而且狀況不正確的結論。

影響如同他們被惡劣的僭主所統治。伯瑞安德之所以攻擊科孚人是因爲他的兒子遭到謀殺[62]；那麼科林斯人要懲罰薩摩斯人，難道也是爲了他們要堅持十惡不赦的野蠻行爲？他們仍舊對此感到憤怒，忍受怨恨之心達兩代之久[63]，後來還引起暴虐的統治，由於它成爲一種嚴苛和壓迫的政體，等到推翻以後，他們想盡辦法要抹去和消滅它留下的回憶和痕跡[64]。

　　或許認爲我們會同意這是薩摩斯人對科林斯的「冒犯」，科林斯人又能有那一種懲處可以施加在對方的身上？如果他們還是對薩摩斯人氣惱不已，那麼就不應該慫恿斯巴達人，停止對於波利克拉底進行遠征的行動，僭主不會受到罷黜，薩摩斯人無法獲得自由，只有繼續過著奴役生活。這裡出現最大的難題：在於薩摩斯人想要幫助受苦的兒童並沒有成功，後來尼杜斯人將他們救出送回科孚，爲什麼科林斯人不向尼杜斯人抱怨反倒要對薩摩斯人怒氣沖天[65]？老實說，就這件事而論，科孚人對於薩摩斯人所扮演的角色，並沒有特別加以注意；他們始終記得尼杜斯人的義行，同意來人在科孚享有各種特權，通過決議對尼杜斯人大加表揚[66]；因爲只有尼杜斯人駕船衝進去，從神廟中將伯瑞安德的衛隊打退，找到分散的兒童將他們帶回科孚；安蒂諾(Antenor)的《克里特史》(*The History of Crete*)[67]和卡爾西斯人(Chalcidian)戴奧尼休斯的《城市的建立》(*The Foundings of Cities*)[68]，對這件事都有詳盡的記載。

　　從另一方面來說，我們可以自薩摩斯人那裡獲得證據，他們說斯巴達人發起遠征行動，不是爲了懲罰薩摩斯人，而是爲了從暴政當中解救他們免於倒懸之苦。他們還提到有一位名叫阿基亞斯的斯巴達人，戰鬥過於英勇因而陣亡，他們用公費爲他修建墳墓並且舉行盛大的葬禮，後來阿基亞斯的子孫還與薩摩斯人保持深厚的友情；對於這些細節，就連希羅多德本人都可以出面作證[69]。

62　伯瑞安德是科林斯的僭主，他的兒子名字叫作萊柯弗朗；參閱希羅多德《歷史》第3卷53節。

63　按照希臘人的算法應該是三代才對，希羅多德在《歷史》第3卷48節說是這次出征的前一代；所以就年代紀來說大有商榷的餘地。

64　參閱希羅多德《歷史》第5卷92節，一位科林斯的代表索克斯發表的演說。

65　按照希羅多德《歷史》第3卷48節的記載，薩摩斯人後來很順利將這些兒童送回科孚。

66　科孚找不到任何資料或石碑上的銘文，記載這件事情的經過和表決的狀況。

67　參閱雅各比《希臘史籍殘卷》第3卷No.463之F.2。

68　參閱穆勒《希臘歷史殘篇》第4卷396頁No.13。

69　因為希羅多德認識阿基亞斯的孫子，參閱《歷史》第3卷55節。

23 希羅多德在《歷史》第五卷中提到克萊昔尼斯,出身於雅典領導階層的貴族家庭,說服德爾斐的阿波羅女祭司,對於求取神讖的人給予捏造不實的答覆;所以女祭司才會不斷告訴斯巴達人,要讓雅典從僭主手中獲得自由;因此作者對於高尚又正直的行為,施加的指控還伴隨著難以接受的不敬和虛偽,全盤否定能夠從上蒼獲得神聖和崇高的指示,須知底米斯能夠獲得靈驗的名聲,部分是來自祂所賜與的神讖。

希羅多德提到埃薩哥拉斯(Isagoras)默許克里奧米尼斯向他的妻子獻殷勤[70],這也是他慣用的下流手法,可以產生令人信服的效果;他在表示感激之中還攙雜著挑剔和抱怨:他說:「泰桑德(Tisander)之子埃薩哥拉斯來自一個顯赫的家庭,除了曉得他的族人曾向卡里亞的宙斯獻祭[71],對於更為遙遠的起源一無所知。」我們的史家知道如何裝出紳士的模樣,拿出文雅的姿態去嘲笑別人,為了擺脫埃薩哥拉斯,就將他交到「卡里亞的腐屍堆中」,這樣的說法倒是實情[72]。埃薩哥拉斯對付亞里斯托杰頓,沒有運用怯懦的迂迴方式,直接將對方向腓尼基的城門驅趕出去,還說亞里斯托杰頓的祖先是傑菲里人(Gephyraeans),「有些人抱這樣的看法,認為傑菲里人並不是從優卑亞來的伊里特里亞人,這種狀況有點像我發現自己是腓尼基人一樣[73]。」

斯巴達人要從僭主手中讓雅典人獲得自由,誰知希羅多德竟然對這件事加以否認,他要貶抑和譴責斯巴達人光榮的行動,將它說成最沒有價值的過度反應,就這點而言倒是能夠達成他的目的。他說他們很快就後悔,犯下最大的錯誤是捏造的神讖所帶來的影響,因而他們的決定受到宗教和迷信的擺布。斯巴達人考慮在將僭主逐出國門的同時,也將他的朋友一起趕走,因為他們已經答應此事,會要求雅典人聽從他們的指示,這樣一來會將整個城邦交到民主政體的手裡,須知這種政體不僅忘恩負義而且引人厭惡。

按照這種說法,希羅多德要他們從西格姆將希皮阿斯召回,試著讓他在雅典恢復原來的權勢,發現只有科林斯人反對並且加以勸阻。他讓蘇克利(Socles)描述塞普西盧斯和伯瑞安德在出任僭主期間,對於科林斯人的城市造成的傷害[74]。

---

70 諸如此類的記載都是謠傳的八卦新聞,並非確有其事,參閱希羅多德《歷史》第5卷70節。

71 參閱希羅多德《歷史》第5卷66節。

72 雖然他成為替罪羊之類的不潔之物,通常會從一個指定的城門趕出去,如同下面提到的亞里斯托杰頓;可以參閱柏拉圖《克拉提魯斯篇》396E。

73 參閱希羅多德《歷史》第5卷56-57節。

74 參閱希羅多德《歷史》第5卷91-92節,在有的抄本當中,蘇克利這個名字變成了索西克利。

只是就伯瑞安德的記錄來說，沒有比他送出三百個兒童更爲野蠻和殘酷的行爲；等到薩摩斯人給予援手，可以免於悲慘的命運，他卻說科林斯人受到「冒犯」因而憤怒塡膺，非要尋求報復不可。因此我們可以看出他何以如此喪心病狂，盡可能尋找可以得到的藉口，不知不覺之間就會出現在他的敍述之中，使得他的《歷史》充滿混亂和矛盾。

24 接著就是敍述薩迪斯的圍攻，希羅多德對於舉世震驚的功勳，盡其所能給予誤導和非難；他出於一種毫不切題的表達方式，提起雅典人派遣船隻，用來支援愛奧尼亞人反抗波斯國王的起義行動，竟然說它是「引起災難的罪魁禍首」[75]；因爲他們的打算是要讓所有的希臘城邦，都能從蠻族手中獲得自由。他提到伊里特里亞人的時候，對於他們有如史詩一樣的偉大成就，忽略到保持沉默不發一語的程度。事實上整個愛奧尼亞地區完全陷入混亂之中[76]，國王的艦隊已經出發在航行的途中，伊里特里亞人前去迎戰，就在龐菲利亞海（Pamphylian Sea）擊敗塞浦路斯人，贏得一場海戰的勝利。他們回航將船隻留在以弗所，發起攻勢進軍薩迪斯，將阿塔弗尼斯當作避難所的衛城，包圍得水泄不通。積極行動的企圖能使米勒都斯獲得解圍，因爲只要他們堅持下去，明顯的警告使得敵人在米勒都斯的部隊開始撤離。等到他們在薩迪斯遭到優勢兵力的攻擊，圍城的部隊也就從那裡退走。有幾位作者曾經敍述整個事件，包括瑪拉斯的賴薩尼阿斯在《伊里特里亞史》（*The History of Eretria*）[77]。即使沒有其他的理由，僅就米勒都斯的占領和毀滅而論，可以寫出一篇悼辭用來描述極其偉大的功勳。希羅多德卻說雅典人的確敗於蠻族之手，連帶他們的船隻都被敵人趕回本土[78]。蘭普薩庫斯的卡戎在他的著作裡面，找不到有關這部分的記載，可是他卻很清晰的寫明：「雅典人爲了幫助愛奧尼亞人派來二十艘三層槳座戰船，他們向著薩迪斯進軍，除了沒有攻下皇家的城堡，已經占領全境；等到後來才退到米勒都斯。」[79]

75　參閱希羅多德《歷史》第5卷97節。

76　這一段的本文可能佚失或脫落。

77　參閱雅各比《希臘史籍殘卷》第3卷No.426。

78　參閱希羅多德《歷史》第5卷102節。

79　參閱雅各比《希臘史籍殘卷》第3卷No.262之F.10。

25 《歷史》第六卷希羅多德敘述普拉提亞人原先是向斯巴達人提出請求，斯巴達人勸他們去找雅典人，如同「一個近鄰對他們可以提出至當的幫助」，同時他爲了表示這不是自己有所懷疑，或者僅僅是個人的見解，所有一切的敘述完全是根據事實，特別還加一段話說道：「斯巴達人的建議對普拉提亞人而言完全是不懷好意，因爲這樣做會涉及到皮奧夏人，會給雅典人帶來很多麻煩。」[80] 除非希羅多德是可惡的騙子，否則斯巴達人就是心懷惡意的陰謀家，雅典人就像傻瓜中了他們的詭計，普拉提亞人根本不會受到善意和尊敬的對待，像是拋到兩個集團之間成爲可能引起戰爭的藉口。

26 還有就是他提到斯巴達人所以不能參加馬拉松會戰[81]，無法對雅典人提供幫助，那是因爲他們在等待滿月，從而可以很清楚看出，他是在惡意中傷斯巴達人。不僅斯巴達人發兵和出戰是在該月的上旬，從很多狀況得知他們並沒有等到望日[82]。他們參加的時間是Boedromion月第六天（即9月6日），剛好在會戰結束之後，事實可以明確的印證，他們到達戰場還看到未曾掩埋的屍體。甚至就是這樣，他對於滿月的問題還是要大作文章：「他們不可能立即答應，否則就會違背法律的規定，就這個月來說第九天還太早一點，他們說不能在這一天出兵[83]，當時的月亮沒有到達圓滿的狀態，斯巴達人非要等到望日不可。」[84]

說來說去到底他要做什麼？是否要將滿月的時間從每月的中旬改到月初，使得上蒼、曆法和萬事萬物發生顛倒的現象；要是他根據錯誤的時間寫出希臘的歷史，就能保證不會聲名掃地！因爲這個人對雅典毫不關心，所以才不會提到阿格里的遊行隊伍，他們仍舊在該月第六天[85]舉行盛大的慶典，用來感謝神明保佑他

---

80 參閱希羅多德《歷史》第6卷108節。

81 參閱希羅多德《歷史》第6卷106節。

82 或許在特定的月份，才會禁止在滿月之前進行某些活動；斯巴達人認爲最神聖的月份是Carneius月（8月），要舉行盛大的卡尼亞祭典（Carneian Festival）。

83 可以看出蒲魯塔克相信斯巴達人要與雅典人談條件，想用雅典人的Boedromion月（9月）來取代他們的Carneius月（8月）。須知每個城邦都會對曆法帶來的誤差，自行加以調整。

84 參閱希羅多德《歷史》第6卷106節；看來蒲魯塔克情願接受一種說法，就是伊索克拉底爲馬拉松會戰寫的《頌辭》No.87-88，說是斯巴達的出兵雖然快速，還是未能及時投入戰鬥。

85 手抄本上面提到的是給冥神赫克特辦理的遊行，不只是阿格里這個區舉行的活動，當然要改一個字是很容易的事。每年的Boedromion月第六天（9月6日），雅典人在阿格羅提拉的阿特米斯神廟，爲紀念馬拉松會戰的勝利向神明獻祭，參閱亞里斯多德《雅典的政體結構》58節之1；於是蒲魯塔克就拿這一天當成會戰發生的日期。除非是曆法有了問題或是當年的月份不

們獲得偉大的勝利。無論如何，有一點可以支持希羅多德免於受到指控，說他接受雅典人大筆金錢，給予的回報是對他們盡情的歌功頌德。

如果希羅多德讀過有關雅典人在這一方面的資料，就會知道他們不會讓沒有根據的說法輕易過關，更不會容忍他在書上的記載，說是菲利庇德在該月第九天向斯巴達人要求出兵（因為那個時候會戰已經結束），特別是他自己曾經說過，菲利庇德到達斯巴達是他離開雅典的次日[86]，要是不容置疑的說法正確，難不成雅典人是要等到獲得勝利以後，才派人到他們的盟邦那裡去。然而有個傳聞說是出於安尼都斯的建議，希羅多德接受雅典贈與價值十泰倫的禮物，消息來自一個名叫迪盧斯的雅典人，這個人是一位非常有名的歷史學家。

從希羅多德記載有關馬拉松會戰陣亡的人數，可以知道他在貶抑勝利獲得的成果。按照通常的說法，蠻族被殺的數量已無法計算[87]；他們說雅典人承諾設在阿格羅提拉的阿特米斯神廟，為每一個被殺的蠻族以一頭羊作為犧牲，等到會戰結束，數目極其龐大的死者已經明確得知，他們通過決議要求女神解除所立的誓言，同意爾後每年用五百隻羊獻祭[88]。

27 儘管如此，讓我們略過這段不提，看看會戰以後發生的狀況；他說：「蠻族率領剩餘的船隻出海，他們將伊里特里亞運到島的奴隸，全部抓起來送上船，繞過蘇尼姆航行，打算在雅典人回師之前抵達城市；雅典現在流傳一種指控，擬定的計劃是阿爾克米昂家族密謀之下創造的成果，據說他們與波斯人達成協議，用舉起盾牌發出反光的方式，與在船上的敵人打信號。所以波斯人才會環繞蘇尼姆航行。」[89] 伊里特里亞人的勇氣和愛國心不輸任何一位希臘人，戰勝敵軍卻遭到悲慘的下場真是太不值得，他還把他們稱為奴隸，如

（續）

是太陰曆，否則這個日期就與希羅多德的記載完全不能吻合。特別是每月第六天都要向阿特米斯舉行祭祀的儀式，所以就傳統而言這一天是神聖的日子；從而推測馬拉松會戰發生在前一個月的中旬或更早的日子。

86　參閱希羅多德《歷史》第6卷105-106節，菲迪庇德(Pheidippides)這個名字，經由抄本已經改為菲利庇德。

87　對照原文可以看出譯本有遺漏的地方，從經過修正的抄本可以得知，表示「大家都有這方面的認同，就是不管希羅多德怎麼說，都會損害到故事的真實性」。這是對希羅多德非常嚴厲的批評。希羅多德提到被殺的蠻族是六千人，看來無法滿足蒲魯塔克的要求，後來的學者認定更高的數字，根據賈士汀《歷史的譴責》第2卷9節的記載，說是二十萬人。

88　這個故事與色諾芬《遠征記》第3卷2節之12的敘述，稍微出現一些變化；可以參閱亞里斯托法尼斯的喜劇《武士》660行及其注釋，以及伊利安《歷史文集》第2卷25節。

89　參閱希羅多德《歷史》第6卷115節。

此不厚道現在姑且不再追究。

　　談到他要誹謗的阿爾克米昂家族，包括的成員是聲勢強大的家庭和地位顯赫的人士，也不過是一件小事；偉大的勝利紀念物因而整個倒塌，問題的要點在於卓越的功勳全部化爲烏有；實在說，這不算是會戰或重要的軍事行動，只是蠻族登陸以後非常短促的衝突；如同用極其挑剔的批評拿來貶損這一次的行動[90]。等到他否認蠻族會戰以後的逃走，那是急促之間砍斷船上的纜繩，相信風會帶著他們盡可能遠離阿提卡地區；等到他說一位叛徒會用舉起的盾牌打出信號，所以蠻族才會向雅典啓航，期望能夠一舉將它占領[91]，然而他們輕易繞過蘇尼姆以後，就在費勒隆的外港等待時機。這時留在雅典地位最崇高的領袖人物，絕望之餘準備拋棄這個城市。

　　甚至到了最後，即使對於阿爾克米昂家族的賣國行爲做出無罪的宣告，還會對其他人士提出類似的指控；因爲他說：「用盾牌打出信號是無可否認的事」（毫無疑問是他親眼所見）。如果雅典人已經贏得一場決定性的勝利，像這樣的事情絕不可能發生；蠻族在箭矢如雨的狀況下，心急如焚駕著船隻逃走，即使信號已經發出，他們也不可能看得到。每個人都要盡其所能以趕快離開爲上策。後來他總算安排一個藉口，讓阿爾克米昂家族可以用來辯護，從而撤除毫無根據的指控，事實上他是第一個拿出這些資料來反對他們的人士；所以他說：「聽說阿爾克米昂家族事先安排用盾牌給波斯人打信號，從而使得雅典人聽命蠻族和希皮阿斯[92]；我在感到極其驚異之餘，根本無法相信會有這回事。」這使我記起像是諺語的詩句：

　　　　螃蟹，只要再等一會工夫我就放你走路。[93]

如果你已經打算再次放牠走，爲什麼你如此急著要再將牠抓住？

　　這就是一個史家的所作所爲：你先提出不實的指控，然後你再爲他們辯護；

90　或許這些人當中以狄奧龐帕斯的地位最高，他抱怨雅典人運用宣傳的手法，擴大馬拉松會戰的戰果和成效；參閱雅各比《希臘史籍殘卷》第2卷No.115之F.153。

91　蒲魯塔克維持原來的說法，波斯人的船隊受到風的影響，順著海流向雅典移動；參閱《希臘羅馬英豪列傳》之〈亞里斯泰德傳〉5節。

92　參閱希羅多德《歷史》第6卷121節。

93　這一句六音步的詩是有關蛇與螃蟹的寓言，也可以說它是一句諺語；參閱戴爾《希臘抒情詩》第2卷184頁。

你散布誹謗的言辭攻訐名聲顯赫的人士，隨後公開撤回。這樣做證明你完全不能相信自己，提到阿爾克米昂家族發信號給遭到擊敗和逃走的蠻族，完全是在那裡自言自語說給自己聽。當你起來為阿爾克米昂家族辯護的時候，等於揭發本人是一個惡意的原告。事實上，如果他們是「暴政極其明顯的敵人，幾乎與凱利阿斯沒有差別(甚至要更好)，須知他是斐尼帕斯(Phaenippus)的兒子，也是希波尼庫斯(Hipponicus)[94] 的父親。」你在開始就提到他們的陰謀，要是拿上面所寫這段文字來看，現在又能做何解釋？你還說他們要讓彼昔斯特拉都斯從放逐釋回，可以恢復暴虐的統治，條件是雙方要用婚姻建立緊密的關係，直到他受到控訴說是與自己的妻子發生變態的性交，因而再度遭到逐出國門的懲處。

因而我們可以看出希羅多德的陳述充滿矛盾而且無法自圓其說；他對阿爾克米昂家族極其猜疑，才會不斷中傷，接著是對斐尼帕斯之子凱利阿斯的大肆頌揚，同時還把凱利阿斯之子希波尼庫斯的名字加上去；希波尼庫斯是希羅多德那個時代，雅典最有錢的富豪之一，可以明顯看出，他之所以推崇凱利阿斯，並非情節確實如此，簡單的說就是為了取悅和奉承希波尼庫斯。

28 每個人都明白當時的狀況，亞哥斯人不會拒絕參加希臘人的陣營，何況他們已經完成攻打波斯人的準備，只要斯巴達人同意他們能夠分享指揮的權力[95]；由於斯巴達人是讓他們吃足苦頭的仇敵，不願屈居在下屬的位置繼續接受命令。希羅多德面臨諸如此類的批評完全無法否認，因為他只能對他們的行為杜撰從頭到尾充滿惡意的解釋。特別是作者這樣寫著：「等到希臘人要求亞哥斯人出兵相助，他們提出的條件是共同指揮，同時知道斯巴達人絕不會同意，就有了藉口可以留在遠處作壁上觀。」[96] 他還說過了很多年以後，亞哥斯的使節團前往蘇薩，提醒阿塔澤爾西茲不要忘掉彼此的關係，這時國王告訴他們「沒有任何一個城邦，能像亞哥斯那樣與他們建立堅實的友誼」[97]。

他還加油添醋說了很多的話，倒是不像過去經常運用的方式，意思是他對城邦之間的事務並不是很清楚，然而他卻知道如何去指責每一個人，同時還說：「亞哥斯人不算是最惡劣的罪犯；至於我個人身為史家，雖然有責任將一切流傳

94　希波尼庫斯是雅典十名將領之一，於427-426 B.C.率領雅典軍隊攻打皮奧夏。參閱修昔底德《伯羅奔尼撒戰爭史》第3卷91節；參閱寇區納《阿提卡人物誌》No.7658。

95　這段文字根據希羅多德《歷史》第7卷148節的內容為基礎，經過重新撰寫而成。

96　參閱希羅多德《歷史》第7卷150節。

97　參閱希羅多德《歷史》第7卷151節。

的消息全部記載下來，有些還是難以絕對相信它的眞實無虛，所以我認爲這種考量的方式，能夠適用《歷史》這本著作的所有章節。當時的確出現另一種說法，好像是亞哥斯人請求波斯國王進軍希臘，因爲他們在與斯巴達人的戰爭當中，已經耗盡對方所有的人力資源，認爲不管局勢發生任何變化，總比目前極其悲慘的處境要好得多。」[98]

希羅多德自己要說的話，卻像從埃塞俄比亞人口中講出來，還能有那一位史家用得比他更加靈活？對於芬芳的油膏和紫色的衣物，希多羅德大可這樣說：「波斯人送的禮物充滿欺詐的陰謀。」[99] 因此我們也可以對他說：「希羅多德的《歷史》不管是陳述和情節充滿欺詐的內容，

　　　　說來說去全部都當成扭曲和捏造的僞作，
　　　　不管任何章節都欠缺健康和理性的敘述。」[100]

如同畫家用陰影的對比來襯托明亮的部位，因此他運用的方式是給予否認和引起疑慮，對於他的誹謗加強攻訐的力量，特別是他要煽起猜忌之心，使人加深印象和造成更大的影響。

亞哥斯人要是拒絕與希臘人合作，根本無法否認這樣做不會羞辱到海克力斯和高貴的祖先，也會讓斯巴達人拿走英勇的頭銜，他們始終堅持在這方面居於領導的地位。即使在夕弗諾斯人（Siphnians）和賽什諾斯人（Cythnians）[101] 的領導之下，希臘人能夠贏得自由的權利，總比亞哥斯人爲了指揮權與斯巴達人發生爭執，因而放棄奮鬥的決心要好得多。

設若說他們邀請波斯人入侵希臘，起因在於他們的軍隊在戰爭當中被斯巴達人殲滅殆盡，那麼他們爲什麼沒有在蠻族到達以後立即公開表示歸順？如果他們不願加入國王的軍隊，當他們停留在後面的時候，至少可以劫掠拉柯尼亞地區，或者再度占據昔里伊（Thyrea）[102]，或者做些騷擾斯巴達人的事，妨害到對方的作戰行動，那麼他們爲什麼不這樣做？如果他們運用大量的重裝步兵，阻止斯巴達

98　參閱希羅多德《歷史》第7卷152節。

99　參閱希羅多德《歷史》第3卷20-22節，蒲魯塔克用了一番心思，部分文字有曲解的地方，只要有機會就加以引用；參閱本書第21章〈羅馬掌故〉26節，以及第77章〈會飲篇：清談之樂〉第3篇問題1第2節。

100　優里庇德的悲劇《安德羅瑪琪》448行。

101　這兩個都是典型微不足道的希臘城市，位於愛琴海的小島上面。

102　昔里伊是一個位於邊界的區域，在斯巴達人和亞哥斯人之間不斷引起爭執。

人向普拉提亞前進，就會對希臘人所要達成的目標，造成難以估計的損害。

29 可以這麼說，在希羅多德的敘述當中，至少就這一點而言，他已經極力推崇雅典人，並且將他們稱爲希臘人的救星。他這樣做除了可以證明他在表示讚譽的同時，還帶著很多肆意誹謗的陳述，從而還讓人感到正確又適切。他說只要斯巴達人遭到其餘希臘人的背棄，「面臨的狀況是他們留下單獨進行重大又英勇的工作，最後的結局是英雄式的悲壯死亡；或者是他們看到所有其他的希臘人都願意認輸，這時只有與澤爾西斯締結相關的協定。」[103] 可以明顯看出，他爲了讚譽雅典人並沒有對他們說這樣的話，他之所以僅僅大肆恭維雅典人，以便從其他人當中找到缺失。

對於那些列陣在會戰的正面爲希臘犧牲奉獻的城邦，他都會不分青紅皂白加以攻訐，要是底比斯人和福西斯人受到他不斷的打壓和謾罵，幾乎也沒有什麼好抱怨的地方；他指責他們有背信和出賣的行爲，事實上他們從未犯下這一類的罪行，在他來說一切都是想當然耳。他甚至讓人對斯巴達當局的作爲產生懷疑，因而出現非常奇怪的想法，或許是他們在會戰中眞的敗在敵人手裡，或許是他們自己放棄所致。大概他不相信民族精神所代表的意義，他們在色摩匹雷已經發揮得淋漓盡致(或許是人數過少不成？)。

30 他敘述國王的艦隊遭遇海難的打擊，很多船隻的殘骸沖到岸上，特別提到一個來自馬格尼西亞的傢伙，名叫阿密諾克利(Ameinocles)是克里廷斯的兒子，獲得很多金銀器具和其他物品，因而發了大財。甚至就是這個人都無法逃脫他那極其犀利的筆伐。他說：「阿密諾克利的發現使他變成富翁，從另一方面來說他是一個不幸的人，遭到最大的災害是面臨喪子之痛。」[104] 任何人都可以看出希羅多德爲什麼要描繪出細節，目標在於這個人發現的黃金，說明他所以致富在於大海帶來的好運；其實他的意圖非常簡單，要在他的敘述中找到一個適合的位置，好指出阿密諾克利殺死自己的兒子。

31 皮奧夏人亞里斯托法尼斯曾經寫過，希羅多德伸手向底比斯人要錢未能如願，還說他想要與年輕人進行交談和討論，受到地方官員的

---

103 參閱希羅多德《歷史》第7卷139節。
104 參閱希羅多德《歷史》第7卷190節。

阻撓,就說他們舉止粗野而且討厭求知[105]。有關亞里斯托法尼斯的陳述,沒有其他證據給予支持;除此以外,可以證實希羅多德指控底比斯人的情節,充滿謊言以及對其他城邦的偏愛[106],表示他對底比斯人的憎恨和敵意。他從開始對帖沙利人所持的觀點,就是除了妥協沒有其他選擇[107],這種做法倒是非常正確。他揣測所有其他的希臘城邦都在背棄斯巴達人,這時他還要補充說明:「出現這種狀況並非心甘情願,都是迫不得已,因為希臘的城邦一個接著一個,全都淪入波斯人手裡,成為任憑宰割的犧牲品。」[108]

底比斯要面對同樣無法避免的狀況,然而他不讓他們表示與其他希臘人完全類似的考量,事實上底比斯人派出五百人到田佩山谷[109],全部聽從納密阿斯(Mnamias)的指揮;後來李奧尼達斯要這批人前往色摩匹雷[110];還要說明一點,等到得知防守的關卡遭到包圍,盟軍所有的人員離開以後,除了帖司庇伊人,就只有底比斯人留下陪伴李奧尼達斯。就在波斯人控制幾條隘道進入他們的邊界,斯巴達人笛瑪拉都斯(Demaratus)[111] 憑著與寡頭政府的領導人阿塔杰努斯(Attaginus)有深厚的友誼,前來做一個說客,要為他安排好成為國王的朋友和貴賓[112]。等到希臘人全都登上他們的船隻,也沒有陸上隊部趕來救援,只有在這種迫切需要的壓力之下,底比斯人才會接受國王開出的條件。他們不像雅典人有海和船可以作為避難所,也不像斯巴達人住在赫拉斯(Hellas)一個遙遠的角落。他們在色摩匹雷列陣出戰和敗北之際,只有斯巴達人和帖司庇伊人與他們作伴,這時波斯國王離他們的國土只有一天半的行程。

然而我們的史家有的地方還算公正,那就是他認為斯巴達人要是為盟軍所棄單獨留在色摩匹雷,這時他們就會與澤爾西斯談判,無可避免要像底比斯人一樣,得到不幸的下場,所以有關這點是他對斯巴達人極大的侮辱。希羅多德不可能讓這些光榮和偉大的犧牲化為泡影,或者假裝沒有任何狀況發生,從他的暗示

---

105 雅各比《希臘史籍殘卷》第3卷No.379之F.5。

106 這部分的文字有脫落和遺漏的地方。

107 參閱希羅多德《歷史》第7卷172節。

108 參閱希羅多德《歷史》第7卷139節。

109 希羅多德並未提到底比斯有一支分遣部隊在田佩河谷,只有帖沙利的騎兵隊用來增強斯巴達和雅典重裝步兵的戰力;參閱《歷史》第7卷173節。

110 根據希羅多德的說法是四百人,參閱《歷史》第7卷202、205節。

111 笛瑪拉都斯是斯巴達遭到放逐的國王,他陪伴在澤爾西斯的身邊就像是一位提供諮詢的顧問。

112 希羅多德敘述479 B.C.普拉提亞會戰之前,阿塔杰努斯為了款待瑪多紐斯和五十位顯赫的波斯人,所以會要五十名底比斯人作陪;參閱《歷史》第9卷15-16節。

可以得知，背後的動機都見不得人，因爲他把所有的好意全部抹殺殆盡。這些都是他的話：「因此遭到遣返的盟軍，遵照李奧尼達斯的指示離開，只有帖司庇伊人和底比斯留下來與斯巴達人在一起，底比斯人所以不走極其勉強，他們根本不願留在該地，那是李奧尼達斯把他們當人質扣押的緣故；在另一方面，帖司庇伊人完全出於自願，他們不願撤走將李奧尼達斯和他的手下拋棄不管，要留下來共患難同生死。」[113]

事情很明顯，不是嗎？他對底比斯人存有個人的怨恨和不滿，結果他不僅對整個城邦進行極其惡劣又錯誤的指控，同時還使他的措辭令人信服，不會爲自己帶來麻煩；他並不認爲會有少數人看出其中的矛盾，以及難以自圓其說之處。他在一開始就說李奧尼達斯：「當他明瞭盟軍缺乏士氣和鬥志，不願與他在一起冒險[114]，所以才打發他們離開」；沒過一會工夫他又說李奧尼達斯違背底比斯人的意願[115]，將他們拘禁在那裡；如果他們受到懷疑會倒向波斯人的陣營，那就應該將他們驅離，而不是要他們留下來。總而言之，李奧尼達斯只需要出於志願的援助者，怎麼能讓忠誠受到質疑的倒戈分子與他的作戰人員混雜在一起？拿一個斯巴達人的國王和希臘人的統帥來說，僅就普通的心智層面加以考量，也不可能用他的三百名手下拘禁四百名武裝分子作爲「人質」，何況敵軍準備從正面和後方同時向他發起攻擊。事實上在最早的階段說是他把底比斯人當成「人質」，等到最後陷入絕境他們還是想要避免戰鬥，一點都沒有爲李奧尼達斯著想；何況還會給李奧尼達斯帶來更大的恐慌，那是底比斯人而不是蠻族會讓他們死無葬身之地。

除了這方面的敘述以外，李奧尼達斯所以會打發其他的希臘人撤走，那是因爲留下來只有死路一條，然而他不讓底比斯人離開，是他要爲希臘人對這些人繼續看管，要知道他自己難逃被殺的命運，還要這樣做豈不是極其荒謬。如果他眞要抓住武裝人員當成人質或是奴隸，那就不能用面臨死亡的部隊去拘禁他們，而是把他們交給那些要離開的希臘人。因而僅有一個可能的解釋，就是他要讓底比斯人在這裡被蠻族殺死，然而偉大的史家就連這一點全都刪去不提。

那也就是他何以會提到李奧尼達斯的心中充滿愛國的豪情壯志：「李奧尼達斯堅持的概念，希望斯巴達人獨自享有犧牲的光榮，所以才要盟軍離開，並不是他們之間有任何意見不合之處。」[116] 這種說法何其愚蠢，一個人寧願讓敵人分

113 參閱希羅多德《歷史》第7卷222節，另可參閱前面205節，蒲魯塔克同樣加以引用。
114 參閱希羅多德《歷史》第7卷220節。
115 參閱希羅多德《歷史》第7卷222節。
116 參閱希羅多德《歷史》第7卷220節。

享榮譽卻將盟友排斥在外；不僅如此，事實已經非常清楚，李奧尼達斯與底比斯人沒有任何歧見和爭執，同時他把他們視爲忠心耿耿的朋友[117]。當時的情況就是這樣，在他的要求之下，他走在軍隊的前面領頭進入底比斯，接受沒有其他人可以獲得的特權，讓他住在海克力斯神廟。李奧尼達斯告訴底比斯人說他在夢中見到一些異象，希臘那些最偉大和最高貴的城市，在混亂之中被拋起來擲入波濤洶湧和掀起暴風雨的大海，其中以底比斯丟得最高直上雲霄天際，接著突然之間消失不見；實在說，預見的情景與不久以後城市遭到悲慘的下場極其相似[118]。

32 希羅多德敘述會戰的經過，對於李奧尼達斯最具英雄氣概的行動，應該擁有的榮譽像是顯得暗淡無光。他特別提到所有陣亡人員都位於靠近小山的隘道[119]。諸如此類的說法絕非事實，因爲他們在夜間聽到傳來的消息，提到蠻族要用另外的隘道迂迴到陣地的後方，於是他們奮勇向前推進到波斯人的營地，幾乎接近國王休息的位置，打算將他殺死，讓大家的犧牲獲得最大的代價。他們向著御帳直衝過去，所有阻擋的人都被他們砍倒在地，逼得對抗的敵人只有四散奔逃，然而還是沒有找到澤爾西斯，他們在展開極其廣闊的軍隊裡面到處搜尋，迷失方向以後才被蠻族包圍得水泄不通，全部光榮的陣亡[120]。

我在《李奧尼達斯傳》（*The Life of Leonidas*）當中記載其他斯巴達人的英勇行爲和嘉言警句，希羅多德對這方面完全略而不提[121]；目前所談只是極少一部分，倒是沒有出現很大的差錯。他們在離開斯巴達之前，爲了表示犧牲的決心，就爲自己舉行葬禮，參加的人有他們的父母和來賓。有人問到李奧尼達斯爲何只帶這樣少的人趕赴戰場，他的回答：「只要能夠視死如歸，這些人已經夠多了。」[122] 他的妻子問他還有什麼話要交代，他轉過身來說道：「再嫁一個好丈

---

117 至於這四百名底比斯人能否算是忠心耿耿的自願者，蒲魯塔克並沒有說(戴奧多魯斯‧西庫盧斯《希臘史綱》第11卷4節，將他們稱為「反對黨派的成員」)，在這種狀況下，如果色摩匹雷落到波斯人手裡，他們即使回到城邦，也不可能得到赦免，所以只有在這裡拚鬥到底。
118 底比斯在伊巴明諾達斯的領導之下迅速崛起，短短一段期間掌握希臘的霸權(371-362 B.C.)，接著馬其頓的亞歷山大在335 B.C.將它夷為平地；這個夢只是後人附會之言，假借知名人士之口說出來。
119 參閱希羅多德《歷史》第7卷225節。
120 這篇譯文顯然出自戴奧多魯斯‧西庫盧斯《希臘史綱》第11卷9-10節，很可能引用埃弗魯斯的著作。
121 本書第17章〈斯巴達人的格言〉51節，蒐集李奧尼達斯的嘉言警句；雖然蒲魯塔克確實寫過《李奧尼達斯傳》，只是沒能留存到後世。
122 參閱本書第17章〈斯巴達人的格言〉51節之3和9；以及戴奧多魯斯‧西庫盧斯《希臘史綱》

夫，生一些優秀的兒女。」[123] 他在色摩匹雷快要遭到包圍，想救出兩位出身高貴家庭的人員，就將一份緊急文件交付其中一人，要他馬上趕回城邦，立即遭到拒絕，這個人面帶怒容說道：「我跟隨你來作戰，不是一個信差。」等到他命令另外一位人士，帶著公文去見斯巴達當局，得到的回答是：「如果我留在這裡，更能善盡我的責任；何況我留在這裡，城邦會得到更好的消息。」說完以後拿起盾牌進入隊伍的作戰位置。

一位作者[124] 在他的書中敘述阿瑪西斯的花言巧語[125]，還有賊人和騾子以及讓衛兵喝醉的情節[126]，加上很多諸如此類缺乏內涵的故事，現在卻讓最重要的部分省略不提，也沒有看到那位人士給予嚴厲的批評；就我們看來，不敢想像希羅多德對於很多的細節或想法竟然如此馬虎，在應該注意之處沒有盡到責任，可以說是故意忽略高貴的行動和精妙的言辭，那是他對某些特定的團體或個人帶有敵意和偏見所致。

33 希羅多德說道：「有一個時期，底比斯人站在希臘人這邊作戰，那是他們沒有選擇的餘地。」[127] 看來李奧尼達斯也像澤爾西斯派人鞭策他的軍隊一樣，威脅底比斯人違背他們的意願投身戰鬥。還有什麼樣的誹謗之辭比這個更加傷天害理？他說這些人除了可以逃走避開戰鬥，已經沒有其他的選擇，特別是在無法獲得支援的狀況下，他們非常樂意倒向對方的陣營。然後他繼續說道：「等到其餘的希臘人向著小山挺進，底比斯人抓住機會離開陣線向蠻族跑去，高舉雙手提出乞求，用誠懇的言詞說他們前來投效，要把土和水率先獻給國王，還說他們來到色摩匹雷完全是受到逼迫，沒有讓國王的部隊受到傷害，所以他們都是非常清白的人。這些話能夠拯救自己的性命，還有帖沙利人出面為他們作證。」[128]

可以考量一下，戰鬥和追逐所產生的混亂和喧囂，加上蠻族出擊的大聲尖叫，在那種狀況之下辯解的言詞還能讓人聽得到！再想一想所謂的證人也會受到

（續）————
　　第11卷4節。
123 蒲魯塔克在本書第17章〈斯巴達人的格言〉51節之2，以及第19章〈斯巴達婦女的嘉言懿行〉2節之6，都提到這個故事。
124 希羅多德的確在《歷史》第7卷221、229-232節，說了一些無關痛癢的故事。
125 參閱希羅多德《歷史》第2卷162節。
126 這是埃及國王蘭普西尼都斯(Rhampsinitus)的故事，參閱希羅多德《歷史》第2卷121節。
127 參閱希羅多德《歷史》第7卷233節。
128 參閱希羅多德《歷史》第7卷233節。

質疑。在一個狹窄的隘道四周都是殘缺不全的屍首，倒在地上被大家踐踏，帖沙利人支持底比斯人的乞求竟然會這樣說：「那時我們控制的希臘地區遠至帖司庇伊，後來在會戰中被他們擊敗，不僅將我們趕了回去，還殺死我們的指揮官拉塔邁阿斯（Lattamyas）。」[129] 這是皮奧夏人和帖沙利人何以會處於對立的原因所在，他們之間沒有友誼可言，雙方的關係極其冷漠。

不過，即使帖沙利人會提出保證，底比斯人又如何使自己獲得拯救？因為希羅多德這樣說：「他們之中有些人跑向蠻族的時候受到殺害；大多數人在澤爾西斯的命令之下，從他們的將領李昂泰達斯（Leontiadas）算起，全都烙上皇家的標記。」[130] 亞里斯托法尼斯根據《職官誌》（The Register of Magistrates）[131] 的說法，以及科洛奉的尼康德都提過[132]，讓我們知道在色摩匹雷的底比斯將領是安納山德而非李昂泰達斯；除了希羅多德的著作之外，沒有任何人知道澤爾西斯曾對底比斯人打上烙印。

實在說，他們和城邦會對烙印記號感到驕傲，這才是答覆指控最為強烈的辯護之辭；如果他們認定是澤爾西斯下達命令，要將李奧尼達斯和李昂泰達斯，當作死對頭給予最嚴厲的處分，所以斯巴達的領袖死後屍體受到摧殘和凌辱，底比斯的將領活著還要烙上可恥的標記[133]。希羅多德提到澤爾西斯對李奧尼達斯的殘暴行為，證明蠻族的確恨他入骨，沒有任何人可以與他相比；他表示底比斯人雖然在色摩匹雷受到黥面的懲罰，最後還能證明他們在普拉提亞會戰，根本不理會所受到的羞辱，完全倒向波斯人的陣營。在我看來他就像希波克萊德（Hippocleides）用頭頂著桌面，雙腳在空中亂蹬一樣，要大家認為這位希羅多德「確實是在跳舞」，還得口口聲聲的說：「希羅多德根本不在乎。」[134]

---

129 參閱蒲魯塔克《希臘羅馬英豪列傳》之〈卡米拉斯傳〉19節，提到的勝利是在琉克特拉會戰之前大約兩百多年，是517 B.C.發生的事，非要與現在的狀況扯上關係，那也很難說得清楚；除了蒲魯塔克沒有其他的作者記載這一次的作戰，或許他曾經隨著皮奧夏的史家亞里斯托法尼斯進行研究，所以才會感到興趣。

130 參閱希羅多德《歷史》第7卷233節。

131 雅各比《希臘史籍殘卷》第3卷No.379之F.6。

132 雅各比《希臘史籍殘卷》第3卷No.271-271之F.35。

133 李昂泰達斯的兒子優里瑪克斯在431 B.C.擬定一個計劃，要讓底比斯人對普拉提亞發起攻擊，結果是伯羅奔尼撒戰爭從此開打（參閱修昔底德《伯羅奔尼撒戰爭史》第2卷2節；希羅多德《歷史》第7卷233節，提到他在指揮作戰之際被殺，或許這是錯誤的傳聞）。不論這個職位是父親或兒子所擁有，由於雅典人對這個家庭極其反感，所以才會說出惡意和帶有誹謗性質的話。

134 希波克萊德就是那位「跳舞失去親事」的求婚者，這件事的來龍去脈可以參閱希羅多德《歷

34 他的《歷史》第八卷提到希臘人在阿提米修姆感到驚慌，計劃航經海峽逃向南部地區，優卑亞人要求給他們一點時間，好將家人和奴隸遷到安全的地點，提出的問題根本沒有人理會，直到提米斯托克利收下送給他的錢，加上優里拜阿德和科林斯指揮官埃迪曼都斯都能分享好處，這時希臘人才留下來，要在海上面對蠻族發起會戰[135]。品達的城邦並沒有參加盟軍，但卻受到私通波斯的指控，儘管如此他還是寫下讚譽阿提米修姆的詩句，說起在這個地方的海戰：

> 偉哉雅典之子克服強敵已奠定自由基石，
> 巍然屹立不搖雄視下界要歷經千秋萬世。[136]

有人將希羅多德視為多方嘉許希臘的頌詞作家，他卻公開宣稱海戰的勝利，完全是賄賂和詐騙造就的成果，表示希臘人沒有戰鬥的意願，只是那些腐敗的將領使用詭計，讓他們上當罷了。他的惡意不僅僅只在這一方面。幾乎每個人都有同樣的看法，那就是希臘人在海戰中擁有優勢，等到他們得知色摩匹雷的噩耗，方始棄守阿提米修姆讓蠻族占有，因為戰事的範圍越過視為天險的要域，何況澤爾西斯可以控制所有的隘道[137]，他們還要在海上保持防衛的態勢，已經沒有任何意義可言。

希羅多德表示在李奧尼達斯陣亡消息傳到以前，希臘人就有開溜的構想。下面是他的記載：「他們的損失相當嚴重，特別是雅典人的船隻有半數遭到毀棄，因而擬定向希臘內海逃走的計劃。」[138] 所以他受到認可能夠談起逃走之事，在提到會戰之前的撤退，為了譴責起見就搬出這樣的用語。他最初談起的「逃走」正好處於前面的狀況，沒過多久再度提到「逃走」。何況他附帶的表示是如此的嚴苛不近人情：「提米斯托克利在崖上刻字以後，一個人從希斯提亞（Histiaea）乘船去告訴蠻族，說希臘人已從阿提米修姆逃走，他們不相信來人送來的消息，就

（續）
　　史》第6卷127-129節。
135　參閱希羅多德《歷史》第8卷4節；蒲魯塔克對於這種說法並沒有表示異議，參閱《希臘羅馬英豪列傳》之〈提米斯托克利傳〉7節。
136　克里斯特《品達的吉光片羽》No.76-77；本書第17章〈斯巴達人的格言〉69節之8、第45章〈論天網恢恢之遲延〉6節；以及《希臘羅馬英豪列傳》之〈提米斯托克利傳〉8節。
137　現代的批評家會同意這個觀念，希羅多德在敘述方面主要的弱點，就是雙方在陸地或海上的綜合態勢，還是不很明朗。
138　參閱希羅多德《歷史》第8卷18節。

把他監禁起來，立即派出一條快船前去偵察。」[139]

那麼你對這種說法有什麼意見？他們真就像吃了敗仗的人一樣「逃走」？敵人認為希臘人獲得名正言順的勝利，所以不相信他們在會戰以後開溜。這個人無論他所敘述的情節有關個人或城邦，難道我們都能確信無疑？只是一個很簡單的字眼「逃走」，他可以抹殺希臘人的勝利，可以推倒建立的紀念碑，讓普羅西奧（Proseoa）的阿特米斯神廟[140]上面的銘刻成為吹牛的大話。這首詩現在還留在那裡：

> 蠻荒部族越過遼闊海洋從亞洲蜂擁而來，
> 雅典的志士捨身報國不惜犧牲力戰以殉；
> 無比英勇壯烈才能制服米提人大舉入侵，
> 阿特米斯的神廟樹立高聳石柱永懷功勳。[141]

在他的書中沒有記載希臘人在會戰中有什麼安排，或者提到在何種狀況之下應有的行動，只說每個城邦對於自己的船隻，考慮它們的安全感到操心不已；所以會在稱為「逃走」的轉進行動中，他說科林斯人先行而雅典人殿後[142]。

35 希羅多德無權說得這樣嚴厲又苛刻，甚至就是對於投向波斯人那邊的希臘人也沒有必要。雖然有些人認為他是休里埃的市民，終究他還是對哈利卡納蘇斯人[143]懷有深厚的感情，這些多里斯人帶著家眷在遠征行動中對抗希臘人[144]。

對於那些迫不得已投向波斯陣營的人，希羅多德的確難以運用公正的字句敘

---

139 參閱希羅多德《歷史》第8卷23節。
140 「普羅西奧」這個字的意義是「面向東方」，位於阿提米修姆海岬上面的阿特米斯神廟因而獲得這個稱呼。
141 戴爾《希臘抒情詩》第2卷104頁。
142 參閱希羅多德《歷史》第8卷21節。
143 希羅多德是土生土長的哈利卡納蘇斯人，444 B.C.到義大利參加建立休里埃殖民區的工作，主事者是雅典當局。他在《歷史》這本著作的開頭，題辭稱自己是哈利卡納蘇斯人；根據亞里斯多德《修辭學》第3卷1409A的記載，有些古老的抄本，上面的題辭寫著「休里埃人希羅多德」。
144 這些哈利卡納蘇斯人的部隊是在一個婦女的指揮之下，她的名字叫作阿提米西婭；參閱本章第38節。

述他們的景況。他的不公和偏頗從來沒有停息；說起帖沙利人派遣使者到世仇大敵福西斯人那裡，告訴對方只要付出五十泰倫，就可免除他們的家園受到兵刀之苦；他對福西斯人寫出這樣的文字：「在這個地區只有福西斯人沒有投靠波斯人的陣營，根據我的臆測，除了痛恨帖沙利人沒有其他的理由；我認爲帖沙利人要是支持希臘人的立場，福西斯人就會倒向波斯人那邊。」[145]

　　然而沒過多久，他告訴我們說是福西斯人有十三個城市遭到蠻族焚毀，整個國土受到蹂躪，位於阿比（Abae）的神廟被縱火燒掉，凡是沒有及時逃到巴納蘇斯山區的男女老幼，都面臨慘遭屠殺的命運[146]。他們準備忍受任何傷害，絕對不會背棄城邦的榮譽，然而希羅多德對於這些根本置之不理。他對福西斯人繼續打壓，認爲他們的地位還不及最熱心的投靠分子。不能從他們的實際作爲中發現有什麼差錯，他就用他的筆捏造卑劣的動機，激起大家對他們產生猜疑之心，要我們去判斷他們的意圖，不在於他們眞的做了通敵之事，在於帖沙利人要是有什麼行動的話，他們會採取完全對立的反應。因而福西斯人之所以不會成爲叛徒，完全在於那個位置已經被別人所占據，否則的話他們早已成爲一丘之貉。

　　可能有人想要爲帖沙利人投向波斯人的行動提出辯護，就說他們原本沒有那種打算，所以會違背自己的意願在於他們過去與福西斯人發生爭執，現在卻看到這些對手支持希臘人。他竭盡所能去粉飾他們的言行舉止和扭曲所有的事件眞相，爲的是要取悅一方，因而杜撰最正當的理由去解釋最下賤的行爲，這些就我們看來難道還有什麼別的用意？我可以確定就是如此。

　　他聲稱福西斯人選擇最高貴的行徑，不在於他們是有理想的人，而是他們一定要與帖沙利人背道而馳，那麼這樣一位作者除了可恥的污衊，對當時的事物還能有什麼其他的想法？他不會對其他城邦的人民說些誹謗的話；如同他通常所做的那樣，就說他「聽到這回事」；他現在卻說這是他的「臆測」。在這種狀況之下，他應該被提出的證據說服，不應再有其他的想法，須知人們即使有最壞的意圖，還是會出現最好的行爲。

　　他所提出的敵視動機極其可笑：像是伊吉納人與雅典人發生爭執，卡爾西斯人與伊里特里亞人永難和解，科林斯人與麥加拉人不斷衝突，這些並沒有阻止他們參加希臘人的陣營，共同對抗波斯人奮戰到底；從另外一個方面來說，雖然帖

145　這裡提到的福西斯是希臘中部一個地區，南面瀕臨科林斯灣，東面和西面分別與皮奧夏和洛克瑞斯接壤，北面是多里斯和歐庇斯、洛克瑞斯；長久以來控制德爾斐，掌握宗教和政治的優勢，參閱希羅多德《歷史》第8卷30節。

146　這裡提到的巴納蘇斯山是德爾斐附近一座聖山，參閱希羅多德《歷史》第8卷32-33節。

沙利人和馬其頓人是世仇大敵,等到馬其頓人投靠蠻族那邊,並沒有妨礙到帖沙利與波斯人的結交。眞相所在乃是全面的危險會使個人的怨恨爲之暫時銷聲匿跡。人們會忘記還有其他的感覺,不是榮譽使他們決心做出高貴的行爲,那就是需要使得他們要用權宜之計[147];那麼一定不要忘記,在經歷需要的過程使得他們降服於米提人以後,這些人改變心意又重新回到希臘人的陣營。斯巴達人拉克拉底(Lacrates)提出直接的證明,說他們對福西斯人非常感激,這樣使得希羅多德沒有其他的選擇,只能承認在普拉提亞會戰當中,福西斯人是希臘軍隊的一部[148]。

36 他對命乖運蹇的犧牲者發動不講情面的攻擊,甚至那些立場堅定和冒險犯難的人士,都被他扣上通敵和叛徒的帽子。他說:「納克索斯人派出三艘三層槳座戰船爲蠻族助戰,其中一位船長德謨克瑞都斯說服其他人員,決定投向希臘人的陣營。」[149] 從這裡可以看出他的任何讚揚都不可能沒有預謀;爲了一個人受到誇獎,整個城市和人民的名聲都受到損害。證據是來自赫拉尼庫斯和埃弗魯斯對納克索斯人的感謝;這兩位作者一位的時間較早,另一位是後輩。前者的說法是納克索斯派遣六艘船去幫助希臘人,後者認爲數目是五艘[150]。就事實而論,希羅多德自己提供證據,讓人知道所有的情節全部出於捏造。納克索斯的編年史家提到,他們先前趕走麥加巴底,這個人率領兩百艘船進犯他們的島嶼[151];接著擊退波斯將領達蒂斯,雖然來人曾經燒毀他們的廟宇,對於納克索斯的人民,沒有意圖要造成任何實際的損害[152]。

如果希羅多德的敘述確實不虛,波斯人燒毀他們的城市將它夷爲平地,所有的市民爲了求生只有在山區找到庇護;他們能有充足的理由去援助蹂躪國土的侵略者,拒絕加入抵抗的陣營爲爭取自由而奮鬥[153]!希羅多德顯然杜撰書中的情節

---

147 蒲魯塔克認爲只有兩種選擇,開始的打算是抗拒的榮譽,接著才是基於需要的妥協。

148 這種說法並不正確。希羅多德在《歷史》第9卷17-18節,提到福西斯人(雖然很不情願,還是與波斯人妥協)在479 B.C.的春天,用緩慢的行動派遣一千名重裝步兵,加入瑪多紐斯的陣營,而且在測試他們的勇敢以後才接受;在第9卷31節的敘述當中,說是這一千人部署在波斯人的戰線,同時還提到有很多福西斯人仍舊效忠希臘人,他們突破在巴納蘇斯山的包圍圈,給瑪多紐斯的部隊帶來很大的損害。

149 這段文字經過改寫,與希羅多德《歷史》第8卷46節的原文,還是有很大的出入。

150 雅各比《希臘史籍殘卷》第1卷No.4之F.183,第2卷No.70之F.187。

151 雅各比《希臘史籍殘卷》第3卷No.501之F.3。希羅多德在《歷史》第5卷32-34節,提到麥加巴底花了四個月,想用圍攻方式奪取城市,最後無功只好撤軍。

152 這一段的原文有謬誤,要依據希羅多德在《歷史》第6卷96節的記載,加以訂正。

153 這種爭論實在荒謬;在波斯的統治之下,納克索斯人沒有選擇的餘地。

用來詆毀納克索斯人的名譽，這樣做不是為了想要贊許德謨克瑞都斯，可以明確看出他完全省略和隱匿德謨克瑞都斯的英雄事蹟，賽門尼德寫出一首短詩，可以說是頌揚不遺餘力[154]：

> 希臘人和波斯人在薩拉密斯的海域接戰，
> 德謨克瑞都斯率領第三艘戰船衝鋒陷陣，
> 他的英勇擄獲敵軍的船隻竟有五艘之多，
> 剛剛到手的多里斯人戰船又能逃得活命。

37 為什麼會有人要讓納克索斯人困惑不堪？如同某位人士所說那樣，即使一個對蹠的民族住在世界的另一面，我想他們都曾聽過提米斯托克利和他的計劃，那就是他如何提出建議，希臘人應該在薩拉密斯與敵人決戰，以及在打敗蠻族之後，要在密利提為阿特米斯建一座稱為「參贊者」的神廟。我們那位精明的史家對任何事物都能施展權力，提米斯托克利扮演的角色都會相形見絀，將對他的信任轉移到另外一個人身上。這是希羅多德所說的話[155]：「等到提米斯托克利回到自己的座艦，一位名叫尼西菲盧斯的雅典人問他，大家的商量是否有了結果，聽到他們的決定是船隻全部退到地峽，展開防衛伯羅奔尼撒地區的戰鬥，這時尼西菲盧斯說道：『在目前的狀況之下，只要他們的船隻離開薩拉密斯，就再也沒有一片國土可以為它奉獻犧牲，大家都會分別回到自己的城邦。』過了一會他又說道[156]：『看看還有什麼機會，可以推翻原來的計劃，盡量說服優里拜阿德改變主意仍舊留在此地。』然後希羅多德又加油添醋一番，說這個建議非常合乎提米斯托克利的心意，也沒有回答一句話，就起身去見優里拜阿德。我繼續引用他說過的話：「然後提米斯托克利坐在優里拜阿德的身旁，就把從尼西菲盧斯聽來的話一五一十說出來，還加上自己的看法，表示這些都是他的意見。」[157] 你可以看到他是如何的處心積慮，要讓提米斯托克利被人視為一個毫無誠信的人，甚至要把尼西菲盧斯的策略據為己有。

154　戴爾《希臘抒情詩》第2卷85頁。

155　參閱希羅多德《歷史》第8卷57節。

156　蒲魯塔克只是很簡短說了兩句，要知道希羅多德藉著尼西菲盧斯發表的意見非常完整。

157　參閱希羅多德《歷史》第8卷58節；有關尼西菲盧斯這個人的狀況，可以參閱蒲魯塔克《希臘羅馬英豪列傳》之〈提米斯托克利傳〉2節。

38 希羅多德對雅典人的嘲笑更爲變本加厲，雖然提米斯托克利非常精明得到奧德修斯這個綽號，就說提米斯托克利的所作所爲都逃不過他的法眼，即使如此還是不能讓他感到滿意；所以他要讓他的市民同胞阿提米西婭對澤爾西斯提出警告，從各方面看來都是她的主意，並沒有任何人在後面教唆；所以她說道：「希臘人沒有能力維持長久的抵抗，你只要將他們驅散，他們就會逃回自己的城邦；如果你的陸上部隊向伯羅奔尼撒進軍，他們還是視若無睹，如同不會爲保衛雅典而戰鬥是同樣的道理；從另一方面來說，如果你急著要進行一場海上會戰，一旦敗北不僅喪失水師，連帶陸上部隊都會陷入萬劫不復的地步。」[158] 希羅多德最需要的本領是運用高明的手法，將阿提米西婭塑造成一個如同西比爾的人物，預知未來的事物是如此的精確；因此澤爾西斯將自己的幾個兒子交給她帶回以弗所[159]。如果身旁的兒童在旅途需要婦人的保護，看來國王忘了從蘇薩帶來在後宮服侍的女官。

39 如果他不顧事實說捏造的話，我們並不感到擔心；至於要檢驗的重點在於他惡意的謊言。他根據雅典人的說法，提到敵軍即將接近，科林斯的將領埃迪曼都斯恐懼萬分，開始逃離戰場；不是從戰鬥的隊列當中放慢速度然後偷偷溜走，而是公開升起船帆開航，所有他率領的船隻全都轉過頭來追隨，然而等他們到達薩拉密斯島的盡頭，一條快速的小艇從後面趕上來，有人在上面大叫：「埃迪曼都斯，你要是這樣逃走，等於很卑劣的背叛希臘人；然而勝利幾乎已經到手，他們向神明祈禱要贏得大捷，果然如其所願。」看來這條小艇是從天而降，從各方面看來所寫的狀況都是戲劇性的情節，爲何他不願使用舞台的機械裝置？不管來人怎麼說埃迪曼都斯都會相信，等到「返回營地發現勝負已成定局；以上這些都是雅典人的報導。然而科林斯人卻否認這種說法，強調他們在會戰當中處於領導的地位，其餘的希臘人都支持他們的論點」[160]。

這就是那個傢伙所以會經常如此的緣故；他散播性質不同的誹謗言詞來指控立場相異的對象，有些人受到影響對於任何事件，都會用最壞的觀點來看問題的所在。對他而言所產生的結果是一石兩鳥之計，亦即如果他的指控不能取信於人，雅典人的盛名就會受到玷污，要是大家相信他無的放矢，那麼科林斯人就會

---

158 這是阿提米西婭要瑪多紐斯轉告國王的建議，要點是她反對與希臘人進行海戰，參閱希羅多德《歷史》第8卷68節。

159 參閱希羅多德《歷史》第8卷103節。

160 參閱希羅多德《歷史》第8卷94節。

聲譽掃地。我不相信他會聽到雅典人不滿科林斯人，或是科林斯人對雅典人有任何怨恨之處。我認爲他同時在侮辱兩個主要的城邦，修昔底德敘述雅典的演說家在斯巴達反駁一位科林斯人的講話，有關雅典人參加波斯戰爭表現英勇的行爲，談到很多優異的主張獲得大家的認同，其中包括薩拉密斯會戰在內，但是從未對科林斯人提出叛逆不忠或臨陣脫逃的指控[161]。

　　任何一個雅典人看到奉獻給神明的祭品，是用蠻族的戰利品製作而成，上面刻著城市的名字，科林斯緊接在斯巴達和雅典的後面，排出的次序是第三位[162]，他也不會像希羅多德那樣對著科林斯肆意辱罵。他們允許科林斯人在薩拉密斯靠近城市的地方埋葬陣亡的將士，還在墓碑上面爲他們刻著這首詩：

> 啊！來客！只要是科林斯人的英靈長存，
> 埃傑克斯的島嶼薩拉密斯就會風平浪靜；
> 腓尼基的寇邊和波斯的入侵已再無隱憂，
> 神聖的地點可保希臘人千年萬載的自由。[163]

地峽的陣亡將士紀念碑有下面的銘文：

> 希臘已面臨危亡的關頭給人民帶來戰慄，
> 要靠著他們拋頭顱灑熱血才能擊退強敵。[164]

一位科林斯船長名叫戴奧多魯斯(Diodorus)，他在奉獻勒托神廟的祭品上面，刻著這樣的詩句：

> 戴奧多魯斯率領船員奪下波斯人的披掛，
> 呈獻給神聖的勒托作爲激烈戰鬥的紀念。[165]

161　修昔底德《伯羅奔尼撒戰爭史》第1卷73-78節。

162　特別提到一根蟠蛇的石柱，那是紀念波斯戰爭獲勝在德爾斐奉獻給阿波羅的祭品(《歷史》第9卷81節)，後來將這根石柱搬到君士坦丁堡。

163　戴爾《希臘抒情詩》第2卷93頁。後來在薩拉密斯島發現一塊大理石板，上面刻著這首頌辭頭兩行押韻的對句。

164　戴爾《希臘抒情詩》第2卷95頁；以及《帕拉廷詩集》第7卷250-251行，現存還有一首三行聯句的詩。

165　戴爾《希臘抒情詩》第2卷103頁；以及《帕拉廷詩集》第6卷215-218行。

希羅多德不斷將可恥的傳聞加在埃迪曼都斯的身上,說是「只有他堅持離開,不願留在阿提米修姆要盡快逃走」;考慮到他所擁有的名聲:

> 此地埋葬埃迪曼都斯是名聲不朽的主將,
> 我們感謝他為希臘人爭來了自由的桂冠。[166]

如果一個人生前是儒夫和叛徒,死後不可能獲得這樣大的榮譽;除非他的行為在當時那種狀況之下,能夠擁有顯赫的名聲和地位,他才敢將三個女兒分別命名為瑙西妮絲(Nausinice)、阿克羅辛妮昂(Acrothinion)和亞歷克西比婭(Alexibia)[167],還能將他的兒子稱為亞里斯提烏斯(Aristeus)[168]。

更有甚者,在希臘人當中只有科林斯的婦女會受到神靈的附體,請示女神讓她們的丈夫在會戰中奮不顧身與蠻族戰鬥;然而像希羅多德這樣的人士,竟然不曉得有這回事,真是令人難以置信。甚至最遙遠的卡里亞人[169]都聽到過,因為這個故事變得家喻戶曉,還有一座青銅雕像設置在阿芙羅黛特神廟[170](米狄亞夢中出現幽靈讓她知道已經失去丈夫的愛情,由於有人認為是阿芙羅黛特出面,矯正傑生對帖蒂斯[171]的不倫之戀,所以米狄亞為了感激女神,就為祂建造這座神廟),賽門尼德特意為它寫出一首諷刺詩:

> 站在這裡的女士不畏艱辛前往塞浦路斯,
> 要為整個希臘的命運和前途向上蒼祈禱,
> 請求偉大的女神與驍勇的戰士列陣出擊,
> 阿芙羅黛特誓言波斯入侵必定嘗到敗績。[172]

---

166 戴爾《希臘抒情詩》第2卷95頁;以及《帕拉廷詩集》第7卷347-348行。

167 Nausinice的字面意義是「海戰勝利」;Acrothinion是「感謝神佑」;Alexibia是「擊敗強敵」。

168 Aristeus的字面意義是「百戰百勝」。

169 這些人是典型的「無知鄉巴佬」。

170 這是一座全身披掛的阿芙羅黛特青銅雕像,放置在科林斯衛城的頂端,須知祂是科林斯的保護神,參閱鮑薩尼阿斯《希臘風土誌》第2卷5節。

171 這裡將對象弄錯了,傑生所愛的人是克利昂的女兒格勞斯,這位新娘被他的髮妻米狄亞送的結婚禮服毒斃,優里庇德據以寫出慘絕人寰的悲劇《米狄亞》。有人認為這種說法並沒有錯,因為敘述的情節是另一個故事。

172 戴爾《希臘抒情詩》第2卷101頁;就是狄奧龐帕斯和泰密烏斯,都在他們的著作當中,記下這位科林斯婦女的故事和這首史詩

有很多的史料應該據實記錄下來，還有一些沒有價值的東西無須浪費筆墨；所以他不必將阿密諾克利殺死兒子的慘劇，寫進書中使得眾口流傳。

40 事後希羅多德將大部分的指控事項針對提米斯托克利，說他如何周遊各個島嶼，在其他將領不知情的狀況下，運用非常不誠實的方式圖利自肥[173]。他最終還是對雅典人表示相當反感，就從他們的手裡拿走勝利的冠冕，將它轉送給伊吉納人。所以希羅多德有這樣的寫法：「希臘人將勝利的成果當成感謝的禮物送到德爾斐，請示神明對奉獻的貢品是否感到齊全和精緻；得到的答覆是除了伊吉納人，其他所有希臘人都能讓祂滿意；因此祂向伊吉納人要求在薩拉密斯會戰當中，極其英勇的行為所得到的獎賞。」[174] 因此他不再用自己杜撰的言詞，像是伊索拿烏鴉和猿猴出氣[175]一樣，去找錫西厄人、波斯人或埃及人的麻煩。他卻利用阿波羅這位神明，藉著祂的口不讓雅典人在薩拉密斯海戰，因為將士的英勇擁有位居首席的獎賞[176]。根據希羅多德的說法，希臘的將領在地峽投票的結果，就功勳而言提米斯托克利位居第二，因為每位將領都認為自己應該穩居首位，最後還是沒有達成一致的決定。希羅多德並沒有指責他們的自私和野心，只是說大家基於嫉妒心作祟，沒有讓提米斯托克利獲得第一的殊榮，接著他們各自揚帆返家[177]。

41 在《歷史》第九卷即最後一卷中，他抱著渴望的心理要把留下的怨恨，全部發洩在斯巴達人身上，他認為最好的手段是將這個城邦在普拉提亞的光榮勝利和蓋世功勳全部剝奪一空。諸如此類的伎倆在他的敘述中可以清楚看出，說是斯巴達人原先很怕雅典人被瑪多紐斯說服，放棄希臘人的復國大業；等到一旦地峽的工事和守備加強，他們認為伯羅奔尼撒已經安全無虞，就不再考慮其他城邦的處境，擺出置之不理的態度。他們在家中舉行慶典，對於雅

173　參閱希羅多德《歷史》第8卷112節。

174　參閱希羅多德《歷史》第8卷122節；看來希臘人的態度極其曖昧，或許是故意如此也說不定。意思是神要大家為獲得獎賞對祂心生感激，再就是為了感激起見將獲得的獎賞奉獻給祂，蒲魯塔克所要表達的意思是前一種，希羅多德借用這種方式，強調伊吉納人在所有希臘人當中，立下最大的功勞，所以才獲得最豐碩的成果，就是雅典人只能名列第二。

175　蒲魯塔克對於伊索的《寓言集》一直感到興趣，有很多篇的隨筆加以引用。

176　事實上，雅典獲得的獎賞在所有希臘城邦當中，還是位居第一，可以參閱伊索克拉底《頌辭》No.72。要是果真如此，蒲魯塔克的憤怒讓人更難理解。

177　參閱希羅多德《歷史》第8卷123-124節。

典的使者用空話來搪塞，浪費極其寶貴的時間[178]。如此說來，五千名斯巴達人向普拉提亞進軍，每位市民還有七個農奴在旁擔任幫手，這又是怎麼一回事？或者為何要冒這樣大的危險，為了贏得那天的勝利要去殺死數以千計的敵人？聽聽希羅多德那令人信服的解釋：他說道：「所以會出現後面的狀況，乃是有個來自特基亞的訪客名叫契列奧斯（Cheileos），與民選五長官有很深的交情而且來往密切，就勸他們必須派遣軍隊，如果雅典人投向瑪多紐斯的陣營，橫越地峽的長牆對伯羅奔尼撒的防衛毫無用處。」[179] 可以明確得知，這樣一來才有鮑薩尼阿斯率領所屬前往普拉提亞；如果是私人事務的羈絆或其他原因，使得契列奧斯這個傢伙留在特基亞，希臘人看來就會死無葬身之地。

42 從另一方面來說，他一直沒法決定如何對待雅典人，經常來回改變個人的心意，一下要把這個城市捧到九霄雲外，接著立即將它打進十八層地獄。他說雅典人為了獲得指揮左翼的權力與特基亞發生爭執，這個位置所擁有的榮譽和地位僅次於斯巴達人，這樣才能滿足他們的野心；一開始就提到海克力斯家族和雅典人，在會戰中對抗亞馬遜人的功績；對於那些喪生在卡德密牆腳下面的伯羅奔尼撒人，特別指出他們曾經給予厚葬，最後他們談起最近的事務全部訴諸馬拉松的表現[180]。

根據希羅多德的說法，沒過多久工夫，鮑薩尼阿斯和斯巴達人將他們的指揮權讓給雅典人，邀請他們接受右翼的位置，當面的部隊由波斯人組成，原來的左翼交給斯巴達人[181]。從而認為斯巴達人缺乏這方面的經驗，所以沒有資格與蠻族的主力發起戰鬥；要說他們不願去對抗一個從未曾交手的敵軍，這也是很荒謬的事。不過，他對於其他的希臘人，就敘述他們的將領如何率領他們到另外的地點去紮營，他說：「等到開始移動，他們很高興有機會脫離敵人騎兵的襲擊，進入普拉提亞的市鎮之內，靠著逃走使他們能夠抵達赫拉神廟。」[182] 說這些話的目的，他的意圖是要指控所有不遵守命令、放棄職守和臨陣脫逃的人員。

---

178 參閱希羅多德《歷史》第9卷6-9節。
179 參閱希羅多德《歷史》第9卷9節，這不是引用原文，內容已經加以改寫。
180 參閱希羅多德《歷史》第9卷26-27節。
181 參閱希羅多德《歷史》第9卷46節，蒲魯塔克省略一段，要是按照希羅多德在《歷史》第9卷28-29節的記載，斯巴達人讓雅典人較之特基亞人擁有優先權，還把戰線的左翼交給他們負責。
182 參閱希羅多德《歷史》第9卷52節。

　　到最後他說只有拉斯地蒙人和特基亞人一直與蠻族纏鬥不休，還有就是雅典人與底比斯人的接戰；所有其他的城邦都被他剝奪分享勝利的榮譽。「他們在會戰中一點忙都幫不上，大家手執兵器坐在那裡動也不動，拋棄就在附近捨命犧牲的戰友不去援救，直到最後弗留斯人和麥加拉人聽到鮑薩尼阿斯贏得大捷，接應途中遇到底比斯的騎兵部隊，被衝得七零八落真是大傷顏面。科林斯人打一開始根本沒有參加會戰，等到勝利的信息傳來，他們急忙趕往第一線，為了避免遭遇底比斯的部隊，就沿著山腳前進。」[183] 非常明顯的事實，波斯人一旦出現潰敗的現象，底比斯人組成一支騎兵部隊，用來屏障蠻族的側翼，同時還掩護撤退的行動，毫無疑問是為了感激蠻族，在色摩匹雷使他們受到烙印的待遇。

　　儘管我們對於科林斯人在與蠻族戰鬥中占領的位置，以及普拉提亞會戰以後所獲得的榮譽，全都深表關切；可以看看賽門尼德為此有什麼說法：

> 伊菲拉的後裔開戰時部署在陣線的中央，
> 勇士擁有戰爭的本領和技巧要處處逞強，
> 格勞庫斯的老鄉向著太陽齊聲發出歡呼，
> 神明的黃金車駕已在天空發出萬丈光芒，
> 特別推崇他們的捨命搏鬥願意出場作證，
> 整個城邦和祖先的功勳和名聲得以遠揚。[184]

這些詩句代表的意義不僅是科林斯的合唱隊唱出動聽的歌聲，或者他們能從一首頌曲的發表使城市獲得榮譽，而是這首哀歌體的輓詩非常簡單的訴說整個事件的來龍去脈。

　　希羅多德已經預作準備，用來應付人們為了揭露他的謊言所提出的質詢：「陣亡人員共葬的墳地以及所有的墓碑和紀念物，普拉提亞人在希臘人的注視之下，為那個重大的日子提供所需，請問你對這方面有什麼解釋？」他的回答是比背叛自己的親戚更讓人感到震驚的指控；他說：「普拉提亞可以見到一些人的墳墓，根據我獲得的消息，那些沒有參戰的城邦大失顏面，建造沒有埋葬死者的土堆，打算讓後代的子孫看見以後感到光彩。」[185]

183　參閱希羅多德《歷史》第9卷69節。

184　戴爾《希臘抒情詩》第2卷84-85頁；詩中提到伊拉菲(Ephyra)是科林斯在古代使用的名字；科林斯國王格勞庫斯是特洛伊人的盟友，他率領一支部隊前往助戰。

185　參閱希羅多德《歷史》第9卷85節，這樣大費周章建造假墳，實在沒有必要。

　　除了希羅多德之外，沒有人聽到會戰中出現故意不參加行動的背叛人員，無論是鮑薩尼阿斯或是亞里斯泰德，無論是斯巴達人或是雅典人，都沒有覺察到任何一位戰友，面臨兵凶戰危的時刻竟會規避和退縮。戰勝紀念碑刻著伊吉納人的名字，雅典人無視於彼此的仇恨並沒有加以阻撓[186]；科林斯人受到指控，說是在最後獲勝的薩拉密斯海戰中逃走（經過希臘人證實有不同的看法），他們為了維護榮譽提出答辯，雅典人也沒有加以反駁。不僅如此，正如希羅多德告訴我們的那樣，說普拉提亞人克利達斯（Cleadas）在波斯戰爭過後十年，為了對於伊吉納人表示好感，就將這個埋葬很多人的土堆，用他們的名字當作稱呼[187]。

　　雅典人和斯巴達人幾乎就要停止建造凱旋門[188]的工程，只是他們並沒有不讓臨陣脫逃的希臘人分享榮譽，諸如將他們的名字刻在三腳鼎和雕像上面，以及將戰利品分配給他們，請問怎麼會這樣呢？最後他們寫出一首頌詩當成祭壇的銘文[189]：

　　　　希臘人能夠發揮所向無敵的勇氣和能力，
　　　　經過重大的會戰鬥志高昂擊敗波斯強敵；
　　　　光榮的勝利使得他們建立祭壇重獲自由，
　　　　希臘的命運在於蒙受天神朱庇特的保佑。[190]

請問希羅多德，克利達斯或其他人等為了討好那些城邦，才會在祭壇上面刻上銘文，你認為有這樣的可能嗎？如果後代子孫可以看到他們的名字出現在最顯著和最偉大的紀念碑上面，現在他們動手白費工夫去挖掘地面，做成騙人的土堆和紀念物，說目的是為了未來的後代子孫，難道還有這個需要？

　　他們說鮑薩尼阿斯的心中充滿暴君的思想，所以才會在德爾斐出現下面的銘文：

186　前面提到的蟠蛇石柱上面就刻著這些銘文。
187　參閱希羅多德《歷史》第9卷85節。
188　參閱蒲魯塔克《希臘羅馬英豪列傳》之〈亞里斯泰德傳〉20節，裡面說到亞里斯泰德扮演和平使者的角色；希羅多德沒有提及雅典人和斯巴達人之間的爭執，因為它的可信度讓人感到懷疑。
189　這個祭壇位於伊琉瑟里的宙斯神廟，每四年要在此為普拉提亞會戰的大捷舉行一次祭典，用來紀念希臘人獲得自由的權利。
190　戴爾《希臘抒情詩》第2卷103頁；參閱蒲魯塔克《希臘羅馬英豪列傳》之〈亞里斯泰德傳〉19節。

遭到希臘統帥殲滅的波斯軍隊蜂擁而上，

鮑薩尼阿斯要向菲巴斯奉獻凱旋紀念堂。[191]

他稱自己是他們的指揮官，所代表的意義是讓希臘人分享他的光榮。然而希臘人卻不領情，認為措辭不當所以怨聲四起，斯巴達人派使者前往德爾斐，將他的獻詞全部刪除，然後刻上所有城邦的名字，認為只有這樣才是得體的做法[192]。

要說希臘人對於那些打定主意不願參加會戰的城邦，還能讓它們的名字刻在紀念碑上面；或者是那些臨陣逃避和畏縮的人，斯巴達人竟然用這些人的名字來取代他們的將領和國王，難道我們會相信這樣的記載？希羅多德認定只有三個城邦參加作戰，所有其他的名字都要從紀念堂和神廟的石碑上刪去；那麼賽什諾斯人和梅利亞人（Melians）的名字刻在凱旋紀念堂的外牆[193]，像是索芬尼斯（Sophanes）、伊因尼斯都斯（Aeimnestus）[194] 和所有在會戰中功勳彪炳的人士，都沒有表示異議，這豈不是一件怪事。

43 從而得知，那個時候與蠻族所打的四場會戰：希羅多德說希臘人從阿提米修姆逃走；他特別提到色摩匹雷的狀況，說是他們的國王和將領在戰線前列面對死亡的時候，希臘人卻毫不在意，還在國內舉辦奧林匹克和卡尼亞的慶典[195]；他用這種方式來對待薩拉密斯會戰，裡面提到阿提米西婭所使用的篇幅，要比整個作戰的記錄為多，內容也要更加詳細；最後的普拉提亞會戰，他說希臘人坐在那裡無所事事，直到結束對於會戰的過程還是一無所知，如同阿提米西婭的同胞皮格里斯（Pigres）寫的一首諷刺詩[196]，說它是一場青蛙和老

191　參閱修昔底德《伯羅奔尼撒戰爭史》第1卷132節；《帕拉廷詩集》第6卷197-198行，上面有奉獻者的名字，同時還使用多里斯的方言；詩裡的菲巴斯（Phoebus）是太陽神阿波羅的稱號。

192　參閱修昔底德《伯羅奔尼撒戰爭史》第1卷132節。

193　在那根蟠蛇石柱上面就刻著賽什諾斯人和梅利亞人的名字。

194　索芬尼斯是雅典人，普拉提亞會戰有卓越的表現；伊因尼斯都斯殺死波斯主將瑪多紐斯，是斯巴達的英雄人物；參閱希羅多德《歷史》第9卷73-75節；蒲魯塔克《希臘羅馬英豪列傳》之〈亞里斯泰德傳〉19節。

195　希羅多德《歷史》第7卷206節的記載不能作為反駁之用，色摩匹雷的防禦作戰，除了斯巴達人沒有其他城邦的大部隊，所以蒲魯塔克很難自圓其說。

196　有關這首詩可以參閱《赫西奧德：荷馬風格的頌歌》（洛布古典文庫本）的序言部分；亞歷山大大帝將安蒂佩特與斯巴達人之間的戰爭，與他在亞洲的遠征相比之下，規模小得只能稱為「老鼠之戰」。

鼠的會戰，大家都同意作戰在沉默中進行，因而其他人沒有辦法發覺。

　　他還提到斯巴達人的勇氣並不優於蠻族，他們之所以獲勝，是因爲敵人沒有盾牌和護身的甲冑。似乎澤爾西斯有這樣的表示，蠻族要用鞭子在後面抽打才會向前推進，因爲他們不願與希臘人對陣[197]；他們在普拉提亞獲得不同的評價，「無論是勇氣和體力都與希臘人不相上下」，「他們的裝備缺少防護性鎧甲，身體很容易受到極大的傷害；他們用輕裝部隊來與我們的重裝步兵戰鬥。」[198]

　　如果斯巴達接戰的敵人是一支裝備不全的部隊；如果說其他人對於附近展開的會戰毫無所悉；如果沒有參戰的人竟要他們的後裔對著空墳行禮如儀；如果神廟裡面設置的三腳鼎和祭壇，上面刻滿錯誤的名字，只有希羅多德才知道實情；如果任何人聽到這些希臘人，說起他們完成偉大的成就，認爲全是騙人的傳說；請問這次會戰還能給希臘人什麼樣的光榮或尊敬？

　　我們承認希羅多德是一位藝術家，他的《歷史》讓人讀起來愛不釋手，描述手法是如此的迷人、精緻和優雅，所以他說他的史實「像是吟遊詩人在講一個動人的故事」[199]；我的意思是「像音樂一樣清晰流暢的文字」，只是缺乏「知識和智慧」[200]。的確如此，這本著作極具魅力可以吸引每個人的注意，只是我們對他的肆意誹謗和醜惡謊言必須小心提防，就像一個光滑而柔軟的外表，下面躲藏著螫人的玫瑰甲蟲；我們不能上當接受錯誤和虛假的論點，使得希臘的城邦和人民擁有的偉大和善良，因而對它產生不正確的印象。

197　這是指在色摩匹雷的作戰而言。

198　參閱希羅多德《歷史》第9卷62-63節。

199　荷馬《奧德賽》第9卷368行，亞西諾斯讚譽奧德修斯說話用詞文雅而且翔實可信；不像大多數旅客只在那裡打哈哈。

200　蒲魯塔克認定希羅多德是一位說謊的詩人，不是一位正直的史家。

第六十一章
自然現象的成因

1 海水爲何不能將養分供應給樹木？

柏拉圖[1]、安納克薩哥拉斯和德謨克瑞都斯[2] 等人，都將植物看成是固定在地面的動物，這與海水無法供應陸地動物以養分基於同樣的理由。事實上海洋植物就像魚類，可以從海水中攝取營養。就這點而言，對於那些生長在乾燥地區的植物和樹木，我並沒有表示它們都會獲得好處；須知某些品種會因爲液體過濃難以到達根部，另外一些品種可能因爲液體太重難以經由它們的莖或幹向上運送[3]。很多的證明可以得知海水較重和屬土的性質，特別是比起淡水對於船隻和游泳者給予更大的支持和浮起的力量。

或許是旱季會給樹木帶來嚴重的損傷，海水同樣可以發揮乾燥的效果（可以拿來解釋鹽爲何產生防止腐敗的作用，還有就是人在海中沐浴，身體的表皮立即感到乾燥和粗糙）[4]。或許是由於油類會傷害到植物，凡是污染到油漬的部位都會產生損壞[5]，可以說海洋就是一個很大又油膩的容器。這是海洋可以幫助火繼續燃燒的成因之所在，我們才會提出警告，不要想用噴灑海水的方式去熄滅火焰[6]。

---

1 柏拉圖《國家篇》491D、564A以及《泰密烏斯篇》90A，這些文章只是暗示而非陳述這些意見。

2 安納克薩哥拉斯和德謨克瑞都斯都曾經說過，植物擁有靈性和智慧，參閱狄爾斯（Diels）、克朗茲（Kranz）《希臘古代哲學殘卷》（*The Fragments of the Presocratics*）第1卷No.297。

3 塞拉斯（Psellus）說是「水分很快升起進入樹幹和小枝」，他之所以發現這種現象可能來自蒲魯塔克的著作。

4 參閱本書第77章〈會飲篇：清談之樂〉第1篇問題9第3節，提到亞里斯多德有這樣的論點，海水帶有熱量，所以蒸發的速度要較淡水爲快；蒲魯塔克不同意這種說法，認爲淡水的質量較輕，所以容易被太陽蒸發，帶鹽分的水含有很多雜質，會使皮膚感到粗糙和乾燥。

5 參閱狄奧弗拉斯都斯《植物史》第4卷16節。

6 笛歐・卡烏斯《羅馬史》第50卷34節，說是安東尼的水手在阿克興海戰當中，屋大維的艦隊發射縱火的火箭，他們沒有辦法熄滅蔓延的烈焰。

或許海水如同亞里斯多德所說的那樣，混雜經過燒灼的土變得味苦而且不可飲用。灰燼浸泡在淡水裡面就會得到鹼液或灰汁，可以飲用的水會因燃燒作用和熱，使得它的性質產生改變，如同我們的身體因為熱病使得體液成為膽汁[7]。據說生長在印度洋的灌木叢和植物不會長出果實[8]；它們獲得的養分來自流入的河川，像是沉澱在海底的淤泥，因而它們生長的地點靠近海岸，可以說是離開陸地不遠。

2 為何樹木和幼苗依據自然之理，能從雨水較之灌溉獲得更多的養分？

　　誠如利都斯（Laetus）[9]所說，雨點落下的衝擊力量會使泥土分開，形成的通路可以直抵植物的根部。或許這不是真正的理由，甚至就是生長在沼澤或水池中的植物，像是香蒲、蘆葦和燈心草，除非獲得季節性的降雨，否則不會生長或抽芽，可以證明利都斯的觀察有誤。根據亞里斯多德[10]的說法，來自降雨的水不僅新鮮而且潔淨，沼澤或水池裡面的水陳舊而又停滯，他的論點不見得一定是顛撲不破的真理；或許也只是有幾分道理說得通而已。流動的水體像是泉水和河川，都可以視為新鮮乾淨的淡水，赫拉克利都斯（Heraclitus）[11]有這樣的表示，一個人不會涉過同一條河流兩次，意思是流動的水使你無法在同個地點再行接觸；即使如此，它們還是沒有像雨水能給植物帶來更多的養分。從天而降的水可能質地較輕易於飄浮，由於它的稀薄[12]以及與「風」（pneuma）混合在一起，能夠很快直接傳輸到植物的體內，這可以說是真正的理由。由於水中混合空氣，這就是它落下來會形成水泡或泡沫。

　　只有養料充足的物質在受到完全的控制之下，才會供應動物和植物所需的肥

7　格林在他的著作中提到，曾經拿海水和灰汁做過比較；二流的頭腦即使經過訓練還是說不清楚，蒲魯塔克怎麼說燒過的土就是正在燒的土？

8　參閱普里尼《自然史》第13卷135、139節，據說那裡的植物還是會生出很小的漿果，從旅行家的報導得知，只有紅樹林的水筆仔或是海藻，符合所說的狀況。這裡所說的印度洋事實上就是紅海，它的範圍涵蓋亞洲南部的已知海域，連波斯灣都包括在內。

9　雖然有了名字，還是不知道這是何許人物。

10　參閱羅斯《亞里斯多德殘篇》No.215。

11　狄爾斯、克朗茲《希臘古代哲學殘卷》第1卷No.22B之12，這句話還有另一種說法：「一個人站在同一條河流當中，流過的水已經不同。」看來蒲魯塔克的表達方式受到柏拉圖的影響，參閱柏拉圖《克拉提魯斯篇》402A。

12　談到雨水的質地較輕，可以參閱普里尼《自然史》第31章31節；以及希波克拉底《空氣、水和地區》8節。所謂「稀薄」表示較低的濃度和純度，海水的稠密妨礙到植物的吸收。

料，絕大部分的狀況都是如此。我們的意思是氣味或是性質比較強烈的食物，都要經過再製的過程使它更易消化，否則就沒有烹調或加上各種配料的必要；從而可以知道，像雨水這樣清淡、簡單以及沒有味道的物質，進入身體就更容易接受轉換和改變[13]。

雨水在風和空氣中形成，下降的過程會很純淨沒有受到污染；泉水會從地下的通道和露頭的地點溶解各種物質[14]，因而它會加入很多的特性，等到用於養分的調製，身體吸收以後很不容易轉換，從而減緩組織和功能的改變。從另一方面來看，雨水從它的腐化作用，可以得知它容易改變本身的性質，會比河水或井水更快的敗壞[15]，用它來調配的食物很快引起變質產生異味，伊姆皮多克利的詩就是很好的證據：

> 只有來自皮質的果汁可以用來釀造美酒，
> 木質層的溶液量多卻很快使得原料腐臭。[16]

極其容易和明顯的解釋在於雨水的甜美成分，因為其中包含著氣體，所產生的作用很快將雨水帶進植物的體中。這是一個很好的理由，那就是家畜為什麼樂於飲用雨水，青蛙期盼降雨興奮得叫個不停[17]，可以看出雨水使池中的水更為甜美，對於其他水體而言這是主要的來源，同時還可以增加水的新鮮程度。阿拉都斯用這些來表示即將下雨的徵兆：

> 蝌蚪的父親聚集水池裡面拉著喉嚨大叫，

13　本書第77章〈會飲篇：清談之樂〉第4篇問題1，討論到單一的食物最容易消化，後面又提到雜食的優點，看來這方面是各說各話沒有定論。

14　蒲魯塔克認為春天開始的時候，不僅是土就連氣都會影響到水的性質。參閱塞尼加《天問》第3卷21節之2。

15　這個問題可以參閱普里尼《自然史》第31卷34節，以及希波克拉底《空氣、水和地區》8節；本書第77章〈會飲篇：清談之樂〉第8篇問題5，提到停滯的水容易腐敗，因為混雜土質變得不夠純淨。

16　狄爾斯《哲理詩殘卷》137頁，從而得知葡萄的樹液是水分滲過葡萄樹的樹皮，並不是直接來自它的根部。有關這方面的觀念，可以與本書第77章〈會飲篇：清談之樂〉第6篇問題2第2節，如何確保植物體內元素的平衡進行比較，可以獲得更合理的結論。

17　參閱本書第65章〈陸生或海生動物是否能更為靈巧〉34節，以及伊利安《論動物的習性》第9卷13節。

可憐的族群讓窺伺在側的水蛇開心偷笑。[18]

3 爲何牧人要用鹽粒餵他們的牲口？

大多數人認爲這樣做是爲了要讓家畜吃得夠多才能養得肥碩。須知鹽的味道可以刺激食欲，同時還能打開所有的管路和系統，使得食物很快分布到全身各個部位。這是希羅菲拉斯（Herophilus）的門生阿波羅紐斯（Apollonius）[19] 所列舉的理由，質地較爲稀薄的材料可以吃進肚中，並非存在於糖漿和麥片粥之中，而是用鹽醃製而且味道清淡的食物，其中最好的種類可以變爲細如毛髮的成長組織，形成食物的添加物通過管路進入他們的身體。

或許他們習慣讓這些牲口去舔食鹽粒，目的是爲了要保持健康以及減少生長期間所遇到的病痛。動物只要長得過胖就會有礙健康，鹽分會融解過多的脂肪然後逐漸消失。因而宰殺過的動物，依附在皮內的肥肉受到鹽的刺激，凝結力變得較爲微弱，所以獸皮會很容易剝除下來。經常舔食鹽粒的動物體內的血液比較稀薄，只要與鹽分混合起來就不會在內部形成凝結的血塊。

還是要考量動物是否因而不會變得多產，這時牠們沒有準備要進入交配期；說起母狗在交尾以後吃下加鹽的肉類，就會很快懷孕[20]，這種狀況倒是確有耳聞；載運食鹽的船隻會生育出很多的老鼠，那是它們攝食過量就會不斷性交。

4 爲何伴著雷電落下的雨水稱爲「閃電之雨」（lightning-water），會對苗木的生長大有助益[21]？
雨水在下降的過程中受到空氣的擾動以及不斷的混合，因而含有大量的「氣體」（pneuma），可以促進水分的運動，在植物體內的上升和分布帶來更好的效應。

雷和電的形成是溫暖和寒冷在空氣中產生的衝突[22]（這就是爲什麼雷聲很少

---

18 阿拉都斯《自然現象》946行。

19 阿波羅紐斯・邁斯（Apollonius Mys）是一位希臘作家，邁斯爲「老鼠」之意，這個姓在60 B.C.非常普遍；卡爾西頓的希羅菲拉斯是知名的天文學家，在亞歷山卓工作時爲300 B.C.左右。

20 參閱本書第77章〈會飲篇：清談之樂〉第5篇問題10第4節，用鹹肉餵母狗可以促使牠發情。

21 氮、鉀和磷是肥料三要素，雷電使空氣中的氮形成離子再溶解在水中，是植物獲得養分的重要來源；古人雖然不具備這方面的科學知識，能夠知道雨水可以幫助植物生長，已經是難能可貴。

22 參閱亞里斯多德《氣象學》369A。

在冬季聽到，多數是在春季和秋季的道理[23]，成因要歸之於不平均的氣溫），水分的調配所帶來的溫暖對於生長有很大的幫助。

雷和電容易出現在春季的理由有如上述，那麼春雨對於種子的萌芽更爲重要，特別是雨水降落在夏季的炎熱來臨之前，像是西西里的土地在春季接受豐富的水分，收成的作物無論是質或量都有很好的水平。

5 八種味道之一的鹹味，爲何不會從種子或果實中產生[24]？

然而橄欖產生苦味而葡萄產生酸味，接著是味道發生變化，一種成爲食用油，另一種變成葡萄酒；椰棗的澀味和石榴的酸味後來變成甜味，仍然有些石榴如同蘋果還是保持酸的味道。刺鼻的辛味以在根部和種子中最爲突出。指出的重點是鹹味對繁殖作用沒有任何好處，反過來說，對於其他的生理機能帶來腐爛和敗壞。基於這樣的理由，所以供應給植物和種子的養分，對於動物產生的作用不大，雖然有些如同開胃菜一樣，使得那些可以滋養牠們的食物，免得帶來過於膩煩的感覺。

或許因爲熱力作用使得果實沒有鹽分的存在，正如人們用煮沸的方式除去海水裡面的鹹味和刺鼻的辛辣[25]。

柏拉圖曾經說過，帶有味道的水通過植物的組織會被排除，甚至就是海水經由過濾作用可以失去鹽分[26]。鹽帶有土的屬性，溶解以後形成的質點是很大的顆粒；因而人們在海岸掘井可以得到能夠飲用的淡水；也可以用蠟製的容器裝海水經過過濾得到可以飲用的淡水，帶有鹹味的土質成分已經受到分離。過去用白色的黏土可以得到同樣的效果，因爲這種黏土抑留土質的成分不讓它通過，可以發揮過濾作用使得海水能夠飲用[27]。

---

23 參閱普里尼《自然史》第2卷136節以及阿里安《物理學卷》3節。

24 八種味道是酸、甜、澀、苦、鹹、辛、油和醋（特別是葡萄酒變質成的醋酸味，羅馬人將它當成每日必用的食物）；參閱狄奧弗拉斯都斯《論植物的成因》第6卷4節。還有人如同蒲魯塔克將酒的味道也算進去，這樣就成爲九種。

25 水果的成熟是一種調製的過程，植物的養料經過混合才會產生果實，這種調製和混合是內部的熱能產生的作用，首先要將養料當中的鹽分清除乾淨。從亞里斯多德《問題》933B得知，海水煮沸以後會出現甜味，當然這種說法也是人云亦云。

26 柏拉圖《泰密烏斯篇》59E。

27 海水經由某種樹脂的過濾，可以析出食鹽，陶器和蠟就辦不到；參閱亞里斯多德《氣象學》358B及普里尼《自然史》第31卷70節。

　　從而得知，植物不會從它的四周攝取任何鹽分，也不會分泌任何帶鹹味的產物；這是它的內部的組織使得到達種子和果實的通路非常狹小，體積較大的土質成分無法通行，受到過濾就被抑留下來。或許我們如同荷馬將鹹味視爲苦味的一種：

> 他從口裡吐出一股衝勁像是溪流的海水，
> 嘩啦啦的響聲經過他的腦袋卻帶著苦味。[28]

　　柏拉圖說是這兩種味道的性質極其純淨而且能夠溶解，鹹性的質量較爲少一點，也不會那樣的粗糙[29]。他同意鹹味在極其乾旱的狀況下，會轉變爲苦味，甚至就是鹽本身就具備某種乾燥的效果。

6 爲何一個人經常步行通過樹叢，身體被露水浸濕的部位會感染一種疥癬[30]？

　　如同利都斯所說，最合理的原因是擦傷的皮膚，會受到露滴的水氣所感染。或許像是種子受潮，它的皮質層會長黴[31]，同樣狀況是柔軟的綠色表面受到露水的滲透，劃出細小的痕跡或者產生溶解的現象，原來的絨毛就會脫落，引起感染帶來的損傷；要是留在身體某一個部位，就會減少血液的供應，像是腳和腿的下部，皮膚因發癢受到抓搔以及腐蝕和磨損。

　　露水天生帶有腐蝕的特性，最明顯的證據是使肥胖的人變瘦。不管怎麼說，體型發福的婦女認爲衣服或質地輕柔的羊毛，要是被露水打濕以後穿在身上，會使過多的肥肉融解以後變得消失無蹤。

7 爲何冬季時船隻在河上航行較慢，到了海上卻不會出現同樣的狀況？

　　河面上的空氣通常都較爲凝滯而沉重，到了冬季因爲寒冷的關係變得更爲濃稠，所以會對航行有所阻礙。

28　荷馬《奧德賽》第5卷322-323行；狄奧弗拉斯都斯把鹹味和苦味視爲一種。

29　柏拉圖《泰密烏斯篇》65D-E，提到八種味道中的七種，只是略去油脂味。

30　普里尼《自然史》第31卷33節，以及塞尼加《天問》第3卷25節，都說露水會使皮膚長瘡。

31　狄奧弗拉斯都斯《論植物的成因》第3卷23節，普里尼《自然史》第18卷91節，提到露水使得物品容易長黴。

或許是河流本身而非受到空氣的影響。寒冷對水的壓縮使它的重量增加，質地更加緊密；可以觀察供計時用的「滴漏」（clepsydrae）[32]，水的滴落在冬天要比夏天較爲緩慢。狄奧弗拉斯都斯的書中有這樣的記載，說是色雷斯的潘吉姆（Pangaeum）山區，當地有個噴泉具備某種特性：一個同樣大小的容器裝滿水以後，用天平來稱的結果，發現冬天的重量是夏天的兩倍[33]。船隻的行進較慢取決於水的密度，從事實可以明顯得知，冬天在河上航行的商船可以運送更多的貨物。河水變得密度更大以及更爲沉重，就會具備更大的浮力。至於談到海水，溫度增加反倒是質地會更稀薄；寒冷就各方面看來都能增加物質的密度，因而使得液體變得更加濃稠，這樣一來海水即使遇到嚴寒也不會凍結[34]。

8 爲何我們看到所有其他的液體只要流動或受到攪拌就會變冷，反而是海洋發生波濤洶湧的現象會變得更暖和[35]？

或許會說其他所有的液體的運動會排除它的熱量，或者使它所帶的熱慢慢消失；海洋的溫度增加來自風的吹拂和注入，可以看成是不同性質的外力所造成的結果。這種自然產生的熱量可以從海水的透明度[36]得知，事實上不論海水具備土質元素或是重量增加，始終不會凍結就是明顯的證據。

9 爲何海水在冬天嘗起來不會太苦[37]？他們提到輸水渠道的設計者戴奧尼休斯，對於這方面的實況也有類似的記載。

我們看到這麼多的河流注入大海，會說海洋的苦味並不在於缺乏可口的味道。那是太陽的光線照射在海洋的表面[38]，就會帶走味道可口而且能夠飲用的水

32 滴漏是一種計時的裝置，封閉的玻璃容器底部有一個小孔，上面留的孔要大一點，等到容器裝滿液體以後，只要將上面的孔打開，液體會從底部的孔一滴一滴流下，通常會在一定的時間之內流完。

33 阿昔尼烏斯《知識的盛宴》41F及後續各段都提到這個故事，只是它的準確性還有商榷的餘地。

34 看來他把水的凍結與身體因寒冷而麻木視爲同樣的道理，還想進一步加以比較。

35 參閱亞里斯多德《氣象學》358B。

36 水的透明度在於所含的光線，以及熱能和溫暖產生的作用，海水的透明度顯然不如淡水，然而就希臘人而言，他們對於任何深度的淡水少有接觸，所以會有這種論點，有的地方還是出於想像，參閱亞里斯多德《問題》922B及935B。

37 普里尼《自然史》第31卷52節，以及西塞羅《論神的本質》第2卷27節，這個問題假定鹽和苦味具有同類的性質，參閱本章第5節。

38 亞里斯多德《氣象學》355A，普里尼《自然史》第2卷222節。

分；這種作用在夏季可以發揮更大的力量，冬天的太陽功能比較溫和，發出的熱量缺乏強度；大量淡水的甜味留下來以後，可以稀釋純粹的苦味和有毒的成分。對於可飲用的水出現類似的狀況，只是影響較爲輕微；夏天的水質較差，因爲溫度增加會除去水中最輕和最可口的成分，到了冬天會有新鮮的水從陸地流進來；海洋也需要分享新鮮的水源，因爲降雨的關係河川的水量會增加。

10 爲何有些民族會將海水注入酒中（據說哈立[Halae][39]的民眾聽從神讖的指示，將戴奧尼蘇斯這位酒神浸泡在海裡），而那些住得離海洋較遠的民族，他們放入來自札辛蘇斯的熟石膏[40]？

酒受寒冷的影響比任何東西都要大，原來具備的活性受到制壓和摧毀，使得酒的質地發生變化喪失應有的風味；海水的溫暖[41]可以抗拒寒冷的作用。酒的水分或發酵的「呼吸」（pneuma），堅持要進行變化會危及到酒的品質[42]，注入海水連帶鹽分的增加，就會發揮土質元素所具備的收斂和還原的功能，使得酒中原來的成分保持穩定的狀態；同時還會使異質和過多的成分變得精純和分解，不允許產生引起不快的氣味，腐化作用的發展得到進一步的抑制。酒所含濃厚的土質元素會與較重的質點糾纏在一起，帶著下降形成的沉澱，分離出來的殘渣會使酒變得更加清澈。

11 即使航行途中的天氣都很好，爲何在海洋比在河上更容易暈船？

我們前面說過：何以在所有的感覺當中以嗅覺，所有的情緒當中以恐懼，最能導致生病？有些人在想到危險立即臨頭時，就會戰慄、顫抖甚至連糞便的排出都無法控制。人們只要在河上旅行，上面提到的困境不會出現；每個人的嗅覺已經習慣淡水的氣味，不僅可以飲用而且旅途不會帶來危險。航行在海上則不然，

39　哈立是一個選區或戶籍所在區，位於阿提卡的東北海岸。

40　札辛蘇斯（現稱占特）是希臘的主要石膏產地。羅馬人認為希臘人用海水使得釀出的酒帶有獨特的風味，參閱加圖《論農業》24節；有人採用這種方法，同時還極口讚譽，像是加圖以及哥倫美拉《論農莊》第12卷21-22節；就是阿昔尼烏斯《知識的盛宴》26和31，以及普里尼《自然史》第1373-75節，都提到石膏的功效，能夠吸收酒中過多的水分，如同鹽可以降低液體當中的甜味。

41　酒的「力量」或「後勁」在於它具有的熱量，參閱本書第77章〈會飲篇：清談之樂〉第7篇問題3第2節，雖然蒲魯塔克認為酒帶有寒冷的性質，會使身體排除熱量產生收斂作用。

42　氣體的元素傾向於蒸發作用，使得帶有水分的酒變得更為香醇可口。

聞到奇特的味道感受非常難以適應，不相信現在的天氣會延續下去，對未來的狀況極其焦慮，即使四周風平浪靜也不見得有多少好處，心理總是處於慌張和煩惱之中，身體的機能受到干擾就會感染不適和病痛。

12 海面噴灑的油會讓海水更為清晰和平靜，試問理由何在？

　　亞里斯多德說是風輕輕吹過平滑的水面，讓人沒有感覺也不會激起一點漣漪[43]。或許這是說得通的解釋，那就是僅僅將它歸之於外部的現象。他們提到潛水夫將油含在嘴裡，到了某個深度就吐出去[44]，可以增加亮度使他們在水中看得更清楚。風的輕輕吹拂也能引起類似的狀況，幾乎不可能獲得這方面的舉證。考慮到海水帶有土質元素和處於不平靜的狀況，看起來理由雖然不夠充分，還是可以認定油的密度，產生的力量會將海水向四周推開；接著又流回原來的位置，經過拉曳再度聚集起來，就在它那裡留下中間的通路，對於視覺器官提供透明度和清晰的能見度。

　　海水會與空氣混合起來，光線可以透過也是理所當然之事，只要受到干擾就會洶湧不平而且變得很暗，這些都與海水的溫度有關[45]。油的密度使得洶湧的海面變得平靜，空氣可以恢復它的規律性和透明度。

13 雖然夏季有其他的狀況會產生更大的影響，為何漁網在冬天還是較易腐爛？

　　狄奧弗拉斯都斯假定熱量被寒冷驅除之前，集中起來使得深層的海水得到加溫，如同地球內部存在的狀況[46]。泉水在冬天仍舊讓人感到暖和，湖泊與河流散發出更多的蒸氣[47]，處在寒冷占有優勢的狀況下，熱量會被封閉在水層的深處。

　　漁網因寒冷而喪失水分變得僵硬就不會腐蝕；然而從另一個角度來看，只要浸泡水中受到波浪的沖刷，就免不了潮濕的影響，最後還是會風化分解而爛掉。

43　或許在亞里斯多德《問題》已經散失的部分。

44　參閱普里尼《自然史》第2卷234節，以及本書第63章〈論寒冷的原則〉13節，雖然解釋不盡相同，主要原因在於油中含有空氣，可以增加水的透明度。

45　這種解釋主要運用油及於水體的表面所產生的效果，它的「密度」會阻止波浪的起伏，使得海面和它接觸的空氣變得較為「安靜」，平順流動的水較之怒濤洶湧的水顯示更大的透明度。

46　狄爾斯、克朗茲《希臘古代哲學殘卷》第1卷No.41。

47　參閱亞里斯多德《氣象學》348B，西塞羅《論神的本質》第2卷25節，塞尼加《天問》第6卷13節。

事實上這些物件在結霜的天氣質量會變得非常脆弱，像是繩索由纖維製成，冬天的氣候使得海面波濤起伏，經常拉得很緊，纖維就會受到磨損。人們害怕那些繩索會斷成寸段，所以用染料讓它收縮，這樣就會使質地更加緊密。漁網的天然顏色如同空氣，放在海裡不容易被發覺，要是染上顏色或塗上瀝青，就很難隱匿它的位置，看來大家這樣做並沒有考慮到引起魚類注意的問題。

14 爲何多里斯[48]的人民祈求他們的乾草得到不好的收成？

讓乾草的收成變壞在於下雨；因爲秣草還是綠色就要割刈，這時它還未乾燥，一旦浸在水中很快就會腐爛。夏季以前的降雨，有助於小麥和大麥抗拒炎熱的南風帶來不利的影響；除非地面非常潮濕，產生不斷的水氣，能使麥穗保持在寒冷而潮濕的狀態，否則穀粒不能很牢固的留在麥穗上面，因爲熱量會抑制或妨礙到硬化的過程。這件事很難兩全其美，不管怎麼說總是小麥或大麥的價值高過乾草，看來犧牲乾草的收成要好得多。

15 爲何肥沃的深耕土壤用來種植小麥，反而是貧瘠的淺層土壤適合大麥[49]？

堅硬的穀粒需要更加豐富的營養，有些種子的質地比較柔軟，添加的肥料可以相對減少。大麥的穀粒從它的結構來看要比小麥鬆散，不必從地面獲得太多的養分。聯想到耕種的狀況可以支持提到的論點，那就是有一種生長期僅三個月的小麥[50]，產量較低對養分的需要很少，適於生長在乾燥的土壤；基於這樣的理由所以很快成熟。

16 爲何有「小麥種於淤泥而大麥種於灰塵」的說法[51]？

前面已經說過，大麥不像小麥需要那樣多的養分，同樣對水分的依賴不會看得非常嚴重。

48　比較適合的說法是多里斯的居民，這是位於帖沙利和皮奧夏之間一個很小的區域，不是指使用多里斯語的希臘世界。

49　參閱狄奧弗拉斯都斯《植物史》第8卷9節。

50　春麥從播種到收穫只要三個月，參閱狄奧弗拉斯都斯《植物史》第8卷1節。

51　戴爾《希臘抒情詩》第2卷No.16；以及加圖《論農業》34-35節。

或許是小麥的穀粒堅實富於木質成分，在潮濕的環境生長甚佳，土壤較為柔軟不會變得更為堅硬；然而乾燥的環境初期對大麥有利，因為它的質地常鬆散。因為小麥性喜溫暖和大麥適應寒冷的氣候，所以潮濕土壤的成分和構造不僅對小麥沒有害處，而且最適宜它的成長。

或許人們害怕乾燥的田地，螞蟻的立即侵入帶來重大的損失；大麥的顆粒較大，很難摘下以後加以搬運，所以受到的掠奪較輕。

17 人們何以用公馬而非母馬的毛製作釣魚的線[52]？

這種狀況在於公馬無論是毛還是其他部分都要比母馬更為結實和強壯。或者在於母馬的毛會被牠排出的尿沾濕，品質就要低劣很多。

18 為何大烏賊[53]的出現預告會有暴風雨的侵襲？

我們能說所有頭足綱的動物，除了體內有骨狀結構（這是牠們稱之為malacia[54]的理由所在），體外沒有甲殼、皮膚或鱗片，等於完全裸露而且缺乏保護，自然而然容易受到寒冷的威脅。因而牠們很快得知迫近的暴風雨，這些要歸之於靈敏度甚高的感覺器官。章魚只要發現海上颳起狂風的徵候，也會向著陸地的方向逃走，緊抓住岸邊的岩石不放鬆；這時的槍烏賊會跳出海面，牠們在深海受到擾動，企圖逃過寒冷的傷害[55]。

19 章魚為何會改變身體的顏色？

狄奧弗拉斯都斯認為章魚是一種膽怯的動物，這也算是順應自然之理。當牠受到刺激以後，出於「空氣」（pneuma）的作用進行改換，同時牠的顏色也會發生變化。剛巧與人類的行為很類似，有詩為證：

---

52 參閱本書第65章〈陸生或海生動物是否能更為靈巧〉24節，問題出在尾部的毛。
53 學名Loligo vulgaris；參閱達西‧湯普生（D'Arcy Wentworth Thompson）《希臘魚類辭典》（*A Glossary of Greek Fishes*）260頁。
54 malacia意為「柔軟的東西」。
55 槍烏賊的骨狀結構較之墨魚小很多，就連章魚都無法相比，所以亞里斯多德說牠的身體更加柔軟，參閱《論動物的器官》678A。

> 懦夫的臉色剎那間從潮紅變得何其蒼白。[56]

雖然拿這個來解釋顏色的變化還有一點道理，要是論及與環境類似的同化作用，就難以自圓其說。章魚改變身體的顏色要與牠依附的岩石，從外表看來色澤要渾然一致，有關這方面的現象，品達曾經寫出：

> 海中動物的膚色可以隨心所欲任意改變，
> 每個城鎮的漁市場類似的狀況顯而易見。[57]

還有就是狄奧吉尼斯的詩句：

> 章魚有彩色斑駁的形體可以如願的選擇，
> 看起來與牠所停棲的岩石毫無一點差別。[58]

就有人會說那些精明奸詐的傢伙要拿牠們來做榜樣，為的是不要讓他們的鄰居發現或注意到他為人處世的模式。或許可以認為這是章魚體色變化的機械作用。或許他們認為牠把身上的顏色看成一件外衣，隨意改變裝束應該是很容易的事。

實在說這是生物感到威脅和驚駭所產生的一種效用，決定性的要素限於世間無所不在的成因。正好可以用來認可所要考慮的困難，如同伊姆皮多克利那樣寫出「萬物都有發散和向外流溢」[59] 的字句。無數質點所構成的流體，不僅從動物、植物、地表和海洋繼續不斷的放射出來，就連石頭、青銅和鐵器亦復如是。其實所有的物體最後會腐蝕或是有了氣味，就是這種不斷運動的流體在那裡散發和離開（人們同樣可用放射的質點來解釋吸引力的現象，或是看起來像是磁性作用的神經性顫抖；還有一些人認為這些現象就是「相互的糾纏」，或者是「質點的衝撞」或「外在的刺激」或「內在的阻撓」）。

---

56 荷馬《伊利亞德》第13卷279行。

57 克里斯特《品達的吉光片羽》No.43，本書第65章〈陸生或海生動物是否能更為靈巧〉27節曾經引用。

58 參閱《希臘輓詩體和抑揚格詩集》之〈狄奧吉尼斯篇〉215-216行，本書第7章〈論知交滿天下〉9節及第65章〈陸生或海生動物是否能更為靈巧〉27節曾經引用。

59 狄爾斯、克朗茲《希臘古代哲學殘卷》第1卷No.31。

特別是海岸旁邊的岩石因為海水的侵蝕和沖刷，不斷有很多細小的質點分解出來，這些殘餘的碎片除了章魚不會依附其他動物的身體；這些質點無論是輕輕溜過狹窄孔洞的表面，或者很快進入已經張著口的管道，無論是何種狀況之下都不會被見到。事實上章魚的肉質部分外表看起來明顯帶有蜂巢狀的組織，充滿無數小孔可以接受放射的流體。當牠受到驚嚇就將包含在體內的「氣體」（pneuma），進行必要的改變[60]，也就是說要收縮和束緊身體的表皮，不讓鄰近物體流出的放射質點進入孔洞，而是讓它們停留在外面[61]。從而得知這是粗糙和柔軟的綜合，等於在為質點提供一個棲身之所，不會消散而是聚集以後留在原來的位置，這樣就會讓章魚的表皮看起來類似岩石的顏色。

有一種很難否定的證據可以用來解釋，除了變色龍不會變得更為蒼白[62]之外，可以說比起這種生物更能模擬四周物體的色澤；章魚和變色龍都是用牠們身上的小孔容納外來的放射物，效果可以說達到同一類的標準。

20 野豬流出的眼淚帶有甜味，鹿只是普通的鹹味，是何道理[63]？

這種事情的成因在於熱和冷：鹿是體質溫涼的動物，野豬不僅熱度很高而且脾氣急躁[64]，前者在遭到攻擊的時候會快速逃走，後者會盡力抵抗保護自己，狂暴之際就會流出眼淚，大量的熱經過牠的視覺器官，

> 背上的剛毛豎起來眼中迸發出一陣怒火，[65]

因而濕氣在眼裡溶解會變得帶有甜味[66]。

有人拿伊姆皮多克利的話當作證據[67]，身體受到刺激會使淚水從血液中排出，如同牛奶在凝結以後只留下乳清。豬因為熱量使牠的血變成暗紅色非常渾

60　參閱本書第45章〈論天網恢恢之遲延〉2節；從而得知各種顏色的產生和改變。

61　參閱本書第7章〈論知交滿天下〉9節。

62　應該是不會變成紅色，參閱普里尼《自然史》第8卷122節。

63　本書第77章〈會飲篇：清談之樂〉第7篇問題2第2節，同樣提到這兩個問題，卻沒有任何解答。

64　色諾芬《攜犬行獵》（Cynegeticus）第10卷7節，野豬對於攻擊過牠的犬隻，以後只要聞到味道就能分辨出來，成為牠報復的對象。

65　荷馬《奧德賽》第19卷446行。

66　就是前面第5節提出的觀念，熱能夠排除鹽分。

67　狄爾斯、克朗茲《希臘古代哲學殘卷》第1卷No.31。

濁，鹿的血液像水一樣的淡薄[68]。每一種動物出於狂暴或畏懼，就會有不同的分泌物產生，可以成爲出現諸如此類狀況的道理所在。

21
爲何豢養的母豬抱一窩小豬，大多數是在一個季節，當然也會在其他的時間；野豬的生產幾乎都在同樣天數的期間之內？

這一段期間是在夏初，而且有詩爲證：

> 野豬養豬崽就難以再有夜間不停的降雨。[69]

我們特別提到供應的食物非常豐碩，可以證明「飽暖思淫欲」[70]這句話的確不假。無論是植物還是動物只要獲得足夠的營養，維持生命之後尚有餘力就會用來繁殖。野豬爲了生存要爲自己尋找食物，始終處於畏懼之中；豢養的家豬總是有現成的東西可吃，自然有一部分的養分維持成長，一部分準備用於生育。

我們可以舉出依賴生性或者不斷工作的效果，正好同時與聯想到的成因都有很大的關係。像是家豬生性懶惰，沒有意願離開牧豬人到處遊蕩；野豬則不然，會在山邊爬上爬下任意活動，所有的食物都浪費在維持身體上面，牠們不斷努力的結果是沒有多餘的養分可以移作他用。要是考量事實的存在，知道雌性和雄性一起餵食和放牧，可以提醒牠們對性的需要，雙方都會產生激勵的作用。（伊姆皮多克利根據人類的行爲寫出：

> 欲念始終揮之不去非得要等看到才記起？）[71]

換一個角度來說，野豬都是獨自進食，沒有群體的社交以及欠缺兩性之間的感情，相互的衝動變得遲鈍減到最少的程度。或許亞里斯多德說的才是眞話，荷馬因爲野豬只有一個睪丸才給牠「去勢者」（chlounes）這個名字[72]。他提到牠們

---

68 亞里斯多德《氣象學》384A提到鹿血不僅性涼而且像水一樣清澈；《論動物的器官》651A說到豬血帶有纖維狀的結構很快就會凝固。

69 這句詩的作者不詳，很可能與本書第63章〈論寒冷的原則〉10節所引用的詩是同一來源，那麼作者應該是品達。

70 瑙克《希臘悲劇殘本》之〈優里庇德篇〉No.895。

71 狄爾斯、克朗茲《希臘古代哲學殘卷》第1卷No.31。

72 荷馬《伊利亞德》第9卷539行，亞里斯多德在《動物史》578A提出解釋，說是野豬幼時很容易患一種疾病，使得牠的睪丸一直發癢，所以要靠在樹幹上面摩擦。

靠著樹木的殘幹搔癢，大多數的睪丸都會因而壓壞。

22
為何人們認為熊掌的肉質鮮美，可以列入山珍海味[73]？

我們提到身體這一個部位，不僅有豐富的營養，經過調製可以成為最可口的菜餚，只是料理的過程非常繁雜，要盡量運用食材的特性和醬汁的調配。很明顯的例子就是熊使得這個部位比起其他器官有更多的運動，牠在行走或奔跑的時候會拿前爪當作腳，抓東西的時候就拿它當作手來用。

23
春天為何是不適合追蹤獸跡的季節？

像是伊姆皮多克利對獵犬的描述：

> 用牠靈敏的鼻追蹤野獸身上刮落的皮毛，[74]

嗅到的體臭是獵物在經過灌木叢以後留下；春季的植物和草藥因為開花，會發出很多芬芳的氣息，沖淡動物的味道，同時使得獵犬感到困惑，混雜的氣味會吸引和誤導獵犬，使得牠們無法將嗅覺專注在動物的臭跡上面。[75]

他們說在西西里沒有人會在伊特納(Etna)山的四周行獵，因為草原上面整年都有高山紫羅蘭盛開，香氣會蓋過野獸身上散發出來的味道。根據傳說伊特納山是普祿托誘拐柯麗(Kore)的場所，那時她正在採摘花卉[76]；大家為了表示對神明的推崇和尊敬，就將此處視為聖地，不得有殺害野獸的行為。或許……

73　雖然色諾芬在他的著作中很少提到熊，參閱《攜犬行獵》第11卷1節，很可能是數量大減的關係；倒是鮑薩尼阿斯的《希臘風土誌》，說他經常在各地見到這種動物；至於將熊掌當成美食是中世紀遺風，芬蘭人用炙烤的方法贊許它味甜似蜜。蒲魯塔克在西元1世紀提到這個問題，讓人感到不可思議。

74　狄爾斯、克朗茲《希臘古代哲學殘卷》第1卷No.31，本書第40章〈論做一個多管閒事的人〉11節曾經引用。

75　參閱狄奧弗拉斯都斯《論植物的成因》第6卷20節。

76　這裡所說的柯麗就是穀物女神德米特的女兒帕西豐尼，最早提到這件事是在摩斯克斯(Moschus)〈為比昂之哀悼〉(The Lament for Bion)128行。

24 爲何獵人在滿月的時候追蹤野獸的痕跡很難成功[77]？

難道這也基於前述的理由[78]？滿月會使露水凝結，阿克曼(Alcman)的詩中有這樣的句子：

> 養育者是天神宙斯和塞勒尼之女露仙子，[79]

露水的凝結不如降雨的聲勢驚人，產生的成效可以說是相當微小，月亮帶來的熱量很微弱，雖然也像太陽那樣從地球表面逼出濕氣，卻沒有能力帶到高處聚集起來，讓它再凝成大滴降落到地面[80]。

25 爲何寒冷只要持續下去，就會使得地面的露水很重不利於狩獵[81]？

那是因爲動物在下霜的時候不願離開巢穴很遠，所以才沒有留下很多的痕跡。據說牠們到了冬天便就近在附近找可以到手的東西果腹，不願到處跋涉以免遭遇困難和危險，在其他時間牠們通常不會在棲地四周覓食。

須知狩獵地區追蹤野獸不僅要靠留下的痕跡，主要在於聞到的氣味。野獸的臭跡在溫暖的天氣逐漸散發開來，最後才會慢慢消失；嚴寒的季節所有的氣味都已經凍住，空氣無法流通，就不會讓感覺器官發生作用。所以他們說在寒冷的天氣或者冬季，酒和香水的氣味聞起來就不會像原來那樣的濃烈，空氣對於香味產生阻礙的作用，像是凍結一樣不讓它們發散出去。

26 爲何動物感染疾病，會去尋找一些含有特殊成分的東西，吃下以後會對身體有益？

像是狗會吃草類好將膽汁嘔吐出來；豬會在水邊找河蟹吃下去，可以使頭痛

---

77 參閱色諾芬《攜犬行獵》第5卷4節。

78 因爲前一個問題最後出現文字的脫落，不知道提出何種理由。

79 斯巴達的阿克曼是西元前7世紀的抒情詩人，參閱戴爾《希臘抒情詩》之〈阿克曼篇〉No.48，詩中提到的塞勒尼(Selene)就是「月球」。

80 月亮引來露水已經是老生常談之事，蒲魯塔克在本書第77章〈會飲篇：清談之樂〉第3篇問題10第3節，提出另外的解釋，說是月球影響到地球四周的空氣，使它所含的水分產生變化。

81 這個題目沒有多大意義，所有的回答都與露水沒有關係，看來整篇文章都讓人感到可疑。

得到減輕；一隻龜吞食毒蛇的肉接著要吃一種名叫墨角蘭的植物；有人說熊要是反胃作嘔，就會用舌頭去舔很多螞蟻然後將它們嚥下去[82]。須知這些動物不僅沒有接受教導，同時也沒有這方面的治療經驗。

如同蜂巢的氣味會刺激蜜蜂，在很遠的距離之外就會吸引牠們返巢，還有就是腐屍對於兀鷹產生同樣的效果[83]；因此螃蟹對豬以及墨角蘭對龜才會發生作用，蟻穴的氣味和分泌物讓熊留連不去，這些動物沒有能力去計算可以獲得的好處，只是在知覺的引導之下，要對本身的健康採取最適當的行動。

或許是這些動物受到疾病的襲擊，導致體質產生問題因而影響到食欲，要是病情加重，經由流體的變化成爲形形色色的辛味和甜味，或者帶有某些特殊或反常的性質[84]。對於懷孕的婦女來說，她們甚至會吃石塊和泥土，這是很明顯的案例。

一個精明的醫生能從患者的食欲預判病情的發展，得知那些人已經病入膏肓，那些人還有康復的希望。例如尼西修斯(Mnesitheus)[85]的記載提到一個病人患有初期的肺病，由於嗜吃洋蔥得以痊癒；還有一位生病吃下無花果而暴斃；這方面的道理在於食欲依據體質而定，體質依據病情而定。動物感染疾病還未到致命的程度，身體的條件和狀況在食欲的誘導之下，爲了活命要去吃那些特定的東西。

27 爲何裝盛葡萄汁的容器放置在寒冷的環境，過了很長一段時間仍舊保持原有的甜味[86]？

因爲葡萄汁轉變成帶有酒的性質就是一種調和作用，那是說溫暖具有促進的功能，寒冷則加以抑制。或者是與上述的說法相反。葡萄眞正的味道就是甜，那也是爲什麼會說「成熟」(pepainesthai)……葡萄汁不再保持溫暖，就會將混合在一起的甜味釋放出來。寒冷不容許熱經由蒸發作用而喪失，封閉的後果是把甜味

82　對於常見的動物如狗、豬、龜和熊而言，很多書籍像是亞里斯多德《動物史》、伊利安《論動物的習性》、普里尼《自然史》、本書第65章〈陸生或海生動物是否能更爲靈巧〉、第66章〈野獸都有理性〉都有記錄這方面的資料，只是內容稍有不同。

83　哥倫美拉《論農莊》第9卷15節，提到養蜂人將蜂蜜從蜂巢拿走以後，保管的地方要在密閉的室內，否則很容易被蜂群找到。

84　如同本章第1節提到的例子，發燒會使體液變成膽汁。

85　尼西修斯是西元前4世紀一位雅典醫生，寫了很多有關飲食方面的著作，當時享有響亮的聲譽。

86　參閱普里尼《自然史》第14卷83節以及哥倫美拉《論農莊》第12卷29節，必須是尚未發酵的葡萄汁，這樣它的糖分才不會轉變成酒精。

保存在葡萄汁裡面。這也是何以下雨的時候採收的葡萄,壓榨出來製酒的汁液比較不易發酵;溫暖才會引起發酵作用;寒冷可以阻止和限制葡萄保持適當的溫度。

28 為何所有的動物當中只有熊被網到以後,很少做出咬齧網繩的動作?無論是狼還是狐狸,都會將網咬破以後逃走。

熊在張開大嘴以後,可以看出牠的牙齒長的位置在後面,特別是牠的嘴唇很大又厚,擋在前方不讓牙齒接觸到繩索的關係。

或許是牠的腳爪長得強而有力,可以用來將網孔撕得粉碎。

或許是牠同時運用爪和嘴,先將網破壞才能脫困,接著為保護自身的安全來對付獵人。沒有什麼動作比起身體的滾動對牠更有幫助,所以牠一心一意要用這種方式將繩索撕開,通常都會掙脫以後逃走,免得用嘴咬會讓牙齒被纏住。

29 我們對於出現溫泉感到極其驚奇,要是流出的泉水清涼就覺得平常,這是何道理?很明顯的狀況那就是熱的成因在前,等到後來水才變得冰涼。

有些人抱著這樣的想法,認為熱具有積極的性質,而冷是熱的匱乏[87],在這種狀況下,產生的不存在比起存在要發揮更大的成效,其實這種觀念並不正確。對於不常發生的狀況感到驚奇這是人類的天性,特別是罕見之物一定要為它找出可以說得通的理由[88]:

> 你舉首所望是無邊無涯空空蕩蕩的蒼穹,[89]
> 它用溫柔的擁抱如同以太環繞整個地球。

群星在夜間呈現的運動是何等的壯觀!白天展示的美景是何等的偉大!然而大多數人對於這些事物的存在並沒有感到驚異;像是日間看到的彩虹以及像刺繡一樣美麗的雲層,晚上的天空有明亮的火焰像水泡一樣爆裂開來,以及吸引人們注意的彗星⋯⋯

---

87 所謂「冷是熱的匱乏」出自亞里斯多德的概念,參閱《氣象學》1070B;蒲魯塔克對它持反對的態度,在本書第63章〈論寒冷的原則〉2-6節,有極其詳盡的敘述。

88 參閱塞尼加《天問》第1卷1-3節。

89 瑙克《希臘悲劇殘本》之〈優里庇德篇〉No.941。

30 葡萄的枝葉長得極其濃密茂盛，已經到達「欲罷不能」(tragan)的程度，為何我們認為這種葡萄不會結出果實[90]？

身體過重的公羊因為肥胖影響到生育的能力，要想與母羊交配都會感到困難；因為牠將所有的養分用來增加身體的重量，沒有多餘的精力用來傳宗接代。無論是動物或植物處於優渥的環境，長得極其碩壯或肥胖，這就表示所得到的養分全部用在自己身上，沒有多餘的留下來或者僅有很少一部分，當然會對生殖作用發生不利的影響[91]。

31 用酒澆一棵葡萄藤，特別是本身所結果實釀成的酒，這棵植物為何很快就會枯萎？

酒所以釀成的道理在於它的熱將其中的水蒸發一部分，正如同童山濯濯的禿子很多是酒量驚人的善飲者[92]。

或許液體帶有酒的性質可以產生天然的腐化作用，伊姆皮多克利說過酒是來自皮質層的水，這時木質層已經腐爛。等到葡萄藤的外面被灑上的酒弄得非常潮濕，這種狀況等於是火上加油，富於養分的濕氣經過混合以後變得勁道十足。

或許沒有混合過的酒自然帶有收斂性，滲入根部就會使得通路縮小和造成阻塞，植物生長和茂密所需要的水分不能順利的通過。要讓葡萄藤收回和復原它已經留下的物質，這種情況完全違背自然之道。在植物當中這一部分的水氣，不可能再用來對它施以灌溉，特別是其中有些在過濾以後進入果實，已經無法再加以取代。

32 所有的樹木當中，為何只有棕櫚不怕重壓，樹幹在彎曲的狀況下能緩緩升起？

棕櫚樹擁有力氣的主要來源，在於體內含有火熱和生命力的物質，經過激發和測試以後發出能量，比起以往更可以使得樹木長高。

或許是一個重量突然落在樹枝上面，迫使所有的空氣受到壓力全部撤離。然後空氣慢慢恢復它的力量，轉過來用更有活力的推擠對抗所加的重量。

90　參閱亞里斯多德《動物史》546A。

91　雖然消化能力很強，沒有留下剩餘的養分讓希臘的棗椰能夠長出果實，或是使得過分肥碩的人能夠孕育後代；參閱亞里斯多德《論動物的生殖作用》727B。

92　頭髮生長表示髮根需要水分，參閱亞里斯多德《論動物的生殖作用》783B，缺乏水分葡萄藤就會枯萎。

或許是柔弱的小枝無法抗拒重量的衝力，經過休息會慢慢復原，在外表上看來像是有升起的現象。

33 為何井水較之泉水或雨水含有較少的養分？

因為井水較冷以及空氣的含量較少。

因為含有較多的鹽分，來自地表與它混雜在一起。沒有任何物質像鹽能夠引起養分的貧瘠。

因為井水停滯不會流動，累積品質甚差的成分對於植物和動物都不利，非但沒有養分，就是用來調製食物都會喪失應有的風味。任何靜止的水體在很多方面都沒有達到應有的標準[93]，從空氣和地表獲得品質甚差的成分，很難將它們清除殆盡。

34 為何西風的風速最為快捷？為何荷馬要寫出

> 我們的奔馳是如此猛烈有如西風的襲擊[94]

這樣的詩句？

因為通常這種風帶動的氣流非常清澈，而且天空不會出現雲層。稀薄和純淨的空氣對於風的快速通過絕不會形成障礙[95]。

或許是太陽的光線撞擊寒冷的風，使得它的移動更加敏捷。或許我們認為溫暖的天氣如同獲得勝利的敵人，風受到它在後面的驅趕就不斷加速的逃走，形成的力量將寒冷聚集起來。

35 蜜蜂為何無法忍受煙燻？

因為牠們對於維持生命所需的「空氣」（pneuma）[96]，都是經由一些非常狹窄

---

93 參閱希波克拉底《空氣、水和地區》7節。
94 這是一匹名叫詹蘇斯的駿馬對阿奇里斯所說的話，參閱荷馬《伊利亞德》第19卷415行。
95 一般人認為升起的太陽會讓東邊的氣流開始運動，同樣日落則會帶來西風；只是西風較冷所以速度更為快捷，參閱亞里斯多德《問題》946A。
96 參閱前面第19節。

的通路，煙造成的阻塞和封閉會帶來窒息，最後難免陷入死亡的絕境？

　　或許主要的理由在於煙的辛辣和苦味。蜜蜂喜愛甜的東西也是唯一的食物，因而牠們痛恨煙在於具有的苦味，當成反對最力和傷害最大的天敵。養蜂人用煙霧驅趕蜜蜂，通常的方式是悶燒像是毒胡蘿蔔和無花果枝葉之類帶有苦味的植物。

36 為何一個人剛剛從事不道德的淫蕩行為，很快就會遭到蜜蜂的叮螫[97]？

　　成因在於蜜蜂的習性極其乾淨倒有潔癖的程度，以及具備敏銳的嗅覺。反常和非法的性交出於猥褻和色情被視為骯髒和齷齪，這樣的人很快就會被蜜蜂察覺，產生厭惡激起狂暴的行為，狄奧克瑞都斯提到阿芙羅黛特被牧人送到安契西斯那裡，注意到他或祂遭到蜜蜂的叮螫，完全是兩人通姦所致，因而寫出下面的諷刺詩：

> 把祢帶到長滿橡樹的愛達交給安契西斯，
> 嗡嗡的蜜蜂顧不得釀蜜將你們趕進內室。[98]

還有品達所寫的詩句：

> 小小的蜂巢製造者要用牠那螫人的刺針，
> 對不貞和背信的里庫斯施以痛苦的薄懲。[99]

37 為何狗會追逐和咬一塊石頭，不去理會向牠投擲的人[100]？

　　因為狗無法分辨控制的權勢也沒有記憶的能力（這是人類獨有的特定機能），

97　本書第12章〈對新婚夫婦的勸告〉44節以及哥倫美拉《論農莊》第9卷14節，說是男子在交合的時候，沾染女子身上香水的氣味，就會招惹蜂類的叮螫。

98　這是達弗尼斯朗誦的詩句，出自狄奧克瑞都斯《田園詩》第1卷No.105。

99　克里斯特《品達的吉光片羽》No.252；尼杜斯的里庫斯（Rhoecus）救了一位森林精靈的性命，後來發生很多哀怨動人的情節。

100　參閱柏拉圖《國家篇》469E，膽怯之徒就像一隻狗只會對扔來的石頭狂吠，卻不敢衝過去咬扔石頭的人。

所以牠不能察知威脅和損害的來源，僅有的敵人是可以看見的恐嚇行動，出於本能要給予報復。

或許牠認爲在地面滾動的石頭是另外一隻小動物，受到本能的驅使要立即捕捉，等到發現錯誤才會轉過去攻擊丟石頭的人。牠對投擲物和有敵意的人同樣痛恨，先要對付兩個當中較近的一個，難道這不是很好的理由？

38 爲何母狼會在年度固定的十二天之內生產[101]？

安蒂佩特(Antipater)[102]在他的《論動物》(*On Animals*)一書中，明確指出母狼生產的時間，那是樹木的花朵剛剛凋謝，正要結成堅果和橡實之際：牠們只有吃下掉在地面的東西，子宮才會張開。如果得到不到這些落英的供應，肚中的胎兒不等到出生就會夭折。世界上這個地區生長很多的栗樹和橡樹，母狼在這方面不會遭到什麼困難。

有些人追蹤成因認爲是來自勒托的傳說。她在懷孕以後發現沒有一個地方安全，可以逃過赫拉的毒手；因此宙斯將她變成一隻母狼，有十二天的時間趕到提洛島[103]。她獲得宙斯的同意，爾後的母狼能在同樣待產期之內分娩。

39 爲何水的上層看起來是白色而底部是黑色？

黑暗的根源來自深度，太陽的光線在到達底部之前已變得微弱和黯淡所致。從另一角度來看，表面立即受到太陽的影響，反射的光線變得非常明亮。伊姆皮多克利也會支持這種觀點：

> 河流的深處出現的陰影帶著黑黝的顏色，
> 感覺就像地層之下的洞窟沒有多少差別。[104]

---

101 普里尼《自然史》第8卷83節，提到母狼的待產期是十二天，亞里斯多德《動物史》580A對於此事抱存疑的態度。

102 塔蘇斯的安蒂佩特是斯多噶學派哲學家，要說本書所提《動物史》的作者就是此人，始終沒有確鑿的證據。

103 勒托在提洛島生下阿波羅和阿特米斯；阿波羅因爲這層關係，所以獲得「提洛人」(Lykeios)的稱號，參閱亞里斯多德《動物史》580A；提洛人認爲勒托經過長途的跋涉，離開北方極樂之地來到他們的島嶼。

104 狄爾斯、克朗茲《希臘古代哲學殘卷》第1卷No.31；伊姆皮多克利認爲水是黑色而火是白

或許是河流和海洋的深處同樣都沉積淤泥，雖然在水中不會產生任何變化，陽光的反射帶著類似烏黑土壤的顏色。

或許可以說得通的理由，在於河流和海洋的水非常純淨，也沒有受到污染，只是已經有土質元素滲入其中（因為河川在地面流過，以及海面上波濤的洶湧和潮汐的起伏，不停的吸收空中和地面的物質和元素），等到這些質點沉澱留在底部，就會變得更加泥濘，透明度相對的減少。

40 海面遭到雷擊就會產生浮起的鹽垢，道理何在？

海水的固體化就會產生鹽，等到雷擊落在海面引起的凝固作用，排除其中可以飲用的淡水，質輕可飲的淡水即使是在驕陽的曝曬之下或是遭到雷擊也不會固化，但是這兩種對海水都產生效果，特別是雷擊的作用更大。當閃電的火降到海面可以聞到硫磺的味道，可飲的淡水因蒸發變得枯乾，土和鹽就會凝固。

閃電可以使暴露在空氣中的屍首不至於腐壞，鹽析出水分使物質變得乾燥，產生的作用可以拿來保存死者的軀體[105]。哲學家亞里斯多德認同上述的解釋[106]，他可以說是一位非常卓越的科學家。

41 玫瑰的旁邊要是栽植帶有惡臭的植物，為何它會開出更為美麗的花朵？

不僅是玫瑰，即使百合、紫羅蘭以及其他帶有香氣的花卉，只要將韭菜和洋蔥種植在它們的旁邊，發出的氣味就會更加濃烈；辛味很重的植物根據自然律可以除去四周刺鼻和惡臭的味道，使它變得更為芳香好聞。種在無花果樹下的芸香具有更為刺激的辛辣，因為無花果的惡臭會轉移到它的體內。要是將野生無花果樹種在已經馴服的無花果樹旁邊，後者結的果實更為甜美而且風味特佳。任何同類或相似的物體都會彼此吸引和產生互動，因而生長甜美果實的無花果樹，會將本身具有的辛辣，全部轉移到野生無花果樹，至於原來就有的甜味不會受到污染，得以繼續保持下去。

（續）

　　色，光是火的一種型態，參閱本書第63章〈論寒冷的原則〉13節。

105　參閱本書第77章〈會飲篇：清談之樂〉第5篇問題10第3節。

106　羅斯《亞里斯多德殘篇》No.210。

第六十二章
論月球的表面

1 ……以上都是蘇拉所說的話[1]，最後他還表示：「其實最關緊要之處，在於有關我平生的事蹟以及敘述它的來龍去脈，必須追根究柢從頭談起，這一切都涉及月球的面貌，這個話題現在很流行，大家都爲此說個不停。」

我說道[2]：「須知最大的困難在於我們的意見一無是處，好像都要迎合對方的看法，這樣又能期望我們做出什麼貢獻？就像人們得了慢性病，對於普通的治療程序和習慣的養生之道都已感到失望，就會轉向贖罪、符咒和解夢以求得心安；如同對於含糊不清和深奧難解的問題和臆測之辭，運用一般常見的方式無法達到說服的成效，這時要試著拿出特殊和額外的手段務使眞相大白，更不能拘泥於古人的觀點以至於作繭自縛。」

2 我繼續說道：「自古以來就在我們眼中出現的月球，它從黑暗轉變爲光明的過程，我們稱之爲『眼花撩亂的迷惑』，非要說我們爲之歡欣不已，倒也是一種可笑的表達方式。任何人對於舉目所見的天體都可以說出一番道理，只是他們沒有提到觀察的現象與太陽有密切的關係，那是因爲陽光極其強烈和暴虐（如同伊姆皮多克利[Empedocles][3]提到兩者的差異之處，並非存在著不吉利的凶兆，只是表示

---

1 這篇隨筆的文字從開始就有缺漏，雖然我們不知道到底喪失多少，從整體的內容來看倒是沒有多大的影響，特別是對話到了三分之二的地方，才弄清楚參加人員的姓名，看來與前面的介紹不知下落很有關係。

2 對話的發言人和記錄，是蒲魯塔克的兄弟蘭普瑞阿斯，從後面的文字可以得知。

3 伊姆皮多克利(492-432 B.C.)生於西西里的阿克拉向斯，出身貴族階層，鼓吹民主政治遭到放逐，逃到伯羅奔尼撒半島，從此過著流亡的生活，扮演哲學家、科學家、詩人和政治家的角色，除了大量被人引用的斷簡殘編，尚有兩卷詩《論自然》(*On Nature*)與《淨化》(*Purifications*)留存於世。

> 正午的太陽向我們射出銳利的箭矢，
> 在月亮柔和的光芒中漫步何其靜謐；[4]

完全歸功於它的魅力、愉悅和友善）。經常論及為何視力衰弱的眼睛，日暮之際無法區別月球在滿月時的形狀，即使它的表面是如此的光滑和平坦，還是無濟於事；看來這也是極其荒謬和難以解釋的說辭，事實上一個人只要有尖銳和明亮的視力，可以精確分辨表面影像的形狀和各種變化。我的意見恰恰相反，如果影像的成因起於受到壓制的微弱視力，那是患者的眼睛出了問題，這與月球的狀況沒有任何關係。何況崎嶇不平的表面完全駁斥原來的假定，就是看不到一個連續和雜亂的陰影，所以詩人亞傑西阿納克斯(Agesianax)[5]的形容根本不切實際：

> 看到被火焰圍繞的少女在閃閃發光，
> 俏麗的面容和蔚藍如青金石的雙眸。

實情卻又如此，那是黑暗斑點沉沒其中，四周被明亮區塊包圍和局限，接著更外層又有黑暗斑點的壓制和緊縮；兩者完全相互纏繞起來，使得描述的形體如同一幅畫；尊貴的亞里斯多德(Aristotle)[6]，看來運用觀察所得駁斥你所追隨的刻里克斯(Clearchus)[7]，並非全然不具說服力，類似的做法頗為中肯。因為身為學者的刻里克斯，在古代就是哲學家亞里斯多德的夥伴，雖然他曲解很多逍遙學派制定的原理原則，你還是對他極其推崇。」

3 阿波羅奈德(Apollonides)打破沉默，詢問何謂刻里克斯的學說。我說道：「你要是不了解這個人的觀點，如同你對於幾何學的基本原理根本不懂一樣；你要知道他宣稱月球的表面有像鏡子一樣的東西，想像當中如同巨大的海洋能夠反射光線，來自許多點狀目標的映象形成間接的投影，可以說在所有

4　狄爾斯、克朗茲《希臘古代哲學殘卷》第1卷〈伊姆皮多克利〉329頁No.40。

5　亞傑西阿納克斯是西元前2世紀知名的歷史學家和詩人，生於小亞細亞特羅阿德地區的亞歷山卓，著有三卷《利比亞史》(*Libyan History*)和詩集《自然現象》(*Phaenomena*)，本書引用的兩句詩，是他對天體運行的描述。

6　這位亞里斯多德是本章的對話者之一，可能是作者熟悉的友人，只是湊巧和下面提到的哲學家同名，稍有不慎就會產生混淆。

7　刻里克斯是蘇格拉底的學生，來自西里西亞的索利。

的鏡子當中，要以皎潔和明亮的滿月最爲精純和美麗。正巧如同你想像的狀況，
雲層所含的水氣要是變得平滑而緊密，反射太陽的可見光線，就會出現帶有各種
顏色的彩虹。刻里克斯產生類似的想法，月球上面可以看到外部的海洋，沒有處
於應在的地方，由於視線的角度產生偏移，會將海洋反射到我們見到的位置；亞
傑西阿納克斯在某個地方寫出下面的詩句：

　　　火紅的明鏡反映出波濤洶湧的大海。」[8]

4 　阿波羅奈德聽到現出興高采烈的模樣，接下來他說道：「看來他提出的
　　假定非常富於原創性，可以說是極其新穎的發現，這是生性勇敢和深受
文化教養的人士才能完成的工作，你又如何能用反對的言辭妄加駁斥？」

　　我說道：「雖然外部的大洋是單獨產生的事物，首先我們要知道它應該是匯
合而成又能連續的海，須知月球上面的黑斑不止出現一處，有些如同它們之間的
地峽，能夠區隔明亮和黑暗的部分並且爲它劃出界線；每一部分只要分離就各有
自己的邊界，一層層的光線形成的陰影，假設都有類似的高程和深度，就像眼睛
和雙唇生長的部位靠得很近。因而我們必須認定這種狀況不僅荒謬而且錯誤，那
就是存在若干外部的海洋，其間用地峽和大陸予以隔離；即使說是只有一個海
洋，反射間斷的影像同樣變得非常不合常理。我想知道是否因爲有你在場的關
係，爲了安全避免引起爭論起見，所以不敢斷言月球必然如此，只是把它視爲一
個可以討論的問題，或許人類居住的世界擁有相當的長度和寬度，從月球反射的
可見光線同樣可以到達大洋，甚至就是人類的視線可以在寬闊的海面自由的游
移；不錯，那些住在海洋地區的居民如同不列顛人，一向就是如此施爲，所以你
才有這樣的表示，即使就拿地球本身的狀況來說，它與月球運行軌道的中心沒有
任何關係。」

　　我繼續說道：「好吧，要不要做進一步的考量是你的事。視覺的投射有關於
月球或其他的天體，已經超越你所能認知的範圍，即使是希帕克斯（Hipparchus）
亦復如此[9]。雖然希帕克斯的研究非常勤奮，對於視覺的性質仍舊在很多方面無
法提供滿意的解釋；像是涉及發生同感作用的化合物或結合體，比起伊庇鳩魯提

8　出自亞傑西阿納克斯的詩集《自然現象》。
9　希帕克斯是數學家而非自然科學家，即使如此，西麥那的提昂在後面的發言當中，仍舊引用
　　他的論點。

倡的學說,認爲全是原子的衝擊和反彈要更爲周詳而合理[10]。再者,誠如你提到的事實[11],刻里克斯並不認同我們的論點,月球是一個具有重量而且堅實的天體,並不是一顆稀薄和發光的星球。它應該可以毀棄和轉移我們的視線,從而反射作用就不會讓人產生質疑。如果任何人對我們的異議有所誤解,我們就會問他爲何只有月球的表面,因爲光線的反射得知大洋的存在,所有其他星球上面卻看不到這種現象;僅就視線受到影響的學理而言,不論是有或沒有都需要充分的理由給予支持。現在且讓我們先完成這方面的討論。」

我看了盧契烏斯一眼接著說道:「請你告訴我們應該先從那一部分開始著手。」

5 盧契烏斯發表意見說道:「不僅如此,爲了免得讓人產生一種印象,說我們沒有注意斯多噶學派的意見,或是存心不予理會,這對法納西斯是很大的侮辱;無論如何現在一定要對可敬的學者交代幾句;因爲他始終認爲月球混雜空氣以及緩慢燃燒的火場,出現的形狀像是空氣變黑形成的後果,同時會在平靜水體的表面產生一陣漣漪。」

我說道:「盧契烏斯,你真不簡單,能用文雅的語言把荒謬的事物掩飾得毫無破綻。即使這位學者的立場與我們不同,他的說法還是很正確,那就是斯多噶學派認爲月球的表面已經遭到損毀,所以才會讓它看起來像是傷痕累累;它的上面布滿斑駁的坑凹和黑色的污點,還要阿特米斯和雅典娜[12]用它當名字,何況還混合大量陰森的空氣和悶燒的暗火,沒有完全點燃所以無法產生光線,一個雜亂無章的天體,像是經過雷電的襲擊以後永遠是一團焦炭,到處瀰漫濃密的煙霧,被詩人稱爲漆黑無光之地[13]。然而出現的火場一直處於壓抑的狀態,除非獲得固體燃料適時給予供應,否則他們認爲這在月球上面不可能持久的存在。我認爲有

---

10 目前的文字看來,好像暗示希帕克斯對視覺的解釋與伊庇鳩魯的理論非常吻合,有的學者將視力的原理歸於希帕克斯,其實他與這位原子學家大相逕庭,甚至有人認爲光是提到希帕克斯的名字就是很大的錯誤。

11 蘭普瑞阿斯提到阿波羅奈德和亞里斯多德,把月球看成稀薄又發光的星球是逍遙學派的理論;其實將月球看成具有重量且又堅實的天體,完全是學院學派的意見,包括蘭普瑞阿斯、盧契烏斯和他們那個圈子裡的人士。

12 本書第27章〈埃及的神:艾希斯和奧塞里斯〉9節,提到艾希斯就是月球,雅典娜是祂同一個化身。

13 參閱荷馬《奧德賽》第23卷330行和第24卷539行;赫西奧德《神譜》515行;品達《尼米亞頌》第10卷71行。

些哲學家所以會沒有多大見識，就像那些一直嘲笑赫菲斯都斯是一個跛子的人，說他不能行走如同生火缺乏木頭，並非腿瘸沒有拐杖。如果月球真是一團火，又能從那裡得到這麼多的空氣？我們看到在上方旋轉的區域沒有空氣而是更占優勢的物質，它們擁有其他所有物體難以具備的特性，就是能夠點火燃燒的關係。如果空氣可以來到這裡，為何不會被火氣化或經由變形作用而消失，非要像被釘在同一個地點不能產生位移，如同家中維持生存的火，只要供應燃料可以永久保有？空氣很稀薄而且沒有形狀，產生流動就不會留在原地，這也是很自然的事。要是空氣當中混雜大量的火，沒有加入水或土的質點就不可能固化。」

「再者，迅速點燃在岩石或冷卻鉛塊之中的空氣，這時火會急速盤旋而上，就不能說空氣會在它的四周；為何會有這種現象產生，那是伊姆皮多克利的說法讓他們感到困擾，因為他把月球看成一個像冰雹的空氣凝結物，最外面為一層火環繞；他們說月球是一個著火的球體，包含的空氣分散開來到處都有，然而這個球體沒有懸崖、深淵和洞穴；有人認為它是一個如同地球的天體，充分的證據得知空氣停留在凸狀的地表。只是這兩方面都與恆久性有所牴觸，不可能與我們所見滿月的狀況保持一致；因為無法分辨黑色區域與陰暗空氣的差異，特別是空氣受到掩蓋以後會變成黑色；等到月球受到太陽的侵襲，照耀之下甚至會有同樣的亮度；如同我們遇到的狀況，地球上面的深淵和窪地當中的空氣，只要陽光無法穿透，仍舊處在陰影當中缺乏照明，即使地球的外層極其燦爛而且布滿鮮豔的彩色，仍然無濟於事。這是空氣的穩定性使然，非常微妙的調和與適應每一種性質和外來的影響。特別是它接觸到光，可以借用你說過的話，僅僅是與它在邊緣相切，就會發生徹底的變化，看起來是如此明亮奪目[14]。就這個觀點而論可以加強某些人的主張，他們認為月球上面的空氣會被擠進深淵和裂隙之中，即使你想認同他們所說的地球，確實是難以理解的混合物或合成物，主要的成分是氣和火，我認為他們會嚴辭拒絕；因為太陽將光投射到整個月球，保持在我們視線的範圍之內，這時陰影不可能仍舊留在它的表面。」

6 就在我講個不停的時候，法納西斯插嘴說道：「看來我們又要面對學院學派經常運用的策略[15]，他們總是忙著反對別人的意見，從來沒有想一

14　阿尼姆《古代斯多噶學派殘卷》第1卷〈克里西帕斯篇〉178頁No.570；參閱本書第63章〈論寒冷的原則〉17節

15　法納西斯雖然口出怨言，那些與蘇格拉底對話的人士經常會出現這種狀況；參閱柏拉圖《國家篇》336C及色諾芬《回憶錄》第4卷4節。

想自己會受到譴責，就是始終讓對話者處於防衛狀態，免得成爲指控的原告。好吧，今天我不會讓你反駁斯多噶學派人士提出的控訴，還要你這邊的人出面說明，爲何會把這個世界搞得亂七八糟。」

爲此盧契烏斯笑著說道：「啊，閣下，請不要讓我們因爲信仰的不夠虔誠受到訴訟的牽累，特別是薩摩斯人亞里斯塔克斯提出的學說，假定天國保持靜止的狀況，地球在繞著黃道運動的同時，會以地軸爲中心自行旋轉，他自認找到的現象卻動搖宇宙論的基礎，所以克利底斯才呼籲希臘人要對他的不敬採取行動。我們[16]應該表示對這方面沒有意見，有人認爲月球就是地球，閣下，爲何你們非要顛倒事實，認爲地球的位置懸浮在空氣當中？按照數學家的衡量地球要比月球大太多[17]，那是發生月蝕的時候，根據地球投到月球上面陰影通過的時間，可以算出兩者之間體積的比例。地球的陰影開始的時候較小接著就會延伸，因爲發出光線的天體要比地球更加龐大。陰影的上部變得細尖而狹窄，他們認爲連荷馬都承認這個現象，因爲他說過夜晚的『迅速』在於陰影的『銳利』[18]。月蝕當中能夠掩蓋的部分極其寬廣，月球需要逃脫的空間比起它的面積要大上三倍都不止；如果地球投下的陰影就最狹小的狀況而言，它的長度是月球的三倍，那麼可以推算地球的大小是月球的多少倍。」[19]

「所有的情形都非常類似，你會擔心月球不要掉了下來；有關地球的狀況或許伊斯啓盧斯可以說服你：

> 阿特拉斯山用它的背脊支撐著地面，
> 再加上天空是何等沉重無比的負擔。[20]

或許，在月球下面延展開來是虛無縹緲的空氣，沒有能力支撐堅固的質量；如同

---

16 意思是我們這些柏拉圖學派的人士，一直支持月球有如地球的論點。

17 斯多噶學派的人員並不贊同這種說法，因為他們認為月球要比地球大。

18 參閱本書第30章〈神識的式微〉3節，荷馬常用的詞是「迅速逝去」，如《伊利亞德》第10卷394行及《奧德賽》第12卷284行，它與「尖端銳利」出自同一語源，用於《奧德賽》第9卷327行。

19 參閱本書第69章〈論柏拉圖《泰密烏斯篇》有關「靈魂的出生」〉31節，希帕克斯算出三個天體直徑的大約比率，地球：月球：太陽＝1：1/3：12又1/2。得知就體積而言地球約為月球的二十七倍。

20 伊斯啟盧斯的悲劇《負巨岩的普羅米修斯》351-352行；阿特拉斯(Altas)山位於北非，同時它也是一位泰坦神的名字，說他力大無窮甚至將整個地球扛在肩上。

品達所說的那樣，地球的下方環繞成列『用鐵做基石的大柱』[21]；因此法納西斯並不擔心地球會塌落下去，只是對於埃塞俄比亞人和塔普羅巴尼亞人（Taprobanians）[22]感到遺憾，因為他們配置在月球運行軌道的下方，不會讓這樣重的質量掉落在地球上面；然而月球所以免於下墜，是靠著它的運動以及快速的旋轉，如同投石器一端聯繫重物不停做圓周運動，可以保持它的位置不會掉下來[23]。任何物品都會受到重量的控制：旋轉運動會使重量喪失它具備的影響力場。」

「不僅如此，如果它像地球一樣保持絕對不動和靜止的狀態，可以說是更有充分的理由讓人感到奇怪。可能出現大家認同的狀況，月球具有正確的成因不會向地球的方向前進；只有重量的影響力場使得地球產生位移，因為它沒有參與其他的運動。地球比月球要更為沉重，不僅在於兩者體積的比例，熱與火的行動使月球變得更輕[24]。總而言之，你的陳述使得月球由於它的火，對於地球維持相當的依賴和絕對的需要，從而讓月球擁有堅實的基礎，像是很多事情用來託付或信任，接受指引可以保持原有的連貫性，或者用這些事物點燃已熄的火焰。我們不可能產生這樣的想法，說是月球沒有燃料始終還能維持原來的火勢，斯多噶學派卻說地球沒有支撐的根源或堅實的基礎，一樣保持現狀不會有任何變化。」[25]

法納西斯說道：「月球的確據有中央這個最適當和最合理的位置，所有重量使得彼此之間產生壓力是自然的傾向，可以從每一個方向對它進行運動和聚集。鑑於所有的上部空間，甚至就是接受來自地球的物品，都會用力將它投擲出去，直接飛向我們的區域或者僅僅讓它前進，產生適當的傾斜自然就會引起它的降落。」[26]

---

21 貝爾克《品達殘篇》No.88。
22 塔普羅巴尼亞人是錫蘭（Ceylon）一個民族，現在是斯里蘭卡的僧迦羅人（Singhalese）；參閱斯特拉波《地理學》第2卷1節，以及普里尼《自然史》第6卷22節。
23 蒲魯塔克在《希臘羅馬英豪列傳》之〈賴山德傳〉12節，敘述安納克薩哥拉斯的概念，圓周運動的強大力量使天體在軌道上運行，不至於墜落下來。
24 盧契烏斯肯定斯多噶學派有關月球結構的理論，用來反駁他們對這方面所持的反對態度。
25 參閱赫西奧德《神譜》728行以及伊斯啟盧斯的悲劇《負巨岩的普羅米修斯》1046-1047行。
26 阿尼姆《古代斯多噶學派殘卷》第2卷195頁No.646；本書第30章〈神讖的式微〉25節，提到自然界不容許存在無限的體積和容量以及失去理性和毫無組織的運動，也不容許其他世界的事物任意闖入；這些論點能為斯多噶學派的成員接受。

7 我很想讓盧契烏斯有時間整理一下他的思路，就叫出提昂的名字向他問
道：「提昂，是那一位悲劇家談起醫生就說：

苦口的藥劑何以會清淨體液的膽汁？」

提昂答覆說這個人就是索福克利[27]。

我說道：「不錯，現在進行的討論我們需要這些人的幫助，然而對哲學家而
言，如果他們想用悖論去對付悖論，我們就有理由不要聽取他們的意見。他們反
對過於新奇和帶有異國風味的論點，如同這些學者的做法是推薦他們『朝向中心
的運動』。事實上能有那一種悖論沒有包含在學說之中？地球雖然有巨大的深淵、
高原和凹凸不平的地表，還能說它不是一個球體？居住在相對半球的人民依附地
球，豈不就像蠕蟲或壁虎從底部向上爬升？我們的站立要是不能與地球保持直角
而是斜角，豈不就像一個醉漢的姿態從垂直變成傾斜[28]？並不是說有一個重達四
十噸[29]的白熱物體落了下來，通過地球的深淵到達地心，雖然沒有遭遇到任何東
西，或者受到支持以後還是會停止下來；它的向下運動讓衝力帶著通過地心，難
道倒轉回來以後恢復原來的位置？並不是說隕石的碎片已經在地球的兩邊燃燒殆
盡，無法繼續向下運動，最後墜落在地球表面，迫使它從外在的路徑要隱藏在中
點的附近？並不是說狂暴的河川水體，設若繼續向下流動就會到達無形的中點，
環繞著它就會停止漂浮或移動，如同在不斷和永恆的蹺蹺板來回的擺動[30]？有關
這方面的問題，一個人不會犯下錯誤，非要逼著自己盡可能去思考解決。」

「就整個狀況來說在於『顛倒』和『所有事物的位置相反』，事物尚未抵達
地心是『下降』，等到位於地心的下面就會轉變成『上升』的狀態。可以獲得結
果就是人如果與地球用這種方式併生，那麼他的中心就是肚臍，同一個人的頭向
上的同時腳也向上。再者，如果他向著地球更遠的一邊挖掘，它的底部到後來變
成頂部，而這個在『上面』挖土的人，會使自己從『上方』變成『下方』。如果

---

27 瑙克《希臘悲劇殘本》之〈索福克利篇〉No.770。

28 參閱亞里斯多德《論風格》296B-297B，兩個在軌道中行進的物體墜落到地球，即使與水平
　面成相等的角度，然而在接觸點上的軌道並不會平行；所以蘭普瑞阿斯認為站在地面的人，
　彼此之間不會絕對的平行，通向地心的垂線總會形成極其細微的角度。

29 有的學者認為不是石質隕石，白熱的熔岩像是從火山口噴出的物質；盧克里久斯《論萬物的
　本質》第6卷536-550行，以及塞尼加《天問》第6卷22節，都有諸如此類奇特現象的記載。

30 參閱柏拉圖《斐多篇》111E-112E，這是蒲魯塔克的資料來源。

有那一位想像自己來到這個人的相反方向，兩個人的腳會在同一個時間轉到他們所說的『上方』。」

8　「雖然他們要把這麼多無稽之談扛在肩膀上面，難免要受到拖累，這並不是市井的閒聊，可以說是魔術師的大盒子，裡面裝滿用來扮演丑角的大雜燴，所以才會指控別人在處置月球的時候犯下錯誤，他們硬說地球居於高處，並不是在整個宇宙的中央或中間位置。如果所有沉重的物體全部聚集到同一個地點，就會從所有的部分向著中央壓縮，等到成爲一個整體就不再是萬有的中心，地球成爲很重的物體變成它自己的一部分。墜落物體向下運動的趨向並不能證明地球就是宇宙的中心，等到這些物體拋離地球，返回原處的同時還帶著吸引力和凝聚力。如同太陽可以吸附所能包含的成分，地球同樣接受有向下運動趨向的石塊，不斷出現類似的狀況，最後還是緊密的附著和凝結在一起。」

「如果有一個天體從開始就沒有指派給地球，不會從它那裡分離出來，就像他們口中所說的月球一樣，它的結構和性質完全自主，爲何還要瞞住從自己位置分離的事實，非要所有的部分壓擠和束縛在一起不可？無法證明地球是萬有的中心[31]；在此構成沉重物體的塊狀聚集，以及它們與地球的結合，讓我們聯想到一種可能的方式，很多部分聚集起來形成月球，直到現在仍舊如此。人將所有屬於地球和沉重的物質局限於單一的區域，使它們成爲單一天體的構成部分。我看不出有什麼理由，對於較輕的物質，在輪到它們的時候，不能運用同樣的強制方式，反而能讓火形成很多分離的狀態，原因在於無法將所有的星球聚集起來。一個天體共有所有的事物，處於燃燒的狀態又產生向上運動的傾向，這種想法很明顯的不合常理。」

9　我繼續說道：「可敬的阿波羅奈德，你是一位數學家，提到太陽從地球的上部圓周算起就有極其遙遠的距離，在太陽的上面還有金星、水星和其他的行星[32]，這些天體轉動的位置低於固定的恆星，彼此還是保持巨大的間隔，使得運行不致受到干擾；同時你又認爲整個宇宙沒有爲屬於地球的沉重物質提供空間和範圍。你可以看到這對我們而言成爲非常可笑的事，就是否認月球是

31　我們的宇宙就是以地球為中心；參閱本書第30章〈神讖的式微〉27-29節，提到宇宙的數量倍增的可能性。

32　這裡所提行星的順序，即使是蒲魯塔克時代大部分的天文學家，後來的斯多噶學派以及波賽多紐斯，相信他們都不會採用。

地球的一部分，因為它與下界區域處於分離狀態，雖然我們看到月球的運動離開上部圓周數千哩的距離，像是它會跳入一個坑洞之中，我們仍舊將它稱之為星球。月球的位置在其他恆星的下方，相互之間的距離已經無法表示，你們這些數學家想要進行計算，只是得到的數據還嫌不足；實際上月球可以說是從地球的邊緣輕輕擦過去，在相當接近的地方繞著地球旋轉；如同伊姆皮多克利的詩句：

戰車的輪軸飛快轉動接著一掠而過。」[33]

「月球因為是一個發光體所以非常巨大，看起來像是可以延伸的樣子，只是它的面積還是無法超越地球投下的陰影；由於它的運轉是如此接近，幾乎在地球影響所及的範圍之內，除非它升起的高度超過地球的陰影、截面和夜暗的範圍，否則會對太陽的光線形成屏障。因此，我認為我們必須很大膽的宣稱，月球應該局限於地球的範圍之內，即使是地球的末端也會對它產生掩蔽的作用。」

10 「可以將恆星和其他行星暫時不予理會，僅就亞里斯塔克斯在他的著作《論大小和距離》（*On Sizes and Distances*）中證實的項目進行考量，他提到『地球到太陽的距離與到月球的距離相比，大於十八倍而小於二十倍』。按照最大的估量值，月球與我們的距離是地球半徑的五十六倍；要是按照平均值算出地球的半徑是四萬斯塔德，從而可以得知從月球到太陽的距離約為四千零三十萬斯塔德。月球的移動所以會距離太陽最遠在於它的重量，同樣的條件會使它的運行盡量靠近地球，至於這方面的特性由位置來決定；我主張的論點是整個地球盡全力在排斥月球，反而賦予它對於地球的所有物，合法建立趨近和重返的權利。」

「我認為如果同意那些稱為『上界』的物體，能夠擁有提到的高度和延伸的面積，看來我們並沒有犯多大的錯誤，同時還留下所謂『底部的下界』，有足夠的空間可以容納圓周運動，從地球到月球的距離成為提供的高度。要是有人斷言只有天上頂端的表面可以稱為『上界』，其餘所有的範疇都要稱為『下界』，我想不論任何人一定認為這種說法實在太過分；要是將『下界』限制在地球甚或它的中央，當然這些人也會心有不甘；必須同意這兩種方式都有可供延伸的範圍，因為浩瀚無邊的宇宙可以將它們包括在內。有人將任何物體離開地球稱為使之『向

33　狄爾斯、克朗茲《希臘古代哲學殘卷》第1卷〈伊姆皮多克利〉331頁No.46。

上』和『高升』，用來答覆一種相反的論點，恆星的繞行當中有任何物體離開就是使之『向下』。」

11 我繼續說道：「總而言之，何以得知地球位於中點以及它在何處？包容所有事物的宇宙可以說是無限，所謂無限就是沒有開端也沒有終結，這樣一來就不適合中點的出現，因為中點也是一種度量，無限即否定度量的存在。他非常肯定指出地球是在中點，這與包容所有事物的宇宙無關，卻與現存的世界氣息相連，因為他認為世界本身並沒有涉及到同樣的困境[34]，這種論點可以說非常簡單純真；事實上，宇宙同樣沒有為現存的世界留下中點，它所以不會感到空無所有，在於沒有任何可供生物容身之地向著無限移動，因為位置的關係要是它停下休息，不論是地球或月球獲得同樣的許可，這時前者處於靜止不動的狀況，後者還在繼續運動之中，基於一種不同的靈魂或特性而非位置的差異。」

「除了這方面的敘述，還要考量他們[35]是否忽略了一個要點。地球的中央無論用任何方式表達都不會在『上界』，須知整個世界沒有一個部分居於『下界』；結果竟然是地球與它上面所有的事物，以及環繞或包圍中央所有的物體全都是『上界』，只有沒有任何物體的點才是『下界』；如果『下界』和『上界』實際上已處於必然相反的立場，那麼所謂表示『下界』的點，要與整個世界的性質背道而馳。不過，這樣做並沒有完全根除荒謬的言論。沉重的物體向下降落以及它們的運動抵達這個區域的成因，都已遭到廢除不再提及。沒有物體在運動之中能朝著『下界』的方向前進，這時會與某些人士的意念全然相左，他們認為沒有形體的『下界』具備極大的影響力場，可以吸引所有的目標，緊密聚集在它的四周。從另一方面來看，它可以證明即使全然無理而且違背事實，整個世界還是居於『上界』，除了一個沒有形體和不能延展的極限，沒有任何事物在『下界』。我們的陳述聽來似乎合理，廣闊的空間和寬大的部分可以區分為『上界』和『下界』。」

12 「看來這一切都是大同小異，只要你願意可以讓我們做出這樣的假定，屬於地球的物體，所有在天上的運動全都牴觸自然的法則；讓

---

34 參閱本書第71章〈論斯多噶學派的自相矛盾〉43-44節，蒲魯塔克有這樣的表示，反對斯多噶學派的武器來自他們的軍械庫。

35 這裡的他們是指斯多噶學派人士。

我們保持平靜的態度說明事實,不需要裝模作樣或者自以爲是;它並沒有指出月球不是地球,如果它是地球就要處於一個違背自然律的位置。伊特納(Aetna)山從地下噴出的火就是『異常』的狀態,然而它的性質還是一種火,空氣局限在地球的表面[36],雖然根據它的本質來看分量很輕,產生一種向上運動的趨勢,仍舊受到約束無法處於違背自然律的位置。」

我繼續說道:「讓我用宙斯的名字懇求各位,須知靈魂出於自願拘禁在肉體之內,並沒有違背自然律的規範,如同你所說的那樣,在一個緩慢、寒冷而又敏感的載具之中,它還能快速、暴躁和視而不見?難道我們因而就能說靈魂並不屬於肉體,或者它居住在一大堆沉重的物體之中喪失神聖的性質,或者它無法在刹那間通過天國、地球和海洋,進入皮肉、筋骨和器官之中,伴隨液化作用發揮重量、密度和具備無數特性的影響[37]?你的宙斯擁有唯一的特性是永不熄滅的烈焰,目前處於鬆弛、屈從和轉移的狀態,在祂的變換當中會不斷成爲任何事物,這種說法難道並非眞實?閣下,務必多加注意和深入體驗,要知道每一事物會轉移和貶低到『合乎自然律』的位置,免得你胡思亂想認爲整個世界就要分崩離析;要讓所有的事物如同伊姆皮多克利所提的那樣,重新進入敵對的狀況,或是說些更爲得體的話,免得你再度鼓動古老的泰坦神和巨人[38],攘臂而起對抗自然女神,還要引入神話當中的混亂和騷擾,好讓所有的重和輕從此分離。」

「伊姆皮多克利曾經說過:

> 他在那裡沒有目睹太陽明亮的外貌,
> 地球和海洋混亂的能量都無法看到;[39]

地球沒有與熱力分離,水體沒有與空氣分離;並不是任何在上的物體爲重而在下爲輕;所有事物的原則是絕不寬容和友善,完全陷入孤立無援的地步,彼此之間不會接受相輔相成的念頭,出於獨斷和專橫的一意孤行,他們的處境誠如柏拉圖

---

36 蒲魯塔克的心中有一種想法,這種狀況就像充氣的皮筏可以漂浮水面,參閱亞里斯多德《物理學》217A。

37 這裡提到斯多噶哲學的概念,就是靈魂使之具備形象是一種凝結或液化的過程,參閱本書第71章〈論斯多噶學派的自相矛盾〉41節,以及阿尼姆《古代斯多噶學派殘卷》第2卷No.605。

38 普羅克盧斯認爲伊姆皮多克利所以會內心產生掙扎,關係到神話當中出現的巨人戰爭。

39 狄爾斯、克朗茲《希臘古代哲學殘卷》第1卷〈伊姆皮多克利〉323頁No.27。

所述，每一事物面臨神明不在場可能發生的狀況，也就是說肉體欠缺靈魂或知性的主宰[40]。因此他們要等到阿芙羅黛特和厄洛斯激起心中的愛慕，欲望才會順從天意超越自然帶來的克制；如同伊姆皮多克利、巴門尼德和赫西奧德[41] 表示的看法，最後還是會改變原有的位置，基於互惠交換彼此的機能，有些需要限制它們的運動，有些處於平靜和休憩之中，受到驅使要從『原始』向著『善良』這一方轉移，使得所有的肉體產生共存、和諧與聯合。」

13　「世界沒有一個部分存在『違背自然律』的狀態，全都處於應有的位置，當然不需要移動、調整或安排，更不必考量重新開始。這時我以為天意或者充當造物主的宙斯，究竟能發揮那些作用？在一個軍隊裡面，所有的士兵知道自己的職責和任務、參加的行動和保持的陣地，這樣一來戰術家就無從拿出本領。如果水源能夠『自然而然』流向需要的地方，去灌溉那些缺水的植物；如果磚塊、木料和石材都能順從『與生俱來』的性向和趨勢，都能到達適合的位置獲得最好的安排，那麼園丁和建築師也就不能一展所長，然而這種概念可以立即絕滅天意[42]；反之，如果世界上面所有存在的事物，全都由神明負責安排和分配；那麼自然律全部都要聽命和受制於祂，要是發現有的地方有火而星辰在遠處，地球位於下方而月球高高在上，理性給予的束縛較之自然更加嚴苛，相較之下這又何足為奇？如果所有的物體必須順從『與生俱來』的性向和運行，你就得命令太陽不可以轉動，即使是金星和其他的恆星也應如此；因為質量較輕和燃燒中的天體『自然而然』要向上運動，並非在一個圓形的旋轉之中。或許自然本身基於位置的關係，願意接受這種交換和改變，因此火傾向朝上的直線前進，一旦抵達最高的頂端，就會結合天體的旋轉參與圓周運動；這時沉重和地球的物體，想要運用類似的方式離開原處，四周的空氣會對它加以阻擋，逼得它要採用另外一種運動，即使這樣又有什麼可怪之處？因為上天沒有任何理由可以『自然而然』剝奪質輕的物體向上的運動，同樣它無法主宰較重的物體，讓它擁有向下

40　柏拉圖《泰密烏斯篇》53B，本書第30章〈神讖的式微〉37節曾經引用。

41　本書第50章〈愛的對話〉第13節，引用伊姆皮多克利、巴門尼德和赫西奧德的論點，分別自出狄爾斯、克朗茲《希臘古代哲學殘卷》第1卷〈伊姆皮多克利〉317頁No.17、狄爾斯、克朗茲《希臘古代哲學殘卷》第1卷〈巴門尼德〉243頁No.13，以及赫西奧德《神譜》120行；還可參閱亞里斯多德《形上學》984B-985A。

42　參閱亞里斯多德《形上學》1075A，以及戴奧吉尼斯·利久斯《知名哲學家略傳》第7卷137節。

運動的趨勢；反過來說，無論是安排前者或後者所能帶來的影響，在於運用自然的力量使之處於最好的狀態。」

14 「我們要將奴性的習慣和偏見拋棄在一邊，最後會讓自己獲得解脫，發表個人的論點能夠坦誠和無畏，可以很清楚看出，整體當中沒有任何部分可以擁有它本身的規則、位置和運動，否則可以稱之為毫無章法的『自然律』。從另一方面來看，身體任何部分的運行，要想發揮有利的作用，必須經過適當的調整，它的目的是得到成長或繁殖，無論是本身的運作、影響或處置，全都用來應付安全、美麗或機能，從而可以明顯看出，它的位置、運動和意念全都遵照自然律的規範。無論如何，人類的生存是『自然』程序的產物，沉重和屬土的部分在上方，簡而言之就是頭腦的區域；火熱和暴躁的部分在中樞的區域；有些牙齒的生長來自上方，有些則來自下方，兩者的位置都不能說是『違反本性』；也不能說閃爍在眼中的憤怒居於上方就合於『本性』，腸胃和心臟的火氣就是適得其反，而是每一個都已經指定合適和有用的位置。提到本性如同伊姆皮多克利所說：

> 特瑞頓和海龜的皮膚全都既硬又堅，
> 所有的貝類將大地視為肉身的來源，[43]

置於其上有如石質的外殼，不會對柔軟的組織造成壓迫或磨損；另一方面指出熱量不會因為質地輕盈，飛升到身體的上部接著脫離，而且根據每部分的性質，混雜起來最後能夠結合在一起。」

15 我繼續說道：「如果它真是活在世間的生物，這種狀況同樣可能發生在和諧的宇宙：在很多地方它有土以及居於大量的火、水和氣之中，形成的結果並非外力的強迫而是合理的安排。總而言之，眼睛目前位於身體的邊緣，不是因為它的質地太輕受到排擠，心臟也不是它的重量才留在胸腔裡面，所有的器官據有的位置，完全在於讓功能做有效的發揮。有關和諧的宇宙各部分的問題，讓我們無法輕易的相信：像是地球位於此處，因為它的重量使它要

---

43 狄爾斯、克朗茲《希臘古代哲學殘卷》第1卷〈伊姆皮多克利〉339頁No.76。詩中的特瑞頓 (Triton)是海神之子，為海洋的使者。

向下沒落；太陽如開俄斯的梅特羅多魯斯（Metrodorus）[44] 所說的那樣，因為質地輕盈像是皮膚會膨脹起來，受壓以後擠到上部區域；其他的星球由於不同的重量破壞平衡，因而來到現在的位置。」

「從另外的角度來看，理性的原則要能控制目前的態勢；星球的旋轉非常穩定，對於宇宙的面貌而言如同『明亮的眼睛』；太陽像心臟一樣擁有無上的能力，傳送和散布它所發出的熱和光，如同人體的血液循環和呼吸作用；大地和海洋『自然而然』服侍和諧的宇宙直到終結，就像腸胃和膀胱對動物所能發揮的功能。月球的位置在太陽和地球之間，好似肝或其他位於心臟和腸胃之間柔軟的內臟[45]，從天空傳送到地球的溫暖，以及我們的區域向上的蒸發作用，經由一種調和與淨化使它自己變得更為精純；它所擁有屬土和固態的性質和是否適用於其他的結局，我們對這方面的了解不是很清楚。即使如此，所有的事物最好還是受到需要的控制。那麼，我們對於斯多噶學派人士所做的陳述，還有可能獲得若干知識的灌輸和心靈的啓迪？他們提到以太當中明亮和稀薄的部分出於微妙的理由成為天空，還有一些經過高壓或濃縮成為星辰，其中以月球最為遲鈍和混濁。然而所有人都可以看到，月球並沒有與蒼穹分離，它的上方仍舊有廣大的空間可以供它運行，彗星可以在它的下方自由自在的活動。每個天體不會因它的重或輕從而限制它的範圍，它們接受的安排完全基於不同的原動力。」

16 講完這番話以後，我要把位置讓給盧契烏斯，要是提到相關的證據他應該居第二位，這時亞里斯多德笑著說道：「有人認為月球某些部分只有一半是火，斷言所有的物體傾向於向上或向下的行動，你竟然完全加以駁斥，我想就這一點的指控，整個團體都可以做我的證人。不過，是否有人說過星球所以會自然形成圓周運動，那是有一種成分遠優於現存的四種要素，會引起我們的注意絕非偶然，就這方面來說眞是省了不少的麻煩。」

盧契烏斯打斷他的話說道：「……閣下，你將這一切歸功於其他星球和整個天國具備純潔和未受污染的性質，可以免於質量的改變以及形成圓周運動，因為它很可能擁有一種特性，就是它的運轉永不停息和中止，這時所以沒有一個人願

44 作為一個原子論者，他的論點不會與伊庇鳩魯學派、蘭普薩庫斯的梅特羅多魯斯，或是安納克薩哥拉斯的追隨者，產生混淆不清的狀況；參閱狄爾斯、克朗茲《希臘古代哲學殘卷》第2卷231-234頁。

45 還有脾臟；有關肝和脾的功能參閱亞里斯多德《論動物的器官》670A，特別是這兩個器官緊密連接在一起。

意與你和你的友人發生爭執，那是對於其中包括無數的困難抱著不予理會的態度。且讓這些理論下降使它觸及到月球，這個天體不再保有寧靜和美麗。沒有提到月球其他偏離和分歧的地方，它的表面展現的狀況，可能是它的物質有了變化，或是與其他的物質混合所產生的結果。不論這種混合會帶來那些影響，只要參與的部分的等級較爲低劣，月球就會喪失純眞的本質。月球的遲緩以及速度的減低加上熱量的微弱和模糊，所要表達的意義包含在艾昂的詩句中：

　　不要非讓葡萄長得過分成熟才採收，[46]

要是連不朽的天體都無法避免，我們除了歸罪於它的軟弱和變遷又能如何？」

　　「尊貴的亞里斯多德，事實非常簡單，就是認同月球有如地球擁有美麗、莊嚴和文雅的外貌。我很怕它像是一個星球或發光體或神聖的天體，就會變得畸形而醜陋有辱高貴的頭銜，所有的天體只有它需要外來的光，如果這話眞是所言不虛，就像巴門尼德所說的那樣：

　　且將它的一瞥永遠停留在太陽上面。[47]

我的夥伴在他的辯論中，展現安納克薩哥拉斯的主張：『太陽讓月亮分享它的光明和燦爛』[48]，竟然贏得他們的贊同。就我而言不會這樣做，凡是我從你和你的同伴那裡得知的事情，除了完全同意還會轉告其他人員。太陽能夠使得月球如此皎潔明亮，不是它的光線像是運用鏡子或通過水晶來達成，也不能說是多用幾支火把就行，只要集中光線就能照得更亮，這種論點從某方面來說當然是言之成理。」

　　「如果不是月球在運行之中，因爲位置的關係本身掩蓋或遮斷來自太陽的光線，那麼我們在任何時候都可以看到滿月；因爲稀薄的空氣能讓陽光通過，或許還要加上本身燃燒所產生的光線[49]；完全是出於偏見或厭惡之情，不會說它所以無法看見是出於會合（月球處於太陽和地球之間）的成因，如同它處於上弦或下弦以及新月；德謨克瑞都斯曾經這樣說：『月球被直射的光線照得很亮，它對太陽

46　瑙克《希臘悲劇殘本》之〈艾昂篇〉No.57。
47　狄爾斯、克朗茲《希臘古代哲學殘卷》第1卷〈巴門尼德〉244頁No.15。
48　狄爾斯、克朗茲《希臘古代哲學殘卷》第2卷〈安納克薩哥拉斯〉41頁No.18。
49　燃燒產生的光線出於波賽多紐斯的論點，蒲魯塔克在後面會提出說明。

只能無條件的接受。』[50] 因此讓它被看到或是讓它發出耀眼的光芒也是合理的事。其實並非如此，經常受到隱藏和抹除以後處於蹤影全無的狀態，正像伊姆皮多克利所說的那樣：

> 太陽的光束從地球上方的遠處逃開，
> 明亮的月球投入廣闊的陰影和深淵；[51]

雖然已是黑暗的夜間，射出的光線並沒有落到另外的星球。波賽多紐斯的解釋是月球的深邃對太陽的光線產生阻礙，限制它的通行來到我們居住的地球，這種說法明顯背離事實，無邊無際的空氣比起月球不知更為深遠多少倍，它為耀眼的陽光照得無比的明亮。」

　　盧契烏斯繼續說道：「仍舊可以運用伊姆皮多克利的學說，我們所見的月光是月球表面對陽光的反射。所以在抵達我們的面前以後，既不會感到溫暖也不覺得明亮[52]；即使是太陽和月球的光線，不論是來自燃燒或混合，與我們期待的結果完全一致。反之，音聲經過反射產生的回聲會比原來的音量更為微弱，箭矢的碰撞形成跳飛會喪失它的強勁；因此，

> 光線正撞擊月球這個寬廣的白玉盤，[53]

因為力量的偏離和削弱，對我們造成的影響當然會變得微不足道。」

17 蘇拉插嘴說道：「毫無疑問這個立場是有它合理的地方，為何會用強硬的語氣說到完全不同的方面，難道是我們的同伴解釋有了問題還是出於疏忽所致？」

　　盧契烏斯說道：「怎麼會這樣？或許你的意思是提到的困難與上弦月或下弦月的處境有關？」

　　蘇拉說道：「的確如此，爭辯當中這是可以提出的理由，所有的反射作用發

50　狄爾斯、克朗茲《希臘古代哲學殘卷》第2卷〈德謨克瑞都斯〉105頁No.89。
51　狄爾斯、克朗茲《希臘古代哲學殘卷》第1卷〈伊姆皮多克利〉330頁No.42。
52　本書第29章〈德爾斐的神讖不再使用韻文的格式〉21節，提到月球反射太陽的光線，所有的熱已經損失殆盡，後來又說月光的熱量非常微弱，可見敘述的內容還是會產生矛盾。
53　狄爾斯、克朗茲《希臘古代哲學殘卷》第1卷〈伊姆皮多克利〉330頁No.43。

生在相等的角度,等到月球處於上弦或下弦,它的位置在天際的中間,反射的光線不可能來到地球,只在一瞥之下越過空際到達另一邊;來自太陽的光線接觸到月球是在地平線上,因為要在相等的角度發生反射,這時必然落在地平線相反的平面,光線就不會向下反射到地球,要不然就是角度出現變形和差異,這幾乎是不可能的事。」

盧契烏斯說道:「不錯,就是老天爺出面干涉,也只能這麼辦。」同時看著數學家麥內勞斯,好像蘇拉會這樣說是他的意思,接著說道:「尊貴的麥內勞斯,只要有你在場,想要反駁有關數學的問題,都會力有未逮,還讓我感到難為情,討論光學的反射定理它的基礎就是數學。對於『所有的反射發生在相等的角度』,不僅缺乏明確的證據也不是公認的事實;可以用凸透鏡[54]的現象來加以駁斥,視線通過這一點產生的影像會將它加以放大;也可以用兩個摺疊的平面鏡反對提出的論點,上下形成一個夾角的兩面鏡子,將放在中間的物體反映出四個影像,其中上面的鏡子出現兩個顛倒的影像,下面的鏡子反映的影像不會顛倒,只是看起來像是較為黯淡。」

「柏拉圖對於映象產生的理由要做一番解釋[55],他說將一面鏡子高舉起來,可見光的反射作用在它的兩面進行交換,那就是從一面變換到另一面。因此,如果一些可見光從水平的表面,以直線進行的方式重返我們的眼中,還有一些掠過鏡子對立的一面,然後再投射到我們的面孔,這時反射作用的發生不可能在相等的角度。因而有些人就像數學家一樣直接表示異議,說是從月球流向地球的光波,它的入射角和反射角不會相等,同時認為事實較之學理更為可信。否則的話只能承認這些原理[56]完全在於討好幾何,因為那才是他們最喜愛的學問。」

「首先我們要注意一點,也只有鏡子才會出現的狀況,那就是鏡面磨得非常光滑;然而月球的表面極其崎嶇不平;產生的結果是光線來自一個巨大的天體,等到撞擊到相當的高度,使得彼此之間接受光的反射和擴散,這些混雜的作用就會糾纏在一起,再結合它本身的燦爛光輝,像是從很多面鏡子照射到我們的眼中。其次,即使我們假定月球表面發生的反射作用在於相等的角度,然而光線經過如此漫長的距離,偏斜和變形產生扭曲和模糊不清的影像,這是極其可能的事。有人要給予一種幾何的證明,月球用它向我們彎曲的表面,沿著延伸的直線

---

54 這種凸透鏡不是球形而是圓柱形。

55 蒲魯塔克認為柏拉圖《泰密烏斯篇》46B-D,提到一種圓柱形的凹透鏡,不是可摺疊的平面鏡。

56 所謂的原理就是指「反射角恆等於入射角」。

發出無數的光束到達地球，我無法繪出一種幾何圖形來說明，特別是針對很多沒有概念的民眾。」

18 盧契烏斯繼續說道：「一般而論，我認爲可怪之處，在於用來反對我們的理由，無論是上弦、下弦還是新月，地球始終感覺月光的照耀。總而言之，如果大部分的月球被太陽照得發亮，無論這種現象是稀薄還是炎熱，太陽不會讓它留下一個半球，使得我們知道它永遠處於陰暗和沒有照明的狀態；從另外一方面來說，要是太陽在旋轉的時候，發射的光束即使輕輕從月球的旁邊掠過，就會很容易向著四周擴散，不僅讓它的表面大放光明，而且使它的外貌徹底發生改變。酒只要接觸到水的表面，或是一滴血落入液體，立刻受到污染變成紅色；他們說空氣中充滿陽光，這時不會與流出物混合起來，只是受到質點的衝擊帶來變化和轉換；那麼他們又怎能想像星球之間的接觸或光點之間的互撞，產生的後果僅能照亮部分的表面，不是兩者整個的混合和完全的改變？事實上，太陽在軌道的運行過程形成的圓周，可以引起月球循著相同的方向轉動，在與圓周同步的運動之中，區分表面上可見和不可見的部分，也就是陽光照射和不及的區域，因爲角度的關係造成的相切和截面，可以區分爲明亮和黑暗這兩個部分，因爲不同的傾斜和相互的位置，形成上弦、下弦和新月的月相；從各方面來看，月球的明亮不是光點的結合而是接觸，不是光束的集中而是照耀，使得它從無到有，從黑暗趨向光明。」

「月球不僅要照亮自己，還要把鮮明的形象傳到我們的眼裡，要是提到與它的特性有關的理論，就會讓我們更有信心。任何物體的質地要是柔軟而稀鬆就無法產生反射作用；很難想像光可以從光束當中反彈回去，何況火具備同樣的性質；只有堅硬的物質才能造成回聲或反射，這是質點撞擊以後形成的跳躍。不管怎麼說，同樣的陽光通過空氣沒有任何妨礙或阻止，那是木材、石頭和衣物暴露在光線之中，造成更爲寬廣的反射和擴散。我們看到太陽用這種方式將地球照得非常明亮，然而水卻不讓光線穿透到很深的地方，空氣也沒有讓它四處蔓延。月球繞著地球運行，如同地球對太陽的圓周運動，彼此相切的部位較大，通常光線所及的地方較多，球面其他的區域要陷入黑暗之中，因爲這兩個天體受到照亮的部分要比半球稍微大一點。讓我按照比例的觀點採用幾何的運算方式。太陽的光線會接近三種東西：地球、月球和空氣，要是我們看到明亮的月球有如地球而不是空氣，就知道同樣的原動力，必須在性質完全類似的事物上面，才能獲得同樣的效果。」

19 大家對盧契烏斯的高見讚譽不已，我說道：「非常感激你用文雅的言辭將這部分表達得清清楚楚，特別是你不會只說譁眾取寵的話。」

盧契烏斯帶著微笑繼續說道：「我還要再次運用這種方式，爲的是證明月球如同地球，不僅是出於同樣的成因，兩者要面對或接受同樣的事故，基於同樣的目的要達成同樣的成效。只要願意，你會將可見的現象牢記在腦海之中，就是正午開始的日蝕，整個天際出現無數閃爍的星辰，空氣的溫度下降有如黎明時辰。如果你已經忘懷，提昂就會好意的提醒，除了密涅穆斯(Mimnermus)、塞迪阿斯(Cydias)、阿契洛克斯(Archilochus)、司提西喬魯斯(Stesichorus)[57] 這些詩人，還有品達在日蝕的時候哀痛『燦爛的太陽不再是最亮的天體』[58] 以及『世間陷入漆黑的深夜之中』[59] 以及說起『陽光在陰暗的通路上疾馳』[60]；更爲應景的描述是他引用荷馬的詩句，『昏冥的夜幕籠罩人們的臉孔』[61]，『太陽的光芒消失在天空之中』[62]；以及提到月球的時候暗示它的特性：

> 度過晦朔的陰暗期來到新月的升起；[63]

我認爲黑夜是地球本身的陰影，以及日蝕是月球的位置掩蔽可見的光線所致。運用數學極其精確的演算，可以得知由虧轉盈及由暗轉明的時間。從事實得知太陽在升起之前它被地球遮住看不見，所以會發生日蝕那是月球的關係；兩者的成因在於天體的掩蔽作用，亦即地球和月球的陰影隔絕我們的視線，這些現象造成的結果非常容易理解。要是效應完全一致，那麼是出於毫無差別的成因，產生雷同的事項以及達成相等的目標。要是日蝕造成的黑暗沒有夜晚那樣的深邃，就是空氣也不會那樣的沉悶，我們對此不必感到驚異。天體基於它的特性出現黑夜和日蝕的成因完全相同，與它的體積大小沒有關係。根據我了解的狀況，埃及人認爲

---

57 這裡提到的四位，分別是科洛奉的密涅穆斯，西元前7世紀的哀歌體詩人；塞迪阿斯是西元前5世紀的抒情詩人；阿契洛克斯是西元前8或7世紀的輓詩體詩人；司提西喬魯斯是西元前6世紀的抒情詩人。

58 品達《頌歌集》第9卷2-3行。

59 作者是司提西喬魯斯，貝爾克《希臘抒情詩集》第3卷229頁No.73。

60 品達《頌歌集》第9卷5行。

61 荷馬《奧德賽》第20卷351-352行。

62 荷馬《奧德賽》第20卷356-357行。

63 荷馬《奧德賽》第19卷307行。

月球的體積爲地球的七十二分之一[64]，安納克薩哥拉斯推算出月球的大小相當於伯羅奔尼撒半島[65]，亞里斯塔克斯表示地球與月球直徑之比，居於六十比十九和一百零八比四十三之間[66]。結果是地球的體積較大，可以將太陽完全遮蓋，使得月蝕的過程可以拖延整個夜晚。月球雖然有時會將太陽全部遮住，然而日蝕的時間要短得多。有時可以在邊緣看到射出的光線，甚至出現環狀的明亮部分，使得天空不至於完全一片漆黑。」

「古代的哲學家亞里斯多德將它視爲眾多理由之一，用來說明月蝕爲何較之日蝕發生的次數爲多。那是因爲日蝕的產生在於月球造成的干擾，月蝕的成因在於地球，然而地球要比月球大很多，相較之下發生的頻率就會增加[67]。波賽多紐斯對於日蝕或月蝕的定義如下：『日蝕的發生在於太陽和月球的會合，造成的陰影給我們的視力帶來黑暗；月蝕則是地球形成阻礙和屏障，不讓太陽的光線射到月球上面，也就不能產生反射作用。』要是承認月球的陰影會落在我們的頭上，對於我能看到的狀況使得他啞口無言。星辰不可能投下陰影，所謂黑暗是沒有光線的照射，有了光線就沒有陰影，也就是明亮可以驅除黑暗。」[68]

20 接下來盧契烏斯問道：「好吧！現在還有什麼需要討論？」我回答道：「月球的成蝕問題倒是可以談一談。」

他說道：「謝謝你提醒我，我可不可以假定你們已經被我說服，月蝕的發生是它被地球的陰影抓住，所以才會改變個人的看法贊同我的論點；或者是要我對於所提出的問題一一作答，非要等到完全滿意才算數？」

提昂說道：「上天一定會給大家一個交代，所有的問題就會迎刃而解；在我來說要靠說服的力量，因爲就我所知出現日蝕或月蝕的唯一條件，那就是地球、太陽和月球這三個天體要排成一直線；發生日蝕是月球位於中間，它擋住視線使

64　如何求得這個數據已經不得而知。

65　這是希波萊都斯經過觀測所得的結果，然而伯羅奔尼撒半島的面積不到一萬五千平方公里，實在是無法相比；安納克薩哥拉斯並沒有提到月球，而是說太陽的大小要超過伯羅奔尼撒半島，參閱狄爾斯、克朗茲《希臘古代哲學殘卷》第2卷〈安納克薩哥拉斯〉16頁No.42。

66　這個比例出自亞里斯塔克斯的隨筆《論太陽與月球的體積和距離》，相當於0.316到0.398之間，我們現在知道地球和月球的直徑，分別是12,756公里和3,476公里，它的比值爲0.282，看來比起古人還要更小一點，也就是他們認爲月球還要大一點。

67　羅賓《亞里斯多德殘篇》No.210；並沒有參考《論風格》293B的資料，因爲那不算是亞里斯多德的見解，他只是引用畢達哥拉斯學派的說法。

68　波賽多紐斯將月球歸於可以自行發光的星體；阿瑞烏斯‧迪第穆斯《殘卷摘要》No.32。

我們無法看到太陽；月蝕則是地球處於三者的中間位置，它遮住照射到月球的陽光。」

　　盧契烏斯說道：「就這個題目來說，剛才所提僅是概略的要點。如果你願意的話，首先我要加以補充，就是有關陰影的形狀，它自然會成為一個圓錐體，如果冒出的火焰或發射的光束成為圓球形，那麼它一定圍繞一個球形而又較小的物體，這也就是為何在月蝕發生的時候，黑暗和明亮兩個部分相接的輪廓成為弧形的曲線，一個球體的截面投影無論是射出或接受，運用到另一個球體，基於兩者相似的原因，一定會讓投影的邊緣保持圓形。其次，我認為大家從目視可以看出，月球的東邊部分是月蝕開始的起點，日蝕則是太陽的西邊部分；因為地球的陰影是從東向西蔓延，太陽與月球的方向相反是從西向東。觀察的結果讓大家產生認知，不需要更多的解釋可以了解真相的所在，同時這種現象讓日蝕和月蝕的成因更加明確。日蝕的發生是陰影從後面趕上，月蝕則是陰影在前方的相遇，這兩者開始在不同的側方；月球的投影是從太陽的西邊入侵，接著努力擴大地盤；月球被地球的陰影從東邊接觸，逐漸由相反的方向開始向前發展。」

　　「第三要考量月蝕持續的時間和範圍的大小等有關的問題。如果月蝕發生的時候，月球與地球的距離較遠或者高度較高，它受到掩蔽的期間較短；如果月球處於較低或接近地球的位置，陰影加大控制的力量變得較慢脫離；然而月球處於較低的位置會使運動的速度加大，等到最高點就會變小。造成不同現象的原因在於陰影，如同圓錐體雖然有非常寬大的底部，還是會逐漸收縮最後會終止於頂點，形成一個尖銳又細長的終端。月球要是在較低的位置遇到地球形成的陰影，被困在一個較大的圓形截面之內，也就是在底部較寬處通過陰影，時間較長變得更加黑暗無光；如果它的位置較高就會通過陰影的狹窄部分，如同在一個較淺的水坑當中受到玷污，很快就會大放光明。」

　　「我盡可能認同已經提出的成因，除了要參考月相的形狀和盈虧的變化有關問題，對於其他方面只有置之不理，我還是回歸到現在正在探討的題目，一切論點的基礎就是外來的感覺和內在的判斷。我們可以看到火焰的炙熱和光芒的照射，在陰影籠罩的地方更為強烈，是否黑暗的空氣會更加稠密，不讓熱能和光束向外流動和擴散，將這種質量限制或集中在單一的地點，或許是我們的感官有所偏愛所致，像是熱的東西與冷比較之下覺得更熱，歡樂在與痛苦的比較之下覺得更為刺激，明亮的物體在與黑暗比較之下更為突出，它們的出現在與不同環境的對照之下，產生的印象更為深刻。前面的解釋似乎更加合理，火所具備的各種特性，在太陽的表面都難以發生作用，不僅失去照明的功能，就連燃燒都變得遲緩

呆滯，因爲太陽的高熱可以消除和分散火的力量。」

「斯多噶學派的人士非常肯定的表示，月球是一顆稠密和混濁的星球，上面只有微弱和模糊的火，照說不應有任何狀況發生，顯然與所見事實不符。那就是它在隱匿的時候，應該被我們看到；等到它毫無遮掩的出現，才是必須潛伏的期間；它被四周的以太圍繞以致朦朧不清，其他所有的時間像是躲避起來；它有六個月的時間接受照射變得明亮清晰，接著是五個月要沉入地球的陰影之中；因爲四百六十五次出現月蝕的滿月，有四百零四次發生在六個月的周期之內，五個月的周期只有其餘的六十一次。月球即使處於陰影之中，無論任何時候都應該呈現明亮的外貌，然而與我們所見的狀況完全相反，月蝕發生的時候光芒盡失，只有逃離陰影才能恢復原狀，甚至在白晝也可以看到它高掛天際，從而得知它絕不是一個炙熱發光而又類似恆星的天體。」

21 盧契烏斯說到容易引起爭執的狀況，法納西斯和阿波羅奈德同時站了起來，準備質疑和駁斥他的論點，阿波羅奈德讓法納西斯先說，於是後者表示最重要的一點，是要證明月球究竟是星球還是火，特別是月蝕發生以後，並非完全看不到它的蹤影，表露一種煤炭悶燒的色彩，看在眼裡令人不寒而慄[69]。

阿波羅奈德對於「陰影」有關的問題提出異議，因爲科學家通常認爲這個稱呼是指沒有光線的區域，其實無邊的空際沒有陰影存在的可能。

我說道：「這種異議就像吹毛求疵的傢伙只會講究名字和術語，須知自然科學家和數學家重視事實。如果一個人拒絕稱呼受地球掩蓋的區域爲陰影，堅持說它是『無光的空間』，即使它進入這個區域，因爲它被剝奪陽光當然變得黯淡黝黑。」

我接著說道：「一般來說，不願承認地球的陰影可以達成這種效果，實在沒有什麼道理，因爲日蝕就是月球的陰影延伸到地球，對我們的視線造成遮蓋的作用。現在我要向你有所解釋，法納西斯，月球上面悶燒發紅的顏色，根據你的說法是它作爲一個經常受到衝擊，成爲堅實天體所特有的性質；然而月球的質地非常稀薄，不能維持火焰的餘燼或痕跡，除非它是一個堅實的天體，而且要維持完全的燃燒，否則不可能成爲白熾狀態。荷馬無論在何處都會這樣說：

69　阿尼姆《希臘古代哲學殘卷》第2卷No.672；參閱普里尼《自然史》第2卷9節。

柴薪燒完火焰熄滅他會將灰燼攤平。[70]

這番道理好像在說能燃燒的東西並不是火，任何材料必須附帶一種固體和穩定的物質，點燃以後經由熱力的作用發生變化。火焰出自激烈的燃燒，當成流動又稀薄的養分，柔弱的性質很快消耗乾淨。結果是沒有其他的現象能像悶燒的顏色這樣明確，可以用來證實月球的成分是土以及處於接受衝擊的環境。」

「尊貴的法納西斯，事實並非如此，月球在食甚的時候表面的顏色出現多次變化，科學家的辨別有如下述，按照時間的先後加以劃分[71]：要是月蝕發生在薄暮和後面的三個半鐘頭之間，這時它會變得難以形容的漆黑；如果開始是在午夜，它會出現微紅的火光；要是初蝕在入夜以後七個半鐘頭，整個表面成為鮮明的赤色；最後，月蝕發生是在接近黎明的時候，它的外觀帶著青綠或碧藍的色澤，伊姆皮多克利之類的詩人用『晶瑩的眼睛』形容天空的景象。」[72]

「現在有些人看到月球在陰影裡面出現色澤不斷的變化，誤以為只有悶燒的狀況發生，沒有考慮其他的因素，特別是外來的影響，像是環繞陰影四周的光線，混合以後留下的殘餘物，要知道月球本身只有深黑和土黃，這點可以讓大家一目了然。因為在它下方的地球有赭紅和青綠的外表，加上河流和湖泊接受的陽光，使得鄰近陰暗的地點，外貌呈現同樣的色澤，還被這些光束照得明亮，這時月球因為反射作用獲得已經減弱的光彩；要是一道陰影的巨流，落入上界那個廣闊的光海，受到無數星辰的攪動不會保持穩定和平靜，除了接受某種程度的混合和轉換，從月球獲得的外觀有時是某種顏色，有時變得截然不同，全都可以讓我們看得一清二楚，請問這又有什麼可怪之處？」

「一顆進入陰影裡面的恆星或燃燒的天體不可能出現深黑、淡綠或淺藍的光澤；如同山岳、平原和海洋從太陽反射出繽紛的色彩，混合陰影和霧氣變得更加光耀奪目，燦爛的色調如同畫家使用的顏料。荷馬用來形容海洋的詩句，像是『紫色的海面掀起陣陣波浪』、『獨坐在灰暗大洋的灘岸』，還有『船頭劈開有如碧玉的航道』、『深藍的大海養育了你的童年』、『海面是如此的清澈和平靜』[73]；

70　荷馬《伊利亞德》第9卷212-213行。

71　天文學家特別強調整個月蝕過程之中，月相會有明顯的顏色變化，倒是沒有提到月蝕發生時間的先後，導致不同顏色的出現。

72　此一用語出現在優里庇德的劇本當中，參閱瑞克《希臘悲劇殘本》之〈優里庇德篇〉No.1009。

73　荷馬這五句形容海洋顏色的詩，分別出自《伊利亞德》第11卷298行、《伊利亞德》第1卷350

然而他對陸地上面在不同的時間出現極其繁複和多樣的彩色，通常都會略而不提。月球的表面不像海洋那樣單調平坦，倒是與地球的構造非常類似；古代的蘇格拉底將這種題目當成神話[74]，是否他對相同性質的地球說些難解的謎語，或用來描述其他類似的事物，像是月球並不殘破或者滿地泥濘，它從天上接受純潔的光，到處瀰漫溫暖的氛圍，它的火不會狂暴和施虐，帶有潮濕的水氣和無害的特性，它那開闊的區域是難以形容的美麗，山嶺閃耀明亮的光芒[75]，紫色的地帶裝點金銀，沒有埋藏在地下深處，散布在富饒的原野和平坦的高地，暴露在光天化日之下到處可見。這些事實不會讓人感到難以置信或者覺得非常奇怪。」

「如果我們的視線通過一個陰影可以看到這些物體，它的方式會因時而異，完全是大氣層產生的變化。月球獲得崇高的聲譽確實不在於它的無害或是它的神性，而是人類將它視爲天上的聖地和樂園，總比斯多噶學派將它看成多煙和殘留的餘燼要好得多。米提人和亞述人對火的供奉是蠻族的習性，像是頂禮膜拜邪惡的勢力用來安撫它的憤怒，完全出於畏懼毫無尊重之意；每一個希臘人都對大地之母的名字感到親切和榮耀，基於古老的傳統把它當成神明，敬仰祂給予我們的養育和保佑。由於月球是天上的福地，我們人類絕不會存有這種想法，認爲它是沒有靈魂和理性的肉體，或者說它不能與神明分享我們奉獻的祭品；按照古老的傳統我們接受它所賜與的福祉，對於擁有的德行和權力回報以推崇和尊敬。要是將它出現在表面的狀況看成地球一樣，上面有巨大的海灣，或者張開深淵和裂隙，裡面裝滿水體或是陰森的空氣，就連陽光都無法透入或者接觸，造成質點撞擊的中斷，更不能發揮反射作用，這種說法希望大家不要認爲我是無理取鬧。」

22 這時阿波羅奈德插嘴說道：「你們這些人是否會想到，這是月球本身造成的現象，它的裂隙和深坑投下的陰影，現在進入我們的視線當中；或者你沒有計算所產生的結果，需要我告訴你何以如此？雖然你上知天文下知地理，才高八斗學富五車，還是請你靜聽我說。月球的直徑在平均距離的可見大小之下，經過測量大約是十二指幅，每一個黑色的陰暗點，可以明顯看出超過半個指幅，也就是大於它的直徑的二十四分之一；如果我們確認月球的周長和直徑，分別是三萬和一萬斯塔德，那麼每個陰暗點的度量不會少於五百斯塔

（續）

　　　　行、《伊利亞德》第1卷481-482行、《伊利亞德》第16卷34行以及《奧德賽》第10卷94行。
　74　柏拉圖《斐多篇》110B及後續各段。
　75　景色的描述使人聯想到柏拉圖《斐多篇》110C-111C，很可能是蒲魯塔克加以模仿。

德。」[76]

我笑著對他說道:「阿波羅奈德,真要恭喜你發現這樣一種表達的方式。即使如此你還是無法證明,不管是你還是我的身裁,要比阿勒烏斯出名的兩個兒子為高[77];我知道我們兩人目前沒有在林諾斯,不過,倒是經常朗朗上口的一句詩:

阿索斯山像面紗遮蔽小母牛的容顏。[78]

可以很清楚看出它的要點,那就是聖山的陰影向著海面延伸,落在林諾斯島一座青銅像的上面,它的距離不會少於七百斯塔德[79];相形之下從而得知,月球表面陰影的深度在處於滿月的狀況下,顯現的景象更加清晰,即使這時太陽與它的距離最為遙遠。使得陰影變大的原因,在於光線來自遙遠的距離,並非月球表面的凹凸不平是如此複雜和巨大所致。除此以外,大白天太陽耀目的光束,對於月球上面山嶺反射的光線,產生掩蓋和干擾的作用,使它很難辨識出來;然而月球的深淵、窪地和陰影部分,無論多遠都看得非常清楚。併列的陰暗和明亮部分基於強烈對比的關係,就無法逃過我們的視線。」

23 我繼續說道:「對於所謂來自月球的反射作用,看來會表示更為強烈的異議。所以會如此,在於一個人要是位於反射光經過的途徑,不僅看到已被照亮的目標,還有照亮它的東西。舉例來說,如果一道光線從水面彈向一座牆,眼睛的位置因為反射作用被光照到;這時眼睛可以見到三件東西:反射的光線和引起反射作用的水面和太陽本身,光的源頭所以產生反射是因為光

---

76 如果每個陰暗點的度量是500斯塔德,月球的直徑是1萬斯塔德,應該是它的1/20而不是1/24;古代的學者對於月球的直徑和周長都有不同的數據,一個斯塔德的長度為182到221公尺,若直徑為1萬斯塔克則為1,820到2,210公里,要比已知的直徑3,476公里為小;至於伊拉托昔尼斯的估算直徑是8萬斯塔德,那麼月球的體積比起地球要大很多。

77 奧都斯和伊斐阿底僅九歲,身高就有九噚高(約十六公尺);參閱本書第48章〈論放逐〉9節注35;荷馬《伊利亞德》第1卷385-386行;以及《奧德賽》第11卷305-320行。

78 這句詩出自索福克利不知其名的悲劇,提到阿索斯山的陰影可以投射到林諾斯島,參閱普里尼《自然史》第4卷12節。

79 阿索斯山到林諾斯島的距離,普羅克盧斯(Proclus)說是700斯塔德,優斯塔修斯(Eustarthius)的估算只有300斯塔德,普里尼根據航程是87羅馬里(1羅馬里相當098.91哩或7.5斯塔德),相當於700斯塔德。實際距離約為50哩,阿索斯山的高度是6,350呎,它的投影在海面上可以延伸100哩。

撞擊到水面。基本上這是明顯的事實，受到大家的認同和維護，那就是月球在夜間反射太陽的光線，可以用來照亮地球；如同我們在白晝從水裡看到太陽，那完全是它的反射作用所引起。太陽似乎不會將月球看成水面一樣，讓它的反射作用顯示自己的面貌，他們從而推論月球要是運用其他的方式接受照明，就不會產生反射作用；如果沒有反射作用，在地球上面就看不到月亮。」

阿波羅奈德說道：「那麼大家對這種說法有什麼回應沒有？看來反射作用好像給我們帶來一些困擾。」

我說道：「老實說，有些的確就是如此，或許有些尚未得到定論。首先要考量影像的問題，他們認爲它不僅顛倒而且如同『向上流動的河川』[80]。事實上地球表面的水流是向著低下，月球在地球上方，它的水流是向著高處；反射的光線產生的角度，與在下方的地球是完全顛倒過來。因此，他們無須要求每一種鏡子或某一鏡子，能在所有的距離都要產生同樣的反射作用，基於明顯的事實就會有不同的變化。從另一方面來說，有人宣稱月球不像水是一個稀薄或一個光滑的物體，它不僅質地非常沉重而且是屬土的特性[81]。我不了解爲何月球的表面不能如同一面鏡子，讓我們的眼睛從那裡可以看到太陽。如同牛奶不能出現映象，而且對可見光無法產生反射作用，原因是它的質點具有不規則的形狀而且極其粗糙；要說月球像是光滑的鏡面將投向的視線反射回來，這個世界是否有這種可能？要是一個抓痕、斑點、污物或粗糙的部分，正好掩蓋視線要反射的點，就是可以看到的鏡面無法送回慣常的反射作用，當然，甚至就是這些問題，使得兩者之間處於封閉的狀況。」

「有人提出的要求是太陽的映象應該出現在月球的表面，而且月球應該將太陽的光線反射到我們的眼中。因爲他的要求在於眼睛是一個太陽，視線是它的光，整個人成爲一個天國。太陽的光束極其強烈又明亮，抵達月球產生巨大的衝擊，因而這種反射作用才能使它到達我們的眼中；視線是如此的薄弱，很多時候都是細微得若有若無，要是沒有撞擊就無法產生跳回，即使有反彈在經過分散和消耗以後，還是不能繼續不斷的進行；尤其是月球表面的崎嶇不平，要是沒有足夠的光線，就無法保持它不會擴散開來，這樣說來又有什麼怪異之處？可以確知從水面和其他任何種類的鏡子，都能憑藉反射作用將視線彈向太陽，特別是反射作用接近它的原點，變得更爲強而有力。」

80　這句諺語的表達方式，參閱優里庇德的悲劇《米狄亞》410行。

81　蘭普瑞阿斯同意這種論點，月球與地球具有同樣的性質。

「就是視線經由月球的反射，同樣會變得微弱又模糊，那是因爲極其遙遠的距離造成永久的耗損[82]。還有就是凹面的鏡子使得光線在反射後，較之反射前變得更加強烈，產生的高溫經常作爲點火之用，至於凸狀和球面的鏡子，無法產生聚光的作用，光線分散開來就會更加的微弱。我認爲只要你看到兩道彩虹出現在天空，其中一道將另一道包圍起來，在外的彩虹它的顏色較淡，有時會難以辨別清楚。原因是外緣的彩色與眼睛的距離較遠，反射回來的光線強度較低。對於這方面還有什麼好爭辯？太陽的光線經過月球的反射必然喪失所有的熱和它的明亮，到達我們僅是細微和弱小的剩餘物；然而一個剩餘物的任何碎片從月球到達太陽，使得我們的視線要旅行雙倍的距離，難道那也是可能發生的狀況？」

「就我個人的看法，認爲並非如此，我想你只要深入考量，也會贊成我的意見。如果視線對於水面和月球的反射產生同樣的感受，那麼滿月如同所有其他的鏡子一樣，會向我們反映出地球、植物、人類和星辰的形象。」

24 我繼續說道：「就我們這方面的狀況而言，對於討論的題目應該是說得愈多愈不容易忘懷。蘇拉靜靜的聆聽保持很好的風度，確實值得給予讚揚，現在該他站出來就相關的問題發表高見，要是大家同意就讓我們停止散步，在這裡的長椅上面坐下來，算是給他帶來一群安靜又專心的聽眾。」

大家接受我的提議，等到坐定以後，提昂說道：「蘭普瑞阿斯，你應該知道；我非常想說一些你願意聽的話，先前我同樣聽到大家說起居住在月球上面的人類，不論是否眞有其事或者是否有居住的可能，都值得深入的探討；如果沒有這種可能，斷言月球就是一個地球的論點本身就很荒謬，明顯看出事物的存在完全是子虛烏有，沒有任何可以達成的目標，不能帶來可以食用的果實和穀物，更無法供應人類各種的根源、住所和生活的工具。須知地球爲它的居民給予生存的需要，引用柏拉圖的說法：『它是我們的保母，日與夜的監護人和創造者。』[83]你很清楚大多數談起這件事的人，不是抱著開玩笑的口吻，就是擺出一本正經的態度。據說那些居住在月球下方的生物，這個天體如同坦塔盧斯的巨岩高懸在頭頂；從另一方面來說，要是居住在月球上方，爲了不讓他們落下，在它的圓周運動中讓旋轉保持最大的速度，就像埃克賽昂(Ixion)[84]會很快被綁住而動彈不得。然

---

82 這段距離是指眼睛到月球反射光線的表面。

83 柏拉圖《泰密烏斯篇》40B-C。

84 神話裡的埃克賽昂被綁在命運之輪的上面；參閱品達《皮同賽會頌》第2卷21-48行。

而月球的位移不是單一的運行模式；他們慣常將它稱爲『三度空間』的女神[85]，因爲它在黃道上面的運動，同時在經度、緯度和高度與十二宮是逆向而行。」

「數學家將第一種運行模式稱爲『轉動』；第二種是『螺旋』；第三種是『異常』，出於什麼原因我也不知道，雖然他們看它根本沒有運行，那是因爲極其規律的循環讓它保持常態和固定不動。有人提及它以迅速的運轉使得一頭獅子落到伯羅奔尼撒半島[86]，要是知道緣故這也是不足爲奇的事；再說我們不能總是看到這種狀況：

即使偉大的人物最後終歸難逃一死，[87]

像是將月球翻轉過來變成頭下腳上。如果月球上面的居民沒有離開或是繼續存在，還在不停的追問他們是否留在那裡，豈不讓人感到何其無聊。」

「我們可以看看埃及人和穴居人[88]，雖然只有夏至那一天太陽在天頂直曬下來，接著就會離開向南偏斜，由於天氣極爲乾燥的關係，他們的皮膚還是烤得像焦炭一樣漆黑；月球上面的人類每一年都要忍受十二個夏天，因爲每個月在滿月的時候，太陽垂直高懸在頂端，難道真是如此？然而沒有風、雲和降雨，植物就無法生長，就是生長也無法存活，須知這裡天候的炎熱和空氣的稀薄真是難以想像；甚至就是下方的地球，高聳的山脈不會面臨如此艱辛和困苦的冬季，空氣極其純淨又清澈，不會讓人感到煩擾和激動，它的輕盈會形成旋轉的膨脹，可以避開這種固結和濃縮。除此以外，我們還要說這與上天有關，阿奇里斯沒有食物果腹，雅典娜就餵他諸神的餐飲[89]，月球有一個名字是雅典娜，事實上兩者的關係匪淺，所以女神日復一日，拿神明享用的瓊漿玉液供養上面的子民，古代的菲里賽德（Pherecydes）[90]相信確有其事。甚至就是印度薯這種植物，按照無嘴人麥加

85　這是黑暗女神赫克特的頭銜之一，參閱阿昔尼烏斯《知識的盛宴》第7卷325A。

86　參閱狄爾斯、克朗茲《希臘古代哲學殘卷》第1卷〈伊庇米尼德〉32頁No.2，以及第2卷〈安納克薩哥拉斯〉24頁No.77，安納克薩哥拉斯提到這個傳說，竟與伊哥斯波塔米的天降隕石有所關聯，因為可以將前者看成後者的預兆。

87　伊斯啓盧斯的悲劇《哀求者》937行。

88　穴居人就是埃塞俄比亞人，參閱希羅多德《歷史》第4卷183節；斯特拉波《地理學》第2卷5節。

89　荷馬《伊利亞德》第19卷340-356行。

90　菲里賽德是西元前5世紀初期，生於雅典的散文作家，主要的作品有十卷神話和歷史，只有部分殘篇留存世間。

昔尼斯處理的方式，他不能吃也不能喝，用火將它烤熟產生蒸氣，吸入以後就可以獲得養分；要是月球不能從降雨變得濕潤，怎麼能說植物可以成長？」

25 等到提昂講完以後，我說道：「太好了，你的這番話讓我們不要為提出的問題發愁，鼓勵大家不妨鼓著勇氣答覆；特別是沒有參加說話尖酸刻薄的審查會議。很多人對這方面的事項是全心全意的相信，有人不僅不信，更表示出深惡痛絕的態度，就連平心靜氣的驗證都加以排斥，其實這兩者之間並沒有多大的差異。舉例來說，首先要認定一件事，如果月球上面沒有人類居住，我們也不能據以指責它一無是處，不妨看看我們居住的地球，並非整個範疇都具備生產的能力和棲息的條件，只有很少地區能使動物和植物的繁殖處於顛峰狀態，都是從深淵當中上升的半島，大陸的廣闊疆域是不長草木的荒漠，被冬季的風雪和夏季的乾旱所襲擾，其實地球面積的絕大部分都沉沒在大洋之中。你對於亞里斯塔克斯推崇備至，即使克拉底朗誦荷馬的詩句：

> 遼闊和延伸的海洋布滿大部分地球，
> 眾生的泉源讓人類和神祇予取予求。」[91]

「你對此還是充耳不聞。然而地球的這一部分不能將它置之不理，無人居住的凍原到了盛夏，地面覆蓋的冰層開始融化，加上海洋提供溫和的蒸發作用，向著南方颳起宜人的和風，可以調節悶熱的氣候[92]。根據柏拉圖的說法，要把『日與夜的監護人和創造者』安放在中央的位置。月球不會產生任何阻礙，還是沒有生物的存在，它對四周瀰漫的光線提供反射作用，就是星球的光將它當成容器，匯合起來就會提高表面的溫度，用來吸收地球上升的蒸發作用，中和太陽過分激烈的熱量。再者，總要對古老的習俗禮讓幾分，我們會說它是阿特米斯的化身，雖然這位女神是尚未生育過的處女，還是會對懷孕的婦人提供幫助和給予恩惠。」

「其次，我的好友提昂，要說月球不能居住根本沒有人可以提出證明；就像它的旋轉是如此的溫和與安詳，四周的空氣能夠平靜的散布開來，任何人站在月球上面都沒有失足和跌倒的危險。甚至就是複雜和多變的運動，都不能說它陷入

91　荷馬《伊利亞德》第14卷246行，遼闊的海洋大部分都在熱帶地區。

92　參閱狄奧弗拉斯都斯《論風》第2卷2節，以及亞里斯多德《氣象學》364A。

混亂之中，這也不是簡單兩句話可以交代清楚；天文學家表示月球的運行合乎嚴格的規律和程序，使得它的轉動成為不斷的循環，就是其他的圓周運動也隨之展開。有人所持論點是月球本身保持不動的狀態，還有人認為它以等速做平緩的逆向運行。天體循環的相互重疊使得它們的旋轉在彼此之間產生關聯，就我們而言這是非常諧和的結合，使得月球的運動在高度產生明顯的起伏，同時在緯度的歲差偏移和經度的旋轉周期也隨之變化。你不要對太陽的熱力和持久的曝曬存有畏懼之感，首先你要知道每年出現十二個像是夏季的滿月，這時它離太陽的距離最遠，即使處於極端的位置，仍然在持續的變換當中，不會延續很長的時間，適當的調節可以避免過熱或過冷；所以他們只有一個季節，可以說很像地球上面孟春的天氣。」

「第三，太陽的光束穿過稠密又濃濁的空氣投射到我們的地面，產生伴隨而來的壓力，發出的熱力引起蒸發作用成為養育我們的要素；要是空氣變得稀薄而透明像是月球上面的狀況，太陽的光線擴散開來成為漫射，不可能有火種引起燃燒或是身體的感受，用來確認它能發揮的功效和作用。我們居住的地區無論是樹上的果實還是田地的作物，都靠雨水供應養分才能成長；然而你在底比斯和悉尼四周的家園[93]，用來灌溉土地的水源來自流泉而非雨水，享用微風和露滴之餘[94]，我總認為它會拒絕適應一種狀況，那就是豐饒的收成完全依靠充裕的降雨，因為它在這方面擁有極其卓越的替代條件。在我們國家有很多種植物需要忍受冬天刺骨的寒風，卻能長出豐富的糧食，然而在利比亞和你在埃及的田園，對於寒冷極其反感，非常害怕冬天的氣候。從吉德羅西亞(Gedrosia)[95]和埃塞俄比亞的高原到瀕臨海洋的低地，廣大的區域因為乾旱的關係成為不長草木的荒漠，就在鄰近環繞海洋的低凹地區，很多植物的體型巨大生長繁茂；有些大家將它稱為橄欖，有些的名字是月桂，還有一些使用綽號像是『艾希斯的髮辮』[96]；像是一種稱為『香蘭』的植物，要是從土中挖出吊掛在空中，不僅存活的時間比你想像還要長久，而且繼續萌芽⋯⋯」

---

93 底比斯和悉尼都是埃及靠近南部邊界的城市；蘭普瑞阿斯對提昂說了這些話，雖然參內勞斯同樣來自埃及，但是他居住在北邊的亞歷山卓。

94 狄奧弗拉斯都斯在《植物史》第8卷6節，提到埃及、巴比倫和巴克特里亞的降雨很少，作物靠著露水得到養分的滋潤。

95 吉德羅西亞是一個人煙稀少的地區，位於伊朗高原的南部，現在稱為俾路支(Baluchistan)，亞歷山大從印度班師經過此地。

96 這種植物在大洋的沿岸地區生長在淺海之中，參閱狄奧弗拉斯都斯《植物史》第4卷7節，以及普里尼《自然史》第13卷25節。

「有些作物要在冬季播種，有的要在炎熱的夏季，像是芝麻和粟米；百里香或羅勒種植在肥沃的土壤，經常的灌漑和澆水，就會奄奄一息變得沒有生氣，只有乾旱使它綠意盎然長得更爲茂盛；他們提到有些植物連露水都無法承受，事實上大多數阿拉伯的植物具備這種性質，遇到濕潤的水分就會枯萎以至於凋謝[97]；要是月球上面的植物不需要落雨下雪，還能長成爲樹木然後開花結果，適應盛夏的天候和稀薄的空氣，這又有什麼稀奇之處？月球沒有炎熱和乾旱的氣候，反之它是溫和而潮濕，輕盈的轉動使得露水和陽光擴散開來，讓所有的草木獲得足夠的水氣，微風的吹拂變得更加溫暖，爲何這樣說會是無稽之談？總而言之，月球的乾燥不會給我們帶來任何影響；要是提到更多的潮濕和陰柔的氛圍，帶來的結果是植物的生長、肉類的腐爛、葡萄酒的發酵和變酸、木材的軟化以及婦女的分娩更爲順當。」

「現在法納西斯變得無話可說，要是我不知好歹就會激怒他再度引起爭辯，所用都是學院派的言辭，像是月球的液化作用，使得注入的水量增加，引起大洋的潮汐產生漲落和海峽的海流激起巨浪。因此，我的好友提昂，還是與你交談比較保險，特別是你曾詳細解釋阿克曼的詩句：

宙斯和塞勒尼之女露仙子是養育者；[98]

你告訴我們就這方面來說，阿克曼將空氣稱爲『宙斯』，經過月球的液化作用轉變成爲露滴[99]。閣下，實情很可能如此，亦即月球的性質恰恰與太陽背道而馳，要知道月球已經習於潮濕、分解和軟化，然而太陽始終保持厚重、乾燥和堅硬；還有就是陽光的照射之下，產生的熱量被月球的液化作用所吸收和冷卻。他們所犯的錯誤在於相信月球是一個炙熱和燃燒的天體，似乎對自然界多樣性的變化視而不見，認爲生物體僅在於提出生殖、營養和生活的需要，其實生物與生物之間要比生物與無生物之間，可以發現更大的差異與不同。」[100]

「世界上面沒有所謂的『無嘴人』，不可能靠著聞到味道就能獲得養分，然而麥加昔尼斯卻對這種人的存在深信不疑；然而考慮到饑餓帶來的災禍，赫西奧

---

97 露水會給植物帶來傷害，出自狄奧弗拉斯都斯《論植物的成因》第6卷18節；他又在《植物史》第4卷3節，提到沙漠植物因爲降雨太少，要靠凝結的露滴獲得水分。

98 戴爾《阿克曼殘卷》No.43。

99 魏吉爾《牧歌》第3卷337行。

100 參閱亞里斯多德《動物史》588B及《論動物的器官》681A。

德用下面的詩句解釋他個人的看法：

> 錦葵和百合是可口的食物好處多多；[101]

伊庇米尼德非常明確的表示，自然界的生物只要很少的燃料，便可以維持生命之火不會熄滅，如同一顆橄欖大小的東西就能供應足夠的養分[102]。月球上面的人類要是能夠生存，他們的身體和能力都會變得細小和微弱，盡量運用他們的方式獲得所需食物，這種說法也是言之成理[103]。不僅如此，他們還說太陽是一個充滿活力又火光四射的天體，它要比地球大很多很多倍，月球靠著地球的水氣得到孕育和滋養，還有無數的星辰亦復如是。如此輕微和儉省的需要使得他們認為這樣的造物，夠資格居住在上界區域。我們不可能了解這些生物，要說一定會有完全不同的地區、環境和氣溫，能夠適合他們的需要，這也不見得實情必然如此。」

「就像我們不能走近海洋實際發生接觸，僅僅在遠處看它一眼，獲得的信息說它是既苦又鹹不能飲用的水體；要是有人說它有無法測出的深度，使得外形各異的大型動物在其中活動，還有很多獸類運用水就像我們對空氣的依賴；他的陳述對我們而言似乎像是神話和奇蹟，我們對月球雖然自認關係密切而且懷有好感，還是不相信有任何人類居住在上面。我認為這些月球人來到地球會感到更加驚異，他們看到這是宇宙的沉澱物和渣滓，水氣、濃霧和雲層使得視線模糊不清，如同一個無光、低下和靜止的污點，認為它可能孕育和滋養一些生物，分享它的運動、呼吸和溫暖。如果他們有機會可以聽到荷馬抑揚格英雄體的詩句：

> 神明同樣厭惡恐怖而又陰森的地獄；[104]

以及

101　赫西奧德《作品與時光》41行。

102　狄爾斯、克朗茲《希臘古代哲學殘卷》第1卷〈伊庇米尼德〉30-31頁No.5。

103　參閱亞里斯多德《論動物的生殖作用》761B，讓人聯想到月球上面有生物存在，只是我們不知是那些種類；斐洛波努斯(Philoponus)《論動物的生殖能力》(*On the Generation of Animals*)16-20節，提到月球的生物不需要飲食。

104　荷馬《伊利亞德》第20卷65行。

冥府在深淵之下有如天與地之遠隔；[105]

他們會很簡單的表示這不過是描述所在的位置、地獄和塔塔魯斯，從而得知僅有月球能如地球一樣，它與上界的天堂和下方的地獄有相等的距離。」

26 我還沒有講完，蘇拉打斷我的話說道：「蘭普瑞阿斯，慢慢來不要急，務必讓你的談話有可供逃走的後門，免得在無意中陷入神話的範疇而無法自圓其說，甚至會使我所導演的戲劇都變得混雜不堪，因爲這是完全不同的背景和情節。好吧，讓我來做這齣戲的主角，首先得讓作者不得有異議，所以我要引用荷馬的詩：

奧捷吉亞是遠懸在大洋之中的孤島，[106]

如果你從不列顛向西航行有五天的路程，在它的前面還有三個島嶼，相互之間的距離概等，位於夏季太陽沉沒的方向。根據當地人士的說法，這個孤島是宙斯囚禁克羅努斯的地點，古代的布萊阿里斯加以嚴密的監視和看管[107]，就把鄰近的洋面稱爲克羅尼安(Cronian)海，被大洋所圍繞的大陸，與其他島嶼相隔不遠，離開奧捷吉亞(Ogygia)大約有五千斯塔德[108]，航行要用槳和櫓，眾多溪流注入的結果使得海水飽含雜質，越過大海的航程非常緩慢，流過大陸的河川帶來大量泥土造成沖積物的沉澱，不僅增加海水的密度，還形成沙堤和淺灘之類的障礙，還有很實際的說法就是嚴寒帶來的長久凍結。」

「希臘人來到大陸的海岸地區，他們居住在一個海灣的周邊，大小如同米奧提斯(Maeotis)海[109]據有的面積，就是出口的位置和形勢，跟裡海[110]的狀況相比

---

105 荷馬《伊利亞德》第8卷16行。

106 荷馬《奧德賽》第7卷244行，奧捷吉亞是一個傳說中的島嶼，位於大西洋之中。

107 克羅努斯是宙斯的父親也是泰坦神之一，羅馬人將祂稱爲農神；布萊阿里斯是神話裡的怪物，長著五十個頭顱和一百條手臂；參閱赫西奧德《神譜》729-735行。

108 這段距離約為八百到一千公里，參閱柏拉圖《泰密烏斯篇》24E-25A。

109 就是現在的亞速夫(Azov)海，希羅多德在《歷史》第4卷86節，說它與黑海的大小差不多，實在誇大它的面積。

110 亞歷山大時代認為裡海是一個大洋的海灣，雖然希羅多德《歷史》第1卷202-203節，以及亞里斯多德《氣象學》354A，都知道它沒有與其他的海洋連接，後來還是地理學家托勒密糾正這個錯誤。

也沒有什麼差別。一般民族都稱自己是大陸人，只有此地的土著承認他們是島民，因爲舉目四望都是無邊無際的大海。他們認爲自己的祖先隨著海克力斯前來此地，留下來以後與克羅努斯的土著通婚混合，結果是蠻族的語言、法律和生活方式將他們征服，現在受到希臘文明的影響和刺激，再度引燃一場烈焰蔓延的大火，要恢復原來的英勇氣概。因此最受尊敬的人物是海克力斯，其次才輪到克羅努斯；三十年一度的克羅努斯星，我們稱它爲『耀目者』，據作者的說法是他們將它稱爲『守夜人』，進入金牛宮之際，他們花很長的時間準備供神的犧牲和冒險的行動；經過抽籤選出相當數量的使者，建造足敷運用的船隻，以及裝載大批侍從和滿足人員需要的糧食。這些人在船上用槳和櫓划過大海，要在國外地區生活很長一段期間。等到他們在海上的航行要是能夠遇到所期望的好運，就會安全抵達最外圍的島嶼，那裡只有希臘人居住，在一個月的期間內，每天見不到太陽的時辰不到一個鐘頭，甚至就是黑暗的夜晚，在西方閃耀著微弱的光芒。」

「他們花費九十天的時間，用來膜拜神明和彼此建立友誼，據說要經過這種程序才能成爲聖潔的人物。然後穩定的風帶著他們渡過大海來到目的地。那裡的居民除了他們自己，就是以前派來的人員，用了三十年的光陰侍奉神明，現在讓他們歸還故鄉，已經產生依依不捨的情懷；大部分人士的選擇是定居下來；有些人出於習慣，還有一些人因爲無需操勞或是沒有困難，所有日用品都很富足，他們的時間大部分用於奉獻犧牲和舉行儀式，或者進行各種討論和哲理的學習和研究；因爲這個島嶼的性質是如此不可思議，就連四周的空氣都給人帶來溫馨舒適的感受。」

「那些想要啓航離去的人竟會受到神明的阻撓，不是出現在夢中或是某些徵兆，就像熟悉的友人一樣，看到精靈的現身和聽到直接的交談。雖然克羅努斯沉睡在一個深邃的山洞裡面（宙斯的策略是用這種方式將祂監禁起來），四周的岩石像黃金一樣閃閃發光，鳥群飛翔在絕頂的上空，會將神的飲饌運送過來，整座島嶼透出撲鼻的香氣，從高聳的懸崖絕壁瀰漫噴出的清澈流泉；這些精靈提到過他們跟隨和服侍克羅努斯，成爲忠心耿耿的擁護者，那時祂像國王一樣統治神祇和人民。很多事情他們都能未卜先知，因爲他們擁有頒布和解說神讖的能力；其中最重要的事情莫過於他們在幫助克羅努斯以後，等到回來就會將祂的夢境[111]洩漏出去，那就是宙斯對於克羅努斯的預謀從而得知得一清二楚；祂的靈魂當中極

111　宙斯用來囚禁克羅努斯的手段就是讓祂陷入熟睡，這時還有一些精靈在旁侍候；參閱本書第
　　30章〈神讖的式微〉18節。

其高昂的激情或煩惱，使得祂的肉體陷入僵硬的緊張狀態，直到睡眠一旦讓他獲得休息，所有與皇家和神意有關的成分，全部變得純潔而完整。」

「有一位外鄉人[112]來到此地，根據他的說法是他在服侍神明的時候，利用閒暇鑽研天文學，為了練習幾何就不停的運算，各種理論的沉思默想使他成為自然哲學家；他抱著奇特的念頭就是渴望親眼目睹大島(這是他們對希臘人居住的部分使用的稱呼)的狀況，等到三十年的期限已經過完，輪換的人員從家鄉抵達，他向朋友告別啟航離開，船上的設備和用具都很輕巧，會用黃金的容器裝載大量穀物。好吧，所有他經歷到的冒險事蹟以及他拜訪過的人士，所有他接觸到的神聖書籍以及親身參加的各種儀式，就像他所說的那樣全都記錄下來，即使花上一整天的時間都講不完有關的細節；讓我們聽到很多聞所未聞的事物，對於目前討論的問題都是非常適合的資料。他在迦太基花費很多時間，使得克羅努斯像在我們的家鄉那樣，受到大家的尊敬和膜拜[113]，同時還發現神聖的石碑，暗中用來騙走保護神的安全，使得早期的城市遭到毀滅，長期以來留在地面再也無人注意[114]。他說在可見的神明當中，尤其是月球最受大家的禮遇，特別勸我要遵照辦理不得有誤，因為它掌管我們的生與死，似乎它就是哈得斯的草原，可以為我們提供休憩的地方。」

27 蘇拉繼續說道：「我聽了以後對這方面感到相當驚奇，接著問一些問題，想要把狀況了解得更加清楚，這時外鄉人說道：『蘇拉，很多人非常肯定的表示，這些神明在希臘人當中，受到的香火還是同樣的興旺，當然並不是全都如此。舉個例子來說，雖然他們對德米特和科拉(Cora)的稱呼都沒有錯，要說兩位神祇在同個區域那就與事實不合，因為前者在地球管轄世間的事務，後者在月球成為職掌太陰的女主人。科拉還有一個名字叫作帕西豐尼(Persephone)[115]，後者說祂是光的攜帶者，至於科拉的字義是「反映的形象」，拿來說明祂對眼睛的運用，就像太陽的光出現在月球的表面被大家看到。這個故事是在訴說兩位女神的漂泊和彼此的尋找，相關的事實配合暗示的說法，兩者雖

---

112 除非前面脫落的文字中提到他的名字，否則這位外鄉人是第一次出現在本文之中。

113 克羅努斯在迦太基擁有崇高的地位，參閱本書第14章〈迷信〉13節，以及戴奧多魯斯·西庫盧斯《希臘史綱》第5卷66節。

114 參閱柏拉圖《泰密烏斯篇》40D。

115 帕西豐尼是月球的化身，兩者是同一位神明，參閱狄爾斯、克朗茲《希臘古代哲學殘卷》第1卷〈伊庇查穆斯〉207頁No.54。同時畢達哥拉斯學派將五大行星視為帕西豐尼的獵犬。

然經歷長久的分離，時常使用彼此的陰影相互擁抱。有關科拉的狀況眞是變化多端，有時祂在天國的光明照射之下，有時則處於夜晚的黑暗籠罩之中，類似的情形非常眞實，要是發生差錯完全是時間的歲差所致，並不是整整六個月而是每六個月，我們見到它在地球陰影的遮蔽之下，這種狀況如同母親將嬰兒抱在懷中，偶爾我們看到它的間隔是五個月，由於它是哈得斯管轄區域的邊界，不可能將哈得斯棄之不理。如同荷馬一樣使用艱澀難以理解的詩句：

　　　到達地球盡頭的界限伊利西姆平原。[116]

這就是地球投下陰影所及界限的終端，他把那裡當作地球的稱呼和範圍。凡是邪惡和褻瀆的人都無法接近這個地點，正人君子過世以後會送到此處，雖然不是受到神明祝福的聖潔生活，日子過得還是舒適容易，要一直等到第二次死亡的到來。』」

28　「『蘇拉，爲什麼會這樣呢？這些事情不必問他，我要給大家一個圓滿的答覆。要是說起人類是一個生命共同體，這種觀念都很正確，所以會出錯在於認爲它是由兩部分所組成。問題出在他們認爲知性不管怎麼說都是靈魂的一部分，這種過錯不下於相信靈魂是肉體的一部分，從某種程度而言靈魂較肉體居於優勢的地位，對比之下知性較之靈魂更爲卓越和神聖。靈魂與知性的構成帶來理智，靈魂與肉體的結合產生激情，前者是快樂和痛苦的源頭，後者則是德行和邪惡；就人的構成三個要素而論，地球提供肉體，靈魂來自月球，太陽賦予知性，從而生殖作用的目的如同太陽將光照射到月球。我們在亡故以後都會成爲死者，一種會讓人的三個因素減縮爲兩個，還有一種使兩個因素減爲一個[117]；前者發生在地球屬於德米特所有，它的名稱對於死者如同「給予生命」；雅典人在較爲古老的年代，會將「逝世的人」叫作「德米特流斯的夥伴」；後者在月球屬於帕西豐尼，赫耳墨斯陪著前者留在塵世，卻與後者登上天國[118]。』」

　　「『這時女神讓靈魂脫離肉體的過程快速又粗暴；帕西豐尼要知性告別靈魂比較起來更爲溫柔和緩慢，這種過程被稱爲「獨生」的狀況，同時一個人在分離

116　荷馬《奧德賽》第4卷563行。
117　最後只剩下不朽的靈魂，參閱柏拉圖《泰密烏斯篇》42D。
118　參閱本書第27章〈埃及的神：艾希斯和奧塞里斯〉41節。

的時候，最好的部分通常是「絕無僅有」。兩者之中任一種的分離程序，全都出於這樣的模式：所有的靈魂無論是否與知性結合在一起，只要從肉體中迸發出來，命中注定要在地球和月球之間的區域漂泊，只是時間長短不一。違背正義和淫亂放縱的靈魂要為它的罪行接受懲罰；善良的靈魂會留在空氣當中最溫和的範圍，稱之為「哈得斯的草地」[119]，經過相當時間可以排除身體所接觸到的污穢，像是不再呼吸惡臭的空氣；如同從放逐的海外受到赦免可以返回家鄉，他們初次參加神秘祭典的新來者，現在嘗到歡樂的滋味，保持很高的期望還混合著惶惑與激動。很多靈魂緊緊依附月球不放，然而它卻將他們掃免或是推走，還有一些靈魂停留在月球上面，它們轉過朝著天庭觀望的視線接著向下看，如同再度沉淪於深淵之中。』」

「『不過，還是有人向上爬升到高處，發現一個穩定的立足點，看起來就像一個勝利者戴著羽毛製成的剛毅之冠[120]，因為在他們的一生，要讓靈魂當中無理性或純情緒的因素，能夠秩序井然的容忍理智的控制。其次，從它入世的性質來看，外表類似一道光線，如同月球四周的以太，靠著我們生而具備的浮力進入上層區域，如同鋒利的兵器經由淬火，可以獲得張力和強度，亦即鬆弛和散漫的部分仍舊保持原有的彈性，質地還能變得更加堅硬和透明。因此，它們賴以生存的養分來自任何可以抵達該處的蒸發物，赫拉克萊都斯說得很有道理：「哈得斯管轄的靈魂只有嗅覺可用[121]。」』」

29 「外鄉人繼續說道：『他們頭一遭看到月球是如此宏偉、美麗和脫俗，並非想像中簡單的結構，或者純淨到未攙雜任何物質，可以說是地球與星辰的混合體。如同地球混合氣體和水分變得柔軟，或是血液調節肌肉和皮膚產生感覺；他們提到月球完全瀰漫以太，立刻充滿生氣變得極其豐饒，同時在輕盈和沉重之間求得均衡。甚至宇宙本身因為構成物質的不同，有的自然而然向上運動，還有就是朝下的傾向，能夠免除原地的移動或是位置的改變。色諾克拉底的概念開始就受到柏拉圖的啟發，基於一種神意的理由可以到達這樣的境

---

119 使用「哈得斯的草地」這個句子沒有不當之處，即使地獄或冥府還是有青翠的綠野，參閱荷馬《奧德賽》第11卷539、573行以及第24卷13-14行。

120 人生就是比賽，靈魂像是選手，剛毅始能制勝，榮譽成為報酬，參閱本書第45章〈論天網恢恢之遲延〉18節及第47章〈論蘇格拉底的保護神及其徵兆〉24節。

121 狄爾茲、克朗茲《希臘古代哲學殘卷》第1卷〈赫拉克萊都斯〉173頁No.98；未能與身體結合的靈魂，要想得到養分的供應，參閱西塞羅和色克都斯(Sextus)提出的論點。

界。柏拉圖是首先創導這種說法的人士，所有的星辰都由土和火構成，藉著兩者的中間性質，根據比例組合起來；他特別提到要是任何東西沒有包含土和光的混合物[122]，就無法讓人的感官產生作用。色諾克拉底的理論亦即星辰和太陽是由火構成，它的密度和比重是最低的等級；氣最適合於月球，使它的密度成爲第二等級，地球是水所構成，它的比重是第三等級；靈魂的接納和感受一般而言不會過於遲鈍或靈敏；因而月球的物質是相當的充足，不會出現匱乏的狀況。』」

「『論及它的寬度或大小，並不像幾何學家所說的那樣，還要大多少倍都不止。它以自己寬度的少許部分，用來測量地球的陰影，並非因爲它的面積過小，它要更熱誠的加快它的運動，爲的是能夠帶著善士的靈魂，在叫喊和催促之下，很快通過鬱悶和黑暗的區域，因爲只要在陰影的籠罩之下，再也接觸不到諧和的天籟之聲。受到懲處的靈魂要通過位於下方的陰影，就在這個時候發出哭泣的叫聲；所以在發生日蝕和月蝕的時候，大多數人的習慣是敲擊青銅器，以及激起一陣喧囂和鼓譟，好讓這些靈魂聽到反對的聲音[123]；或者擺出冷酷和恐怖的面孔，當他們接近之際看到了就會感到驚慌。這些都不是那一類的事項，不過，如同我們的地球包含著深邃又廣寬的海灣，一個是從海克力斯之柱向我們注入海流，還要加上位置在外面的裡海和紅海所形成的海灣[124]，這些地貌就是月球的深淵和盆地。面積最大的凹陷叫作「赫克特的壁龕」，那是靈魂接受懲罰和施以刑責的所在，等到經歷應得的痛苦以後就要準備變成精靈。有兩個很長的海灣稱之爲「大門」，靈魂在通過以後，要經由月球面對天國的一邊安然退回到面對地球的一邊。月球面對天國的一面稱爲「伊利西安（Elysian）平原」，另外一邊叫作「帕西豐尼位於地球對面的居所」。』」

30 「外鄉人繼續說道：『精靈不可能永遠停留讓月球的運行受到遲滯，祂們下降到此地負責神讖的事務，參加和照應最高等級的神秘儀式，祂們的行動如同應付惡行的獄卒，對於犯者施以毫不寬貸的嚴懲，祂們閃亮的外表如同戰場和海難當中突然出現的救星[125]。祂們在這方面實踐的任何行動

---

122 參閱柏拉圖《泰密烏斯篇》40A及本書第24章〈論命運女神庇護羅馬人〉2節。
123 參閱蒲魯塔克《希臘羅馬英豪列傳》之〈伊米留斯·包拉斯傳〉17節，普里尼《自然史》第2卷12節，以及塔西佗《編年史》第1卷28節；養成這種習俗的目的是要順從神話的力量。
124 裡海的狀況如同注110；蒲魯塔克提到的紅海是個概稱，將印度洋、波斯灣和現在的紅海全部包括在內。
125 很多人將畢達哥拉斯視爲來自月球的精靈，到了後來才將戴奧斯庫瑞當成水手的保護神。

都談不上美好，那是憤怒的刺激、偏頗的結果或嫉妒的成因產生的反應，他們已
經爲此受到懲處，現在投向地球再度囚禁在肉體裡面。較好的精靈是居於前列的
階級，據說祂們讓自己成爲克羅諾斯的侍從，如同往昔一樣，像是克里特有愛達
山的達克特爾[126]，弗里基亞有科里巴斯家族(Corybants)[127] 的世襲祭司，烏多拉
(Udora)有皮奧夏的特羅弗紐斯乩童(Trophoniads)[128]，以及數以千計其他人員，
祂們居住在世界不同的部分，無論是儀式、典禮、頭銜都能永久保存，然而祂們
的權力會通往其他的地點，這樣才會完成最終的改變。』」

「『等到月球的精神與靈魂分離，就會達成任務，只是時間有快有慢而已。
這種離別的性質基於愛慕和分享太陽的形象，因爲它發射的光芒是如此的神聖和
美麗，所有的祝福來自對它的渴望，所以月球爲了表示愛意才會繞著它運行，始
終想要接近可以獲得更多的光明，這是達成最大成就的不二法門。靈魂的性質仍
舊留在月球，還保有生命的痕跡和夢境，你想給予適當的描述，就得表示

　　　　靈魂如同長著翅膀快速飛行的春夢，[129]

即使到達這種狀況，它還不會立刻離開身體，總要等到失去所有的認知，像是受
到遺棄才會黯然告別；荷馬的詩描述哈得斯的地獄，如同受到上天的啓示：

　　　　接著我又認出戰無不勝的海克力斯，
　　　　一團陰影在不朽神明當中難以辨識；[130]

我們每一個人都沒有憤怒、畏懼和欲念，就是血肉和體液全都付之闕如，就這部
分而言只剩下理性和智能；靈魂接受它所顯示的形象，就是經由認知得以陶冶和

126　弗里基亞和克里特兩地都有愛達山，那裡住著傳說中山魈之類的怪物，因為具有計算功能，
　　　獲得達克特爾的稱呼，參閱蒲魯塔克《希臘羅馬英豪列傳》之〈努馬・龐皮留斯傳〉15節，
　　　鮑薩尼阿斯《希臘風土誌》第5卷7節。

127　西比莉是底比斯國王伊阿西昂(Iasion)的妻子，接回弗里基亞的神祇大地之母(Great Mother)
　　　和各種祭祀儀式，獻出自己的名字供女神使用，她的兒子科里巴斯成為祭司，以世襲的方式
　　　傳承下去。

128　皮奧夏的烏多拉供奉成神的特羅弗紐斯，祂以降靈的方式讓乩童念出神讖，用來指點信徒請
　　　示的迷津。

129　荷馬《奧德賽》第11卷222行。

130　荷馬《奧德賽》第11卷601-602行

鑄造它的本質，接著它從各方面容納和凝結成爲肉體，甚至就是長時間的分離，印象經過修正還能保留原有的模樣。』」

「『如同前面所說的那樣，月球是最原始的環境，所有的靈魂都會化爲它的成分，如同死者的肉體都在地球的表面腐爛分解。實在說一個人要是敦厚誠樸的君子，過著寧靜無爲和沉思默想的生活，不讓自己涉及庸庸碌碌的事務，那麼他的靈魂經歷的分解過程極其快速；只要敞開心胸不再有任何激情爲外物所困惑，即使肉體的凋零和枯萎也是理所當然的事；有些人富於野心而充滿活力，暴躁易怒的性格一直在迷戀著肉體，不管怎麼說，有些人還是如同英迪彌恩(Endymion)[131]的靈魂一樣，用睡眠來打發這段時間，像是在夢中還在回憶世間的生活。』」

「『一旦靈魂受到無眠和好動的刺激，就會離開月球再度降生世間，等到他們向著地面沉淪，月球就會禁止這種狀況的發生，不斷懇求他們回來，還用符咒加以束縛，等到情緒的本能與理性分離，這時他們可以奪取一個肉體，這樣的過程已經談不上平靜、輕鬆與和諧。像是泰提烏斯(Tityus)[132]、泰封[133]和皮同[134]這一類的造物，運用侮辱和暴力的手段占有德爾斐，使得屬於靈魂這個層次的神讖，變得混淆艱澀帶來惶惑不安；理智的喪失和降服於具備影響力的因素，經由妄想和欺騙就會誤入歧途，這個時候月球可以將它拉回正道，重新恢復原來的秩序；太陽用它的生命力再次將知性向月球播種，等到接受以後會產生新的靈魂，地球是第三個場所可以供應肉體。』」

「『地球沒有任何付出，因爲它在生物死亡以後要全部收回，拿來供應生殖作用；太陽除了拿走它所給予的知性，其餘一概不理；月球既有奪取也有付出，憑藉不同的力量，可以將部分結合起來，也可以將整體拆散成爲碎片。有的神明擁有聚集的能力，其中之一就是「分娩女神」艾利特亞(Ilithyia)，至於「狩獵女神」阿特米斯慣常施展化整爲零的破壞作用[135]。就是命運三女神亦復如是：阿特羅波斯在太陽上面發號施令，最初的生殖作用得以產生；克洛索在月球的運作，

---

131 英俊的牧人英迪彌恩使得月神塞勒尼難以自禁愛上他，希臘女詩人莎孚的情詩，將雙方的熱戀描寫得極其生動。

132 泰提烏斯是地母蓋亞之子，或宙斯與伊拉(Elare)的兒子，犯下大罪在冥府接受懲罰。

133 泰封是埃及的神祇，參閱本書第27章〈埃及的神：艾希斯和奧塞里斯〉27-30節。

134 皮同是一條騷擾四鄉的大蛇或惡龍，阿波羅爲民除害，追到田佩山谷將牠殺死；參閱蒲魯塔克《希臘羅馬英豪列傳》之〈佩洛披達斯傳〉16節，以及斯特拉波《地理學》第9卷3節。

135 阿特米斯給獵物帶來沒有痛苦的死亡，艾利特亞讓人類感受來到世間的痛苦，月球因而獲得生與死兩種完全相反的功能；還有人認為生與死是一回事，使得阿特米斯和艾利特亞成為親姊妹，參閱戴奧多魯斯·西庫盧斯《希臘史綱》第5卷72節。

使得各種材料混合和凝固在一起；最後是拉奇西斯在地球上面施展法力，使得機運在人生之中占有最大的分量。因為無生命的東西在於本身沒有能量，還有就是易於受到外來的影響；唯有知性不可超越又能統治一切；靈魂是混合體和帶有中性的產物；甚至就像月球一樣，神用上下四方的物質，混合調配起來建構而成；因而使得太陽堅持地球要與月球建立密切的關係。』」

等到蘇拉將外鄉人的話轉述完畢，最後他說道：「我所聽到這些奇特的描述，根據旁人的說法，相關的資料來自克羅努斯的寢宮總管和侍從，蘭普瑞阿斯，完全是為你和你的同伴，所以才會不厭其煩的講這個故事。」[136]

---

136 提到講述這個故事的原因，參閱柏拉圖《斐多篇》114D。

第六十三章
論寒冷的原則

1 法弗瑞努斯(Favorinus)[1]，寒冷擁有一種積極有效的原則或特性(如同熱之於火)，經由它的出現以及參與，會使接觸到的物質變冷？或者寒冷是溫暖的否定和對立，如同黑暗之於光明以及靜止之於運動？冷似乎具備停滯的性質，有如熱可以產生運動；熱的物體引起冷卻的過程不需要任何外力的幫助，僅僅在於熱被取代而已，等到剩餘的東西冷卻以後，同時可以看到水的完全離去；例如沸騰的水放出蒸氣，隨著離棄的熱一起排除，為何冷卻以後的水量會變少，在於熱的轉移沒有被任何物質取代留下的空位。

2 首先，何以我們對這方面的討論沒有慎重其事的需要？由於考量寒冷不會成為屬性或特質，或者僅是屬性或特質的否定和對立，如同重可以用來否定輕，硬可以否定軟，黑可以否定白，苦可以否定甜，在任何狀況之下都存在與生俱來的相悖功能，更可以視為肯定和否定的關係，從而可以消除很多明顯的外力作用。還有一點需要注意，所有的否定和對立不具備活性而且遲鈍以及沒有生產和收益：例如眼瞎、耳聾、啞巴或死亡。你可以從而獲得一種明確形式的背離，或者構成一種真實狀態的破滅，就自然或事實的本身而論，這些問題並不以僅僅及於部分為滿足。寒冷的本質在於只要留在體內就會產生影響和改變，這與炎熱的進入得到的結果大致相等。許多物體因為寒冷凍結成固體，或是變得緊密或是帶有黏性[2]。寒冷的性質要維持靜止和抗拒運動，產生的作用來自壓力和阻礙，它的優勢在於抑制和保守。雖然否定和對立是一種消失和分離的反作用力，這種解釋可以說明，何以很多物體本身相當的溫暖，時過境遷以後會變得寒冷。有些物體因為冷所產生的凝結，要比加熱變得更為堅固，諸如鋼投入水中的

---

1 這篇隨筆或者是一封信，107 A.D.左右在德爾斐完成，然後寄給一位年輕的哲學家法瑞弗努斯，雖然兩人的年紀相差將近二十歲，看來經常互贈彼此的作品。

2 蒸氣經過壓縮或者含有油質，就會變得帶有黏性。

淬火。斯多噶學派人士認為嬰兒的身體要靠冷卻調節呼吸，存在一種實質的肉體可以變成一個靈魂[3]。不過，這方面還有可爭辯之處，因為有很多其他的影響條件，至於將它視為一個否定因素，我們還是無法加以證實。

3 除此以外，否定和對立出於絕對的度量，不允許存有或多或少的程度。沒有人能夠很肯定的告知，認定兩個瞎子當中有一位更瞎，或是兩位聾子當中有一位更聾，或是兩具屍首當中有一個死得更為徹底；冷的物體從多到少存在很寬範圍的誤差；一般的說法是就增強和減輕的分量而言，如同熱的物體所要表明的現象。產生的原因在於事物包括在不同的狀況之中，它的作用使得對立的力量，會或多或少增加它的強度。因為有的物體出現激烈的作用，有的物體保持遲鈍的習性，因而有的物體會比其他物體更熱，有的物體會比其他物體更冷，這要按照物體具備的性質而定。其實這些物體不可能讓肯定的性質與否定的性質混合起來，也不可能在肯定的力量受到否定力量的攻擊之後，相互得到調和或者接受對方建立合作關係，甚至可以取而代之。對立的力量雖然有嚴格的限制，只是熱的物體允許與冷混合到達某一點，如同黑與白、高音與低音，甜味與酸味；諸如此類顏色和聲音、藥物和醬汁可以形成和諧的組合，產生很多物品可以讓我們的感官得到滿足和喜悅。

否定和肯定兩種類型的對立帶有無法和解的敵意，因為一種存在另一種就要滅亡。肯定力量的其他對立經常出於人為的操作，如果它的發生來自必然的度量，就會呈顯在形形色色的自然現象之中，特別有關天候和季節，以及神明賜與的事務，在祂的組織和規律之下，獲得協調者和音樂家的頭銜。其實祂並不願意接受這個稱呼，僅僅在於讓高和低的音程，以及黑與白的顏色能夠和諧共存；因為祂有權力控制宇宙當中熱和冷的結合與分裂，可以看到它們對於這種關係有適當的度量，因為任一方的超過限度都會帶來滅亡，所以祂讓兩者有適當的秩序可以遵循。

4 再者，我們發現冷如同熱都可以察覺，然則否定其他的感覺不能看到、聽見、接觸或是認同；事實上，知覺作用有時必須存在；提到不存在的事物就是否定存在，也可以說是暗示這方面的匱乏，如同盲目之於視覺，靜寂之

---

3 參閱阿尼姆《古代斯多噶學派殘卷》第2卷134頁No.222；同時認為本章接下來的5節，所有內容都是斯多噶學派提供的資料。

於聽覺，虛空和一無所有之於物品。我們不能用接觸去感覺空虛的存在；沒有東西可以接觸才能表示這方面的感覺是空無所有。我們能聽到聲音就不能說萬物何其沉默；然而只有聽不到任何東西，才能表示寂靜無聲的感覺。同樣得知無法見到或是空虛的事物[4]，也就是沒有感覺的動作，從而推斷出否定的知覺作用。因此，要說寒冷是溫暖的匱乏，我們不能有這方面的感覺，只能從溫暖的不足推論它的存在；如果是我們的身體因爲冷凝和收縮的作用，能夠感覺到寒冷（如同熱會使身體感到溫暖與鬆弛），可以明顯看出這是寒冷的第一原則和根源，要是拿來與熱比較狀況完全雷同。

5　還有其他的論點：任何形式的匱乏可以視爲某一簡單和並不複雜的類別，因而物質可以產生很多差異和能力，例如靜寂就是僅有的一種形式，音聲對於知覺作用產生很多的變化，有時會令聽者苦惱有時則帶來愉悅。顏色和體型會有千變萬化，它們遇到眼睛以後在不同的情況之下產生相異的效果。然而那些不能接觸以及沒有顏色或任何性質，允許其間沒有差異存在，造成的結果是全部雷同，這樣的世界又何其單調。

6　難道冷就像是一種匱乏，它不會產生極其相異的效果？或許相反的論點才算正確：就在熱沒有離開和辭別這個場合之前，現存的寒冷如同巨大的損害、痛苦和抑鬱，何以不會在我們的身體增加更多有用的歡樂？雖然在內部就會切斷變得孤立無依，或者寧願堅持下去甚至奮戰到底。熱與冷的競爭稱之爲顫抖或哆嗦；如果熱遭到壓制，就要開始凍結和遲鈍；要是冷竟被擊敗，會讓全身擴散鬆弛和歡喜的溫暖感覺，荷馬將它稱爲「興高采烈」[5]。對每一個人而言，這種事實非常明顯，冷的主要效果就是表示與熱的對立，不能看成一種否定或匱乏，而是一種物質或狀態對另一種物質或狀態[6]：不能僅僅視爲熱的消滅或排除，而是一種肯定的物質或能量。除非我們能將冬天從季節的輪替當中刪去，或者不讓北方的風暴帶來咆哮的喧囂，藉口就說這些只是炎熱氣候或南風吹襲形成的缺陷，以及它們自己沒有適當的起源。

4　一座山嶺經歷過度的濫伐以後，當然就見不到原來的森林。
5　荷馬《伊利亞德》第23卷598、600行，及《奧德賽》第6卷156行。
6　熱可以說成一種「狀態」或是金屬的相。

7 再者，宇宙有四種基本實體[7]，因爲它們的質量、單純和潛能，大多數學者將它視爲存在的元素或任何事物的第一原理，我認爲火、水、氣和土是基本的數量，全都具備同樣簡單的性質。不論它們是溫暖和寒冷、乾燥和潮濕，難道會是所有元素的自然成因產生的作用和被產生的作用？如同文法的元素是拖長或短促的音節，音樂的元素是低沉或高昂的音域，在這兩種狀況當中，並不是一個元素用來否定另一個元素；我們必須假定在肉體裡面，對於乾燥或寒冷存在一種潮濕或炎熱的基本對立，就這一方面而論，我們應該對邏輯和經驗都要有相當的信心。古代的安納克西米尼斯提出一種論點，熱或冷都無法停留存在的領域，只能將它們視爲一種狀態，這種狀態同樣屬於任何物體，相遇的結果在內部發生改變，或許我們可以認同這種說法？其實他肯定任何物體進行收縮和凝結的過程就是冷；同時任何物體遭到稀釋和膨脹，這便接近他的用語也就是熱。這種說法並沒有矛盾之處，人可以吹出冷或熱的氣[8]；等到嘴唇緊閉產生凝縮作用，用急速呼吸的方式變得較冷；等到嘴部鬆弛下來緩慢的哈氣，因爲稀釋作用變得較熱。不過，亞里斯多德持不同的看法，他認爲安納克西米尼斯的觀點毫無道理[9]；我們的嘴巴張開以後放鬆，就會從身體裡面呵出溫暖的空氣；等到我們抵住嘴唇向外用力吹，這時的氣體不是來自我們的肺部，而是嘴部前面的冷空氣受到衝擊向前運動。

8 或許我們現在提出的問題，想要知道熱和冷是否是質點；要是的確如此，讓我們進行其次要討論的要項，探求寒冷是那一種質點，以及所具備的第一原則和特性。現在會有人很肯定的表示，我們的身體裡面有不規則的三角形結構[10]，可以明顯看出顫抖和戰慄，進行的方式不合常規而且粗俗不堪，遇到特殊狀況就會發生錯誤，即使如此還是可以讓第一原則獲得適當的位置。我們應該從聖潔的灶神和所有事物的性質著手開始調查。看來哲學家無論是與醫生、農夫或樂師都有很大的不同，後者就會爭著檢查這些成因，那是來自最爲遙遠的

7　狄爾斯─克朗茲《希臘古代哲學殘卷》第1卷〈伊姆皮多克利〉315頁No.17。普里尼《自然史》第2卷10節，對於這方面的理論有明確的陳述。這四種元素是水、火、土和氣，有的學者還要加上第五種以太。

8　伊索《寓言集》第1卷131頁No.60；提到薩特不願與人類做朋友，因為後者從同一個嘴巴可以吹出熱氣和冷氣。

9　參閱亞里斯多德《問題》第32卷7節，可以與柏拉圖《泰密烏斯篇》79A-C陳述的內容做一對照。

10　柏拉圖《泰密烏斯篇》53C、54B-C。

第一成因，很快可以掌握直接成因所發揮的功效，無論是全力以赴或者熱情洋溢所引起的興奮，很快可以掌握直接成因所發揮的功效，像是穀類的鏽病起於一場大雨以後接連幾天炙熱的陽光，以及一個低音來自笛身所開吹口的角度和它的結構，這些可讓一位工匠完成適當的工作。自然哲學家著手發現有關純理論知識的真相，得知立即和真接成因不是結束，而是開始旅程邁向首位和最高成因。這也是柏拉圖和德謨克瑞都斯[11]探討熱和重的成因以後，還能做出正確的決定，就是不停止對土和火的研究，繼續將感覺的現象帶回理性的開端，直到它們達到某種限度，讓一切成因處於最少數目的根源。

9 雖然如此，我們最好還是從感覺器官所能察知的事物著手，伊姆皮多克利[12]、斯特拉托和斯多噶學派的人士，都將實體放置其間，可以成為質點的基礎；斯多噶學派的論點將原始的冷歸於氣，伊姆皮多克利和斯特拉托將它歸之於水；還有人發現並且確切表示土是冷的原始物質。且讓我們先檢查斯多噶學派的學說。

火不僅溫暖而且明亮，他們認為相對的自然存在實體，必須寒冷而且黑暗；如同陰鬱相對於明亮，以及冷相對於熱。除此以外，如同黑暗阻隔視力，寒冷也能混淆觸覺使它反應遲鈍。從另一方面來看，熱能傳送接觸產生的感覺，如同明亮可以加強視力的效果。從而得知原始的黑暗就是原始的寒冷，這也是理所當然之事。氣沒有原始的黑暗，事實上詩人對這一點的認識不清，所以他們用「空氣」這個字表示「黑暗」之意：

> 濃濁的霧氣將我的船整個籠罩，
> 天上明亮的月光全都無法穿透；[13]

以及另外一個例子：

> 他們遊歷空氣覆蓋的整個地表。[14]

---

11 有的學者認為德謨克瑞都斯是色諾克拉底之誤，因為只有後者才會進行這方面的研究。

12 參閱狄爾斯、克朗茲《希臘古代哲學殘卷》第1卷319頁No.21。

13 荷馬《奧德賽》第9卷144-145行，詩中的霧氣和空氣是同一個字。

14 赫西奧德《作品與時光》255行。

還有其他：

> 等到空氣一旦將濃霧驅除殆盡，
> 陽光普照所有的戰場落入眼底。[15]

　　他們將「無光的空氣」稱爲knephas，在於kenon phaous即「伸手不見五指」之意；聚集和濃縮的空氣得到nephos（雲）這個名字，因爲它是對光的否定[16]。天空的陰霾、煙靄、濃霧以及其他天候，都不會供應透明的媒介給光，可以到達我們的感覺器官，這些只不過是空氣的變化而已。無法目視和沒有顏色的部分被稱爲哈得斯和阿奇朗（Acheron）[17]。那麼，基於同樣的現象，光的消失使得空氣陷入黑暗之中，熱的絕滅只剩寒冷的空氣沒有別的殘餘物。因爲這個緣故會把「嚴寒的天氣」稱爲塔塔魯斯。赫西奧德有明顯的表示，他寫出「冷酷陰森的塔塔魯斯」的詩句，寒冷帶來的顫抖和戰慄就是tartarize，這是使用這個名字作爲擬人化的來由[18]。

10 在所有的狀況中，腐敗和墮落是事物的一種改變，通常會使對立的一方遭受同樣的下場；讓我們看看這條諺語「火的滅亡是氣的重生」，是否能表達出美好的一面。火很像活在世上的生物，它的熄滅不是出於外在的力量就是本身引起的死亡。這種過程會使火變爲氣顯得更加突出。其實煙就是氣的一種型態，特別是它發出的氣味和形成的擴散，可以引用品達的詩句：

> 污穢的煙霧在毒害清淨的空氣。[19]

儘管如此，甚至火處於缺乏養分的供應因而出現的狀況，要是用燈做例子那是每個人都可看見，火焰的頂端逐漸消失在酷寒和黑暗的空氣之中。再者，我們在沐

15　荷馬《伊利亞德》第17卷649-650行。
16　從本書第21章〈羅馬掌故〉得知，蒲魯塔克的語源學並不符科學的要求，也不講究證據的提出。
17　哈得斯是黑暗之神，地獄的特徵就是伸手不見五指；參閱柏拉圖《克拉提魯斯篇》403A及《斐多篇》81C-D。「沒有顏色」的希臘文是achroston，與冥界的阿奇朗河是同一個語源。
18　赫西奧德《神譜》119行，可以與柏拉圖《斐多篇》112A的內容做一比較。
19　品達《地峽運動會之頌》第4卷112行。

浴或流汗以後，水蒸氣會從身上升起，等到澆上一盆冷水，熱的變化可以獲得足夠的證明，就像它消失在空氣中一樣。可以用來表示水與火處於天生的對立狀態。然而斯多噶學派的人士卻從這番道理獲得結論，氣擁有原始的黑暗和寒冷。

11 再者，凍結的條件在於水，寒冷在物體當中發揮最極端和猛烈的效果，也是氣所能施展的功能。因為水是液體很難凝固也沒有黏性，除非氣處於寒冷的狀態之下對它施加壓力，否則不會變成堅實的固體。基於這種緣故才有下面的諺語：

> 刺骨的北風和溫暖的南風較勁，
> 就會帶來鋪天蓋地的盈尺大雪。[20]

因為南風含有豐富的水氣提供所需的原料，受到北方空氣的壓制凝結成為飄落的雪花。這種狀況在高地的雪原特別明顯，等到原來那種稀薄又寒冷的空氣，逐漸從這個地區排除出去，這時厚厚的冰層開始融化。亞里斯多德說是鉛製的磨刀石在冬季因為嚴寒的關係，雖然沒有接觸到水分，還會融化成為液體；好像是凜冽的空氣使物體聚集起來，強大的力量使它破裂成為碎片[21]。

12 汲出的泉水很快就會結冰，因為氣對少量的水很容易發揮主宰的優勢；如果你將井中的冷水裝進陶甕[22]，然後吊在井中不與水接觸，過不了一段時間，就會發覺甕中的水變得更冷，這是寒冷第一成因的明顯證據是來自氣而非水。確實如此，一條大河絕不會全部凍結起來，因為空氣無法滲入整個河床，僅能用接觸或趨近的方式，盡可能提供水與冰的穩定平衡，這些都包括在寒冷的範圍之內。這也是蠻族沒有經過狐狸的試探，絕不越過結凍河川的緣故[23]：如果冰的凍結還不夠厚，僅僅是薄薄一層，狐狸可以覺察到下面水流的聲

---

20 學者認為這是西元前3世紀凱利瑪克斯的殘句，留存在其他的作品之中。
21 參閱羅斯《亞里斯多德殘篇》No.212；至於古代的磨刀石是鉛或錫所製，因為兩種金屬當時的拉丁文都用stannum這個字，所以很難分得清楚。錫在極端酷寒的狀況下，由於同位素的轉換會變成一堆粉末。
22 或許蒲魯塔克認為這種甕的質地是多孔性陶器，近東地區普遍使用。
23 應該是色雷斯人，本書後面第65章〈陸生或海生動物是否能更為靈巧〉13節提到這件事；參閱普里尼《自然史》第8卷103節。

音，就會返回原岸不再前進。有人多天捕魚就用熱水在冰層上面溶出一個洞，可以將釣魚線放下去，從而得知寒冷對於深處的水不能發生影響。靠近表面下方的水會發生很大的變化，有的船隻會被冰壓碎，最後還是凍得無法動彈；某人提到他與凱撒在多瑙河度過一個冬天，這是當時遇到的狀況[24]。還有很多是我們親身的體驗：像是熱水浴或流汗以後會有涼爽的感覺，那是我們的身體鬆弛以後毛孔全部張開，空氣很容易滲入因而可以產生冷卻作用。同樣狀況發生在水的本身：剛剛加熱已經冷卻的水凍結的速度最快，變得更容易受到空氣的影響。有人將一罐沸騰的水懸吊在空氣當中，可以保證能混合大量的空氣。法弗瑞努斯，經過這番爭論以後，得知寒冷及於空氣的原始力量，完全以這種聽起來很有道理的論點作為基礎。

13 經由雙方的辯駁得知水同樣獲得第一原則的支持，所以伊姆皮多克利做出如此的表示[25]：

> 看明亮的太陽給世界帶來溫暖，
> 不像陰雨讓人類感到寒冷黑暗。

這裡用寒冷對照炎熱，也用黑暗比擬明亮，他要讓我們知道黑暗與寒冷屬於同一性質，明亮和炎熱亦復如此。我們的感官可以作證，黑暗成為水而不是空的象徵；扼要言之氣不會讓物體變黑只有水才會這樣。如果你把純白的羊毛或衣物放進水中，它會變成黑色而且保持下去，直到水分蒸發或是經過扭轉或壓力將水排除，才會恢復原來的純白。灑水在一塊土地上面，凡是浸濕的部分顯出較暗的顏色。事實上，水愈深看起來愈黑，只有接近空氣的部分才會感受到閃爍的光線；其他的液體像是油帶有透明的性質，因為它含有很多的空氣。有力的證據就是它的質量很輕，能夠維持在其他事物的表面，是空氣使它漂浮起來。

如果將油灑在海面，洶湧的波浪會立即平息，不像亞里斯多德所說的那樣[26]，風可以平順滑過的關係，而是潮濕的質點相互碰撞會使波浪消散。特別是

---

24 或許指的是圖拉真皇帝和第二次達西亞戰爭，時為105-107 A.D.。蒲魯塔克的知己索休斯‧塞尼西歐據說曾經親身經歷。

25 狄爾斯、克朗茲《希臘古代哲學殘卷》第1卷〈伊姆皮多克利〉319頁No.21；蒲魯塔克引用的文字，顯然與亞里斯多德大相逕庭，或許是來源不一所致。

26 出自亞里斯多德《問題》961A，雖然這部作品由於它的形式，無法確定是否為託名的偽

油含有潮濕的元素散布空氣，供應海底所需的照明和增加透視的作用，事實上，浮油不僅是夜間通過海面的時候可以反射出光線，就是潛水收集海綿的人，在水下用嘴將油噴出來使得視力更爲清楚。空氣不會像水那樣的黑暗，所以不會比它更爲冰涼。油比其他潮濕的物質帶有更多的空氣，所以不會變得很冷，遇到嚴寒會形成柔軟的果凍狀物質：因爲混合的空氣不讓它凍結成很硬的固體。人們通常會將針、鐵扣環和其他精製的工藝品，浸泡在油中而不是水裡，免得水的寒冷性質，會對這些物品造成扭曲和變形。顏色提供的證據成爲爭辯最佳的裁判，無論是雪、霰或冰愈是寒冷愈顯得晶瑩剔透，再者，瀝青比起蜂蜜更熱也更黑。

14 有的人持一種觀點讓我感到奇怪，他們認爲空氣所以會冷是因爲黑暗的關係，殊不知其他人認爲它會熱是因爲它的明亮。黑暗如同重量和穩定，它與寒冷沒有密切的關係；事實上，很多物體不熱卻很明亮，只要處於寒冷的狀況，質量就不會輕盈，無法浮在水面或者飛翔在天空。像是雲只要類同於空氣的屬性就可以飄浮空際，然而只要它變成水滴，就會喪失輕盈的性質立即降落地面，原來的溫暖也被寒冷所取代。反之，等到熱占有優勢，整個程序開始倒轉，只要這些物質變成空氣立即就會飄浮起來。

有關水與火的爭論對於眞理都不會違背；須知任何物體都會絕滅，雖然水的消失出於對立的火採取的行動，而不是水能變成對立的火才會使它消失；如同拿火來做例子，說明它會使水變成氣。伊斯啓盧斯對水的描述帶有悲劇的風格而且非常傳神，像是

> 它用正義的力量制壓火的暴虐。[27]

荷馬提到赫菲斯都斯與河流[28]一爭高下，以及阿波羅與波塞登對陣搏鬥，表現的態度像是一位哲學家而非詩人。還有阿契洛克斯描述某位婦人的心理變化[29]：

> 雙手捧出飲水騙人於指掌之間，

(續)

作，對我們而言只有接受。

27 瑙克《希臘悲劇殘本》之〈伊斯啟盧斯篇〉107頁No.360。

28 荷馬《伊利亞德》第21卷330-383行以及435-469行；所說的河流是特洛伊的詹蘇斯河。

29 戴爾《希臘抒情詩》第1卷237頁No.86；以及艾德蒙《悲歌與抑揚格詩體》第2卷146頁No.93；參閱蒲魯塔克《希臘羅馬英豪列傳》之〈德米特流斯傳〉35節。

誰知竟會冒出燒焦來客的火焰。

　　波斯人有一種最具強制性的請願，一定可以獲得結果不會遭到拒絕，那就是上訴者手裡拿著火站在河流裡面，意思是如果不接受他的抗辯，就會用水將火澆熄。現在對他提出的問題可以獲得答覆，威脅的動作還是會受到懲罰，理由是他違背法律和自然女神的規定。還有就是每個人朗朗上口的諺語：「水火無交」，用來表示根本不可能處理的事情，這也是水與火充滿敵意的證據；火的熄滅來自水給予的破壞和懲處，這與氣沒有關係；正與這個相反，氣不僅支持火，還對它的變化形式表示歡迎之意。要是任何物體落入這種處境，就是變化遭到破壞是來自對立的一方，為何火對氣的反對看起來像是勝過水？氣經過冷凝或濃縮產生變化成為水，然而卻因稀釋產生變化成為火；從另一方面來看，水因為稀釋才會消失在氣當中，卻因為冷凝或濃縮才會與土結合。
　　就我個人的看法，發生這種過程不是元素之間的對立或敵意，而是建立在彼此的親密關係上面。至於持不同觀點的對手[30]，不論用何種方式陳述這些狀況，都與他們提出的證據背道而馳。他們從未見過氣的凝固，就認定水的凍結出於氣，豈不令人感到何其荒謬。因為在天空的雲、霧和霾還沒有開始凝結，只是氣的濃縮和增厚，它的本質還是潮濕的蒸氣。無水和乾燥的空氣不會允許熱的喪失到達發生變化的程度。事實上，高山上面沒有雲、露和霧，因為它的頂峰到達的區域，凜冽的空氣不含絲毫的水分；事實非常明顯，處於下方的濃縮和密度，使得空氣的冷和其中的水分能夠混合起來。

15 巨大河川的底部不會凍結是合理的現象，至於表面的結冰是沒有呼吸作用可以將冷傳送進出，經由關閉和反射可以為深處的水體供應熱量。可以明顯看出，當冰雪在溶解的時候，大量水蒸氣會從各種水體當中釋放出來，這也是為何動物的軀體在冬天會較為溫暖，因為熱遭到冷向內部的驅趕並且保持在裡面。
　　將水汲出來暴露在空氣之中，不僅是它的溫暖會被取代，就是寒冷亦復如是；一個人想要喝很冷的飲料，就得小心不要亂動在上面覆蓋的冰雪或潮濕的物件，因為它們所形成的壓力，可以阻止熱和冷的交替運動。
　　須知冷的功能屬於水而非空氣，可以從下面的敘述展現新的開始。首先，空

30　或許就是本節開頭那一位，他認定空氣之所以會冷是因為黑暗的關係。

氣不可能與蒼穹相鄰[31]，否則就會接觸轉動不息的炙熱物質，受到的外力與來自蒼穹者完全相反。兩種物質的邊界接觸保持連續的比鄰，彼此不可能不發生相互的作用，存在於強者的力量就會侵犯到弱者。要是認為自然女神會將毀滅者和受害者並排安置在一起，這也是沒有道理的說法，雖然祂是鬥爭和衝突而非合作和諧和的創造主。確實祂運用對立的力量建構宇宙；祂要火與水發揮效能，不會沒有指派一個充當和事老的元素，這樣可以避免發生直接的衝突。祂的安排是它們當中有一個可以跳過的空間，同時還指定一塊狹長的地區作為緩衝之用，免得為兩者帶來毀滅的後果，還有可能享受溝通和合作之樂。這片輻輳之地為氣所據有，它會布滿整個空間，位置在火的下方處於火與水之間。它對火與水的存在方式都有顯著的貢獻，同時還接受兩者給予的支助，不使自己成為熱或冷，而是將兩者混雜與調和在一起。等到完成美妙的結合以後，雙方的相遇不會帶來傷害，不必使用暴力就會產生情投意合的事物，或者會讓自己處於對立的終端[32]以減少衝突。

16 雖然各地的冬季或寒冷有很大的差異，這時空氣的性質還是保持不變。世界有些部分是寒冷而潮濕，這時其他的部分處於炎熱和乾燥的狀態，這也都不是出於偶然的因素；由於還存在著單一物質包含冷與濕。絕大部分的阿非利加非常炎熱而且沒有水；同個時候有人旅行經過錫西厄、色雷斯和潘達斯[33]，提到那些地區有巨大的湖泊或沼澤，還要越過寬廣又深邃的河流，特別是那裡的氣候極其酷虐，來自呼吸之中飽含水氣所致。波賽多紐斯肯定表示，沼澤空氣的清新和潮濕是寒冷的成因，這對爭論的合理性不會帶來困擾，只是讓它更有道理罷了。如果冷不是來自它的根源即潮濕性質，那麼清新的空氣不會變得更冷。因而荷馬的說法就會很有道理，像是他武斷的表示[34]：

　　河上的風在黎明前冷颼颼吹過；

從這裡可以得知寒冷的肇始之處。

31　參閱格思里(Guthrie)《希臘人與他們的神》(*The Greeks and Their Gods*)207頁，可以對空氣與蒼穹的不同，獲得非常清晰而明確的概念。

32　指的是熱與冷。

33　或許讓蒲魯塔克想起古老的潘達斯王國，它將黑海向南、向北和向東的廣闊疆域包括在內。

34　荷馬《奧德賽》第5卷469行。

何況我們經常受到感官的欺騙，那怕是摸到寒冷的衣物或皮毛，想像當中有
如接觸到潮濕的東西：那是因爲潮濕和寒冷是來自同類物質，它們的性質有極其
密切的關係。無論是青銅或陶土製成的容器，低緯度的嚴寒季節當中就會破裂，
當然這時它不會是空的，只有裝滿水才會因爲冷發揮它的壓力。狄奧弗拉斯都斯
斷言是空氣損毀器物，液體不過是它的工具，如同用來刺穿木材的鐵釘。這種論
點一定要很謹愼，不在於它所表示的智慧而是要實話實說。設若的確如此，容器
裝滿瀝青或牛奶會比空氣更容易破裂[35]。

不過，水的寒冷似乎出自它的本質，這是一種原始的型態。就它的冷與火的
熱在對比之下，如同它的濕與火的乾，以及它的重與火的輕。總而言之：火具備
瓦解和分離的特性如同水的黏結和膠著，水就是靠著它的潮濕才會聚集在一起。
伊姆皮多克利經常提到此事，就將火稱爲「絕滅的鬥手」，水是「纏綿的愛
情」[36]。因爲火的養分可以變成火，只有類似的物體和密切的關係，才能產生這
種性質的變化。與火性質相反的元素像是水，就不容易如同火一樣發生改變。水
具備不燃的性質，受到它的影響像是淋濕的青草和潮潤的木材就很難燃燒；這些
材料當中飽含水分的綠色，只會產生閃爍和模糊的火焰，憑藉寒冷使出全力對付
熱，就像是抗拒天生的敵人。

17 現在你想要對這個題材做深入的探討，必須就對手的論點做一比
較。克里西帕斯(Chrysippus)認爲氣的黑暗本質基於原始的冷[37]，僅
僅提到有人斷言水不像氣，它與蒼穹保持極其遙遠的距離，要是想要他回答一些
疑點，這時他會說道：「要是這樣，我們就可以宣稱甚至地球都處於原始的寒冷
狀態，因爲它與蒼穹的距離更是遠不可及。」從而輕易完成他的爭論，讓人無法
反駁也不容置疑。我同樣對這個題目給予堅定的支持，認爲地球並不缺乏合理和
令人信服的證辭，所以開始的地方是克里西帕斯提出的論點，就是對氣最爲方便
和有利之處。爲何會有這樣的想法？在於它擁有原始的黑暗和寒冷。要是他能掌
握兩種不同的對立力量，假定其一必須得到對方的陪伴，就可確知蒼穹和地球之
間存在無數的對立和反動，這種狀況前後一致絕不會產生矛盾。相互的對立不僅
如同重之於輕、以及重力之向下而非向上、以及稠密之於稀薄、以及慢和穩定之

---

36 狄爾斯、克朗茲《希臘古代哲學殘卷》第1卷318頁No.19；看來是蒲魯塔克弄錯伊姆皮多克
利的原意。

37 參閱阿尼姆《古代斯多噶學派殘卷》第2卷〈克里西帕斯篇〉140頁有關條目。

於快和運動，還要加上據有宇宙的中央位置之於繞著中心做永不停息的運轉。如果對立是如此的眾多和重要，當然可以用來反對冷和熱，這種論點毫無荒謬之處。

克里西帕斯可能這樣說：「不錯，只是火很明亮，難道說地球並非黑暗的天體？不僅如此，它是所有物體當中最為黝黑而且不會發光。空氣對光的參與可以居於首位是必然之事，等到它瀰漫開來就會不斷發生變化，最大的貢獻是讓各處得到光亮，可以讓身體居住其中；當太陽從東方升起的時候，一位神劇作家有這樣的表示[38]：

它讓風在巨大的空間不停流轉；

追隨著氣向下運動，它的亮度有一部分注入湖泊、海洋以及河流的深處，發出閃爍的光芒[39]，到達的程度可使氣滲入其中。所有的物體只有地球仍舊保持沒有光的狀況，無論是太陽或月亮的照明都無法穿透；然而它會接受給予的溫暖，允許熱可以進入很微小的深度。因為地球的固體狀態，無法讓光得到通路，僅能圍繞它的表面，這時它的內部稱為「幽冥」和「混沌」或「哈得斯」[40]，從伊里帕斯[41]這個名字證明它是隱藏在地下的黑獄。

詩人告訴我們說地球才會產生黑暗女神，數學家證實地球的陰影阻斷太陽的光線帶來黑夜。實在說，地球讓氣布滿黑暗，正如同太陽讓它布滿光。空氣當中無光的部分就是夜暗的區域，整個空間都被地球的陰影所據有。這也是有些人甚至到了夜晚還要呼吸戶外的空氣，如同很多野獸要在黑暗當中放牧進食一樣，因為這時還有遺留的光線和隱約的景象。對於那些不敢離家外出的人而言，即使土從各個方向圍繞著他，處在屋頂下面的他如同睜眼瞎子，因為沒有一絲光線可以射入。再者，動物的皮和角是這樣的堅實，就不會讓光穿過其間。如果將一部分鋸掉或磨亮，變成透明以後就會讓氣與光混合起來。就我的意見來說，詩人將土稱之為黑暗[42]，也不過是偶然之事，在於土的陰森恐怖和不能發光的特性。這方面考量的結果，得知光明和黑暗更有價值的對比，屬於土而非氣所有。

---

38 戴爾《希臘抒情詩》第2卷302頁No.95。

39 伊斯啟盧斯的悲劇《普羅米修斯》90及950行。

40 Hades(地獄)這個字從語源學來說，意為「伸手不見五指的地方」。

41 赫西奧德《神譜》125行，Erebus這個字的原意是「暗無天日」。

42 荷馬《伊利亞德》第2卷699行；艾德蒙《希臘抒情詩》第1卷〈阿克曼〉76頁No.36。

18 不過,這與討論的問題無關,因為它要表示的意思,只是說很多冷的目標會相當明亮,很多熱的目標反倒晦暗又漆黑。然而與屬於寒冷的性質有密切的關聯:像是沉重、穩定、堅固和反對改變。氣與這些都沒有份,土比水能分享更多的分量。不過,寒冷可以感覺得到它是最為死板的東西,會使很多物體變得無比堅固和頑強不屈。像是狄奧弗拉斯都斯告訴我們,凍結的魚掉落地面,如同玻璃或陶器一樣摔得粉碎。你們在德爾斐聽到一件事,說是有些人爬上巴納蘇斯山去拯救塔德斯(Thyiades)[43],等到他們陷入強烈的暴風雪當中,身上的披肩凍得像是很硬的木頭,撐開來就破裂成為碎片。極端寒冷由於它的嚴苛和靜止,肌肉會僵直使得舌頭發不出聲音,因為水氣的凝結對於部分的身體帶來很大的影響。

19 這些都是明顯可見的狀況,讓我們考量它所產生的效果:每一種功能只要能占有優勢,根據自然律,它在制服對手以後就會產生變化和轉換。任何物體受到熱的控制會因燃燒而減輕重量;任何物體受到風的控制就會依賴空氣的支持;任何物體掉進水中,除非很快拿出來,否則就會溶解和液化。隨之發生的情況就是無論何處出現完全的凍結,表示要轉回到原始的寒冷。凍結可以當成極端的凝固作用,終止於完全的改變和硬化,寒冷獲得絕對的權力,潮濕的成分凍成固體,熱將被驅除殆盡。地球所以會在最低下的部分全部布滿堅實的冰雪,因為純粹和絕對的冷滯留在凹地,它用力衝擊的位置遠離閃耀火光的蒼穹。這些都是可見的景象,包括懸崖絕壁和高聳山巒,伊姆皮多克利稱為它所固定的位置,被地球深處燃燒的火高舉起來[44];明確指出所有的熱全部消失和蒸發,物體在寒冷當中完全凍結,因為這個緣故稱之為pagoi[45]。很多山峰的絕頂有黑色的地殼[46],表示熱遭受排除的結局,也是大火發生以後殘留的外貌。

寒冷使物質的凍結到不同的程度,最為堅硬的部分必然是基本的構成要素。如果熱的特性是質量變得很輕,那麼最輕的物質會最熱;設若濕的特性是質量會變得很軟,那麼最軟的物質含有最多的水分;如果寒冷的性質使得物體變得更為堅硬,那麼最堅硬的東西必然最冷,如同土具備的特性。原始的冷成為最強烈的

---

43 塔德斯是一群追隨酒神戴奧尼蘇斯的阿提卡婦女,每隔一年前往德爾斐參加隆冬舉行的慶典,祭祀的儀式讓人感到不快還帶有冒險的意味。

44 狄爾斯、克朗茲《希臘古代哲學殘卷》第1卷296頁No.69。

45 險峭的山岩稱為pagoi,如同雅典的Areo-pagus(戰神丘)。

46 蒲魯塔克認為像伊特納之類的火山,頂部都有一個熔岩形成的基座。

冷當然合乎自然之道，事實上土的冷具備原始和自然兩種特性；當然，可以明顯
由我們的感官確知。就是泥也要較水爲冷；人們用土蓋在火的上面讓它熄滅。鐵
匠在鐵塊燒紅快要融化的時候，就會撒一些大理石碎屑或石膏，產生冷卻作用免
得煉製的速度無法掌握。還有就是角力場鋪上細砂，可以用來降低運動員的體
溫，同時吸乾他們流出的汗滴。

20 一年當中我們需要不斷改換床榻的位置是何道理？冬季要搬進家中
最高聳的房間，因爲這與地面保持較大的距離；等到夏天需要一個
低下的地方，可以讓自己泡在水中以及獲得更爲舒適的退溫，處於大地之母的懷
抱當中才會過更美滿的生活。我們要這樣去做，何以不會依靠對寒冷的感覺引導
我們趨向土這個元素？還是我們並不知道原始的冷順乎自然的位置？冬天我們住
在海邊，這是用來逃避土的一種方式，要盡可能遠離內陸的地區，因爲在嚴寒之
際，身體在帶有鹽分的空氣圍繞之下會變得更加溫暖；還有就是夏季基於炎熱的
緣故，我們渴望來自土中和高處的空氣，並不是因爲它帶來的涼意，而是它從天
生和原始的寒冷中迸發出來，從而灌輸土的力量，如同鋼鐵浸入水中的淬火。流
動的水體當中，要算岩石滲出的清泉或高山的溪澗最爲冷冽，井水則是愈深愈爲
砭人肌膚。外部的空氣對於深井的水不會發生影響；任何流動的水要是從純粹而
又未攙雜質的土中噴出，就像提納朗[47]有一道清泉，他們將它稱爲斯特克斯之
水：它從岩石當中像斷線一樣流出，質地極其酷寒，除了驢蹄沒有其他容器可以
裝盛，因爲接觸到的東西都會爆裂成爲碎片。

21 醫生讓我們知道所謂的土帶有收斂和寒冷的特性，他們列舉很多金
屬原料可以作爲止血劑，始終能夠發揮醫療的功效。土這個元素不
會有尖銳的形狀、移動的傾向、纖細的氣質、刺痛的感覺、柔軟的體態和延展的
習性，就像一個堅固和緊密的正六面體[48]。這也是土爲何會有重量；寒冷的力量
在於增厚、壓迫和驅除身體的潮濕，由於它與熱的失去平衡，所以引起顫抖和戰
慄。如果寒冷獲得全般的掌控，排除或絕滅所有的熱，就會讓身體處於凍結和僵
硬如屍體的狀態。這也就是土所以不會燃燒的理由所在，即使勉強而爲還是非常

---

47 蒲魯塔克知道通往哈得斯的入口在提納朗（品達《皮同賽會頌》第4卷44行），所以將斯特克
　斯泉移到那個地點；有關這個泉水的性質可以參閱鮑薩尼阿斯《希臘風土誌》第8卷18節，
　還加上一句話，「任何人只要嘗一點就會死」。
48 參閱柏拉圖《泰密烏斯篇》55D-E。

困難。從另一方面來看，空氣經常從它本身發出火焰，接著燒得更加激烈，產生流動和閃亮的光線。潮濕為熱添加燃料，因為它不是木頭帶有可燃性的實質部分，只是所含的水分而已，像是經過蒸餾以後，固體和乾燥的剩餘物如同灰燼。有人費很大工夫想要證明土同樣會改變以及燃燒殆盡，就用油澆在上面或是拿牛羊的脂肪與它揉在一起，等到點起火來還是無濟於事，油和脂肪燒得一點不剩，土仍舊留下沒有任何變化。土不僅基於物理特性保持穩定不會移動，同時它還堅持不變的本質，非常適合用上古人的稱呼赫斯夏（Hestia）[49]，祂所以成為「家庭的保護神」，就是具備穩定不變和團結諧和的習性。如同自然哲學家阿奇勞斯的主張，寒冷可以將它束縛在一起，沒有任何東西可以讓它解放或軟化；如同物質接受加熱和增溫的過程，它的結構就會變得更為鬆散。

有些人認為他們可以感到凜冽的氣和水，至於冰冷的土就很難覺察出來；就是感覺得到也只是土的部分，得知它們之間密切的關係來自一種混合或一種聚集，舉凡空氣和水以及太陽和熱都會頻繁出現。至於有些人認為蒼穹並不具備天生和原始的熱，反而很像沸騰的水或燒紅的鐵塊，這與上面的說法並沒有多大的差別；那是因為沸騰的水或燒紅的鐵可以接觸得到，上天那原始又純淨的火完全在我們的感覺之外。不像有些人留在地球的底部，可以接觸和感覺到土的存在，這時我們對它特別有所體認，土的分離出於它的本質，不會與其他任何元素混合。處於這種狀態的土可以讓我們看到的樣本就是高聳的懸崖，從它的底部發出寒冷的水蒸氣讓人很難忍受。因而有人想要喝更涼的水，可以先將小圓石子放入其中，水會變得更加稠密，一股新鮮又純淨的冷流，會從石頭發出接著向上升起。

22 因而我們必須贊同所提出的理由，那就是古代的有識之士堅持一種信念，他們認為地球與上天的事物，不可能存在交往和溝通的狀況；並不是他們否定上與下的位置關係，就像我們可以使用梯子一樣；主要的差異之處在於擁有的權力，使得上天要給自然當中永恆不朽的部分，指派一些像是炎熱和光明、快速和飄浮的東西，這時他們認為黑暗、寒冷和緩慢是短暫和貧乏的存在極其不幸的遺產。世上的生物利用它們的身體盡可能呼吸和運動，如同詩

---

49 各地建立赫斯夏神廟可以為需要的人提供安全和食宿，像是在雅典它接納瑟拉米尼斯，在納克索斯它保護尼厄拉和普羅米敦。

人的描述可以享受溫暖和生活[50]；等到這些都受到拋棄，而且僅僅在地球的領域之內，立即爲冷凝和僵硬所掌握；因爲溫暖並非地球獨有，而是存在所有物體當中。

23 法弗瑞努斯，請你拿別人的聲明與上面的陳述做一番比較，如果我提出的概念既不合理也沒有可能，你大可以推卻教條帶來的束縛；要是眞理得不到認同顯得落落寡合，你還能暫緩做出判斷，繼續沉思默想，俾能訴諸更有說服力的論點。

50　荷馬《伊利亞德》第22卷363行。

第六十四章

火或水是否能夠發揮更大效用

1 品達提出這樣的說法:「水是最美好的東西,然而冒出烈焰的火是黃金。」[1] 看來他很率直的表示火居於第二位;赫西奧德同意他的論點有詩爲證:

> 查奧斯的存在先於萬事萬物;[2]

這裡提到的查奧斯(Chaos)就是水,大多數人認爲它能chysis(流動)[3] 所以得到這個名字。然而兩邊獲得數量相等的證人,能夠處於勢均力敵的狀態。事實上有些人[4] 提到火是宇宙當中第一原則,發生的大火如同種子,它可以創造和接受一切的事物[5]。我們對始作俑者一無所知,只能檢驗雙方提出的論點,從而看出誰居於領導的地位。

2 我們無論在何處都能用得著這兩種元素,可以看成必需的家用品或工具,或是一位無所不在的朋友,我敢發誓在任何時間或緊急狀況下,都會向我們伸出援手,除此以外,難道就不能做出更大的貢獻?然而火並不是都能發揮功能,其實有時我們發現它的力量過於猛烈,對於它的運用產生干擾和限制。水的使用無論是夏季和冬天、生病和痊癒、黑夜和白晝:一個人無時無刻對它都有需要。所以死者出於這個緣故才稱爲alibantes,含義是呼吸已經沒有libas

---

1　品達《奧林匹克運動會頌歌》第1卷1行。
2　赫西奧德《神譜》116行。
3　chaos的語源來自chysis(液體的散布)。
4　這是指斯多噶學派人士;參閱阿尼姆《古代斯多噶學派殘卷》第1卷〈季諾篇〉27頁No.98。
5　斯多噶哲學有關宇宙大火的理論,可以參閱阿尼姆《古代斯多噶學派殘卷》第2卷183頁。

（水氣）[6]，生命的喪失在於缺乏此一元素。人沒有火可以存在，缺水則否。除此以外，從最早就與人類的起源完全符合一致，這比以後才發現可以發揮更大的功能，可以明顯看出，自然女神將其中之一視為與生存有關的必需品，同時另外一個讓人清楚得知，完全是運道或圖謀才會有廣泛的運用。

自古以來從未得知會出現這種狀況，那就是人類可以活在沒有水的時代；即使神明或英雄也不敢居功說水是他所發現；事實上，人類的出現以及外貌的成因，都與水有密切的關係。據說火的運用是普羅米修斯發現以後不過一兩天的事[7]；人類早期的生活沒有火已經持續很長的時間，卻不能沒有水。即使是詩情畫意虛構的情節，也不能證明當時能過現在的生活方式。人類當中某些族群不知道用火，沒有房舍和爐灶，過著餐風宿露和茹毛飲血的生活。犬儒學派的戴奧吉尼斯將火的運用減少到最低限度，甚至嚥下生的烏賊肉，這時他說道：「各位，看來我為大家冒著生命的危險。」[8] 沒有水，任何人不能將它視為生活當中一樁美事，甚至連想都不要去想。

3 僅僅是討論人類的習性，為何我要進行如此細微的分析？雖然生物的種類難以計數，只有人類知道如何使用火，所有其餘的生物無論是生活和飲食都與火沒有關係。不管飛禽走獸還是在地上爬行的動物，靠著根莖、果實或生肉過活，全都用不著火；缺水會使魚類、鳥類和陸上動物沒有生存的機會，即使在肉食動物當中有些種類，如同亞里斯多德所說從不飲水，為了活命要靠吃進的肉類所含的液體[9]。因此，元素不能發揮更大的功能，活在世上的生物不僅無法忍受而且不能存在。

4 有些民族運用火的方式與我們大同小異，可以略而不提；也就是說植物和它的出產品，有些完全不用加熱，其他的僅需要很少的火可以說是微不足道。不過自然界當中水是最主要的元素，所有的植物因而萌芽、成長和結實。我列舉的蜂蜜、葡萄酒、油和其他所有的產品，都來自葡萄、牲口的奶汁或蜂巢，即使小麥算是乾燥的食物，經過變換、發酵和溶解，難道不可以列入液體

6 參閱格林《論人的四種體質》（De Temperament）第1卷3節。
7 伊斯啟盧斯的悲劇《普羅米修斯》254行。
8 這件軼事的敘述基於不同的觀點，本書第67章〈論肉食者鄙〉第1篇5節，站在相對的立場認為生食毫無必要。
9 亞里斯多德《動物史》第8卷3節。

的名單之中[10]？

5 再者，凡物無害就會有利。等到火成爲一道流動的烈焰帶來最大的毀滅力量，然而水的性質不會形成損害。這兩種元素最大的好處是價格便宜，給予幫助不需要準備的工作。現在用火必須供應燃料，所以富人比窮人用得要多，國王比起平民更要方便；提到水服務人類的功勞，可以說非常平等沒有差別待遇。因爲水不需要額外的工具或材料，最大的好處是自給自足和全力配合。

6 損失的增加帶來的優點就是減少運用的次數。火如同吞噬一切的野獸，所有靠近它的東西都會遭到燒毀，所以火在使用的時候講究技巧，嚴格掌握還要謹慎小心，不能讓它任性而爲；水不會有危險。還有就是兩者的配合產生更大的用途，只是水對火沒有好處，水若直接與火相遇會發生剋制的作用；然而火經過傳送可以與水結合，熱水可以用於醫療方面成爲有效的工具；你可能沒有見過像水氣一樣的火，只是水無論冷或熱對身體都有好處。

7 雖然只有四種元素[11]，水的貢獻有了第五種就是海洋，它的好處與其他元素相比一點都不差，特別是在商業和貿易方面。當我們的生活處於窮困和不相往來的處境，這種元素可以進行完美的聯繫，經由相互的幫助和交換用來救濟物質不足的狀態，給我們帶來合作與友誼。赫拉克萊都斯(Heracleitus)[12]曾經說過：「沒有太陽，世界是永恆的黑夜。」[13] 我們同樣可以表示要是沒有海洋，人類將成爲最野蠻和最貧乏的生物。海洋可以將印度的酒運到希臘，就是希臘生產的穀物能夠越過海洋到其他地區，還有腓尼基的字母用來加強記憶不致遺忘[14]，可以讓大部分的人類免於食物和文明的缺乏。看來水的用途還不止於一個元素要較火更加強勢？

10　作者應該將啤酒列入其中。

11　本書第77章〈會飲篇：清談之樂〉第8篇問題8第2節，將海洋稱爲「充滿敵意的元素」，主要的著眼是提供外國勢力入侵的最佳通路。

12　赫拉克萊都斯是西元前5世紀望重一時的哲學家，出身以弗所皇室，公開宣布將王座讓給他的兄弟，留下的著作都是引用的殘句。

13　狄爾斯、克朗茲《希臘古代哲學殘卷》第1卷〈赫拉克萊都斯〉173頁No.99。本書第8章〈機遇〉3節，提供更爲完整和適當的譯文。

14　瑙克《希臘悲劇殘本》之〈優里庇德篇〉542頁No.578。

8 何以有人能夠就這個觀點舉出反面的論證？神明是造物主用四種元素當材料建構整個宇宙。即使是土和水形成宇宙底部的基礎，彼此之間有相互補足的差異，成爲質點就像未加工的材料，用來建構和鑄造世上的萬物。氣和火是製造者和工匠，等到加入這兩種元素，各種形體和組織都具備生長和繁殖的能力；兩者之間的差異在於火是主宰和首領。歸納的結論非常清楚：土得不到溫暖就會貧瘠荒蕪而且五穀不能生長，只要擁有火和發出的熱，就會引起它的膨脹到達生殖的極點。岩石和裸露的山脊所以寸草不生，除了得不到或是分享很少的火這個理由之外，找不到其他可能的原因。

9 一般而論，水爲了其他物種的生存或繁殖，始終保持自給自足的狀態，沒有火會使水遭到毀滅；因爲熱能維持每一事物在適當的存在和生活的狀態，水如同其他的事物並沒有差別。等到火退避和消失以後，水就會腐敗。沼澤的水停滯不動是毫無疑問的事，還有一些排到窪地沒有出路，成爲一攤死水[15]以後，變質的結果是腐臭不堪，要靠著攪動產生的熱才能保存在裡面的東西。水產生快速的運動造成強烈的激流，因爲這個原因大家會說它是「活」的東西。水要靠它的運動才能維持所需的熱。水與火最有用的地方不就是爲了對方的生存供應所需，就像火對水那樣，何以諸如此類的說法能有它的道理？這才是眞正最有用的地方，那就是不能將它全部拿走，欠缺的結果是活著的生物因而死亡。

可以很明顯的看出，任何事物都不能沒有水與火，一個生物只要缺乏就不能活下去，當它生存的時候這是它存在應有的必需成因。甚至就是屍體有了水分才不會完全消失不見，此外死者的身體不會腐爛，腐化作用不是一種從乾燥到潮濕的變化，而是肉體當中水分的變質。死亡就是身體的熱全部喪失，因而死者變得冰冷；如果你用鋒利的剃刀猛戳，冷而硬的皮膚會讓刀刃捲口。就生物本身來說，這部分需要的熱愈少它的感覺就愈遲鈍；如同骨頭、頭髮和離開熱較遠的部分。一般而論[16]，熱的存在比起潮濕造成更大的差異，它不僅能像水氣使植物生長和開花結果，還能使它保持溫暖；寒冷的水減弱生產力甚至到沒有收成的結局。只要水含有養分就會促進植物的開花結實，否則會對繁殖作用帶來不利的影響。

---

15 是指充滿鹽分，例如大家熟知的「死海」。
16 結論的文字出現很多差錯，即使經過修正，還是很難自圓其說。

10 再從頭來過：運用火就得爲它考慮，我們不能需要水，因爲會出現相反的狀況，水會使火熄滅。然而在絕大多數狀況下，對水的運用不可能沒有火。水只要加熱以後能發揮更大的效用；否則就是損害。熱使海洋做出更大貢獻，它的水體變得更爲溫暖，與河流、湖泊和泉源的不同在於其他方面[17]。因而對於火與水而言，最好是只讓其中之一引導我們的使用，另外一種可以免除。除此之外，水只對觸覺有好處，像是可以用來洗濯和沐浴。火使得所有的感覺都能蒙受其利。事實上，兩者的接觸和觀看都可以相隔一段距離，這樣可以增加別種用途，這也是產生變化的性質。

11 要說人類的存在沒有火是荒謬的事，但是也不能說沒有火人類就不能存在，兩者之間應該是有很大的差別。人類不需要火那是因爲他們沒有火，也不是因爲他們不需要所以沒有獲得類似的經驗，特別是他自身發出的熱讓他感受更大的痛苦。我們可以斷言其他的動物並不需要火，從這方面得知運用火可以占有很大的優勢。處於那種條件下的水需要外部給予支持，火因爲居於優勢所以可以自給自足。如同一位將領負責處理城邦的事務，要是他沒有盟友的幫忙，那也不必非要找一個不可。因而一種元素要是居有優勢的地位，並不需要經常來自外部的協助。

採用看法對立的觀點，有人認爲只有人類能夠運用從而獲得更多的好處，特別是我們有充分的理由在於具備能力做出最好的選擇。還有什麼會比理性對人類更能發揮作用和獲得更大的好處？殘暴的野獸並不具備這方面的能力，爲何會如此？我們的發現出於先見之明，這也是理性當中最好的部分，那麼這樣一來就會減少理性的用途？

12 我們的討論可以到達這樣的程度：還有什麼比起工藝之神會給我們的生活帶來更大的利益？那是火首先發現和繼續保持所有的技術；所以我們才會推崇赫菲斯都斯，將祂尊爲居於首位的工匠和製造者。人類能夠活在世界上的時間並不太長，根據亞里斯頓[18]的說法，睡眠如同一個稅吏幾乎拿走其中的一半。我的看法問題出在黑暗；雖然一個人可以整夜保持清醒，如果火無

17　有的學者認為這段話應該在下面一節，完全是抄寫者的誤植。就連下一節的次序都有問題。

18　本書出現的希臘哲學家以亞里斯頓為名有三位，此位是西元前3世紀來自開俄斯島的斯多噶學派哲學家。參閱阿尼姆《古代斯多噶學派殘卷》第1卷90頁No.403。

法給他白天的好處，以及將日與夜的差異拿走，即使保持興奮的狀況還是無濟於事。對於人類而言沒有比生活更爲重要，如果火能在各方面改進我們的生活，爲何火不能在所有的事物上面具備最大的效用？

13 最後，可以保證，即使每一種感官都能盡其所能，竟然不能占有最大優勢？人的感覺器官在運用水氣的時候，都會混雜著空氣或火；每一種感覺只有火加入，就會供應充滿活力的能量，特別是視力來自最敏銳的感官[19]，完全靠著點燃的火發出的光線[20]，會使我們相信這一切都依賴神明的賜與，難道你對這些都沒有認知？再者，如同柏拉圖所說，我們經由視力使得靈魂遵從天體的運動[21]。

---

19 柏拉圖《菲德魯斯篇》250D。
20 阿尼姆《古代斯多噶學派殘卷》第2卷196頁No.199；有的學者認為這句話的意思是「一根火的鍊條」連接眼睛與它的目標。
21 柏拉圖《泰密烏斯篇》47A-B。

第六十五章
陸生或海生動物是否能更為靈巧

參加對話的人士是奧托布盧斯、索克拉魯斯、歐普塔都斯、亞里斯托蒂穆斯、斐迪穆斯和赫拉克列昂[1]

1 奧托布盧斯：李奧尼達斯被問到他認為特提烏斯是何許人，他回答道：「一位優秀的詩人對於年輕人的靈魂產生激勵的作用。」[2] 依據的理由是詩人藉著他的作品，對於城邦的青年提振他們的士氣和抱負，願意在戰場上面為國家英勇捐軀。閣下，我很擔心昨天高聲讀給大家聽的《狩獵讚》（*The Praise of Hunting*）[3]，激起年輕人的熱情要超過節制的限度，除了要用全副精力從事戶外的活動，所有其餘的事務毫無意義也不值得去做。事實上，當我還很年輕的時候，根本不考慮體能的限制，鎮日沉迷山林的狩獵，如同優里庇德描述的斐德拉，

> 吆喝成群的獵犬追逐
> 全身長著斑點的水鹿；[4]

只要談論當時的情景和發生的狀況，興奮的感覺幾乎無法用言語形容。

索克拉魯斯：這話一點都不錯，奧托布盧斯。昨天對那本書的朗誦者而言，他為了滿足年輕人的要求，能夠分享他們青春的活力，像是激起長久停用的誇張

1　參加談話的人員當中，除了奧托布盧斯是蒲魯塔克的父親，其餘都是他的朋友，在本書第77章〈會飲篇：清談之樂〉和第50章〈愛的對話〉中出現。

2　這句話是一位不知其名的人士所說，蒲魯塔克《希臘羅馬英豪列傳》之〈克里奧米尼斯傳〉2節，認為說話的人是李奧尼達斯。

3　這篇著作的作者引起很多的爭論，現代學者認為是蒲魯塔克本人，舉出一些留存的殘句作為證據，特別是在蘭普瑞阿斯的目錄上面列為216號。。

4　優里庇德的悲劇《希波萊都斯》218行，斐德拉是帖修斯的妻子，她是愛上希波萊都斯受到拒絕的後母。

語氣和修辭手法[5]。我特別喜歡他對角鬥士的介紹以及所做的安排，認為人與人之間全副武裝的搏鬥，過去會使我們獲得最大的歡樂，現在經過一番轉變，使得我們有理由去稱讚狩獵的活動，提供我們一種無害的娛樂，靠著技巧和智慧的勇氣，用來抗衡極其愚蠢的暴力和屠殺；就會同意優里庇德所寫的詩篇[6]：

> 人類的力量何其弱小，
> 要靠足智多謀的頭腦，
> 降服深淵的可怕怪物，
> 是地面和空域的霸主。

2 奧托布盧斯：摯愛的索克拉魯斯，不管人類的自相殘殺還是狩獵的活動，都是出自一個源頭，他們會說麻木不仁的感覺，以及趨向野蠻的行為，會在人群當中擴散開來，所以才要熟悉狩獵的經驗[7]，嘗試殺戮的滋味，習慣野獸的傷口和凝結的血塊，不會產生厭惡的感覺，從暴力的死亡獲得樂趣。接著會在雅典發生慘劇：頭一個被三十僭主處決的人是某位告發者，大家認為他死有餘辜；接著是第二個和第三個，繼續下去，連正人君子和最優秀的市民全都難逃毒手。如同那些最早殺死一頭熊或一匹狼的人[8]，會受到眾人的讚譽；或許是一些牛或豬受到適合屠宰的判決，因為可以當成奉獻的犧牲，隨之滿足人們的口腹之欲。從這樣的觀點出發，他們現在拿鹿、野兔和羚羊當成食物，甚至就是綿羊、狗和馬的肉類，人們都變得非常熟悉；要是按照索福克利的說法：

> 已經馴服的鵝和家鴿，
> 都成為餐桌上的佳餚；[9]

人類對於食物的處理和渴望，出現的狀況不像鼬和貓迫於饑餓，而是為了享樂以及食欲的滿足。使得大家加強殘酷的習性和殺戮的欲望，同情的心理變得更為剛

5　蒲魯塔克很少使用這一類的文字，可以看成是帶有詩意的幽默。

6　出自優里庇德的悲劇《伊奧盧斯》，瑙克《希臘悲劇殘本》之〈優里庇德篇〉370頁No.27，這首詩的用語出現差錯。

7　參閱波菲利《論禁絕》第3卷20節。

8　野獸在農神時代都不會受到傷害，參閱柏拉圖在《政治家篇》269A的讚譽之辭。

9　瑙克《希臘悲劇殘本》之〈索福克利篇〉314頁No.782。

惶，人性的溫柔已經削弱到可有可無的地步。從另一個角度來看，就是因為這層
關係，使得畢達哥拉斯學派[10]的人士，要向整個社會灌輸人道的思想和憐憫的心
靈，即使對於動物也要表現出仁慈的態度。逐漸熟悉的感情會使人習慣一種奇特
的力量，領導人類繼續向前邁進。

我們只要從事目前的討論，就不必再回顧過去的想法，要把昨天的題材完全
忘懷，不能用來取代今天的爭辯。你知道昨天提出的論文，有關的問題是動物帶
有幾分理性和認知；現在提供年輕的獵人可以競爭的場地，使得他們不致缺乏教
導或是樂趣：問題是陸地動物或海洋動物，究竟何者擁有更高的智力；裁定這場
辯論由亞里斯蒂穆斯和斐迪穆斯出面對抗。亞里斯蒂穆斯可以獲得朋友的幫
助，為陸地動物提出辯護，其他人是海洋動物的支持者。

索克拉魯斯：奧托布盧斯，他們都已來到，看來大家參加這次辯論會有很好
的表現；今天一大早我就看到雙方對這次接戰做好準備。如果你願意，在他們開
始辯論之前，讓我們了解一下昨天討論的狀況，雖然題目相當適合，總覺得時間
不夠未能充分的表達，加上酒的供應也無法讓大家盡興。事實上，我認為從斯多
噶的柱廊[11]已經獲得表示異議的回響，如同永生之於必死，不朽之於滅亡，以及
精神之於肉體，無形之於有形；如果這是理性，必然在它的對立面存在著非理
性。所有這些成雙成對相互補足的要項，絕不會留下缺陷和傷殘。

3 奧托布盧斯：敬愛的索克拉魯斯，理性存在於世界的同時，非理性就沒
有立足之地，究竟是誰維持這種狀態？即使非理性在所有事物上面都是
綽綽有餘，還是無法授與一個靈魂。我們並不需要一種理性的對立：任何事物沒
有理性或智力也就是失去靈魂，即使處於這種狀態，須知局限於對立面還是可以
與靈魂結合，同樣可以擁有理性和認知；然而認為有一些事物維持本性不得留下
殘疾，這部分的本性要授與一個靈魂，必須同時擁有非理性和理性的部分，還有
一些事物維持本性會受到限制，授與一個靈魂必須同時擁有想像和非想像的部
分，以及同時擁有意識和非意識的部分。他們特別提到，亦即希望自然界擁有某
種性質的平衡，也就是它的肯定和否定處於可以產生中和作用的相對位置，實際

10 畢達哥拉斯學派所以禁食肉類，主要是相信靈魂的輪迴，同時認為坐而論不如起而行，要用
　　實踐來證明對生命的尊重。
11 Stoa的本意就是「門廊」、「走廊」或「柱廊」；雅典有一座名叫波伊克勒(Poikile)的柱廊，
　　常以繪畫裝飾，故被視為畫廊。西蒂姆的季諾在下面講學，從而建立斯多噶學派，又稱畫廊
　　學派；參閱阿尼姆《古代斯多噶學派殘卷》第2卷49頁。

狀況就是如此。對於有生命的種類而言，需要意識和非意識或者想像和非想像的對比，可以認定是極其荒謬的事；可以非常清楚得知，每一個生物從出生之時就有一個可以意識和想像的靈魂，還要將它區分為理性和非理性的部分，可以說沒有這種道理。要是一個人相信生物沒有感官就無法參與智力的活動，以及生物與生而來擁有見解和理性，如同它擁有感覺和欲念，你一定會與他爭論不休。

他們提出的說法[12]非常正確，自然界要使每樣事物都有某些意圖以及要達成某種目標，所以會創造出有感覺的生物，並不僅僅因為某些事物已經發生感覺作用；這個世界有很多事物對它抱持友善的態度，當然會有很多帶有敵意，如果它不能學會這種處世的方式，就是提供更廣闊的泊地，能夠自由自在混合其他的事物，那麼就想生存片刻都無法辦到。感覺能使生物認識兩件大事：察知有利的事物隨即捕捉或追逐的行動，以及察知損害或痛苦的事物隨即避開或逃走，要想生物會發生這些狀況，必須具備理解、判斷、記憶和處理的能力。你對於這些存在之物，要剝奪他們所有的期待、記憶、企圖或準備，以及所有的希望、畏懼、欲念或悲傷，雖然他們有眼睛和耳朵還是無法運用。實在說最好是擺脫所有的感覺和想像，即使沒有任何作為也沒關係，總比面對勞累、災難和痛苦，缺乏可以轉移的工具和方法，相較之下還是要強得多。

其實這算是自然哲學家斯特拉托(Strato)[13]的工作，經過他的證明要是沒有智力的行為，就不可能有知覺的存在；經常出現的情況，當我們匆忙誦讀的時候，雖然文字落入我們的眼睛，聲音進入我們的耳中，只要我們的心靈正在關切其他的事務，仍舊可以逃過我們的注意；等到過一會恢復正常的狀況，整個過程經過調整，又能追隨已經忽略的細節。下面的詩句可以表示這說法的意義：

> 世間的事物既聾又瞎，
> 燭照的心靈應接無暇；[14]

很明確的指出沒有理解的智力，即使眼睛和耳朵受到強烈的刺激，還是無法產生

---

12 可以參閱亞里斯多德和狄奧弗拉斯都斯有關的著作。

13 斯特拉托(64 B.C.-24 A.D.)生於阿瑪夕(Amasea)，在羅馬完成教育以後，開始周遊帝國各地，成為當代名聲最響亮的地理學家和歷史學家，現有十七卷《地理學》留存，四十七卷《史綱》已失傳，只剩下若干殘篇。

14 這兩句詩經常引用，認為作者應該是伊庇查穆斯，參閱凱貝爾《希臘喜劇殘本》第1卷137頁 No.249。

知覺作用。這也是克里奧米尼斯王所依據的理由，宴會當中獨奏的演出受到大家的讚揚，有人看到他沒有做出表示，就問他是否獨到的手法還未臻登峰造極的地步，得到答覆是可以聽取別人的意見，因為他全副心思都放在伯羅奔尼撒地區。如果我們的機能結構在於感官發生作用就會具備理解的能力，從而可以推論任何生物只要有感覺就會有認知。

　　我們會認同一種觀念，知覺執行它的功能無須得到智力的協助；此外，要是感官作用無法讓動物分辨何者友善何者敵意，那麼牠又怎麼能記得對於痛苦的畏懼及對於好處的需要，其間所形成的差別？如果牠的需要並非如此，對動物而言是供應謀生的工具，提供巢穴和藏匿的位置，這樣做豈不是一面為捕獲獵物設置陷阱，一面為了逃避攻擊者得到庇護的處所？有些作者在《導論》（*Introductions*）[15]當中不斷用解釋的噪音刺激我們的耳膜：他所謂的「意圖」就是「打算要完成工作的指示」，「計劃」就是「運用推力之前的推力」，「準備」就是「發起行動之前的行動」，以及「記憶」就是「理解一個主張的過去時態，現在則是知覺作用進行的理解」。這些術語當中沒有一個不能列入邏輯的範疇；對於動物所有的行為都會認同，沒有行動我們稱之為「概念」，一旦付諸行動就是「概念作用的形成」。雖然他們承認情緒全部都是「錯誤的判斷以及似乎存在正確的可能」[16]。一種特殊狀況在於他們明顯沒有注意很多事情，包括動物的作為和行動，表現憤怒、畏懼、嫉妒和猜疑。他們親自處罰犯了錯誤的獵犬和座騎，這樣做不是沒有目的，要藉著痛苦讓牠們產生悲傷的感覺，這就是我們所說讓牠們有悔改之心。

　　經由耳朵接受歡樂讓它成為讓人陷入迷戀的工具，來自眼睛就是一種魔法的手段，他們運用這兩種知覺來對付動物。鹿和馬陶醉在笛聲的旋律之中[17]，螃蟹受到蓮笛[18]的誘惑會自動爬出洞口，據說歌聲和拍手的響聲會讓鯡魚浮出海面，向著發聲的位置游過去；還有就是角梟會被玩魔術的手法抓住[19]，任何人只要在牠面前做出舞蹈的動作，牠會配合可愛的韻律努力轉動頭部。

　　如同有些人很愚蠢的認定，動物感覺不到歡樂、憤怒、恐懼，不會從事準

15　克里西帕斯用的題目是「基礎課程」，參閱阿尼姆《古代斯多噶學派殘卷》第3卷196頁。

16　參閱阿尼姆《古代斯多噶學派殘卷》第1卷50頁及第3卷92頁。

17　參閱伊利安《論動物的習性》第12卷44節。

18　阿昔尼烏斯《知識的盛宴》182E有類似的記載；伊利安《論動物的習性》第6卷31節，認為蓮笛應該改為「埃及笛」才對，用蓖麻稈製成笛身。

19　伊利安《論動物的習性》第15卷28節，以及普里尼《自然史》第10卷68節，都有這方面的記載；本書第4章〈如何從友人當中分辨阿諛之徒〉7節，提到捕捉人猿也運用相同的手法。

備,也沒有記憶可言;我們從經驗得知蜜蜂「就是能夠」[20] 記得飛行的路徑,燕子「就是能夠」準備孵卵的泥巢,獅子「就是能夠」發出憤怒的吼聲,鹿「就是能夠」感受外在的威脅;即使我們對這些獸類的狀況並不是很清楚,然而牠們「就是能夠」聽到和看見;牠們沒有語言然而「就是能夠」清楚表達,沒有過平靜的生活然而「就是能夠」感受;個人認為最後的陳述是自然之理無須提出明確的證據來加以反對。

4 索克拉魯斯:好吧,奧托布盧斯,有些人士相信你的陳述,你可以將我算成其中一位。然而要拿野獸與人類的習性和生活做比較,特別是人類的行為和生活的方式,我發現動物不僅存在很多的缺陷和弱點,其中最特別之處:牠們對於德行沒有明確的目標,須知基於這種意圖才有理性的存在;也不會對德行有任何進展或傾向。實在說,我懷疑自然女神是否給予牠們一個起點,很可能缺少這方面的安排,因為牠們沒有能力抵達終點。

奧托布盧斯:索克拉魯斯,一點都不錯,就這些反對我們的人而言,沒有一件事比它更為荒謬。他們擬出的假定就是摯愛子孫後裔是社會生活的基礎,也是公正能夠運作的憑據;特別提到動物擁有這種愛已經到達非常顯著的程度,然而他們還斷言動物與公正毫無關係。我們知道騾子的各種機能都沒有缺陷,牠們的生殖器官和子宮可以作為享樂之用,卻無法達成繁殖作用的最終目標[21]。考慮另外可能的路徑和方法:有人將蘇格拉底和柏拉圖視為邪惡的人物[22],犯下的罪行與你所喜愛的奴隸沒有差別,認為這兩位愚蠢、放縱而且毫無正義可言,同時又去羞辱動物受到損害和不夠明確的德行,主要原因在於欠缺理性而非牠們的過失或軟弱,還要堅持這種觀念難道不讓人感到可笑?他們雖然知道邪惡來自理性方面的缺陷,所有的動物都受到邪惡的影響,事實上我們曾經提過,很多動物犯了怯懦、放縱、偏頗和惡意等等過失。他們始終對於自然界讓生物存在理性抱著否定的態度,所持的理由是自然界未讓理性達到完美的程度。首先,比如一個學者斷言類人猿並非天生長得醜陋,或者烏龜並非天生行動緩慢,依據的理由說是牠們沒有擁有美麗或速度。其次是牠們對於出現在眼前的東西,無法發覺其間的差

---

20 這是亞里斯多德最愛用的語句,然而斯多噶學派的人士卻要加以證明,參閱阿尼姆《古代斯多噶學派殘卷》第2卷〈克里西帕斯篇〉240頁No.887。

21 參閱亞里斯多德《論動物的生殖作用》第2卷7節;普里尼《動物史》第8卷173節提到有關騾子的繁殖,還可以參閱西塞羅《論占卜》第1卷36節以及希羅多德《歷史》第3卷151節。

22 參閱西塞羅《論目的》第4卷21節。

別：自然界僅能灌輸理性，眞實和完美的理性[23]是關切和教育的產物。這也是每一種生物所以會具備理性的本能，如果牠們要尋找眞正的理性和智慧，甚至連人類都不敢說他們能夠擁有[24]。因爲觀看或飛行的能力涉及的物種各異（隼和蟬的視物有所不同，鷹與松雞的翱翔大相逕庭），並不是每一種理性的生物都用相同的方式，讓心智的機敏或反應的靈巧達到完美的境界。

　　動物可以提出很多的事例，得知牠們的群居本能、勇敢行爲和聰明才智，有關的方法和手段，以及馴化的安排；當然，從另一方面來說，也有很多相反的例子：提到牠們的殘酷、怯懦和愚蠢。在今天的辯論當中，讓這些年輕人堅持他們的立場，就是出自相同的因素。無論是陸上動物還是海洋動物基於一種相互妥協的假定，自然而然對於美德要有進一步的發展。可以很清楚看出，你會拿河馬[25]來與大鸛做一對照，因爲後者會扶養牠的尊長，前者爲了要與母親成爲配偶，就會殺死牠的親生之父。同樣你會用鴿子比擬松雞，因爲母松雞在孵卵期間不會與公鳥交配，所以公松雞會將蛋偷走再將它啄破；然而公鴿參加坐巢的工作，輪流保持蛋的溫暖，搶著餵食雛鴿，如果母鴿離巢的時間過長，公鴿會用喙啄對方，將牠趕去孵卵或回到幼鴿的身邊。安蒂佩特[26]曾經責罵驢子和綿羊忽略身體的潔淨，我不知道他爲何忘懷山貓和燕子：因爲山貓處理排泄物非常勤快，會將它掩埋起來；還有燕子教導雛燕要將尾部對著外面，糞便才不致污染整個鳥巢。

　　我們不會說這棵樹比另一棵樹聰明，爲何我們要拿綿羊與獵犬相比？或者我們不會說這種植物比另一種植物更加怯懦，爲何我們要拿公鹿與雄獅相比？

　　基於同樣的理由，我們在不能運動的生物當中，難道能說這種比那一種的行動更爲緩慢；我們在不能發聲的生物當中，難道能說這種比那一種更爲沉默；我們在那些自然女神沒有賦予認知機能的生物當中，難道能說這種比那一種更爲退縮、更爲怠惰或更爲放縱？只要動物具備認知的能力，不論種類是否相同，個體之間就很大程度而言，會產生顯著的差異。

23　參閱戴奧吉尼斯・利久斯《知名哲學家略傳》第7卷54節。

24　參閱西塞羅《論神的本質》第2卷13節之34。

25　參閱希羅多德《歷史》第2卷71節以及亞里斯多德《動物史》第2卷7節，看來後者的文字已經經過竄改。

26　阿尼姆《古代斯多噶學派殘卷》第3卷〈安蒂佩特篇〉251頁No.47。蒲魯塔克提到安蒂佩特寫過一本有關動物的書。

5 索克拉魯斯：人類的學習能力和精明睿智以及對公正和社會生活的需求，遠遠超過動物眞是令人感到驚奇不已。

奧托布盧斯：閣下，事實上很多動物在各方面都超越所有的人類，像是巨大的軀體和敏捷的行動，更不必提銳利的視力和靈敏的聽覺[27]；而且相比的對象並不是瞎子、瘸子或聾子。我們可以跑遠不如鹿那樣的快速，可以看遠不如鷹那樣的敏銳，即使如此，自然女神並沒有剝奪我們的力氣和體位，一定要與大象和駱駝相比，這也是沒有道理的事[28]。同樣的讓我們不要說野獸完全沒有智商和認知的能力，由於欠缺理性所以認知不夠敏銳，智商遠較人類爲低；我們可以說牠們的知性過於衰微和混亂，如同模糊又受到掩蔽的眼睛。我並不期望這些年輕人，藉著短暫的學習和研究過程，很快就能獲得豐碩的成果，可以從陸地和海洋分別蒐集到大批資料，呈現在各位的面前。就我個人來說很樂意向大家貢獻所知，有關獸類的馴良和天生的能力，有無數的案例可以提出報告，特別是羅馬就像一個容量極大的貯水池，可以把皇家壯觀的表演和鬥獸的節目，從裡面汲出來裝滿我們的種種容器。現在讓我們將這個嶄新尚未接觸的題材留給他們，好有機會磨練談話的口才。

不過，還有一件微不足道的小事，我需要與你們安靜的討論。我的看法是所有的肢體和機能，都有它獨特的弱點、缺陷或殘疾，會在出乎意料的狀況下出現，像是眼睛之會瞎掉，雙足之會跛瘸和舌頭之會結巴。要是沒有創造出用來觀看的器官，也就不會產生盲目的問題，要是沒有設計出用來行走的肢體，也就不會帶來跛足的煩惱；你不會用說話結巴來描述一個沒有生長舌頭的動物，也不會因爲有些生物天生不能發聲就說它口齒不清；基於同樣的概念，你對自然女神沒有將理性、智慧或認知賦予牠們，就用精神錯亂、愚蠢無知和行爲癲狂這些用語來稱呼牠們。因爲牠們罹患的疾病是缺陷、損失或某些種類的傷害，因爲這些與你們無關也不會讓你們感到煩惱。

你們有人一定遇到過瘋狗，我知道馬匹出現發狂的狀況，有人說牛和狐狸也有類似的症候[29]，提到狗的例子倒是事實不會有人質疑；所謂的狂犬病和精神錯亂是一種病症，正常的機能喪失作用變得嚴重失序；我們提到狗的視力或聽覺並沒有出現無法控制的混亂；如同一個人深受抑鬱厭世或精神錯亂的痛苦，要是認

27　參閱阿芙羅黛西亞的亞歷山大《論命運》27節；以及普里尼《自然史》第8卷10節。

28　普里尼《自然史》第2卷145節，從這個題目獲得一個很獨特的推論；參閱塞尼加《論恩惠》第2卷29節。

29　詩人狄奧克瑞都斯筆下出現發瘋的狼，參閱《希臘田園詩全集》第4卷11節。

爲那些與思想、理性和記憶有關的器官，沒有發生取代或受到損壞，眞是讓人感到可笑（事實上一般人的習慣，會把瘋子稱之爲「並非他本人」而是「已經喪失神志」）。如同大家認爲瘋狗沒有得病，只是負責判斷、理性和記憶的器官受到影響，變得違犯紀律和神智不清。牠們不再認識所愛的人士，無法辨別主人的面孔，同時還避開經常出沒的地點。我認爲這些根本不顧放在面前的證據，如果從而獲得結論，他們會就它的眞實性只知一味的爭吵。

6 索克拉魯斯：你推斷的論點似乎很有道理。因爲斯多噶學派和逍遙學派的人員，堅持他們的論點居於反對的立場，如果所有的獸類都有幾分理性，造成的影響是正義不可能存在，仍舊沒有形式或性質可言[30]。或許我們需要保持偏頗的態度，那是我們對獸類不寬容的關係，如果我們不用牠們作爲食物，塵世的生活變得無法維持或難以爲繼；就某種意義而言，我們放棄利用獸類達成食衣住行的需要，那麼我們難免要過獸類的生活。像是諾瑪茲（Nomads）和特羅格洛迪底（Troglodytes）之類的人物，數量之多已無法計算，我們可以略而不提，因爲這些人可以填飽肚子的東西，除了肉類沒有別的食物。

讓我們相信爲了活得更文明和更人道，就會知道拿出無害和體諒的態度對待所有的生物；如果牠們具備理性成爲群棲生活的一分子，當然會讓我們的行爲受到約束，不能再在陸地或海洋或天空追捕牠們[31]，不能把牠們視爲可以到口的食物，不能過浪費和奢華的生活。這種雙刃論法可以剝奪我們的生命或是公正，除非能夠保存古老的限制和法律，否則對我們無益也得不到解決之道；所以我們要區分自然界的屬性，讓不同的類別有特定的領域，如同赫西奧德的說法：

> 世上飛禽走獸或游魚，
> 爲著生存可相互吞食，
> 彼此之間無正義可言，
> 僅人類具備此種特權。[32]

論及法律和正義的性質只能適用於人類，還是可以把慈善和博愛及於無理性的動

30　從這裡開始到本節結束，全都引用波菲利《論禁絕》第1卷4-6節的內容。

31　這是指陸地的野獸、水中的魚類和天空的飛禽。

32　赫西奧德《作品與時光》277-279行；參閱伊利安《論動物的習性》第6卷50節。

物身上[33]。任何人只要否認這種觀點，等於沒有留下一條寬狹不拘的通路，無法讓人道精神在不知不覺之中進入我們的心中，發揮更大的影響力量。

7 奧托布盧斯：閣下，你真是從內心說出這番話來。我們不會讓哲學家施展妙手回春的療法，如同他們能使婦女解除勞苦的工作，就我們來說這個任務會很容易而且毫無困難，從出生開始就將正義帶到我們的面前。他們出於最大利益的考量，絕不會對伊庇鳩魯做出任何讓步和認同[34]，即使是微不足道的狀況，如同一粒原子產生極小的偏差或位移，只要機緣湊巧就會讓星球和有生命的物體，可以溜進長留久住的世界，摧毀帶來損害的自由意志，基於平等的原則能夠生存下去。

即使我們對於某些問題抱持可疑的態度，現在不僅證明確有其事而且表現極其明顯，事實上我們陳述有關動物的正義，如果不能讓牠們接受又無法讓牠們表示，試問怎麼能符合牠們的要求？因為正義的行為可以用另外的方式建立，不會讓人覺得無法信任或者帶來危險，更不是一條捷徑與真理的殘骸聯繫起來。要走的道路是在柏拉圖的指引之下，索克拉斯，我的兒子和你的同伴[35] 特別指出這點，他們並不是喜歡爭辯，確實願意接受教導和進行學習。就是伊姆皮多克利[36]和赫拉克利都斯[37]，全都接受真實不虛的指控，人類對待動物的方式毫無正義可言，更談不上清白無辜；牠們經常陷入悲慘的處境，只有強烈指責自然女神，認為祂的作為與需要女神和戰神沒有差別，無法避開殺戮帶來的污點，所有的進展標示出無數違背公義的痛苦。有人特別舉出一個例子，生育就不符合正義的原則，這是滅亡和存在的結合，後裔要用違背自然的撫養方式，成為與雙親分離的個體。

不過，這種抨擊似乎過於強烈，帶有苦澀的味道讓人難以接受。倒是可以看成另一種選擇，無害的方式不會剝奪獸類的理性，還為適當運用牠們的人保有正義。古代的智者大力推薦他們的觀點，對於暴飲暴食的貪婪表示厭惡和反對；畢

33　可以從蒲魯塔克以後的生活當中，看到他對這個問題所持的態度；參閱《希臘羅馬英豪列傳》之〈馬可斯‧加圖傳〉5節。

34　烏西尼爾《伊庇鳩魯學派》351頁，以及盧克里久斯《論萬物的本質》第2卷216行及後續各行。

35　這是指蒲魯塔克本人。

36　參閱亞里斯多德《修辭學》第1卷13節。

37　狄爾斯、克朗茲《希臘古代哲學殘卷》第1卷169頁No.80。

達哥拉斯學派的成員重新引進，教導我們如何避免不義的行爲，獲得最大的利益，不要虐待和殺害動物，運用溫和與友愛的方式將牠們馴服，提供人類有力的幫助，這種做法眞正符合自然之道[38]；所以伊斯啓盧斯的悲劇當中，普羅米修斯說他豢養成群的馬、牛和驢子，等到這些

> 牲口的幼仔一旦長成，
> 會侍奉人類奴役終生；[39]

狗可以用來放哨看家，山羊和綿羊提供乳汁和剪下的羊毛。一個人不能因爲舉行宴會，沒有擺出大盤的魚、鵝肝醬、牛肉餡餅和小羊肉[40]，就認爲人生乏味沒有活下去的打算。即使他在劇院無所事事或是用狩獵打發時間，不再逼迫一些野獸違背牠們的意願，非要在那裡負嵎頑抗，或是沒有自衛的能力遭到屠殺。我認爲運動要讓人感到樂趣，就是玩伴之間都能培養快活的情緒，並非拜昂[41]經常提到的方式，他說兒童爲了好玩就向青蛙扔石頭，所以青蛙不是死於「某一種樂趣」而是清醒和認眞的行動。如同狩獵和垂釣，人們用動物的受苦和死亡來娛樂自己，甚至連幼獸和雛鳥都不放過。事實上不是這些人對於動物的運用發生錯誤，而是他們過於急忙和草率會帶來傷害，還有就是手段的殘酷和毒辣。

8　索克拉魯斯：克制你的脾氣，奧托布盧斯，不要讓這些指責針對自己而來。我看到很多紳士快要來到，他們都是愛好狩獵的人士，你很難說服他們，又何必傷了他們的感情。

　　奧托布盧斯：謝謝你向我提出警告，不過，優拜奧都斯（Eubiotus），我對於來這裡的亞里斯頓、伊阿賽德（Aeacides）和亞里斯蒂穆斯都很清楚他們的底細，他們是德爾斐人戴奧尼休斯的兒子，也是我的表兄弟，還有優特迪穆斯的兒子尼康德，這些人在陸地追捕野獸，就像荷馬筆下所謂的「專家」[42]，因爲這個

38　參閱柏拉圖《國家篇》352E。
39　出自《獲釋的普羅米修斯》（Prometheus Unbound）一劇，參閱瑙克《希臘悲劇殘本》之〈伊斯啟盧斯篇〉65頁No.194。
40　蒲魯塔克所處的時代，這些佳餚美食在羅馬已經風行一時，特別是鵝肝醬爲盛宴中必備之物，從龐培要吃鶇鳥，知道家禽的催肥術已經非常普遍。
41　在希臘人當中像是只有拜昂和色諾克拉底，會對動物表示惻隱和憐憫之心。
42　荷馬《奧德賽》第8卷159行，是指精通競技比賽的人。

緣故要投入亞里斯托蒂穆斯的陣營。斐迪穆斯和他周圍的島民和住在海邊的人士，像是來自麥加拉的赫拉克列昂和優卑亞人斐洛斯特拉都斯，

　　他們的心嚮往著海洋。[43]

這裡還有與我同輩的歐普塔都斯(Optatus)，就像戴奧米德

　　很難說出他為何而戰，[44]

因為「他有很多勝利來自海洋，同樣在高山峻嶺也大有斬獲，要將光榮歸之於神明」[45]，同時稱之為狩獵女神和迪克特納(Dictynna)[46]的活動，根本沒有注意是在那一邊。尊貴的歐普塔都斯，或許我對你的立場有所誤會，以為你是年輕人裡面，保持中立毫無偏頗的裁判？

　　歐普塔都斯：奧托布盧斯，誠如你料想的那樣。派系鬥爭爆發以後，梭倫制定的法律[47]要懲處那些不加入任何陣營的人士，然而這樣的規定遭到廢止已有很長一段時間。

　　奧托布盧斯：請來這裡坐在我們的旁邊，如果我們需要證辭，無須驚動亞里斯多德，就能對辯論做出最正確的裁決。

　　索克拉魯斯：那麼，各位年輕的朋友，你們對於進行的程序已經達成協議沒有？

　　斐迪穆斯：索克拉魯斯，這點沒有問題，雖然偶爾會有爭執發生，但是終究還是如同優里庇德所說的那樣，一切都在於

　　造化小兒唯抽籤是賴，[48]

43　荷馬《伊利亞德》第2卷614行；《奧德賽》第5卷67行。

44　荷馬《伊利亞德》第5卷85行。

45　這句詩出自不知其名的作家。

46　狩獵女神是指阿特米斯，迪克特納是祂的稱號。

47　參閱蒲魯塔克《希臘羅馬英豪列傳》之〈梭倫傳〉20節，以及亞里斯多德《雅典的政體結構》第8卷5節，它的目的是不允許有投機的騎牆分子。

48　瑙克《希臘悲劇殘本》之〈優里庇德篇〉678頁No.989。

使得仲裁者同意陸上動物的案子要比海洋生物先進入法庭。

索克拉魯斯：時間到了，亞里斯托蒂穆斯，我們聽你先發表意見。

9 亞里斯托蒂穆斯：現在可以打一場口頭辯論的官司了……母魚在排卵的時候，公魚爲了追逐會浪費一些精液[49]。有一種鯔類俗名叫作烏魚，可以拿身上的黏液當成食物；章魚整個冬季動都不動，完全靠著貯存的養分；如同

　　　荒涼的住所不會生火，[50]

牠是如此的懶惰、無情、貪吃以及犯下所有指控的罪行。

這就是我們依據的理由，所以柏拉圖在他的《法律篇》叮囑，甚至可以說是祈求，呼籲年輕人不要「熱中於海上的捕魚活動」[51]。當人們忍受辛勞在海上與鱸魚、海鰻或鸚嘴魚搏鬥，對於強化英勇的精神和提升訓練的技巧毫無助益，就連增進體魄的強壯和行動的敏捷都沒有貢獻；只有陸上的追逐捕捉，無所畏懼的動物可以表現英勇無敵和熱愛冒險的特質，精明靈巧的動物施展牠的機智運用詭計對付攻擊者，行動迅速的動物對於跟蹤者用得著無窮的精力和耐性。具備這方面的特性使得狩獵成爲高貴的運動，捕魚眞是毫無光榮可言；閣下，阿波羅被稱爲「屠狼者」[52]，阿特米斯擁有「殺鹿者」的綽號[53]，然而沒有一位神明願意被人稱爲「屠鰻者」或「殺鯔者」。一個人要是抓到一頭野豬或一隻公鹿或一隻瞪羚或一隻野兔，要比購買令人覺得趾高氣揚，對於這種表現又有什麼地方值得驚訝？爲了讓你得到鮪魚、鯖魚和鰹魚，看來買比抓更使人感到光彩。由於參與人員缺乏精神力量、應變策略和純熟技巧，使得這種海上運動得不到應有的榮譽和流行的地位，何況還讓人感覺不到慷慨豪放的氣派。

49　當然，精液是爲了要與卵接觸引起生殖作用，亞里斯托蒂穆斯從亞里斯多德《動物史》第6章13節，看到有關這方面的記載。

50　赫西奧德《作品與時光》524行，以及伊利安《論動物的習性》第1卷27節、亞里斯多德《動物史》第8卷2節。

51　柏拉圖《法律篇》823D-E，他的著眼點在於年輕人的訓練和運動，認爲憑著狩獵的方式，有的可以推薦有的則否。

52　狼與阿波羅之間的關係，可以參閱伊利安《論動物的習性》第10卷26節。

53　荷馬《伊利亞德》第21卷470行，阿特米斯被人們稱為「獸群的女王」。

10 總之，哲學家提出的證據顯示野獸可以擁有理性，在於牠們具備這方面的能力，亦即意圖、準備、記憶、情緒、照顧幼獸、對給予好處的感激，以及對傷害牠們表示敵意；進而可以發現牠們的需要何在，明確告知牠們獲得優秀的素質，像是勇敢[54]、友善、節制和慷慨。讓我們自問要是海洋生物展現任何類似的特色，或許聯想到牠們具備這方面的能力，看來極其模糊不清而且很難辨識（觀察者好不容易遠遠看到這方面的意見）。關於陸生動物這方面，可以很容易就我提到的各點，找到明確又無可置疑的證據。

首先，看到想要戰鬥的公牛表現明顯的姿態和準備動作，就是用蹄揚起地上的灰塵，野豬就會磨利牠的獠牙[55]。象的進食要靠拉倒樹木，牠的長牙因為挖掘和砍劈，過度運用之下變得很鈍，然而牠僅用一根牙做這方面的工作，另一根牙保持銳利的狀態用於自衛[56]。獅子在行走的時候，通常會緊握腳掌讓爪收縮，不會接觸到地面喪失它的鋒利，或者為追蹤者留下明顯的痕跡；所以追躡獅子是極其困難的工作，獵人只能找到非常模糊的記號，很快就會失去目標像無頭蒼蠅一樣到處亂竄。我確信你聽過貓鼬[57]會像士兵一樣穿起冑甲，牠在攻擊鱷魚之前先要完成準備，用大量泥土塗滿全身。我們看到家燕開始繁殖，先在底部用堅硬的樹枝架好基礎，然後在上面填充重量很輕的碎片，等到發現巢要用泥土將材料黏得更加牢固，牠們低飛掠過池塘或湖泊，讓羽毛尖端觸及水面變得潮濕，不要有太多水分，然後沾上塵土補在巢中開始下陷或鬆動的位置。成品的形狀每一邊都沒有突出的銳角，外表平滑成一個圓形，盡量做得穩定有寬敞的空間，即使是詭計多端的動物也無法侵入。

我們極力贊許蜘蛛的編織出於很多理由[58]，無論婦女的織布和捕鳥人的羅網，都可以用牠當成最佳模範；牠有最好的材料和熟練的技巧，雖然沒有一根經線卻不會出現脫離的線頭，整個工作進行下去像是得到一層很薄的膜，有很強的黏性來自非常特殊的物質，像是很多種顏色的混合物，外觀如同一層霧氣，根本無法辨識出來。極其顯著之處在於製作者本身的能力，就像一輛戰車的御者或一

---

54 柏拉圖富於哲理的談話，提到在奴隸和野獸的身上，還是可以看到英勇這種美德；《國家篇》530B。

55 伊利安《論動物的習性》第6卷1節，以及荷馬《伊利亞德》第13卷474行。

56 參閱普里尼《自然史》第8卷8節提到的犀牛；以及伊利安《論動物的習性》第9卷56節。

57 亞里斯多德《動物史》第9卷6節，知道這種動物天生的敵手是埃及眼鏡蛇。

58 亞里斯多德《動物史》第9卷39節；伊利安《論動物的習性》第1卷21節；以及普里尼《自然史》第9卷79-84節。

艘船的舵手，蜘蛛能夠控制整個局面。等到可能的犧牲者陷身其中，牠發覺以後運用智慧，像是一個熟練的操網者，很快封閉陷阱將獵物緊緊綁住，這種狀況每天都出現在我們的觀察之中，可以證明我的說法真實不虛。有些故事只是一種傳說，像是利比亞的烏鴉[59]就有人提過，說牠們在口渴的時候，會將石塊投進一個陶甕，讓水面升高到喙部可以接觸的程度。有關後面提到的狀況，我曾經見到一艘大船上面有一隻狗，在水手離岸以後，牠將小圓石投入半滿的油甕之中，牠竟然知道重的物質留在底部，會將較輕的液體從上面排出來，要不是親眼目睹真難以置信。

　　同樣的故事有克里特島的蜂群和西里西亞的野鵝[60]。當地的蜜蜂飛到四周多風的海岬，為了免於被吹到海上，牠們都抱著一小塊石子當成壓艙物；每隻野鵝在夜間飛越陶魯斯山脈的時候，害怕老鷹的襲擊，牠們的喙部會含著石頭，這才不會在無意中發出長唳，保證可以安靜的飛行不至於洩漏蹤跡。我們還能知道大鸛在空中的時候，牠們表現的行為真是如此小心翼翼；只要是多風或惡劣的天候都不會起飛，只有在陽光普照的晴天，採用的隊形是並列一線或新月狀的半弧，身體的形狀像是一個堅實的三角形，尖銳的頂角會劈開強風帶來的氣流，所以一定要保持完整的隊形才能減輕所受的壓力。等到全體降落地面以後，擔任哨兵的野鵝整夜要提高警覺，牠們一腳站立用另一腳的爪子緊抓住一顆石子，能夠保持很長時間的清醒，當牠們一旦鬆弛或是想要打盹，石子就會掉下去，立即使得犯過者驚覺精神為之一振[61]。要說海克力斯將他的弓挾在腋下，也沒有什麼可以感到奇怪的地方：

> 用有力的臂抱它入睡，
> 空出右手緊握狼牙棒。[62]

我從書本上面得知蒼鷺是非常精靈的水鳥，要是有人猜出牠是如何打開堅硬的貝類，一定會讓我感到驚奇不已。這些蒼鷺會吞下一粒貽貝還要忍受帶來的不適，

59　普里尼《自然史》第10卷125節；以及阿維阿努斯（Avianus）《寓言集》No.27。

60　參閱本書第39章〈言多必失〉14節，敘述天鵝在夜間飛越山區的細節；可以與伊利安《論動物的習性》第2卷1節中提到的大鸛做一對比。

61　參閱安米阿努斯・馬西利努斯《羅馬史》第16卷5節所記亞歷山大的軼事；以及戴奧吉尼斯・利久斯《知名哲學家略傳》第5卷16節，有關亞里斯多德的傳聞。

62　瑙克《希臘悲劇殘本》之〈Adesp篇〉919頁No.416。

由於胃部的熱力使得牠們只有軟化,緊閉的外殼就會鬆開,再把牠們吐出來,就可以啄食暴露出來的柔軟肉身。

11 我們對於螞蟻的生產和儲存所使用的方法,不可能敘述極其詳盡的細節,只能用草率的態度全部予以刪除。事實上,自然女神在各地都為偉大和高貴的進取心,留下如此小的鏡子可以用來作為模範,如同你可以從一滴潔淨的水中,看到反射出來的事物更為龐大,因而螞蟻的存在是對各種德行的描述:

> 狂放的愛和衝動的欲,
> 情人之間的竊竊私語;[63]

這是荷馬的詩句用來強調群體的生活。你可以得知牠們堅持辛勞的工作,可以將英勇的氣概發揮得淋漓盡致,還有很多德行的根源像是節制、謹慎和公正。雖然克利底斯公開宣稱動物無理性可言,卻提到他目擊一件事情的經過:有些螞蟻帶著一具屍體來到另外一個蟻丘,從洞中爬出一些螞蟻與來訪者像是進行會商,然後牠們再退了回去,經過三番兩次的往返,最後帶來一個蟎蛄當作死去螞蟻的贖金,雙方交換以後分手離開[64]。

就螞蟻相遇時的表現而言,這件事對每個人都應該有所啟示:那些沒有負擔的螞蟻讓路給負重者,盡量要牠們先行通過;還有那些難以搬運的東西,或者在輸送過程中無法越過的障礙,牠們用啃齧的方式將這些東西變成很多件,分解以後使得攜帶更加容易。看到螞蟻將牠們的卵運到空曠的地方,好讓升高的溫度能夠冷卻下來,阿拉都斯把它視為將要降雨的徵兆:

> 螞蟻從地下的洞穴中
> 急忙搬出隱藏的蟻卵。

還有些人將「蟻卵」寫成「食物」[65],表示的意思是貯藏的穀類,當牠們發現開

63　荷馬《伊利亞德》第14卷216行。
64　阿尼姆《古代斯多噶學派殘卷》第1卷116頁No.515;參閱伊利安《論動物的習性》第9卷50節。
65　阿拉都斯和魏吉爾都將它稱作蟻蛹,古代都叫「卵」,

始長黴，害怕會腐爛變質，所以要趕快運到地面。牠們的智力已經超越任何其他的概念，那就是牠們能夠預料貯藏的麥粒以後會發芽。毫無疑問你對這方面應該非常清楚，麥粒要是不能保持恆常乾燥和穩定的狀態，發芽的過程會使其膨脹產生乳化作用。為了使得種子不要喪失作為食物的價值，同時要讓這種特性始終保持下去，所以螞蟻會先啃食麥粒的胚[66]。

我並不贊同非要對蟻丘做深入的研究，詳細檢查它的結構；他們提到從開口到底層沒有直接的通路，對於其他生物要想橫越絕非易事，所有的管道都是曲折迂迴，許多分歧的地道和相連的走廊，終點是三個巨大的洞穴，其中之一是群棲的居所，另外一個儲存食物，第三個放置死者的遺骸[67]。

12 你們認為象與螞蟻可以說風馬牛不相及，為何我非要把牠們拿出來相提並論。這兩種最小和最大趨於極端的生物，能夠具備理解和認知的特質，我們可以協力進行詳細的檢查，對於象所能獲得很多的資料不必刪除，螞蟻即使不足也沒有關係。讓其他的人去驚訝象的學習過程和接受教導的能力，牠們在劇院當中表演很多的姿態和各式各樣的動作，複雜的程度甚至就是技術高超的體操選手都難以勝任；我個人的看法認為獸類的認知，出於自發和未曾教導的感受和動作最為明顯，因為這時牠處於一種純然本能和未受污染的狀態。

羅馬在不久之前，還有很多頭大象在接受訓練，操作一些危險的動作和突然轉向這種複雜的模式，其中一頭學習的進度緩慢，經常受到申斥和處罰，一個夜晚有明亮的月光，看到這頭象完全出於自我要求，在那裡演練各種課程[68]。

黑格儂(Hagnon)[69]告訴我們，過去在敘利亞有一頭象，每天要在主人的家中接受餵食，負責的管理員將應給的大麥偷走一半，有一次主人在現場觀看，管理員倒出定額的分量，大象看到以後就舉起長鼻，將地上的大麥分為兩堆，留下的一半揭發這種揩油舞弊的行為經常出現。另外還有一頭大象，牠的管理員在配給的大麥當中，混雜一些石子和砂土，這位管理員在烹調食物的時候，牠用長鼻從地上舀起灰塵拋進鍋子裡面。羅馬發生這樣的事件，一頭大象受到幾個小孩的

66　參閱普里尼《自然史》第11卷109節。

67　伊利安《論動物的習性》第6卷43節，分為雄蟻室、雌蟻室和貯存室；笛歐·克里索斯托姆《演說集》第40卷32節，提到螞蟻的社會生活可以與人類相比。

68　普里尼在《自然史》第8卷6節提到，蒲魯塔克只會從書本當中蒐集資料，都不是出於自己的觀察。

69　黑格儂是來自塔蘇斯的學者，成為喀尼德最知名的弟子。

騷擾，他們竟敢用寫字的鐵筆去扎牠的長鼻，就攫取其中一位將他高高舉起，作勢要擲在地上活活摔死，旁觀的人看到這種狀況發出驚叫的聲音，這時牠很溫馴地將小孩放在地上然後離開，這種威脅的動作對他們來說，是永難忘懷的懲罰。

有關野生大象獨立自主的行為，他們舉出很多令人感到不可思議的故事，特別是牠們在渡河時發生的狀況[70]：通常牠們會安排最年輕和體型最小的志願者走在最前面，其餘的成員留在河岸觀看可能的結果，如果這位渡河者的背部露出水面，表示河流不深還有很大的安全空間，使得牠們對這次的行動充滿信心。

13 我在這方面要提出個人的意見，有關狐狸的例子雖然非常類似，我認為還是可以拿出來談一談。從流傳的神話讓我們知道杜凱利昂從方舟中放出一隻鴿子[71]，如果牠會返回表示暴風雨仍在肆虐之中，要是牠遠走高飛就是好天氣的徵兆。甚至到今天色雷斯人打算渡過凍結的河流，會讓一隻狐狸當作冰層是否結實的探索者，牠在前面慢慢移動，耳朵貼在冰面傾聽，如果牠發覺流水的聲音非常接近，顯示凍結的部分還不夠厚，隨時有破裂的危險，牠就站著保持靜止不動的姿態，只要獲得允許就趕緊退回原岸；要是聽不到雜音會讓牠放心，直接渡過河前往對岸。我們不能說這種優異的知覺作用無法得到理性的幫助，運用三段論法的推理方式，獲得結論就是非常明顯的證據：「只要發出雜音就有移動，只要有移動就沒有凍結，只要沒有凍結就是處於液體的狀態，只要處於液體狀態就會裂開。」

邏輯學家[72] 有這樣的論點，一隻狗處於道路分歧的地點，可以基於理性和辨證運用多重消除的方式：「野獸可以運用的小徑有這條、那條和另外一條；牠確定沒有使用這條和那條；那麼牠一定要走另外一條小徑。」知覺所能供給的條件只是小前提，理性的力量可以給予大前提，以及使得從兩個前提獲得結論。一隻狗並不需要錯誤和欺騙的證明書，牠的知覺作用在於留下的氣味和痕跡[73]；談到狗的真正能力在於分辨行動和反應，以及完成自己的職責；有些無法用鼻子聞到

---

70 普里尼《自然史》第8卷11節，敘述的內容與此恰恰相反；伊利安《論動物的習性》第7卷15節，提到象群渡河，體型最大走在前面。

71 法蘭茲在阿波羅多魯斯《史綱》第1卷7節的註釋中，將杜凱利昂大洪水的事蹟，彙整以後成為權威之論；當然，說到它的完整和可靠還是以《舊約》的記載為主，雖然盧西安《論敘利亞的神明》（*De Dea Syria*）12行及後續各行，添加很多情節，蒲魯塔克身為一個希臘作家，所以只採用閃族的鴿子作為主角。

72 這是指克里西帕斯而言，參閱阿尼姆《古代斯多噶學派殘卷》第2卷No.726。

73 參閱柏拉圖《國家篇》427E，裡面提到如何尋找正義，當然它的痕跡更為明顯。

或是眼睛看見的東西，要想發覺或得知必須靠智慧和理性。如果我要向你敘述狗在狩獵活動中，所表現的自制、服從和精明，豈不是令人感到可笑，因為這些事你已經是司空見慣不足為奇。

有位名叫卡爾伏斯(Calvus)[74]的羅馬人在內戰中被殺，卻沒有一個人可以將他的頭顱割下來領功，因為他的狗在護衛主人的屍體，直到牠被大家圍起來刺死為止。皮瑞斯王[75]在行軍的途中，無意中遇到一隻守衛主人屍體的狗，看起來這個人像是遭到謀害。經過他的查問以後，知道這隻狗不肯離開已經有三天沒進飲食。皮瑞斯下令將死者埋葬，同時對這隻狗很關心就將牠帶走。過了幾天以後，他要檢閱屬下的部隊，國王坐在寶座上面，士兵列隊從他面前走過，這隻狗安靜地臥在他的身邊。當牠看到謀害主人的幾位凶手在通過的隊伍當中，便衝向前去向著這些人狂怒的吠叫，發出的音聲像是對他們提出指控，同時還轉過頭去看著國王；這時不僅是皮瑞斯，就連所有在場的人都對他們起了疑惑之心，經過逮捕以後加以審訊，獲得一些外部證據的幫助，他們承認謀殺的行為受到應有的懲罰。

還有同樣的情況發生，詩人赫西奧德養的一條狗[76]，證明瑙帕克都斯人蓋尼克托(Ganyctor)的幾位兒子，犯下謀殺赫西奧德的罪行。我們父親那一輩的人士，當年在雅典求學的時候，有一件事引起大家的注意，後來對它的來龍去脈還一直談論不休。有一個傢伙溜進阿斯克勒庇斯神廟[77]，偷走一些金銀製作的供品，都不是大件的東西，認為在逃逸的時候不會被追查出來。廟裡養了一隻守夜的狗名叫卡帕魯斯(Capparus)，牠的吠叫沒有引起聖器保管人的反應，只有追蹤這位逃跑的竊賊；起初這個傢伙對牠扔石頭，還是無法將牠趕走。等到破曉以後，這隻狗無法過於接近，只有遠遠跟隨，將他保持在視線之內，同時拒絕他丟過來的食物。等到這位竊賊停下來休息，狗在整夜的警戒中度過；等到他離開立即在後跟蹤，在路上向遇到的人搖尾示好，還是向這個賊人狂吠，同時緊隨不去。等到發現失竊再查問當時的狀況，知道這個人和守衛的狗都已失蹤，拿牠的

74　參閱伊利安《論動物的習性》第7卷10節。

75　這是指伊庇魯斯世襲國王皮瑞斯；參閱本書第15章〈國王和將領的嘉言警語〉36節、第23章〈希臘與羅馬類似的故事〉6節。

76　本書第13章〈七位哲人的午宴〉19節，敘述赫西奧德遭到謀殺，以及如何破案、凶手接受懲處等情節，只是提到海豚，好像與狗無關。

77　這裡的阿斯克勒庇斯是醫藥之神，伊利安《論動物的習性》第7卷13節，提到內容相同的故事。

皮毛顏色和大小形狀作爲查詢的資料，奉命的公人加速追捕，最後還是趕上這個人，將他從克羅美昂（Crommyon）押解回來，在返家的行列當中，這隻狗走在前面領頭，表現出輕快跳躍和喜氣洋洋的樣子，完全靠著牠的窮追不捨的精神，最後才會捕獲這名歹徒。民眾因爲牠立下大功，投票通過公家出錢支付食物所需費用，授權祭司讓牠的一生都受到豢養。

這是效法古代雅典人對待一頭騾子的仁心義舉。當年伯里克利在衛城興建帕台農神廟[78]，每天都需要無數的駄獸隊伍運送大批石料，其中有一頭騾子工作非常賣力，等到年邁免除這方面的勤務，牠每天還是前往西拉米庫斯，遇到搬運石料的駄獸，就會轉身在旁邊隨著前進，像是在鼓舞牠們奮發圖強的士氣，因此雅典人民讚譽牠的行爲，下令用公費支付所需的食料，對待牠如同獲勝的運動選手，可以在牧場安養天年[79]。

14 涉及陸上動物的公正行爲，只要關係大洋當中那些成長在深海的生物，大家都會抱著否定的態度不願做出任何讓步。因爲彼此之間完全缺乏友善的交往，表現出漠不關心的樣子，沒有一點讓人感到甜蜜的意味。誠同荷馬所說，那是

灰藍的海洋養育了你，[80]

這與一個人沒有文明和難以溝通有很大的關係，暗示廣大的海出產的東西，先天無法具備善意或溫順的性質。一個人用這種言語談論陸上動物，主要在於人類本身的野蠻和殘酷。黎西瑪克斯（Lysimachus）[81] 養了一條產於海卡尼亞（Hyrcania）地方的獵犬，或許你並不贊同兩者之間緊密聯繫的約束力量，黎西瑪克斯過世以後，這隻狗一直在守衛他的屍首，等到遺骸開始火葬，牠就衝進烈焰當中以身相殉。根據報導一隻老鷹有類似的事蹟[82]，豢養牠的人是一位名叫皮瑞斯的平民，

78　就是大家熟知的帕台農神廟，參閱蒲魯塔克《希臘羅馬英豪列傳》之〈伯里克利傳〉13節。

79　蒲魯塔克《希臘羅馬英豪列傳》之〈馬可斯·加圖傳〉5節，記載這個故事的用意，是反對加圖過分嚴苛不近人情的生活方式。

80　荷馬《伊利亞德》第16卷34行；詩中的人是指阿奇里斯。

81　黎西瑪克斯是亞歷山大的友伴和繼承人，於288 B.C.稱帝成爲馬其頓國王，281 B.C.科魯帕迪姆（Corupidium）會戰失敗，被塞琉卡斯一世所殺。

82　狗的殉主出現在波拉克斯《字彙》第5卷42節，普里尼《自然史》第10卷18節同樣有鷹的故事，只是普里尼《自然史》第8卷144節，提到那條狗的名字叫作皮瑞斯。

他只是與顯赫的國王同名而已；皮瑞斯亡故以後，老鷹在旁看守連眼都不眨一下，葬禮當中牠一直盤旋在抬棺的上方，最後收起雙翼衝進火葬堆，與牠的主人一同化為灰燼。

波魯斯王在戰場與亞歷山大對陣，因為搏鬥奮不顧身所以受了重傷[83]，這時他乘坐的大象，用長鼻將插入身體的幾根標槍，都很輕柔的拔出來，比起外科醫生的手術更為有效，雖然處於極其惡劣的情勢還是不願放棄，等到大象發覺國王失血過多，會從象背上面掉落下去，於是動作很柔和的跪下，讓牠的主人不感痛苦的滑到地面。

布西法拉斯（Bucephalas）[84] 這匹戰馬在沒有裝上馬鞍的時候，會讓服侍牠的馬夫騎在牠的背上，等到披掛齊全準備作戰，除了亞歷山大，任何人都不可接近。如果有人不知好歹，牠會發出長嘶同時舉起蹄子騰空後踢，無法很快閃避就會受傷。

15 我覺察到你認為我的例證都是一些雜亂無章的東西，只是很不容易發覺天生精明的動物，所作所為只是為了展示僅有的德行。從牠們愛護子女的行為可以看出牠們的正直不阿，牠們的精明在於舉止的高貴，雖然牠們的能力和智慧可以說是與熱情和勇氣無法分離，我們還是打算將不同的狀況予以分類，特別是狗表現出更為深刻的印象，因為牠們的認知是如此的迅速，對於坐在地上乞討的人立即改變態度；或許會引用下面的詩句[85]：

> 狗群吠叫著衝了上來，
> 奧德修斯端坐無所懼，
> 內心竟然會如此激動，
> 木杖從緊握手中滑落；

因為狗群停止攻擊，對這舊日的主子表現出更為謙卑的模樣。

他們提到印度的狗，特別是最為勇猛的一類，其中之一受到亞歷山大的贊

83　參閱蒲魯塔克《希臘羅馬英豪列傳》之〈亞歷山大傳〉60節。

84　這匹馬是西洋世界首屈一指的名駒，看來唯有三國關羽的赤兔馬可以分庭抗禮；據說布西法拉斯是在亞歷山大與波魯斯的會戰以後亡故，他為了紀念這匹座騎，特別在海達斯披斯河的岸邊建立一個城市，命名為布西法利亞。

85　荷馬《奧德賽》第14卷30-31行，參閱普里尼《自然史》第8卷146節。

許[86]，當一隻公鹿或野豬或熊鬆綁與牠放在一起，全都表示不屑一顧的樣子，只有一頭獅子出現在面前，才會一躍而起擺出準備戰鬥的姿勢，可以明顯看出牠輕視其他的動物，僅僅認爲獅子是值得全力以赴的敵手。

獒可以用來獵取野兔，如果是牠們將對手殺死，就會很高興撕裂野兔的身軀，舐食流出的鮮血；要是野兔全速奔跑最後力竭而亡，這種情形經常出現，等到獒來到發現是這這種狀況，牠們根本不會觸及野兔的身體，站在旁邊搖著尾巴，可以說牠們的努力不是爲了食物，而是要爭取勝者的榮譽。

16 提到野獸的精明和狡猾可以舉出很多的例證，但是我略過狐狸和狼以及大鸛和穴鳥運用的手法[87]，因爲這些都是顯而易見的狀況。現在我要拿古代的智者薩里斯作爲證人，據說他使出一些花招讓騾子變得更加賣力，就這一點而論已經獲得大家的讚譽[88]。有一頭騾子經常要載運食鹽，有一次不小心在河裡失足，因爲鹽會在水中溶解，等牠站起來以後，發覺原來的重負已經減輕。等到牠知道成因以後謹記在心頭。結果是每一次渡河，牠總要想盡辦法降低身體，使得負載的鹽袋浸入水中，首先蹲踞和彎身使一側蒙受損失，接著是另外一側也無法幸免。薩里斯聽到出現這種問題，吩咐他們用羊毛和海綿裝滿袋中取代食鹽，然後按照原先的方式放在騾子的背上綁好。等到這頭騾子玩老把戲將負載浸入水中，立刻知道這樣做得不到一點好處，以後在渡河的時候特別小心，不讓背負的貨物接觸到水，甚至發生意外都要盡力避免。

松雞愛護牠們的子女展示精明的謀略；牠在幼雛還不會飛的時候，教導牠們遇到獵人在後追蹤，就用背部著地向上仰臥，同時用樹葉或雜物蓋在身上當作掩蔽，母鳥這時引誘追獵者到另外的方向，並且轉移對於幼雛的注意力，不時在他們的腳前出現或者短暫飛起，使得獵人有捕獲的希望，從而遠離幼雛所在的位置。

野兔要是返回洞穴中休息，牠會安排幼兔睡在不同的地點，經常保持一百碼遠的距離，因爲無論是人或狗的接近，牠們不致全部同時陷入危險的處境。野兔會來回奔跑在很多位置留下痕跡，到最後會奮力一躍，讓足印遠留在後面，然後牠再溜回安全的地點。

---

86 亞歷山大的愛犬佩瑞塔斯（Peritas）從小受到他的調教，亡故後讓另一座城市使用牠的名字；參閱蒲魯塔克《希臘羅馬英豪列傳》之〈亞歷山大傳〉61節。

87 參閱品達《皮同賽會頌》第2卷84行；歐庇安（Oppian）《垂釣之樂》第3卷266行。

88 狄爾斯、克朗茲所以要將它刪除，沒有將它納入《希臘古代哲學殘卷》也不是毫無理由；參閱伊利安《論動物的習性》第7卷42節。

母熊在所謂的冬眠期之前，已經變得非常遲鈍和沉重，發覺運動起來感到困難，就會先將獸窟清理乾淨；等到要進入冬眠，就會盡可能保持輕盈的姿態，不要留下引人注意的痕跡，牠會踮起腳尖行走，轉過身體用背向的方式進入巢穴。

母鹿喜歡靠近人來人往的大道附近生產小鹿，因為肉食動物不會來到這些地方；當公鹿因為身上脂肪和肌肉的增多變得過重，這時對於迅速的奔跑能力感到力有不逮，為了安全起見就會藏匿起來，等待身體消瘦下去。

豪豬用來防衛和保護自己的方法，可以印證下面的諺語[89]：

> 狐狸知道很多種詭計，
> 豪豬有靠山全不理會；

因為狐狸在接近的時候，艾昂會說牠

> 捲曲多刺身體成一團，
> 躺著讓敵人無隙可乘。[90]

豪豬為牠的幼獸供應糧食看來真是很聰明，秋天來到，牠爬到葡萄藤的下面，用爪子將枝上的果實搖到地面，然後全身打滾讓剛毛扎滿葡萄。當我還是小孩的時候，曾經看過這樣一幕，像是一串葡萄在地面滾動。等牠回到洞穴裡面，除去身上的負擔就能讓幼獸得到食物。牠們的巢穴有兩個進口，分別對著南方和北方，當牠們發覺風向開始改變，就像一位老練的船長會調整帆面，阻塞向風的進口開放另一個。有一個人住在西茲庫斯[91]，從觀察到這種現象，能夠預知風吹襲的途徑，因而獲得響亮的名聲。

17 朱巴(Juba)[92]描述象運用智慧展現群體互助的能力，獵人挖深坑在上面覆蓋小樹枝和泥土，遊蕩的象群只要有一頭掉落其中，其他的

---

89 參閱柏拉圖《國家篇》423E，認為國家只有一件「大事」或「必要之事」，就是「教育和培養」，只要做好這件事，所有問題便迎刃而解。

90 瑙克《希臘悲劇殘本》之〈艾昂篇〉739頁No.38。

91 亞里斯多德說這個人居住在拜占庭。

92 朱巴二世(25 B.C.-23 A.D.)是茅利塔尼亞國王，幼年就被凱撒從阿非利加帶到羅馬接受教育，後來娶安東尼之女為妻，雖然身為國君，學識淵博而且見聞極廣，用希臘文寫作羅馬和中東各國的歷史，經常為當代人士引用。

象就會把木頭和石塊丟入坑中，填到相當高度使得牠們的同伴很容易爬出來。他還說象雖然沒有受過這方面的教導，卻會向神明祈禱和膜拜，牠們在海中洗淨身體，正當太陽初升之際，高舉像手臂一樣的長鼻提出懇求。基於這個緣故牠們成為神明寵愛的動物，托勒密·斐洛佩特（Ptolemy Philopatar）[93] 證明確有其事；還提到他在擊敗安蒂阿克斯以後，為了感激神明的保佑，提供很多祭品用來慶祝會戰的勝利，竟然將四頭象作為奉獻的犧牲。等到入睡以後，神明在夢中對他大肆指責，憤怒的口吻在於他不該殺死高貴的動物用來祭神。他醒來以後大感驚慌，於是舉行被褉的儀式，特別鑄造四頭青銅的象，作為還願以及贖罪之用。

在獅子身上同樣可以發現群體合作的習性，年輕的獅子會與獅群當中年老和行動緩慢的獅子一起出獵，等到後者因為疲倦在休息和等待的時候，牠們會繼續從事行獵的活動；只要捕獲到獵物就會發出牛犢一樣的叫聲，年老的獅子聽到召喚立刻前去分享。

18 動物的愛具備野性和狂暴的性質，其中有些像人類一樣，彼此的交往包括性行為在內都很文雅。像是有一頭公象在亞歷山卓成為文法學家亞里斯托法尼斯[94] 的情敵，他們同時愛上一位賣花女郎；象的示愛可以說非常明顯，每當牠經過市場總是把帶來的花送給她，站在她的身邊很長的時間，將牠的長鼻如同一隻手，伸入她的衣服當中溫柔撫摸她的乳房。

蛇會愛上一位艾托利亞的婦女[95]，經常會在夜間前去造訪，鑽進她身體的某個部位或是將她盤繞起來，無論是有意或無心，總不會對她帶來任何傷害，等到白晝來到就會安靜的溜走。這種狀況延續一段時間，直到這位婦女的親人將她搬到相當距離以外的房舍。這條蛇有三四夜沒有前來相會，我們認為牠一直在找她只是得不到消息。最後經過很多困難總算找到她，這時牠繞在她的身上，不再像過去那樣的輕柔，而是非常粗暴的將她的手和身體緊縛在一起，然後用牠的尾巴像鞭子抽她小腿的腓部，表示一種溫和的惱怒，並非懲罰而是放縱情欲。

伊朱姆（Aegium）有一頭鵝愛上一名兒童，格勞斯有一隻山羊對於彈奏豎琴

---

93 托勒密四世斐洛佩特（244-204 B.C.），為政暴虐無道，沉溺醇酒女色和宗教儀式，在位期間 221-204 B.C.。

94 這為是拜占庭的亞里斯托法尼斯（Aristophanes of Byzantium, 257-180 B.C.），一直在亞歷山卓從事研究和教學的工作，曾任亞歷山卓圖書館的館長，與前面提到的喜劇作家非同一人；此故事可以參閱普里尼《自然史》第8卷13節。

95 情節有不同的說法，伊利安《論動物的習性》第6卷17節，提到的婦女是猶太人。

的樂師心儀不已；還有一些流傳很廣的故事，我認為聽到以後會影響你的食欲，所以只有略過不提。

19 像是八哥、烏鴉和鸚鵡學會說話，即使是不稱職的老師，也可以讓牠們在模仿人類的腔調方面，得到良好的教導和訓練。我認為牠們的學習能力就其他動物來說，不僅是優勝的選手，還可以成為辯護律師，對於我們可以產生某種程度的啟發作用，牠們被賦予合理的表達能力和清晰的發音方法，有人還要拿那些發出的聲音只是吼叫和呻吟的動物來與牠們比較一番，所持的理由真是極其可笑。須知在自然界還能找到比鳥類的啁啾更為優美的音樂！那些口若懸河和精於音樂的詩人可以出面作證，即使再動聽的詩歌怎麼比得上天鵝和夜鶯的天籟之聲。亞里斯多德提到動物具備教導的本能[96]，我們欣然表示同意，從這些理由看來牠們的教比學更為擅長：事實上，夜鶯顯然會教牠的幼雛如何歌唱。還有支持的證據就是將鳥兒從小自巢中抓走，離開母鳥的狀況下長大，牠的歌聲變得很差。因為所有的飛禽都從母鳥那裡得到教與學的養育，不是為了付出代價或獲得光榮，只是享受歌聲的競爭帶來的樂趣，因為牠們珍視發音的優美動聽而非表達能力的運用。

我聽到一個與這個主題有關的故事，現在對你們說出來，很多希臘人和羅馬人都可以做目擊證人。羅馬有一個理髮匠開的鋪子面對稱之為希臘市場的區域，他養了一隻奇特到不可思議的喜鵲，有著廣闊的音域和表達的技術，可以像人類一樣的發表演說，或是像獸類一樣的吼叫咆哮，或是發出樂器一樣的優美旋律；牠不需要任何強迫，像是遵守某種規定一樣，不斷進行一再的重複和模仿。剛好那個區域有個富人過世正在辦理後事，按照習俗要響起送喪的音樂，於是一大群喇叭手聚集在理髮鋪的前面，在再來一次的歡呼聲中演奏很長的時間。從那天開始這隻喜鵲保持沉默就像啞巴一樣，等於把生活當中最重要的功能棄之而去，就是那些經過此地的人習慣上為牠的音聲感到不可思議，現在對牠的悶聲不響覺得更為驚奇；還有人懷疑是敵對的鳥把式給牠下了藥，大多數人的臆測還是喇叭的聲音損害到牠的聽力，其他的器官同時受到影響因而無法發聲。這些推測之辭都不準確，看來牠在暗中自我訓練模仿的能力，尋找一種內部的機制，調整和準備牠的聲音如同一件樂器。突然之間牠又恢復以往的習性，猛烈的發作以後不再有過去熟悉的語調，全都是喇叭的聲音，完全按照演奏的順序，就是原來的旋律、

節奏和音程都沒有任何改變。我從這裡獲得的結論正如我前面所說的那樣,動物
的自我教育較之外來的學習更具成效,可以暗示牠們具備理性。

就我個人的經驗來說有些事情不能略過不提,像是知道有一隻狗的學習是如
此的驚人,特別是我在羅馬親眼目睹當時發生的狀況。這隻狗出現在一齣充滿戲
劇情節和很多角色的啞劇,牠的演出在各方面都能配合劇本的需要,很特別的地
方是經驗到一種藥物有催眠的效果,在故事當中卻帶來致命的作用。這隻狗吞下
認為已經含有毒藥的麵包,過不了一會出現戰慄、搖晃和打盹的模樣,最後倒斃
在地上四肢伸開像一具屍體,根據劇情還讓自己被拖來曳去。從對話和行動得知
終結的時間來到,首先牠開始輕微動了一下,好像是從熟睡中醒來,慢慢舉起頭
來向著四周觀望,接著使得觀眾大為驚奇的就是牠站了起來,向劇中的主角跑
去,帶著歡樂和快活的姿態搖尾示好。這時所有的人員就連在場的皇帝(那是年
邁的維斯巴西安(Vespasian)[97] 在馬塞拉斯劇院觀賞演出)都深受感動。

20 德謨克瑞都斯(Democritus)[98] 宣稱人類有關最基本的重大事項,可
以說是動物的學生,如同蜘蛛的織網和縫補,燕子的築巢和營造,
以及我們要效法天鵝和夜鶯悅耳的歌聲,這時還要將動物在學習方面的卓越成就
拿出來炫耀一番,豈不是讓人感到可笑。再者,談到醫學的三個主要區分[99],可
以說動物在每個範疇都居有舉足輕重的地位,不能說是完全靠著藥劑治療疾病。
等到將蛇吞食下肚以後,陸龜會拿墨角蘭當甜點,埃及貓鼬吃下大量芸香,犬類
要是膽汁過多就會嚼某些青草當成清瀉劑;蛇會用茴香治療和恢復開始衰弱的視
力。母熊冬眠完畢離開巢穴,第一件事就是要吃野生海芋,因為牠的腸道已經緊
束在一起,要靠辛辣的氣味刺激它的蠕動。有些時候牠要是感到反胃噁心,就會
坐在一個蟻丘上面,伸出流著香甜汁液的舌頭,等到螞蟻滿布以後,吞下肚中就
會緩和不舒適的感覺。埃及人提到他們仿效朱鷺用鹽水當通便劑的灌腸方式[100],
祭司汲取朱鷺停棲地點的水潔淨自己的身心,任何受到污染或不夠乾淨的水源,
這種聖潔的鳥類都不會接近。

97　維斯巴西安於69 A.D.登基,當時已有六十歲,過世是十年以後,觀劇之事發生在這段期間。

98　德謨克瑞都斯是西元前5世紀的哲學家,生平參閱本書第1章〈子女的教育〉14節注36。

99　他所說的三區分是藥物、飲食和手術;戴奧吉尼斯‧利久斯《知名哲學家略傳》第3卷85節
　　提到五區分。

100　參閱伊利安《論動物的習性》第2卷35節;普里尼《自然史》第8卷97節;以及西塞羅《論神
　　的本質》第2卷50節。

有些野獸會用短暫的禁食治療某些病痛，像是狼[101]和獅子過度飽食肉類，就會躺在太陽之下曝曬一段時間。他們提到一頭關起來的雌虎，要是給牠一隻小山羊，會保持禁食的狀態到兩天之久，到第三天已經開始饑餓，還是要求其他的食物。牠甚至會將關牠的籠子咬壞，也不會打小山羊的主意，因為這時牠把對方當成共患難的室友。

還有就是有人提到象會從事外科手術，事實上牠們的手法對於受傷的人大有助益，因為牠的長鼻很容易拔出射入或貫穿身體的長矛、標槍或箭矢，不會撕裂附近的皮肉和筋骨。克里特島的山羊吃下牛至，很容易將身體所中的箭矢排除出去，於是婦女從而得到寶貴的經驗，如果為懷孕感到極大的苦惱，這種草藥帶有墮胎和早產的性質。除此以外牛至還有其他藥效，山羊要是受了傷，就會急著到處去尋找這種植物。

21 提到的事情雖然讓人覺得奇怪，比起那些生長在蘇薩(Suas)附近，認識數字和能夠計算的牛隻[102]，這就沒有什麼了不起。該地用大輪拖起吊桶汲水灌溉皇家花園，每頭牛每天要拉起一百桶，規定的數目已經行之有年，所以無法讓牛隻超過這個配額，即使強迫還是不行。事實上他們一直想增加打水的數量，但是牛群只要到達配額就會自動停止，所以才知道牠們可以精確計算，還能夠記得住總數，這樣的記載來自尼杜斯的帖西阿斯(Ctesias)[103]。

利比亞人譏笑埃及人竟然相信有關大羚羊荒謬不經的故事，每當我們稱為天狼星或希流斯，他們將它叫作索昔斯的星座升起的時刻，這種動物就會發出響亮的叫聲。不管怎麼說，每當這個星座升到與太陽同高的時候，所有的山羊都會轉過身體朝向東方；這是它回歸最明確的信號，幾乎與桌上的數學計算沒有什麼差別[104]。

22 我的發言接近尾聲將要導致結論，可以把「重點轉移到神聖的線索」[105]，對於動物得到神靈感應以及預言能力，表達幾句個人的看

101　參閱安米阿努斯·馬西利努斯《羅馬史》第20卷15節中描述的河馬。

102　參閱伊利安《論動物的習性》第4卷53節。

103　帖西阿斯是西元前5-4世紀的醫生，後來來到波斯的宮廷服務，成為阿塔澤爾西茲的御醫，給後世留下很多有關醫學和歷史的寶貴資料。

104　他們在黎明之前看到希流斯第一次從東方升起，應該是每年的6月20日，只是這個日期要換成埃及的太陽曆。

105　參閱柏拉圖《法律篇》739A；以及《希臘田園詩全集》第4卷18節詩人狄奧克瑞都斯所寫的

法。事實上不能讓我們存有藐視之心，占卜術中最重要和最古老的部分，是從鳥類獲得它的名字[106]。因爲牠們有迅速的理解力以及習慣對任何徵候做出反應，加上很容易轉變，使得牠用來作爲神明的工具；因而神明可以指揮牠的行動、呼喚或鳴叫，以及牠們飛行的隊形有時相反有時順從，如同不停轉變的風向；因而他運用某幾種鳥類，不論是突然結束，還是計劃和開始命定的結局。因爲這個緣故，優里庇德經常把鳥類稱爲「神明的傳令官」[107]，特別是蘇格拉底認爲自己是一個「像天鵝那樣的奴隸」[108]；所以身爲國君的皮瑞斯，很高興別人稱他爲「神鷹」[109]；就是安蒂阿克斯聽到「猛隼」的綽號也會自鳴得意[110]。我們要嘲笑或諷刺一個人的愚蠢和無知，就用得著「魚」這個稱呼。神明借用陸地和空中的動物，就即將發生的狀況向我們顯示數以千計的徵候和預兆，沒有一件用得著水棲動物的名字；不僅如此，這些生活在海洋中的動物是「既聾又瞎」，根本無法先行得知事物的發生，就會拋棄一切進入沒有神明而由泰坦巨靈統治的區域[111]，如同到達一個得不到祝福的煉獄，靈魂當中理性和智力的部分在這裡已經絕滅。不過，僅有感官最後的遺留物存在於泥濘之中，還受到水體的阻隔，即使活著仍然處於奄奄一息的狀態。

23 赫拉克列昂：斐迪穆斯，不要愁眉苦臉，鼓起勇氣爲海中的夥伴和島上的居民進行辯護。這場爭論不是兒童遊戲，完全是唇槍舌劍的搏鬥，除了沒有欄杆和講台，一切跟法庭沒有兩樣。

斐迪穆斯：赫拉克列昂，狀況不像你所說的那樣，帶著惡意和預謀的埋伏已經完全洩漏它的痕跡。當我們還爲昨天的較量處於頭昏腦脹之際，如同你所見的情景，這位先生神智清醒帶著預謀向我們發起攻擊。然而我們不會求饒。雖然我是品達的仰慕者，還是不願引用他的詩句：

（續）——————————————————————————
　　詩句，這句話的意思像是「我要打出最一張王牌」或是「我要拿出壓箱寶貝」。
106　希臘文是ornithoscopy或ornithomancy，拉丁文是augurium或auspicium，中文稱爲「鳥卜」；
　　參閱柏拉圖《菲德魯斯篇》244C。
107　優里庇德的悲劇《艾昂》159行。
108　柏拉圖《斐多篇》85B。
109　參閱蒲魯塔克《希臘羅馬英豪列傳》之〈皮瑞斯傳〉10節；以及伊利安《論動物的習性》第
　　7卷45節。
110　這位安蒂阿克斯(263-226 B.C.)是安蒂阿克斯二世的次子，也是塞琉卡斯二世的弟弟，雖然
　　本人沒有成爲國王，卻是當代的猛將。
111　參閱柏拉圖《法律篇》701B-C。

　　戰士面對激烈的鬥爭，
　　不能發出無謂的怨言，
　　否則喪失殺敵的勇氣，
　　就會墜入黑暗的深淵；[112]

　　那是我們有足夠的閒暇與對方周旋；要讓這個假期帶來歡娛和快樂，我們的獵犬和馬匹都沒有勞累的工作，就連漁網和長矛都掛了起來，大家應許今天是辯論的日子，無論在陸地或海洋對所有的動物都宣布停戰的命令。然而你們也無須畏懼：我運用這方面的優點一定基於溫和公正的方式，不會動輒拿出哲學家的觀點或是埃及人的傳說，以及印度人或利比亞人未經證實的故事。所有提出的事實都要有證據，來自海洋的遠征和冒險，從直接的觀察獲得可信的資料。

　　陸上動物展現牠的特質不會造成任何阻礙，因為感官的調查在陸地是這樣的廣闊和開放；從另一方面來看，海洋只讓我們有少許懷疑的一瞥，對於大多數的棲息者而言，牠們的生育、成長、攻擊和交互的防衛，都已蒙上一層面紗。其中還有不少的品種具備智力、記憶和溝通等特質，仍舊沒有被人類發覺，這對我們的辯論造成相當的妨害。主要緣故在於陸上動物的密切關係和同居行為，灌輸人類的生活方式已有相當的程度，牠們的生育、教導和模仿占有優勢，使得苦楚和陰鬱變得較為甜美，如同鹽水攪混淡水以後，不會那樣難以入口；任何動物只要與人類接觸，牠們的生活就會產生絕大的變化。海洋生物的生活在與陸上動物的交往方面，受到很大的限制因而處於長久的分離，沒有機會也無從獲得人類的習慣，特別是異國的方式使得牠們保持與生俱來的天性，處於未受敗壞和退化的狀態，其間的差別是地理位置並非自然女神所造成。自然女神很高興接受來自各方面的知識，當然會包括魚類在內，祂讓很多鰻魚變得溫順不會怕人，所以阿里蘇薩（Arethusa）[113] 的居民將它們視為神聖之物。在很多地方的魚聽到呼叫牠的名字會有反應，如同傳聞提到克拉蘇（Crassus）養的海鱔死掉[114]，他會悲傷得流下眼淚。有次杜米久斯（Domitius）[115] 對他說道：「聽說你為海鱔的死痛哭流涕，不會

112　希里德《希臘詩文殘卷》之〈品達篇〉第475頁No.228。
113　阿里蘇薩是山林水澤的仙女，所以用來泛指山明水秀的地方，這裡提到的阿里蘇薩是伊色卡島一個多泉水的城市。
114　這位克拉蘇不是那個有錢又死於非命的羅馬富豪；伊利安《論動物的習性》第8卷4節，說這個故事源於蒲魯塔克《希臘羅馬英豪列傳》之〈克拉蘇傳〉。
115　這位是盧契烏斯·杜米久斯·阿亨諾巴布斯（Lucius Domitius Ahenobarbus），54 B.C.的執政

眞有其事吧？」他回答道：「聽說你埋葬三個妻子都沒有掉一滴眼淚，不會眞有
其事吧？」

祭司豢養的鱷魚不僅認得呼喚牠們的聲音，還聽從主人的擺布，張開大嘴讓
人刷洗牙齒，連身體都用毛巾擦拭乾淨。最近我們的朋友菲利努斯剛從埃及旅行
返國，說他在安提波里斯（Antaeopolis）看到一位老婦人睡在矮床上面，旁邊躺著
一條鱷魚，伸長的軀體姿態非常優雅。

古老時代流傳下來的故事，托勒密王召喚神聖的鱷魚[116]，沒有答應也不接受
豐盛的款待，似乎向祭司顯示他要亡故的預兆，沒過多久托勒密果然崩殂；看來
水中生物的族類並不是沒有賦予占卜術這種寶貴的本領。我聽說呂西亞的蘇拉
（Sura）[117]附近有一個村莊，位置正好在菲盧斯（Phellus）和邁拉（Myra）之間，人
們坐在那裡觀看魚群的旋轉、爭奪和追逐，建立用於求神算命之流一個專業和合
理的系統，如同其他人用鳥類實施的占卜。

24 讓下面這些例子證明海洋動物並不是與我們毫無關係，也沒有切斷
與人類的情誼和聯繫。牠們的智力並未退化還能保有地區的特質，
行動的小心謹愼是強烈的證據。我們發現不是所有的魚都會洄游，牠們依附或停
棲在岩石上面，人們不費什麼力氣就可以到手，如同狼很容易捕獲驢子，此外食
蜂鳥之於蜜蜂，燕子之於蟬以及鹿之於蛇，彼此之間發生相剋的關係[118]。鹿被人
稱道不是因爲牠的奔跑極其快速，在於牠有吸引蛇的能力。公羊的踤腳成爲惹怒
狼的挑釁行爲，還有很多其他的物種特別是類人猿，黑豹非常喜愛牠們身上發出
的氣味[119]。實際上所有海洋生物具備的感覺器官爲了抗拒攻擊，都能得知和激起
一種出於智力和靈性的自我防衛反應，所以垂釣不是簡單或輕鬆的工作，要運用
精巧的工具、欺騙的伎倆和精明的手法，才能讓魚類成爲我們的收穫物。

從已有的證據可以明顯看出，沒有人願意拿一根又粗又重的釣竿，雖然需要
它有良好的彈性抗拒上鈎以後激烈的掙扎；人們通常選擇輕巧的釣竿，免得投下
較寬的影子，讓牠產生疑慮和警惕。其次他們不用多股纏成的粗線，上面不要有
很多的結，就是通過環圈的時候也要非常平滑，免得魚類覺察不良的企圖。綁在

(續)────────────────────────

官，政壇上是克拉蘇和「三人執政團」的死敵；所以才會出現認錯人的狀況。

116 伊利安《論動物的習性》第8卷4節也提到這個故事，只是不知托勒密王是指那一位。

117 伊利安《論動物的習性》第8卷5節；以及普里尼《自然史》第32卷17節。

118 參閱伊利安《論動物的習性》第5卷48節及第8卷6節；所謂相剋就是食物鏈的關係。

119 參閱亞里斯多德《動物史》第9卷6節；以及伊利安《論動物的習性》第8卷6節。

魚鉤上面的毛盡可能用白色，因爲與海水顏色相同的關係，不會過於突出變得比較醒目。詩人[120] 有這樣的表示：

> 像牡牛用角劃破水層，
> 沉入廣大海洋的深處，
> 將自己送給貪食魚群；

有些人對這方面有相當了解，想像之中古人用牛毛做材料製成釣線，宣稱keras的含義是「毛髮」，從而衍生keirasthai意爲「剪去一個人的頭髮」，以及koura是「剪髮」。說起keroplastes這個字，在阿契洛克斯(Archilochus)[121] 的詩文當中，是指「一個人喜歡將髮型修剪得很美觀」；並不是非要這樣的表示：說他們用馬毛來取代的時候，要用公馬而非母馬尾部的毛，因爲母馬的毛經常被尿浸濕，所以質地非常脆弱。亞里斯塔克斯(Aristarchus)[122] 的看法是這些線並沒有多大學問，也不必過於精益求精；最好是在魚鉤的後面用一小塊角質部分與線相接，免得魚上鉤以後會將線咬斷。他們用圓形鉤捕捉鯔魚和鰹魚，因爲牠們的嘴比較小，對於寬大的鉤子帶有戒心。鯔魚甚至於對圓形鉤都會起疑，要在它的四周游動，用牠的尾部彈觸魚餌，只含住一點點不全部吞進去，甚至靠近以後將嘴噘起來，用唇的尖端輕輕將餌吸走。

　　海鱸甚至比大象還要勇敢，完全靠自己不要外來的幫助，當牠上鉤以後牠會用強大的吸力拔除倒鉤，因爲牠不停左右搖擺頭部使傷口擴大，忍著撕裂筋肉的痛楚直到能把鉤子拔下來。長尾鯊通常規避魚餌的誘惑不會接近釣鉤，如果牠遭到捕獲，牠立即由外向內轉動，利用身體的彈性產生的力量將魚鉤掙脫。

25 有很多例子可以證明魚類運用智力和才能，不失時機在某些方面獲得好處，對於群體概念和相互友情顯示綜合的認知。當一條鸚嘴魚上鉤以後，其他的魚會群聚在魚線的四周要把它咬斷；這種魚只要不幸陷入網中，其他的魚會從外面將魚尾伸進去，等到網裡的魚用牙齒咬緊以後，外面的魚

120　荷馬《伊利亞德》第24卷80-82行；意思是指神的使者伊里斯(Iris)到海底去見帖蒂斯，將阿奇里斯的死訊通知這位母親。

121　阿契洛克斯是西元前7世紀中葉的詩人，生於帕羅斯島，薩索斯發生動亂被殺，他在當代與荷馬齊名，僅留下其他作者引用的殘句。

122　亞里斯塔克斯是薩摩色雷斯人，西元前2世紀知名的文學評論家和詩人。

就會用力將牠們拖出來。鯊魚對於救助同類更加熱心：牠們會用背部緊靠魚線，舉起銳利的鰭用凹凸不平的邊緣將它鋸斷。

我們知道陸上動物在危險的時候沒有勇氣去救助自己的同類，更不要提其他的動物，無論是熊、野豬、獅子或花豹皆如此。這種狀況在鬥獸場可以清楚看到，同類的動物緊密聚集起來擠成一團，然而牠們不知道也沒有意願相互之間要伸出援手。反倒是盡量避開已經受傷或將要斷氣的同類。故事裡面提到象會把灌木叢拋進土坑[123]，用來作爲一個坡道，讓掉入的夥伴攀登以便脫困，這種不近情理和極其牽強的說法，因爲出於國王的敘述才會讓我們相信，這位作者就是身兼歷史學家的朱巴。假設這種說法完全正確，僅僅證明很多海洋生物就溝通能力和智慧才華，較之最聰明的陸上動物毫不遜色。有關牠們的群棲性，我要對這個題目提出非常特殊的證辭。

26 漁夫看到多數魚類會避開醒目的釣鉤，如同角力手那樣要採用反制的策略，所以波斯人被迫要使用拖網[124]，魚類再也得不到精明的幫助，無法逃脫被捕的命運。通常會用定置網或圓形網捕捉鯔魚和隆頭魚，此外還有裸䲁魚、馬林魚、蝦虎魚和海鱸；俗稱網獲的魚類包括金色羊魚、金頭魚和牛尾魚，所用的工具是大型的雙拖曳網，所以荷馬的描述非常正確，用這種方式所能得到的結果是「一網打盡」[125]。鱈魚和鱸魚有辦法對付漁網，要是鱸魚發覺拖網快要接近，牠會在海底的泥沙當中用力擠出一個空穴，然後藏身其中，讓網在上面通過，牠會停在那裡直到危險解除。

海豚要是發覺自己陷入羅網之中，就會等待時機，不會驚慌而且感到高興，對於已經入網的魚群大快朵頤一番。等到很快接近海岸，牠們會咬破網然後逃走。要是牠們無法及時安全脫離，只要是第一次被捕，不會受到傷害，漁夫僅僅縫些燈心草在牠們的冠毛上面，再將牠們全部放生；等到第二次被抓住，從縫合處可以清楚的辨識，就會受到棒棍責打的處分。不過，這種狀況很少發生：大多數海豚對於受到原諒非常感激，所以行動小心不會再犯類似的過失[126]。

123　有關大象合群的精神，可以參閱伊利安《論動物的習性》第5卷49節、第6卷61節以及第7卷15節。

124　參閱希羅多德《歷史》第6卷31節；柏拉圖《法律篇》698D。

125　荷馬《伊利亞德》第5卷487行。

126　有關海豚與漁夫的相互體諒，可以參閱伊利安《論動物的習性》第2卷8節；以及普里尼《自然史》第9卷29節。

　　要想舉出警惕、預防和逃避之類的例子，我們不能略過墨魚。牠因為靠著頸部裝滿黑色的液體，大家將它稱為墨水（mytis）。牠覺得會被發現就會噴出這種液體，使得海水渾濁不堪，同時牠的四周形成一片黑暗，很容易溜走，還不讓漁夫看到。荷馬筆下的神明就會效法這種狀況，經常會隱身在「黑雲之中」[127]，擄走那些祂們想要救助的人。我想對這方面已經說得夠多了。

　　27　魚類擁有攻擊和捕獲獵物的能力，我們從許多不同的品種當中舉出極其獨特的例子；像是海星或海盤魚知道自己具備某種毒性，任何物種只要接觸到牠就會分解化為液體，所以牠會找機會盡量發揮這方面的優勢。你知道電鰩擁有一種特質，不僅接觸到牠的人感到麻痺，甚至留在網中讓拉網人的手臂產生痙攣和抽搐，嚴重到毫無一點力氣。據報導還有人得到這種經驗，用水沖洗活著的電鰩，麻木的感覺會上升到手上，水的傳導作用足以遲鈍感官，看來首先受到影響就會產生改變。因而牠感覺到擁有的力量，從來不會發起正面的攻擊或者危害到自己的安全。電鰩會游成一個圓圈環繞著牠的獵物，發射牠的打擊如同投出標槍，這種毒害首先要經過水的傳導，使得牠的獵物無法防護也不能逃走，像是很快被鍊條綁住成為凍僵的屍首。

　　很多人都知道墨魚的綽號叫「漁夫」，得到這個名字是來自牠的行為。亞里斯多德[128]提到墨魚就說牠會運用策略：牠將頸部的觸鬚像魚線一樣，可以向下垂放到相當的長度，也可以立即將它收回。當牠從遠處看到一條小魚，就會讓對方產生咬食的感覺，慢慢收回觸鬚吸引牠靠近，直到獵物到達牠的口邊。

　　章魚能夠隨意變換身體的顏色，品達據以寫出著名的詩句[129]：

> 海中動物膚色可改變，
> 每個漁市場都能看見；

以及狄奧吉尼斯（Theognis）[130]有同樣的表示：

> 章魚的體色隨心選擇，

127　荷馬《伊利亞德》第5卷345行。
128　亞里斯多德《動物史》第9卷37節；普里尼《自然史》第9卷83節。
129　希里德《希臘詩文殘卷》之〈品達篇〉No.43。
130　狄奧吉尼斯是參加拉人，西元前6世紀的輓詩體詩人。

與停棲的岩石沒差別。[131]

變色龍[132] 的功能在於體色的迅速變換，並非出於任何意圖或者隱匿自己，完全是恐懼的本能，天性怯懦對任何事物都感到害怕。要是根據狄奧弗拉斯都斯[133]的說法，完全是牠身體含有充沛的空氣，這種動物的內臟幾乎讓肺部占去絕大部分，成為能夠迅速改變體色的主要因素。就章魚這部分的功能而言，並非情緒的反應而是存心的變換，牠能用來逃避畏懼的天敵，或是捕獲所需的食物；這種欺騙的手段讓牠在這兩方面達到無往不利的程度。傳聞說它會吃自己的觸鬚完全是謊言，提到牠害怕海鱔和康吉鰻倒是確有其事。雖然會受到威脅，仍然不會有任何損害，因為牠會溜出對方的勢力範圍。在另一方面，龍蝦用爪將牠抓住，很容易贏得鬥爭的勝利，光滑的身體對抗粗糙的軀殼，幾乎毫無還手的餘地；然而當章魚的觸鬚一旦伸進龍蝦的體內，後者也只有屈服成為到手的食物。自然女神創造出這樣一個生生不息的循環[134]，生物相互之間不斷的追逐和戰鬥，使得靈巧機敏和智慧能力獲得練習和競爭的場地。

28 我們聽到亞里斯托蒂穆斯告訴大家，豪豬可以預知風向的改變；這位朋友對鶴鳥的V字形飛行隊列大加讚譽。我在西茲庫斯或拜占庭不提豪豬的事，倒是會用有刺的海膽，這種生物感覺到暴風雨和大浪即將來臨，就會用小石子穩定身體，不至於因為過輕遭到翻覆或被浪捲走，能夠藉著石子的重量仍舊留在原地。

還有就是鶴鳥對抗強風會改變飛行的路線，不僅僅只有鳥類才會出現這種行動：所有的魚類都有同樣的概念，游動的時候用來抗拒浪濤和海流，非常小心不讓風暴從後面來襲，免得向後層層摺疊的魚鱗，翻轉開來暴露出赤裸的體軀，外形變得更為粗糙不平。牠們的身體像船隻以船首對著波浪，等於是用頭部最先劈開大海，這時牠的鰓被壓得很緊，水流經過光滑沒有皺褶的表面，鱗片不會掀起

131　參閱《希臘輓詩體和抑揚格詩集》之〈狄奧吉尼斯篇〉215-216行。

132　參閱亞里斯多德《動物史》第2卷11節；伊利安《論動物的習性》第4卷33節；以及普里尼《自然史》第8卷122節，提到變色龍都說牠以空氣為唯一的食物。

133　等到亞里斯多德《動物史》第2卷11節經過訂正以後，對於狄奧弗拉斯都斯和蒲魯塔克引用這部分的文字，要記得將「薄膜」改為「肺部」。

134　章魚不敵海鱔和康吉鰻，海鱔和康吉鰻敗在龍蝦手裡，然而龍蝦又是章魚的獵物，整個競爭的過程在歐庇安《垂釣之樂》第2卷253-418行有詳盡的描述；有關自然界的戰場，參閱普里尼《自然史》第8卷79節。

出現像剛毛一樣的皮膚。剛才提出的狀況適合一般魚類，據說鱘魚[135] 的魚鱗不是向著尾部重疊，洄游的時候順著風向和潮流也不會受罪。

29 鮪魚對於春分秋分和夏至冬至有非常敏銳的感覺，用來教導人類可以連天文曆表都不要[136]。無論牠洄游到何處，只要冬至這個日期來到，牠就會停留下來等到春分才會離開。如同鶴鳥善於運用工具，牠在夜間抓住一顆石子，等到落下，就會使牠從入睡中驚醒；閣下，海豚的足智多謀可以算是最精明的動物，牠們從來不會停頓靜止或者無所事事，活躍又積極的天性，等於宣告行動的終止就是生命的結束。當牠需要睡眠的時候，就會肚子朝上浮在海面，背部盡量沉入水中，隨著潮流漂蕩直到身體接觸到海底為止。等到驚醒很快浮起海面，再度陷入昏睡之中，所以牠的休息還結合著不停的運動[137]。鮪魚會做同樣的事情，道理完全類似。

前面我提到鮪魚對於太陽的迴轉具備數學的預測能力，亞里斯多德是最好的證人；現在要求大家聽一個故事，這跟牠們學習算術很有關係，我曾經發過誓一定要先談談牠們對視力的知識，伊斯啟盧斯就這方面而言不是無知之徒，因為他寫過下面的詩句[138]：

斜視的左眼如同鮪魚。

實在說，牠們有一隻眼睛的視力很衰弱。因為這個緣故，牠們進入黑海的時候，要緊靠著右岸向前洄游，對岸要供回程重返地中海之用，審慎和睿智的天性使牠們信任視力較好的眼睛，認為可以提供更完善的保護。牠們顯然需要數學的能力，用來保持彼此的結伴和友善。牠們喜歡結隊成群的覓食和遷移，這個聚落經常會形成一個正方體，有六個面積相等的平面，牠們在洄游的時候要保持這種隊伍，面對每一個方向都是正方形。海濱的瞭望員[139] 看到魚群出現，只要詳細計

135　鱘魚的學名是 *Acipenser sturio*；伊利安《論動物的習性》第8卷28節，提到牠的罕見和被人視為聖潔之物。

136　參閱伊利安《論動物的習性》第9卷42節；以及亞里斯多德《動物史》第8卷13節。

137　參閱普里尼《自然史》第10卷210節，根據報導漁人經常聽到海豚打鼾的聲音。

138　瑙克《希臘悲劇殘本》之〈伊斯啟盧斯篇〉96頁No.308；參閱伊利安《論動物的習性》第9卷42節。

139　他們站在很高的桅杆上面，不停搜索海面要發現魚群出現的徵兆，判斷它的大小、位置和進行的方向，俾能提早通知漁民完成準備進行追捕。

算海面浮游可見的數量，就可得知整個群體的總數，因為他知道這個聚落的深度，與它的長度和寬度完全相等。

30 群聚的特性使鰹魚得到amia（友善）的稱呼，我認為一歲大的鮪魚也是如此。曾經提到其他的魚類同樣要過群體的生活，相互之間產生密切的往來，要想知道牠們組成數量是不可能的事。讓我們檢驗這種特殊的同伴關係也就是共棲作用；其中之一就是突棘保護體（pinna-guard），克里西帕斯在這方面的研究用掉很多墨水[140]；無論就倫理的立場或者肉體的條件，在他的每一本作品當中，都居於優先的地位。可以確知克里西帕斯並沒有調查海綿保護體（sponge-guard）[141]；會留下來不加理會，他們說突棘保護體是一種外形像螃蟹的生物，長著突棘安置在外殼的前方，用來保護食物進入的入口。會讓突棘保持張開不會封閉的狀態，要等到小魚進入才會立即關上，保護體用突棘夾住牠然後滑到體內。外殼就會緊密封閉起來，牠們慢慢吃掉受到囚禁的獵物。

海綿是在很小的生物控制之下，這種生物的外形不像螃蟹，倒是與蜘蛛很相似，最後牠變成沒有生命、沒有感覺和沒有血液的東西；雖然牠像很多其他的動物那樣，緊緊依附在岩石上面，有某些很特殊的外部和內部運動，完全基於牠對警告和監督的需要。因為牠的倦怠和遲鈍，整個組織會變得鬆散無力，所有的氣孔處於開放的狀態，等到有任何可以食用的東西進入，保護體發出信號，牠會關閉通道開始消化獵物。甚至人類向牠靠近或者發生接觸，保護體受到刺激會讓牠開始顫抖，關閉進出口的動作帶來僵硬和收縮，使得採集者要將牠切割下來，變成相當困難的工作。

貽貝[142] 群棲的地區，就像蜜蜂一樣共同住在建成的蜂房之中，很多種類將這種狀況稱之為繁殖，牠們用外殼捕獲非常細微的食物，大部分是牡蠣苗或海草，這時牠們會輪流進食，像是完成一種周期性的大餐。

140　參閱阿尼姆《古代斯多噶學派殘卷》208頁No.729；以及阿昔尼烏斯《知識的盛宴》89D；至於鰭狀物在克里西帕斯的神學理論中所據有的位置，可以參閱有關的專書。

141　這是一種與海綿共生的蟹類，居住在海綿表層的小室中；參閱湯普生《希臘魚類辭典》202頁。

142　參閱亞里斯多德《動物史》第5卷15節，阿昔尼烏斯《知識的盛宴》88D-89A引用；以及湯普生《希臘魚類辭典》209-218頁。

31 等到大量不善於過群體生活，而且性格極其野蠻的生物，在河流、湖泊或海洋裡面接受養育，即使鱷魚會對埃及千鳥表示難以置信的友情和善意，爲何有人還會感到驚異無比？千鳥是生活在沼澤與河岸的鳥類，牠成爲鱷魚的保護者，不需要尋覓自己的食物，如同一個寄生者會吃鱷魚留在口中的碎屑；鱷魚正在沉睡的時候，發覺埃及貓鼬計劃發起攻擊，因爲牠的全身塗滿泥巴，像是完成戰鬥的準備工作，千鳥立即大叫或用喙啄的方式喚醒鱷魚。凶狠的猛獸對於千鳥非常溫柔，牠會張開大嘴讓鳥兒進去，平靜的啄食會讓牠感到舒適，千鳥的長喙可以覓食牙縫中留下的肉屑，等於是給清潔一遍。等到鱷魚感到滿意想要閉起牠的嘴部，就會將吻狀突起向上高仰，千鳥知道牠的意圖就趕緊飛走。

還有一種小魚可以稱爲「嚮導」，牠的大小和形狀與虎魚沒有多大差別，但是鱗片非常粗大，很像一隻長有頸毛的鳥。牠經常陪伴一條巨大的鯨魚，游在前面好爲鯨魚指引路途，免得擱淺在沙洲或者誤入進口困難的潟湖或海峽，到時候斷了退路。就像船隻遵守舵手的操縱一樣，鯨魚聽從牠的指揮改變在水中的航向和路徑。鯨魚有堅強的顎可以咬碎落入口中的生物、船隻或石塊，然後將這些東西吞進肚裡，但是這些小魚知道受到歡迎，牠們會將龐大的嘴當成避難的天堂。當這些小魚睡在裡面的時候，鯨魚就會躺著不移動，等到牠開始前進，身爲嚮導就會日夜不離左右，否則鯨魚就會迷途在大海當中碰運氣到處亂逛。很多鯨魚由於缺乏引導，就會衝上陸地帶來滅亡[143]。之前在安蒂塞拉附近有人目擊這樣的災難；他們還提到過去在布利斯(Boulis)[144]，鯨魚擱淺在不遠的地方，巨大的軀體腐爛以後引發一場瘟疫。

亞里斯多德提到狐狸和蛇之間存在著友誼，那是因爲牠們都將老鷹視爲天敵；還有鴇和馬的關係[145]，因爲前者會收集後者散落在原野的糞便：難道這種相互依存有因素可以拿來比較？就我的看法而論，了解到在螞蟻或蜜蜂當中彼此沒有像那樣的關心，每個成員受到鼓勵要完成應盡的工作，但是對個別的同伴沒有任何興趣，也不會表達關懷之意。

143　參閱歐庇安《垂釣之樂》第5卷70-349行的長篇文字，描述鯨魚陷入滅亡的狀況。

144　手抄本的波納(Bouna)或波尼(Bounae)都找不到這個地方，很可能就是安蒂塞拉東邊的漁村布利斯，正好瀕臨福西斯灣(Phocian Gulf)。

145　參閱伊利安《論動物的習性》第2卷28節。

32 我們將注意力轉向更爲古老和重要的群棲法則和責任，就是有關生育和繁殖的時候，可以發現其間的差異愈爲明顯。首先就是魚類居留的海洋會鄰近礁湖或有河川的流入，準備在產卵期間找到風平浪靜的淡水區域，因爲安寧是大自然給予最佳的接生婆。除此以外，礁湖和河流不會出現巨大的怪物，使得卵和魚苗有倖存的機會。黑海由於這層關係成爲魚類產卵地區的首選，所在的環境除了罕見的海豹或一種體型較小的海豚[146]，沒有大型的海洋動物活躍其間。除此以外，眾多的河流注入黑海，帶來極其巨大的水量，創造一個非常有利的環境，有助於後代子孫的繁殖和成長。要是談到荷馬稱之爲anthias（聖潔的魚）[147]，會有很多奇異的事蹟和傳聞，有人認爲「聖潔」這個字的原意是「重要」，如同將一根「重要的骨頭」稱之爲os sacrum，或者像癲癇這種重要的隱疾會稱爲「聖潔之病」[148] 的解釋，完全是普通的常識，說它的意義是「奉獻」和「神聖」。伊拉托昔尼斯（Eratosthenes）[149] 將這個稱呼用在金頭魚，所以他才會說：

> 聖魚長著金色的眉毛，
> 有如駿馬在海中竄逃。

很多人說它就是鱘魚，極其罕見而且很難捕捉，有時會在龐菲利亞的外海出現。如果有人能夠擒獲牠，在回航的時候不僅頭上戴起花冠，就是船隻都會張燈結綵，受到大家的讚譽和歡呼。有很多作者認爲鱘魚獲得anthias（聖潔）的頭銜，無論何處只要有這種魚出現，表示那裡不會有怪物存在。這時海綿採集者滿懷信心的潛水，魚類可以毫無畏懼的產卵，等於他們獲得安全的保證。理由如同無法猜中的謎語：是否怪物要避開鱘魚如同象對於豬或者獅子對於公雞；或許牠指出怪物不會在這個地區大開殺戒，魚類知道以後會經常前來，就像有智慧的動物擁有很好的記憶力。

---

146 參閱亞里斯多德《動物史》第8卷13節；普里尼《自然史》第9卷49節；以及湯普生《希臘魚類辭典》第54頁。

147 荷馬《伊利亞德》第16卷407行

148 參閱希波克拉底《論聖潔之病》（*De Morbo Sacro*）第2卷138頁；希羅多德《歷史》第3卷33節。

149 伊拉托昔尼斯（280-194 B.C.）生於塞倫，是有史以來自稱學者的人士，後來擔任亞歷山卓圖書館館長，當代的天文學家、地理學家、數學家、哲學家、文法學家和編年史家，他的作品除了被人引用的部分沒有傳世。

33 幼魚會從生育牠們的成魚那裡獲得妥善的照顧：公魚不會吃掉幼魚，亞里斯多德提到，牠會留在當地保護已經產下的卵[150]。有一些公魚追隨在母魚的後面，把逐漸產下的卵灑上牠的精液；否則這些卵仍舊處於未受孕的狀態，無法孵化成爲幼魚。特別是隆頭魚會用海草築成一個巢，在裡面產卵和受精，這個庇護所可以免於海浪的干擾。

鮫對於幼魚的愛護不下於那些已經馴服的動物，牠們產下卵以後，將新近孵化的幼魚保持在身體裡面，可以等待第二次的生產[151]。等到幼魚長得較大以後，成魚讓牠們出來，同時還教導牠們要游在自己的身邊；接著再度將牠們聚集在牠的嘴裡，成爲臨時的住處，有足夠的空間成爲避難所，直到長大可以保護自己。

海龜非常關切生育的狀況和對幼龜的護衛，眞是令人感到驚異萬分。牠們在生殖期間離開海洋來到近處的海岸，由於無法自行孵卵也不能留在乾燥的地面過久，牠在海濱產卵以後，就將最細微和柔軟的沙堆集在上面。等到安全埋藏好以後，有人說牠的腳爪在該處亂塗亂畫，像是做出記號使得容易辨識。還有人言之鑿鑿，說是母海龜在公海龜的陪同之下返回產卵的位置，所以牠要留下特別的標誌。最不可思議之處就在於牠在此等待四十天[152]之久（這是龜卵孵化所需要的時間），然後才會接近產卵的地點。每一隻海龜都認出埋藏的位置，很快將孵化的小海龜挖掘出來，比那些埋下黃金的人更爲熱情和賣力。

34 對鱷魚的觀察發現牠在這方面有類似的行爲，像是牠具備選擇適當地點產卵的能力，要想猜測或推算它的成因已經超出人類的智慧。他們相當肯定的表示，這種生物具備預知的本能，完全出於神明的意願並非理性的需要。尼羅河氾濫的季節出現淹沒陸地的洪水，鱷魚產卵的地點距離最高水位，不會過遠或過近可以說是非常精確，農夫只要找到鱷魚的卵，就可以預測漲水所及的區域[153]。能夠如此精確的目的是讓牠在產卵的時候，防止自己和所產的卵被水浸濕。等到這些小鱷魚孵化以後，只要破殼爬了出來，不能用牠的嘴立刻捕捉遇到的東西，無論是蒼蠅、蚊蚋、蠕蟲、麥稈還是青草，母鱷魚認爲牠沒有謀生的能力，就會將牠咬死。因爲這種動物愛好和傾向於勇敢和積極的行動，智

---

150 亞里斯多德《動物史》第9卷37節；以及希羅多德《歷史》第2卷93節。

151 參閱亞里斯多德《動物史》第6卷10節；以及湯普生《希臘魚類辭典》39-42頁。

152 參閱伊利安《歷史文集》第1卷6節。

153 參閱伊利安《論動物的習性》第5卷52節，可以與伊文斯(Evans)《瞎扯的自然史》(*The Natural History of Nonsense*) 33頁的內容做一比較。

者的看法認爲這種做法沒錯,母鱷魚的親情在於判斷而不是出自感覺。

還有海豹在乾燥的地面生產,逐漸引導牠們的子女嘗試海洋的味道,然後很快帶牠們離開,經過不斷的練習直到幼獸適應環境,最後感到充滿信心而且喜愛海洋的生活。

蛙在繁殖期間會發出毫不間斷的鳴聲,用這種方式來求偶和交配。等到公蛙吸引到母蛙,牠們會整夜聚在一起;因爲不願在水中交往,白天在陸上會有危險,只有夜暗降臨牠們才前來相會,這時的纏綿確保安全無虞。有些時候牠們的鳴聲變得尖銳刺耳,因爲對於降雨抱著殷切的期盼[154]。這可以說是非常準確的預兆。

35 尊貴的海神波塞登!爲何我會經常犯下荒謬又可笑的錯誤:當我把時間花在海豹和青蛙的身上,竟然會遺忘和忽略最有智慧的海洋生物,何況它還最受神明的寵愛[155]!我們知道夜鶯喜歡牠們的甜美聲音,燕子喜歡牠們的子女,鴿子喜歡牠們的配偶,以及蜜蜂善於建構蜂巢,爲何我們如此推崇翠鳥[156],要拿這些顯赫的行爲來與牠比較?爲何神明對於創造的物種,如此推崇牠們的生殖作用所帶來的痛苦?據說勒托快要分娩[157]的時候,僅僅一個島嶼[158]明確表示願意接納;然而翠鳥的產卵是在冬至前後,神明要讓海洋風平浪靜,更不能出現惱人的暴風雨。因爲這個緣故,使得所有的生物都不如翠鳥受到人類的愛戴。海上的航程有七天七夜[159]的時間,不必畏懼冬季投下的死亡陰影,使得經由海道的旅行比起陸地更爲安全。可以簡單提一下牠們的德行,配偶之間相互忠實具備獻身的精神,不只有求偶的季節聚在一起,而是長年始終廝守不會分離;雌鳥絕不會水性楊花去與其他的雄鳥交配,經由友誼和愛情如同一位合法的髮妻。雄鳥因爲年齡過大變得衰弱而怠惰,無法配合雌鳥的速度,這時雌鳥負起生活的重擔,對雄鳥盡照顧和餵食的責任,絕不會將牠拋棄或置之不理,雌鳥會將雄鳥背負在肩上,可以飛到牠願意去的地方,忠誠的愛情至死不渝。

---

154 參閱阿拉都斯《自然現象》956行;以及伊利安《論動物的習性》第6卷19節。

155 這是指阿奇里斯的母親帖蒂斯而言;參閱魏吉爾《牧歌》第1卷399行。

156 參閱湯普生《希臘鳥類辭典》(*A Glossary of Greek Birds*)相關條目;普里尼《自然史》第10卷89節,同時很高興得知翠鳥這個字散見於盧西安和柏拉圖的著作之中。

157 她的龍鳳胎是日神阿波羅和月神阿特米斯。

158 就是稱爲「漂泊之島」的提洛。

159 可以稱爲「翠鳥寧靜期」,參閱亞里斯多德《動物史》第5卷8節;以及普里尼《自然史》第18卷231節。

　　因爲翠鳥摯愛牠們的子女，希望維持良好的保護狀態，等到發覺自己有產卵的徵候就開始築巢，並不像家燕使用泥土或是黏結在牆上或屋簷；牠因爲活動頻繁，不會用自己身上的羽毛當成材料；不像蜜蜂構建蜂巢無論通道和內室，全部使用分泌出來的蜂蠟，牠們在同一個時間用六隻腳，將所有的材料按照樣式壓成六邊形的小室。翠鳥只有非常簡單的工具和裝備，就是牠的喙以及合作的精神和勤奮的態度。很難相信牠的努力建構竟然找不到目擊證據，看到像是用模型鑄造出來的東西，也可以說牠是在建造船隻。有很多可能的形式，只是不能翻覆或是弄濕裡面裝載的貨物，牠們收集針魚的棘狀突起[160]，綑綁以後編織在一起，分別成爲直線和橫線，交叉以後用打結的方式來固定，這種圓形單元的結構非常緊密，扁長的形狀就像漁夫用的小艇。等到完成以後就要投到巨浪當中接受考驗，海洋的衝擊使得整個結構更爲牢固，如果編織不夠緊密遭到打擊就會解體。所有的接縫都拉得很緊，結實的程度連石塊或鐵器都難以將它打裂或穿刺過去。任何器具的空洞內部如果擁有這樣的容積和形狀，一定會受到大家的讚譽。這種結構只有翠鳥能夠做得到，整個進口掩蓋得非常嚴密，根本讓其他的生物無法看出；最後得到的結果是沒有一滴水能滲入巢中。我設想你們已經看到翠鳥的鳥巢，就我而言不僅經常見到，手的接觸帶來柔和的感覺，從我的心中唱出歡樂的頌歌：

　　　何其美好的東西出現
　　　在提洛的阿波羅神龕。[161]

　　我認爲角壇（Altar of Horn）所以聞名遐邇，成爲世界七大奇觀之一[162]，它們連接在一起非常牢固，不需要膠黏或任何綑綁，所用的角全部來自頭的右邊[163]。現在當我唱出西倫斯的海洋之歌[164]，作爲一個音樂家和島民的神祇就會讓我萬事

160　雀鱔或針魚的通稱是belone，這些魚都沒有背脊或棘狀突起；參閱湯普生《希臘魚類辭典》31-32頁。

161　荷馬《奧德賽》第6卷162行。

162　參閱斯特拉波《地理學》第14卷2節；世界七大奇觀通常是指：埃及的金字塔、巴比倫的空中花園、奧林匹亞的宙斯神像、以弗所的阿特米斯神廟、哈利卡納蘇斯的毛索盧斯陵墓、羅得島的巨像和亞歷山卓的燈塔；好像這裡提到的項目並沒有包括在內。

163　蒲魯塔克《希臘羅馬英豪列傳》之〈帖修斯傳〉21節，卻說這個祭壇用的全是左角，豈不令人感到奇怪？

164　突然出現這段話，像是中間有脫落和缺漏的地方；從這裡到斐迪穆斯結束他冗長的發言，可以見到一些情節的敘述很不合理，只是要想彌補不知如何下手。

順遂，對於我的敵手故作輕蔑的問題，會用溫和的微笑表示祂的寬容。爲何不能將祂稱爲「屠鰻者」或者稱阿特米斯爲「殺鯔者」？因爲祂知道阿芙羅黛特從海洋出生，認爲所有的海洋生物都具備神聖的性質，當然不願任何神祇以屠殺牠們爲名。你知道在理普提斯(Leptis)[165] 身爲波塞登的祭司，要完全禁絕來自海洋的食物；甚至就是伊琉西斯的神秘祭典，入會儀式當中拿紅色的鯔魚當成崇拜的對象；亞哥斯的赫拉女祭司禁食魚類，表示對牠們的推崇和尊敬。紅鯔對人類有很特別的貢獻，那就是牠殺害和捕食海兔，這種生物含有致命的毒素，因爲這個緣故紅鯔獲得漁夫的赦免。

36 我們發現希臘人的廟宇和祭壇，有很多是奉獻給稱號爲迪克特納(Dictynna)[166] 的阿特米斯和稱號爲德爾斐守護神的阿波羅，詩人[167] 提到太陽神首次爲自己選擇的位置，那是克里特人在海豚的指導之下所興建。其實，不像說書者講述的故事，神明並沒有拿自己當化身，游在遠征軍的前面帶路，而是指派一隻海豚擔任同樣的使命，使得他們能夠抵達色拉(Cirrha)[168]。有些人還提到索特勒斯和戴奧尼休斯，說這兩位受到托勒密·索特爾(Ptolemy Soter)[169] 的派遣，前往夕諾庇，好將塞拉皮斯迎回國門。誰知回程竟然遇到強烈的風暴，原訂的航程完全無法運用，隨後他們被吹過馬利亞(Malea)岬，伯羅奔尼撒半島已經位於他們的右邊。等到他們失去希望落入沮喪的處境，這時船頭出現一隻海豚，邀請他們隨著牠前進，像是駛入一個寧靜的停泊地，四周的海浪只有輕微的起伏，就用這種方式護送他們到達色拉。他們安全登陸以後要獻祭感激神明的保佑，看到的兩尊神像只帶走其中之一的普祿托，另外一尊是帕西豐尼，做好模子以後留在原地。

海豚對音樂的嗜好使得牠蒙受神明的寵愛，品達用來比喻自己在這方面的感

---

165 理普提斯是北非海岸一個重要的港口，此地距離埃及尚有一千五百公里；有的學者認爲這是理普多托波里斯(Lepidotonpolis)之誤，後者靠近底比斯在尼羅河邊；由於祭司禁食海洋食物，這與埃及的習俗相當吻合。

166 Dictynna意爲「羅網」，參閱凱利瑪克斯《頌歌集》第3卷198行。

167 荷馬《阿波羅頌》第3卷393行。

168 色拉是位於德爾斐南邊的港口，瀕臨科林斯灣。

169 托勒密一世索特爾(367-283 B.C.)是亞歷山大的友伴和部將，南征北討建立輝煌的功勳，大帝逝世後擔任埃及總督，305 B.C.成爲埃及國王，建立托勒密王朝，延續達二百七十年之久。他用第一手的資料寫出亞歷山大的傳記，在亞歷山卓建立博物館和圖書館，推廣希臘文化不遺餘力。

受，說是他如同

> 海豚在水面盡情嬉戲，
> 風平浪靜中傳來笛聲，
> 像是帶著舞蹈的旋律。[170]

然而海豚對於人類抱著關懷和愛護之情，使得上天對牠們賜與更大的恩澤；在所有的生物當中只有牠們的愛完全出於本性。陸地動物有些盡量要避開人類，還有一些像是受到馴服的家畜，牠們的討好完全基於功利主義，那是出自餵養牠們的緣故，如同狗、馬和大象對於熟悉的人士所表現的行為。家燕基於需要將巢築在屋簷下面，那裡比較黑暗以及可以獲得最低限度的安全，還是如同一隻危險的野獸，始終抱著迴避和畏懼的感覺。

只有海豚在這方面能夠超越所有的物種，牠們擁有的特質使得哲學家縈迴於心：友誼不在於獲得任何利益。雖然牠對任何人沒有所求，作為一個真正的朋友卻對很多人提供援助。阿里昂的故事大家耳有所聞而且流傳甚廣[171]；閣下，你有機會讓我們將赫西奧德的傳說謹記心頭，只是

> 你沒有順著話題說完，
> 好找出適當解決方案。[172]

當你提到那條狗的時候，不應該忽略海豚的功勞；如果不是海豚找到漂浮在尼米昂（Nemeon）[173] 附近海面的屍首，整個團體很熱心將它送回位於萊姆的海岸，可以明顯看出死者是遭到刺殺，即使那隻狗得到信息衝進凶手當中大肆咆哮，還是得不到任何結果。

列士波斯的邁西盧斯曾經記載一個故事[174]，說是伊奧利亞人伊納盧斯愛上司

170　希里德《希臘詩文殘卷》之〈品達篇〉No.235。

171　希羅多德《歷史》第1卷24節；本書第13章〈七位哲人的午宴〉18節，一位目擊證人述說這個故事。

172　荷馬《伊利亞德》第9卷56行。

173　這個地方在洛克瑞斯的厄尼昂（Oeneon）附近，厄尼昂以宙斯的神龕知名於世。

174　穆勒《希臘歷史殘篇》第4卷459頁；阿昔尼烏斯《知識的盛宴》466C，增加很多情節，安蒂克萊德是研究阿昔尼烏斯的權威人士，曾經加以引用。

明修斯的女兒，根據安菲特瑞特得到的神讖，平瑟利迪家族(Penthilidae)將這位
少女投入大洋，伊納盧斯跟著跳海殉情，後來被一隻海豚救回列士波斯。

海豚對於伊阿蘇斯(Iasus)一位小夥子[175]的善意和友誼，可以視為偉大而真
誠的愛情。牠經常在白天前來一起游泳和嬉戲，相互之間有親密的接觸，當這位
孩童騎在牠的背上，絲毫沒有勉強的樣子，很樂意在他的指使下帶他到所要去的
地方，每當出現這種狀況，伊阿蘇斯的居民蜂擁到海濱觀看這極其罕見的情景。
有次發生夾帶冰雹的大雷雨，這位小夥子失足跌落水中淹斃。海豚帶著屍體一起
投身到岸上，留在那裡直到斃命為止；我們認為牠要分享死亡在於要擔起失足的
責任。伊阿蘇斯的居民為了紀念此一不幸事件，鑄造的錢幣上面用孩童騎海豚作
為圖案。

即使是西拉努斯(Coeranus)[176]極其荒誕不經的故事，大家聽到還是深信不
疑。這位土生土長的帕羅斯人來到拜占庭，看到一批被網捕獲的海豚，不忍牠們
受到殺害，買下來將牠們全部放生。沒過多久，他登上一艘戰船出海，據說船上
還帶著五十名被捕的海盜，航行到納克索斯(Naxos)和帕羅斯之間的海峽不幸翻
覆，所有人員全部失蹤，只有西拉努斯獲救，由於有一條海豚游在他的下方，支
撐他的身體浮在水面，將他送到西西努斯(Sicnus)[177]的海岸，附近有個山洞直到
今天還用西拉尼姆(Coeraneum)這個名字。據說阿契洛克斯為這個人寫出下面的
詩句：

> 海神攫走五十名亡魂，
> 只對西拉努斯存善心。[178]

就在他亡故以後，親人將他埋葬在靠海的地點，一大群海豚出現在海岸的外面，
看起來像是前來參加喪禮，一直等到儀式完畢才離開。

奧德修斯的盾牌用一隻海豚的浮雕當成裝飾，司提西喬魯斯(Stesichorus)也
說過這件事[179]；在札辛蘇斯人當中一直流傳有關的事蹟，還經過克瑞修斯

---

175 伊阿蘇斯是小亞細亞卡里亞的市鎮，瀕臨卡里亞灣；述說的故事有很多不同的版本，部分已
　　經成為民間的傳說，據稱有海豚像的銀幣一直流傳到現在。
176 參閱伊利安《論動物的習性》第8卷3節；以及阿昔尼烏斯《知識的盛宴》606E-F。
177 位於帕羅斯島南邊的小島。
178 參閱艾德蒙《悲歌與抑揚格詩體》第2卷164頁；戴爾《希臘抒情詩》第1卷243頁No.117。
179 艾德蒙《希臘抒情詩》第2卷〈司提西喬魯斯〉66頁No.71。

(Critheus)的證實[180]。他們說特勒瑪克斯還是一個小孩的時候，有次失足掉進海裡，很多海豚前來救他，在牠們的幫助之下游到海灘。從此以後他的父親在他印章上面刻著一隻海豚，還將牠當作徽章用在盾牌上面，爲了報答這個動物給予的恩惠。我在沒有得到各位的應允下，不會再說一些傳奇的故事，我知道就奧德修斯和西拉努斯遭遇的狀況，情節雷同讓人感到重複，至於海豚是否有這種可能已經超過討論的範圍，我對這方面的敘述歸罪於個人的態度：現在請大家做出最後的裁決。

37 亞里斯托蒂穆斯：各位裁判先生，現在大家開始投票。
索克拉魯斯：我們認爲很多方面要能堅持索福克利的觀點：

> 辯論雙方的唇槍舌劍，
> 促使感情交流更融洽。[181]

你們相互爭辯的言辭經過綜合以後，獲得的結論是以後有任何人，還想要剝奪動物的理性和認知，你們都會群起而攻之。

180　札辛蘇斯是伯羅奔尼撒半島西北海岸一座島嶼，現在的名字叫占特島；至於克瑞修斯是何許人不得而知。

181　瑙克《希臘悲劇殘本》之〈索福克利篇〉314頁No.783。

第六十六章
野獸都有理性

參加對話的人士是奧德修斯、喀耳刻和格里盧斯

1 奧德修斯：喀耳刻，我認爲我清楚過去的事實並且不會忘記；然而我很
想從妳那裡得知，是否妳曾經將希臘人變成狼和獅子[1]？

喀耳刻：倒是有幾個，親愛的奧德修斯，爲什麼你要問這個問題？

奧德修斯：如果妳看我的面子將這些同伴恢復原形，不讓他們到老還是野獸
之身，始終生存在憐憫和羞辱之中，我敢打賭這會讓我在希臘人當中獲得很大的
名聲。

喀耳刻：這裡有個小夥子雖然很笨，還是知道不論是他自己或他的同伴，甚
至所有的陌生人，最後面臨死亡的下場是必然的結局。

奧德修斯：喀耳刻，看來妳已經爲我準備好藥物[2]，服用以後完全變成一頭
野獸，如果我聽妳的話喝下去，一定要等到符咒失靈才會從野獸恢復人形。

喀耳刻：難道你不願對自己施以這樣神奇的魔法？你只要在我的身邊就會長
生不老，不必與塵世必死的婦女奮鬥掙扎，非要歷經無窮無盡的危險。我要讓你
知道你已經不再年輕，須知追逐空虛的幻影還不如得到眞正的好處，即使你的作
爲讓人感到驚惶不已，甚至比你想像還要出名，這也不是你所要的目標。

奧德修斯：好吧，喀耳刻，就讓一切如妳所說的那樣。爲什麼我們還要一再
爲同樣的問題爭吵不已？現在請給我一個面子，好讓這些人獲得自由。

喀耳刻：事情沒有那麼簡單，還得遵守黑暗女神[3]的指示。這些可憐的東西

1　這場對話是借用荷馬《奧德賽》作爲背景，奧德修斯受到女巫喀耳刻的蠱惑，兩人過了一年
　　奢華的生活。

2　神的使者赫耳墨斯讓奧德修斯服下解藥，所以喀耳刻的魔法才會失靈，參閱《奧德賽》第10
　　卷290-300行。

3　黑暗女神是指冥神赫克特，祂接受法術的召喚讓死者返回世間暫時現出亡靈，參閱優里庇德
　　的悲劇《米狄亞》394行及後續各行。

不是天生就在磨房工作。首先你得問問他們有沒有這個意願。如果他們說不，英雄閣下，你得出面駁斥還要說服他們。要是你辦不到這點，就會讓他們贏得爭論，那麼你只有認輸，看來是你和你的朋友缺乏判斷的能力。

奧德修斯：親愛的夫人，妳何必非要跟我開這個玩笑？只要他們還是毛驢、豬玀或獅子，我與他們又如何發生爭執？

喀耳刻：閣下有雄心壯志，為何連這一點勇氣都沒有。我想你會發覺他們能接納你的意見，還會做出正確的反應。其中有一位論口才真是攻防俱佳。看我的！變！你可以與這位角色談一談。

奧德修斯：我怎麼稱呼他，喀耳刻？他在塵世用什麼名字[4]？

喀耳刻：這有什麼問題？如果你願意可以稱他格里盧斯（Gryllus）[5]。現在我要避開免得產生聯想，認為他的爭辯有違自己的信念，是要刻意討好我才這麼說。

2 格里盧斯：你好，奧德修斯。
奧德修斯：你好，格里盧斯，老天爺會保佑你。

格里盧斯：你想問些什麼？

奧德修斯：自從我知道你過去是一個人，對於你落到目前的困境感到非常遺憾；對於那些在你之前就遭到不幸的希臘人，我表示關切也是很自然的事。現在我正要求喀耳刻解除加在各位身上的咒語，讓所有的希臘人都獲得自由，恢復他們原來的形狀，可以跟著我們一起返回家園。

格里盧斯：停下來，奧德修斯，請不要再說。你看，我們並沒有像你所想的那樣多，談起你的精明能幹和名聲響亮，完全在於的智慧遠超過其他人士，現在的表現看來只是虛有其表而已；一個人沒有將事情考慮清楚，才會對從壞轉變到好這樣簡單的結局，感到困惑和詫異。如同孩童害怕醫生的苦藥[6]以及他會從課堂當中逃走；目前所遭遇的狀況像是一個病患和傻瓜，經過某種程序變得更為健康和更有智慧；唯其如此，從一種形體變換成另一種形體，使你像一匹受到驚嚇的馬那樣跳躍起來。就在這個重要的時刻，你不僅有喀耳刻當你的伴侶，還生活在恐懼和戰慄之中，受到威脅不知何時會變成一頭豬或是一匹狼；同時還想說

---

4 這是荷馬風格的典型問句，《奧德賽》第10卷325行。

5 格里盧斯是「貪食」和「豬」的意思。

6 參閱盧克里久斯《論萬物的本質》第4卷11行及後續各行；柏拉圖《法律篇》720A；一個人要是逐字逐句明白《法律篇》646C的微言大義，就會存有戒慎恐懼之心。

服我們放棄這樣美好又富足的生活，須知所有一切都是這位女士供應，可以與你揚帆離開，再度變回所有生物當中最不幸的人類！

奧德修斯：格里盧斯，在我看來你非但喪失形體，就連智力也因爲藥物的關係受到很大的影響。一種奇特和極其偏差的概念已經污染你的思想，或許是一種肉欲的傾向使你迷戀這樣的形體[7]？

格里盧斯：西法勒尼亞人的國王[8]，你所說的兩點都不對。只要你願意討論問題而不是肆意謾罵，我會很快讓你知道，我們用目前的生活方式取代以往的生活方式，這種做法完全正確毫無一點偏差；現在我們可以將兩種方式比較一下。

奧德修斯：請繼續下去，我很樂意聽你細述。

3 格里盧斯：我會用這些事實讓你得到教導。首先要談的項目就是德行，我們注意到你對這點非常自負，認爲無論在公正、智慧、勇氣和其他方面，都要比動物更爲高明和優越。你是一個極有見識的人，請回答我這個問題！有次我聽到你與喀耳刻談到賽克洛庇斯的土地[9]，雖然沒有耕耘和播種，由於土壤極其肥沃，天然的物品和穀類產量非常豐碩。難道你就沒有拿來與伊色卡（Ithaca）[10]崎嶇不平只能放羊的土地做一比較，須知那裡的農夫在胼手胝足之餘，僅能生產一些瘦弱和貧乏的穀物？看來你不會發脾氣給我一個熱愛鄉土的問題，甚至連自己都無法相信。

奧德修斯：我並不需要說謊話，愛護和珍視本鄉本土是一回事，還有其他地區贏得我的贊許和欽佩。

格里盧斯：我們必須說就是這種狀態：最明智的人士認爲有一件事情值得推崇和讚美，那就是愛人如己[11]。我認爲你的回答應用到精神的層次，這種狀況如同剛才所談到的土地：心靈的土壤非常肥沃，以德行當成收穫的產品，這種天生的作物無須辛勞的工作。

奧德修斯：不錯，這話說得很有道理。

7　由於貪食才會樂於擁有豬的外形。

8　參閱荷馬《伊利亞德》第2卷631行；《奧德賽》第24卷378行；或者開玩笑說他是「頭腦的國王」和「心靈的領袖」。

9　賽克洛庇斯是獨眼巨人居住的島嶼，荷馬《奧德賽》第9卷108行及後續各行。

10　伊色卡島位於希臘西部的愛奧尼亞海域，鄰近西法勒尼亞島，是控制科林斯灣進出的門戶，形勢極其險要。

11　亞里斯托法尼斯的喜劇《財源廣進》1151行；以及西塞羅《突斯庫隆討論集》第5卷37節。

格里盧斯：那麼，就在當前你會認同我的觀點，那就是野獸的靈魂擁有更大的天賦能力，對於德行的傳承更爲完美；無須給予指揮或教導，「沒有播種和耕耘」，德行自然而然的產生和發展，可以適合每一種狀況。

奧德修斯：格里盧斯，野獸身上可以發現那種德行？

4 格里盧斯：我情願你問牠們何以沒有具備像最有見識的人所擁有的德行？爲了讓你稱心如意，首先要提的就是勇氣，在這方面你感到非常的自豪，如果大家將你稱爲「勇敢的戰士」和「城市的洗劫者」[12]，我想這也不會讓你覺得臉紅。然而你就是首惡元凶，對於那些只知道在戰場上面橫衝直撞，一點都不熟悉欺騙和謊言的人而言，是你用詭計和詐術引領他們走上歧途。使得你對於擁有德行的名義不再有所顧忌，至少會與表露凶惡的態度完全一致；不過，你曾經提過，野獸在牠們的奮鬥過程當中，無論是彼此的對抗或是爲了對付你，非常坦誠而且沒有任何心機，牠們從事戰鬥是赤裸裸毫不做作的勇氣，以及出於天生本能的衝動，不會接受敕令的召喚，也不畏懼逃亡的判決，非僅如此，牠們的天性要躲避奉命從事的拘束，堅忍的心靈直到終了都能維持絕不認輸的精神，肉體的制壓不會讓牠們受到征服，即使在鬥爭中遭到毀滅還是不會放棄奮鬥的勇氣。在很多狀況下，野獸面臨死亡的威脅，即使退卻還會聚集起來發揮戰鬥的勇氣，一息尚存也要反抗屠殺牠們的對手，抽搐的動作[13]和凶狠的怒氣，直到最後如同火一樣完全的熄滅和終結。

野獸從不乞求同情也不知道失敗：獅子絕不壓榨自己的同類，馬不會欺負怯懦的夥伴，人類則不然，他們會同類相殘，所謂奴役這個字的字根就是來自怯懦[14]。等到人類用陷阱和詭計制服野獸，牠們完全拒絕食物的引誘和饑渴的痛苦，情願擁抱死亡也不願接受奴役[15]。至於那些幼雛和獸仔，因爲出生未久性情較爲溫馴容易接受訓練；提供很多欺騙的伎倆和動心的誘惑，產生的作用如同吃下麻醉的藥物。這樣一來讓牠們嘗試到不自然的生活模式以及帶來的樂趣，經過一段時間就會面臨喪失鬥志的下場，牠們接受並且降服於所謂的「馴化」，天生的戰鬥精神已經遭到閹割。

事實極其明顯，勇敢是野獸與生俱有的習性，就人類而言獨立的精神全然違

---

12 荷馬《伊利亞德》第2卷278行。

13 如同鰻魚或蛇在死後，尾巴仍舊不停的扭曲擺動。

14 douleia「奴役」的字源是deilia「怯懦」。

15 牠們在捕獲以後不願接受養育和繁殖，普里尼《自然史》第10卷182節。

反自然之道。閣下，這方面可以提出非常合理的證據，那就是野獸的勇敢達到兩
性平等[16]的地步，雌性較之雄性毫不遜色，無論是為生存而奮鬥或是保護牠的子
女，母獸在很多地方占有上風。我想你曾經聽過克羅美昂的母豬[17]，雖然身為雌
性卻給帖修斯帶來不少麻煩。著名的司芬克斯(Sphinx)[18]沒有將她的智慧用於正
道，如果她無法在權力和勇氣方面始終對於底比斯人保有優勢，那麼她只有坐在
菲賽姆(Phicium)山的絕頂上面，編製用來考倒世人的謎語和難題。不管在何種
地方，總會住著像圖米西安(Teumesian)的雌狐那樣「凶惡的東西」[19]；他們說皮
索尼斯(Pythoness)就在不遠之處，這個怪物為德爾斐的神讖要與阿波羅作對。

你們的國王[20]為了免除一位西賽昂人的服役，接受一匹名叫伊莎的母馬當作
報酬，選擇替代的罰鍰是何其明智的做法，矯健的座騎總比怯懦的士兵要強得
多。你自己經常提到母豹和母獅都比牠們的配偶更加積極和英勇。你的妻子雖然
是一個斯巴達人[21]，當你在海外耀武揚威的時候，她卻坐在火爐的一隅，就像是
柔弱的燕子，忍受外來對她和家庭的騷擾，不敢採取反抗的行動；否則我又何必
非要經常提到卡里亞和米奧尼亞(Maeonia)的婦女[22]？有種說法可以明顯看出很
有道理，那就是男人並非天生具備英勇的性格，即使他們的確如此，婦女的參與
占有很重的分量。從而得知勇氣的發揮主要在於法律的強制，不是志願的報效和
主動的作為，對於習慣、譴責和不相干的信仰和爭辯所產生的陶冶作用，倒是大
有裨益。當你面對辛勞和危險的時候，你這樣做不是因為你有勇氣，而是害怕要
做出兩者取其一的選擇。

如同你有一個同伴首次登上甲板很寬的船隻，就會站在一根較輕的木槳旁

16　戴奧吉尼斯‧利久斯《知名哲學家略傳》第6卷12節，犬儒學派的論點，認為德行沒有男女
　　之別。

17　參閱蒲魯塔克《希臘羅馬英豪列傳》之〈帖修斯傳〉9節，是指一位非常殘暴名叫斐亞
　　(Phaea)的女人，生活在惡臭污穢的環境，所以得到「母豬」的稱號；阿波羅多魯斯《史
　　綱》第1卷18節，以及柏拉圖《拉奇斯篇》196E都提到這件事。

18　司芬克斯是神話中的怪物，菲賽姆山的位置離底比斯很近；參閱阿波羅多魯斯《史綱》第3
　　卷5節。

19　這是一頭行動非常神秘的野獸，人類根本不可能將牠捉住；參閱鮑薩尼阿斯《希臘風土誌》
　　第9卷19節。

20　是指阿格曼儂，《伊利亞德》第23卷295-299行。

21　奧德修斯的妻子珀妮洛普是坦達里烏斯孿生子的兄弟愛卡流斯(Icarius)的女兒，也是海倫的
　　表姊妹。

22　這兩個地方的婦女都非常的懶散和怠惰，雖然珀妮洛普是斯巴達人的後裔，還是沒有希望達
　　成格里盧斯那樣高的標準。

邊,他並非不願工作,只是害怕自己力有不逮無法勝任;如同有人情願遭到鞭笞總比劍下亡身要好得多,或是在戰場與敵人拚命遠勝逃亡被捕身受酷刑或斬首示眾;這不是出於勇氣要面對一種情勢,而是出於畏懼要面對另一種局面。可以明顯看出你所具備大無畏的精神,僅是打著謹慎當幌子的怯懦,你所有那些英勇的行為僅僅是害怕的心理,完全靠著經驗和見識,採取一種過程用來規避另一種過程而已[23]。總而言之,如果你認為你的勇氣勝過野獸,為何那些詩人將最勇敢的鬥士稱之為「狼人」、「獸王」或是「像野豬一樣橫衝直撞」[24],從沒有任何一位詩人會把獅子稱為「人王」或「像鬥士一樣的英勇」?

在我的想像當中,如同有些人的行動迅速就被稱為「草上飛」[25],或是面貌英俊得到「神君」[26]的綽號,這些只是意念的誇張手法而已;如同詩人拿偉大的武士與他人相比的時候,他的內心會有更高的理想。依據的理由是憤怒使得勇氣經過淬火和砥礪,變得更為堅硬和鋒利。野獸運用樸實的作風於鬥爭之中,這是有鑑於人類總是混合著心機,如同已經攙水的酒,面臨危險只有讓步,喪失一切可用的機會。有一些像你這樣的人甚至宣稱,戰鬥的時候不要有憤怒的情緒,為的是能產生神智清醒的算計[27];他們的鬥爭要將自衛排除在外,僅僅能夠英勇防護自己的安全,這是一種令人感到羞辱的行動。就在自然女神給予你的情緒工具,你還能摒除或控制的時候,竟然想找出祂的差錯,沒有在你身上長滿尖銳的刺,或是沒有配備戳穿對手身軀的長牙,或是沒有讓你的指甲像彎曲的爪,這豈不是很荒謬的事。

5 奧德修斯:老天爺,在我看來,格里盧斯,你天生就是一位精明的詭辯家,任何狀況到你的嘴裡都可以講出一番大道理,洋溢的熱情真是無堅不摧,為何你不願接著就討論一下節制這個題目?

格里盧斯:我認為你首先要做的事,就是駁斥我剛才所說的話。至於你很想聽一聽有關節制的問題,那是因為你這個丈夫有一位重視貞潔的妻子,相信自己有克制的能力並且提出讓人信服的證據,才會拒絕與喀耳刻同床共枕。其實就這

---

23 參閱柏拉圖《斐多篇》68D。
24 這裡的詩人是指荷馬,用來描述勇士的形容詞,分別出自《伊利亞德》第15卷430行、第5卷639行以及第4卷253行。
25 荷馬《伊利亞德》第2卷786行,通常用來稱呼神的傳令官伊里斯。
26 荷馬《伊利亞德》第3卷16行,通常是指奧德修斯。
27 對於算計會存著畏懼之心,參閱柏拉圖《法律篇》644D。

方面而論，你不會比野獸更有節制的能力，因為牠們沒有選擇的欲望，在同一族
群中求偶不是為了滿足歡樂和愛情。就像埃及的門德人所養的公羊，即使把牠與
最美麗的女人關在一起，還是沒有交媾的意願，要是牽進一頭母羊，立即激起強
烈的性欲[28]；同樣的狀況是你要滿足愛情，對象是自己所熟悉的女性，至於要與
女神發生關係，當然不會產生多大的興趣。提到珀妮洛普的貞操和守節，無數的
烏鴉會用嘈雜的聲音傾注嘲笑和藐視，任何一隻烏鴉在配偶死後，當寡婦可不是
很短一段時間，而是人類的九代之久。看來任何一隻烏鴉比起你那可愛的珀妮洛
普，就貞潔來說，受到尊敬的程度應該多到九倍都不止。

6 由於你不是不知道我是一位詭辯家，且讓我將提出的論點安排得更有條
理，首先定義節制這個字適用的範圍，再按照它們的分類對欲望進行分
析。節制[29] 就是對欲望的減縮和有效的控管，多餘和過分之處加以刪除，要能左
右我們的意願，建立理性和適度的標準，用來掌握我們在這方面的需要。當然，
你提到各種欲望有難以計數的差異……[30] 飲食是最重要而又基於本能的欲望，談
到愛的歡樂雖然找到它的根源來自本能，還是可以戒絕和拋棄不會帶來很大的麻
煩，可以說它是與生俱有並非絕對重要。還有其他種類的欲望，並非必要也不是
生而有之；當然不會出現這種狀況，那就是以你缺乏真正的文明當作理由，非要
將空虛的幻影灌輸到你心中，以至於氾濫成災。欲望的項目為數甚多，並不是每
一種都需要壓制得無法動彈，如同一群外國的烏合之眾竟然征服土生土長的市
民。野獸的靈魂對偶發的激情根本無動於衷，所以牠們的存在可以免於虛無的想
像，像是棲息的地方可以遠離海洋的干擾[31]。牠們與精緻和奢華的生活完全不發
生關係，使得清醒的神志始終獲得確切的保護，野獸的欲望總是保持在正常的狀
態，特別是牠們沒有生活在眾多的同類或國外的族群之中。

雖然過去的我如同現在的你，對於閃爍的黃金感到眩惑不已，認為擁有它是
無法比擬的福氣；白銀和象牙以類似的欲望對我帶來引誘，能夠享有這些物品的

28　希羅多德《歷史》第2卷46節；斯特拉波《地理學》第17卷19節；可以對照伊利安《論動物
的習性》第7卷19節。

29　可以拿烏西尼爾《伊庇鳩魯殘卷》No.456和亞里斯多德《奈科瑪克斯倫理學》第3卷10節這
兩者的內容做一比較，有關動物的節制參閱亞里斯多德《論動物的生殖作用》第1卷4節。

30　這裡有很短一段脫落的文字。

31　參閱柏拉圖《法律篇》704E，對於有害的外來影響力而言，海洋就是一種象徵。參閱亞里
斯多德《政治學》1327節所主張的論點。

人,從很多方面看來像是蒙受神明的寵愛。至於說他是一個弗里基亞人或是一個卡里亞人,或者他是一個比多隆更壞的惡漢[32],或是比普里安更倒楣的國君[33],那又有什麼關係?只有處在那種情勢之下,欲望才會不斷激起生命的活力,對我來說生活當中一切不僅足夠而且綽綽有餘,其他的身外之物無法給我帶來享受和樂趣。我對活在世上唯一的抱怨,是發現自己欠缺最重要的事物,無法獲得天賜的機運成為一個失敗者。這也是我為何要回想當年的往事,有一次在克里特島見到你,穿上假日的服裝打扮得瀟灑又英俊,不是你的智慧或德行讓我滿心羨慕,而是樣式文雅又柔軟的長袍,以及用羊毛織成美麗的紫色斗篷,使我看到為之目瞪口呆(我相信那是用黃金製成的扣環,上面有精美絕倫的浮雕作為裝飾)。我如同迷戀一位婦女那樣隨著你到處走動。現在我已經淨化心靈免於外物的誘惑[34],黃金和白銀在我眼中看起來如同普通的石頭,對於你所擁有的華麗長袍和繡帷,我敢發誓在我長眠的時候,還是比不上深厚和柔軟的泥土。然而在我們的靈魂當中,偶發的欲望並沒有立足之地。我們的生活方式其中絕大部分被重要的欲望和歡樂所控制,有些並不重要只是出於一種本能,我們在運用的時候要能保持常態,很多地方不時過分強求。

7 首先讓我們敘述這些歡樂。芳香的物質會給我們帶來歡樂,它的成因在於嗅覺受到與生俱有的刺激,這方面的享受可以說非常簡單而且無需任何花費;同時還有一種實用的功能,就是讓我們判定食物的好壞。我們的舌頭可以分辨出酸甜苦辣,那是液體裡面混合的味道刺激味覺器官;只是我們的嗅覺早就從食物發散出來的味道,更為精確的判斷出品質的差異,就是味覺最靈的試食者[35]也不過如此。在進餐之前可以運用嗅覺拒絕異國風味的菜餚,免得入口以後讓味覺感受痛苦的刺激,特別是不讓敗壞的食物傷害到身體。

嗅覺在其他方面或許會給我們帶來困擾,像是逼你蒐集和混合各式各樣的香料,像是肉桂、甘松、印度薄荷和阿拉伯香茅,以及在一位可怕的染工或某種巫術的幫忙之下,製出的成品可以用軟膏當作它的名字,這種女性化的奢侈品買起來非常昂貴,完全欠缺實用的價值。嗅覺的功能不僅敗壞所有的婦女,就連很多

---

32 多隆出賣特洛伊的情節,《伊利亞德》第10卷有詳盡的描述。

33 他那可憐的感嘆讓人聽了以後不禁流下淚來,《伊利亞德》第22卷38-76行。

34 萬物當中只有人類出現奢侈的行為,普里尼《自然史》第7卷5節。

35 身分特殊的奴僕或太監,要先行嘗試君主餐桌上面所有的菜餚,保證不會有下毒的可能;參閱阿昔尼烏斯《知識的盛宴》171B,以及塔西佗《編年史》第12卷66節。

男士都受到影響，除非妻子使用沒藥調製的粉末，或是灑上芬芳的香水[36]，否則就不願與她共享魚水之歡。像是母豬吸引公豬、母羊吸引公羊以及其他雌性動物能夠誘惑對方，都要靠本身具備特有的體臭；還有就是晨露、平原和青草的味道，吸引雙方產生愛意願意結合成為配偶。雌性不會表露嬌柔的姿態，更不會用欺騙、詭計或否認來掩飾自己的欲望；雄性不會因為瘋狂的色欲刺激表現出不顧一切的衝動，或是用金錢、勞累或奴役去購買生殖的行為。

不僅如此，雙方會在適當的時期享受肉體之愛，絕對沒有狡詐或租借的行為，特別是在春季[37]從冬眠中醒來以後，動物的欲望如同樹木的萌芽，過了這段期間很快消失無蹤。雌性懷孕以後不會繼續接受雄性，這時雄性對牠喪失交配的意圖；我們認為動物對於歡樂是如此的輕視和漠然無動於衷，所有的考量完全基於自然女神的安排。野獸在每天的生活當中，不會產生變態的欲望從而導致同性戀的交尾行為[38]。雖然還有很多的例子涉及極其偉大和舉世聞名的人物，我認為沒有價值可以略過不提。

阿格曼儂前往皮奧夏搜尋受他糾纏因而逃走的阿金努斯（Argynnus）[39]，甚至對大洋和海風都肆意的詆毀……他為了重新做人，就在科佩斯湖中沐浴，將自己的激情經過滌罪的過程，終於擺脫情欲對他的控制。如同海克力斯追求一位年輕的小夥子[40]，放棄探險的行動，使自己的名聲遠落於其他英雄人物的後面[41]。你的手下有一位人士，就在托姆山阿波羅神廟[42]的偏殿當中，暗中刻下「金髮白膚的阿奇里斯」幾個字，這時的阿奇里斯已經有了一個兒子。我聽說這句銘文仍舊留在原處。要是一隻公雞因為沒有母雞就爬在另外一隻公雞的背上，有些預言家或占卜者認為這件事是極其嚴重的凶兆，所以要將犯案的公雞處以活活燒死的懲罰。人類坦誠的招供就貞潔的德行而言遠不如野獸，不會為了滿足歡樂毫無惻隱

36　參閱普里尼的殘卷和憤慨的談話，保存在《自然史》第12卷29節及83節；以及塞尼加《天問》第7卷30-31節。

37　參閱普里尼《自然史》第10卷171節；斐洛《全集》123頁48節；伊利安《論動物的習性》第9卷63節。

38　參閱柏拉圖《法律篇》836C；普里尼《自然史》第10卷166節；以及伊利安《論動物的習性》第15卷11節與《歷史文集》第1卷15節。

39　參閱普羅帕久斯《悲歌》第3卷7節21行。

40　這個美少年的名字叫作海拉斯（Hylas），阿波羅紐斯·羅狄斯《阿爾戈英雄號歷險記》第1卷1207-1272行；以及普羅帕久斯《悲歌》第1卷20節，都記載這個故事。

41　就是駕駛阿爾戈號戰船去尋覓金羊毛的希臘冒險家。

42　這個壯觀的神廟位於皮奧夏，以神讖的靈驗知名於世。

之心，將自己的欲念強加在自然女神身上。即使神明獲得法律作爲祂的盟友，也無法讓你心中淫蕩的惡行保持在限制的範圍之內；這些過分放縱的罪過如同迅速氾濫的洪水，用不斷的暴行、騷擾和混亂對自然女神進行迫害。其實人類早就存有與山羊、母豬或牝馬交媾的意圖，婦女發瘋以後會對雄性野獸抱著色欲的念頭，我認爲變態的結合方式，才有像是邁諾陶爾(Minotaur)[43]、伊吉潘(Aegipan)[44]、司芬克斯和馬人(Cantaur)[45]這一類的人物降生世間。雖然饑餓使得狗群在偶然狀況下還會吃人，鳥類基於需要會用人肉充饑，從來沒有一種野獸會用人類的肉體解決性欲。剛才我提到的動物和其他很多野獸，都是人類暴力和非法色情的受害者。

8 我在前面提過人類的欲望是如此的邪惡和荒唐，即使有些極其重要無法廢除，還是很容易證明我們的節制遠不如野獸；須知牠們的飲食會用某些優點來取代我們所能獲得的樂趣，不像你只追逐飲食的歡樂而不是維生的養分，得到的報應就是惹來很多嚴重的疾病；你的身體只要飲食過度，如同泉水大量湧出，讓你的腸胃充滿氣體，即使用通便的方式還是很難排出。首先就是每一種動物都有單一的食物適合它的需要，像是草、根莖或是果實。那些肉食動物所需的養分沒有其他來源，還是不會剝奪弱者的生存權利；像是獅子會讓鹿群以及狼會讓綿羊，在自然形成的草地上面覓食。

人類出於歡樂的要求陷入墮落的處境，對於所有可食的材料抱著貪吃的欲望[46]，在認同合適和可用的食材之前，要對所有可以到手的東西進行嘗試和習慣的過程。在所有生物當中只有人類是雜食[47]。首先要讓我們知道人類的肉食，成因在於不缺乏所需的方法和工具，他經常在收穫的季節可以連續聚集和貯存植物和穀類，數量的豐富可以讓他們疲勞不堪。奢侈的欲望以及對僅僅獲得生存的養分感到饜足，這是推動人類改變飲食的力量，爲了追求非法和不當的食物，運用不潔的手段就是屠殺野獸，殘酷的行爲讓最野蠻的動物對待獵物的方式都自嘆不

---

43 邁諾陶爾是傳說中半人半牛的怪物，參閱蒲魯塔克《希臘羅馬英豪列傳》之〈帖修斯傳〉9節。

44 伊吉潘是長著羊角的牧神，參閱海吉努斯《寓言集》155。

45 埃克賽昂犯下罪孽逃到宙斯那裡乞求庇護，竟然愛上天后赫拉，宙斯用一片烏雲化為赫拉的形體，埃克賽昂擁抱烏雲，生出一些半人半馬的馬人。

46 前面這一段文字，都是出自普里尼《自然史》第7卷讓人印象深刻的序文。

47 「人是唯一的動物，會因無所不食的口腹之欲罹患各種病痛，這一切都是咎由自取」；普里尼《自然史》第9卷283節，以及《盧西安全集》第4卷373-381行，就有這樣的文字。

如。對於鳶、狼和蛇類而言，血、內臟和生肉都是最適合的食物；人類將這些當成開胃小菜。因而我們將每一種東西都當成可以入口的食物，不像野獸禁絕大多數只取極少數，牠的殺戮完全是爲了覓食和生存。總而言之，所有的動物無論是天上飛的、水裡游的或地上走的，全都逃不過人類的毒手，成爲餐桌上面的美味佳餚。

9　好吧，允許你用動物當作材料，使你的飲食更爲豐盛[48]。那麼，爲何……從另一個角度來看，動物的智力讓沒用和無益的技能，不可能獲得生存的空間，提到與生存有關最重要的本領，我們不會讓一個人持續研究某一領域的知識，還能吸引他對之羨慕不已；同樣不會把所有能夠接受的技能當成外國的產品，甚至爲了獲得教導要付出相當代價。我們的智慧要在這方面將它們生產出來可以說是毫無助益，完全出於本身具備天生和合法的技巧。我聽說在埃及每個人都是醫生[49]，就拿野獸來說，牠們不僅在醫藥方面是專家，同時還能供應食物，不僅在戰爭和狩獵方面成爲夥伴，如同還能維護安全和提供音樂，看來每一種動物都是上天賜給人類的禮物。我們在生病的時候，難道要向豬學習，治療的效果訴諸在河邊所捉到的螃蟹？是誰教烏龜在吃蛇以後要吞食墨角蘭解毒？是誰讓克里特的山羊學會這一招，當牠們被箭射中以後，要去尋找一種叫作白鮮（dittany）的植物，吃下以後箭頭就會自然脫落？

如果你一語道破自然女神是牠們的教師，等於將動物的智慧提升到最具支配力量和最爲神而明之的第一原則。如果你不認爲它夠資格稱之爲理性或智力，等到時機來臨，你對它的敘述會用更美好和更光彩的辭句，因爲它所發揮的作用會使所有的行動變得更加完美和突出。這並非不具備教導和訓練的功能，而是更著重於自我學習和自我調適，何況還不欠缺所需的精力。這是因爲與生俱有的德行能夠稱得上健全和完美，至於知識和其他事物是否能對智力有所貢獻，完全抱著漠不關心的態度。不管怎麼說，這些動物如同人類一樣，爲了獲得消遣或是日子更加容易，受到引誘就會接受教導和訓練，了解需要掌握學習的要點，即使違背體能的條件，還是會讓心智的能力據有優勢的地位。我沒有提到小狗經過訓練可以成爲優秀的獵犬，幼駒列隊用同一步伐前進，或者烏鴉經過教導可以說話，以

48　此處可能出現文字的脫落，有一個手抄本已經明確的指出；遺漏的句子是指責人類的過分浪費和放縱自己的欲望。

49　出於誤解希羅多德《歷史》第2卷84節的記載，才有這樣奇特的說法。

及狗做出跳火圈的把戲。劇院當中馬和牛的表演是例行的節目，牠們可以躺在地上，跳舞、保持不穩難以平衡的姿勢，以及做一些人類都不容易做好的動作[50]；牠們能夠記住教給牠們的東西，展現的順從和聽命可以說是問題的關鍵所在。

如果你對我們能夠學到什麼感到懷疑，那麼我要讓你知道我們會教些什麼。松雞爲了逃避敵人的追蹤，要讓幼雛熟悉躲藏的方式，那就是背朝下躺在地上，用爪子緊抓一塊泥土或樹枝蓋在胸前。你可以觀察在屋頂上的大鸛，訓練幼鸛的飛行技術包括試飛在內。夜鶯教導幼鳥如何歌唱就是最好的例子，如果這種鳴禽尚未離巢就被抓走關在籠子裡面，由於沒有及早得到模仿的對象，它的鳴聲當然會遜色不少……我發現自己像是改頭換面一樣產生徹底的變化，現在對於那些詭辯家[51]的話深信不疑，看來全世界所有的生物當中，只有人類缺欠理性和良知。

10 奧德修斯：格里盧斯，看來你與過去相比眞是大不相同。難道你對綿羊和驢子都能訴諸理性？

格里盧斯：尊貴的奧德修斯，即使這樣，還是可能認定動物擁有天賦的理性和智力。如同一棵樹與其他的樹一樣，不能說它沒有生命，然而可以肯定它不僅沒有靈魂，而且都處於無感覺的狀態；用同樣的比喻來說，如果所有的野獸並沒有具備某種程度的理性和智力，當然彼此之間還是或多或少有點差別，那樣我們不能認爲一種野獸比起另一種，更爲怠惰或更難學會各種本事。請你特別注意一點，有些動物在某些狀況之下看起來遲鈍又愚蠢，另外還有一些顯得精明和狡猾，你可以拿一頭驢子和一隻綿羊來與一隻狐狸、一匹狼或一隻蜜蜂做個比較。即使能幹的波利菲穆斯（Polyphemus）[52]也無法與你相提並論，更不要說那位大傻瓜科里巴斯[53]，就是給你的祖父奧托利庫斯[54]提鞭執蹬都不配。談到有關判斷、理智和記憶這方面的問題，我很難相信野獸與野獸之間的差距，能比人與人之間的差距更爲寬闊。

奧德修斯：格里盧斯，可以再考慮一下：允許那些對神明沒有認知的生物具備理性，難道你就不害怕牠們的暴力會更無法無天？

---

50 羅馬的作家非常喜歡敘述戰象的訓練，可以參閱凱撒《阿非利加戰記》72節。
51 或許是指斯多噶學派的人士。
52 波利菲穆斯就是那位獨目巨人，他被奧德修斯刺瞎了眼睛。
53 科里巴斯是諺語中常見的呆子，經常做一些無用的事，像是給海浪計算它打上岸的次數。
54 荷馬《奧德賽》第19卷394行及後續各行，提到奧托利庫斯在偷竊和僞證方面，沒有人比他更加精通，還說這是赫耳墨斯賜給他的本領。

　　格里盧斯：奧德修斯，你是如此明智又通情達理的人物，豈不是讓我們懷疑你怎麼會有西昔浮斯(Sisyphus)[55]這樣的父親？

55　西昔浮斯是伊楚里亞國王伊奧盧斯的兒子，一生無惡不作，死後被打入地獄，安蒂克萊婭遭到他的強暴，才懷孕生下奧德修斯。

第六十七章
論肉食者鄙

第一篇

1 你有問過畢達哥拉斯本人，他禁絕肉食的理由何在？就我個人來說，對
於第一個能用嘴唇接觸死去動物的血污，把牠們的肉吃進肚裡的人，無
論就偶發的因素以及靈魂或心靈的狀況而論，總是感到驚奇不已；這個人將死亡
和腐敗的屍體放在桌上，竟敢把它稱爲食物，認爲從而獲得養分，然而不久之前
牠發出最後的悲鳴，輾轉掙扎告別生存的世界；等到可憐的動物喉嚨被割開、皮
毛被剝去以及肢體被支解，他的眼睛怎麼能夠面對這樣殘酷的屠殺？他的鼻子怎
麼能夠忍受這樣血腥的臭氣？即使全身鮮血淋漓還能從致命的傷口吮吸流出的體
液，這種噁心的狀況又怎能不會倒盡他的胃口？

> 烤叉上面的皮在扭曲肉在滴油，
> 無論是生是熟都聽到牛的哀吼；[1]

雖然敘述的情節是荷馬來自神話的創作，然而這種方式的晚餐卻是不祥之兆，一
個人渴望肉食仍舊聽到悲慘的叫聲；同時還讓我們獲得一個教訓，雖然人類對於
動物存著惻隱之心，還在盤算各種料理方式以滿足口腹之欲。就我個人的看法，
你想知道誰最後會斷絕肉食的念頭[2]，還不如去追查誰是始作俑者更爲有效[3]。

---

1 荷馬《奧德賽》第7卷395-396行。
2 這個人應該是畢達哥拉斯。
3 海帕拜阿斯（Hyperbius）最先殺死一頭動物，那是名叫普羅米修斯的牛，參閱普里尼《自然
   史》第7卷209節。

2 難道能有人說他們開始肉食的理由，是基於其他的食物不能滿足需要？他們耽溺於違背自然和過於自私的歡樂，竟然提出這樣一種不當的訴求，即使在必需品供應豐富的狀況之下 他們仍然懷著非法的欲望想要度過世間的生活。就在這個時候，如果他們恢復原來的概念和習性，還能大聲疾呼的說道：「啊，受到神的厚愛和祝福，你現在好好活著不論將來能有多少歲月，都能享用美好事物所能分給你的配額。多少植物為你生長！你可以採收這些葡萄！你可以從平原獲得財富，從樹林當中得到豐碩的維生之物，你無須手沾染血污就能過舒適的生活，為何你不願如此！」

然而就我們的看法，要面對人類歷史上最驚慌和最可怕的部分，當我們開始出現在活著的生物之中，就已陷入極其巨大和無法忍受的困難處境[4]。空氣被混濁的水蒸氣所污染，變得極其沉重掩蓋天空和星辰，吹起著火的焚風，使得光線很難穿透出去。太陽不會固定在一個流離和變遷的軌道，日夜都無法分辨清楚，它不會回到萬物生長的季節，再也沒有豐碩的收成如同裝點顏面的花冠，河流氾濫帶來的洪水蹂躪地表，大部分成為一片水鄉澤國[5]；幅員廣大的泥淖和不長五穀的灌木叢和森林，使得地球成為一片荒蕪的曠野，這裡沒有任何農耕作物、專業工具或生產技術；饑餓的壓力使得我們得不到片刻的喘息，任何作物的播種季節變成以年度為周期，當我們只能靠草皮樹根過活，還算是運氣很好的時候，即使違背自然女神的訓示，能用動物的肉填飽肚皮又有什麼不對？後來等到我們有橡實可以食用，就會很高興繞著橡樹載歌載舞，同時將它稱為「生命給予者」[6]或是「母親」或是「奶媽」。發覺這也是那個時代唯一的節慶，同時還混合苦惱和陰鬱。你現在活在一個糧食供應相當富裕的世界，根本無需拿動物的肉來充饑，是什麼樣的瘋狂和暴虐使你的雙手沾滿血腥？為何非要誹謗地球像是暗示它對你的支持不力？為何用不敬的方式冒犯立法者德米特(Demeter)[7]，還讓栽培葡萄的領主[8]戴奧尼蘇斯，沒有給予推崇反而感到羞辱，好像你從祂們的手裡無法受領恩惠？你讓農作物混雜著血污難道不感到可恥？你提到蛇、花豹和獅子就說

---

4 狄爾斯、克朗茲《希臘古代哲學殘卷》第1卷〈伊姆皮多克利〉309頁No.2。整段文字如同可疑的殘卷。

5 你不能說陸地來自水體，因為水的侵入變成池塘，最後它還是會乾涸。

6 這個稱呼應該是指「帶來小麥者」的伊里克蘇斯，參閱荷馬《伊利亞德》第2卷548行，出於早期的誤解，才用在橡實身上。

7 德米特是耕種和穀物女神，也是冥后帕西豐尼的母親。

8 參閱本書第32章〈論倫理的德行〉12節，這個稱呼還有其他的解釋。

牠們野蠻，然而你的屠殺是如此的邪惡，不讓牠們有機會勝過你的暴虐，因為牠們的殺戮是為了生存，不像你在於滿足貪食的欲望。

3 我們不會為了報復才去吃獅子和狼的肉，通常會放過牠們去捕捉馴良和無害的動物，因為牠們沒有螫刺或利齒可以攻擊我們，我敢發誓那是自然女神的安排，為了人類要讓動物的外貌不僅美麗而且優雅……[9]（類似的景象有如見到尼羅河高漲溢過堤岸，整個地區氾濫肥沃和富於生長力的洪流，供應植物充足的養分，就這方面而論一點都不令人感到奇怪，大部分的作物都經過精心的耕種，可以用來供應生活的需要；可以遠遠看到一隻鱷魚在那裡游動，或是一條眼鏡蛇盤旋在地上昂首吐舌，還有數以千計其他野生動物，都可以引用受到譴責或出自強迫的理由，能夠在那種環境裡面自由自在的生存[10]。我敢說任何人只要看到這塊土地，上面覆蓋栽培的作物和飽滿的麥穗，就知道會有豐碩的收成，到處生長的毒麥和野豌豆引起大家的注意，對於這種無須費力的品種，不把它當成有利可圖作物，根本沒有收割的意願，反而會引起大家的抱怨。可以舉出另外的例子：如同一個人看到演說家以辯護律師的身分在法庭發言，他的講話可以發揮口若懸河的本領，可以用來拯救陷入危險的當事人，對於輕率的判決或錯誤的定罪提出駁斥和上訴。流利的口才不能沒有內容或是枯燥無味，提出很多甚或所有的情緒訴求，對於心理狀況截然不同的聽眾或陪審團，同時發揮最大的影響力。要能提高他們的興趣和贏得他們的同情，或是運用安撫的手段使他們的心情更為溫和與平靜；如果忽略所有應該注意的事項，根本不去考慮和計算他投入的努力和奮鬥，僅僅揀拾一些言詞方面不如人意的表現，像是他隨著潮流的動能向目標前進之際，突然產生的暴風使得他與眾人分離，所能見到……一些人民當中選出的領袖……）[11]

4 即使在可憐的動物身上，無法找到色澤美麗的皮膚、悅耳動聽的聲音、乾淨清潔的習慣或者難得見到的智力，這對我們並不會帶來任何困擾。不僅如此，我們為了得到分量不多的肉，竟然剝奪牠們可以見到陽光的機會和生命的期限，徒然擁有降世和存在的虛名。我們還是可以想像，當牠們在高聲尖叫

9　本節後面的文字，不但有脫落和遺漏，從內容和語氣來看，很像來自其他的作品，雖然作者還是蒲魯塔克。

10　這部分的文字，讓人讀來有格格不入的感覺。

11　喪失的文字成為令人感到困惑的殘卷，沒有人知道三種比較的目的何在。

的時候，所有的信息是口齒不清，無法提出求饒或是追尋公正，牠們每一個都會這樣說：「只要基於需要，我們不會請你們放下屠刀，不要用傲慢態度非要置我們於死地；可以讓我們成爲免於饑餓的食物，也不必非要擺滿餐桌好滿足口腹之欲。」啊，說起來這是多麼的殘忍！供應無數山珍海味的榮耀是多麼恐怖的一幅景象。人們爲了處理死去的動物，就會雇用廚師和使用香料的專家。等到他們離開餐廳的時候，留下的食物比吃下肚的更多，如此浪費更是讓人不寒而慄，須知這樣一來野獸死得毫無價值。還有人拒絕擺在面前已經準備好的餐點，看到切好或成塊的肉類就不忍入口；雖然他們吩咐要饒恕死者，對於活著的動物沒有惻隱之心。

5 我們可以公開宣布，有人說我們要吃肉類完全基於自然女神的規定，那眞是極其荒謬的論點。首先，我們從身體的結構就知道肉食並不適合養生之道。一個人的體型與以肉爲生的動物並不類似：因爲他沒有如同彎鉤的喙、銳利的爪或鋸狀的齒，也沒有強健的胃和溫暖的體液，可以消化和吸收肉類這樣堅韌的食材。事實就是如此，像是我們的牙齒很平整，我們的嘴巴很小巧，我們的舌頭很柔軟，我們的胃液用來消化肉類過於緩慢，所以可以知道自然女神對於我們的肉食抱著否決的態度。如果你認爲天生就要吃這種飲食，首先要讓自己具備應有的技術，不過，這樣做要靠自己擁有的手段，不能依賴屠刀、各種器械和斧頭。如同狼、熊和獅子用自己的力量殺死牠要吃的動物，所以你要用自己的利齒咬住公牛讓牠倒下，有力的下顎能夠撕裂野豬的肚子和牠的四肢，或是吞下野兔不費一點力氣，如同動物那樣捕捉可吃的目標，趁著還活著就要飽食一頓。如果你非要等到手的獵物死後才吃，即使生活仍舊要過下去，對享用肉食感到焦慮，爲何要違背自然之道，繼續去吃掉你所擁有的生命？一旦動物失去生命已經死亡，沒有人可以就這樣將牠生吃下肚，人們還是要煮牠或烤牠，用火和香料使牠發生變化，無數的調味品使血腥的氣息受到壓制，不會引起討厭和反感，甚至連味覺都受到欺騙，使它可以接受異國的風尙。

有位斯巴達人做了一件逗趣的事，他買來一條小魚交給客棧老闆處理，等到後者向他要乳酪、醋和橄欖油，斯巴達人說道：「如果我有這些東西，就不會只買一條魚。」我們對於動物的宰殺會仔細完成放血的處理，所以才將肉類稱爲補充的食物；然而我們需要爲它準備各種配料，像是混合油、酒、蜂蜜、麵糊、醋

以及敘利亞或阿拉伯香料[12]，如同屍體在埋葬之前塗在上面用來防腐一樣。事實上是爲了處理難以消化的食物，運用這種方式變得更爲柔軟和易於分解；因爲只要腸胃的消化產生問題，食物會引起脹氣和變質產生劇烈的疼痛和不適。

6 戴奧吉尼斯(Diogenes)[13] 爲了終結烹調食物的不便，竟敢吃生的章魚。他在一大群的民眾中間蒙著頭，當他把生肉放進口裡的時候，說道：「我冒著生命的危險是爲了大家的緣故。」老天爺，眞是不可思議的自我犧牲！如同佩洛披達斯爲底比斯人爭取自由[14]，或是哈摩狄斯和亞里斯托杰頓爲雅典人推翻僭主[15]，這位哲學家不怕死的精神是要讓我們過野蠻人的生活！請注意吃肉不僅是身體違背自然律，過分饜足會使人變得粗俗不堪。「喝酒和縱情飲食會使身體強壯更有活力，卻讓人的靈魂日趨虛弱。」[16] 我不願冒犯運動員，只能拿自己的同胞作爲例子，事實上雅典人經常在提到皮奧夏人的時候，說他們呆頭呆腦而且毫無見識，因爲他們只想填滿肚皮就感到滿足。「這些人與豬沒有什麼差別」[17]；……所以米南德才說：「他眞能吃。」[18] 還有品達的評論：「然而要學著……」[19] 根據赫拉克利都斯的論點：「最聰明的人保持清醒的神志，不會放縱於飲食的追逐。」[20]

空甕只要輕敲就會嗡嗡作響，裝滿以後再怎麼打擊都沒有回應。很薄的青銅器具從一端向另一端傳送聲音，它的路徑成爲圓形，直到你用手在四周拍打，使得它的回音受到抑制變得非常沉悶[21]。充沛和瀰漫的水氣會阻礙眼睛的視力，即

12　敘利亞或阿拉伯香料就是肉桂、甘松、茴香、薄荷和阿拉伯香茅。

13　希臘名叫戴奧吉尼斯的主要哲學家有三位，現在所提是舉世聞名的犬儒學派大師，有關這個故事有不同的情節，參閱阿昔尼烏斯《知識的盛宴》341E、朱理安《演說集》第6卷181A以及戴奧吉尼斯‧利久斯《知名哲學家略傳》第6卷78節。

14　參閱蒲魯塔克《希臘羅馬英豪列傳》之〈佩洛披達斯傳〉7-11節。

15　參閱修昔底德《伯羅奔尼撒戰爭史》第6卷54-59節。

16　出自安德羅賽德的著作，他是一位擅長醫學的作家，參閱本書第34章〈論寧靜的心靈〉13節，以及阿昔尼烏斯《知識的盛宴》第4卷157D。

17　參閱蒲魯塔克《希臘羅馬英豪列傳》之〈笛摩昔尼斯傳〉11節，提到「母豬與雅典娜」的諺語，以及前面對格里盧斯的介紹。

18　柯克《阿提卡喜劇殘本》第3卷238頁No.748；這句話的意思是說「他是老饕」。

19　《奧林匹克運動會頌歌》第6卷89行，接著的話是「忍受責難，大家會用『皮奧夏的豬』來嘲笑我們」。

20　狄爾斯、克朗茲《希臘古代哲學殘卷》第1卷100頁No.118。

21　這像是蒲魯塔克在提到「響亮的青銅器」的時候，只說音波如何繞過一只大鍋，不是把音叉排成一個圓形可以得到更好的效果。

使是明顯的目標都變得模糊不清。陽光不能穿過陰濕的氣層和厚重的濃霧,讓我們無法看到太陽明亮和清晰的外形,它所射出的光線受到遮擋變得分外矇矓。身體也會出現同樣的狀況,不適合的食物會使身體受到刺激和騷擾,產生脹氣和腸胃負擔過重的感覺。原來光明又輕盈的靈魂因為飽食終日,無可避免變得模糊又困惑,反常而且喪失原有的穩定。須知靈魂缺乏亮度和強度,就會滲入現實生活當中那些瑣碎而渺小的問題。

7 只要免於這方面的考量,難道你就無法得知這是克盡社會責任最有用的訓練方式?他要是發現自己用溫和與人道的方式,對待其他非人類的生物,又有誰會對他的行為產生誤解?兩天以前一次討論當中,我引用色諾克拉底的話,一個人剝下活羊的皮結果受到雅典人的懲罰,我的看法是肆意殺害動物和虐待活生生的牲口,就違反人性而言並沒有多大的差別。看來我們對於背離習性的重視勝於違反自然。我對這個問題保持用平常心看待的方式。不過,要想討論基於堅持的觀點所推斷的原則,我仍然遲疑不決有所保留,認為它極其重要,就像柏拉圖所說的那樣[22],不可思議而又難以置信,僅僅精明的人才能提出一針見血的意見,如同舵手遇到暴風雨遲遲不肯改變航向引起的危險,或是一位劇作家在演出當中用機具讓神明現身帶來的喧囂。或許引用伊姆皮多克利的詩句,並非不適合選定談話的場地和宣布討論的題目⋯⋯

雖然他的詩句沒有直接明說,它的意思是人類的靈魂囚禁在必死的身體之內,全是應得的懲處,那是因為犯下謀殺和同類相殘的罪行,所以才會產生肉食的習性。不過,這些學說和主張像是年代過於古老,因為裡面提到戴奧尼蘇斯受苦和遭到肢解的故事,還有就是一群泰坦神對他發起殘暴的攻擊,嘗過他的血以後受到閃電的懲罰,以至於這些邪惡的神明全身炸成碎片。所有這些都是一種神話,它的含義就是再生與復活的觀念。我們的才智和能力只要喪失理性、混亂不堪以及出自暴力,都不是神明的指示而是魔鬼的撥弄,古人所取的名字是泰坦神[23],據說在受到處分以後能改邪歸正⋯⋯

22　柏拉圖《菲德魯斯篇》245C。

23　泰坦神的語源可以參閱赫西奧德《神譜》209-210行;柏拉圖《法律篇》701C,得知這個字的意義如同「原罪」。

第二篇

1 理性逼我要以新的信念和熱誠攻擊昨天我對肉食的討論[24]，如同加圖所說[25]，實際的困難是面對肚皮的問題沒有人願意聽真話。如同熟悉的靈藥已經讓他們喝醉，像是喀耳刻[26]

　　混合痛苦、呻吟、魔法和眼淚；[27]

很不容易拔掉肉食的倒鉤，它已深留在喜愛歡樂之中與我們糾纏不清。就像埃及人[28]要割除死者的內臟，開膛剖肚以後暴露在陽光裡面，這個人在塵世所犯的罪過，經過洗滌全都得到赦免；可以除去貪吃和渴望帶來的殺戮，我們的餘生變得更為純潔。不再讓口腹之欲驅使我們要受到流血的污染，完全是我們無法自制才會如此墮落。老天爺，我們真的不可能免於犯錯，因為大家對它是如此的熟悉，至少要對惡行感到羞辱，唯一能做的是訴諸理性。

　　即使我們必須吃肉，那也是出於饑餓的緣故不是滿足奢華的生活；我們必須殺死一頭動物，應該抱著同情和憂慮的心情，而不是可恥到非要對牠施以酷刑。須知現在流行很多狀況，有人用燒紅的鐵叉刺入豬的喉嚨，血液經過乳化會流遍全身，使得牠的肉更加柔軟可口。還有人對於快要生產的母豬，用腳猛踩牠的乳房[29]，在牠沒有生出小豬之前將牠殺死，割下那個紅腫的部位，經過一番調理成為無法多得的美食；或者將鸛和天鵝[30]的眼睛縫起來，關在黑暗之中用催肥的方

24　蒲魯塔克在前面將本書第25章〈論亞歷山大的命運和德行〉分為兩篇。

25　參閱蒲魯塔克《希臘羅馬英豪列傳》之〈馬可斯‧加圖傳〉8節，只是表達的方式還是有點差異。

26　喀耳刻是與奧德修斯共同生活一年的女妖，參閱荷馬《奧德賽》第10卷236行。

27　這句詩的作者或許是伊姆皮多克利；參閱狄爾斯—克朗茲《希臘古代哲學殘卷》第1卷372頁No.154。

28　參閱希羅多德《歷史》第2卷86節；戴奧多魯斯‧西庫盧斯《希臘史綱》第1卷91節；以及波菲利《論禁絕》第4卷10節。

29　普里尼《自然史》第11卷210-211節，記載的狀況還不至於惡劣到這種程度。

30　參閱普里尼《自然史》第10卷60節，已經關在黑房裡面，又何必再費工夫將眼睛縫起來；北

式餵食,使牠的肉用特殊的醬汁和香料混合變得更爲美味可口。

2 這種行爲是明顯的證據,得知他們不是基於食物和養分的需要,完全是爲了滿足貪吃、蠻橫和奢侈的心理,將無法無天的陋習轉變成享樂的舉動。如同那些對於尋歡作樂從不感到厭煩和滿足的婦女,她們要嘗試各種不同的方式,墮落到迷失本性甚至難以自拔,冒險踏入荒淫放蕩的領域到人盡可夫的程度;因而飲食的放縱產生類似的結局,超越自然規範的限制,訴諸形形色色的食欲到殘酷和違法的地步。就拿我們的感官來說,如果不能堅持與生俱有的標準,難免受到影響適應反常的狀況,經不起誘惑在認同以後變得放縱而墮落。如同聽覺患有殘疾使得音樂的品味受到損害。

從這裡可以得知,我們的奢華和放蕩對可恥的狂歡和嬌柔的快感懷有欲念。等於教導我們的眼睛不要從戰陣的演練和姿態[31],以及精美的舞蹈、雕塑和繪畫當中尋找美感和歡樂;而是將人類的殺戮和死亡,帶來的傷勢和搏鬥,當成最有價值的展示和演出。如同非法的聚會隨之放縱的交媾,可恥的狂歡隨之喧囂的音樂,暴虐的節目隨之淫蕩的歌聲,以及對於人類的無情和殘酷隨之劇院極其野蠻的表演。萊克格斯受到斯巴達人像神一樣的崇拜[32],可能基於這樣的理由,才會用下達諭旨[33]的方式給予直接的指示,建造住宅的大門和屋頂,除了鋸子和斧頭不得用其他的工具,就連施作精緻木雕的鑽子和鑿刀都在排除之列,因爲他知道經由這種粗製濫造的工程,使得鍍金的臥榻、純銀的餐桌、紫色的地毯和鑲嵌名貴寶石的酒器,根本無法與簡陋的房間相襯。必然的結果是這樣的房舍、臥榻、餐桌和食具,會使晚餐變得非常樸素,午餐能達成平民化的要求;須知在充滿罪孽的生活方式引導之下,所有的奢侈和貪婪就會追隨其後,如同

斷奶的幼駒在母馬的身旁奔跑。[34]

(續)————————————————————

京鴨的催肥只是填食料,以及關在籠中不讓運動。

31 參閱柏拉圖《法律篇》816B。

32 參閱蒲魯塔克《希臘羅馬英豪列傳》之〈萊克格斯傳〉5-6節。

33 這就是「不成文法」的濫觴;從蒲魯塔克《希臘羅馬英豪列傳》之〈萊克格斯傳〉得知三件最重要的「諭旨」,分別是元老院的成立、土地的分配和共食的規定。

34 貝爾克《希臘抒情詩集》第2卷〈賽門尼德篇〉738頁No.5;參閱本書第32章〈論倫理的德行〉7節。

3 爲了一頓晚餐使得活生生的動物喪失性命，難道付出去的犧牲還不算昂貴？我們就能讓一條生命這樣不值錢？如同伊姆皮多克利宣稱的那樣，對於你的母親、父親、朋友和子女，我們不能用同樣的方式看待他們的生命。然而至少可以擁有一些知覺、聽力、視力、創意、智能，最後要使每一種生物，從自然女神那裡接受賜與，獲得趨利避害的能力。有些哲學家要讓大家更有人性，吩咐我們在妻兒子女和雙親朋友過世以後，要把他們吃掉[35]，或者是畢達哥拉斯和伊姆皮多克利指責我們，要對其他的生物有同樣公正的行爲，難道我們就會照做而且經過考慮認爲他們的說法很對？一個人不吃羊肉受到你的訕笑，我們要是看到你對死去的父親或母親，將他們的肉切成一塊一塊，派人送給不在你身旁的朋友，同時還邀在附近的人，將親人的肉堆滿在他們的盤中，難道這時他們[36]才不會笑你？或許在接觸這些書之前，沒有先清潔我們的手和面孔、腳和耳朵，那就是犯罪的行爲；除非類似的淨化作用能用上天的名義，被這些人當成題材有清晰的交代，如同柏拉圖所說：「用討論的淡水洗淨我們耳中的鹽垢。」[37]

如果有人比較這兩套書籍和學說[38]，前者可以當成錫西厄人（Scythains）、粟特人（Sogdians）[39]以及那些穿黑色斗篷的人運用的哲理，希羅多德曾經提到這些民族的故事[40]，只是沒有人信以爲眞。畢達哥拉斯和伊姆皮多克利的教條，成爲古代希臘人的法律，隨同一起的問題就是以小麥爲主食……（因爲在我們和這些非理性的動物之間，它的公正性絕不會有問題）。

4 那麼他們之中是誰後來有這樣的判決？

只要鑄造出能用於謀殺的利劍，
這人吃下耕牛的肉開風氣之先。[41]

35　他們這樣說是爲了使得大家不要爲吃肉感到良心不安，因爲人類的結果是必然死亡，同時靈魂不會轉生到動物身上。

36　指的是畢達哥拉斯和伊姆皮多克利。

37　柏拉圖《菲德魯斯篇》243D。

38　這裡提到兩個不同派系的哲學家，一個是畢達哥拉斯和伊姆皮多克利，另一個就是其他哲學家。

39　這裡的錫西厄人和粟特人泛指居住在裡海北部和中亞草原的民族。

40　參閱希羅多德《歷史》第1卷216節，第3卷38、93和99節，第4卷20、26節。

41　阿拉都斯《自然現象》131行及後續各行；盧西留斯的諷刺詩在《帕拉廷詩集》第11卷136-137行。

你可以確知那些暴君運用類似的方式開始從事血腥的屠殺；例如，他們在雅典最先處死極其無恥的阿諛者，後來就連第二位和第三位都不放過；接著變得習慣於流血的慘事，他們讓尼西阿斯之子尼西拉都斯（Niceratus）[42]，身爲將領的瑟拉米尼斯（Theramenes）[43]以及哲學家波勒瑪克斯（Polemarchus）[44]，遭到死刑的懲處。像是開始的時候會吃一些有害的野獸，然後是一隻鳥或一條魚，吃時要先將肉割下來。我們謀殺的本能一旦嘗到鮮血的滋味，就會在野獸身上大試身手。進一步殺戮的對象是勤勞的牛、溫馴的羊和報時的公雞，逐漸使我們無饜的食欲變得更加鋒利，多變的胃口更難滿足；我們走上戰爭之路對人類進行屠殺。

如果有人證明靈魂經歷再生的過程會運用普通的身體，無論是理性轉換爲非理性，以及野蠻再度接受馴服，看來自然女神會讓萬事萬物發生改變，給它們指定新的棲身之處，像是

　　　靈魂穿上肉體難以習慣的外衣；[45]

有些人沒有遏制任性而爲的因素，所以才會採納某種學說和教條，那就是把疾病和不消化的症狀送進我們的身體，阻止我們的靈魂變得更爲殘酷無情；如果我們沒有善待一個客人，沒有尊敬一件婚姻，對我們的朋友沒有摒除流血和謀殺，又怎麼能說我們可以立刻除去這些壞習慣？

5 提到靈魂在身體之間轉移的論點，就展現的證據來看令人無法相信，毫無疑問會引起我們的注意和害怕。如同在一個響起兵刀之聲的黑夜[46]，

---

42 參閱色諾芬《希臘史》第2卷3節。

43 瑟拉米尼斯是雅典的水師提督，伯羅奔尼撒戰爭結束後，他與亞西拜阿德在海上建立功勳，賴山德指派他為三十僭主之一，施政方針傾向無為而治，後來被克瑞蒂阿斯所害，時為404 B.C.

44 波勒瑪克斯是西法盧斯之子和黎昔阿斯之弟，在柏拉圖《國家篇》第1卷，表現極其卓越的談吐和風度。雖然蒲魯塔克在這裡像是給他加上哲學家的稱呼，無論如何還是留下竄改的痕跡。

45 狄爾斯、克朗茲《希臘古代哲學殘卷》第1卷〈伊姆皮多克利〉362頁No.126。

46 參閱馬修·阿諾德（Matthew Arnold）〈多佛的海灘〉（Dover Beach）：
　　我們站在一片黝黑的平原之上，
　　無知帶來響起刀兵之聲的夜晚，
　　混亂的警報掃過最後只有逃亡。
　　這首詩頗能表達當時的心情。

你拔出佩劍衝向一個倒在地上的人，他的全身都被甲冑嚴密掩蓋，這時你聽到一個聲音說無法確定這個人的身分，他認為並且相信這個匍匐在地的形體，是你的兒子、兄弟、父親或同一帳棚的夥伴；為了證明所懷疑的事並不正確，因而將敵人視為朋友給予寬恕；或是不認同出自權威之言，就會把朋友當成敵人殺掉，到底要採取那種行動才好？你會宣稱後面的行動會讓人震驚不已。

　　可以想一想悲劇裡面的角色麥羅普，她舉起斧頭對著自己的兒子，因為她認為這個人就是謀殺兒子的凶手，還說

　　　　這一擊要讓你為惡行付出代價，[47]

這時她將恐懼帶到大家的腳前，整個劇院激起一陣騷動，生怕在一位老人出面阻止之前，她會害死這位年輕人。現在假定有位長者站在她的身旁，對她說道：「趕快砍呀！他是你的仇敵。」另外一個人則說：「不要動手！他是你的兒子。」

　　因為怕是自己的兒子所以不要懲處這位敵人，或是在憤怒的衝動之下為了對付敵人所要殺死這個小孩，試問何者才是最大的錯誤？那麼，處在一種沒有恨意、憤怒、自衛或畏懼，可以誘使我們進行謀殺的狀況，而是出於歡樂的動機，受害者站在那裡處於我們的權力之下，牠的頭向前低垂，這時我們有一位哲學家說道：「將牠殺掉，你是在除去一個野獸。」另外一位說道：「還不停止，要是一位親人或朋友的靈魂借用牠的身體，你又怎麼辦？」慈悲的神呀！毫無疑問在這兩個極其類似的案例中，一個是我拒絕肉食，另一個是不相信有這回事，因而殺害我的兒女或其他的親人，看來要冒的險不是相等就是更多。

6 有關肉食的問題，仍舊與斯多噶學派產生另外的爭論，還達不到「勢均力敵」的局面，那就是對於肚子和廚房，為何會形成極其強烈的「緊張狀態」[48]？當他們把歡樂視為一種柔弱的表現給予抨擊的時候，並不認為這樣做有什麼好處，也不將它看成「顯示人類進步的徵候」或「贊同自然女神的標準」，可見他們對於這些歡樂極其關心，試問為何會如此？看來他們的言行倒是

47　出自優里庇德的悲劇《克里斯豐底》，參閱瑙克《希臘悲劇殘本》之〈優里庇德篇〉500頁 No.456。

48　這是斯多噶學派帶有技術性的哲學用語。

前後一致，宴會將香水和糕點摒棄在外，對於鮮血和生肉會反胃作嘔，也沒有什麼不對。他們所持的論點都會受到帳簿的限制，晚餐為了節儉起見，會在支出方面精打細算，所以對於欠缺人道的屠宰行為，不會駁斥它所需要的費用。他們會說：「毫無疑問，我們身為人類在公理正義方面，不會與無理性的動物有任何協定可言。」有人會問，你們對於香水或外國的蜜餞也不會如此。如果你們能從所有隱藏和潛伏的位置，將歡樂那些無此需要的因素全部清除乾淨，這樣才能使動物避開不幸的命運。

7 不過，倒是可以讓我們在這方面做一番檢查，是否我們真的沒有與動物簽下公正的協定；我們不必運用虛偽或詭辯的方式，要將注意力集中在情緒反應和意見交換上面，站在人類的立場用自己的力量去衡量……

第六十八章
柏拉圖學派的論題

問題一：蘇格拉底在柏拉圖的對話錄《瑟伊提都斯篇》提到神明要他做其他人士的接生婆，自己受到攔阻不得有任何著作的成果和思想的結晶[1]，請問這是何道理？

1 其實他並沒有拿著神明的名義用於嘲笑和譏諷，只是在《瑟伊提都斯篇》對於很多事情說出一些傲慢無禮的批評，其中像是[2]：「尊貴的閣下，人們對我經常懷有不正確的偏見，為了我要根除他們心中那些愚蠢的想法，因而受到他們的指責；他們無法理解我這樣做會給他們帶來莫大的好處。他們不知道神明不會惡意待人，其實我的所作所為亦復如是，完全在於我不能容忍對謬誤的默認和對真理的迫害而已。」

他的宗教觀如同米南德所說「神是我們的智慧」[3]，以及赫拉克萊都斯的論點「一個人的特質在於他的守護神」[4]；特別是蘇格拉底主張的哲理，所以會獲得真正神意和靈性的引導，在於不斷接受他人的檢驗，可以免於欺詐、錯誤和虛偽，使得自己和所有的同伴不必忍受這樣沉重的負擔，如此說來，難道它的特性會是較想像力更為出色的洞察力？就在這個時候，出於偶然的機遇或其他原因，希臘突然憑空現身一大批詭辯家，年輕人付給巧言令色的老師大筆束脩，所能得到的是虛有其表的學識和智慧，成為一個強辭奪理的爭辯者，花費很多時光為瑣碎事務不斷的齟齬口角，獲得的名聲最後還是毫無意義可言，也沒有給自己帶來任何好處。因此蘇格拉底要讓駁斥的言辭發揮正本清源的作用，為了取信於人不

1　參閱柏拉圖《瑟伊提都斯篇》150C；提到他的接生術對象是男子而非女人，是靈魂而非身體，證明人的思想是真理的直覺不是虛假的悖論。

2　參閱柏拉圖《瑟伊提都斯篇》151C-D，特別是在這段文字前面的幾句話：他可能將其中一些判為怪胎，使用流產的方式將它拋棄，希望不要像被奪去頭生子的婦女，怪罪他何其殘忍。

3　柯克《阿提卡喜劇殘本》No.762，或科特《米南德的戲劇殘本》No.749。

4　參閱狄爾斯、克朗茲《希臘古代哲學殘卷》之〈赫拉克萊都斯〉No.119。

能過分主觀和自以爲是；他要想得到大家的擁戴在於共同對於眞理的尋求，而非辯護自己提出的意見和論點。

2 無論一個人擁有正確的判斷是如何可貴，自己絞盡腦汁的成果就是最大的障礙，只會受到他人難以抗拒的指責。須知人們對所愛之物都會盲目，特別是對自己發表的意見和議論，關切之情有如父母愛護子女。我們將財產分配給後裔，要是經過一番激烈的爭辯，即使最爲公正的態度，看在別人眼裡也會變得極其偏頗。所謂公正是主觀的認定，只要是自己的言行就要採用；所謂偏頗在於無論出於何種選擇，全都難以成爲正直不阿的仲裁者[5]。一個人只要自己有了創作，對別人而言就不夠客觀。如同一個智者對伊利斯人(Eleans)[6]所說的話，城邦想要辦好奧林匹克運動會，就不能派人參加競賽的項目。唯有不想獲得優勝的桂冠，或是放棄與對手一比高下的決心，才能成爲公正的裁判。甚至就是希臘的將領投票選出最優指揮官的時候，都認爲只有自己才有資格不做第二人想[7]。

所有的哲學家當中，大家除了學識不相伯仲以外，沒有一個能像蘇格拉底那樣，承認自己沒有任何創建，這樣才會對於世事的眞相，做出立場堅定又不會遭到收買的判斷。須知進入耳朵裡的空氣，除非排除各種喧囂和嘈雜的聲音，否則無法發揮聽覺的功能，分辨出它想要傾聽的話語；因而在爭論之中即使獲得合乎理性的裁定，如果整個過程混亂不堪無法加以管束，要想明瞭它的眞意那是難上加難，甚至最後變得不知所云。我們熟知的意見和生而知之的論點，所以不能接受，在於它的種類繁雜和變化多端，從各種學派和社團的參差不齊可以證明此言不虛，特別是有關哲理的學說與它們運用方法論的良窳大有關係，如果堅持其中之一是爲千古不滅的眞理，就會將其餘的見解棄之若敝屣。

3 由於人類缺乏理解和認知的能力，所以神明不讓蘇格拉底給世人帶來開創性的概念，孕育嘔盡心血的思想結晶，以免引起爭議和產生誤導，只

---

5 柏拉圖《斐勒巴斯篇》31A，提到公正的裁判不能為自己的安全迎合別人的偏見，必須冒著危險負起批評的責任。

6 伊利斯(Elis)是伯羅奔尼撒半島西北部一個地區，瀕臨愛奧尼亞海，是肥沃的平原，自古以來以培育馬匹著稱，境內有奧林匹亞聖地，負責辦理每四年一次的盛大運動會，能夠長期維持和平的局面。

7 參閱蒲魯塔克《希臘羅馬英豪列傳》之〈提米斯托克利傳〉17節；以及希羅多德《歷史》第8卷123節。

是要他對形成這種後果的眾多意見，提出糾正和駁斥[8]。因為這番話可以讓我們免得陷入罪惡、欺詐和空虛的處境，這對世人並非一點點恩惠而是最大的幫助，須知上天不會將

> 這種禮物賜給醫藥之神的兒子。[9]

蘇格拉底何曾拿它來治療肉體的疾病，卻對潰爛和腐敗的靈魂產生淨化和洗滌的作用。設若真理才是唯一的知識，那麼學習的過程在於發覺自己未能擁有此一知識，應該盡力要求達成，而不是要去肯定自己已經通曉此一知識，從而可以放任不管。一個人由於無法得知已經擁有某樣東西，所以他才會感到確有需要；通常在一無所有的狀況下，可以很容易獲得知性的真理，因為這時他才願意被人說服和接受；如同一個人自己沒有子女，在收養的時候可以做出最好的選擇。

4 要是進一步的考量，就連詩藝、數學、演說和詭辯都成為沒有價值的東西，蘇格拉底受到神明的攔阻，不要在這方面有所創建和啟發；這時他唯一應該掌握的智慧，可以稱為充滿神性和理解的激情，這是人類無法產生或發覺的事物，只能留存在記憶[10]之中。蘇格拉底不能從事教導和傳授的工作，他只能讓年輕人聯想到懷疑的原則，如同生產帶來的陣痛，他在施與刺激的同時，也讓他們肯定與生俱來的概念。這種方法經他取名為接生術，因為他對於聽眾不會只是應付了事，其實絕大多數人不過表面敷衍；蘇格拉底要將天生不夠完美和引起混亂的狀況展現出來，希望在爾後能夠給予加強和彌補。

問題二：為何柏拉圖將至高無上的神稱為天上的父和萬物的造主？

1 難道認定神被創造出來，所以荷馬才說祂是神和人的父親[11]，製成無理性和無生命之物的工匠？克里西帕斯說得很有道理，即使胎盤可以生產

8　柏拉圖《瑟伊提都斯篇》151E及160E-161A；提到三種偉大的學說。分別來自荷馬、赫拉克萊都斯和普羅塔哥拉斯；現在瑟伊提都斯依據這些學說所得的結論，這是他接生獲得的嬰兒。

9　狄奧吉尼斯《悲歌》432行；笛歐‧克里索斯托姆《演說集》第1卷8節引用這句詩。

10　有關這部分的敘述參閱本書第30章〈神讖的式微〉22節。

11　荷馬《伊利亞德》第5卷544行，這裡的祂是宙斯。

胚胎，也不能將那些供應種子的東西稱為父親。或許柏拉圖的習慣是運用隱喻對
負責整個世界的神明稱之為父親？所以他在《會飲篇》[12]將斐德魯斯稱為歌頌愛神
的始作俑者，那是因為在他的教唆之下才去討論這個題目；然而在以他為名的對
話錄中又被稱為多產有福之人，那是因為他有淵博的知識，對於哲學的討論經常
發表極其精闢的談話。

　　或許身為根源的父親與造主何以會有差異？辛苦的生育與自然形成又有什麼
不同？任何生下來的東西都是製成之物，要是反過來說就不能成立；因為生育會
帶來像是牲口之類活生生的物體。要是拿造主或工匠的狀況來說，譬如一個泥水
匠或是一個織工，或者某人造出一具豎琴或是一座雕像，這些成品都要與他們分
離。鑑於從父母傳承的本質和精力會在後裔的身上混雜起來，形成一種符合自然
律的共存，這時後裔可以說是從父母那裡脫離出來的部分。因為宇宙不像是鑄造
或拼湊而成的產物，主要的成分是活力和神性，那是神照著自己的形狀播下種
子，使它與物質混合起來，由於祂讓宇宙的存在擁有生命，所以祂被世人稱為父
親和造主，也是非常合理的事。

　　2 要是提到的問題能夠符合柏拉圖的論點，是否可以考量下面的敘述有幾
　　　　分道理：宇宙構成的兩個主要部分就是肉體和靈魂。神不會產生前者，
只是供應所需的物質，雖然有適當的大小和外貌，它的形成和結合的方式和範
圍，可以說毫無限制。至於靈魂在加入知性、理智與諧和以後，它不再是造出的
物品，已經成為神的一部分，這時神成為它的根源而且賦予它生命，可以說既被
神所製造又為神所生育。

問題三：柏拉圖在《國家篇》，對於萬有只用一條直線來表示，然後劃為兩個不
　　　　相等的線段，分別稱之為可見的世界和可知的世界[13]；這兩個線段各自
　　　　再按照原比例加以區分，從可知的世界即理解得到的兩個部分，首先是

12　參閱柏拉圖《會飲篇》177D。希臘的愛神有兩位，一位是愛與美的女神阿芙羅黛特，羅馬
　　人稱為維納斯；一位是愛神厄洛斯，羅馬人稱為丘比特（Cupid）。

13　柏拉圖《國家篇》509D-511A，這是柏拉圖極其有名的「線喻」，在這段話的前面，提到兩
　　個真實存在的東西，一個統治理智的區域，一個統治眼球的世界；從而得知理解的事物和可
　　見的事物。下面所說的「萬有」是sum of things的譯稱，視不同的狀況可以譯為「萬事萬
　　物」或「宇宙」。

基本的概念和原理，其次是可以計算的數；從可見的世界即感覺得到的兩個部分，首先是存在的固體，其次是相似和想像之物。柏拉圖認為靈魂相應這四個部分有四種狀態[14]：第一是知識，第二是理智，第三是信念，最後是猜測。由於有些地方他沒有解釋清楚，所以我們要問：柏拉圖何以要將萬有劃為兩個不相等的線段？可知的世界即理解和可見的世界即感覺，這兩個線段究竟以何者為長？

1 從字面上來看，感覺線段似乎是要長一些，因為理解當中不可分割和不會變化的同一存在，處於集中的狀態顯得稍微狹隘。物體當中消失和變換的存在會使感覺的線段獲得供應。無形的精神非常適合加以限制，關係到物質的肉體數量無窮，無法將它局限在某個範圍之內，等到感覺加入理解就會受到效能的制約。除此以外，每一種感覺都會出現很多的類似、幻影和想像，無論基於先天的稟賦或後天的技巧，全都可以從同一來源產生不同的複製和模仿；按照柏拉圖的說法，當然後天的技巧就數量而言要遠勝前者，因為從理解形成的概念是模型和式樣，感覺是它的相似或反映之物。

柏拉圖經由抽象概念或刪除作用，物體讓他獲得知識的方法論，讓我們明瞭學習的步驟[15]，要從算術到幾何，接著是天文，最後是和諧的原理高居頂端。幾何的目標是從它的數量得到範圍的大小；固體是從它的範圍得到深度；天文學的目標是從固體得到它的運動；和諧則是從運動得到聲音。因而抽象的聲音來自運動的事物，運動來自固體的型態，深度來自平面的狀況，以及延伸來自數量的多少，我們就會達成本身所能理解的概念，因為它們保有單一的特質，所以彼此之間不會容許差異的存在。因為單一不會產生數，除非它已經與無限的二元產生接觸；等到數因而產生，就會經歷點、線、面、體和質的調整程序。

再者，理解是唯一可以作為判斷的準據，雖然在想像中智慧與理解的關係密切，事實上智慧要拿數學當成目標，如同鏡子一樣可以反映出來。不過，對於物體的辨識，由於它們的多樣性，自然界給予我們五種功能不同的感覺器官，雖然不能探查所有的物體，很多因為它的微小，可以逃過感覺的察知。雖然我們所有

---

14 這四種狀態來自《國家篇》533E，比較清晰而又明確，不像前面511E的分類那樣的含糊，只是表達的方式還是有相當出入；特別是前者認為第三和第四部分合起來稱為意見，第一部分和第二部分合起來稱為理性。

15 學習的過程可以參閱柏拉圖《國家篇》525B-531D，整個訓練的循序漸進最後導向辨證法，只有這種方法可以揭露真理的面目和本質。

人都是由靈魂和肉體構成，中樞和辨識的器官所占的位置很小，隱藏在相當大的身軀裡面，萬有論及認識與感覺的關係莫不如此[16]。事實上理解是有形之物的原動力，每一種原動力等它到來都會在數量和大小兩方面占有優勢。

2 從另一方面來看，有人首先就會提到我們拿感覺與認識相比，等於將塵世的事物提升到神性的水平，因為神存在於認識之中。其次眾所周知受到包容之物要小於包容者，萬有的本質在於認識接納感覺，那是神置靈魂在其中，還能擴展及於整體，四周被肉體掩蓋得極其嚴密；如同柏拉圖在《法律篇》[17] 所言，靈魂無形不能目睹，任何感官未能覺察，從而得知凡人必然死亡，宇宙不會絕滅；我們那些生氣勃勃的機能，四周圍繞夭折和絕滅，最後難逃衰老終結的命運，這與宇宙的狀態大不相同，基於更加高貴和不變的原則，其中包含無形的精神成分，因而可以永久保存[18]。據說肉體由於它的微細不足為道，所以才會不能分割成更小的部分；無形的精神和知性具備簡單和純一的特性，能夠免於所有的變遷和差異。

除此之外，要想用有形的物質去判定無形的精神，可以說是極其愚昧之舉。現在這個時態不能分割也沒有部分的存在，無論如何都是同時發生；要說整個世界也沒有部分的存在那是絕無可能的事，只能說存在於上天之下各種事件和行動，所有的停止和開始，全都環繞在現在的四周。由於理解的簡單和齊一，如同光線之於視力成為智能的唯一準繩；肉體之間存在無數的差異，各自聽從大相逕庭的章程，那是因為運用不同的工具所致。再者，我們對人類的理解和智力的機能不可帶有藐視之心，因為它的廣泛和強勢，能夠凌駕所有的感官甚或到達神而明之的境界。最重要的一點是柏拉圖在《會飲篇》[19] 提出的主張，所有與愛有關的事物，需要借重理解而非感覺，將美的目標從肉體轉向靈魂；他要求自己不再像一個降服的奴隸，把愛情專注在特定的人士或學門，而是要提升理想到美的浩瀚海洋。

---

16 這種論點是從宇宙縮影的人類社會到宏觀的大宇宙，參閱柏拉圖《斐勒巴斯篇》29A-30A。
17 參閱柏拉圖《法律篇》898E，蒲魯塔克受到影響認為靈魂擁有「智慧」和「思考」的能力。
18 看來宇宙不會絕滅的理由，不像柏拉圖在《泰密烏斯篇》41A所說的那樣簡單，因為宇宙的創造者，說祂創造的作品不容毀壞。
19 柏拉圖《會飲篇》210D。

問題四：柏拉圖提到靈魂總是較肉體為資深，後者的產生要以前者當作成因和根
　　　　源，為何他還要說靈魂的來到不可能沒有肉體，如同智能不可能沒有靈
　　　　魂，況且靈魂之於肉體如同智能之於靈魂？

　　因為肉體活在世上要與靈魂共存，或是出於靈魂的緣故才能出生，看來肉體
無論存在或不存在都不能沒有靈魂。或許我們不斷肯定此事難道就不會出錯？因
為沒有智力的靈魂與沒有組織的肉體，彼此之間經常會有共存的關係，那麼兩者
就不會有出生或根源。等到靈魂可以分享理性與和諧，存在經由認同產生智力，
使得物質發生變化，會較其他的運動更為強勢，就會拖著這些運動轉向自己。宇
宙裡面的肉體會從靈魂得到它的根源，兩者之間的相處更為融洽和舒適。靈魂虛
構肉體的性質所以不會出於本身，同時也沒有出於相互的共存，而是出自不守規
則和沒有形狀的肉體，接著產生秩序良好和遵守紀律的後裔。因此，如同有人說
無花果或是橄欖樹，本體擁有的潛能是種子帶來的特質所造成（原動力的影響和
變化使得樹木成長和萌芽，完全是內部的運動和變化帶來的刺激），因此只要失
去組織和沒有界限的物質，一旦被存在其中的靈魂所控制，就會接受給予的形狀
和處置。

問題五：有些物體和圖形是直線，還有一些是圓周；直線圖形的基準有兩種，亦
　　　　即等腰三角形和不等三角形，前者構成正方體代表土的元素，不等三角
　　　　形構成角錐（四面體）、八面體和十二面體，分別成為火、氣和水的根
　　　　源；然而對於圓周圖形卻抱持不予理會的態度，即使他在本文當中沒有
　　　　提到球形，卻說前面每個列舉出來的圖形，具備的特性是劃為相等的部
　　　　分，可以視為一個被圍繞的物體，請問這是何道理[20]？

1　　柏拉圖說過，十二面體被神用來界定宇宙的形狀[21]，使得萬有的規劃都
　　　　有所依循，因而有些人加以臆測，他是否能從十二面體聯想到球體？這
個體積由眾多的基礎所構成，全都保持很鈍的角度，外觀上像是不用直線，使它

20　柏拉圖《泰密烏斯篇》55A；認為各種元素在空間圍繞一個中心點，然後分層聚集起來，土
　　在中央位置，接著是水，其次是氣，火居於球狀宇宙的邊緣。
21　柏拉圖《泰密烏斯篇》55C，十二面體是第五種複合式立方體之一，前四種關係到四種元
　　素，神如何使用十二面體尚未得知，很可能是指黃道十二宮。

獲得易於彎曲的特性，就像一個球是由十二片皮革製成[22]，稍微膨脹可以得到球面和它的圓周。須知十二面體有二十個立體角，每個立體角又由三個平面角構成，每個平面角都是鈍角，亦即它的角度是直角與五分之一直角之和[23]；最後在它的表面出現十二個等角等邊的五角形，每個五角形包括三十個最原始的不等三角形[24]。這樣一來可以解釋爲何黃道和年度，可以區分爲同樣數目而又完全相等的部分。

2 或許有另一種說法，難道直線天生就應優於曲線，或者曲線只是直線的變形？因爲我們會提到直線的彎曲，以及一個圓的繪製過程；事實上圓存在於一條直線的位置，經過測量可以發現圓周上面每一個點，離開中心的間隔完全相等。無論圓錐或圓柱都是直線構成的圖形，一個圓錐是讓三角形的一端固定再旋轉底部而成；同樣一個平行四邊形的旋轉可以得到一個圓柱。再者，兩點之間以直線的距離最短，更能符合假定的原則，一條圓形曲線即圓周的內側形成凹面，外側形成凸面。再者，數目要先於圖形如同衡量的單位要先於點，因爲位置以點爲衡量的單位。所謂三角形的單位是每一三角形的數乘以八再加上一個基數，所得的數是一系列奇數的平方。那麼三角形先於圓形[25]，要是這樣的話直線也應如此；再者，組成一個物品的元素不可以再行分割，那是因爲任何物品都會分解成爲元素。如果三角形不可能分解成爲圓形，然而兩條直徑可以將圓形區分爲四個三角形，那麼直線不僅先於圓周而且更具有基本的成分。柏拉圖曾經表示，直線始終位居前面，圓弧僅是隨之產生出於偶然；當他提到地球的構成來自立方體[26]，每個立方體都包含直線形成的平面，他還說地球的外觀是圓形的球體。因此，無須對圓周圖形假設特定的元素，直線只要適合某種方式以後，就可以用來繪製相關的圖形。

---

22 柏拉圖《斐多篇》110B，蘇格拉底說起真正的世界，從上往下看，很像一個用十二塊皮革製成的皮球，上面有各種不同的顏色；一般而言，足球是由五到十二片皮革縫合而成，用的片數愈多則球體愈圓，像是世界足球賽的球要求的精度最高。

23 這個角度是108度（90＋90×1/5＝90＋18＝108）。

24 這部分好像出現差錯，蒲魯塔克在本書第30章〈神讖的式微〉33節，要求阿蒙紐斯注意第五種立方體，指的是六面體而不是十二面體。同時在阿比努斯《摘錄集》第13卷2節，雖然提到每個五角形包括三十個三角形，並沒有說它是最原始的不等三角形。

25 如果三角形先於圓形，那麼正方形亦復如是；參閱本書第30章〈神讖的式微〉33節。

26 柏拉圖《泰密烏斯篇》55D-56A，地球的構成來自土，它的分子是含有二十四個直角等邊三角形的立方體。

3 再者，一條直線無論它的長短，全程都能保持同樣的平直，如果圓形較小，我們看到圓周的弧度更加彎曲，它的凸面會形成高度的集中；反之要是圓形很大，圓弧形成的彎度變得更加緩和。無論如何，要畫出它的凸面圓周，有些圓接觸到下方的平面是一個點，有的則是一條線[27]；因而有人臆測很多直線一段一段的接起來，逐漸形成帶有弧度的曲線。

4 還可以做進一步的考量，世界上沒有圓形或球體的物品能夠到達完美的地步，只是它們的外表出現圓周和環狀，其間的差異讓人無法發覺，那是直線的張力和膨脹使然，或是為數眾多的部分過於微小所致。因此這個世界沒有墜落的物體會產生圓形的位移，可以說全部都是直線運動；真正的球是與可以感覺的肉體無關的元素，然而這種元素卻與靈魂和理解關係密切，所以它自然而然適合圓周運動[28]。

問題六：柏拉圖靠著何種感覺可以在《菲德魯斯篇》[29]斷言，羽翼的屬性能夠帶著沉重的東西向上飛升，最後可以接近神的居住區域？

　　須知肉體當中的愛和美是與生俱來，非常相似神聖的事物，只有它們會使靈魂受到感動和愈為清醒，難道討論的主題是愛和美才會出現這種狀況？即使靈魂有很多功能與肉體有關，他特別提到理性和思想的功能，主要的目是神聖的事物，當然會與神明建立密切的關係，難道這不是一件很容易理解的事？現在提到的功能在他來說很適合稱之為「羽翼」，因為它可以帶著靈魂遠走高飛，離開卑微和必死的肉體。

問題七：柏拉圖提到經常出現的運動，帶有循環和反覆的特質，像是放血的吸杯、食物的吞嚥、拋擲的物體、閃電和雷鳴、琥珀和磁石的吸物以及聲

27　這種陳述在前面從未出現，一個圓無論有多大，接觸到一個平面只是一個點，除非這個圓和平面是任何物質，否則再小都會形成一條線。

28　柏拉圖《泰密烏斯篇》34A、36E以及《法律篇》898A；參閱本書第69章〈論柏拉圖《泰密烏斯篇》有關「靈魂的出生」〉14節。

29　柏拉圖《菲德魯斯篇》246D。

音的諧和[30]，試問發生這種現象的成因為何？

1 他要把如此眾多而又互不相涉的事項，最後歸於單一的成因，看來似乎沒有什麼道理。

2 有關呼吸作用，他已經提出很適合的解釋，可以將它看成是空氣的周期性替換和循環。其他的項目看起來有點不可思議，說穿了不過是彼此之間的互動和位置的變換，他會讓我們明白其中的奧秘。

3 首先談起放血吸杯的狀況有如下述：靠近身體的空氣會提高溫度，變得比青銅的細孔更為稀薄，無法進入真空（因為當時沒有出現這種環境），就會將放血吸杯原有的空氣排開，衝擊的壓力造成空氣的流動，趨近四周圍繞的肌肉和皮膚，讓這些組織受到刺激，汲取體液注入吸杯。

4 發生吞嚥的動作出於同樣的方式，由於我們的口腔和食道通常充滿空氣。等到食物受到舌頭向下的壓力，這時咽喉就會拉得很緊，迫使上顎將空氣向下推擠，打開通路幫助食物落到胃中。

5 重物的拋起和下落產生的衝擊會撕裂空氣使它分離，這時空氣的特性是要恢復原狀，很快充滿形成真空的空間，等到重物的位置不斷改變，就會在後面產生向前推動的氣流，有助於運動的加快速度。

6 閃電和雷鳴的本身如同標槍的投擲，發生在雲層的衝擊使得火熱的物質跳入空氣之中，等到空氣的通道撕裂以後，復原的過程帶來收縮，產生的壓力會使居於上方的雷電，違背自然律要向下運動[31]。

7 琥珀和磁石都不可能吸引任何故置在旁邊的物品，更不要認為有什麼東西會向它們快速移動；只是磁石會發出一道無形的流體，具備像風一樣的動能，使得鄰近的空氣受到干擾，產生的壓力形成圓周運動，出現的真空會在

---

30 柏拉圖《泰密烏斯篇》79E-80C。
31 亞里斯多德解釋閃電的向下運動與它的性質完全背道而馳，參閱《氣象學》342A及369A。

同一方向將鐵拖了過去，然後緊靠在一起。琥珀含有像火焰一樣的物質，它的表面受到摩擦管孔張開就會放射出去；這種物質只要逃逸到了外面，就會出現如同磁石的作為，由於成分過於稀薄和微弱，只能拖曳鄰近質量最輕而又乾燥的碎片，不像磁石有能力推動大量空氣，可以控制較大和較重的物品。

　　為何空氣只能將鐵向著磁石推壓，對於石頭和木材就不能發生作用？困難所在是兩種論點勢均力敵不易取捨，有人認為物體之間的凝聚力在於磁石的吸引，還有人主張只有鐵才能傳送這種力量；柏拉圖用下述的方式提出問題的解決之道：鐵的質地和紋理不像木材那樣鬆軟，當然也不如石頭或黃金那樣緊密，凹凸不平的表面滿布細孔、裂縫和波狀皺紋，對於空氣的性質能夠進行適切的配合；最後的結果還是空氣的作用，它向著磁石的運動會對鐵造成影響，不會置之不理的從旁滑過，當然某些位置或相反的壓力產生遮斷作用，還是順從加在鐵上的壓力，使它向著磁石前進最後依附在上面。好吧，這些現象已經得到充分的解釋。

8 水在地球表面的流動已經將周期性的推進包括在內，有關這方面可以運用的方法倒是很不容易理解；觀察到池塘的水面所以平靜無波，那是上面的空氣沒有流動，所以不會造成真空，水就不會向四周蔓延或者產生聚集的作用。不管怎麼說，海洋和湖泊的水面因為空氣的振動，才會激起洶湧的浪濤，位置的改換和形成的水流變得極不規則，向下的衝擊產生波谷之間的下凹，接著是向上的衝擊帶來的隆起，一直要到圍繞著水面的空氣靜止下來，這些不斷起伏的水面才會慢慢平息。急湍的溪水迫使空氣讓出通路，轉過來在後面推著它們前進，所以才會造成毫無間斷的日夜奔騰；高漲的河川會使它的流動更加快速，等到水位下降變得非常淺薄，它的流速平緩而微弱，如同空氣不會讓出通路，對於循環性的復原作用難以產生反應。泉水向上翻滾的道理亦復如是，外部的空氣不斷進入形成真空的空間，迫使地下的水只有乘勢噴出。緊閉暗無天日的屋子裡面將水灑在地上，空氣的位置由於潮濕產生變動，或者是水滴的撞擊帶來的干擾，這時就會感到一陣微風的吹拂。自然界供應空氣和水所需的力量，彼此之間會發生衝突也會相互退讓，只要沒有真空存在，雙方就會保持原來的態勢，不會受到位置變化帶來的影響。

9 現在要談起和諧這個題材，柏拉圖曾經提起[32] 聲音如何從運動獲得一致；因為聲音加速就會變得高昂，如果減緩就會變得低沉，所以高音很快會對感官產生刺激，等到變得微弱或是即將結束，這時開始就會被低音壓制，混合以後聽在耳裡讓人感到愉悅，這就是大家所稱的和聲。從前面陳述的狀況可以很容易得知，空氣成為這些事項的工具和手段。事實上，聲音來自空氣的作用，經由耳朵的聽覺得以辨識；因而物體遭到打擊會使空氣產生振動，強烈的振動產生尖銳的聲音，鬆弛的振動帶來低沉的聲音。強有力的振動很快可以聽到，四周的空氣接受以後變得較為低沉，彼此產生的共鳴同時傳入我們的感覺器官。

問題八：柏拉圖在《泰密烏斯篇》[33] 提到靈魂散播在地球、月球和其他的時間工具上面，這種說法有何意義？

1 柏拉圖認為地球的運行如同太陽、月球和五大行星，這些天體卻是逆向轉動，所以才將它們稱之為「時間工具」，然而亞里斯塔克斯和塞琉卡斯有一種論點，認為地球應該繞著一根向外延伸的軸轉動，對於這種運行的方式沒有任何限制，為何柏拉圖提出的說法僅是一種假設，塞琉卡斯和亞里斯塔克斯卻能超越原來的範圍成為事實的陳述？狄奧弗拉斯都斯在著作中特別提及，柏拉圖到了老年為這件事感到遺憾，那就是他指派給地球在萬有當中的位置並不適合。

2 希臘語的文法對時效有嚴格的規定，通常會用「與格」取代「屬格」，所以不能把星球說成工具，動物活生生的身體倒是可以，特別是亞里斯多德將靈魂定義為「確實存在於天生帶有組織機能的肉體，使它擁有可以活在世上的能力」，難道這會與柏拉圖的論點發生牴觸？雖然這種概念與他的論點背道而馳，他將星球稱為時間工具，倒也不是僅有一次而是經常如此，甚至還說[34] 太陽本身與其他行星的存在，都是為了區別和保有難以計算的時間。

32　柏拉圖《泰密烏斯篇》80A-B，看來真正的問題就在本文當中，只是蒲魯塔克自己並不知道。

33　柏拉圖《泰密烏斯篇》42D，參閱本書第46章〈論命運〉9節。

34　柏拉圖《泰密烏斯篇》38C。

3 地球可以作爲時間工具才是眞正需要了解的事，不完全在於像星球一樣
的運動，而是保持不斷的旋轉造成日出和日落，界定白晝與黑夜成爲最
原始的時間衡量單位。這也是地球所以會被柏拉圖稱爲日與夜的監護人和製造
者；日晷的指針可以作爲衡量時間的工具，不僅僅是陰影改變它的位置而是指針
能保持靜止，那是模仿地球對太陽的掩蓋，發生在繞著它運行的時候。就像伊姆
皮多克利所寫的詩句：

　　地球站在陽光下方就產生黑夜。[35]

就這一點來說可以解釋所有的現象。

4 太陽、月球和行星所以存在是爲了讓時間有所區別，有人會對其他方面
產生疑慮，至於這一部分是否不應如此，更不能將它視爲荒謬之事。一
般而言，太陽的神性處於很高的位階，特別是柏拉圖在《國家篇》將它稱爲萬有
的統治者和君王[36]；就像感覺會給理解帶來莫大的優勢一樣，他曾經說過會對我
們的後裔大有裨益，如同來到的光給我們提供可見的東西，甚至對於理解的事物
而言，最大的好處是知道它的存在。現在可以明確得知，這樣一位神明擁有無可
比擬的特性和權勢，可以作爲時間工具用來量取八個天體，彼此在軌道上面運轉
不同的速度，當然這種做法似乎並不適切，看來也沒有什麼道理可言。

　　亞里斯多德曾經說過，不學無術從開始就使我們的思想受到干擾，要到現在
才有這樣的認識，須知時間根據在先或隨後成爲運動的衡量和數據。或許如同史
樸西帕斯所言，這與運動的量大有關係；或許如同某些斯多噶學派人士的主張，
除了運動的延展再也沒有其他的問題，用偶然性來解釋一切，完全不在意它的本
質和潛能，更不會臆測到品達會用這種表達方式：

　　說起時間是至高無上的創世主，
　　遠勝上天那些造福人類的神明；[37]

35　狄爾斯、克朗茲《希臘古代哲學殘卷》之〈伊姆皮多克利〉No.48；參閱伊斯啟盧斯的悲劇
　　《波斯人》87行，及修昔底德《伯羅奔尼撒戰爭史》第7卷66節。

36　柏拉圖《國家篇》506E-507A、508A-B；參閱本書第62章〈論月球的表面〉30節。

37　貝爾克、希里德《品達的吉光片羽》No.33。

畢達哥拉斯被人問到時間是什麼，他的回答說它是上天的靈魂。

時間對於任何偶然出現的運動，不會當成一種特質或事件，然而對於整個宇宙當中仍然活著的生物，所有聚集起來的物體，以及維持對稱和秩序的性質，都可以成爲它們的成因、潛能和原則。或許再進一步的闡明，運動、秩序和對稱的存在就可以稱之爲時間，能夠

　　　引領世人走上沉默無聲的正道；[38]

事實上，古人認爲靈魂的本質是乃自由自在的活動，這也是柏拉圖所以會持這種說法的道理，那就是時間要與天的共存，它的運行甚至發生於天的存在之前。不過，只要沒有秩序、度量或差異就沒有時間存在的餘地，使得運動成爲時間不能成形、不能解決和不能製造的東西，等到天意用來控制事物的成形和運動的循環，同時就會有宇宙和時間的出現。時間與天都類似神明，宇宙是祂的本質，時間類似活動構成祂的永恆，如同神明創造的宇宙是祂統治的領域。

柏拉圖曾經說過，時間和天在同一刹那產生，兩者一起被創造[39]，神明所以如此，那是如果它們有絕滅的結局，也會一起分解於無形。任何與生殖相關的事物都離不開時間，如同理解之不能離開永恆，要是後者保持穩定不變，前者在運作的過程當中絕不會消失無蹤。時間與天的關係極其密切而且有其必要，如同前面所說這不是一種簡單的活動，顯然帶有規律的模式，還將度量、限制和周期包括在內。按照赫拉克利都斯的說法，太陽作爲監督和哨兵，主要的功能在於制定、調整、暴露和展現季節的變化和運行，這樣才會帶來萬物的成長，有關世界最爲重大的事務，它與至高無上的主神成爲合作者，至於瑣碎和局部的狀況則不屑一顧。

問題九：柏拉圖在《國家篇》提到靈魂的功能，在於使理性、情緒和欲望這三個部分相互協調，如同將中音、高音和低音妥當安排，最後獲得和諧的樂章[40]；因而有人會提出問題：柏拉圖是否會將理性和情緒納入中間的部

38　優里庇德的悲劇《特羅阿德》887-888行；參閱本書第27章〈埃及的神：艾希斯和奧塞里斯〉75節。

39　柏拉圖《泰密烏斯篇》38B。

40　柏拉圖《國家篇》443D。

位？因為他在本文當中並沒有明確的表示。

1 如果按照這三個部分的性質定出先後次序，情緒的功能應在中間，理性的功能位居頂端。古代將地位最高的人士稱爲topmost（主上），色諾克拉底甚至用這個名詞來代表宙斯，有關永垂不朽的事物可以稱爲高山仰止，有關處於月球之下塵世的事物可以說是流於低俗。更早的荷馬尊祂爲天神之首和王中之王[41]。自然女神及時讓優秀者擁有崇高的地位，理性如同導航員站在前面，欲望不僅排在最後還要保持相當的距離。卑微的出身被人稱爲nethermost（寒門），如同死者獲得的稱號都與地獄和冥府有關；還有人提到如同雷鳴的颶風來自一望無涯的北極，凜冽的寒氣從地底不斷的升起。

欲望部分與理性部分建立的關係，如同末尾與首位的對立或者最低與最高的差異；要是理性的部分已經占有首位，其他的部分只有退居其下，再也沒有爭奪的可能。有的受到指定擔任中間部分的角色，雖然擁有統治的功能，卻不知道有些受到削減，終結居於最高位置的特質，已經不適合於情緒或欲望的部分，因爲它對這兩者不會受到管轄或是願意追隨，就是與理性部分的關係也不能加以管轄或領導。看來情緒的功能最合乎自然之道的位置應在兩者之間的中央；因爲理性的法則在於統治，情緒的功能可以統治或者被統治，它的被統治在於順服理性的要求，等到欲望的功能不聽從理性，則由情緒的功能出面加以抑制和懲處。或許這種狀況有如字母當中的半母音，它正好處於子音和母音之間，發出的音要較前者爲多或較後者爲少；因而在人的靈魂當中，情緒的部分並非純然受到關懷，經常是一種虛幻的影像，雖然有時會混雜無理性的成分，表現出美好的一面在於渴望善有善報。

柏拉圖將靈魂的結構用御手和兩匹拖車的馬[42]來表示：可以清楚得知理性的部分就是御手；那一匹駑馬則是欲望的功能，不守規矩又容易衝動，耳朵裡面長滿剛毛聽不到命令，鞭笞和馬刺都無法讓牠就範；那匹良駒當成情緒的功能，牠聽從理性的使喚，能夠盡量配合無間。從這一輛雙駕馬車的力量和功能來說御手無須居於中間，那是一匹不能與御手相比，卻又勝於共軛同伴的馬所應占有的位置，因而在靈魂當中，柏拉圖不讓據有支配力量的功能，處於中間的位置；因爲具有支配力量的功能，其中受到愛戴的成分較之居第三位者爲少，較之居第一位

41　荷馬《伊利亞德》第8卷31行；《奧德賽》第1卷45行及24卷473行。
42　柏拉圖《菲德魯斯篇》246A。

者爲多;其中訴諸理性的成分較之居第三位者爲多,較之居第一位者爲少。事實
上這種運用的方式可以用比例來保持聲音的諧和:像是情緒和理性兩種功能的配
合如同四度音程;情緒和欲望的配合如同五度音程;以及理性和欲望的配合如同
八度音程。如果我們將理性放在中間,會使情緒和欲望相隔更遠的距離,有些哲
學家將這兩者看成同樣的性質,從而無法加以辨識。

2 要是根據居首、中間和末尾的狀況,用來分配當地的位置;這時我們可
以看到豎琴占有最高和第一的位置,笛子的位置最爲低下和居後,要是
豎琴放在中間,它發出的聲音要較在高處更爲高昂,也要較之低處更爲低沉,難
道這能算是可笑又荒謬的事?每一種動物的眼睛不會長在同樣的位置,只是不論
位於何處,都能發揮視覺的功能。因而身爲兒童的家庭教師,雖然在散步的時候
跟隨在大家的後面,還是說他在領導這些小孩;荷馬說起特洛伊的將領

> 時而會在接敵的戰線奮勇爭先,
> 接著又要催促後隊的士兵向前,[43]

根本不考慮他身於何處,是否可以發揮位居前列的功能;因而靈魂的各部分不應
受位置或頭銜的拘束,唯有它的機能和所占比例應該詳細審查。

理性在人的肉體當中居有高位完全是偶發事件,能夠掌握至高無上的權力,
據有中間位置產生的關係,要是與欲望相比它在上面,要是與情緒相比它在下
面,無論是放鬆還是拉緊,獲得和諧的效果在於去掉過分堅持的部分,最後再度
不讓它們完全鬆弛以至於陷入熟睡。節制和均衡限定在平庸的範圍之內,還有就
是理性的功能所要達成的目標,在於將激情減弱到溫和適宜的程度,這樣就可以
稱爲神聖的結合,因爲它將兩個極端,按照各自的比例最後可以達成諧和的要
求。一輛雙駕馬車的行駛狀況,主要在於調節兩匹馬的快慢適度,至於牲口的好
壞和繮繩的運用還在其次;因之理性的力量在於抑制非理性的激情,經過衡量加
以降低,建構出保持不多不少的中庸之道。

---

43 荷馬《伊利亞德》第11卷64-65行。

問題十：柏拉圖為何提到語言是由名詞和動詞構成？

1 看來柏拉圖除了這兩個詞類以外，將語言當中其他的部分都略而不提[44]，然而荷馬有淵博的知識，在一句詩中將所有的成分包括在內，像是

讓你知道我走向帳篷拿戰利品。[45]

因為這裡就有代名詞、過去分詞、名詞、動詞、介系詞、冠詞、連接詞和副詞；那麼，有關這幾種分類，我們對柏拉圖有何種看法？

或許古代稱為「主要的語言」[46] 就是一種判決，現在將它叫作陳述，為何說明它是真或偽成為首要的表達方式？這樣一來僅僅包含一個名詞和一個動詞，文法學家將它稱之為主詞和述詞。當我們聽到「蘇格拉底在沉思」以及「蘇格拉底在飛行」這兩句話，表達的意思非常清楚，不需要再有任何補充，我們只能說前者是真而後者是偽[47]。

人類最早對語言和發音感到需要，在於想要對別人明示自己的行動，亦即實施者對當事人有何種打算；然而，柏拉圖曾經說過，「動詞」表達行動，「名詞」這個語言符號用於行動的實施者；因而有人就說其他的動作不需要這種表達的方式，像是演員在舞台上面的呻吟和喊叫，甚至就是突然之間的安靜和露出微笑，都會比言辭的說服更為直接和明確。雖然名詞和動詞不需要花多大力氣去表達它們的意義，為了修飾語言還是要下很大的工夫，字句的美化因為換氣和發音使它成為獨立片語，還有一些狀況與字母的多少和音節的長短大有關係。其實文字就是擁有修改附會和千變萬化的特性。古代的人士曾經很明確的表示，只要十六個字母就已足夠書寫的需要。

2 其次我們應該特別注意，不要誤會柏拉圖所要表示的意義，因為他說語言是由名詞和動詞混合組成，並不是說要藉著這兩者才能混合在一起；如同提到這服藥劑是蠟和波斯樹脂的混合物，免得別人有挑毛病的機會，會說為

44　柏拉圖《智者篇》262C；參閱柏拉圖《克拉提魯斯篇》425A及《瑟伊提都斯篇》206D；以及亞里斯多德《書信集》第7卷342B。

45　荷馬《伊利亞德》第1卷185行。

46　柏拉圖《智者篇》262C。

47　柏拉圖《智者篇》263A-B。

何省去火和容器，因爲沒有這些東西就做不成藥劑；因爲我們同樣會指出，柏拉圖所以沒有理會連接詞和介系詞，因爲語言不是由這些詞類所組成，只是基於實際的需要還是缺它不可。當然有的狀況不像所提例子那麼簡單，如同一個人說到「打」或「被打」，接著再說「蘇格拉底」或「畢達哥拉斯」，那麼他提供一些事情，讓我們可以知道和理解；然而他只說「確實」或「因爲」或「有關」，那就不可能對行動或事物獲得任何概念，除非這些語句與動詞和名詞有關，否則都是沒有意義的雜音和空話。即使這些語句的本身或者彼此之間的關係，都不可能達成任何溝通的要求，如果我們想把連接詞、冠詞和介系詞結合起來用於單一的事件，聽到以後還是模糊不清的囈語，不能當作可以理解的言辭。只有一個動詞連接一個名詞，才能達成語言和說話的效果。

有些人認爲只有這兩部分才算是語言，看來像是有點道理，或許荷馬的內心抱著這種想法，所以經常這樣的表示：

不停叫喚他的名字，柔聲說道：[48]

他把「說話」當成動詞使用是一種習慣，像是在這句詩中：

婦人！你剛才說的話令我傷心；[49]

以及：

要是我說話冒犯閣下這位貴賓，
願暴風將它們吹散得無影無蹤。[50]

這裡所說的「冒犯」和「傷心」不是連接詞、冠詞或介系詞，這是一個動詞用來表示一個不光彩的行動或是一些不得體的經驗。因此我們對詩人或作家的褒貶之辭，經常說是「某人的名詞帶有『阿提卡風格』，而且動詞運用『文字極其典雅』」，或者批評「過於呆板」；倒是沒有人用「呆板」、「典雅」或「阿提卡風格的冠詞」，批評優里庇德或修昔底德使用的言語。

48　荷馬《伊利亞德》第6卷253行及406行。
49　荷馬《奧德賽》第23卷183行。
50　荷馬《奧德賽》第8卷408-409行。

3 有人會問道：「何以如此？難道這三種詞類對於語言毫無貢獻？」我的
回答是它們所能發揮的作用，有如菜餚裡面所放的鹽和製成麥餅所需的
水；甚至伊維努斯認為火是味道最好的醬汁[51]。雖然如此，我們還是不會說水是
麥餅和麵包的一部分，即使我們常常需要火與鹽，它們仍舊不能算是蔬菜或食物
的一部分；語言與這些還是有所差異，不能說是對增添的詞類沒有需求。就我個
人的看法，羅馬的語言現在被人類廣泛的運用，所以它的介系詞除了少數幾個，
幾乎全都不見蹤影，從此不再讓冠詞出現，就是名詞的運用也不加上任何修飾的
字眼。這些並沒有令人感到可怪之處，就拿擅長遣詞用字的荷馬來說，名詞上面
很少附有冠詞，看成頭盔的冠毛和酒杯的把手，認為並不見得確有必要。在下面
的詩句當中，他將冠詞的運用凸顯出來，令人印象極其深刻：

> 他激起特拉蒙之子的熊熊怒火；[52]

以及

> 為他建造躲避可怕怪物的房舍；[53]

除此以外還有極少數的例子。不過，即使略去冠詞的狀況不勝枚舉，這種表達的
方式對於語言的清晰和優美毫無關係。

4 無論是動物、樂器、刀劍或任何物品，要是取走或喪失應該屬於它的部
分，就不可能說它更為美麗、有效或可愛；然而語言當中使用的連接詞
被拿走，更能發揮感動人心和鼓舞士氣的力量，像是下面的詩句：

> 死神攫取一個傷者，接著抓緊
> 一個未受傷的士兵，再將一個
> 死者的雙腳牢握在手拖出戰陣。[54]

51　貝爾克《希臘抒情詩集》第2卷〈伊維努斯篇〉271行No.10；艾德蒙《悲歌與抑揚格詩體》
　　第1卷476頁。
52　荷馬《伊利亞德》第14卷459-460行；特拉蒙之子是指希臘的勇將埃傑克斯。
53　荷馬《伊利亞德》第20卷147行。
54　荷馬《伊利亞德》第18卷536-537行。

還有就是笛摩昔尼斯發表的演說：「他可以用很多方式以強凌弱，像是侮辱對方，像是仇恨對方，像是用拳頭痛打對方，像是摑對方一記耳光，但是用他的姿態、他的眼神、他的聲調，讓對方感受威脅和恐嚇，卻使受害者無法向別人訴苦。唯一令人感到欣慰之處，就是他不會說出如此下流的謾罵之辭。」[55] 他還說：「密迪阿斯原來不是這樣，只是從這一天開始，他到處談話、咒罵、吼叫，難道是別人當選的關係？須知安納吉魯斯區的密迪阿斯是候選人。他對蒲魯塔克表示興趣盎然，國家的秘密瞭若指掌，看來已經大得讓城邦無法容納。」[56]

　　上面說的一段話象徵連接詞的省略，就連修辭學家看來都是值得讚譽的事，嚴格講他們不僅要在一般的語言當中盡量不用連接詞，就連單調、乏味和冗長的文體都要受到譴責，那是缺乏形形色色的變化所致。辨證家特別需要連接詞用來接合或分離他們的陳述和命題，如同御者依靠馬軛使得馬匹並駕齊驅，或是奧德修斯在賽克洛普斯的山洞裡面用柳條將綿羊綑綁起來[57]；從這裡得知連接詞不是語言的重要成分，正如同它的名字所表達的意義，是一種用來結合其他詞類的工具，它不能將所有的陳述都連接在一起，而是那些無法簡化的句子，除非一個人可以維持某些說法，諸如皮帶成為負擔或背膠成為書本的一部分，以及承蒙老天的幫忙能使津貼成為政府的一部分。就像迪瑪德斯所說的那樣，節慶補助金成為民主政體的黏合劑。為何連接詞像大理石[58] 促使熔爐裡面的鐵很快化為液體一樣，會讓很多陳述的句子結合起來成為一個？不管怎麼說，沒有人認為大理石是鐵的一部分，雖然在這個例子裡面，物質成為混合物以後就會融化結成一體，如同普通物質的形成是來自很多的成分，彼此之間都會發生影響。還有一些人認為連接詞並沒有將任何東西當成一個，算是語言的列舉方式，把每年選出的官員或是排定的日期，一個接一個的念了出來。

5 提到語言當中其他的詞類，其實代名詞就是名詞的一種，它不僅擁有名詞的格，還能對於所說的話立即做出具有決定性的指示，那是因為有些代名詞可以表示真實的身分。我不知道人們在提到蘇格拉底的時候，是否說出他的名字總比用「這個人」來表示要清楚明確得多。

---

55 笛摩昔尼斯《演說集》第21卷72節。

56 笛摩昔尼斯《演說集》第21卷200節。

57 荷馬《奧德賽》第9卷427行；以及優里庇德的悲劇《賽克洛普斯》225行。

58 大理石並不像蒲魯塔克所想的那樣，能與鐵質固結在一起，而是提供石灰石好與礦砂當中非鐵物質結合成為熔渣，浮在鐵汁上面便於清除。

6 所謂的分詞除了要與動詞和名詞混合起來，它本身無法單獨存在；如同普通名詞不是陽性就是陰性，不能兩者兼備；它的時態像是動詞受到限制，它的位格則與名詞完全雷同，所以這個詞類在語言當中居有一席之地。辨證家將這一類的用語稱爲相互代名詞，所持理由是它們擁有名詞和稱呼的實力。

7 介系詞就它的性質來說，就像頭盔上面的冠毛，不能以語言的型態存在，只能算是語言的附屬品。

8 所有的詞類都可以用在語言之中，其中只有名詞和動詞是語言的成分或因素，兩者的結合表示的意義可以是眞或者是僞，某些人將它稱爲陳述或宣示，還有人說它是論點或學說，柏拉圖直截了當把它叫成語言。

第六十九章
論柏拉圖《泰密烏斯篇》有關「靈魂的出生」

這篇隨筆寫給我的兒子奧托布盧斯和蒲魯塔克，為學之道在於開卷有益和鍥而不捨。

1 你們很想將我零星發表的文字，以及經常論述的觀點，編成前後貫通立場一致的文集，個人認為這樣做目前還沒有必要，倒是柏拉圖的著作中對於「靈魂」著墨甚多，值得單獨就這個題材多費一番心血，下筆以後發現主要的困難在於涉及的範圍很廣，另一方面又要提出可信的證明，因為我的很多主張與柏拉圖學派人士的看法不盡相同，唯有持平之論才能讓他們無話可說。

現在我在開始就引用柏拉圖寫在對話錄《泰密烏斯篇》的內容[1]：「他要以不可分割、不會變化的存在和分布在物體之中的存在，組合成為第三種中介性質的存在。他運用同樣的方式處理相同和差異，亦即把每一種不可分割的存在與按照比例分布在物體之中的存在調和起來，接著再把三種新的成分混合成為單一的形式，迫使差異之中那些不肯通融的成分變成相同。等到使用中介性質的存在與它們合而為一，又把組成的整體適當分成許多部分，每一部分都是相同、差異和存在的混合體。他的劃分按下述方式進行。」

首先你們要記住，柏拉圖的論點在後世的學者當中引起沒完沒了的爭執，要想弄清楚它的來龍去脈，不僅浪費時間也毫無必要，何況你們對這部經典已經仔

---

1 柏拉圖《泰密烏斯篇》35A-B。我們即使要討論提出的本文，在它的前面還有一段更重要的文字不容錯過：「雖然我們是在談過物體以後再論及靈魂，神並不是在創造物體以後再造出靈魂，因為祂只要把兩者放在一起，絕不允許資淺者去管轄資深者，我們用這種方式談論物體和靈魂，說明我們說話的態度是隨意而為，因為我們自己經常處於某種機遇的控制之下，須知神創造的靈魂在它的起源和性質都要優於物體，靈魂是統治者和主宰，物體是它的下屬。」

細閱讀，主旨精義能夠了然於心。有些知名的哲學家贊同色諾克拉底的論點，他宣稱靈魂的本質在於數和運動[2]。還有人追隨索利的克朗托（Crantor），他認為靈魂是一個混合物，一部分是理性的特質，另一部分針對感覺的事物是表達的特質[3]。我認為這兩位極其精闢的闡述，等於為我們指出進行後續研究的基本方向。

2 兩位學者的陳述都很簡潔[4]：色諾克拉底認為不可分割和可以分割的存在混合起來，除了表示數的產生，此外沒有別的意義；等到單一對眾多形成約束以及在無限當中插入一種限制，這時單一成為不能分割，眾多成為可以分割，數成為發展過程的產物，它們被稱為無限的二元（畢達哥拉斯的老師札拉塔斯[Zaratas][5]將它稱為數字之母，同時還將一元稱之為數字之父[6]，認為它具備更為完美的性質）；他們認為數仍然不能算是靈魂，因為它缺乏活力和動能，等到相同和差異混合以後，由於後者是運動和變換的原則，就將其餘的項目交給前者負責，接著得到的產品是靈魂；須知靈魂具備停頓和靜止的功能[7]不下於它的運動和持續。

從另一方面來說，克朗托和他的門生總是抱持一種想法，認為靈魂的特殊功能，凌駕所有之上是判斷的形式，能夠及於理性和感覺的對象，不論是用自己具有的方法，或是其他與此有關的程序，使得差異和相同出現在所望的目標上面[8]，因此就整體而言可以說靈魂是無所不知。所有混合起來的性質成為四

---

2 赫因茲（Heinze）《色諾克拉底的吉光片羽》No.68；參閱本書第68章〈柏拉圖學派的論題〉問題8第4節。

3 克朗托是西元前4-3世紀的哲學家，生於西里西亞的索利，來到雅典追隨色諾克拉底和波勒蒙，後來成為學院學派的領導人物，平生著作極其豐富，只有其他作者引用的殘句存世；參閱戴奧吉尼斯·利久斯《知名哲學家略傳》第4卷24節。

4 從這種表達的方式可以得知，所用的資料不是直接來自色諾克拉底和克朗托，是經過解釋和說明以後的概述。

5 蒲魯塔克要是提到札拉塔斯這個名字，可以確定他不知道有瑣羅亞斯德這樣一位古代最偉大的哲人；因為札拉塔斯所以成為畢達哥拉斯的老師，完全是其他學者以訛傳訛造成的結果。

6 所謂一元就是奇數，蒲魯塔克提到起源於一元之說來自「最好的原則」，參閱本書第30章〈神讖的式微〉35節；色諾克拉底將奇數和一元視為同質，認為它具備雄性的要素，所以加上「數字之父」的稱號。

7 差異和相同分別是運動和靜止的原則；參閱亞里斯多德《物理學》201B及《形上學》1084A。

8 差異和相同有兩種形式，一種是理性或感覺的各自之間，另一種是理性與感覺的彼此之間；參閱柏拉圖《泰密烏斯篇》37A-B。

種[9]：理性的性質經常保持不變和守恆；激情的性質所以易變與肉體有關，再者
是相同的性質和差異的性質，使得前述兩種都會分享帶來的變化和一致。

3 所有注釋此篇的學者都有類似的觀點，靈魂雖然有很多功能，不會從時
間獲得開始，也與出生沒有關係，柏拉圖分析它的本質，爲了便於解釋
起見，用言辭表達它的來到世間，才會和存在的意義混雜在一起。他們將靈魂看
成和宇宙一樣，知道它的永存不朽和不會出生，即使得知它的組織和操控使用的
方法，很不容易了解何以在開始的時候，沒有預先設想它的出生以及一種與出生
因素的連結，須知他可以採用很多方式，現在敘述的過程只是其中之一。他們所
說縱然是靈魂整體的存在，優多魯斯(Eudorus)[10]認爲它所有的組成部分並沒有
這種可能性[11]；這方面的論點就我看來，完全誤解柏拉圖的本意；如同運用一種
常見的取巧辦法，就是不贊許任何一位學者的學說，心中的打算只是全般同意柏
拉圖的論點；他們認爲某個組成部分混合理性和感覺的存在，何以靈魂的出生較
之任何提過名字的事物，在這個世界上更難使人明白其中的道理；因爲宇宙本身
和它的每一部分都包含有形和理性的存在，前者提供所需的物質，後者塑造它來
到以後的形狀，由於理性已經攙入所有的物質之中，就會經由模仿直接塑造可見
的實體，這時靈魂已經超越所有知覺和感官能夠達到的範圍[12]。

柏拉圖之所以不會將靈魂稱爲數，他認爲靈魂具備自動和永恆的性質，它是
運動的源泉和原則。他只是以數、比率與和諧的意義來處理物質，使它存在一種
能力，可以接受最美好的形狀和隨之而來的修飾。有人認爲靈魂遵從數字模式使
它結合在一起，或者說它的本質是數，我認爲這兩種說法所表示的意義大相逕
庭；事實上，靈魂依據一種和諧的模式聚集起來而不是和諧本身。像是他在《論
靈魂》這篇隨筆當中已經提出充分的證據。可以明顯看出注釋者[13]對於相同和差
異這部分，誤解眞正的意義所在，因爲他們只要提到靈魂的產生，就會說所有的

9　柏拉圖始終強調靈魂是「相同」、「差異」和「存在」三種成分的混合，又經過按照特定比例
　　進行的分割與聯合。
10　優多魯斯是亞歷山卓知名的折衷學派哲學家。
11　無論是色諾克拉底有關精神的起源和發育就算術方面所做的解釋，或是克朗托就認識論所做
　　的說明，蒲魯塔克認爲兩者的說法都出了差錯，會讓人誤入歧途。其實優多魯斯對於色諾克
　　拉底的天體演化論所做的闡釋，完全依據克朗托使用的方法，只是蒲魯塔克誤會它的意義，
　　才會出現這樣的陳述。
12　柏拉圖《法律篇》898E及《泰密烏斯篇》36E-46D；參閱阿比努斯《摘錄集》第13卷1節。
13　是指色諾克拉底及其門人弟子。

功能都要歸於相同，只有運動是差異造成的後果。柏拉圖在對話錄《智者篇》提到存在、相同、差異、靜止和運動，除了加以區別之外，認為五個要項彼此毫無類似之處[14]。

4 不管怎麼說，這些人中間大多數對於柏拉圖[15]都有深入的研究，所以才會產生驚慌和困擾，信心的建立會對任何感到懷疑的事物，都要加以操控、脅迫和扭曲，至於覺得害怕和未曾聽聞的項目，也就是我們即將說明的原委，像是宇宙和它的靈魂沒有出生的開端和永恆的結構，它的本質也不是來自無窮無盡的時間，就要加以隱瞞和掩蓋。即使是他花很多心血寫出的對話，還是有人會說很多閒言閒語，認為它讓市民感到困惑，因為柏拉圖的關係會使大家毀棄對神的信念[16]，然而他卻說自己為了反對無神論者，抱著熱情投入辛勞的工作，對於他那把年紀的人而言，已經到了體力無法負擔的程度。

要是宇宙沒有起源的論點為大家所接受，那麼柏拉圖的主張將會無疾而終，諸如靈魂先於物體的存在、居於首位引起改變和運動，以及成為最早的原動力[17]，全都失去理論的基礎。至於什麼是靈魂以及什麼是物體，為何會說靈魂要較物體更為資深，當然會列入下面的討論程序之中；完全是無知或理解的不足，才會對堅持真理的學說感到困擾和疑惑。

5 我的做法是對於那些非比尋常和難以自圓其說的事項，盡可能給予肯定或者加以證明，然後就本文的內容給予解釋和提出事例，同時要使彼此之間能夠相互銜接，不要發生矛盾和對立。就我的看法只有這種方式，對於敘述的事物才能堅持正確的立場。

赫拉克萊都斯(Heracleitus)[18]說過：「宇宙不是任何神明或凡人所能創造，」等到無所不能的神明被摒棄在外，生怕我們自不量力產生這種概念，認為人類是宇宙的造物者，所以才有這樣的表達方式；看來還是接受柏拉圖的說服更讓人感

---

14 柏拉圖《智者篇》254D-259B，參閱本書第30章〈神識的式微〉34節。

15 西元5世紀的新柏拉圖主義哲學家普羅克盧斯(Proclus)認為，蒲魯塔克、阿蒂庫斯(Atticus)和很多其他柏拉圖學派的學者完全接受《泰密烏斯篇》所揭櫫的宇宙起源論。

16 柏拉圖《法律篇》891E-899D。

17 這裡不能算是引用，只能說對於《法律篇》897A的回憶；提到靈魂的運動，它的名稱是希望、思想、先見、判斷、建議、真偽、快樂、痛苦、恐懼、仇恨和熱愛。

18 赫拉克萊都斯是西元前6世紀的哲學家，他是以弗所國王布洛遜(Bloson)之子，公開宣布放棄繼承權給他的兄弟，平生著作等身，只在他人的作品中留下零星的殘句。

到愉悅，他一直讚譽「宇宙是所有出生之物當中最美好者，它的成因極其卓越」，可以明確得知神明帶著宇宙進入存在的狀態，雖然物質或材料並非祂所創造，卻在祂的安排和命令之下，讓造物者有現成的東西可以運用，形狀和圖案已經準備妥當，有些甚至完全照著祂的容貌，因而才會看起來完全類似[19]。

出生的根源並非一種不存在狀態，如同我們提到一間房屋、一套衣服或一座雕像，用來製造它們的原材料，不見得擁有絕對良好和異常適切的條件；事實上，宇宙的出生所經歷的過程可以說混亂不堪；秩序的喪失並不是沒有形體或者不能運動或者失去活力，而是過於鬆散和沒有條理的存在實體[20]，以及陷入瘋狂和失去理性的原動力量，這是靈魂無法協調所造成，根本沒有道理可言。神並沒有讓不具形狀的精神進入物體，也沒有讓喪失活力的存在進入靈魂，恰好有如一個人精通音樂和聲韻，對他的期望不僅僅是發出聲音或開始寫作，而是譜出美妙的旋律或留下動人的詩篇。因此神不會創造出堅固無比又始終反抗的物體，同樣也不會出生充滿想像和原動力強的靈魂，然而祂接受兩者的原則，前者含糊不清又模稜兩可，後者困惑惶恐又愚蠢無知，何況兩者都不夠明確沒有達到應有的圓滿狀態；祂還是下令以後經過安排，將兩者密切結合在一起，從而產生極其完美和卓越的人類。沒有人比柏拉圖更能了解物體的本質，在於它全般包容的特性，對於所有屬於出生之類的物種而言，將它稱爲居所和奶媽。

6 柏拉圖在對話錄《斐勒巴斯篇》將靈魂的質量稱之爲無窮，不能用數與比率來表達；它也沒有期限以及有關不足、超過、區別和差異的度量；他還在《泰密烏斯篇》中，敘述不可分割的物質，按照它的本性進行混合，整個過程條理分明，等到存在運用到物體上面，無法避免變成可以分割[21]；這並不表示單位和點，長度和寬度，在這種狀況下可以倍增，雖然這裡提到的單位、點、長度和寬度，不僅用於物體也屬於物體，這一切與靈魂都沒有關係；因爲全都雜亂無章不能發揮決定作用，只有自動和運行的原則在很多地方被柏拉圖視爲不可或缺的必需，還在《法律篇》公開稱它爲失序和有害的靈魂。

其實這些都是靈魂原有的性質，等到加入智慧、理性與和諧，就會變成宇宙的靈魂。前面提到全般包容和可用的材料，原則上都已經擁有重量、容積和距

19　柏拉圖哲學討論宇宙創造者的論點，來自《泰密烏斯篇》29E-30A有關的敘述。
20　這種表達的方式可以參閱本書第27章〈埃及的神：艾希斯和奧塞里斯〉49節。
21　柏拉圖《泰密烏斯篇》35A。

離,然而有關美觀、形狀和比率的度量卻付之闕如。等到這些全都分配出去,就可以用來納入規範,對於植物、動物、陸地、海洋、天空和星辰,變成各種各類、形形色色的個體和器官。有人將這種狀況歸功於上述的物體而不是靈魂,雖然柏拉圖在《泰密烏斯篇》將靈魂稱爲不可或缺的必需[22];還在《斐勒巴斯篇》[23]提到靈魂在各種程度的不足和過多的無法衡量和難以限制。

不僅是他們認定這些都是事實,就是柏拉圖經常說起物體沒有組織和喪失形狀,本身就缺乏應有的素質和潛能,就像沒有氣味的精油,難道香水師傅會將它用在配方當中?即使沒有這方面的認知,或是本身過於遲鈍或者缺乏此類的愛好,柏拉圖不會出現這種狀況,像是設想邪惡的成因和原則之類的假定,或者將無限稱之爲醜陋和有害[24],以及必須對神而言是難以掌握和引起反抗。無論是必需的認定或「先天的欲望」所能憑藉就是上天的翻覆,如同對話錄《政治家篇》提到的狀況,舉凡倒轉過來走向相反的方向,以及「到達宇宙目前的狀況之前,須知古代所謂與生俱來的性質,大部分時間都陷入混亂之中」;兩者可以運送種類不同的形式和存在,如果底層是未具資格的物體而且欠缺因果關係,造物者的善意是盡可能想要讓所造的物類似自己,除此之外難道就沒有第三者置喙的餘地?

我們涉入斯多噶學派面臨的困難之中,亦即邪惡欠缺出生的成因和過程,因而沒有存在的可能;從事態的發展可以明顯看出,邪惡的存在或出生並非出於善意,也不能說沒有足夠的條件提供它在這方面的需要;不過,同樣的事情不會發生在柏拉圖的身上,大家只會責備那位後來的學者,因爲他沒有像以前的哲學家,竟然忽略處於事物和神明之間,從而出現的第三定理和充沛的原動力,即使根據極其荒謬的理論,對於隨後偶然表露的邪惡抱著默認的態度,雖然我並不知道何以會發生如此奇特的意外事件。他們對於伊庇鳩魯絲毫不肯退讓,就連原子最小的偏離都難以放過,理由是不存在可以帶來沒有成因的運動,使得他們認爲惡行和不幸的存在,以及物體難以計數猙獰可怕的外貌,根本不需要從原則當中找出成因,完全是偶發性的結果。

---

22 柏拉圖《泰密烏斯篇》47E-48A、56C及68E-69A。

23 柏拉圖《斐勒巴斯篇》24A-25A,根據赫摩多魯斯、德西利德(Dercyllides)和波菲利這幾位學者的意見,蒲魯塔克對這方面的論述頗有異議。

24 柏拉圖並沒有做出這樣的表示,只能說是蒲魯塔克綜合《斐勒巴斯篇》和《法律篇》的意見,提供個人的判斷。

7 不過，這並不是柏拉圖自處之道，避免所有的事物出現各種差異，盡可
能讓罪惡的成因遠離神明，所以才會在《政治家篇》[25]寫出他對世界的
關懷之意：「這個世界從建造者那裡接受所有美好的事物，至於痛苦和敗壞的成
因來自宇宙的原始狀態，從而變成一個主要的來源影響到世上的生靈。」隨後他
又說道：「隨著時光的流轉，美好的效能逐漸遭到遺忘，古代的混亂狀況變得更
爲強勢，將要再度面臨沉淪的危險，所有一切全都分解破滅，墜落在無底的黑暗
深淵。」[26] 這裡所說的黑暗深淵就是再也沒有類似和相同的區域，到了此處從此
不能聚結起來；所謂不相類似的狀況與最早出現的事故無關，因爲就相關的問題
而論它並不具備性質或差別。甚至就是優迪穆斯（Eudemus）[27]也與很多人一樣滋
生誤會，所以才會責怪柏拉圖犯下大錯，竟然宣稱最早的事故是敗壞的成因和原
則，因爲他經常稱它爲母親和奶媽。事實上，柏拉圖只是爲最早的事故加上一個
頭銜而已，他將敗壞的成因稱爲運動，只有與物體的結合才能移動和變得可以分
割，陷入混亂和失去理性並非沒有生命的運動。

　　他的《法律篇》如同前面所說，表示靈魂對於仁慈不僅厭惡還帶有敵意。因
爲靈魂是運動的成因和原則，智慧使得運動保持秩序與諧和；事實上，神不會導
引最早的事故脫離遲鈍的處境，等到愚蠢的成因引起騷動不安就會讓它停息下
來，也不會從祂那裡灌輸一種特性，可以成爲變遷和進化的根源；一旦涉入每種
進化的過程和無序的變遷，祂會運用對稱、比率和數當作工具，移走巨大的無限
和喧囂，產生的作用並非使用位移和運動，將變化和差異的改進程序授與事
物[28]，而是使它們不會逸失正道和保持穩定，一切相同存在的實體，始終處於不
會變化的守恆狀態，就我的看法這才是柏拉圖的本意。

8 首先要提出證明來解決所謂反覆無常和自我矛盾的問題。要將極其關切
如此混亂和善變的論點，歸之於柏拉圖而不是喝醉酒的詭辯家，可以說
這樣做同樣沒有什麼道理，就像宣稱有關出生和來到世間都是眞實不虛，然而白

25　柏拉圖《政治家篇》273B。

26　柏拉圖《政治家篇》273D。

27　優迪穆斯的名字應該是優特迪穆斯（Euthydemus）才對，他雖然是柏拉圖學派的成員，也是亞
　　里斯多德的好友，所以亞里斯多德有一篇對話錄，題目叫作《優特迪穆斯或心靈》，只有少
　　數殘句留存至今，他的朋友狄昂遭到叛徒凱利帕斯的暗殺，他因而隨之喪生。

28　參閱本書第68章〈柏拉圖學派的論題〉問題3第1-2節及其注釋。

紙黑字大有商榷餘地；因為《菲德魯斯篇》[29] 說靈魂沒有出生這回事，《泰密烏斯篇》卻又提及靈魂來到世間。無須重複引用柏拉圖在《菲德魯斯篇》所說的話，因為大家都已耳熟能詳，那就是肯定靈魂不滅在於它不具備出生的屬性，所以如此在於它的自動。

柏拉圖在對話錄《泰密烏斯篇》[30] 說道：「雖然我們是在談過物體以後再論及靈魂，神並不是在創造物體以後再造出靈魂，因為祂只要把兩者放在一起，絕不允許資淺者去管轄資深者，我們用這種方式談論物體和靈魂，說明我們說話的態度是任意而為，因為我們自己經常處於某種機遇的控制之下，須知神創造的靈魂在它的起源和性質都要優於物體，靈魂是統治者和主宰，物體是它的下屬。」接著他[31] 說道：「靈魂的本身在不斷的運轉，一個神聖的起點從此開始，擁有理性的生命不會停息而又永世長存；天的本體可以看見，不可見的靈魂卻分享理性與和諧，從最優異的理性和不朽的存在中出生，會變得更為卓越。」他在這裡稱呼「神」是至高無上不朽的存在，靈魂成為卓越的出生之物，最明顯的區別和以往不同之處，在於他拿走不能出生和永恆存在的特質。

9 究竟要用何種方法調解彼此之間的矛盾，使得產生疑慮的人可以接受他的陳述？所謂靈魂不會出生是說它先於宇宙之前存在，就會使所有的事物停留在混亂和喧囂的運動之中，從另一個角度看待靈魂的來到世間和屈從出生，那是神將它當成萬物的首腦所做的安排，等到靈魂在此地受到孤立，祂的吩咐是把更為卓越的靈魂留在彼處，因而它的產生擁有理性和守分的特質，從神那裡供應智慧和規範，如同為它準備感覺和運動的形式。

就是提到宇宙裡面的物體，在一篇對話當中說它不會出生，另外一篇又說它是屬於出生的種類。所以柏拉圖才說宇宙每項事物在可見的狀態之下，存在不會留在靜止當中，而是與喪失秩序的運動長相左右，這是神接替這件任務以後所做的安排，還說四種元素，火、水、土和氣，要在萬物來到之前引起所需的刺激，由於這樣做不合常規使得祂感到震驚，毫無疑問是神設定物體的存在，宇宙出生之前已經著手進行[32]。柏拉圖還說物體的產生要較靈魂資淺，由於宇宙的可見和

29　柏拉圖《菲德魯斯篇》245C-246A，蒲魯塔克僅僅簡述要點，參閱阿比努斯《摘錄集》第24卷4節。

30　柏拉圖《泰密烏斯篇》34B-35A，蒲魯塔克並非引用全文，有的用語經過修正。

31　柏拉圖《泰密烏斯篇》36E-37A。

32　柏拉圖《泰密烏斯篇》30A，蒲魯塔克和阿蒂庫斯對這段文字特別加以強調。

喧囂同樣屬於出生的種類，所以物體具備同樣的性質，萬物經歷變化和出生的程序，他將創始的成因歸之於物種的性質。儘管如此，對於有關極其重要的問題，他還是不會自我矛盾，或者出現無法自圓其說的狀況，因為他提到靈魂是神帶到世間以及它存在於出生之前，並不是運用同一種方式或是針對同一物種。他如同言語坦誠的酒徒，非得經過一番說明以後，我們才知道他的意圖是要大家明瞭出生和肇端的道理。

他說道：「在這個之前所有一切還是談不上比率或尺度，等到得知萬有已經符合秩序的要求，開始是火以及接著的水、土和氣，就會各自留下存在的痕跡，當時的處境對所有事物而言，如同神離去以後所出現的狀況，因而這種存在所擁有的性質，就是神首次用圖案和數字賦予它確實的形狀。」[33] 這是更早出現的狀況，說過以後就用雙重的比例而不是一種，將萬物束縛起來成為一個整體，同時具備堅固的質地和巨大的深度。然後說明神將水與氣放在火與土的中間，緊緊結合起來構成高居上方的天，他說：「從而得知，宇宙的物體所以產生出來，就是用這種方式和四種元素，能夠緊密結合是基於和諧的關係，除了創造它的神，沒有任何力量可以讓它分解[34]。」

他很明確的告知，神是萬物之父和造物者，不在於肉體擁有絕對能力的感官，認為那並非首要的項目，而是身體的對稱、美觀和類似。他認為我們對於有關靈魂的事，與大多數人一樣相信無疑，亦即它的存在並非神的賜與，也不是宇宙所獨有，而是某種自動和具備永恆活力和潛能的想像，以及在喪失理性和秩序的恍惚和衝動之下產生的倔強；至於其餘都在神運用適合的數字和比率的規範之下，授與宇宙的首腦，這都是雙方出生以後的事。

10 以上所述是他對這件事的真正想法，不是為了便於討論起見才用同樣的方式，就靈魂和宇宙的組成和出生談到相關的問題，特別是針對宇宙已經存在，指出很多眾所周知的事實；根據前面敘述的狀況，柏拉圖說過靈魂不能出生也說過它能出生，同時還提到宇宙的來臨和出生，從未說它不能出生或永恆不朽。對於《泰密烏斯篇》的內容難道還需要引證其他的文章加以說明？因為這篇作品從頭到尾都在論述宇宙的出生；要是談起柏拉圖其他的著作，

33　柏拉圖《泰密烏斯篇》53A-B。

34　柏拉圖《泰密烏斯篇》32B-C。

我們發現在他的《亞特蘭提斯傳說》(*Account of Atlantis*)[35] 當中，泰密烏斯向神提出祈求，要將古老的事實用現在的文字記錄下來；還有就是對話錄《政治家篇》裡面，巴門尼德的客人[36] 論述神在建構宇宙的時候，將很多美好的事物加入其中，如果包含若干缺陷和差錯在內，那也是一種構造的成分，只是維持據有優勢的不調和與無理性狀態。或許像是《國家篇》裡面的蘇格拉底，他說數字有的可以用來代表婚姻之神[37]：「聖潔事物的出生有循環的周期，可以用完美的數字來表示。」他所稱聖潔事物的出生就是宇宙，除此沒有其他可能。

11 柏拉圖對於宇宙和靈魂持完全相同的說法，雖然在前面的文字當中並沒有這一段：那就是何以抽象的形式不可分割和不會變化；何以放在容器或種類之中成為可以分割；何以從宇宙和靈魂這兩者都可以產生混合。不可分割的物質通常保持守恆和持續，有些人認為它之所以會如此，那是因為它的細微無法再分，如同最小的物體稱之為原子[38]；那是它的沒有混合和不受影響，保持種類原有精純和不變的特性，表示的意義是它的存在不包含任何部分以及不能分割，等到它只要接觸已經組成和可以分割的對象，就用停止它的多樣性加以區分，以及將它減弱到經由相同到單一的狀態；如同物體變得可以分割，要是有人將它稱為名字相同而意義分歧的種類，表示有一種性質潛伏在形成者的體內，同時具備參與的能力，名稱經過這樣的使用以後，原來的意義沒有什麼不同，要是仍舊抱持原來的想法，認為有形的種類必然混合不能分割的存在，可以視為莫大的錯誤。

須知柏拉圖在他的著作中從來沒有拿這個名字來稱呼形成者(按照他的習慣通常使用容器、全部接納者和奶媽這幾個名稱，就物體而言沒有可以分割的狀況，而是物體已經分為單一的個體)，其次談到靈魂和宇宙的成分，如果都是構成的物質和理性，那麼兩者的出生又有什麼不同的地方？無論如何，柏拉圖盡力要讓靈魂與肉體的出生不發生關係，那是神將無形的部分安置在肉體的裡面，接

---

35 柏拉圖《克瑞蒂阿斯篇》用整篇的篇幅描述亞特蘭提斯的位置、面積、地形、生活、習慣、宗教、政治和軍隊的狀況；《泰密烏斯篇》24E-25D亦有部分介紹。

36 這個客人來自盧卡尼亞的小鎮伊利斯；這個地方也是巴門尼德的家鄉。

37 5這個數字獲得「婚姻」的稱呼，因為5是2與3之和，2是第一個偶數代表女性，3是第一個奇數代表男性；參閱本書第28章〈德爾斐的E字母〉8節。

38 我們不能拿柏拉圖《泰密烏斯篇》35A所提「不可分割的存在」，認為它的意義是「最小的物體」或「原子」。

著要從外部將它緊緊包住。他在《泰密烏斯篇》提到靈魂來到世上以後，爲了補充起見才介紹有關物體的理論，這件事不能提前做，否則會被人認爲靈魂是離開物體才出生。

12 對於波賽多紐斯(Posidonius)和他的門徒，可以表示同樣的異議和駁斥[39]。他們沒有讓靈魂遠離有形的物質，認爲物體的可以分割表示限制的存在，還要與理性混合起來，他們將靈魂定義爲一種觀念，可以用每種方式向外擴展，它的形成在於數字的和諧比率。他們曾經說過，所有運算的方式居於最初的理性和感覺之間，這是一件很合適的安排，因爲靈魂亦復如是，如同它擁有理性的永恆和感覺的激情，使得它的存在正好在中間位置。其實他們對於神毫無所知，等到靈魂到達完美的處境，接著才會用種類的形狀對物體加以約束，爲了制止和包圍容易分散和脫逃的物質在界限之內，就在它的表面組成相互連接良好的三角形。

不過，更爲荒謬之處在於使得靈魂成爲一個觀念或理想，因爲靈魂是在不斷的運動之中，然而觀念保持靜止的狀態，同時後者不可能與感覺混合，倒是會與物體連結在一起；除此以外，神與觀念的關係如同仿製者和模型，至於祂與靈魂的關係如同造物者和造好的成品。有關數的問題已經在前面陳述過，柏拉圖不認爲數是構成靈魂的成分，而是靈魂要用數來規範它的行動和定出它的比率。

13 有一種論點對於這兩方面同樣加以駁斥，無論是無形的限制還是數字本身，都找不到機能的痕跡，從而使得靈魂毫不費力形成判斷，得知何者才是感覺的範疇。靈魂只有分享理性的原則才會產生認知和思考，只是有關見解和信念，據說出於想像和表達的方式，完全基於物體的本質。沒有人能夠在睡夢當中，察覺它的進行只是單純來自點、線或面的架構[40]。僅僅人類的靈魂擁有一種功能，那就是對感覺的認知；如同柏拉圖所說：「宇宙的靈魂如同它的運轉，只要接觸到任何存在的事物，無論是分散開來的部分還是不能分割的整體，它會自行啓動並且貫穿整個存在，同時陳述彼此相同或差異之處，會與何者息息相關，甚至細微到發生的時空和方式，遭遇的狀況和獲得的結果，可以說所

39　參閱本書第63章〈論寒冷的原則〉16節及注釋34。

40　無論是「單位」還是「線或面」都用來代表色諾克拉底的「數」，波賽多紐斯的門徒就用「範圍」加以解釋。

有生成的事物莫不包括在內。」

柏拉圖在表達這些觀念的同時也草擬十大範疇的綱要，所以他陳述當前的狀況，能夠較以往更爲明確；因而他說道：「只要眞理的闡述關切到感覺，常態運轉的差異之圈會將信息傳達給靈魂，這時產生的見解和信念不僅穩定而且正確，然而，只要在另一方面又與理性發生關聯，平滑運轉的相同之圈提供資訊，就會產生所需的知識；如果有人提到上述兩種狀況當中，任何一種存在的事物，說它不是靈魂而是其他的名字，那麼他所說的話出於虛僞而非眞實。」[41] 靈魂從感覺和形成意見的認知得到的運動，何以竟與從知識和產生理性得到的運動會有相當程度的差異？這個問題很難解決，除非我們很堅定的表示，柏拉圖並沒有提到靈魂的構成，只是個別的考量而已，倒是對於宇宙的靈魂提到一部分，是由現有較優而又不可分割的物質組成，物體的存在居於劣勢和可以分割的狀態。

宇宙的靈魂除了運轉不具備其他的性質，會給思想和幻覺帶來熱能和活力，如同其他的靈魂一樣，並非創造出來而是始終存在於永恆之中。因爲自然界擁有理解和認知的機能，同時還具備表達意見的功效；就前者而言不會產生運動也沒有任何感覺，它的存在仍舊固定在性質相同的物質；後者可以分割而且變化無常，因而它所接觸的事物，通常在運動和分散之中。事實上感覺與秩序沒有關係，運用的時候倒是變得毫無章法和欠缺明確。固定不變的功能受到局限，不能產生周延實在的概念和遵守規範的運動，大部分像在睡夢當中那樣陷入錯亂，有形的存在狀態受到干擾，除了偶爾的機遇可以獲得更好的物質。因爲它居於感覺功能和辨識功能之間，對於兩者的順從和同意也是自然之理，要靠著感覺去掌握事物，辨識在於發揮知性的作用。

14 柏拉圖對於某些事物的敘述出於慣用的措辭，期望所講的話讓人更加容易理解，因此他說道：「我對於目前所要討論的問題，剛才只是簡約陳述思考以後獲得的結果，從而認爲存在、空間和作爲三者，用它本身的方式早在宇宙出現之前已經得到認同。」[42] 他所謂的空間是指住所和容器；也會將理性稱爲眞正的存在；要是提到他如何稱呼作爲，在宇宙沒有出現之前，除了包括變化和運動的存在，沒有其他任何事物，要在做出表示和接受表示之間進行

---

41 柏拉圖《泰密烏斯篇》37B-C，其中有若干字句已經略去，就整段的意義而言並沒有造成誤解。

42 柏拉圖《泰密烏斯篇》52D。

安排，所有類似之物要從另一個世界，轉移以後分散在這個世界。它之所以稱爲可以分割，主要的緣故基於存在一種需要，就是將感官分配給負責感覺的功能，將幻想分配給負責想像的功能。

　　靈魂可以參與感官的活動，它的目標是內在的理性而非外部的感覺；因爲智力的本質是固定不動，等到結合靈魂就會加以控制，開始圍繞著它保持不變的圓周運動，運用非常緊密的方式接觸眞實的存在。爲何這方面的聯合經過證明是一種困難的工作，像是將不可分割與可以分割的物體混合起來，或者是變化快速和全然不動的物體聚集起來，或是強迫相互差異與彼此相同的物體連接起來。除非出於區別和變化的原則，否則差異不會產生運動有如相同不會產生靜止。事實上，兩者都起源於不同的原則，相同出於一元而差異出自二元，最初會與靈魂混合，完全是數字、比率與和諧的中項將它們緊緊束縛在一起；因而差異的存在使得相同產生區別，相同的存在則使差異產生秩序，從而可以很清楚得知，靈魂最初具備辨識和運動的功能。

　　天體的運行從恆星的旋轉展現出恆等之中的變動，以及從行星的規律展現變動之中的恆等；前者是相同擁有主導的力量，至於地球上面的事物遵從相反的原則，那是差異進行操控的局面。談到辨識的功能有兩個原則，智慧的程序是從相同到宇宙萬物，感覺的對象是從差異到特定個體[43]；理性就是兩者的結合，對於有關知性的事物它成爲智慧，對於有關感覺的事物它成爲見解，運用位居中間的想像和記憶當作工具，須知差異在相同之中產生想像，相同在差異之中產生記憶。因爲智慧是思考功能的運作，可以保持恆常與穩定；見解與知覺的結合牢不可分，始終處於運動的姿態，產生心理作用的想像或幻覺，出於見解和感官的結合，相同將它放在記憶之中，差異再將它移動到過去與現在之間的區別，讓它同時接觸到變化和守恆。

15 可以將宇宙視爲一個物體，建造過程中運用的結合方式，由於相同的比率，可以讓它用來規劃靈魂的成分。宇宙的建造所面臨的處境，由於火與土的性質處於極端，彼此無法產生凝聚作用，很難混合在一起；因此神要把氣放在火的前面，以及把水放在土的前面，首先使得這兩對能夠融合無

43　參閱柏拉圖《泰密烏斯篇》37B-C，有關理性的「相同」之圈與有關感覺的「差異」之圈，
　　分別代表知識和意見，蒲魯塔克認爲這些圈子的性質，如同前面所述，使得相同和差異是構
　　成靈魂的成分，而且處於同等的重要性。

間，藉著它們的凝聚力量，使得處於極端的火與土產生密切的關係。要是提到靈魂的出現，神會結合相同和差異，然而相反的力量和對立的極端不會正巧相等；首先要將其他的存在插入其中，不可分割和可以分割的存在，分別放在相同和差異的前面；每一對都用這種方法使得彼此不再分離，運用加強混合來組成整個靈魂的構造，很可能要靠著事物的差異完成它的相似，以及靠著多樣性的變化完成可信的單一。

還有人指出柏拉圖的錯誤，在於用「難以混合」形容差異的性質，它並非不願接受變化，況且對於這種狀況表現友善的態度；看來像是說到相同的性質，必須立場穩定不願有任何改變，很難屈就混合的型態，不僅要避開而且感到厭惡，情願保持簡單和純一，不要落入變幻無常的困境。他們所以表示異議在於未能理解柏拉圖的本意，無論如何，相同就是所有守恆的事物，差異就是所有易變的事物；後者的作用是區分和變遷，只要接觸就會成為多數；前者是統一和綜合，藉著類似的單一型態和實力，從多數恢復原來的模樣。

16 萬有的靈魂具備這些功能，等到進入物體當中已經敗壞的器官，還能保持原狀不受任何影響，它的構成形式包括種種不同的成分，其中二元和複雜的部分使它變得更為明顯，至於簡單和一元的部分使它沉沒在陰暗之中；通常在一個人的身上很不容易看到這兩種狀況，一種是完全喪失理智的情緒發洩，一種是內心的活動不會流露欲望、野心或喜怒哀樂的感情。所以才會有些哲學家認為情緒的形形色色與理智有關，因為所有的欲望、悲傷和憤怒都是判斷得到的結果。還有人宣稱德行來自我們的感情，畏懼可以產生勇氣，享樂可以產生節制，圖利可以產生公正。靈魂的存在著眼於思考和履行；就思考而論帶有普遍性和特定性，可以明顯看出前者是認知而後者是感受，理性通常及於兩者，不斷要由同中求異或是異中求同，試著運用限制和區分使得單一與多數保持隔離，也就是不可分割和可以分割要各行其是；不可能從那一方面得到結論，有關的原則全都怪異的混合編織起來，最後變得擠成一團。

神因為這種緣故，根據不可分割和可以分割的成分，要為相同和差異準備一個容器，目的是使形形色色的事物獲得規律和秩序；事實上這就是所謂的「出生」，因為沒有相同就不會有區別，也就沒有運動和出生，同樣沒有差異就不會有規律，也就沒有連續和出生。甚至就是相同的特性在於與差異的極其懸殊，要說差異的特性在於它的本身完全類似；這種相互參與的關係使得毫無成果可言，這時會提出第三種需求，那就是對兩者提供一個容器，使得彼此存在修正的可

能。對於理性的事項要保持堅定的態度，可以限制物體與生俱來的運動性質，這是神首先要解決的問題。

17 有些聲音並不具備任何意義，不像說話是有條理的發音，可以表達內心的想法；如同和聲包含聲音和間隔，須知發出的聲音保持恆常不變，只有間隔給聲音帶來差異和變化，兩者混合起來產生的結果是曲調和旋律；因而靈魂當中涉及感情的部分，仍舊處於不夠明確和立足未穩的狀態，後來經過限定它的範圍以後，形成的運動具備可以分割和變化多端的特性。一旦相同和差異將同類和不同類的數字包括在內，產生的和諧出自彼此的對立和衝突，萬有變得冷靜而審慎，理性在說服的協力之下用來引導無法避免的必然。提到必然很多人將它稱為命運或天意：伊姆皮多克利(Empedocles)[44] 說它喜愛大家一起奮鬥；赫拉克萊都斯的看法是如同反置的宇宙，它的諧和好比琴身與琴弓的配合；巴門尼德(Parmenides)[45] 說它是光明和黑暗；安納克薩哥拉斯(Anaxagoras)[46] 說它是智慧和無限；瑣羅亞斯德(Zoroaster)[47] 說它是神明和精靈，他將前者稱為歐羅瑪斯德(Oromasdes)，後者是阿里曼紐斯(Areimanius)[48]。

優里庇德在祈禱中誤用反意連接詞取代繫語連接詞：

　　宙斯！何者擁有更大原動力，
　　自然的規律抑或人類的智慧，[49]

44　伊姆皮多克利(492-432 B.C.)生於西西里的阿克拉加斯，雖然家世尊貴，支持民主政體，拒絕接受王室的繼承權，遭到放逐逃往伯羅奔尼撒半島，能夠兼具哲學家、科學家、詩人和政治家的角色，確知他寫出兩本詩集《論自然》和《淨化》，很多殘句流傳至今。

45　巴門尼德是生於510或515 B.C.的哲學家，曾經在自己的家鄉，就是義大利的伊里亞創建一所聞名遐邇的學院，除此以外他的平生不為人知。

46　安納克薩哥拉斯(500-428 B.C.)生於小亞細亞的名城克拉卓美尼，二十歲來到雅典求學，是當代知名的哲學家，成為伯里克利的老師和知己，後來受到迫害逃到蘭普薩庫斯，建立一所學院，老死在該地。

47　瑣羅亞斯德(628-551 B.C.)是古代波斯祆教即拜火教的創始人，建立善惡兩元論的宗教體系，倡導政教合一的原則，對後世發生極其重大的影響。

48　歐羅瑪斯德或稱阿胡拉，波斯的「善神」或「光明之神」；阿里曼紐斯或稱阿里曼，是「惡神」或「黑暗之神」；「善」與「惡」的鬥爭是宇宙的原動力，最終還是光明戰勝黑暗，人類生活在至善的幸福之中。

49　優里庇德的悲劇《特羅阿德》886行。

因爲規律和智慧兩者形成的力量，已經普及到宇宙的萬事萬物。埃及人在一本神話著作當中，提到像謎一樣難解的情節，荷魯斯(Horus)[50] 遭到死刑的判決，要把精力和血還給他的父親，肉和脂肪還給他的母親。靈魂當中沒有一個部分，能夠保持純潔和沒有混合的狀況，更不能與其他的器官分離；要是按照赫拉克萊都斯的論點，隱而不顯的和諧較之視而可見的德行更有價值；所以神明要在各處造成混合，對於變化和差異盡量加以減輕和隱匿。

儘管如此，顯然會在無理性的部分出現動亂，理性的部分會出現秩序，感覺的部分會出現需要，智慧的部分會出現自主。它的功能在於兩者的類似，限制對整體和不能分割的喜愛，反過來說，可以分割使得特定的對象擁有這方面的功能。相同使得大家欣賞一絲不苟的正直，差異使得大家喜愛無從捉摸的善變。不過，還有其他狀況發生：像是有關美好和敗壞以及快樂和痛苦的衝突；熱情的愛人陷入狂喜和銷魂之中；以及廉潔與放縱的爭執，讓人清楚那是神意和冷漠的部分與有形和肉體的部分相互混合在一起。柏拉圖將後者稱爲與生俱來的歡樂欲望，前者則是渴望美好的外來影響。因爲靈魂當中容易受到感動的特質完全是本身所激起，等到智慧的加入帶來更有價值的原則，灌輸的內涵讓它從空虛變得充實。

18 上天具備雙重聯絡和溝通的特性，使它無法規避對兩方面應負的責任；有時它會傾向這一邊或那一邊，目前因爲相同的支配性周期，可以對宇宙產生導引作用，所以維持直接的方式。通常會有這樣的時期出現，使得它那過於審慎的部分變得遲鈍，還要陷入睡夢之中，爲了適合當時的狀況只有將它遺忘，至於素來與物體關係密切的部分，從開始就感覺到它的存在，用很大的力氣拖住萬物順時針前進的趨勢，使得它翻滾轉到相反的方向；這樣做還是無法將整體砸成碎片，何況較好的部分會再度恢復原狀，特別是神爲了提供幫助，製作一個模型可以作爲參考。經過反覆的思考和討論，讓我們知道靈魂完全不是神的作品，只是在神的安排之下，讓它天生就有若干邪惡的成分；還用單一來約束無限，目的是使參與的物質在可容納的限度之內，通過相同與差異的原動力，混合以後產生規律和變化、區別和類似，這不僅是可能而已，更要藉著數與諧和使得彼此能夠友好和聯合。

---

50 荷魯斯是埃及的主神艾希斯和奧塞里斯的兒子，成為光明之神，參閱本書第27章〈埃及的神：艾希斯和奧塞里斯〉19節。

19 最後還要強調，你們雖然經常聽到大家談起這個題目，自己發表相當多的意見，不僅閱讀有關的資料，同時還將個人的論點寫了出來，我在做了簡短的解說以後，還是提供柏拉圖的原文[51]給你們作爲參考：「第一次，他從總數當中減去一部分，同時將這一部分視爲一個單位；第二次，他減去第一次的兩倍；第三次，他減去的部分是第二次的二分之三或第一次的三倍；第四次則是第二次的兩倍；第五次是第三次的三倍；第六次是第一次的八倍；第七次是第一次的二十七倍；接著他要用部分數字塡滿兩倍數[52]和三倍數[53]兩個數列的間隔，這些數字是從最初的混合體當中分割出來，將它安置在這些間隔當中，這樣一來每一間隔之間均有兩個中項，其中一個是按照同樣的比例或分數超過其中一個端項，同時又被另一個端項所超過，可以稱之等比中項或幾何中項[54]；另一個按照同樣的整數超過其中一個端項，同時又被另一個端項所超過，可以稱爲等差中項或算術中項[55]。由於插入這些中項，就在原來的間隔三比二和四比三和九比八之上又形成新的間隔，於是他就用九比八的間隔塡補所有四比三的間隔。可是每塡補一次，仍然留下一個分數，這個分數的間隔可以用二百五十四比二百四十三的算式來表示。」

第一個問題與量有關，第二個問題是排列，第三個問題是數的功能：有關量他採用兩倍數和三倍數的間隔所產生的數；有關排列是否都要從一開始，如同狄奧多魯斯[56]將所有數從小到大排成單行，或者像克朗托那樣，將λ這個字母放在一個圖形的頂端第一位置，兩倍數和三倍數分置在左右兩行，按照數字的大小向下排列；有關它的運用或功能，可以說靈魂的構造就是它所產生的結果。

20 首先，有關第一個問題，我們非常贊同一種說法，他的意思是先要檢查兩者的間隔和塡補的中項所得出來的比率，而且不論這個間隔

51 柏拉圖《泰密烏斯篇》35-36，這是本章最主要的引文，也是進行深入討論的重點。
52 是指第一次的基數1、第二次的2、第四次的4和第六次的8，即1、2、4、8 這四個以基數1為底的兩倍數。
53 是指第一次的基數1、第三次的3、第五次的9和第七次的27，即1、3、9、27這四個以基數1為底的三倍數。
54 例如在1、4/3、2的數列中，出現兩個間隔，中項4/3比1大1/3，且中項4/3比2小2/3，從而得知1/3：2/3＝1：2；則中項4/3稱為等比中項或幾何中項。
55 例如在1、3/2、2的數列中，出現兩個間隔，中項3/2比1大1/2，且中項3/2比2少1/2，從而得知1/2：1/2＝1：1；此時中項3/2稱為等差中項或算術中項。
56 索利的狄奧多魯斯是一位科學家和數學家，對於柏拉圖的著作進行極其詳盡的校訂。

出自任何數字，對於求得的中項之比都要有足夠的容納空間。即使他們主張的論點很有道理，我認爲在缺乏證據的狀況下，很難對討論的主題有深入的理解[57]，就是進行另一方面的臆測也要加以阻止，須知這種方式帶有哲學的沉思，經常讓人感到愉悅。因此要根據柏拉圖的指示從基數一開始，將兩倍數和三倍數分列在它的兩邊，如果左邊是連續的二、四和八，右邊則是三、九和二十七，全部是七個數字(如圖一)，這是以基數一爲準繩，每邊用它各進行四次乘法。不僅這個例子，在很多狀況下，即使四倍數和七倍數產生密切的關係也是很明顯的事。三十六這個四倍數受到畢達哥拉斯學派人士的推崇，認爲它具備的特質是頭四個奇數和頭四個偶數之和。

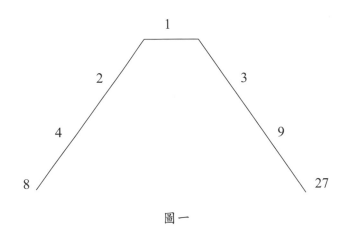

圖一

21 上面提到三十六這個數，得自從基數一開始的連續四對數字加在一起[58]；因爲第一對是一與二，第二對是三與四，第三對是五與六，每一對數字的和或是與其他一對數字的和相加，都不會產生一個平方數[59]；第四對是七與八，要是將這連續四對數相加，得到的三十六是一個平方數。四倍數的觀點要歸功於柏拉圖，從而帶來一個更加完美的方法，那就是偶數與偶數的間隔

---

57 柏拉圖《政治家篇》277D。

58 (1+2)+(3+4)+(5+6)+(7+8)=3+7+11+15=36；參閱本書第27章〈埃及的神：艾希斯和奧塞里斯〉75節，36是前四個奇數和前四個偶數之和。

59 第一對1+2是3、第二對3+4是7、第三對5+6是11、第一對與第二對的和3+7是10、第二對與第三對的和7+11是18；從這裡出來的3、7、10、11、18都不是平方數；最前面五個數的平方數是1、4、9、16和25。

相乘，奇數與奇數的間隔相乘，它會將基數一包括在內，成為偶數和奇數的原始型態。從基數一開始是二和三這兩個最早出現的平面數（plane numbers）[60]，接著是四和九這兩個平方數，最後是八和二十七這兩個立方數。基數留下不予計算，可以明顯看出並沒有將所有的數排成一條直線，而是相互分開讓偶數與偶數在一起，奇數與奇數放在另一邊，如同圖形所顯示的狀況。可以用這種方法讓彼此類似的數字配對，運用相加和相乘可以得到非常特殊的數字。

22 相加的方式如下：二加三得到五，四加九得到十三，以及八加二十七得到三十五。這幾個數字都很突出，像是畢達哥拉斯學派的人士將五稱為「顫音」，因為所有的音階當中，只有第五個音階的間隔首先發出聲音。他們還將十三稱為leimma（餘數），就是柏拉圖都不認為全音程可以分割成相等的部分；三十五這個數字稱為「和聲」，包含兩個立方數是來自最先的偶數和奇數[61]，是由六、八、九和十二四個數組成，可以得到算術比例和調和（幾何）比例[62]，它的說服力在圖形當中表達得更為清楚。假設ABCD是一個長方形（如圖二），AB邊的長度是五，AD邊的長度是七，較短的一邊在E區分為二和三，較長的一邊在H區分為三和四，連接EG和HF兩條直線在I交會，形成AEIH的面積是六，EBFI是九，IFCG是十二以及IGDH是八；整個長方形是三十五；在這用面積表示的數字當中，可以容納所有最基本的和音比率。因為面積八和六有sesquitertian比率（四比三），其中包括四度音程；面積九和六是sesquialteran比率（三比二），其中包括五度音程；面積十二和六是duplen比率（二比一），其中包括八度音程；甚至面積九與八是sesquioctave比率（九比八）[63]，同樣包括相應對的音程。這些比率的數字非常精確，用在所有的音程上面，才會得到「和聲」的稱呼。不過，等到整個面積乘以六，得到的數字是二百一十六，這個數目的天數相當於七個月的時間，這時出生的嬰兒已經完全成形。

---

60 $1 \times 2 = 2$ 及 $1 \times 3 = 3$，得到的2和3都是面積單位，所以稱為平方數；當然所有的數都是平方數，像是4這個平方數來自 $1 \times 4 = 4$ 或 $2 \times 2 = 4$。

61 2的立方＋3的立方＝8＋27＝35。

62 6＋8＋9＋12＝35；就6、8、9、12這個數列而言，8是兩個端項6和12的等比中項或調和（幾何）中項，9是兩個端項6和12的等差中項或算術中項。

63 得知sesquitertian比率是4：3；sesquialteran比率是3：2；duplen比率是2：1；sesquioctave比率是9：8。

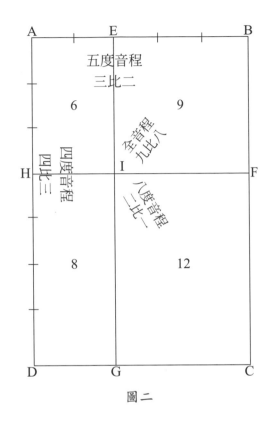

圖二

23 現在開始運用乘法：二乘三得到六，四乘九得到三十六，八乘二十七得到二百一十六[64]。六是一個完美的數字，它是因數之和，由於是第一個偶數和奇數的積，所以將它稱爲「婚姻關係」，再者，它由基數一，第一個偶數二和第一個奇數三所組成。三十六是它的正方形等於正三角形的數字，前者的邊長是六而後者的邊長是八，也是頭兩個平方數四和九的乘積；要是將頭三個立方數一、八和二十七相加得到三十六這個數字。最後，可以得到邊不全等的長方形，那是十二和三或者是九和四的乘積。如果圖形的邊都已經設定（如圖三），六是正方形的邊而八是三角形的邊，長方形的邊是九或十二，則另一邊是四或三[65]；這樣他們可以得到所有和聲的比率，因爲十二到九是四度音程如同

64　克朗托的三角形出現成三個數字，前面一節得到三個數字的和分別是5、13和35；現在的三個數字是6、6的平方數36及6的立方數216。

65　正方形面積＝6×6＝36；三角形面積＝8×9×1/2＝36；長方形面積＝4×9＝36；長方形面積＝3×12＝36。

nete（最高音）到paramese（高中音），十二到八是五度音程如同「最高音」到
mese（中音），十二到六是八度音程如同「最高音」到hypate（最低音）[66]。二百一
十六這個數字是六的立方也是它的表面積之和[67]。

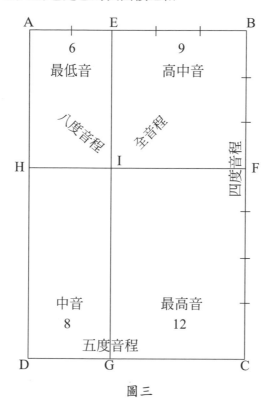

圖三

24 以上提到的數字都有不同的性質，特別是最後的二十七，它等於前
面所有數字的和（即基數一，兩倍數二、四、八，以及三倍數三、
九之和）；它也是一個週期性的天數，月球完成每月的運行；畢達哥拉斯學派的

66　希臘的音樂根據西塔拉琴最早是七個音：第一弦稱為nete（最高音）；第二弦稱為paranete（高
　　音）；第三弦稱為trite（次高音）；第四弦稱為paramese（高中音）；第五弦稱為mese（中音）；第
　　六弦稱為lichanos（次中音）；第七弦稱為hypate（最低音）。後來增加一根弦位於（次中音）和
　　（最低音）之間，稱為第七弦parhypate（低音），原來的hypate（最低音）成為第八弦。最後在第
　　八弦hypate（最低音）的下面，增加一根弦稱為proslambanomenos（超低音）。

67　邊長為6的正方體有六個面，每個面的面積為6×6＝36，所以它的總面積為36×6＝216；邊
　　長為4的正方體有六個面，每個面的面積為4×4＝16，它的總面積為16×6＝96。

人士將所有產生旋律的間隔，都用數字來表示它的音程。所以才把十三這個數字稱為「餘數」，因為要是用二十七作為單位，它還不及總數的一半。可以很容易看出這些數字還組成和聲的比率：因為二對一的比率是duple（兩倍），它就是八度音程；三對二的比率是sesquialteran，它就是五度音程；四對三的比率是sesquitertian，它就是四度音程；九對三的比率是triple（三倍），它就是八度加一個五度音程；八對二的比率是quadruple（四倍），它就是雙八度音程。還有九對八的比率是sesquioctavan，根據它的間隔有相應對的音程。

　　作為單位的基數一為偶數和奇數所共有，兩者都可以用它作為計算的基礎；像是有個數字是前十位數的和得到五十五[68]，從兩倍數之和得到十五，也是一個三角形數（triangular number）以五為它的底，同時從三倍數之和得到四十，也可以從十三加二十七得到此數[69]；數學家將前面這個數字稱為diesis（譜號），後者稱為tone（樂音），對於音調和諧的間隔給予不同的量度方式，主要特性是四倍數的乘積；我們將最前面的四個數各乘以四，就會得到四、八、十二和十六。它們加起來的和是四十，包括幾個和諧的比率。因為十六是十二的四比三的比率[70]以及八的兩倍和四的四倍；還有就是十二是八的三比二比率[71]以及四的三倍。在這些比率當中包括四度音程、五度音程、八度音程和雙八度音程。再則四十這個數字是兩個平方數和兩個立方數的和，這四個數是一、四和八、二十七[72]。看來就四的這個數字的倍數和分數而言，要是拿柏拉圖學派與畢達哥拉斯學派做一比較，前者的論點在結構方面更為複雜而完美。

25 在前面提到的數字當中，沒有留下空間讓中項插入，所以同樣的比率需要用更高的項次和範圍，首先要將這些說清楚，特別是有關級數或中項的問題：一數對於兩端的數出現的過多與短缺處於相等的狀況，現在我們稱它為算術或等差中項；如果過多與短缺是相同的分數，就將它稱為幾何或等比中項，像是等差（算術）級數的六、九和十二是它的項，其中九多於六而少於十

68　$1+2+3+\cdots+10=55$；兩倍數之和與三倍數之和相加為$(1+2+4+8)+(1+3+9+27)=15+40=55$。

69　兩倍數之和為$1+2+4+8=15$；以5為底的三角形數為$1+2+3+4+5=15$。三倍數之和為$1+3+9+27=40$；且$13+27=40$。這裡提到的三角形數，是用三角形模型的點所表示的數。如3、6、10、15分別是以2、3、4、5為底的三角形數。

70　sesquitertian比率為4：3即4/3；所以$12\times4/3=16$。

71　sesquialteran比率為3：2即3/2；所以$8\times3/2=12$。

72　分別是1和2的平方數，以及2和3的立方數。

二，兩者的差是相等的數三；等比(幾何)級數的六、八和十二都是它的項，其中八比六多二而比十二少四，這裡的二是六的三分之一，四是十二的三分之一。算術級數的特性是中項的超出和不足成相等的數，幾何級數是少於一端和多於另一端成相等的比率。在上面的兩個例子中，第一個三是它的中項九的三分之一；第二個二和四分別是兩個端項六和十二的三分之一，因為這個緣故稱為等比級數。他們給它加上和音的名字，因為它的項無論是中項、首項或末項都表現出最原始的諧和，像是最大的項和最小的項的關係就是八度音程，最大的項和中項是五度音程，中項和最小的項是四度音程，因為最大的項是「最高音」的位置，最小項是「最低音」，中項是「中音」；「中音」對最大項產生五度音程，對最小項產生四度音程，從上面等比級數的例子當中，得到這樣的結果，亦即八是「中音」的位置，十二和六分別是「最高音」和「最低音」的位置。

26 優多魯斯在前面提到求取中項或平均值更簡便而明確的方法。兩個之中首先要考慮等差或算術中項。你可以將兩個端項各取其半然後再加起來，得到的和就是中項或平均值，無論兩個端項的關係是兩倍數或三倍數，可以完全通用。只是在等比級數當中，如果兩個端數的關係是兩倍數，那麼較小數的三分之一與較大數的二分之一，相加得到的和是它的中項；如果兩個端數的關係是三倍數，那麼較小數的二分之一與較大數的三分之一，相加得到的和是它的中項；可以舉例說明，讓六成為較小的項而十八成為較大的項，兩者成為三倍數，可以拿六的一半三加上十八的三分之一得到的六，兩者的和九就是等比級數的中項，因為就端項而言，增多或減少的數所成的比率完全相等[73]。這就是求得中項的方法，將一數插入兩者之間所指定的位置，用來填充兩倍數和三倍數的間隔；不過，有些沒有容納的空間或者是留下的空間不敷運用，這時就要用相同的比率增加兩數之間的間隔，可以很方便求出前面提到的兩種中項。

首先我們可以用最小的數字六來取代，因為六是第一個二與三的公約數，所有如圖所示向下排列的數字，用六的乘積可以得到很大的間隔，足以容納兩倍數和三倍數的中項(如圖四)。柏拉圖曾經這樣說：「由於插入這些中項，就在原來的間隔三比二和四比三和九比八之上，又形成新的間隔，於是他就用九比八的間隔填補所有四比三的間隔，可是每填補一次，仍然留下一個分數，這個分數的間

73　9－6：6＝18－9：18亦即3：6＝9：18

隔可以用二百五十四比二百四十三的比例來表示。」[74] 因爲這段文字，所以他們
逼得要再度提出一些更大的數字，其次是接著來到兩個九比八的比數，如同六的
本身沒有一個九比八的比數；如果它必須切割成爲部分，使得原來的單位爲分
數，理解這一類的題材只能算是微不足道的事；這種工作就是運用乘法，很像是
音階的變化，整個樂譜的架構從第一個曲目開始，提升或是降低它的音調。

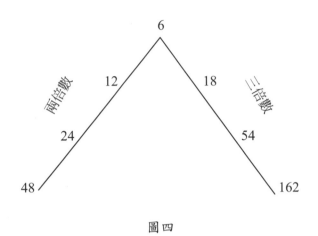

圖四

優多魯斯按照克朗托運用的方法，首先以六乘以六十四得到三百八十四這個
數字，他們可以從六十四這個數字引出七十二，那是因爲九對八比率的關係[75]。
柏拉圖說的話更容易理解，在於他讓數字三百八十四的一半呈現新的外觀；如果
一百九十二是第一個數，在取得九比八的比數以後才會留下「餘數」，這時它的
比率用數字來表示，就是柏拉圖所給的二百五十六[76]比二百四十三。如果將這些
數加倍，所得的餘數還是有相同的比率，如同將二百五十六比二百四十三的數加
倍得到五百一十二比四百八十六，要是一百九十二的三分之一乘以四是二百五十
六，那麼三百八十四得到五百一十二這個數。提升到這個數字並不是沒有道理，
甚至對於克朗托和他的門徒而言，就他們的程序而言是合理的源頭。因爲六十四
是一個數的立方而這個數是第一個平方數[77]，以及第一個立方數的平方[78]；六十

74　柏拉圖《泰密烏斯篇》36A-B，引用在前面第19節。

75　sesquioctave比率爲9：8即9/8；所以64×9/8＝72。

76　$192×4/3＝192×(1+1/3)＝192+64＝256$。

77　第一個平方數是2的平方4，4的立方數是64。

78　第一個立方數是2的立方8，8 的平方數是64。

四乘以三得到一百九十二，須知三是第一個奇數和第一個三角數，也是完美的數和三比二的比數，這時一百九十二是一個九比八的比數，我們在前面已經提過。

27 我們只要概略記住畢達哥拉斯學派的論文經常陳述的原則，那麼對於柏拉圖有關餘數的意義會有更明確的認知。所有音符之間的間隔被兩個不同音調的聲音圍繞，因而這樣一個間隔稱爲全音程，在這裡五度音程所需的空間要較四度音程爲大。等到這個間隔區分爲兩個，音樂家就將其中每一個間隔稱爲半音程；畢達哥拉斯學派的人士認爲一個全音，不可能分爲兩個相等的部分，在兩個不相等的間隔中，就將其中較小者稱爲「餘數」，因爲它要少於半數。這也是爲何會在四度音程的和音當中，前面那個間隔包含二個全音程和一個半音程，而後面那個間隔包含兩個全音程和一個「餘數」。

音樂家要靠感覺而數學家根據算式，不管運用什麼方法，只要觀察樂器就可以發現，八度音程是兩倍的比率，五度音程是三比二的比率，四度音程是四比三的比率，全音程是九比八的比率。甚至現在就可以測試出眞實的狀況，無論是兩根琴弦各懸掛不等的重量，或是兩根笛子有同樣數量的音孔，使得其中之一音孔之間的距離是另外一根的兩倍。得到的結果：兩根笛子當中較長那根發出的聲音較爲低沉，像是低聲(hypate)走向高音(nete)；那根承受兩倍重量的弦，會比另外一根發出更爲高昂的聲音，像是高音走向低音。所以二比一就是一個八度音程。等到長度或重量分別是三比二比率，就會產生五度音程；要是成爲四比三比率就會產生四度音程；後者是sesquitertian比率而前者是sesquialteran比率。

不過，要是重量或長度成爲九比八，就會產生一個間隔，是一個全音程，不是完美的和聲但是足夠產生共鳴；要是幾根弦接連受到打擊，發出的聲音清越而又甜美，要是同時受到打擊就會產生刺耳的雜音，只要知道如何運用和弦的方式來演奏，無論是單獨輕彈一根弦或者同時撫觸幾根弦，優雅的旋律使人感到悅耳動聽。看來他們的展示非常有道理，在樂譜的音階當中，八度音程是由五度音程加上四度音程所組成，在算術方面得知兩倍則是三比二的比率與四比三的比率的積[79]；因爲十二是九的三分之一乘以四，是八的二分一乘以三是六的兩倍。因此兩倍的比率是四比三和三比二的組合，如同八度音程是五度音程和四度音程的組合，在這種狀況下，五度音程較四度音程大一個全音程，如同三比二的比率要較

79　sesquialteran比率是3：2即3/2，sesquitertian比率是4：3即4/3；兩者的乘積即3/2×4/3＝2，即duplen比率2：1。

之四比三的比率大過一個九比八的比率[80]。可以明顯看出八度音程等於兩倍的比率，五度音程等於三比二的比率，四度音程等於四比三的比率，全音程等於九比八的比率。

28 經過以上的證明之後，讓我們看看九比八的比率是否可以分爲兩個相等的部分，要說這兩個都不是全音程，似乎沒有什麼道理。因爲九和八是最早的數字可以產生sesquioctavan比率[81]，等到這兩個數字使得介入的數字加倍，就從位於中央的一個間隔變成兩個，這時可以明確得知，如果這兩個間隔的距離相等，九比八的比率可以分爲兩半。九和八加倍以後分別是十八和十六，兩者之間只有一個數字十七，其中有一個間隔會較大，另一個較小，較大的一個是從十八到十七，較小是從十七到十六，只有在不相等的部分，它的區分才會產生九比八的比率，所以一個全音程只在不相等的狀況之下出現。相等的部分加以區分同樣不可能產生一個半音程，這個要用數學家的術語「餘數」來稱呼它，如同柏拉圖所說，神在四比三的比率當中會用九比八的比率來填補間隙，會在兩者之間留下一個分數，它的比率是二百五十四比二百四十三。

四度音程一般容許使用兩個數字表示，將四比三的比率包括在內，這兩個數字即前面所說的二百五十六和一百九十二；可以讓一百九十二這個較小的數字，在四音音階中置於最低的音調，較大的數字二百五十六置於最高的音調。可以證明這個數字之間用兩個九比八的比率填補它的間隔，就會留下一個間隔，它的大小要用數字來表示就是二百五十六比二百四十三。因爲較低的音調一百九十二要是升高一個全音程，這是一個九比八的比率，得到的數字是二百一十六[82]；然後再升高一個全音程，就是另一個九比八的比率，得到的數字是二百四十三[83]，最後得到的數字二百四十三要超過前面的二百一十六是二十七，而二百一十六超過前面的一百九十二是二十，可以看出二十七是二百一十六的八分之一，二十四是一百九十二的八分之一。從這三個數字二百四十三、二百一十六和一百九十二得知，最大數字來自中間數字加上一個九比八的比率，中間數字來自最小數字加上一個九比八的比率。亦即從最小到最大的數字一百九十二到二百四十三，最後的

---

80 sesquialteran比率是3：2即3/2，sesquitertian比率是4：3即4/3；兩者之差即3/2-4/3＝1/6，
    因爲sesquioctavan比率爲1/8；則1/6要大於1/8。

81 9/8－8/8＝1/8；1/8即1：8，爲sesquioctavan比率。

82 192＋192×1/8＝192＋24＝216。

83 216＋216×1/8＝216＋27＝243。

總和是一個間隔用兩個全音程即兩個九比八的比率來填補其中。然而在一百九十二的兩倍數二百五十六和二百四十三之間，還是留下一個間隔，相減以後得到十三這個數字，所以會稱它為「餘數」就是這個道理。所以就我個人的看法，柏拉圖的意圖是要對這幾個數字，提出非常明確的解釋。

29 在四度音程的音域當中，另外一種方式是將高音定在二百八十八，低音在二百一十六，這樣做除非可以從兩個全音程中間取得「餘數」，否則都要靠著比率來做最後的判定，等到低音要升高一個全音程，得到結果是二百四十三，要是高音降低一個全音程，就會得到二百五十六，因為二百四十三是二百一十六的八分之一的九倍，二百八十八是二百五十六的八分之一的九倍，因而兩個間隔都是一個全音程，還留在二百四十三和二百五十六之間的「餘數」，這不是半音程還要小一些，因為二百八十八超過二百五十六是三十二，二百四十三超過二百一十六是二十七，二百五十六超過二百四十三只有十三；對於超過的三十二和二十七而言，十三還不及這兩者的半數。從而得知二度音程包括兩個全音程和一個「餘數」，並不是兩個全音程和一個半音程。有關這方面已經交代得非常清楚。以下還要提到，有關柏拉圖所說間隔像是三比二、四比三以及九比八，要想明瞭它的道理並不是很困難的事，特別是用四比三會用九比八填補其中的間隔，至於三比二因為省略的關係所以沒有提到。理由是三比二的比率要較四比三的比率大一個九比八的比率[84]，等到九比八的比率加到四比三的比率上面，這時三比二的比率就會全部填滿沒有任何空隙的存在。

30 填補間隔和插入中項的方法已經全盤托出，只要加以演算就能運用自如，我想過去沒有人能像各位一樣，有這樣好的學習機會；雖然有幾位非常卓越的數學家，特別是克朗托、刻里克斯和狄奧多魯斯，他們三位全都是出生在索利，至於他們之間的意見不合，就是多批評幾句也沒有什麼失禮的地方。狄奧多魯斯與其餘兩位大不相同，不僅將數字排成兩列，還將兩倍數和三倍數分開放置在兩條直線上面，首先就要運用這個來描述物質取縱向的分裂，大致是兩部分出於一，而不是四出於二，其次是要按照排列的順序將中項插入，使用這種方式可以避免錯誤和混亂，無論是第一個三倍數或者兩倍數的間隔，都要

84　$3/2-1=1/2$；$4/3-1=1/3$；$9/8-1=1/8$。$1/2-1/3=1/6$；$1/6$大於$1/8$。

將等比中項和等差中項依據數字大小塡補其中[85]。克朗托和他的門徒非常關注數字的位置,會將平面數和平面數、平方數和平方數,以及立方數和立方數分別配對再處理;就柏拉圖的意見,不是按照數字的順序,而是讓奇數和偶數交換[86]。要將基數一放在首位,對於奇數和偶數全都通用。接在八的後面就是二十七[87],使得彼此之間的關係可以精確的計算出來,所以這些都是他向我們表示,經過他的安排所有的位置有兩種不同的方式。至於其他的部分在我們的論文當中,會加以適當的敘述。

31 柏拉圖不是爲了賣弄數學的知識,才將等比中項和等差中項拿出來討論,而是他認爲這兩種計算方式,與靈魂的結構有很大的關係。然而有些人在尋找行星天球的運行所要保持的速度,還有人想要求得它們的距離,或許有人在推測星際的空間大小,甚至有位盛名在身的人士已經算出周轉圓的直徑到非常精確的數據;可以判定造物主的目的是爲了適合天體的要求,靈魂可以分解爲七個部分。

還有人要將畢達哥拉斯學派的概念轉用到這篇隨筆當中,要將天體從中心點算出的半徑加大三倍之多。這樣一來可以用中央的火當作計算的單位,三是地球的反面,九是地球,二十七是月球,八十一是水星,二百四十三是金星,七百二十九是太陽,須知七百二十九這個數字可以同時爲平方數和立方數[88]。

這些人以乘三倍[89]來增加的數字,可以說毫無道理可言,如果能用得上幾何的運算加以驗證,與他們提出的數字經過比較以後,發現所有的資料根本不可相信。雖然他們所說不是絕對的精確只能算是近似值,諸如太陽與地球的直徑是十二比一,同時地球與月球的直徑是三比一[90]。可以明顯看出恆星的直徑最小,還

---

85 在第一個三倍數的間隔即1、3之中,可以將等比中項3/2與等差中項2插入,得到1、3/2、2、3的序列;同時在第一個兩倍數的間隔即1、2之中,插入兩個中項,得到1、4/3、1/2、2的序列。

86 柏拉圖《泰密烏斯篇》35B-C,數字的序列是2、3、4、9、8、27,可以看到奇數和偶數交錯;要是按照自然數的序列,後面成爲4、8、9、27,就會變成偶數、偶數、奇數、奇數的序列。

87 蒲魯塔克所以不用自然數的序列,在於將16即2的四次方,可以從8和27之間略去不提;因為8是2的三次方而27是3的三次方。

88 因為729是27的二次方,也是9的三次方。

89 可以得到火星:$729 \times 3 = 2187$;木星:$2187 \times 3 = 6561$;土星:$6561 \times 3 = 19683$;恆星:$19683 \times 3 = 59049$。

90 希帕克斯算出這三個天體的直徑近似值為地球:月球:太陽等於1:1/3:12又1/3。

不到地球直徑的三分之一，但是就整個體積而論地球與月球是二十七比一[91]。金星和地球的直徑是二比一，它們的體積是八比一[92]；月蝕時地球的陰影寬度是月球直徑的三倍，月球的偏離從圓周的一邊到另一邊，通過黃道十二宮的中央，它的橫寬相當於緯度有十二度之多。它的位置對於太陽而言，無論是三角形或四邊形的星相，假定有一半成為隆起的輪廓，等到它越過黃道的六個宮，展現滿月的外形如同和聲包含著六個全音程的一個八度音程。

太陽位於冬至或夏至的北方或南方的極點，這時的移動量變得最小，等到通過赤道的春分或秋分，這時的移動量變得最大。這種移動會縮短白晝的時間增加夜晚的長度，或者是依據這個比率反其道而行：冬至到達夜間最長而白晝最短，過後的三十天會將晝夜的差異減少六分之一，接著的三十天再減少到三分之一，剩下的時間到春分再減少到一半[93]；這種六倍到三倍的間隔對於時間的懸殊帶來相等的功效。迦勒底人（Chaldaeans）[94]肯定的表示，春季與秋季以及冬季與夏季的關係，從比率而言分別是四度音程、五度音程，和八度音程。不過，要是優里庇德說得不錯，最特別的地方是夏季和冬季各有四個月，

　　　　可愛的秋天和春天只有兩個月時間，[95]

兩種不同季節的變化有一個八度音程的比率存在其間。還有人帶著幻想，認為地球是西塔拉琴上面最低音的弦，稱之為proslanbanomenos（超低音），接著就把月球放在hypate（最低音）的位置，水星和金星分別是paramese（高中音）[96]和lichanos（次中音），太陽是將所有的八度音程聚集在一起的mese（中音），分別從地球和天球的恆星上面，拿走一個五度音程和一個四度音程。

91　因為地球的直徑是月球的三倍，所以它與月球體積之比是3的三次方比1的三次方，等於27：1。
92　地球與金星的體積之比是2的三次方比1的三次方，等於8：1。
93　冬至後第一個月畫夜的差異會減少五天；第二個月會減少十天，第三個月直到春分會減少十五天。
94　迦勒底人是閃族的一支，發源於阿拉伯半島，遷移到波斯灣，在西元前8-7世紀建立新巴比倫王國，尼布甲尼撒二世統治期間，國勢到達顛峰，539B.C.被波斯人消滅，從此迦勒底人分散到亞洲和非洲，這個民族特別以星象和占卜著稱於世。
95　瑞克《希臘悲劇殘本》之〈優里庇德篇〉679頁No.990。
96　英譯本提到水星用diatomic做代表，其實這個字的意義是「全音階」，西塔拉琴的七根弦沒有這個名字，因為水星離太陽最近，所以用第四弦paramese（高中音）代表最為適切。

32 這些人雖然聰明卻沒有考慮是否真實無虛，還有一些人根本不講究是否精確計算，不過，他們認為這些概念不會與柏拉圖的意思格格不入，從外表看來與音樂的比率也都息息相關，因而存在五種四音音階，就是最低音、中音、連接音、分離音和最高音；還有行星的排列出現五個間隔：其中之一是月球到太陽，以及與太陽保持同步運轉的水星和金星；第二是從這些星辰到火星這顆炙熱的行星，第三是火星到木星，接著是再延伸到土星，最後第五是從土星到恆星形成的天球；因此四音音階受到制約的聲音與天上的星辰產生對應的關係。再者，我們知道古代的音樂家將兩種音符稱為hypate（最低音）（包括lichanos（次中音）在內），三種音符稱為nete（最高音）（包括paranete（高音）和trite（次高音）在內），一種稱為mese（中音），還有一種稱為paramese（高中音），所以包含七個音符的全音階，與行星的數目完全相等[97]。

因而這個現代增加的音符稱為「超低音」，在音階上面的位置要比「最低音」為低，其間的差是一個全音程，使得全音階成為雙八度音程，這樣一來無法保持和聲的自然次序，因為五度音程會居於四度音程的前面，這對高聲而言等於在音階上面較低的位置多加一個全音程。然而我們可以明顯看出，柏拉圖將增加的音符放在音階上面較高的一端，所以他在《國家篇》提到[98]，環狀天球的每一層都有一位西倫斯（Sirens）[99]站在那裡，隨著整個球體同時轉動，每位西倫斯都發出一個音，八個音符會合起來成為和諧的旋律。西倫斯自由自在唱著讚美神明的歌曲，八個音符組成的和聲，創造出如此動聽的音調，祂們翩翩起舞的姿態更是無比的美妙；因為八也是最早兩倍數和三倍數比率的數字，它的單位要沿著兩個層級進行計算。我們從古老的傳說得知九繆司的事蹟，就是柏拉圖曾經提到，其中八位處理天國的事務，只有第九位留在塵世，祂給人們帶來祈福的咒語，可以解除他們的變動和混亂，始終記得往日的漂泊和爭執。

33 我們可以仔細思考，是否上天的事務和天體的運行，並沒有受到靈魂的引導，完全依據自發的和諧運動，變得更為睿智和公正；是否

---

97 西塔拉琴的七個音或七根弦用來代表月球、太陽和五大行星：第一弦nete（最高音）代表土星；第二弦paranete（高音）代表木星；第三弦trite（次高音）代表火星；第四弦paramese（高中音）代表水星；第五弦mese（中音）代表太陽；第六弦lichanos（次中音）代表金星；第七弦hypate（最低音）代表月球。

98 柏拉圖《國家篇》617B。

99 西倫斯是希臘神話中人身鳥足的女神，很多居住在海島上面，用美妙的歌聲誘惑航海的水手，最後使得船隻觸礁沉沒。

它因為理性的諧和比率，所以類似宇宙的無形部分，只有停留在物體裡面，才具有視力和可以看見；最主要和具有支配性的性質是將不可見混合在靈魂之中，使它獲得諧和與服從，就最神聖和最卓越的部分而言，其他的部分都會符合它提出的要求。造物者已經接管在不諧和的運動之下產生爭執不斷的混亂，任性而為的靈魂本身出現分歧的狀況；有些事物被它區隔和分離，再將其他的部分組織起來，運用諧和與數字使它們混合，產生更為密切和牢固的關係。甚至就是最沒知覺和情感的物體，像是石料、木材、樹皮、骨頭抑或牲口的初乳，來自各種不同的混合或組構，可以提供美麗的外觀成為建材，成為治療疾病的藥品，或者製成悅耳動聽的樂器，都可以發揮極其奇妙的潛力。

西蒂姆的季諾才會鼓勵和勸說年輕人經常聆聽音樂的演奏，優美的旋律從各種樂器中流出，像是號角、木簫、笛子和琴，這些巧妙的設計和裝置，都要運用數字和比率的理論。我們不一定非要像畢達哥拉斯學派的人士那樣，認為世間萬事萬物都與數字脫離不了關係，因為這需要長篇大論的解釋才能加以證明。但是相互的交往和激起同情的心理，都是出於彼此的不和和意見相左所致，所以會節制適度和遵守規矩，完全是和諧與數字發揮的力量，有關這方面的例證就連詩人都不敢隱瞞。會將友善和愉悅的事物使用「合情合理」的形容詞，要是表示敵意和仇視就認為是失格的態度，完全基於一種設想，意見的衝突是不得體的舉動。

所以才有人為品達寫出下面的輓詩：

此人對市民友善真是我們的貴賓；[100]

讓人很清楚了解這裡所說德行就是凡事要合乎情理，同時品達也提到卡德穆斯（Cadmus）[101]，神在演奏音樂的時候，僅僅他有資格靜靜坐在那裡傾聽。古代的神話學家就是最年長的哲學家，製作神的雕像會讓他的手裡拿著樂器，這時我有一種想法，雖然笛子和豎琴都很適合，神的工作最好還是和諧與共鳴。如同有人想要在七弦琴的肩木、外殼和弦軸，找到四比三、三比二和二倍的比率，豈不是荒謬可笑（這些部分當然會在長度和厚薄方面，使得彼此會成適當的比例，至於聲音的和諧前面已經說得很清楚）；因而我們有理由相信，諸如星球的位置、體積的大小以及運行的速度和周期，都像樂器一樣，無論是各個部分以及整體之

100　參閱《帕拉廷詩集》第8卷35行。

101　卡德穆斯是腓尼基國王阿吉諾的兒子，歐羅芭的兄長，後來歐羅芭被宙斯劫走，他奉命出去尋找，成為底比斯的奠基者。

1754 ✂ 蒲魯塔克札記（Ⅲ）

間，會有固定的比例——雖然我們很難獲得量測的數據。所以會產生這些比率和
數字，還能被造物者加以運用，完全來自靈魂的諧和與配合，它充滿整個天國，
帶著無數的善良來到人間，要爲它的出生安排最美好的方式，隨著季節的轉移和
晝夜的變化，讓塵世永久維護存在的事物。

第七十章

「論柏拉圖《泰密烏斯篇》有關『靈魂的出生』」的概述

1　前面一篇隨筆〈論柏拉圖《泰密烏斯篇》有關「靈魂的出生」〉[1]，報導柏拉圖和柏拉圖學派所引起的爭論，介紹某些幾何比例和附屬的相似之處，如同他想像中有關靈魂的原理原則，特別是有關音樂和數學的臆測。

2　他斷言靈魂使物體得以形成，宇宙在一個靈魂的主宰之下，每一個生命都有靈魂在操控一切；他表示一種方式的存在不會出生，另一種方式屬於生殖作用，物體的永存在於神性通過靈魂的媒介賦予形狀，惡源於物體如同一種贅肉得以存在，他說這樣使得神性不必爲邪惡的事物負起任何責任。

3　他說波賽多紐斯和他的門徒沒有讓靈魂遠離有形的物質，認爲物體的可以分割表示限制的存在，還要與理性混合起來，他們將靈魂定義爲一種觀念，可以用每種方式向外擴展，它的形成在於數字的和諧比率。他們曾經說過，所有運算的方式居於最初的理性和感覺之間，這是一件很合適的安排，因爲靈魂亦復如是，如同它擁有理性的永恆和感覺的激情，使得它的存在正好在中間位置。其實他們對於神毫無所知，等到靈魂到達完美的處境，接著才會用種類的形狀對物體加以約束，爲了制止和包圍容易分散和脫逃的物質在界限之內，就在它的表面組成相互連接良好的三角形。

不過，更爲荒謬之處在於使得靈魂成爲一個觀念或理想，因爲靈魂是在不斷的運動之中，然而觀念保持靜止的狀態，同時後者不可能與感覺混合，倒是會與物體連結在一起；除此以外，神與觀念的關係如同仿製者和模型，至於祂與靈魂

1　本篇隨筆與上一篇12-15節完全相同。

的關係如同造物者與造好的成品。有關數的問題已經在前面陳述過,柏拉圖不認
爲數是構成靈魂的成分,而是靈魂要用數來規範它的行動和定出它的比率。

4 除了這兩方面以外,不管是無形的限制還是數字本身,都找不到機能的
痕跡,從而使得靈魂毫不費力形成判斷,得知何者才是感覺的範疇。靈
魂只有分享理性的原則才會產生認知和思考,只是有關見解和信念,據說出於想
像和表達的方式,完全基於物體的本質。沒有人能夠在睡夢當中,察覺它的進行
只是單純來自點、線或面的架構。僅僅人類的靈魂擁有一種功能,那就是對感覺
的認知;如同柏拉圖所說:「宇宙的靈魂如同它的運轉,只要接觸到任何存在的
事物,無論是分散開來的部分還是不能分割的整體,它會自行啓動並且貫穿整個
存在,同時陳述彼此相同或差異之處,會與何者息息相關,甚至細微到發生的時
空和方式,遭遇的狀況和獲得的結果,可以說所有生成的事物莫不包括在內。」
柏拉圖在表達這些觀念的同時也草擬十大範疇的綱要,所以他陳述當前的狀
況,能夠較以往更爲明確;因而他說道:「只要眞理的陳述關切到感覺,常態運
轉的差異之圈會將信息傳達給靈魂,這時產生的見解和信念不僅穩定而且正確,
然而,只要在另一方面又與理性發生關聯,平滑運轉的相同之圈提供資訊,就會
產生所需的知識;如果有人提到上述兩種狀況當中,任何一種存在的事物,說它
不是靈魂而是其他的名字,那麼他所說的話出於虛僞而非眞實。」靈魂從感覺和
形成意見的認知得到的運動,何以竟與從知識和產生理性得到的運動會有相當程
度的差異?這個問題很難解決,除非我們很堅定的表示,柏拉圖並沒有提到靈魂
的構成,只是個別的考量而已,倒是對於宇宙的靈魂提到一部分,是由現有較優
而又不可分割的物質組成,物體的存在居於劣勢和可以分割的狀態。
宇宙的靈魂除了運轉不具備其他的性質,會給思想和幻覺帶來熱能和活力,
如同其他的靈魂一樣,並非創造出來而是始終存在於永恆之中。因爲自然界擁有
理解和認知的機能,同時還具備表達意見的功效;就前者而言不會產生運動也沒
有任何感覺,它的存在仍舊固定在性質相同的物質;後者可以分割而且變化無
常,因而它所接觸的事物,通常在運動和分散之中。實上感覺與秩序沒有關係,
運用的時候倒是變得毫無章法和欠缺明確。固定不變的功能受到局限,不能產生
周延實在的概念和遵守規範的運動,大部分像是睡夢當中那樣陷入錯亂,有形的
存在狀態受到干擾,除了偶爾的機遇可以獲得更好的物質。因爲它居於感覺功能
和辨識功能之間,對於兩者的順從和同意也是自然之理,要靠著感覺去掌握事
物,辨識在於發揮知性的作用。

5 柏拉圖對於某些事物的敘述出於慣用的措辭，期望所講的話讓人更加容易理解，因此他說道：「我對於目前要討論的問題，剛才只是簡約陳述思考以後獲得的結果，從而認爲存在、空間和作爲三者，用它本身的方式早在宇宙出現之前已經得到認同。」他所謂的空間是指住所和容器；也會將理性稱爲眞正的存在；要是提到他如何稱呼作爲，在宇宙沒有出現之前，除了包括變化和運動的存在，沒有其他任何事物，要在做出表示和接受表示之間進行安排，所有類似之物要從另一個世界，轉移以後分散在這個世界。它之所以稱爲可以分割，主要的緣故基於存在一種需要，就是將感官分配給負責感覺的功能，將幻想分配給負責想像的功能。

靈魂可以參與感官的活動，它的目標是內在的理性而非外部的感覺，因爲智力的本質是固定不動，等到結合靈魂就會加以控制，開始圍繞著它保持不變的圓周運動，運用非常緊密的方式接觸眞實的存在。爲何這方面的聯合經過證明是一種困難的工作，像是將不可分割與可以分割的物體混合起來，或者是變化快速和全然不動的物體聚集起來，或是強迫相互差異與彼此相同的物體連接起來。除非出於區別和變化的原則，否則差異不會產生運動有如相同不會產生靜止。事實上，兩者都起源於不同的原則，相同出於一元而差異出自二元，最初會與靈魂混合，運用數字、比率與和諧的中項將它們緊緊束縛在一起；因而差異的存在使得相同產生區別，相同的存在則使差異產生秩序，從而可以很清楚得知，靈魂最初具備辨識和運動的功能。

天體的運行從恆星的旋轉展現出恆等之中的變動，以及從行星的規律展現變動之中的恆等；前者是相同擁有主導的力量，至於地球上面的事物遵從相反的原則，那是差異進行操控的局面。談到辨識的功能有兩個原則，智慧的程序是從相同到宇宙萬物，感覺的對象是從差異到特定個體；理性就是兩者的結合，對於有關知性的事物它成爲智慧，對於有關感覺的事物它成爲見解，運用位居中間的想像和記憶當作工具，須知差異在相同之中產生想像，相同在差異之中產生記憶。因爲智慧是思考功能的運作，可以保持恆常與穩定；見解與知覺的結合牢不可分，始終處於運動的姿態，產生心理作用的想像或幻覺，出於見解和感官的結合，相同將它放在記憶之中，差異再將它移動到過去與現在之間的區別，讓它同時接觸到變化和守恆。

6 可以將宇宙視爲一個物體，建造過程中運用的結合方式，由於相同的比率，可以讓它用來規劃靈魂的成分。宇宙的建造所面臨的處境，由於火

與土的性質處於極端，彼此無法產生凝聚作用，很難混合在一起；因而神要把氣放在火的前面，以及把水放在土的前面，首先使得這兩對能夠融合無間，藉著它們的凝聚力量，使得處於極端的火與土產生密切的關係。要是提到靈魂的出現，神會結合相同和差異，然而相反的力量和對立的極端不會正巧相等；首先要將其他的存在插入其中，不可分割和可以分割的存在，分別放在相同和差異的前面；每一對都用這種方法使得彼此不再分離，運用加強混合來組成整個靈魂的構造，很可能要靠著事物的差異完成它的相似，以及靠著多樣性的變化完成可信的單一。

蒲魯塔克札記 III

2014年6月初版　　　　　　　　　　　　　　　定價：新臺幣850元
有著作權・翻印必究
Printed in Taiwan.

著　　　者	Plutarch	
譯　　　者	席　代　岳	
發 行 人	林　載　爵	

出　版　者	聯經出版事業股份有限公司	叢書編輯	梅　心　怡
地　　　址	台北市基隆路一段180號4樓	校　　對	呂　佳　真
編輯部地址	台北市基隆路一段180號4樓	封面設計	顏　伯　駿
叢書主編電話	(02)87876242轉211		

台北聯經書房：台 北 市 新 生 南 路 三 段 9 4 號
電　　　　話：(0 2) 2 3 6 2 0 3 0 8
台中分公司：台 中 市 北 區 崇 德 路 一 段 1 9 8 號
暨門市電話：(0 4) 2 2 3 1 2 0 2 3
台中電子信箱　e-mail：linking2@ms42.hinet.net
郵 政 劃 撥 帳 戶 第 0 1 0 0 5 5 9 - 3 號
郵 撥 電 話：(0 2) 2 3 6 2 0 3 0 8
印　刷　者　世 和 印 製 企 業 有 限 公 司
總　經　銷　聯 合 發 行 股 份 有 限 公 司
發　行　所：新北市新店區寶橋路235巷6弄6號2樓
電　　　　話：(0 2) 2 9 1 7 8 0 2 2

行政院新聞局出版事業登記證局版臺業字第0130號

國家圖書館出版品預行編目資料

蒲魯塔克札記/Plutarch著．席代岳譯．初版．臺北市．
聯經．2014年6月（民103年）．I. 616面．II. 584面．III. 608面．
IV. 584面．17×23公分．（聯經經典）．　譯自：Moralia
ISBN　978-957-08-4396-5（I.：精裝）
ISBN　978-957-08-4397-2（II.：精裝）
ISBN　978-957-08-4398-9（III.：精裝）
ISBN　978-957-08-4399-6（IV.：精裝）

1.倫理學　2.道德

190　　　　　　　　　　　　　　　　　　　　103007859